谨以此书献给

伟大的中国共产党104年华诞！

中国人民抗日战争暨世界反法西斯战争胜利80周年！

国家社科基金抗日战争研究专项工程

"世界反法西斯战争史（含中国抗战）档案资料收集整理与研究"

（项目号16KZD020）成果

外国档案文献中的中共抗战

胡德坤——主编　彭敦文——副主编

人民出版社

主　编　胡德坤

副主编　彭敦文

撰稿人　(按撰写章节顺序排序)

胡德坤　　卢晓娜　　涂杰欣　　汪金国

张立辉　　曹佳鲁　　赵耀虹　　钱茂华

吴文浩　　刘晓莉　　喻　卓　　王召东

张　逦　　李少军　　彭敦文

目　　录

序

今年是中国共产党成立 104 周年。中国共产党的百余年历史，是领导中国人民争取民族独立和解放、建设繁荣富强的新中国，使中国站起来、富起来、强起来的历史，在中国每个历史时期都创造了奇迹，是中国历史走向辉煌的百年。

抗日战争时期，中国共产党是中国抗战的中流砥柱，在中共党史上书写了光辉的篇章。2015 年 7 月 30 日，习近平总书记在主持中共十八届中央政治局第二十五次集体学习时指出，70 年前，中国人民经过艰苦卓绝的浴血奋战，打败了穷凶极恶的日本军国主义侵略者，赢得了近代以来中国抗击外敌入侵的第一次完全胜利。这一伟大胜利，彻底粉碎了日本军国主义殖民奴役中国的图谋，洗刷了近代以来中国抗击外来侵略屡战屡败的民族耻辱；重新确立了我国在世界上的大国地位，中国人民赢得了世界爱好和平人民的尊敬；开辟了中华民族伟大复兴的光明前景，开启了古老中国凤凰涅槃、浴火重生的新征程。这一伟大胜利，也是中国人民为世界反法西斯战争胜利、维护世界和平作出的重大贡献。他强调，要着力研究和深入阐释中国人民抗日战争的伟大意义、中国人民抗日战争在世界反法西斯战争中的重要地位、中国共产党的中流砥柱作用是中国人民抗日战争胜利的关键等重大问题。[①] 2020 年 9 月 3 日，

---

① 《习近平在中共中央政治局第二十五次集体学习时强调：让历史说话用史实发言　深入开展中国人民抗日战争研究》，《人民日报》2015 年 8 月 1 日。

习近平总书记在《在纪念中国人民抗日战争暨世界反法西斯战争胜利75周年座谈会上的讲话》中指出:"中国人民抗日战争胜利是中国共产党发挥中流砥柱作用的伟大胜利。……中国共产党以卓越的政治领导力和正确的战略策略,指引了中国抗战的前进方向,坚定不移推动全民族坚持抗战、团结、进步,反对妥协、分裂、倒退。……中国共产党人勇敢战斗在抗日战争最前线,支撑起中华民族救亡图存的希望,成为全民族抗战的中流砥柱!"①的确,自鸦片战争始至抗日战争前,中国在抗击外来侵略的战争中屡战屡败,但在抗日战争中取得了第一次完全胜利,其原因是多方面的,最重要的是有了中国共产党。正如1938年5月毛泽东在《论持久战》中所言:"今日中国的军事、经济、政治、文化虽不如日本之强,但在中国自己比较起来,却有了比任何一个历史时期更为进步的因素。中国共产党及其领导下的人民军队,就是这种进步因素的代表。"②即是说,正是有了中国共产党及其领导下的人民军队,高举抗日民族统一战线的旗帜,深入敌后建立根据地,发动群众开展抗日游击战争,开辟了敌后战场,同国民党正面战场相呼应,坚持持久抗战,中国人民才最终取得了抗日战争的伟大胜利,才能重新确立中国在世界上的大国地位,开辟中华民族伟大复兴的光明前景。这场战争的胜利,为新中国的诞生奠定了基础。可以说,中共的抗日战争在党的百年历史上写下了波澜壮阔的光辉篇章。

尽管中国在世界反法西斯战争中作出了巨大贡献,在战时被盟国公认为世界反法西斯四大国之一,但在战后,由于冷战的原因,中国抗战的贡献被西方所贬低,中共抗战的历史贡献被抹杀,中国成了"被遗忘的盟友"。中国共产党是在同日本法西斯的战斗中成长壮大起来的,成为中国抗战的中流砥柱,不仅深得全中国人民的拥护,而且其抗战的丰功伟绩在国际上广为传播。

---

① 习近平:《在纪念中国人民抗日战争暨世界反法西斯战争胜利75周年座谈会上的讲话》,人民出版社2020年版,第5—6页。
② 《毛泽东选集》第二卷,人民出版社1991年版,第449页。

从某种意义上可以说,中国共产党是在抗日战争中走向世界的。但战后至今,国际学术界对中共抗战的国际影响的研究还很不够,即便是国内学术界对中共抗战国际影响的研究也亟待加强。因此,深入探讨和论证中共抗战的国际影响,弥补国内外学术界研究之不足,是中国史学工作者义不容辞的责任。这也是撰写本书的初衷。

关于中共抗战的国际影响,中国史学者从中国史研究的视角已做了较深入的探讨,但从世界史视角研究中共抗战的国际影响的成果还比较零散。本书试图梳理和运用战时相关国家的档案文献资料,从外国人的视角来看中共抗战,以弥补国内外研究之不足。这是一个难度很大的课题,主要体现在:第一,要从浩瀚的多语种的档案文献中收集、选择与课题相关的史料,费时费力。第二,与课题相关的档案文献相当分散,从中梳理出课题需要的史料,犹如大海捞针。第三,这些档案文献分属"敌方"(日本)与"友方"(共产国际和苏联、美国和英国),各方立场不同,对中共的认知带有各自的意识形态色彩和不同目的。例如,作为中共"敌方"的日本法西斯搜集中共情报并加以研究,是企图消灭中共;作为中共"友方"之一的共产国际和苏联,是企图将中共统一纳入其掌控之中,用以支持苏联卫国战争;作为"友方"之二的美、英,是为了评估中共,确定能否联合中共力量维持中国抗战以牵制日本,从而有利于其在太平洋战场的反攻。本书将战时敌、友各方对中共的认知纳入同一部著作中进行研究,在观点把握上增加了难度。

但出乎意料的是,无论是敌方还是友方,都对中共的抗战给予了高度评价。习近平总书记曾强调,让历史说话,用史实发言。[①] 敌、友两方的档案文献中都有对中共抗战的真实评述,各自从不同的立场给予了肯定。例如,日方的情报资料认为,中共是纪律严明的政党,有以毛泽东为首的久经考验的领导集体,是领导持久抗战的核心力量;中共将马克思主义与中国革命的实践相结

---

① 《习近平在中共中央政治局第二十五次集体学习时强调:让历史说话用史实发言 深入开展中国人民抗日战争研究》,《人民日报》2015 年 8 月 1 日。

合,即与中国优秀的传统历史文化、现实社会相结合,实现了马克思主义中国化,使共产主义理论成为中国民众尤其是农民都能接受的理论;中共制定了符合中国国情的路线、方针和政策,能调动各方力量尤其是农民参加抗战,坚持和维护抗日民族统一战线;中共确定了以农村包围城市的战略,在广大的农村发动群众,开展人民抗日战争,以灵活机动的游击战术,不断打击和消耗着日军的有生力量。日方情报分析认为,中共是日本侵华的"最坚韧的敌人",难以"剿灭"。尽管如此,日方仍预言战后的中国是属于中共的。当然,日方是将中共界定为最难对付的对手,不是为中共评功摆好,只是通过情报认识和了解真实的中共,以便针对中共的特点寻求对策。现在,我们正是根据日方真实的情报,一方面能清晰地看出中共抗战对日方的致命打击,另一方面也能清晰地再现中共抗战的辉煌历史。

又如,美方政界、军界人士和其他人士对中共进行了深入考察,本书将他们视为"观察家"。美方观察家通过对中共中央所在地延安和各敌后抗日根据地的考察,厘清了中共与苏联、共产国际的关系,即中共与苏联、共产国际保持着友好关系,但不是听命于苏联和共产国际,而是具有自主性和独立性;同时,中共也视美、英等国为盟友,寻求得到美、英等国的支持。美方观察家充分肯定了中共将马克思主义与中国革命的具体实践相结合,创新出中国化的马克思主义,使其符合中国国情,用以指导敌后战场的抗战。美方观察家认为中共制定的路线、方针和政策,代表了中国广大民众的利益,深受各阶级各阶层民众的拥护;中共边区政府是世界上最廉洁、高效的政府,中共军队是世界上装备和待遇最差却有着高昂斗志和很强战斗力的军队;中共具有大局观,在国民党屡屡挑动反共高潮时,都能着眼抗日大局,有理有利有节地展开斗争,在斗争中求团结,维护了以国共联合为核心的抗日民族统一战线,维持了中国抗战大局。美方观察家认为,中共对延安和各根据地的建设是新中国的试验田,未来的中国是属于中共的。他们还认为,中共是值得信赖和合作的政党。美方观察家的所见所闻受到美国政府和罗斯福总统的高度重视,以致在国民党发动反共高潮时,美国政府主动出面干涉;当国民党政府组建参加旧金山联合国制宪会议代表团排斥中共代表时,连罗斯福总统都致电蒋介石进行干预,迫使蒋介石同意中共代表董必武作为中国代表团成员出席旧金山会议,扩大了中共在国际上的影响力。当然,美方观察家尤其是美国政府对中共的肯定和赞赏,主要是从世界反法西斯战争的大局出发,愿意联合中共抗击日本,但并不表明其赞同战后中国由中共执政。因而,日本投降之后,美国对中共的政策发生了逆转,走上了扶蒋反共的道路。尽管如此,战时美国政府和民间与中共的友好交往,成了中美关系史上的一段佳话。

本部著作是团队智慧的结晶。《外国档案文献中的中共抗战》是国家社科基金抗日战争研究专项工程"世界反法西斯战争史(含中国抗战)档案资料收集整理与研究"项目的阶段性成果。2016年6月25日,全国哲学社会科学工作办公室正式下达该项目立项通知书后,课题组首席专家胡德坤教授按照项目要求,在中国第二次世界大战史研究会支持下,组织了一个大型研究团队开展工作,在查阅大陆和台湾相关档案馆馆藏档案的基础上,先后多批次派出多个语种的研究人员,赴美国、日本、俄罗斯、英国、法国、德国等国查阅收集关于"二战"的历史档案文献资料,直至新冠疫情在全球蔓延才中止。通过在国外收集关于"二战"的历史档案文献资料,我们发现各国相继开放的"二战"时期的档案,数量之大,可谓汗牛充栋,我们研究团队能收集回来的档案文献只不过是九牛一毛,深感要在五年内完成"世界反法西斯战争史(含中国抗战)档案资料收集整理与研究",可谓自不量力。据此情况,在2018年项目中期检查后,本课题组决定将赴国外查阅档案文献的重点放在与中国战场有关的问题上,但2020年新冠疫情全球大流行,又使得课题组赴国外查阅档案文献的工作中断。在这种情况下,课题组认为疫情期间研究也不能中断,便决定在已收集的外国档案文献中选取与中共抗战相关的资料开展专题研究,于是形成了这部书稿。诚如前面所述,由于对国外的档案文献资料查阅收集尚欠完整,这部书稿只能算作阶段性成果,待档案文献资料充实之后,再行修订。

  谨以此书献给伟大的中国共产党 104 年华诞！献给中国人民抗日战争暨
世界反法西斯战争胜利 80 周年！

2025 年 1 月于武汉大学珞珈山

第一章
全民族抗战时期美方观察家对中共马克思主义中国化的认知

▲冈瑟·斯坦因著《红色中国的挑战》(*The Challenge of Red China*)书影(纽约和伦敦：怀特利塞出版社1945年版)。

冈瑟·斯坦因根据采访记录及边区见闻出版了《红色中国的挑战》一书。书中详细介绍了陕甘宁边区中共的组织建设、军备整训。冈瑟·斯坦因曾与毛泽东对中共的纲领及政策进行过多次长谈。在冈瑟·斯坦因看来，中共是"中国自己的共产主义"，具有中国特有的文化内涵，"马克思主义已然中国化了"。

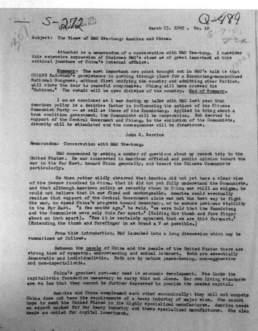

◀《冈瑟·斯坦因同毛泽东的采访摘要》（*Excerpts From Gunther Stein's Notes of Interview with Mao Tse-tung*），1944 年 7 月 14 日，记录者冈瑟·斯坦因（美国国家第一档案馆藏）。

这是谢伟思转呈的冈瑟·斯坦因同毛泽东的访谈记录。在斯坦因看来，中共对马克思主义的信仰并非因循守旧执念于马克思主义教条，而是一种"再发现"；中共对马克思主义的热忱并不是出于理论迷信，而是因为他们坚信，马克思主义哲学对他们政策的成功有非凡意义，中共的理论创新是"马克思主义的现实应用"。

▶《毛泽东关于中美关系的认知》（*The Views of Mao Tse-tung: America and China*），1945 年 3 月 13 日，记录者约翰·谢伟思（美国国家第一档案馆藏）。

据谢伟思与毛泽东的访谈记录记载，毛泽东向谢伟思解释了中共对世界局势及战局前景的战略思考。毛泽东告诉谢伟思，中美两国应摒弃意识形态的分歧，基于反法西斯战争的共同战略目标，建立起密切合作。

从某种意义上可以说,中国共产党的发展史,就是探索"马克思主义中国化"的历史。随着时代的变迁,中国共产党对"马克思主义中国化"不断赋予新的内涵。自从中共确立了以毛泽东为核心的中央领导集体以后,在全民族抗战时期,"马克思主义中国化"进入一个新的时期,在国内外产生了广泛影响,尤其是在美国。

　　全民族抗战爆发后,一批美方观察家沿着埃德加·斯诺(Edgar Snow)的足迹来到边区根据地。1937年冬,埃文斯·卡尔逊(Evans Carlson)来到山西八路军总部,成为第一个访问敌后根据地的美国军官。1944年6月,21名中外记者组成西北参观团来到延安,其中包括5名美国记者。当年7月至8月,美军延安观察组(又称迪克西使团,Dixie Mission)18名成员先后抵达延安。最初,一些美国观察者对中共满怀偏见,有人甚至会质询:"中国共产党是不是一个个长着胡须,像野蛮人一样咕嘟咕嘟地喝汤?"[①]这种近乎荒诞的臆想绝非个案,正是那一时期美国政府及公众真实心理的写照。当同中共接触时,这些观察家最为关心以下几个问题:中国共产党领导的是什么样的革命? 中国共产党和苏联的联系有多密切,是否真的受其遥控? 美国应如何处理同中共的关系,并据此调整远东战略?

　　随着观察的展开与深入,卡尔逊、美国记者们以及美军观察组成员的疑虑被彻底消除了。在延安及其他抗日根据地的亲身调查和见闻使他们认识到,中国共产党同美国人理解中的"共产党"并不相同——中共是独立于共产国

---

　　① 牛军:《从延安走向世界——中国共产党对外关系的起源》,中共党史出版社2008年版,第20页。

际的革命政党,拥有完全自主的组织;中共的革命主张也同苏联和共产国际的不尽相同,是立足于中国实际情况的、具有中国特点的共产主义。基于这样的认知,美方观察家通过各种方式、渠道发声,向美国政府及公众展现一个真实、立体的中国共产党形象,从而影响美国政府的战略思维和对远东政策的制定。

目前,国内学者关于抗战时期中共国际形象的塑造和此过程中的国共舆论宣传战①、美方观察家与中共的交往互动②及对中共认知的改变③已有非常丰硕的研究成果。与此同时,相关原始档案的收集、整理与基于此的研究也极为繁荣。④ 但在这些研究之外,仍有一些问题值得思考,那就是:美方观察家为何会有"何为中国共产主义"的疑问?随着观察调研的深入,最初对中共的重重疑窦是怎样逐渐消弭的?美方观察家对中共和中共纲领的全新认知,又是如何影响了战时中美关系及美国的远东战略安排的?要回答这些问题,需要从战时美国的文献资料中去爬梳、辨析。

一、中共是独立自主的政党

马克思在《共产党宣言》中写道:"一个幽灵,共产主义的幽灵,在欧洲

---

① 洪富忠:《抗战时期中国共产党国际形象的建构——以大后方为中心的考察》,《党的文献》2019 年第 6 期。吴志娟:《一九四四年中外记者西北参观团与国共舆论宣传战》,《中共党史研究》2016 年第 5 期。王晓岚、戴建兵:《中国共产党战时对外新闻宣传研究》,《中共党史研究》2003 年第 4 期。

② 张克明、刘景修:《抗战时期美国记者在华活动纪事》,《民国档案》1988 年第 2 期;于安龙:《中国共产党讲述"延安故事"的经验与启示——基于延安时期与外国记者互动的视角》,《党的文献》2019 年第 4 期。

③ 诸葛蔚东、倪思洁、马晨一、陈瑜:《延安时期中共对日宣传策略研究——基于美军观察组〈延安报告〉的考察》,《党的文献》2020 年第 4 期。

④ 吕彤邻主编、蔺晓林编:《美国眼中的中共宣传资料 1940—1946》(《外国观察者眼中的中共抗战:美军观察组延安机密档案》丛书),上海远东出版社 2019 年版。中央档案馆编:《中央档案馆藏美军观察组档案汇编》(影印版),上海远东出版社 2018 年版。

游荡。"①马克思之所以会使用"幽灵"这一措辞,正是因为资本主义国家对共产主义及共产党充满恐惧。在他们眼中,共产主义似乎都是"妖魔"(Bogy)。② 早在十月革命爆发后,美国高层对苏俄和中国革命的联系就极为警惕。③ 1927 年 4 月李大钊被捕时,北京政府抄检出大量中共同共产国际的往来文件。这些文件公布后,在美国引发了巨大震动。④ 一时间,美国国内关于共产主义的恐惧心理极度增长,一些宣传小册子甚至直接以《赤手抓中国》为标题,封面上画着一双从西北方向伸来的红色巨手,正紧紧地攫住中国的版图,其内涵所指不言而喻。⑤

这种猜疑随着国共内战的爆发与升级而持续增强,至全民族抗战爆发之前达到顶峰。今天可见的美国国务院档案中保存着一份题为《1931 年中国共产主义情形》的文件。这份文件的底稿最初由一位国民党要员撰写,美国大使馆对此极为重视,将之翻译、增补后上呈国务院。文件的结论部分这样写道:"谁还会质疑……克里姆林宫的阴谋者正费尽心机意图建成独立的苏维埃中国,将之网罗进苏联体系? ……政治家们吹毛求疵于该如何正确使用政治术语;空想家或是做梦通过宣传标语统治中国,或是对官职权力划分抱怨不已。难道他们没有意识到,这些鸡毛蒜皮的争论已经削弱了国家的生命力,为共产主义病毒(Virus of Communism)打开门户;而它顷刻间便将毁灭一切!"⑥尽管 1927 年从苏联大使馆搜查出的文件并无任何直接证据能表明中共同苏

① 《马克思恩格斯选集》第 1 卷,人民出版社 2012 年版,第 399 页。

② Harrison Forman, *Report From Red China*, New York: Henry Holt and Company, 1945, p.176.

③ "Russian Influences on the Chinese Revolution: 1917 – 1927", *Records of the Division of Chinese Affairs*, Subject File 1944–1947, NND Number: 760213, Box 9, RG 59, NARA, in College Park.

④ "Bolshevik Activities in China II: Some Documents Seized in the Soviet Military Attaches Office at Peking on April 6, 1927", *Records of the Division of Chinese Affairs*, Subject File 1944–1947, NND Number: 760213, Box 9, RG 59, NARA, in College Park.

⑤ "Red Hands on China", *Records of the Division of Chinese Affairs*, Subject File 1944–1947, NND Number: 760213, Box 9, RG 59, NARA, in College Park.

⑥ "The Communist Situation in China, 1931", *Records of the Division of Chinese Affairs*, Subject File 1944–1947, NND Number: 760213, Box 9, RG 59, NARA, in College Park.

联有这样的阴谋,但美国人还是一厢情愿地相信自己的假想。① 基于这样的恐惧心理,许多美国人都认为:"全世界的民主国家应结为联盟,反对苏联以及中共。这是挽救亚洲乃至世界免遭赤化的唯一办法。"②可见,七七事变前,美国政界对中共谈虎色变。

由于斯诺的《红星照耀中国》描述了一个与美国及西方主流话语完全不同的中共形象,因此引起了美国及西方对中共的更多关注和思考。中共到底有没有"里通外国(苏联)"? 中共的共产主义同共产国际的主张有何联系和区别? 这些都是斯诺之后的美方观察家亟待探寻答案的问题。卡尔逊、哈里森·福尔曼(Harrison Forman)等美国记者以及美军延安观察组,都通过实地考察对此问题作出了坚定的回答:关于中国共产党,他们的第一直接感受是,中共所主张的是适合中国国情的共产主义。

应罗斯福总统的要求,美军卡尔逊上尉在华期间给总统私人助理玛格丽特·莱汉德(Margaret LeHand)写下了大量信件,报告自己的见闻及感受。在信中,卡尔逊将中共称为"所谓的中国共产党"(So-Called Chinese Communists)③。他认为,与苏联模式摧枯拉朽的"赤色革命"不同,中国共产党的纲领有着鲜明的中国特色。1937 年 12 月 12 日,卡尔逊来到位于山西临汾的八路军总部。在信中,卡尔逊记录了他同朱德的一番对话。朱德告诉卡尔逊,中共"并不计划一夕之间就将中国共产化。中国需要首先经历一个民主政府治理阶

---

① "The Soviet in China Unmasked: Documents Revealing Bolshevistic Plans and Methods, Seized in the U.S.S.R, Embassy, Peking, April 6, 1927", *Records of the Division of Chinese Affairs*, Subject File 1944–1947, NND Number:760213, RG 59, NARA, in College Park.

② "The Soviet in China Unmasked: Documents Revealing Bolshevistic Plans and Methods, Seized in the U.S.S.R, Embassy, Peking, April 6, 1927", *Records of the Division of Chinese Affairs*, Subject File 1944–1947, NND Number:760213, RG 59, NARA, in College Park.

③ 1937 年 11 月 29 日,卡尔逊在开往汉口的"武昌号"轮船上写信给莱汉德:"我将从汉口北上去西安,再继续向北前往延安,那是陕北'所谓的'中国共产党的首府所在。""29 November, 1937, Evans F. Carlson to Miss LeHand, S.S.Tuck Wo.Enroute from Nanking to Hankow", *President's Personal File 4951*, *Carlson*, *Captain Evans F.*, NARA, Franklin D. Roosevelt Presidential Library.

段,然后逐渐过渡到社会主义,最终发展至温和的共产主义。我们意图建立一个可靠的政府,使民众可以自由发声。这个政府须不断致力于提高贫苦人民的生活水平"①。为了更全面地观察中共的敌后根据地,卡尔逊还随游击队穿越正太铁路,行军到五台山。次年 3 月 4 日,卡尔逊结束考察,返回汉口的美国领事馆。他再次写信给莱汉德,重申道:"事实上,中国所谓的共产主义者和我们对该词汇的理解并不相同。"在卡尔逊看来,中国共产党人的"言行举止、处事风格"都同美国人较为类似,"更像是自由民主党,或是社会民主党人",他们"求索的是公正的社会及诚信的政府(Equality of Opportunity and Honest Government)"。②

　　1938 年 3 月下旬,卡尔逊开启了他的第二次敌后之旅。这次敌后之旅长达 1500 英里,卡尔逊在延安进行了长达 10 天的考察,又先后前往绥远、察哈尔等地,并再次造访山西八路军总部。广泛、深入的敌后调研使卡尔逊对中共及中共的革命纲领有了更为清晰、全面的认知。令卡尔逊感动的是,他发现敌后军民并未因为意识形态的差别而对美国或美国人抱有成见。恰恰相反,在所经过的每一处,他都能"真切感到一种热情友好的态度"③。

　　基于理性的观察,结合自己对美国战略局势的睿智思考,卡尔逊得出结论:武汉沦陷后,中共势必成为中国抗战的关键力量;中共也将会在可能爆发的美日冲突中,成为美国的坚定盟友。因此,卡尔逊强烈建议罗斯福,在为国民政府提供战略物资的同时,也应考虑为八路军提供武器装备,以充分发挥中共的力量。卡尔逊明确表示,美国根本不必担心中国会"赤化",因为中共所

---

　　①　"24 December,1937,Evans F.Carlson to Miss LeHand,Somewhere in Shansi,With the 8th Route Army",*President's Personal File 4951*,*Carlson*,*Captain Evans F.*,NARA,Franklin D. Roosevelt Presidential Library.

　　②　"4 March,1938,Evans F.Carlson to LeHand,American Embassy,Hankow,China",*President's Personal File 4951*,*Carlson*,*Captain Evans F.*,NARA,Franklin D.Roosevelt Presidential Library.

　　③　"15 August,1938,Evans F.Carlson to Miss LeHand,American Consulate General,Hankow,China",*President's Personal File 4951*,*Carlson*,*Captain Evans F.*,NARA,Franklin D. Roosevelt Presidential Library.

倡导的共产主义其实完全基于中国的文化心理。①

1938 年 11 月 15 日,卡尔逊自上海搭乘"肖蒙号"战舰(USS *Chaumont*)取道菲律宾返回美国。在离开中国的前夕,卡尔逊同上海几位精英人士举办了一次小型谈话会,这些人大都是著名的银行家、医生及教育家。卡尔逊惊讶地发现,这些社会上流人士竟然也对中共表示支持,甚至直言道:"中国唯一的希望就在于中共取得领导权,蒋委员长应当让贤于朱德。"沙龙上的见闻令卡尔逊兴奋不已,翌日,他一搭上战舰就迫不及待地写信给莱汉德:"听到这些,我简直深受鼓舞。"②卡尔逊关于中共的描述在美国产生了很大反响。一时间,"所谓的中国共产党"成了美军高级军政人员的惯用措辞。③ 甚至罗斯福本人在给卡尔逊的回信中,也直接采纳了这一表述。④ 卡尔逊并未解释,或者他当时还并未想到,中共为何是"所谓的共产党"。这一看似贬义的措辞,其实正彰显了中共的独立自主性。

卡尔逊离开中国之际,武汉已经沦陷,日军大举进攻岳阳,抗战进入最为艰苦的阶段。现实环境的需求使中共进一步开启了马克思主义中国化的探索。在中共扩大的六届六中全会上,毛泽东作《论新阶段》政治报告,明确提出了"马克思主义中国化"的历史命题。⑤ 整风运动后,持续推进马克思主义中国化,以更好地指导中国革命,成为全党共识。因此,1944 年夏,当又一批美方观察家来到延安时,他们更鲜明地感受到了这种"去苏联模式"。

---

① "23ʳᵈ September, 1938, Evans F. Carlson to Miss LeHand, American Consulate General, Hankow, China", *President's Personal File 4951, Carlson, Captain Evans F.*, NARA, Franklin D. Roosevelt Presidential Library.

② "15 November, 1938, Evans F. Carlson to Miss LeHand, Shanghai", *President's Personal File 4951, Carlson, Captain Evans F.*, NARA, Franklin D. Roosevelt Presidential Library.

③ Barbara Tuchman, *Stilwell and the American Experience in China*, Grove Press, 2001, p.536.

④ "15 November, 1944, F.D.R. to Evans F. Carlson", *President's Secretary's Files, China July-December*, Box 27, NARA, Franklin D. Roosevelt Presidential Library.

⑤ 中共中央文献研究室、中央档案馆编:《建党以来重要文献选编(1921—1949)》第 15 册,中央文献出版社 2011 年版,第 650—652 页。

　　1944 年 6 月，由 21 名中外记者及国民政府官员组成的"中外记者西北参观团"抵达延安，其中包括 5 名美国记者，分别是：美国合众社记者哈里森·福尔曼，《基督教科学箴言报》记者冈瑟·斯坦因（Gunther Stein），《时代》杂志、《纽约时报》记者伊斯雷尔·爱泼斯坦（Israel Epstein），《巴尔的摩太阳报》记者毛里斯·武道（Maurice Votaw）与《天主教信号杂志》记者夏南汉神父。[①]在去往延安之前，这些美国记者的内心同样充满了疑问。在所有记者中，福尔曼最善于思考、提问。在《北行漫记》（Report From Red China）中，福尔曼开篇便连发数问："封锁线内究竟发生了什么？这些共产党人真的像政府当局描绘的那样穷凶极恶吗？……他们和共产国际到底有什么联系？莫斯科方面给了他们什么指示，又施加了什么影响？"[②]爱泼斯坦在《我访问延安》（I Visited China）中也写道："中国共产党究竟是怎样一个群体？……到底是什么样的党派和军队能不仅代表上层，同时又反映中下层民众的利益？又是什么样的党派和军队能在敌后不断创建、坚守，并成功地扩大根据地长达七年之久？"[③]

　　1944 年 5 月 31 日，中外记者西北参观团经过位于山西吉县克难坡的阎锡山省府[④]，在此渡过黄河，进入陕甘宁边区。次日清晨，陕甘宁边区南部警卫司令王震亲自骑马前来迎接。跋涉数天后，一行人终于抵达延安。[⑤] 美国记者们惊讶地发现，这座"窑洞之城"（Cave-City）的精神面貌与传闻完全不同。斯坦因在《红色中国的挑战》（The Challenge of Red China）中描写了他初见的"红色中国首都"："这里祥和圣洁（Peaceful and Innocent），一派田园风

---

　　① 　其余人员包括：1 名苏联塔斯社记者普金科；9 名中国记者为《大公报》记者孙昭恺、《中国日报》记者张文伯、《扫荡报》记者谢爽秋、《国民公报》记者周本渊、《时事新报》记者赵炳烺、《新民报记者》赵超构、《商务日报》记者金东平、中央社记者徐兆镛、中央社记者杨嘉勇；2 名记者团领队为国民政府法院谢保樵、国民党中央宣传部邓友德；4 名记者团随员为魏景蒙、陶启湘、张湖生、杨西昆。

　　② 　Harrison Forman, Report From Red China, New York：Henry Holt and Company, 1945, p.2

　　③ 　Israel Epstein, I Visited Yenan：Eye Witness Account of the Communist-Led Liberated Areas in North-West China, Beijing：New Star Press, 2015, p.69.

　　④ 　《打倒侵略的敌人 争取最后的胜利》（阎锡山欢迎词），《革命行动》1944 年第 5 期。

　　⑤ 　《毛主席接见中外记者西北参观团》，《祖国呼声》1944 年第 6 期。

光。看起来不像中国共产主义的军事政治总部,反而更像是一所中世纪学校。原野荒芜但景色撩人,明晃晃的太阳照耀其上,仿佛一曲和谐的乡村快板。"①

继中外记者西北参观团到来后不久,7月22日及8月7日,美军延安观察组18名成员也先后来到延安。② 较之中外记者西北参观团,该观察组的规格更高,其成员由中缅印战区派出并直接对之负责。观察组的首要任务是搜集华北日军情报,救援美军飞行员;③同时,对中共展开全面深入的调查,据此为美军东亚战略安排提供参考。④ 除此以外,观察组还担负着另一层更为隐秘的使命,那就是扩大美国对中共的影响,控制苏联势力渗透,防止中共倒向莫斯科。在力劝罗斯福派遣观察组前往中共控制区的备忘录中,史迪威的政治顾问约翰·佩顿·戴维斯(John Paton Davies Jr.)便预设道:一旦苏联对日作战,"大批红军涌入中国,中共必然会受其影响和控制,……中国共产党拥有民众支持,以及苏联的武器、技术援助。坐拥这些人力、物力资源,中共很有可能最终击败中央政府;即便不能最终取而代之,至少也能掌握中国的半壁江山。可想而知,我们绝不希望'苏—中集团'的出现"⑤。然而,同卡尔逊一样,记者们和观察组刚抵达延安便发现,中共与莫斯科的联系微乎其微,更不存在遥控与依附。

延安的独立性显而易见地表现在诸多细节中。福尔曼发现,图书馆中除马列书籍之外,还有大量反映西方民主思想的著述;罗斯福、蒋介石、丘吉尔、

---

① Gunther Stein, *The Challenge of Red China*, New York & London: Whittlesey House, 1945, p.81.

② 《欢迎美军观察组的战友们》,《解放日报》(延安版)1944年8月15日,第1版。

③ David D. Barrett, *Dixie Mission: The United States Army Observer Group in Yenan, 1944*, Berkeley: University of California Press, 1970, pp.27-28.

④ Letter, Headquarters, Forward Echelon, U.S. Army Forces, China, Burma and India, 21 July 1944, Subject, "Dispatch of Observation Section to Areas under the Control of the Chinese Communists" File No. Geog V China 334, "Yenan Observer Group, Dixie Mission" Vol.1, Office of the Chief of Military History, Department of the Army, Washington, D.C.

⑤ David D. Barrett, *Dixie Mission The United States Army Observer Group in Yenan, 1944*, Berkeley, 1970, pp.22-23.

斯大林的画像在延安"政府机关、礼堂、兵营,甚至是商店及民宅都随处可见";斯大林在这里并不是苏联共产主义的象征,而是"联合国首脑之一,反法西斯的盟友";与四巨头相比,马克思与列宁的画像反倒像"革命年代的历史遗迹"。① 细心的斯坦因更注意到,"礼堂中悬挂的非共产主义三巨头(罗斯福、蒋介石、丘吉尔)画像都褪色了,绝对不像是因为我们来访才装模作样刚挂上去的"②。此外,这种独立自主性在延安艺术中也得到彰显——延安主要上映的是反映反法西斯战争形势的剧目。在福尔曼的摄影中,有两张表现当时经典剧目《第二战线》的摄影极为有趣。这部剧于诺曼底登陆后第三天便在延安上映,记者团应邀观看。福尔曼在《北行漫记》中对剧情进行了详细描述,极尽还原了节目中盟军士兵冲上滩头的英勇,以及希特勒和东条英机慌张的丑态。福尔曼同时发现,延安的音乐也不尽然是共产主义歌曲,还包括西方经典音乐《蓝色多瑙河》,以及当时美国最流行的歌曲《扬基·杜德尔》。

　　中共的独立性也映射在延安中央党校的建设方面。党校的教学不是照本宣科地研究马克思主义教条,而是通过交流实践经验来互相学习。记者团成员专门用了一整天来参观党校,他们惊讶地发现:"这里没有老师、没有教科书、没有讲座,似乎缺乏一般意义上学校所必需的要素。"③在校园中,中外记者们遇到的学员大都是各抗日战场调来的将领,或边区从事各行各业的人,他们几乎全部是中共党内身居要职的中高层干部;除营团旅长、军队政委、党政机关机要人员外,还有教师、作家、艺术家,以及各农场、工厂及合作社的劳动模范,其中相当一部分为女性。每个人都术业有专攻,他们彼此切磋,分享各自领域的独特经验,供大家学习实践中可能遇到的各种难题及解决方案,以此相互扩充知识。军事领导人如果不会解答社会、经济、教育等问题,就会被视为不合格,

---

　　① Harrison Forman, *Report From Red China*, New York : Henry Holt and Company, 1945, p.176.

　　② Gunther Stein, *The Challenge of Red China*, New York & London : Whittlesey House, 1945, p.84.

　　③ Gunther Stein, *The Challenge of Red China*, New York & London : Whittlesey House, 1945, p.149.

因为他无法帮助士兵解决具体困难。根据地负责人除要对重要政策了如指掌外,还必须精通战法战术。在根据地,每一位党员都必须了解新民主主义要旨,也要兼备处理各种事情的全面业务能力。只有这样,才能满足群众所需,更好地领导群众。斯坦因感叹道:"再没有哪所机构能比中共这座独特的干部院校更具创新性、实用性、更自由勃发,不受制于教条桎梏了。"①

来到延安不久,记者团和观察组成员便发现,美国向来关于中共与苏联"暗通款曲"的担心完全是非理性的。福尔曼回忆:"在同中共相处的五个月中,我并未发现任何蛛丝马迹能坐实他们和苏联勾结。延安没有苏式武器装备,没有苏联军事或政治顾问,苏联人也寥寥无几。"②谢伟思也就该问题撰写了专题报告。他明确表示,尽管中共和莫斯科确实存在沟通渠道,但这仅限于公开的无线广播方面。"延安同莫斯科之间最后一次通航是1942年。在那之前,双方一年的通航频率最多不过两次。所有飞机赴延安都须取得重庆方面许可,在兰州降落接受检查。飞机上只能装载驻延安苏联人员的补给物资和个人财产,且坚决不可搭乘非苏联国籍的人员。因此,从'外蒙古基地'飞抵陕北的苏联飞机除携带返程所需燃料外,根本不可能携带其他任何有用物资。"谢伟思特别强调道:"晋陕两省北部……除了延安再无机场可供苏联飞机降落。在美国观察员同中共的广泛接触中,并未发现任何苏联武器装备。"同时,谢伟思观察到,延安仅有的三位苏联人都"绝非位高权重之士",他们中文沟通能力不佳,对中国问题也不甚了解,同中共高层领导人关系疏离,"甚至就连冈野进③也不卖他们'面子'(face)"。"事实上,他们仅在大型聚会场合才会现身,届时他们不过是人群中的一员。"谢伟思特别声明,尽管延安同莫斯科的确存在联系,但"这仅存在于两党层面",没有任何证据表明"苏联政

① Gunther Stein, *The Challenge of Red China*, New York & London: Whittlesey House, 1945, p.150.

② Harrison Forman, *Report From Red China*, New York: Henry Holt and Company, 1945, p.176.

③ 即日本工农学校校长野坂参三。

府对中共存在任何遥控"。①

随着观察、分析的逐渐深入，一些极具洞见的记者和观察组成员还发现，中共的独立性在超越意识形态的外交理念中也有鲜明体现。中共从不掩饰希望同苏联建立更密切联系的意愿，并公开批评国民政府对苏联的敌意。尽管中共高层认为苏联的利益关乎人类利益②，但他们仍有着现实主义的外交思想。基于反法西斯战争的世界局势，中共迫切希望能同英、美也建立起密切合作。③ 在接受斯坦因的采访时，毛泽东向他解释了这样的理念："中国不能陷入单边外交的桎梏，……不论是倒向苏联疏离英美，抑或依赖英美敌视苏联都是不正确的。"毛泽东认为："意识形态的仇恨使重庆政府未能正确衡量苏联的国际战略地位。这使中国对外政策具有强烈反苏倾向；在导致中苏关系持续恶化的同时，也损害了中国自身利益，更威胁着世界安全。"④谢伟思也专门提交了题为《中共关于苏联在远东参战预期》的报告。谢伟思写道：中共领导人坦承，他们的确希望苏联作为远东一支不可忽视的政治力量最终能参与对日作战。但与此同时，中共又强调，抗日战争是一场民族解放战争。"独立自主"是中共一以贯之的坚定路线，他们认为抗日战争的制胜之道在于"全民动员"（Full Mobilization of the People）。虽然苏联参战可以加速日本战败，但同时也阻碍了中华民族为自决而战的革命目标。⑤

———————————

① S-285 Subject："Contact between the Chinese Communists and Moscow"，Records of the U.S. Internal Security Subcommittee of the Senate Judiciary Committee，*Amerasia Papers Collection*，Box 6 of 18，NND Project Number：883134，Entry：Amerasia，RG 46，in NARA I，Washington，D.C.

② 毛泽东：《苏联的利益和人类的利益一致》，载《毛泽东选集》第二卷，人民出版社1991年版，第593—601页。

③ James Reardon-Anderson，*Yenan and the Great Powers：The Origins of Chinese Communist Foreign Policy，1944–1946*，New York：Columbia University，1980.

④ Gunther Stein，*The Challenge of Red China*，New York & London：Whittlesey House，1945，pp.440–441.

⑤ Communication No.11 from John S.Service at Yenan entitled *Chinese Communists Expectations in Regard to Russian Participation in Far Eastern War*，March 14，1945，in *The Amerasia Papers：A Clue to the Catastrophe of China*，Volume II，Prepared by the Subcommittee to Investigate the Administration of the Internal Security Act and Other Internal Security Laws of the Committee on the Judiciary United States Senate，Washington：U.S.Government Printing Office，1970，pp.1405–1408.

综上所述,俄国十月革命后至全民族抗日战争爆发前,美国高层对中共充满政治偏见。在一些政客看来,共产主义已在中国蔓延,全世界的民主国家应联手遏制中国共产主义的发展。在斯诺《红星照耀中国》的启发下,美国有识之士卡尔逊、中外记者西北参观团中的美国成员,以及美军延安观察组都对这一问题进行了深入分析。他们均发现,中国共产党具有独立自主性,虽然与苏共有联系,但并不听命于苏共。同时,中共也迫切希望与美、英等盟国建立起密切合作。至此表明,中共具有放眼于世界全局的现实主义外交理念。

二、"中国自己的共产主义"

卡尔逊最初在信中提出"所谓的共产党"这一称呼时,"马克思主义中国化"这一命题尚未被正式提出。① 而当 1944 年美军延安观察组到来时,这一理论已完全成熟并被奉为圭臬,在根据地的生产、生活及宣传工作中均有体现。经过观察,记者们和观察组成员都发现,共产主义革命在中国具有鲜明的本土色彩,并不是臆想中可怖的"红色风暴",而是兼具了原本的理论内核以及中国独特的文化心理元素。福尔曼甚至直言:"根据苏联的词义界定,中国共产党并不算是共产党。"福尔曼分析道:"不可否认,在政党奠基之初,马克思列宁主义的确是其哲学内核,以及实用导向(Practical Guide)。但随着革命实践的开展,中共持续调整着自己的政策,在必要情况下作出折中。"在福尔曼看来,中共当前的政策"并不比美国人更加偏向共产主义"。② 一个问题随之而来:如果"中共并非一般意义上的共产主义",那么它究竟是怎样的共产主义呢? 在各自的著述与报告中,记者们与观察组成员都对这一问题进行了思考。

斯坦因从小在中国长大,对中国文化及政治环境都有较为深刻的了解。

---

① 黄力之:《毛泽东"马克思主义中国化"前史考略》,《毛泽东邓小平理论研究》2020 年第 8 期。

② Harrison Forman, *Report From Red China*, New York: Henry Holt and Company, 1945, p.176.

因此,较之其他记者,斯坦因的见解更为犀利,也唯有他慧眼独具地发现了中共同苏联共产主义理论的内在联系及本质不同。斯坦因写道:"中共将马克思主义作为正确的思维方式,……唯物主义方法论深入人心,即使是受教育程度最低的党员也能充分理解并遵照奉行。"即便如此,"中共并未因循守旧,拘泥于马克思主义教条。他们对马克思主义的热忱并不是出于理论迷信,而是因为中共坚信,马克思主义哲学对他们政策的成功有非凡意义"。作为一名外国人,能意识到这一点已经相当不易,但斯坦因并未满足于此,他进一步分析道:"在中共意识形态中,民族主义的色彩似乎比马克思主义更为浓烈。"斯坦因认为,虽然延安目前有许多看似照搬自苏联的元素,如劳模运动、合作社的标语等,但是"它们并未超越民族主义的重要性及主流地位"。斯坦因敏锐地感觉到,这些相似的元素绝不是简单机械的模仿,而是一种"再发现"(Rediscovery)。斯坦因总结道,中共在长期的内战及抗日战争中已积累起丰富经验,就像列宁"基于俄国现实环境将马克思主义大大发展",中共当前基于民族主义的理论创新也正是"马克思主义的现实应用"。①

在认识到共产主义具有本土民族色彩后,记者们有了新的思考:"中国的马克思主义究竟是'共产主义至上'(Communist First)还是'中国至上'(Chinese First)?"②在对毛泽东的采访中,武道和斯坦因都不约而同地提出了这一问题。对此,毛泽东作出了清晰回答。他以达尔文进化论以及华盛顿和林肯的民主理论为例,表示"科学无国界";中国共产党也"愿意吸纳一切对中国有益的外来文化因素"。但是,在借鉴、学习国外及中国历史上的理论时,不能"盲目机械地全盘吸纳或彻底否定,而应'批判接受'(Critical Acceptance)",甄别出"对中国有利的因素"。换言之,就是将马克思主义原理与"中国的实

---

①　Gunther Stein, *The Challenge of Red China*, New York & London: Whittlesey House, 1945, p.143.

②　Gunther Stein, *The Challenge of Red China*, New York & London: Whittlesey House, 1945, p.118.

际情况相结合，并在实践中依据具体情况进行调整"。至于马克思主义在中国的适用，毛泽东明确表示，依据中国目前的情况，共产主义革命的实现绝不会，也不能毕其功于一役。① 毛泽东开宗明义地表示："全世界共产主义唯一的共同之处就是都信奉马克思主义，仅此而已。"他进一步解释道："我们信奉马克思主义为自明之理，……但这并不意味我们将抛弃中国的文化遗产，否定其他非马克思主义西方思想的价值。……共产主义理论同共产主义社会组织是完全不同的两个概念，后者是前者的终极政治目标。全世界的共产主义者都要有意识区分二者。"毛泽东坦言，党内的确有声音希望速战速决地建立社会主义体系，但"基于中国现实环境，实现共产主义还需要很漫长的道路，短期内是不可能达到的"。他告诉斯坦因："在这样的现实环境下，中共无论如何都将长期实行新民主主义政策。"②他特别强调："我们中国人必须用自己的头脑思考问题，权衡什么才能在我们自己的土地上生长。"③

中共主张的共产主义独特性使一些观察家萌生了这样一个想法：中共不妨更改党派名称，使用一个西方观念中较为温和的措辞。在他们看来，这可以打消大部分西方人的恐惧和疑虑，更好地理解中共的政治理念及主张，从而进一步加强盟军同中共的对日军事合作。④ 毛泽东曾在采访中告诉福尔曼："苏联社会政治模式的共产主义并不是我们（当前）的奋斗目标……中共求索的

① Subject："Excerpts From Mao Tse-tung Interview with Maurice Votaw, July 18th, 1944", Records of the U.S. Internal Security Subcommittee of the Senate Judiciary Committee, *Amerasia Papers Collection*, Box 6 of 18, NND Project Number：883134, Entry：Amerasia, RG 46, in NARA I, Washington, D.C.

② Gunther Stein, *The Challenge of Red China*, New York & London：Whittlesey House, 1945, p.118.

③ Subject："Excepts From Gunther Stein's Note of Interview with Mao Tse-tung, July 14th, 1944", Records of the U.S. Internal Security Subcommittee of the Senate Judiciary Committee, *Amerasia Papers Collection*, Box 6 of 18, NND Project Number：883134, Entry：Amerasia, RG 46, in NARA I, Washington, D.C.

④ Gunther Stein, *The Challenge of Red China*, New York & London：Whittlesey House, 1945, p.106.

目标与林肯南北战争中的政治愿景一致,那就是解放奴隶。"他提醒福尔曼:"你们的所见足以证明,我们与苏联模式的共产主义完全不同。"福尔曼抓紧机会追问道:"中共为何不改名为'新民主主义'党?"毛泽东"摇摇头"回答说,名称不过是沿用下来的"标签",党派的本质及其实践才是最重要的。因此,"外界怎么称呼无关紧要。但如果我们突然改名,国内国际一定会有批评者大做文章,污蔑我们此举是意图掩人耳目。……我们绝不会改变名称,也没有必要这样做"。① 毛泽东这段话表明,在对共产主义的理解上,中共同苏联的差异很大,但中共仍是共产党,没有放弃实现共产主义的理想,也无须改名。

斯坦因对毛泽东的访谈长达 12 小时,在访谈中也提出了相同的问题:既然中共推动的是新民主主义革命,那么"有无可能改变'共产党'这一可怕的名字"? 据斯坦因回忆,毛泽东点燃两支蜡烛,端出村酿的葡萄酒招待他。两人秉烛把酒言谈甚欢,从下午三点一直聊到凌晨三点。斯坦因于是获知了更为详细、深入的解释。毛泽东分析称,摒弃"共产党"这一称呼是片面的:"没有共产主义的思想理论,我们无法领导中国现阶段的社会革命。没有新民主主义的政治体系,共产主义哲学就无法适用于中国的现实。"②这番理性的言论令斯坦因印象深刻。凌晨时分会谈结束,斯坦因起身告辞,虽然"浑身酸疼双眼灼痛",但却振奋不已。斯坦因意识到,"中共切实关心的是中国这片土地,而不是把耳朵贴紧在电台上,唯莫斯科之命是从"。他感叹道,中共仿佛已经"长大成人",不再受到其他外来力量的遥控,中共党员是"中国自己的共产主义者","马克思主义已然中国化了(Marxism has been made Chinese)"。③

---

① Harrison Forman, *Report From Red China*, New York: Henry Holt and Company, 1945, p.179.

② S-301 Subject: "Excepts From Gunther Stein's Note of Interview with Mao Tse-tung, July 14th, 1944", Records of the U.S. Internal Security Subcommittee of the Senate Judiciary Committee, *Amerasia Papers Collection*, Box 6 of 18, NND Project Number: 883134, Entry: Amerasia, RG 46, in NARA I, Washington, D.C.

③ Gunther Stein, *The Challenge of Red China*, New York & London: Whittlesey House, 1945, pp. 143-145.

　　谢伟思也认为斯坦因和武道对毛泽东的访谈极具参考意义。他特意将二人的访谈记录摘要附加在自己的报告后，直接呈送给中缅印战区。谢伟思对中共的政治主张作了清晰总结："过去 23 年中，中共对国内各阶层群体的团结或斗争有了显而易见的变化。他们的基本政策是新民主主义，革命目标是在保护私有财产的基础上，争取民族自决、民众自由。"① 谢伟思本人于 1944 年 8 月 23 日应邀与毛泽东进行了长达 6 小时的会谈。② 10 月 2 日，谢伟思撰写了《关于中共领导人整体印象的报告》。谢伟思坦言，在同毛泽东、朱德、周恩来等人朝夕相处中，他发现了"一种特殊的气质，即现实主义与实事求是的作风"。这种感觉与日俱增，令他"深感意外"。谢伟思写道："围绕不切实际的外国理论爆发激烈争论，这已是久远的过去时。当年纯粹的空想理论家（Pure Visionaries）或早不在其位，或已被历史淹没；只有实干家（Doers）留了下来。人人笃信，是否能在中国落实、奏效，是检验理论的唯一试金石。"③ 这正印证了毛泽东在《新民主主义论》中的论述："我们不是空想家，我们不能离开当前的实际条件。"④ 为了更直观地向美国军政高层展现中共对马克思主义的中国化，谢伟思特意翻译了《改造我们的学习》⑤等著述并上报。

①　S-301 Subject: "Views of Communist Political and Military Leaders, July 30, 1944", Box 6. *Amerasia Papers Collection*, NND 883134, Entry Amerasia, RG 46, NARA I, in Washington, D.C.

②　Subject: "Interview with Mao Tse-tung", Box 6 of 18, NND Project Number: 883134, Entry: Amerasia, RG 46, in NARA I, Washington, D.C.

③　Report No. 21, Entitled General Impression of the Chinese Communists Leaders from John Service, U.S. Army Observer Section, to Commanding General, U.S. Armed Forces, China-Burma-India Theater, in *The Amerasia Papers: A Clue to the Catastrophe of China*, Volume 1, Prepared by the Subcommittee to Investigate the Administration of the Internal Security Act and Other Internal Security Laws of the Committee on the Judiciary United States Senate, Washington: U.S. Government Printing Office, 1970, p.834.

④　《毛泽东选集》第二卷，人民出版社 1991 年版，第 684 页。

⑤　Subject: "How to Change the Way We Study", Records of the U.S. Internal Security Subcommittee of the Senate Judiciary Committee, *Amerasia Papers Collection*, Box 7 of 18, NND Project Number: 883134, Entry: Amerasia, RG 46, in NARA I, Washington, D.C.

中共是"中国自己的共产主义",这样的论述引发了美国高层的极大兴趣。但同时,他们也对此深感疑惑。中共为何会对马克思主义作出这样的调整?这些措施意味着什么,是否是中共为达到某种目的而使用的阴谋? 1944年11月7日,时任美国重庆使馆秘书的戴维斯向国务院递交了一篇著名的报告,题目即为《中国共产党有多"红"》(*How Red Are the Chinese Communists*)。作为与谢伟思齐名的"中国通",戴维斯对中国政治有深刻认知。他以惊人的灼见批驳了美国军政界对中共战时政策的怀疑,继而又分析了这种政策调整的原因及意义。戴维斯旗帜鲜明地写道,这种转变"绝非诡计多端的机会主义"(Scheming Communist Opportunism),而是"向原始革命热情的回归"(Pristine Revolutionary Ardor),其价值已"远远超越了正统共产主义本身"。戴维斯认为,中共之所以作出这样的调整,根本原因为中共领导人是"清醒的现实主义者(Realists)";尽管他们作出了极大妥协及折中,但这"决不能被误解作软弱或腐朽"。戴维斯紧接着强调:"中共是中国目前为止最坚韧、组织性最强、纪律最严明、最训练有素的团体。他们同蒋介石合作不是出于懦弱,而是因为具有相当的实力。"[1]中共战时立足于现实的政策,是将马克思主义与中国革命相结合的产物,是对马克思主义的发展与升华。正如毛泽东所言:"真正的理论在世界上只有一种,就是从客观实际抽出来又在客观实际中得到了证明的理论。"[2]

随着考察的深入,美国观察家们发现,中共的共产主义不仅具有独立性,更具有鲜明的特殊性;共产主义革命在中国被赋予全新的内涵,是对马克思主义的再发展和现实应用。这表现在三个方面:首先,中共的革命愿景与苏联完全不同,是为了争取民族自决、民众自由。其次,中共希望通过稳健、温和的

---

① "Memorandum by the Second Secretary of Embassy in China(Davies):How Red are the Chinese Communists?" in *Foreign Relations of the United States:Diplomatic Papers*, 1944, *China*, pp. 669-770.

② 毛泽东:《整顿党的作风》,载《毛泽东选集》第三卷,人民出版社1991年版,第817页。

"新民主主义"政策完成革命使命。最后,中国共产主义的特殊性根植于中国的民族文化心理,以及特殊国情背景,这也是最重要、最本质的一点。这样的特殊性令美方观察家深刻感受到,中共所主张的是中国自己的共产主义,马克思主义已然中国化。

三、"新中国的试验田"

在对中共革命的特殊性有了初步认知后,卡尔逊等美方观察家均在社会经济层面对中共的革命纲领进行了详细叙述。① 他们发现,中共将马克思主义与抗战现实相结合,不断调整政策,动员一切力量为抗战服务。经济层面的"马克思主义中国化"主要表现在三个方面:第一,将"双交双减"作为法律严格落实、推广。第二,实行公私兼营,鼓励投资与自由贸易。第三,建立农业合作社和互助组,动员、整合分散的劳动力及劳动资料。卡尔逊和继他之后来到延安的美国长老会传教士罗天乐(Stanton Lautenschlager)均对此有详细记录。但此时,中共对马克思主义中国化的探索刚起步不久,诸多经济措施尚在初步酝酿、局部试行中。至 1944 年,中外记者西北参观团和美军观察组来到延安时,中共的马克思主义新民主主义经济政策日臻完善,他们因此留下了更为翔实、丰富的记录与报告。

1937 年 8 月 25 日,中央政治局通过《抗日救国十大纲领》,其中第六条明确提出,"实行为战时服务的财政经济政策",目的是调动一切积极因素为抗战服务。卡尔逊在给莱汉德的信中特别强调,中共的战时经济政策非常稳健,并不包括大刀阔斧的"土地公有化及财产重新分配"。② 1938 年 5 月,卡尔逊

---

① 关于根据地的经济政策,请参考何刚:《抗战时期中国共产党经济政策述评》,《东南文化》1995 年第 3 期;范小方:《论抗战时期中国共产党的经济工作方法》,《中共党史研究》2005 年第 2 期。

② "4 March, 1938, Evans F. Carlson to LeHand, American Embassy, Hankow", *President's Personal File 4951, Carlson, Captain Evans F.*, NARA, Franklin D. Roosevelt Presidential Library.

抵达延安,与毛泽东进行过两次彻夜长谈。毛泽东告诉卡尔逊:"中共主张矿山、铁路及银行收归国家;成立合作社,鼓励私人企业;欢迎愿意与中国建立平等邦交的国家在华投资。"①

1938年5月15日,卡尔逊乘坐卡车离开延安,考察了绥远及察哈尔,又取道河曲进入山西,再次来到五台山地区的晋察冀临时政府,见到了聂荣臻。在卡尔逊看来,这半年来,根据地"最为鼓舞人心的巨变是地主、佃农,以及其他社会群体之间建立起了诚挚合作"。"双交双减"政策虽然尚未作为法令正式颁行推广,但在很多地方已经开始落实。② 这令他深感惊喜。聂荣臻也向卡尔逊介绍了边区的经济政策:"我们建立了集生产和消费于一体的合作社,但同时也允许私有企业自由运营,……与此同时,我们还协调根据地的农业生产,……这样根据地内的所有民众都可以受益。"聂荣臻自豪地说:"在过去一段时间,根据地政府已经通过鼓励垦荒,在四条铁路线之间增加了近10000英亩的耕地。"③

回忆自己的沿途见闻,卡尔逊作出一个设喻④:"这个被铁壁合围的封锁地是培育、检验新思想的试验田。"⑤他预想:"也许当日寇威胁不复存在时,这

---

① "15 August,1938, Evans F. Carlson to Miss LeHand, American Consulate General, Hankow, China", *President's Personal File 4951, Carlson, Captain Evans F.*, NARA, Franklin D. Roosevelt Presidential Library.

② "15 August,1938, Evans F. Carlson to Miss LeHand, American Consulate General, Hankow, China", *President's Personal File 4951, Carlson, Captain Evans F.*, NARA, Franklin D. Roosevelt Presidential Library.

③ Evans Fordyce Carlson, *Twin Stars of China: A Behind-the-Scenes Story of China's Valiant Struggle for Existence by a U.S. Marine who Lived & Moved with the People*, Beijing: Foreign Language Press, p.187.

④ 卡尔逊在访问中曾作过很多形象生动的比喻,如他曾把八路军的对日游击战比作"一大群黄蜂在骚扰袭击一头大象"。"24 December,1937, Evans F. Carlson to LeHand, Somewhere in Shansi, With the 8th Route Army", *President's Personal File 4951, Carlson, Captain Evans F.*, NARA, Franklin D. Roosevelt Presidential Library.

⑤ Evans Fordyce Carlson, *Twin Stars of China: A Behind-the-Scenes Story of China's Valiant Struggle for Existence by a U.S. Marine who Lived & Moved with the People*, Beijing: Foreign Language Press, p.187.

种新式生活早已深入人心并得以延续。这里也因而成为现世'乌托邦'(Prac-tical Utopia)的核心。"①这并不是卡尔逊第一次用"乌托邦"来形容根据地。1937年冬,他在洪洞八路军总部就曾发出这样的感慨:"假如中共的政治主张实现了,那么我真的来到了'乌托邦'。"②半年后,卡尔逊发现,中共果真秉持着实践检验真理的精神,铺垫着一条适用于中国的共产主义道路。1938年7月1日,卡尔逊挥别聂荣臻等人,继续东行。两年后,卡尔逊回忆起当时的情景,仍动情不已:"离开这个气氛友好、人人都矢志不渝的地方真令人感伤。这里的人们是'新中国试验田'的急先锋,也许不仅限于中国,甚或还包括西方。"③

　　1940年11月10日至18日,罗天乐考察了陕甘宁边区,并在延安停留了5天,④边区灵活温和的政策给罗天乐留下了深刻印象。在呈交给美国驻华大使纳尔逊·詹森(Nelson Trusler Johnson)的报告中,罗天乐特意用一个专题"延安的社会主义"(Socialism in Yenan)来介绍边区经济状况。罗天乐写道,延安温和的经济政策首先表现在土地政策方面:"土地革命中流亡逃窜的地主可以回归家园,中共承诺会归还其原有土地的80%;20%的土地则分配给无地贫农。地主将租金大大降低了25%,尽管如此,他们仍有非常可观的收入。"其次,延安也实行了鼓励私营工商政策:"欢迎资本允许资本家赚取丰厚利润,只有2%的企业是公有性质的。"同卡尔逊一样,罗天乐特别提到:"延安的

---

　　① Evans Fordyce Carlson, *Twin Stars of China: A Behind-the-Scenes Story of China's Valiant Struggle for Existence by a U.S.Marine who Lived & Moved with the People*, Beijing: Foreign Language Press, p.193.

　　② Evans Fordyce Carlson, *Twin Stars of China: A Behind-the-Scenes Story of China's Valiant Struggle for Existence by a U.S.Marine who Lived & Moved with the People*, Beijing: Foreign Language Press, p.68.

　　③ Evans Fordyce Carlson, *Twin Stars of China: A Behind-the-Scenes Story of China's Valiant Struggle for Existence by a U.S.Marine who Lived & Moved with the People*, Beijing: Foreign Language Press, p.198.

　　④ Margaret Stanley, Daniel H.Bays, and Nym Wales, *Foreigners in Areas on China under Communist Jurisdiction before 1949: Biographical Notes an A Comprehensive Bibliography of the Yenan Hui*, Lawrence: Center for East Asia Studies, University of Kansas, 1987, p.29.

领导人明确表示,不会立刻在中国施行'共产化',……在实现社会主义之前,中国应先完成工业化。"①詹森对罗天乐的报告大加赞赏,特意将之转呈国务卿,并说明:"罗天乐教授怀着开放的心态去往延安。他的观察客观公正、不偏不倚。"②

罗天乐离开根据地后,中共对"马克思主义中国化"的探索与实践并未停止。1941 年 5 月,《陕甘宁边区施政纲领》颁行,明文规定保护私有财产,鼓励投资及自由贸易。③ 1942 年 1 月,中央政治局通过《关于抗日根据地土地政策的决定》,正式将"双交双减"作为法令严格推行。④ 次年 10 月 1 日,中共中央发布《开展根据地的减租、生产和拥政爱民运动》指示,再次敦促该政策的落实,规定:"凡未认真实行减租的,必须于今年一律减租。减而不彻底的,必须于今年彻底减租。"⑤

1943 年 7 月,中共中央发表《为抗战六周年纪念宣言》,再次主张应"实行一个调节各阶级经济利益的民主集中的经济政策。……保护中小工业的生产,使之不受官僚资本与投机商业的打击"。同时,该宣言特别强调:"在实行这些新的经济政策时,必须首先废除一切妨碍公私生产积极性的现行财政经济政策。"⑥多元的经营性质大大提高了人们的劳动热情。弹药、石油等军工产业,以及被服、造纸等民生实业都获得了蓬勃发展。后来参观根据地的爱泼

---

① Subject:"What is Chinese Communists ? A Visit to Communist Territory in North-West China",*Central Decimal Files 1940-1944*,Box 5839,RG59,in NARA I,Washington,D.C.

② Subject:"Conditions at Yenan as Portrayed by a Foreign Observer, March 6, 1941",*Central Decimal Files 1940-1944*,Box 5839,RG59,in NARA I,Washington,D.C.

③ 《陕甘宁边区施政纲领——一九四一年五月一日中共陕甘宁边区中央局提出,中共中央政治局批准》,载华东师范大学历史系中国现代史教研室、资料室编:《中国现代史资料选辑》第 3 册(上),1978 年,第 64—67 页。

④ 《中共中央关于抗日根据地土地政策的决定——一九四二年一月二十八日中央政治局通过》,载上海师范大学历史系中国现代史教研室、资料室编:《中国现代史资料选辑》第 3 册(上),1978 年,第 85—89 页。

⑤ 《毛泽东选集》第三卷,人民出版社 1991 年版,第 910 页。

⑥ 中共中央文献研究室、中央档案馆编:《建党以来重要文献选编(1921—1949)》第 20 册,中央文献出版社 2011 年版,第 388 页。

斯坦就曾感叹道:"在边区,所有切实可行的事情都得到了实践。……中共基于现有资源,制定合理方案,以满足当前及未来的需求。"①

1944 年夏,记者团和观察组来到延安时,中共已制定了更为完善的经济政策,边区建立了适应抗日战争需要的比较完善的经济体系,"双交双减""公私合营"以及农业合作社、互助组等政策都已相当成熟。他们在著述或报告中均涉及了这些方面。同卡尔逊当时的所见一样,福尔曼也发现:"集体主义,这一苏共的基本准则,在当前的边区根据地并不存在,取而代之的是基于民主自愿原则的农业生产合作社及互助组。"②这令福尔曼惊讶不已,爱提问的他不禁再次发出两大疑问:"他们是共产党员吗?""这还算共产主义吗?"

结合亲身观察以及对毛泽东等人的采访,福尔曼对中共的经济政策有了更进一步的了解。在《北行漫记》中,福尔曼特意用一整个章节来介绍边区的合作社及换工制。福尔曼写道:"边区以财产私有制为基础,本着自愿原则,建立起了多种形式的小型合作社,来组织原本分散落后的个人主义农村经济。……约有 10 万农民加入了换工队,占到边区全部农业人口的三分之一。"福尔曼特别提及:"没有人是被迫参与合作的;相反,大家在目睹这种机制的高效性后都愿意加入。"福尔曼还将合作换工制同苏联集体农场制进行了比较。在他看来,尽管二者"确实有相似之处",但也有显著不同,因为"边区的农民仍保留着自己小块土地的所有权"。福尔曼因此创造性地提出,换工制"事实上更像是美国农场的联合收获"。③

福尔曼先前的疑问消除了。他在《北行漫记》中对那两个问题进行了详细阐释。福尔曼写道:"有两点在我脑海中越来越明晰。首先,中共正不遗余

---

① Israel Epstein, *My China Eye: Memoirs of a Jew and a Journalist*, San Francisco: Long River Press, 2015.

② Harrison Forman, *Report From Red China*, New York: Henry Holt and Company, 1945, p.76.

③ Harrison Forman, *Report From Red China*, New York: Henry Holt and Company, 1945, p.62.

力地努力探索,意图找到合理的方法,以适应边区的具体情况与需求。其次,中共现在的方略似乎已远远偏离了'共产主义',至少不是我们所理解的共产主义。"①令福尔曼叹服的是,正是这种"偏离正统"的共产主义施政理念及实践,开辟了边区经济的春天。新民主主义的经济建设也给斯坦因留下了深刻印象。他由衷地写道:"中共立足于中国社会,对共产主义进行全面的'中国化实践'。这绝不是仅停留于宣传,而是无可辩驳的事实。"②

契合中国实际的马克思主义促进了中共组织建设的蓬勃发展。斯坦因注意到,"截至1944年底,中共党员数量达到129万左右,其中93%是在1937年之后加入的。这新增加的成员中有90%是农民,而其中相当一部分来自中农阶层(Middle Peasants);他们有着鲜明的小资产阶级(Pretty-Bourgeois)及民族主义色彩"。斯坦因意识到,"这些新成员加入共产党,并不是由于熟读马克思、列宁、斯大林以及毛泽东本人的理论经典。……中共从日寇铁骑下解放了他们的家乡,又带领他们进行社会改革。正是在为争取民族自由浴血奋战,以及为推动社会进步艰苦斗争的过程中,这些民众逐渐接纳、信服了中共的领导。因为他们意识到,中共崭新的政策使实现这一双重革命成为可能"。斯坦因特别强调,这些新成员是"新民主主义范畴下的中共,与土地革命时期听命于共产国际的中共不可同日而语"。③

最为重要的是,中共崭新的政策保护了不同群体民众的利益,确实团结了一切可以团结的群体。在《红色中国的挑战》中,斯坦因记录了一段毛泽东同他的谈话:"我们根据民众意志及诉求来调整政策。我们的各级党组织都务

---

① Harrison Forman, *Report From Red China*, New York: Henry Holt and Company, 1945, p.61.

② "Excepts From Gunther Stein's Note of Interview with Mao Tse-tung, July 14th, 1944", Records of the U.S. Internal Security Subcommittee of the Senate Judiciary Committee, *Amerasia Papers Collection*, Box 6 of 18, NND Project Number: 883134, Entry: Amerasia, RG 46, in NARA I, Washington, D.C.

③ Gunther Stein, *The Challenge of Red China*, New York & London: Whittlesey House, 1945, p.146.

必遵守这一基本原则,时刻同群众的现实需要和愿望保持一致。"①斯坦因敏锐地发现,这种温和的新政策大大提升了民众对中共的同情,而这毫无疑问大大强化、巩固了敌后抗日民族统一战线。他写道:"中共及其当前拥护者,代表着中国最广泛的阶层。"②1944年9月至11月,记者团和观察组成员分别出发,前往边区各地进行考察。在后期的著述或报告中,他们无一例外都提及中共所得到的广泛民众支持。10月,雷蒙德·卢登(Raymond P.Ludden)等7名观察组成员从延安出发,跋涉近1000千米,参观了晋绥及晋察冀边区等地。返回延安后,卢登在报告中感叹:"共产党宣扬他们深受群众拥护,原来是真的!"③

兼容并蓄的经济政策是新民主主义革命纲领的一部分,是中共灵活运用马克思主义解决中国实际问题的典范,是中共在革命年代基于现实不断探索、试验的成果,也是毛泽东《新民主主义论》的实践效果。毛泽东写道:"我们民族的灾难深重极了,惟有科学的态度和负责的精神,能够引导我们民族到解放之路。真理只有一个,而究竟谁发现了真理,不依靠主观的夸张,而依靠客观的实践。"④正是秉持着这种实事求是的精神,中共坚持不懈地践行着"中国化马克思主义"的理论路径。这些努力取得了极大成果。在给妻子的信中,爱泼斯坦激动地写道:"这里的人和事都比中国其他地方更加富有生气,一切都

① Gunther Stein, *The Challenge of Red China*, New York & London: Whittlesey House, 1945, p.120.

② Subject: "Excerpts From Mao Tse-tung Interview with Maurice Votaw, July 18th, 1944", Records of the U.S. Internal Security Subcommittee of the Senate Judiciary Committee, *Amerasia Papers Collection*, Box 6 of 18, NND Project Number: 883134, Entry: Amerasia, RG 46, in NARA I, Washington, D.C.

③ S-371 Subject: "Secret Report No.137 of February 12, 1945 from George Atcheson in Chungking to the Sec. of State, forwarding Second Sec. Raymond P. Ludden's Report on the subject: Popular support of Communists as evidenced by People's Militia organization in Shansi-Chahar-Hopei Communist Base", *Memorandum for Assistant Chief of Staff*, G-2, Folder S 370-394, Box 7, NND 883134, Entry Amerasia, RG 46, NARA I, in Washington, D.C.

④ 毛泽东:《新民主主义论》,载《毛泽东选集》第二卷,人民出版社1991年版,第663页。

是那么朝气蓬勃。……延安就是中国未来的缩影,下一个十年将证明这一点!"①谢伟思对此完全赞同,他在报告中也感叹道:"我完全赞同一位通讯员的观点……我们进入陕北深山,却探寻到了中国最为现代的地方。"②

综上所述,美方观察家以自己的所见所闻认识到,中共灵活的新民主主义经济政策取得了极为丰硕的成果。这些崭新的政策在提高边区人民生产积极性,推动经济发展的同时,还促进了中共自身的发展。与此同时,新民主主义经济政策切实维护了各个阶层的利益,从而强化并巩固了抗日民族统一战线。在后来的实地考察中,记者团与观察组的成员们都发现,中共的经济政策获得了广大群众真诚、热切的拥护,这正是延安及边区根据地现代性的显现,是新中国的试验田,也是中国未来的缩影。

结　　语

值得一提的是,观察组成员约翰·科林(John Colling)在回忆录《延安精神》中重新界定了"中国共产党"。科林爱好摄影,在根据地期间拍摄了大量珍贵照片,真实记录了八路军的训练、作战,以及根据地的生产、生活等各个方面。尽管科林不是观察组核心人员,不必像谢伟思和包瑞德那样奉命撰写报告,但读他的回忆录可以发现,科林的观点清奇有趣,常发独到之议论。与卡尔逊、福尔曼和斯坦因等人不同,在科林看来,"中国共产党"这一命名恰如其分,因为"他们同劳动、共甘苦,完全没有违背'共产'的中文字面意思"。科林认为,敌后根据地建设之所以能取得如此成功,是因为"中共忠于理想,忠于

---

① Israel Epstein, *My China Eye: Memoirs of a Jew and a Journalist*, San Francisco: Long River Press, 2005, p.186.

② S-299 Subject: "First Informal Impression of the North Shensi Communists Base", July 28, 1944, John S.Service, *Amerasia Papers Collection*, Box 6, Folders S-290-S299, NND 883134, Entry Amerasia, RG 46, NARA, I, Washington, D.C.

彼此"。多年后,科林回忆往事,仍感慨不已:"中共正是秉持这样的激情与执着,在内战中取得胜利,建立了新中国。"①从科林的界定可以看出,美方观察家对中共"何为中国共产主义"这一问题有了全新认知——从最初的"完全听命于共产国际",发展至"所谓的共产主义",再到"中国自己的共产主义",最后到"完全恰如其分的名称"。

与"何为中国共产主义"认知的变化相伴而生的,是美方观察家关于中共的理论与实践的认知——中共的理论指导是中国化的马克思主义;中共开辟和领导的抗日根据地,是"中国自己的共产主义"的成功实践,发展成为"新中国的试验田",进而发展成为"中国最现代的地方",乃至"中国未来之缩影"。

总之,无论是"所谓的中国共产主义"还是"中国自己的共产主义",都是一个意思,即中国特色的共产主义。这便是"何为中国共产主义"之正解。也正是在领悟到中共革命的中国特色后,美方观察家对中共形象的认知才发生了逆转。由此,从某种意义上可以说,中国共产党的百年发展史,就是不断探索"马克思主义中国化"的历史。随着时代的变迁,中国共产党不断赋予"马克思主义中国化"新的内涵。百年历史雄辩地证明:中共马克思主义中国化的理论符合国情,符合世情,具有强大的生命力;在中国共产党的正确领导下,我们一定能够实现中华民族伟大复兴。

---

① John Colling, *The Spirit of Yenan: A War Time Chapter of Sino-America Friendship*, Beijing: Foreign Language Press, 2004, p.27.

第二章

战时日方资料对中共马克思主义中国化的认知

▶日本大东亚省总务局编《中共概说》书影，1944年（日本国会国立图书馆藏）。

1942年9月1日，日本内阁决定设立大东亚省，管辖日本在侵华战争和太平洋战争中侵占的包括中国在内的各国各地区的领土，在占领区实行殖民统治。《中共概说》长达219页，全面而又详细地介绍了中共的组织建设、政治理论、政策策略、政权建设、军队建设、民众工作、经济建设、文化教育等。其中，对中共将马克思主义中国化给予了高度评价，认为在毛泽东领导下，中共将马克思主义与中国抗日战争的实践相结合，对马克思主义作了"创作式的自由解释"，变成了中国人易于接受的中国化的马克思主义，成为"中共新的政治纲领"，是"中共政治指导理论的集大成者"，是"中共意识形态发展史上的金字塔"。

▶日本华北方面军（多田部队）参谋部编《中国共产党运动的解说》书影，1941年2月27日（日本防卫省防卫研究所战史研究中心史料室藏）。

日本华北方面军参谋部在本书中指出，中共军队装备在世界上是最差的，却在华北同精锐的日军抗争达三年多，其"秘密"何在？其从中共的组织建设、政权建设、民众动员、军队建设、游击战争、经济政策等方面进行了探讨，认为中共最成功的"秘密"是在党政军各方面都能体现党是领导一切的，从而能坚持持久抗战。

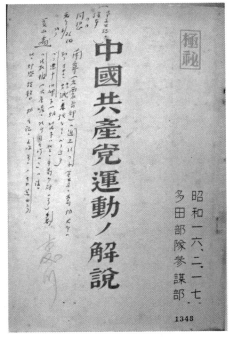

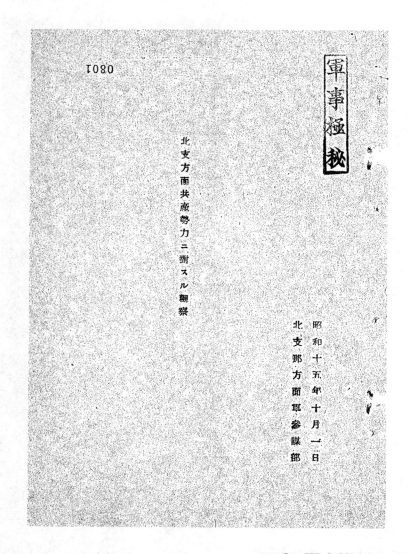

▲日本华北方面军参谋部编《对华北地区共党势力的观察》书影，1940年（日本亚洲史料中心藏）。

日本华北方面军于1937年8月31日设立，1938年武汉会战后主要对中共敌后战场进行治安战。《对华北地区共党势力的观察》重点探讨了中共在华北迅速发展的主要原因：以毛泽东为首的中共高级干部具有很强的领导能力，中共具有超强的民众动员能力，中共军队能巧妙地进行游击战等。

毛泽东曾深刻地指出:"自从有了中国共产党,中国革命的面目就焕然一新了。"①的确,自1840年鸦片战争始,中国逐渐成为西方列强共同支配的半殖民地半封建社会的国家,中国在反抗外来侵略战争中屡战屡败,但在抗日战争中没有重蹈历史覆辙,主要原因是有了中国共产党及其领导的人民武装力量。正如毛泽东所指出的:"我们依然是一个弱国,我们在军力、经济力和政治组织力各方面都显得不如敌人。"然而,"今日中国的军事、经济、政治、文化虽不如日本之强,但在中国自己比较起来,却有了比任何一个历史时期更为进步的因素。中国共产党及其领导下的军队,就是这种进步因素的代表"。② 同中国历史上其他政党不同的是,中国共产党是一个纪律严明的无产阶级政党。更为重要的是,抗日战争时期,中国共产党将马克思主义与中国革命实践相结合,将马克思主义中国化,再运用中国化的马克思主义指导中国抗战的实践,成为中国人民取得抗战胜利的关键因素。换言之,正是因为增加了中国共产党这一进步因素,所以决定了中国抗日战争必胜的前途。根据战时日方的情报资料,中共将马克思主义中国化,已为日方所认知,并被日方作为中共在抗战中蓬勃发展的关键因素。

事实上,日本敢于在1931年发动九一八事变,就是抓住了国共两党内战正酣的机会。国民党实施了"不抵抗政策",才使日本轻取中国东北。面对日本入侵,尚处于国民党军队"围剿"之中的中共,仍派出优秀干部赴东北组织

---

① 《毛泽东选集》第四卷,人民出版社2007年版,第1357页。
② 《毛泽东选集》第二卷,人民出版社1991年版,第449页。

抗日游击战争,使得日本占领区"治安恶化"。从 1933 年开始,日本关东军不得不使用重兵对中共抗日游击武装及其他抗日武装进行"讨伐"作战,但却未能扑灭抗日烈火。日本官方所著《战史丛书》承认,关东军"为了扫荡出没无常到处蜂起的匪群以及确保地区安定,(同占领东北时相比)如果按兵力和时间计算,的确是付出了 10 倍的努力,但仍未能完全达到目的"。① 伪满洲国军政部最高顾问佐佐木到一曾感慨地说:"根据我的观察,对于能不能预计在短期内把满洲国治安恢复到平静时期这一问题,很遗憾,我只能回答一个否字。"②日本深知,坚决主张抗日的中国共产党才是心腹之患。1935 年 8 月 1 日,中国共产党草拟了著名的《八一宣言》,后又公开发表,呼吁全国各党各派各军停止内战,捐弃前嫌,共同抗日。中共关于建立抗日民族统一战线的主张引起了日本的高度关注。日本当局最担心的就是中国国共和解,停止内战,一致抗日。因此,中共领导的工农红军于 1935 年 10 月到达陕北时,日本政府外、陆、海三相会议于 10 月 4 日制订了《对华政策的谅解》,③即"广田三原则",首次将"共同防共"作为对华政策三原则之一。1936 年 3 月 12 日,日本陆军省制订《关于防止山西省赤化的文件》,明确其方针是,由"冀察政府"协助山西省政府"扫荡"中共军队,日本方面可以出售武器弹药、飞机及借款,或者派遣军事顾问给予援助,还可以指导山西省政府阻止中共军队进入山西。陆军省还就这个文件同外务、海军两省达成了协议。④ 可见,此时日本十分担心中共势力扩展到山西省而影响其独占华北的计划。

　　1937 年,日军制造七七事变发动全面侵华战争,迅速侵占了中国华北、华中和华南的大片领土。中国共产党审时度势,决定深入敌后开展抗日游击战

---

　　① 防衛庁防衛研修所戦史室『戦史叢書 8:大本営陆军部 1』、東京:朝雲新聞社、1974 年、第 345 頁.

　　② 岩波講座『世界歴史 28:現代 5』、東京:岩波書店、1971 年、第 280 頁.

　　③ 外務省編『日本外交年表竝主要文書』下卷、東京:原書房、1978 年、第 303 頁.

　　④ 防衛庁防衛研修所戦史室『戦史叢書 86:中国事変陆軍作戦 1』、東京:朝雲新聞社、1975 年、第 71 頁.

争。中共领导的八路军、新四军先后挺进日本占领区，在敌后建立抗日根据地，开辟了敌后战场。从中共敌后战场开辟之日起，通过丰富的情报，日本对中共的观察和认知，随着时间的推移逐步由浅入深、由一般到重点、由局部到全局，不断深化。

早在 1938 年 11 月，伪华北新民会中央指导调查科在调查报告中就写道："中共是如何在乡村构建组织网，又如何在乡村扩充发展党组织？虽因情况而异，但对处女地则首先进行宣传工作再进入地下工作，或者是两者并行，多采用派遣工作人员建立基层组织，再由此'点'扩展至'面'的方法。但在未建立基层组织的地方，则采取用军队先进入，在相关地区创建很多的基层组织，再逐步凝聚力量进行扩展的方法。"①同年 11 月 18 日，日本华北方面军情报部门所搜集的关于中共的情报中，就断定"今后华北治安的对象是中共军队"②。1940 年 10 月 1 日，日本华北方面军参谋部对中共在华北地区的发展做了全面调查后，编写了《对华北地区共党势力的观察》，重点探讨了中共在华北迅速发展的主要原因：中共高级干部具有很强的领导能力，中共有超强的民众动员能力，中共军队巧妙地进行游击战。③

1941 年 2 月 17 日，日本华北方面军（即多田部队）参谋部编写的《中国共产党运动的解说》开篇就写道：日本建设"东亚新秩序"，即建设"以日本为盟主的共荣圈"已有三年半了，确保中国华北的治安也按部就班进行着，并收到了成效。然而，在这背后"仍然有一个潜在的病根，即一方面建设'东亚新秩序'的神圣事业不断快速前进，但另一方面这一病根也渐渐不断扩大，这一点是我们不能忘记的。此病根就是中国共产党"。时至今日，"中共军队的活动

---

① 防衛庁防衛研修所戦史室『戦史叢書 18：北支の治安戦 1』、東京：朝雲新聞社、1968 年、第 90 頁.

② 防衛庁防衛研修所戦史室『戦史叢書 18：北支の治安戦 1』、東京：朝雲新聞社、1968 年、第 94 頁.

③ 北支那方面軍参謀部『北支方面共産勢力に対する観察』、1940 年、JACAR（アジア歴史資料センター）：C04122556700、第 4-13 頁.

依然不断对我方警备见缝插针,持续不断开展,在游击根据地及游击区不断完成抗日的赤化工作。在全世界无论从哪个国家的军队来看都是粗劣装备与素质的中国共产党,和精锐的皇军持续进行了三年有余的抗争。那么,组织民众、不断整备政治机构的共产党到底是个什么样的党(组织)?以及其组织战斗力之秘密到底存在于何处?"①于是,日本华北方面军根据挖空心思搜集的关于中共的情报,编写了《中国共产党运动的解说》,其目的是供日本当局和侵华日军了解中共、打败中共,铲除妨碍日本侵华的"病根"。

1944年7月,日本大东亚省总务局编写的《中共概说》收录的关于中共的情报更加丰富,对中共的观察更加细致、更加深入,全面地介绍了中共如何将马克思主义中国化,创造性地开展党的建设,创新抗战理论和政策、经济和文化教育。正如此书"凡例"中所言,其目的是"使得中共的概貌能够一目了然"。②

一、中共是有中国特色的马克思主义政党

日方情报认为,中共在长期的党的建设中,形成了党政军民,党是领导一切的原则。

（一）中共是一个组织严密、纪律严明的政党

日本华北方面军(即多田部队)参谋部编写的《中国共产党运动的解说》指出,中国共产党和其他国家或者民族的共产党一样是共产国际的一部分,中国共产党也称"共产国际中国支部"。共产国际世界大会或者由该大会选出的共产国际执行委员会扩大总会派遣代表,中共接受其指导。③

---

① 多田部隊参謀部「中国共産党運動ノ解説」(1941年2月27日)、防衛研究所戦史研究センター史料室蔵、第15—16頁.

② 大東亜省総務局総務課編「凡例」、『中共概説』、1944年、国会国立図書館蔵.

③ 多田部隊参謀部「中国共産党運動ノ解説」(1941年2月27日)、防衛研究所戦史研究センター史料室蔵、第35頁.

　　中共设立全国代表大会,代表由各省代表大会选举产生,职责是:选举中央委员会及中央审查委员会、接受并审查中央委员会及中央审查委员会的报告、党纲的修订、通过有关一切政治战略及组织等问题之决议案。设立中央委员会,由全国代表大会选举,在全国代表大会闭幕期间,中央委员会作为党的最高机关,代表党指导一切。设立中央政治局,由中央委员会选举产生,在中央委员会闭幕期间指导党的政治活动。设立政治局常务委员会,由政治局选举产生,负责中央日常工作。中共中央下设组织部、宣传部、战时动员部、民运部、统一战线部、秘书部,另设有职工运动委员会、农民运动委员会、妇女运动委员会等。中共中央还设立各级审查委员会,负责监督各级党组织的财务和党务。①

　　中国共产党的组织原则是民主集中制。②《中共概说》指出,民主集中制的根本原则如下:(1)下级党部和高级党部从党员大会、代表会议以及全国代表大会选举产生。(2)各级党部关于选举需要作定期报告。(3)下级党部必须遵守上级党部的决议,严守党规,迅速且确实地执行共产国际执行委员会和党的领导机关的决议。管辖区域的组织为该区域内各分部组织的上级机关。党员对于党内问题,只能在相关权限机关作出决议前进行讨论。党员必须无条件执行共产国际代表大会、本党代表大会或党内指导机关提出的决议。换言之,即使有一部分党员或地方组织并不认同这些决议,也要无条件地执行。③

　　日本华北方面军(即多田部队)参谋部在《中国共产党运动的解说》中指出,中共有严密的地方组织系统。原则上依据全国行政区域划分的省、市、县设立各级党组织,另有片区设立中央派出机构,如中共中央北方局;北方局下

---

　　①　多田部隊参謀部「中国共産党運動ノ解説」(1941年2月27日)、防衛研究所戦史研究センター史料室蔵、第35-38頁.

　　②　多田部隊参謀部「中国共産党運動ノ解説」(1941年2月27日)、防衛研究所戦史研究センター史料室蔵、第40頁.

　　③　大東亜省総務局総務課編『中共概説』、1944年、国会国立図書館蔵、第2-3頁.

再设立各根据地的边区委员会。中共最基层的组织是党支部,每个党员都要参加一个支部,过党组织生活。中共有严格的纪律规定,下级党组织必须遵守上级党组织的决议,并迅速确实执行。党员对党内问题有争论的权利,在决议形成前可以提出,决议形成后必须无条件执行。党员若违规,会受到各种不同等级的处分。①

从上述日本情报机关的档案资料对中共组织系统的介绍可以看出,中共组织严密、纪律严明,这确保了中共具有顽强的战斗力。

(二)中共高级干部具有很强的领导能力

1940 年 10 月,日本华北方面军参谋部在《对华北地区共党势力的观察》中指出,陕甘宁边区的延安是中共本部所在地,由毛泽东坐镇统辖各根据地的党政工作,中共军队总指挥朱德总揽军事。中共另一位领导人周恩来及其以下的若干人员,因为国共合作而以政府委员的名义加入重庆国民政府中,虽都未被委以重要职位,发言权并不大,但最近局势的发展使他们的发言权有逐渐增强的倾向。在各根据地,有聂荣臻领导的晋察冀边区、刘伯诚(承)领导的晋冀豫边区、宋仁(任)穷领导的冀南边区、徐向前领导的苏鲁豫边区等。② 这些"中共军队的高级干部历经十几年不断艰苦斗争的历练之士,有相当的统帅之才,在巧妙指挥分布在广泛地域上的众多小股部队方面,尤其值得注意"③。

1943 年底,日本华北方面军参谋长大城户三治中将,在谈到同中共及八路军进行了三年"治安战"而无进展时,感慨道:"中国共产党及其军队拥有强

---

① 多田部隊参謀部「中国共産党運動ノ解説」(1941 年 2 月 27 日)、防衛研究所戦史研究センター史料室蔵、第 40–41 頁.

② 北支那方面軍参謀部『北支方面共産勢力に対する観察』、1940 年、JACAR(アジア歴史資料センター):C04122556700、第 4–5 頁.

③ 北支那方面軍参謀部『北支方面共産勢力に対する観察』、1940 年、JACAR(アジア歴史資料センター):C04122556700、第 7 頁.

大的势力……他们的首脑在长期的逆境中克服了种种困难,走过了苦难的历程,其坚强意志和智谋不是一般人所能达到的。"①

　　1944 年 7 月,《中共概说》也认为,在长期的革命斗争中,中共涌现了以毛泽东为首的一批党、政、军领导人。中共自建党以来,先后经历了陈独秀、李立三两个时代后,便进入了毛泽东领导的时代。毛泽东是中共第一次全国代表大会的党员,党龄很长,有优秀卓越的组织和领导才能,历经了残酷的党内斗争才取得了今日的地位。《中共概说》认为:"毛泽东的组织及领导,朱德、彭德怀的军事指挥,刘伯承的参谋,……张闻天的宣传,周恩来的外交,林伯渠的内政,这些都是被称道的党内各方面的杰出代表。"②《中共概说》还在"列传"栏目中介绍了中共领导人毛泽东、朱德、周恩来、刘少奇等共 70 人的简历。③

　　从上述日本情报机关的档案资料对中共领导层的介绍可以看出,日方认为,中共在多年的革命斗争历练中,涌现了一批卓越的党、政、军领导人,形成了以毛泽东同志为核心的中央领导集体,能确保对中共的领导,也为中国的持久抗战提供了保证。

（三）中共的政权建设

　　据《中共概说》,七七事变后,同年 8 月,中共军队改编为国民革命军;9月,经国民政府行政院批准,陕甘宁边区政府成立。陕甘宁边区便成为中共中央的所在地、中共军队的总后方、中国赤化的总据点、中国抗战的中心,更是事实上的苏维埃区,是中共以外的任何人都无法染指的特殊区域。这是中共领导的政权的第一种类型。中共的政权并不止于陕甘宁边区,在八路军、新四军游击作战的地区,被称为某某边区的地域层出不穷,其数量在整个中国范围内

---

① 防衛庁防衛研修所戦史室『戦史叢書 4:河南の会戦』、東京:朝雲新聞社、1969 年、第74-75 頁.
② 大東亜省総務局総務課編『中共概説』、1944 年、国会国立図書館蔵、第 22-23 頁.
③ 大東亜省総務局総務課編『中共概説』、1944 年、国会国立図書館蔵、第 24-32 頁.

约有 20 个。这些政权的形式为抗日民族统一战线的形式,中共在暗地里掌握着主导权。这些政权中时间最久、最具典型的政权是位于山西、察哈尔、河北三省的晋察冀边区。边区政权是抗日民族统一战线政府,但国民党系统的势力在其中很弱小,实权掌握在中共晋察冀军区司令聂荣臻手里,表面上是统一战线政权,内部实际上是赤色政权。这是中共领导的政权的第二种类型。华北赤色地区的政权大体属于上述陕甘宁、晋察冀两区那样的类型,而华中赤色地区的政权则带有浓厚的新四军游击根据地的色彩,堪称赤色地区政权的第三种类型。①

《中共概说》指出,第二次国共合作后中共根据地发展迅速,至 1944 年初,已发展到陕西、甘肃、宁夏、山西、察哈尔、绥远、河北、山东、河南、江苏、安徽、湖北、浙江等省。

1. 八路军在非日军占领区建立的根据地

陕甘宁边区。范围:东至山西省境,北至绥远省境,西至甘肃省平凉以东,南至陕西省西安以北。包括 34 个县,约 200 万人口。

2. 八路军在日军占领区内建立的主要根据地

(1)晋察冀边区。范围:山西省太原以北,大同以南,察哈尔省的西南隅,河北省的保定、天津、沧县以南,大名以北,河北、山西省境以东的大部分地域。包含约 99 个县,八路军兵力约 2.98 万人。

(2)晋冀鲁豫边区。范围:北境为正太铁路一线,西境为同蒲铁路南段一线,南境为从陇海铁路渑池附近到东面的徐州附近一线,东境为从徐州沿津浦铁路北上至东光附近,又从东光与石家庄相连的一线。包括约 162 个县,八路军兵力约为 7.01 万人。

---

① 大東亜省総務局総務課編『中共概説』、1944 年、国会国立図書館蔵、第 11-12 頁.

（3）鲁苏豫边区。范围：北面为天津、塘沽以南，西面为津浦线以东，南面为徐州以东的陇海线北部，整个山东省地域为其实质的中心。包括86个县，八路军兵力约3.12万人。

（4）晋西北边区。含晋西北区和塞北区。晋西北区范围为山西省西北部，处于同蒲铁路以西、黄河以东的中间地带，北边以长城为境，包括28个县。塞北区位于长城与黄河以北的绥远省，南部与晋察冀边区、晋西北区、陕甘宁边区接壤，包括17个县。两个区的八路军兵力合计约为4.38万人。

3. 新四军在日军占领区内建立的主要根据地

（1）苏中区。范围：以扬子江为线，西境为从镇江对岸北上到高邮湖北端一线，北境则为从高邮湖一直到东海一线，东境为海岸线，整个区域还包括崇明岛。含有16个县，兵力有新四军第一师。

（2）苏南区。范围：江苏省内扬子江以南的地区，包括上海、苏州、镇江、南京等大都市。含有17个县，兵力有新四军第六师。

（3）苏北区。范围：苏中区以北的江苏省地区。苏北区北境为陇海线，西境为大运河，东境为江苏北部的沿海一线。中共将其划分为盐阜区和淮海区。盐阜区是以盐城和阜宁为中心的9个县区，是中共重要的根据地。淮海区以灌云、宿迁、淮安等7个县为中心。兵力有新四军第三师。

（4）淮南苏皖边区。范围：淮河以南的津浦路以东的4个县和津浦路以西的8个县。兵力有新四军第二师。

（5）淮北苏皖边区。范围：淮河以北，津浦铁路徐州到蚌埠段东部的安徽和江苏的一部分地区。含有15个县，兵力为新四军第四师。

（6）豫皖苏边区。在行政上分为淮上地区、路南地区、豫东地区。范围：东境为津浦线徐州、蚌埠段以西一线，北境约为陇海线徐州、兰封段以南一线，南境为从河南的商水附近向南至蚌埠一线。包括20个县，兵力为新四军第五师。

（7）豫鄂边区。在行政上分为鄂东地区、鄂中地区、靳鄂地区、天汉地区、武鄂地区、信南地区，包括 30 个县。豫鄂边区以武汉三镇为中心，北至河南的信阳、横川一线，东至扬子江岸的望江、彭泽附近一线，南至武穴到临湘附近一线，西至江陵、远安、枣阳一线。兵力为新四军第七师。

（8）浙东区。范围：杭州湾南岸、沪杭铁路两侧的地区，包括 7 个县，分为三北区和南山区。兵力为新四军浙东游击纵队。

以上资料并不是很准确，但可说明中共控制的范围在迅速扩大。此外，《中共概说》还透露：根据情报显示，中共的势力已经渗透到"满洲国"内部，因此需要严戒。在华南有中共南方局在活动，在海南岛盘踞有中共领导的琼崖赤色自卫队，称其直接受延安的领导，构成了日军在海南岛内进行开发的一大障碍。①

综上，七七事变后中共的根据地政权与七七事变前中共的苏维埃政权性质是不同的：前者以推翻国民党反动统治为目标，后者以联合国民党共同抗日为目标，是中共抗日民族统一战线政策的体现。但在抗日根据地的边区政府中，中共起领导作用，体现了在抗日民族统一战线中的独立自主性。在中共的正确领导下，从 1937 年到 1944 年春，抗日根据地从陕甘宁边区一块，已发展遍布至华北、华中日本占领区，中共军队内党员发展到 7.77 万人，中共武装正规军发展到 23.59 万人（其中，新四军为 6.2 万人）。② 关于中共非正规军的规模，对八路军的非正规军没有统计，但对新四军的非正规军统计为 25 万人。③ 对于中共的发展势头，《中共概说》写道："中共的先驱苏联共产党凭借300 万党员掌握并领导了 2 亿俄罗斯民众。中共在其影响下，如果将边区总人口看作约 1 亿，掌握这些民众就需要 150 万党员。换言之，当中共拥有 600

① 大東亜省総務局総務課編『中共概説』、1944 年、国会国立図書館蔵、第 17-21 頁.

② 该数字是日方情报机关的统计，与我方的统计有出入，但可以证明中共领导的八路军抗日根据地发展迅速，故保留其统计。

③ 大東亜省総務局総務課編『中共概説』、1944 年、国会国立図書館蔵、第 17、19 頁.

万党员之日,那么就是中国的赤化之时。"①可见,《中共概说》已从中共抗日力量的发展趋势预测到未来中国是属于中共的。

(四)中共领导的军队建设

七七事变后,中共抗日武装在同日军的战斗中迅速发展壮大,军队建设也进一步得到加强,从而提升了军队的战斗力。

1. 中共抗日武装发展迅速

日本大东亚省总务局编写的《中共概说》回顾了中共军队创建发展的历史,认为中共军队发端于 1927 年的南昌起义、秋收起义,1932 年初已发展到 30 万人,建立了 6 个苏维埃政府。从 1930 年起,中共军队遭到国民党军队的大规模围攻,人数减少到 10 万人,1934 年被迫长征,1935 年到达西北陕甘地区,估计不足 5 万人。1936 年 12 月的西安事变使国共两党停止内战。1937 年七七事变后,国共再度合作,中共军队的主力被改编为国民革命军第八路军,江西等七省留下的游击队于 1938 年 5 月被改编为新编第四军。

改编时,八路军的编制是 3 个师 6 个旅。八路军又称第十八集团军,总指挥朱德,副总指挥彭德怀,参谋长叶剑英,政治部代主任王稼祥,后来在 3 个师 6 个旅外设立军区司令,由徐向前、聂荣臻、刘伯承(兼)担任。1937 年改编时,八路军的兵力为 3 万人,1938 年末发展为 8 万人,1939 年为 28 万人,1940 年增加到 32 万人。

改编时,新四军编制为 4 个支队,每个支队 3 个团,军长叶挺、副军长项英、参谋长张云逸、政治部主任袁国平。皖南事变时,已经发展到 6 个支队。皖南事变后,中共中央军事委员会对新四军进行了重建,以代军长陈毅为首,下设 7 个师,分别由粟裕、张云逸、黄克诚、彭雪枫、李先念、谭震林、张鼎丞任

---

① 　大東亜省総務局総務課編『中共概説』、1944 年、国会国立図書館蔵、第 21 頁.

师长。新四军 1938 年改编时的兵力为 5000 人,1939 年发展到 7 万人,1941 年因皖南事变损失了 5000 人,后得到恢复,1944 年兵力在 10 万人左右。①

2. 中共对军队拥有绝对领导权

据《中共概说》,中共军队并不单是战斗部队,也是助力实现中共政治目标的武装力量。中共对军队必须持有绝对的领导权,中共在军队必须遵循党的路线。为了行使领导权,中共军队内设有党的机关与组织,通过这些机关与组织的活动,确保军队遵循党的路线。政治委员、政治部、党支部等,彼此之间相互紧密联系,对军队内外及民众进行政治工作,完成政治任务。

政治委员是中共军队内部党的全权代表,是党的活动及政治工作的指导者。集团军、师、旅、团都配有政治委员。政治委员参加一切的军事行动及军事行政,对同级军事指挥员有监督的职责;当军事指挥员有反对党的情况时,政治委员具有停止其命令的权力。政治部是军队的政治机关,同时也是军队内部党的机关。集团军设总政治部,师、旅设政治部,团设政治处,营、连设政治指导员,排则配有政治战士。旅政治部、团政治处在军事行动上必须服从军事指导的命令。营以下的政治工作员(政治指导员、政治战士)必须一切服从营长。党支部是党的基本组织,以连为单位组成。连内有 3 名以上党员可以成立党支部。党支部属于团的总支部,团以上的党政工作统归于政治部。

中共军队内部党的政治工作主要包括:一是对军队内部,即军队的将领和士兵。在部队内部进行民族性教育,灌输民族意识,加强指挥员与战斗员之间的团结,以此强化部队的战斗力,进而确保战斗朝着胜利的方向发展。二是针对军队外部,即对民众的工作。对民众进行政治性的宣传、鼓动,密切民众与

① 大東亜省総務局総務課編『中共概説』、1944 年、国会国立図書館蔵、第 13－14 頁. 该数字是日方情报机关的统计,与我方的统计有出入,但可以证明中共领导的八路军、新四军发展迅速,故保留其统计。

军队的联系,以此对民众进行动员,与所有地方党部及行政机关联络,促进民众武装的发展,让民众参加到抗战中来。三是对他们眼中的敌人,即对日本军队的兵士进行政治工作。[①]

《中共概说》认为,拥有军队是中共最为显著的特征,没有军队便没有中共今日的强盛,也不会有政权的建立。中共军队不单是战斗部队,也是共产主义的宣传队、民众的组织者,一言以蔽之,是政治性的军队,是中共实现政治目标的武装力量。[②]

综上可知,中共军队处于党的绝对领导之下,军内党组织的设置直至连一级,十分健全。中共军队通过政治工作贯彻党的路线、方针和政策,还通过政治工作对民众进行动员,使军队成为战斗队、宣传队、民众动员队。

（五）中共的抗日民众组织与民众工作

据《中共概说》介绍,中共地区的民众组织与民众工作主要体现在民众团体组织、宣传工作、拥政爱民运动等方面。

1.民众团体组织

《中共概说》指出,中共极其重视获得民众的支持,建立民众团体作为中共的外围组织。与七七事变之前相比,现在中共领导的民众组织无论是在形式上还是实质上,都发生了根本性变化。例如,苏维埃时代的共产主义青年团改为现在的青年救国联合会,贫农会改为农民会,女工农妇代表会改为妇女联合会。中共民众运动的中心指导机关是抗敌后援会。抗敌后援会代表大会选出执行委员会,执行委员会内部设立常任委员会,常任委员会之下设立秘书处、组织部、宣传部、职工部、农民部、青年部、商民部、妇女部、武装动员部、锄奸部。

农民联合会主要负责指导农民工作,解决农民的困难问题,动员农村民众

---

① 　大東亜省総務局総務課編『中共概説』、1944 年、国会国立図書館蔵、第 14~15 頁.
② 　大東亜省総務局総務課編『中共概説』、1944 年、国会国立図書館蔵、第 12 頁.

参加抗战,优待、援助抗日军人的家属,奖励开垦荒地,举行生产竞赛等。此外,也开展让农民的农产品不经过商人而直接通过合作社销售,避免受商人榨取的工作。工会的任务是提高劳动者的劳动热情,以参加国防建设,增强劳动者的政治文化教育,从而让劳动者在民族解放斗争中发挥积极作用。边区工会的基本力量是农村劳动者,即雇农,他们中的相当一部分人由于中共的施政获得了少量土地,因此积极拥护边区政府,对抗日工作也十分热心。工会设立的生产合作社旨在消除手工业劳动者之间的相互排斥与竞争,促进他们分工合作。生产合作社创立之初,劳动者加入合作社的热情并不高,但有消息称,近两三年来劳动者频繁地自发加入,生产效率得到了很大提高。青年救国会的会员将来自然是拥护中共的有生力量。更值得注意的是,青年救国会对会员中的青年儿童进行军事体育训练,培养出大量体格健全具有军事素养的人员,并让其参加到抗战中。14 岁以上的会员都会被纳入武装动员,成为抗战的后备队,将来被送往前线,其人数约占会员总数的 60%。妇女联合会动员妇女参加一切政治、经济、军事、文化工作,并引导妇女从封建束缚中解放出来。在政治上,妇女也被赋予了选举权和被选举权。自卫军是民众的抗日武装力量,负有武装保卫边区,锄奸剿匪,以维持地方治安的责任,同时担负着巩固后方的任务。边区的所有乡村都有这个组织,凡是 18 岁以上 45 岁以下的壮丁都参加自卫军,进行教育训练后为他们中优秀的人士配给武器。妇女也能够参加自卫军,编入妇女部队。此外,还有商会、边区文化界救亡协会、学生会、儿童团等团体。这些团体或多或少都担负着抗日的任务,都是中共的外围团体。①

2. 宣传工作

《中共概说》写道,日本的新闻人士和重庆方面的其他中国人频繁地使用"中共的巧妙宣传"这一评语,这是"研究中共的人士的共识"。但是,必须清

① 大東亜省総務局総務課編『中共概説』、1944 年、国会国立図書館蔵、第 55~58 頁.

楚这种"巧妙的宣传"并不是偶然发生的,而是周全的考虑和耐心总结的产物。中共在从逃避蒋介石对其"围剿"至与蒋握手言和的苦心经营中,才练就了今日的巧妙宣传技巧。中共成功地组建了统一战线,以西安事变为契机,迫使蒋介石再次进行国共合作。在此过程中,中共在宣传方面投入了大量精力,才使自身摆脱困难的境地。当然,能摆脱困难的境地也是中共付出了艰苦努力换来的。中共体会到获得民众支持是十分必要的,因而十分尊重这份经验,并经过认真思考将其作为一种有效的方法进行运用。中国国内由于长年动荡,农民生活饱受煎熬,知识分子阶层渴望政治革新。九一八事变爆发以来,中国民众产生抗日心理。中共将对内和对外这两点巧妙地结合起来,开拓出自己的宣传路径,在一定程度上满足了贫民的眼前需求以及知识分子消除迷惘与追求变革的要求,获得了各方的支持,这就是"中共的巧妙宣传"。

中共宣传的最高机关是中央政治局之下的宣传部,在宣传部之下设有党报委员会,宣传部统一指导报道、宣传、出版等工作。在延安出版的《解放日报》、以延安为大本营的新华通讯社以及在重庆发行的《新华日报》,是直接受宣传部指挥管理的三大言论机关。新华通讯社每天用中文和英语进行广播,针对时事问题巧妙地进行宣传。此外,在延安党报委员会指导下,还发行了各种杂志、丛书及小册子,同时还刊登了各种墙报。墙报由彩色版面构成,内容包括时事情报、生活检讨、生活素描、论文、诗歌、小说、戏曲等。另外,话剧也发展到了中共管辖的各乡区。这些话剧以八路军的战绩、驱逐汉奸、敌人的暴行等为主题进行宣传,鼓动民众的抗战意识。除此之外,中共还创作了《救亡歌》在各地流传,并散发救亡的宣传资料。在华北和华中地区,中共发行了各种短小的新闻杂志、小册子、传单,以大众为对象持续进行宣传活动。这一点应看作中共长期从事地下运动所获得的经验与长期处于压制状态所造就的忍耐力的结果。[1]

---

[1] 大東亜省総務局総務課編『中共概説』、1944 年、国会国立図書館蔵、第 58–60 頁.

3. 拥政爱民运动

《中共概说》指出,中共的拥政爱民运动正如其名称所表现的一样,包括拥护政府的政策、遵守政府的法令、尊重政府的职员、爱护人民等。《中共概说》所搜集的情报主要涉及军队爱民方面,体现在两个方面:一是减轻民众的负担。军队有强壮的劳动力并且有严格的组织,军队自身的生产发展与军队对人民生产的援助是拥政爱民运动的主要工作。军队能通过自身的生产发展来减轻人民的负担,还能通过支持劳动力来援助人民的生产。二是军队遵守爱民纪律。例如,晋察冀军区政治部发表的拥政爱民公约规定:(1)执行政府的政策和法令,尊重政府工作人员。(2)为保卫政权积极作战,保护人民的生命财产。(3)训练民兵援助作战。(4)援助人民的生产,解决他们的困难。(5)爱护人民的利益,不拿人民的一针一线。(6)尊重民力,彻底地实行抗战勤务条例。(7)接受民意,保护人民的抗日团体。(8)和气对待人民,尊重人民的风俗习惯。总之,通过中共拥政爱民运动以强化党、政、军、民"四位一体"的基础,能进一步密切军民间的协作,将中共军队与民众的关系发展到"密不可分的状态"。①

综上,中共在抗日根据地的民众组织与民众工作,主要是通过民众团体组织、宣传工作、拥政爱民运动等,将群众团结在党的周围,建立了党民、军民"密不可分的"鱼水之情,成为中共立足的群众基础。

总之,日方情报认为,中共是纪律严明的马克思主义政党,已形成了以毛泽东为核心的领导集体,拥有一批久经考验的高级干部,在党、政、军、民四个方面,党是核心,党是领导一切的。换言之,中共的领导是中国持久抗战的保证,党领导一切是中共领导抗战的一大特色。

---

① 大東亜省総務局総務課編『中共概説』、1944 年、国会国立図書館蔵、第 61-63 頁.

二、中共对马克思主义理论与政策的创新

日本大东亚省总务局编写的《中共概说》比较详细地介绍了中共抗战时期的理论与政策创新。

（一）新民主主义论是对马克思主义的创新

《中共概说》回顾了中共建党以来不同时期政治理论指导的历史演进,指出在1937年七七事变后,国共两党正式开始合作,中共军队编入国民革命军系列,中共取消苏维埃政府。于是,中共在以第二次国共合作为基础的抗日民族统一战线旗帜下,根据中国国情不断地对马克思主义进行创新,用以指导全民族抗战。其中,《中共概说》特别重视毛泽东的新民主主义论。《新民主主义论》是1940年1月毛泽东在陕甘宁边区一次集会上的讲演稿,不久便正式刊出。《中共概说》认为,"毛泽东的新民主主义是中共为了处理国共合作之下的民族统一战线的所有理论与实践的基础意识形态……是中共政治指导理论的集大成者"[1]。为此,《中共概说》用很大篇幅介绍了《新民主主义论》的基本观点。

毛泽东首先指出,中国自周秦以来就是一个封建社会,但随着外国资本主义对中国的侵略,中国社会逐渐产生了资本主义要素,因此,中国慢慢朝着一个殖民地乃至半殖民地半封建社会变化。毛泽东由此导出了中国革命现阶段的意义,即:中国革命的历史进程必须分为两个阶段,其中第一个阶段为民主主义革命,第二个阶段是社会主义革命,这是两个性质不同的革命。这里所说的民主主义革命又分为旧民主主义和新民主主义;以十月革命为界,十月革命前的资产阶级革命属于旧民主主义,十月革命后的资产阶级革命属于新民主

---

[1] 大東亜省総務局総務課編『中共概説』、1944年、国会国立図書館蔵、第37頁.

主义。新民主主义革命属于无产阶级社会主义革命的一部分,是其伟大的同盟军。因此,现阶段中国革命是新民主主义革命,属于世界无产阶级社会主义革命的一部分。

中国新式的民主主义革命由谁来领导呢？毛泽东指出,中国的民族资产阶级是殖民地、半殖民地的资产阶级,因为受到帝国主义的压迫,在一定时期、一定范围内会反对外国帝国主义,也有反对本国军阀政府的革命性,但同时,由于中国资产阶级在经济上、政治上异常软弱,因此对革命的敌人也具有妥协性。中国资产阶级由于具有这种两面性,不能领导革命,所以完成革命的重任不得不落在无产阶级的肩上,建立由无产阶级领导的中华民主共和国。

那么,中华民主共和国是一个怎样的国家呢？毛泽东指出,现在要建设的中华民主共和国是由一切反帝反封建的人们联合专政的民主共和国,即新民主主义的共和国。这种新民主主义共和国一方面与旧式的欧美式的资产阶级专政的资本主义共和国相区别,另一方面也与最新式的苏联式的无产阶级专政的社会主义共和国相区别。在今日的中国,这样的新民主主义国家形态就是抗日统一战线的形式,它是抗日的,是反帝国主义的,是由数个革命阶级联合而成,是统一战线的。

毛泽东的新民主主义革命论与国民党的意识形态三民主义关系如何呢？毛泽东指出,我们共产党人承认三民主义是抗日民族统一战线的政治基础,也承认三民主义对于中国是必需的,本党愿为其彻底实现而奋斗,承认共产主义的最低纲领与三民主义的政治原则基本上是相同的。但这种三民主义就是孙中山先生在国民党第一次全国代表大会宣言中新解释的三民主义。新三民主义有联苏、联共、扶助农工的三大政策,这一点与中国社会主义革命阶段的最低纲领基本一致。

《中共概说》指出,以上是毛泽东新民主主义的一个概观。其主张是根据中国社会的特殊性,将国民党第一次全国代表大会的宣言即新三民主义吸纳进新民主主义的理论中,这是中共在中国革命现阶段对马克思主义阐释所作的"创作式的自由解释",即对马克思主义的创新。出于这种认识,《中共概说》认为,"《新民主主义论》代表着对中共未来集中性指导理论的确立,可以说是中共意识形态发展史上的金字塔"①。

（二）中共用中国化的马克思主义武装全党

《中共概说》十分重视中共的整风运动,认为此事变后,在国共合作抗日民族统一战线之下,中共抗战力得到迅速发展,到1940年已拥有80万党员和50万军队,各根据地的人口总数达至1亿。此时,中共又出现了一个重大问题,即随着党员数量增加而带来的党员素质低下的问题。于是,1941—1942年,中共在党内开展了对学风、党风、文风进行整顿的整风运动。学风中不正确的东西是主观主义,党风中不正确的东西是宗派主义,文风中不正确的东西是党八股。1941年7月1日,中共中央发表了《关于增强党性的决定》,强调对破坏党的团结的宗派主义进行斗争,以及确立党的布尔什维克化。8月1日,中共中央又发表了《关于调查研究的决定》,主张对党内的主观主义进行纠正。11月6日,毛泽东发表《在陕甘宁边区参议会的演说》,对党内的宗派主义者表现出强硬的态度,强调共产党员没有非难、排斥党外人士的权利,党外大众讨论的国事是国家的公事,党员首先应以谦虚的态度对其进行倾听,并要求加强中共和民众的紧密关系。1941年2月1日,毛泽东又做了《整顿党的作风》这一划时代的演讲,指出党内的学风问题第一是主观主义,包括教条主义和经验主义,这是两个不同的极端。在这两种主观主义中,现在我们党内是教条主义更为危险。因为很多人在学习马克思列宁主义时,将这些理论变成了僵硬的教条。作为中国共产党员,要能将马克思列宁主义的立场、观点、方法应用于中国,并在对中国的历史现实与革命实际的结合中创造出新的理论。毛泽东指出,党内的学风问题第二个是宗派主义。他首先批评了在党内

---

①　大東亜省総務局総務課編『中共概説』、1944年、国会国立図書館蔵、第38-42頁.

搞宗派主义的人,这些人总是过分强调自己所管辖的局部工作,希望以全体的利益来服从他们的局部利益。"他们忘记了少数服从多数、下级服从上级、局部服从整体、全党服从于中央的民主集中制。"毛泽东指出,宗派主义现象在外来干部与本地干部之间、军队工作的干部与地方干部之间、旧干部与新干部之间都存在。毛泽东针对与党外关系中的宗派主义还指出,许多同志对待党外人士妄自尊大,轻视大众,这就是宗派主义。对一切愿意同我们合作或可能与我们合作的人士,我们只有与他们合作的义务,没有排斥他们的任何权利。党内的学风问题第三个是党八股。1942 年 2 月 8 日,毛泽东在《反对党八股》的演讲中指出,党八股与主观主义、宗派主义一样都是形式主义,是小资产阶级思想在党内的反映。党八股的特征是:空洞连篇,言之无物;装腔作势,借以吓人;无的放矢,不看对象;语言无味,像个瘪三;甲乙丙丁,开中药铺;不负责任,到处害人;流毒全党,妨害革命;传播出去,祸国殃民。因此,毛泽东要求"彻底扬弃"党八股。

《中共概说》提出,从中共指导理论的发展史来看,整风运动具有怎样的意义呢? 那就是提高党员的素质,增强党的战斗力。中共根据 20 年来的经验,深知中国社会有其独特的性质,将发源于欧洲的共产主义公式般地运用在中国社会是一件困难的事情,如果要建立一个政权组织,无论如何都不得不依靠民众朴素的民族情感与乡村意识。中共就是以马克思主义的与时俱进性为前提,依据这些质朴的合理化的诉求来创新理论,从而达到扩大党的势力的目的。但随着这个目的的逐渐实现,又产生了党员素质低下的不良现象。作为对策,中共考虑对党员的思想进行整肃。因此,中共在克服主观主义,立足于中国社会现实的思想下进行了整风运动。从这个意义上来说,整风运动"是马克思主义在中国实践的一种形式"①。换言之,就是用中国化的马克思主义武装全党。

---

① 大東亜省総務局総務課編『中共概説』、1944 年、国会国立図書館蔵、第 42–46 頁.

（三）中共在抗日根据地的施政纲领和政策

《中共概说》指出，七七事变后，中共的势力发展很快，由中共管控的地区大体可以分为以下三种：第一种是重庆国民政府在某种程度上作为特殊地区承认的中共地域，陕甘宁边区即属于此类；第二种是建立了抗日民族统一战线政权的地域，政权的成立得到了重庆方面的认可，实际领导权由中共掌握，因此将此类地域归入中共根据地；第三种是重庆方面不容许中共活动的华中各地，该地域事实上处在中共的势力范围之内，即新四军控制下的地区。①

1. 陕甘宁边区的施政纲领

中共根据地施政的根本方针是由 21 项内容构成的《陕甘宁边区施政纲领》（以下简称《纲领》）。中共认为，《纲领》在性质上适用于一般中共地区的施政，不应该局限于陕甘宁边区，也应在华北、华中各抗日根据地施行。《纲领》在陕甘宁边区第二届参议会议员选举时颁布，是经过中共中央政治局批准的，在 1941 年 5 月 1 日正式发表。中共称《纲领》具有非常重要的政治意义。之所以这样说，是因为《纲领》的内容直接或间接地表达了对抗日行动的强化、制止国民党的一党专制、牵制蒋介石的独裁、获得大众支持争取人心、缓和资产阶级的反感情绪、优待抗日军民、承诺善政等，中共希望以此来增强自身的势力。《纲领》是中共提出的新民主主义理论的体现，这一方面可以继续进行抗日战争，在中共的领导下谋求民族团结，另一方面可以宣传新民主主义能够给民众带来幸福，让民众赞成共产党的主张。如果通读中共的文献，仔细观察中共的行动，就立刻能够判明中共的这种动机。例如，以获取大众支持、争取人心为目标，《纲领》第六项规定"一切抗日人民（地主、资本家、农民、工人等）的人权、政权、财权以及言论、出版、集会、结社、信仰、居住、迁移之自由

---

① 大東亜省総務局総務課編『中共概説』、1944 年、国会国立図書館蔵、第 48 頁.

权"将得到保证。中共的这种立场出发点是直接或间接地批评重庆政权方面的取缔、羁押是违反民主政治的行为。

中共声称边区施政的中心问题是巩固抗日民族统一战线,而巩固统一战线也要"按照中共主张"的条件来处理。倘若对中共不利,中共也会以各种理由辩解并极力反对。重庆国民政府主张取消边区独立的政治军事地位,使其回归到地方政权的本来面貌。中共方面对重庆国民政府的这种主张进行了坚决反对,宣称在政治上边区是民主政治的模范。另外,对于重庆国民政府提出的军队统帅权一元化的问题,中共则以冷淡的态度表示,这个问题并不包括在国共再次合作的项目中。因此,中共并没有听从重庆国民政府军事委员会关于解散新四军的命令,而是依靠自身的力量使新四军发展壮大。[1]

综上,中共在陕甘宁边区的政治是新民主主义的政治,是抗日的政治,边区施政的中心问题是巩固抗日民族统一战线,中共坚持的是在抗日民族统一战线中的独立性。

2. 中共根据地的政权性质

《中共概说》写道:从中华苏维埃共和国到陕甘宁边区政府后,中共控制地区的行政制度无论是在形式上还是在实质上都发生了巨大的变化,即从共产主义转向新民主主义,因此,机构也进行了很大的改组。边区政府设置了跟省政府类似的机构,在政府主席、政府委员之下设有秘书处、建设厅、教育厅、财政厅、民政厅、保安司令部、法院、审计处,分区设有行政专员公署作为边区政府与县政府中间的联络机关,在这之下设置了县政府、区政府、乡政府。中共自称边区为民主政治模范的政府,一有机会就会向外界宣传其设置边区参议会、县参议会是民意机关,是民主政治中的机构。

---

① 大東亜省総務局総務課編『中共概説』、1944 年、国会国立図書館蔵、第 49-50 頁.

陕甘宁边区政府独立于重庆政府的指挥监督之外,听从中共的指令,独自采取行动。陕甘宁边区在行政制度上相较重庆方面有许多特异性,其在教育、经济、司法、民众运动等方面有很多"赤色根据地"的色彩。

中共在华北、华中根据地建立了许多政权,为了扩张党的势力,作为党、政、军、民"四位一体"的一环,中共对这些政权进行了强化。由于中共对这些地区的管辖没有陕甘宁边区那样的安定性,因此这些政权主要以兵站和宣传为目的进行活动。例如,与陕甘宁边区类似的晋冀鲁豫边区,其地盘在日军的"扫荡"下几乎丧失殆尽,处于地下政权的状态,其所谓的一般行政主要是在政治上进行游击式攻击。其他中共地区的政权大致类似于陕甘宁边区的行政专员公署,这些政权根据时机与地理位置,主要进行兵站工作和获取民众支持的活动。这些政权与十八集团军和新四军在当地的势力强弱成正比,所以,其活动时强时弱。在华北,由于日军不断展开"治安"工作,中共在该地区的各个政权一旦重建都将遭到新的打击。华中地区则与之相反,由于重庆国民政府方面在该地区的部队或遭削弱或撤退,因此中共在该地区逐渐扩张自己的势力;中共的这种举动不单单是侵蚀重庆国民政府方面的地盘,也势必给汪精卫伪政府的将来带来重大的恶劣影响,因此值得特别注意。①

综上,中共根据地的政权性质是中共领导下的带有"赤色根据地"色彩的独特的抗日民族统一战线政权,既体现了新民主主义的政治,也体现了"独立于重庆政府的指挥监督之外"的民主政治,同时还能对汪精卫伪政府"带来重大的恶劣影响"。

3. "三三制"选举

《中共概说》指出,近年来,中共对"新民主主义"与"三三制"频繁地进行宣传。什么是"三三制"呢?《中共概说》引述了八路军副总指挥彭德怀《民主

---

① 大東亜省総務局総務課編『中共概説』、1944 年、国会国立図書館蔵、第 52 頁.

政治与三三制政权的组织形式》的讲话。彭德怀指出,根据中共中央的指示,各级抗日民族统一战线政府中的民意机关及执行机关人员实行"三三制",即:共产党员占三分之一,联系广大小资产阶级的进步分子占三分之一,代表中等资产阶级和开明绅士的中间派占三分之一。汉奸、亲日派及其他反革命分子没有参加这个政权的资格。换言之,凡是赞成抗日,又支持民主的各党派、国民党、共产党、牺盟会、救国会、第三党和其他抗日党派的各阶层都具有普选权和被选举权。国民党实施以党治国、一党专政,反映了大地主大资本家阶级专政的利益,我们中国共产党决不赞成以党治国、一党专政。共产党的一切政策完全是通过群众的拥护来实现的。因此,我们的政策代表了多数人的利益。正因如此,我们获得了多数人的拥护。一党专政会压迫人民,我们决不会采取脱离人心的国民党的一党专政的方法,国民党多年的一党专政其结果是不好的。《中共概说》认为,中共在"三三制"中保证了党的领导权,不仅在华北根据地实施了"三三制",而且扩展到华中根据地。可见,中共对"抗日民族统一战线"和"民主政治"进行的阐释,巧妙地将其与中共的政策联系在一起,构建了以中共为核心的政治体系,许多青少年和贫苦农民很容易受到中共的影响。①

综上,中共的"三三制"政权既能团结一切可团结的力量进行抗日,又保证了中共的领导权,是真正的抗日民族统一战线政策的体现。

(四)中共抗日民族统一战线政策与策略

日本大东亚省总务局编写的《中共概说》认为,中共是中国抗日民族统一战线的倡导者,也是最坚定的维护者和实践者。

1. 中共坚持与维护抗日民族统一战线

《中共概说》指出,第二次国共合作始于 1937 年 9 月,但仅 2 个月后双方

---

① 大東亜省総務局総務課編『中共概説』、1944 年、国会国立図書館蔵、第 53—55 頁.

就产生了摩擦。至 1940 年的三年零四个月间,双方发生了 40 多起冲突事件。其中,最大的摩擦是 1941 年 1 月的皖南事变,国共两党为此争执半年而不决,直到 1941 年 6 月苏德战争爆发,皖南事件争执的余烬才消失,龟裂的关系才逐渐得到修复。1943 年 5 月,第三国际突然解散,国共两党关系再生波澜。其实,中共中央很早就发表声明表示支持第三共产国际的解散决议,但重庆国民党政府的情报显示延安方面陷入了混乱,他们判断失去国际背景的中共将会陷入颓势。《中共概说》写道:"通过对情报的仔细追踪,我们终于了解到中共的地位在第三共产国际解散后并没有发生变化。苏联与中共的关系依旧十分密切,中共的机关刊物依旧鲜明地反映了苏联的意向,毫无保留地体现了两者的一体化。另外,通过日本共产党冈野进等人进入延安可知,中共所担负的任务并不单是局限在中国。中共的重要性,应该说在第三共产国际解散后进一步加强了。对延安混乱的谣传与中共凸显颓势判断的情报,说到底都没有超出重庆方面所希望的推测。现实情况是,这种希望的推测尽管不是全部,但仍旧代表了一部分重庆人士的看法。"于是,重庆国民党政府特务机关大肆宣传"立刻解散中共",驻守西安的重庆国民党军队胡宗南部则紧急部署对延安的军事行动,并于同年 7 月两次进攻陕甘宁边区。

面对国民党政府的反共挑衅,中共坚决予以回击,在《解放日报》上登载文章进行反驳,以朱德总司令之名向蒋介石、胡宗南发出了停止军事行动的要求。同时,中共召开民众大会,并通过机关刊物不断向国内外宣传自己的正义立场。在反击时,中共极力避免与国民党方面的全面军事冲突,而是将主要力量投入宣传方面。综合起来,中共的主要观点是:(1)胡宗南等人的行动是受了日本及希特勒间谍的挑拨;(2)他们的勾结以及对抗战破坏的阴谋已经达到了极点;(3)要求中央军从陕甘宁边区周边撤退;(4)严惩挑拨内乱祸首的日本间谍;(5)彻底禁止取消中共、边区等汉奸言论;等等。这样一来,事态并没有朝着恶化的方向发展。《中共概说》分析指出,除中共的努力外,还有三点原因:第一,蒋介石政府顾忌对抗战的影响;第二,美国的牵制;第三,苏联的威慑。

《中共概说》认为,美国是支持国共合作、反对分裂的。美国一直是国共合作的支持者,其向来对中共有很高的评价,认为中共在巩固抗日统一战线方面起了很大的作用。持此观点的代表人物有前驻华大使詹森、红色中国通记者埃德加·斯诺、尼姆·威尔斯(Nym Wales)、蒋介石的政治顾问欧文·拉铁摩尔(Owen Lattimore)等人。总而言之,为了让中国继续抗战,巩固国共合作是必要的,这是美国一直以来的态度。因此,每当国共发生纷争时,美国就会对重庆方面进行牵制。在维持"抗战中国"方面,美国施加了巨大压力,让蒋介石不得不听从美国方面的意见。因此,国民党每次的反共活动都以反共派的半途而废而告终。这样的发展趋势,从开罗会谈前后开始越来越明显。美国越是希望对日进行决战,就越得依靠中国。美国扩大强化在华的空军自不待言,他们希望重庆方面动员3000万的人力资源并进行美式的训练与装备,为将来对日决战做准备。美蒋关系由最初的蒋对美的依赖发展到现在美对蒋的依赖。这样一来,在开罗会议期间,从美蒋联合作战的需求出发,英美方面必然要求蒋介石巩固国共合作,最近的事态发展都可以这样去理解。

《中共概说》还指出,苏联的威慑也起了相当的作用。由于有中共的存在,重庆国民政府对苏联的感情没有对美国那般友好,长期以来对苏联的国力保持畏惧心理,尤其是切实认识到"苏联在亚洲"这个事实。东亚的战局取决于苏联的态度是重庆国民政府一直以来的看法。

最后,《中共概说》非常沮丧地写道:"将国共分离是我们的既定国策,但现实的事态发展如上所述,与我们的期待完全相反,我们断定国共的关系会不断强化。"①

综上可知,日本最希望国共分裂,以便在中国有机可乘。但中共面对国民

---

① 大東亜省総務局総務課編『中共概説』、1944 年、国会国立図書館蔵、第 70-78 頁.

党的反共高潮,从抗日大局出发,忍辱负重,以斗争求团结,坚定地维持以国共合作为基础的抗日民族统一战线,从而维护了中国持久抗战的局面,也使得日本所期待的国共分裂的"既定国策"化为泡影。

2. 中共的国际统一战线

《中共概说》主要介绍了中共与苏联、美国的关系。

(1)中共与苏联的关系。《中共概说》回顾了中共与苏联的关系史,认为中共自建党起就同苏联保持密切联系,中共在发展的每个阶段都得到了苏联的帮助,现在,"两者的关系不用说是十分紧密"①。

(2)中共与美国的关系。《中共概说》认为,至今为止,中共与美国的关系微不足道,可以说没有关系。然而,今后恐会发生变化。一方面,苏德战争爆发后,中共支持英、美、苏、中建立同盟;另一方面,取决于美国对中共的态度。在华美国官员与"中国通"记者多对中共持同情的态度。每次国共发生摩擦时,驻华大使詹森都对重庆国民政府进行责难,甚至威胁说如果重庆国民政府不改变对中共的态度,那么美国将考虑舍弃重庆国民政府而与中共结盟。詹姆斯·伯特伦(James Bertram)对"赤色地区"的视察据说就受到了詹森的暗示与资助。埃德加·斯诺的《红星照耀中国》及其妻子尼姆·威尔斯的《红色中国内幕》都表达了对中共的同情。欧文·拉铁摩尔的许多文章也表达了相同的情感。可以想象这一连串人物的言论对美国朝野所产生的影响。不过在最初阶段,即太平洋战争爆发之前,美国并没有给中共很高的评价,如今美国对中共的评价发生了这么大的变化,是因为他们着急对日决战,过高估计了中共在华北的实力,以至认可中共为对日作战的一个单位。关于这期间的情形,正如前节《国共关系》中所述的那样,美国有此意,中共也以好意回应,便放弃了一直以来对美国的冷淡态度,甚至出现了向美国请求援助的情形〔周恩来

① 大東亜省総務局総務課編『中共概説』、1944年、国会国立図書館蔵、第83頁.

在与威尔基（Wendell L.Willkie）会谈时，提出了希望分得美国对重庆国民政府军需供给的份额〕。因此，往后美国与中共的关系是值得注意的。①

综上，《中共概说》认为，中共以抗战的实际行动获得了苏、美两国的肯定，从而在制止内战、维护抗日民族统一战线方面获得苏、美两国的赞赏和支持，这是中共推动国际统一战线的实际表现。

总之，中共有完整的抗战理论，即毛泽东将马克思主义与中国抗日战争的实践相结合，创造性地推出的新民主主义理论，有一整套适合中国抗战国情的路线、方针和政策，得到了民众的拥护，坚定地维护以国共合作为基础的抗日民族统一战线，在国际上还得到了美、苏的支持，挫败了日本妄图分裂国共、破坏抗日民族统一战线的图谋，维护了中国全民族抗战的局面。

三、中共对马克思主义经济理论与政策的创新

（一）中共的经济理论基础

《中共概说》指出，中共的经济理论基础主要体现在新民主主义经济理论、中共的土地政策和中共根据地的经济组织三个方面。

1. 新民主主义经济理论

现阶段的中国革命是资产阶级民主主义革命。这个阶段的革命任务不是消灭私有财产制度和资本主义，不是建设社会主义社会，而是消灭帝国主义和封建残存势力的压迫。新民主主义社会不是无产阶级专政的社会主义社会，也不是资产阶级专政的资本主义社会。因此，新民主主义绝不是建设欧美式的资本主义社会。

---

① 大東亜省総務局総務課編『中共概説』、1944 年、国会国立図書館蔵、第 84-85 頁.

根据毛泽东的《新民主主义论》,新民主主义的经济政策主要体现在两个方面:一是继承孙中山的"节制资本",即"使私有资本不能操纵国民之生计"。因此,大银行、大工业、大商业应为这个共和国所共有。但是,新民主主义并不否定私有财产、小企业以及并不操纵国民生计的产业,在不进行资本主义过度榨取的条件下被允许发展。二是实行"耕者有其田"。为了实现这个目标,需要没收大地主的土地分给无地或少地的农民。这也是"平均地权""耕者有其田"方针的具体体现。但这并不是建设社会主义农业,让农民私有土地以及让农村的富农经济存在,而是在适当改善劳动者这个条件下进行的。

根据以上政策,中共在根据地实施经济政策时,"节制资本"的原则被称为"公营经济"的新式国家经济,此外,还有作为群众团体组织的"合作经济"、土地政策方面的减租减息政策、社会政策方面的劳动保护政策(针对雇农及工场劳动者)。"平均地权"是通过减租减息政策、统一累进税、没收汉奸土地等诸政策来实现的。另外,允许"富农经济"的存在和发展,则是"充满了(新民主主义经济)的导向性"。①

2. 中共土地政策的转变

在土地革命战争时期,中共的土地政策是没收豪绅地主的土地分配给农民使用。中共新民主主义的经济则采用了以"减租减息"为主干的土地政策,进而实现平均地权。1942年1月28日,中共通过了《中共中央关于抗日根据地土地政策的决定》(12条)和《附属文件》(25条),这些文件不仅是全民族抗战以来土地政策实践的总结,还规定了将来的方向,有极其重大的意义。该决定主要有三条:

(1)农民是抗日和生产的基本力量,因此党的政策是扶助农民,适当消灭地主的封建收取,实行减租减息,保证农民的人权、地权、政权、财权,以期对农

---

①　大東亜省総務局総務課編『中共概説』、1944年、国会国立図書館蔵、第86—89頁.

民的生活进行改善,从而提高农民抗日和生产的积极性。

(2)要求大多数地主进行抗日,认可一部分士绅进行的民主改革。在实行减租减息后,必须实行佃租和利息的支付(交租交息)。在保证农民的人权、地权、政权、财权后,也保证地主的人权、地权、政权、财权,以此让地主阶级也一同抗日。但针对完全不求改革的汉奸,则采取毫不留情地完全消灭其封建收取的政策。

(3)资本主义的生产方式对现在的中国而言是进步的生产方式,而资产阶级中的小资产阶级和民族资产阶级,在当下的中国又是比较进步的社会构成分子和政治力量。此外,富农相当于农村的资产阶级。因此,不仅应要求一切小资产阶级、民族资产阶级和富农进行抗日,更应要求他们接受民主制。

上述三项基本原则是中共"抗日民族统一战线以及土地政策的出发点"。中共根据四年的经验,得出了"只有坚持这些原则,才能巩固抗日民族统一战线,才能正确地处理土地问题,才能联合全民支持民族抗战"的结论。由此,中共的土地政策完成了从土地革命到新民主主义土地政策的转变,完成了资产阶级民主主义革命,将中国从半封建社会转变为新民主主义社会,间接地为今后的社会主义革命准备了经济条件。①

3. 中共根据地的经济组织

《中共概说》写道,陕甘宁边区尽管是人口稀薄、土地坚硬贫瘠、文化落后的边远山区之地,但其作为中共较为稳定的基本根据地,中共的政策能够在这里不受阻碍地推行。用中共自己的话说,这里是完全驱逐了国际帝国主义的势力;实施了民主主义的土地政策,普遍实现了"耕者有其田"的目标;禁止了高利贷,废除了封建的苛捐杂税,给予与封建势力相勾结的商业资本以致命打击;尽管没有近代化工业的基础,主要以半自给的农业生产为主,商品经济也

---

① 大東亜省総務局総務課編『中共概説』、1944 年、国会国立図書館蔵、第 92-95 頁.

只是得到了很小的发展,但在和平且民主的环境下能够得到发展。

在中共根据地的经济机构中,主要有以下几种程度不一、并存发展的复杂机构。其一,在农业部门有残存的封建地主经济,家长式自给经济,农业小商品经济,在农村带有资本主义因素的富农经济,以代耕制为代表的合作经济,军队、机关、学校经营的公营经济。其二,在工业部门有发展极为落后的小手工业,工业合作社,政府、军队、机关的公营经济。其三,在商业部门有最低水平的市集(原始市场),集团式消费的合作社,政府公营的商店。上述中的军队及各种机关、学校经营的"公营经济",与富农经济和合作经济都属于进步的"新民主主义经济"。①

综上,中共的经济理论是调动一切阶级的积极性共同抗战的新民主主义经济理论,正如《中共概说》所言,"充满了(新民主主义经济)的导向性"。

(二)中共根据地的经济措施

据《中共概说》介绍,1938 年,在中共扩大的六届六中全会上,毛泽东提出了长达十项的战时经济新政策;1940 年 1 月,毛泽东在《新民主主义论》中明确地给十项战时经济新政策赋予了新民主主义的性质。现在中共的经济政策不是社会主义的经济政策,而是新民主主义的经济政策。中共尽管是一个阶级性的政党,但并没有强力地去主张无产阶级的利益,而是在实践中找出新民主主义要素,在土地政策之外,还有"公营经济"和"合作经济"的发展、《劳动保护法》的放宽以及《统一累进税》的制订等。推动这些贯彻执行的是严峻的战时经济形势,以及"增加生产"的需求。中共通过减租减息、统一累进税等政策已经实现了它的一些目标。中共通过 20 年民众运动的实践,已经对中国农村社会有了很深的理解,并拥有了对农民的领导力。中共根据中国抗战的客观情势转换自身的战术。中共民众工作的根基是"善政",通过善政赢得民

---

① 　大東亜省総務局総務課編『中共概説』、1944 年、国会国立図書館蔵、第 95-96 頁.

心从而扩大自己的势力。中共的经济政策包括土地政策、减租减息政策等。

1. 中共根据地的土地政策

《中共概说》写道,中共抗日根据地的土地政策,具体为三原则:一是通过"减租减息"政策满足农民阶层;二是在实行减租减息政策的同时,保障佃租和利息的支付,肯定地主、高利贷阶级的私有财产权;三是将富农的资本主义生产方式及经营方式作为进步的事物进行肯定。在上述原则之下,对农民实行"二五减租"(年息25%)、"一五减息"(年息15%),以调动农民的积极性;只没收恶劣汉奸的土地交由政府管理,不没收一般汉奸、逃亡地主的土地,不变更族地、社地、学田、宗教结社的所有地原则,以调动各阶级的积极性。中共通过上述三原则的实施,动员农村各阶级一致进行抗日。据此,《中共概说》认为:"关于中共对这些特殊土地处理的态度,对逃亡地主自然是有酌情商量的余地,但也以优厚的条件鼓励汉奸回来,甚至对社会主义最为蔑视和敌视的宗教团体的土地也没有采取没收措施,带有十分显著的妥协的柔和色彩,这是抗日民族统一战线土地政策极富特色的一点。"①

《中共概说》写道,在《中共中央关于抗日根据地土地政策的决定》的基础上,中共公布了《陕甘宁边区地权条例》(草案)。该条例规定:所有取得土地私有权的人拥有对其土地完全的自由处置、使用以及收益的权利;未分配区域的土地所有权归原所有者,已分配区域的土地所有权归获得分配者所有;对土地革命时期在外地之后又回到边区居住人的土地,如果这些土地还没有被分配,其所有权归原所有者,如果这些土地已经被分配,土地所有权归获得分配人所有,不过原所有者可以向政府申请取得替代的土地;外来的移民、难民在边区从事农业生产,可以取得政府公地、公庄的土地所有权;民政厅、财政厅草拟了《土地登记办法》,计划以此展开土地登记工作,发给新土地证等。《陕甘

① 《中共概说》对中共土地政策的介绍比较简单,这里如实引用。参见大東亜省総務局総務課編『中共概説』、1944 年、国会国立図書館蔵、第 100-102 頁。

宁边区地权条例》的意义在于：不仅为土地纷争提供了明确的解决方案，还给予因受施政纲领影响而归乡的地主土地，从而强化了抗日团结；通过对移民、难民的优待，动员他们进行生产和抗日；通过土地登记工作，奠定了统一累进税实施的基础。尤其是消除了已分配区域的农民和八路军兵士在土地政策变更时对自己所分得的土地是否被要求返还原地主的不安和担忧，为生产和抗日带来了好的结果。①

2. 减租减息政策的实施

《中共概说》写道，中共十分重视减租减息政策的实施。1942 年 1 月 28 日通过的《中共中央关于抗日根据地土地政策的决定》指出，自全民族抗战以来，中共就努力实行减租减息政策，凡是比较普遍、比较认真、比较彻底实行了减租减息，同时又保障交租交息的地方，当地群众参加抗日斗争与民主建设的积极性就比较高，那里的根据地就比较巩固。与之相反的地区，则经不起敌人的"扫荡"，变成了软弱无力的地区。为此，该决定规定：政府的法令一方面要规定地主有降低佃租利息的义务，另一方面也要规定农民有支付佃租利息的义务。一方面，要规定地主的土地所有权与财产所有权仍属于地主，地主有依法对自己的土地出卖、出典、抵押及作其他处置之权；另一方面，又要规定当地主作这些处置之时，必须顾及农民的生活。党和政府的工作人员要避免右倾偏向和"左"倾幼稚病的错误，要让党内及农民大众明白内战时期的土地政策与抗日民族统一战线的土地政策有根本区别，要让他们将眼前利益与将来利益联系起来，将局部利益与全民族利益联系起来。"三三制"政权就是调节抗日阶级内部关系的合理的政治形式，认为这一制度不过是一种敷衍党外人士的办法的观点是不正确的；农救会的任务，在减租减息之前，主要是协助政府实行减租减息的法令，在减租减息之后，主要是协助政府调解农村纠纷

---

① 　大東亜省総務局総務課編『中共概説』、1944 年、国会国立図書館蔵、第 103－104 頁.

与发展农业生产。在调解农村纠纷的任务上,应取仲裁的方式,而不是专断的方式。①

《中共概说》认为,"以上所述的减租减息的实行方法,是调和式的、奖励式的、民主式的,而不是命令强制式的"。总之,就中共的土地政策而言,在实施减租减息政策时,它的工作要求是尽可能地让地主和佃户,或者是债权人和债务人双方满意,以双方不发生大的纠纷为限度。②

综上,中共的经济政策是在新民主主义经济理论指导下,确保各抗日阶级、阶层的利益,能调动各方的积极性。

(三)中共根据地的生产建设

《中共概说》指出,对日持久战导致中共地区人力资源、物资资源的消耗和破坏。毛泽东提出从生产发展中去寻求开拓财源的方针。他将经济分为公营经济和民营经济。在公营经济方面,通过各边区政府进行工业生产活动,军队、机关、学校等展开农业生产活动,以期实现某种程度的自给自足。同时,在民营经济方面,强化民众的增产运动,在此过程中以"公私兼顾"的形式实现两种经济的相互扶助,以期确立起整体的自给经济。

1. 农业政策与农业生产

《中共概说》写道,现阶段中共的农业政策是以增加生产为最高使命的。中共认为,增加农业生产可以改善占边区人口百分之九十的农民的民生,让农民有粮食、纳税的宽裕,让农民有缴纳佃租的富余,以此加强农民与地主的团结,从而为抗战协力前进。

对农民,果断实行减租减息政策,通过减轻占农村一半人口的佃农的负担

---

① 参阅中央档案馆编:《中共中央文件选集(1941—1942)》第13册,中共中央党校出版社1991年版,第280—285页。

② 大東亜省総務局総務課編『中共概説』、1944年、国会国立図書館蔵、第105-107頁.

来让农民的生活安定,同时让农民的生活有富余,使农民可以购入肥料、牲畜、种子等,从而促进农业增产;实施统一累进税,促使更多新的自耕农出现,通过这些新的自耕农的耕作和收获达到增产的目的;通过对荒芜地的开垦,或者对部分地主、汉奸土地的没收,来满足无地农民对土地的需求。

对富农,从1940年开始在晋察冀边区开展以增进生产效率为目标的劳动英雄生产运动,1943年初树立富农吴满有为劳动英雄的典型。这种只是少数农民才能得到的荣誉,给予了农民在生产方面强烈的动力与希望,促进了农民增产。

中共的另一措施是劳动力的再整合。战争导致中共地区劳动力的缺乏,于是动员劳动力便成为首要任务。中共对军队、教员、学生及政党工作人员进行总动员,让这些人参加到生产当中。军队对农民的帮助是最为积极的,不仅不接受任何报酬,而且自带餐食,帮助驻屯地附近的农家,这也是拥军爱民运动的核心;并且,通过精兵简政让士兵、工作人员回到农村,以充实农村劳动力;此外,还对妇女、儿童等进行生产动员。

对被动员的劳动力,在春耕、夏收、秋收运动中,以劳动互助为目标有组织地进行整合。"代耕队"是其中的典型代表,这是在劳动力不足的情况下由抗日军人及党政工作人员的家属组成的队伍。其他类似的组织还有"春耕突击队""春耕互助团""妇女生产学习小组""儿童杂务队"等。此外,"垦荒团""开荒队"是指没有土地的人或是罹灾民众在政府的指令下对荒芜土地进行开垦,"拾荒团"则是指在政府的指令下对地主故意不耕作放置的土地进行集体耕作。总的来说,这些劳动互助组织以村及村内各小组为单位,对所有劳动力、半劳动力及牲畜力进行组织,在必要的时候相互进行农耕援助,并预先决定劳动价值估算的标准,以便在劳动完成后进行等价交换。中共将之称为"集体劳动"(合作经济的一种),带有新民主主义生产形态的伟大特征。

粮食问题是中共财政经济中的最大问题,粮食增产的困难主要在于耕牛、农具、劳动力等的不足。中共的农业政策在于通过独特的组织力对劳动力进行整合,从而最大限度地利用现有耕地。这种手段在初期取得了一定成效,这一点尤为值得注意。中共通过这种农业政策的推进,首先使粮食增产,其次促棉花增收。虽然中共的生产建设依旧困难重重,但是中共并不只是基于演说和理论来进行农业生产的扩张的;中共常常为寻找打开新局面而殚精竭虑,这种不懈努力是值得注意的。①

2.工业建设

《中共概说》写道,中共的工业建设是"荒野上的建设",没有任何现代工业的基础,中共是从手工业、家庭工业阶段构建起像样的工业的。中共的工业生产以纺织、造纸为主,还生产肥皂、皮革、农具、药品等,最近还为成功生产出火柴而狂喜。从陕甘宁边区的例子来看,大体而言,盐、烟草、食用油、肥皂等中共已经能100%自给,棉布、土布类自给率已达73%,纸的自给率也逐渐增长。最近,由于从边区外运入物资变得十分困难,加之其他种种的恶劣条件,公营工业的生产量逐渐减少,因此,边区的日常轻工业品变得相当不足。华北、华中根据地的情况与陕甘宁边区类似,因此,中共全力从日占区运入日用杂品。此外,各地存在的兵工厂只能进行步枪的修护,以及游击战所需要的步枪、步枪子弹、手榴弹的生产。

中共的工业建设主要体现在以下几个方面:

(1)陕甘宁边区的公营工业。陕甘宁边区政府直管的工厂由1936年的3个发展到1942年的20多个。1944年,边区比较大规模的工厂全是政府、军队的公营工厂。军队也设立了纺织工厂、制纸工厂。公营工业将原料、交通、需求三方面的分散经营作为宗旨,主要的工厂设在延安和绥德。公营企业必须直接服务于广大民众的生活。此外,修路、开矿、重工业等由政府资本来解决。这样,中共的"公营经济"具有新民主主义的性质,这种新国家经济正是

---

① 大東亜省総務局総務課編『中共概説』、1944年、国会国立図書館蔵、第110-117頁.

新民主主义经济的所在,被认为具有极其进步的要素。

(2)手工业、家庭工业及工业合作社。如上所述,中共地区的工厂工业虽然有"空前的发展",但仍然等于是"一块处女地"。因此,手工业、家庭手工业的重要性在根据地实现经济自给自足的政策方针下没有丝毫减弱,所有施政纲领、方针中都有针对手工业、家庭工业的奖励政策,尤其是对手工纺织方面。

(3)劳动政策。中共的工业政策是:奖励私人企业,保障私有财产,欢迎外地到中共地区进行投资等,以期促进工业生产的发展。中共的劳动政策是:调解劳资关系,提高劳动生产效率,适当改善劳动者的生活。《晋察冀边区施政纲领》中规定了八小时劳动制。中共将工人与工厂的利益一致化,从而使工人能自觉地延长劳动时间为抗战服务。中共根据地的无产阶级由雇农佃农、手工业工人、店员、公营企业工人四部分组成,其中公营企业工人是根据地无产阶级的中坚力量。①

3. 商业建设

《中共概说》写道,中共的商业建设包括商业政策和商业建设。

(1)商业政策。中共的国内商业政策是在保障私有财产的前提下,认同私有财产的自由发展并采取对其援助的方针,同时欢迎外地的投资,并设立了《援资条例》。这体现了中共商业政策的政治性,即吸引中小资本家参加到抗日民族统一战线中,同时巧妙地对商业资本进行动员。

(2)统制经济和公营商店、合作社。中共为了构建强有力的抗战基础,允许农民自由交易,支持商人的发展。但边区物资自给的统制现状和"对敌经济斗争"的残酷性,使中共将重点放在了统制经济方面。公营商店是工商管理局(晋察冀边区)的直属机关,在工商管理局的领导下进行物资的获得、分

---

① 　大東亜省総務局総務課編『中共概説』、1944 年、国会国立図書館蔵、第 117–119 頁.

配等工作。合作社是群众组织,接受工商管理局的领导,主要进行对内统制的工作,也代行一部分对外统制的工作。此外,中共对粮食实施统制政策,在各市场设置平粜局,以半官半民身份,购买军粮征收后的剩余粮食,从而开展调节民众粮食不均、调整物价及统制配给等工作,其购买带有"第二次救国公粮"的性质。①

4.合作社运动

《中共概说》写道,合作社运动是商业建设的重要内容。

(1)合作社的意义及任务。中共的合作社运动以小农经济为基础,以建设协同团体化、合作化的合作经济为目标,与新民主主义的经济相对应。中共边区的农业生产合作社与苏联的集团农村的不同之处在于:中共边区的农业生产合作社是建立在私有财产(个体经济)的基础上,通过自愿(不是强制)加入新民主主义的集体互助机构中。正如《晋察冀边区农民合作社简章》所指出的,合作社将开发产业—培养民力—确立经济国防线—抗日反封锁作为目的,"合作社是经济战的堡垒,是对敌作战的支点"。

(2)合作社的组织和内容。中共的合作社以村合作社为单位进行组织,区联合社以村合作社为单位进行组织,县联合社以区合作社为单位进行组织,专区以上组织合作社、联合会是在各级政府的指导下领导合作社、联合社。这样一来,形成了上下贯通、命令系统和领导体制井然有序的组织体系。根据业务的不同,合作社可分为信用合作社、消费合作社、生产合作社、运销合作社等。上述信用合作社的业务就是进行低利息的农业贷款,间接帮助减息政策的实行。生产合作社则在进行农地的开垦、修滩、种地等工作的同时,进行养鸡、畜牧等副业和手工业生产等,成为生产增强运动的一部分。运销合作社是在工商管理局领导下"对敌经济斗争"的重要机关,同时与消费合作社一起构

---

① 大東亜省総務局総務課編『中共概説』、1944 年、国会国立図書館蔵、第 121–122 頁.

成了根据地内经济统制的重要机构。这些合作社的重要部门都由优秀的共产党员领导,负责工作的实际部分。

(3)合作社的普及与发展。在陕甘宁边区,合作社经历了数年的艰苦发展,如今经营着消费、生产、融资、运输等全部部门的事业。上述部门中,生产方面组织了纺织、榨油、制毡等六种生产合作社,运输方面以运盐为主。合作社带有政府机构的性质,对公粮进行征收、保管和运输等。政府计划将类似的合作社在全边区普及。运盐合作社在所在边区占有特殊而重要的地位,在此过程中盐业公司进行统制,建设厅负责运盐道路的修筑、车辆及沿途的设备等。手工业合作社的发展尤其显著,从 1937 年的 1 个发展到 1939 年的 146个,其中以纺纱为主的手工业合作社占了 114 个。在晋察冀边区,中共的合作社也得到了很大发展。1940 年 6 月,全区已有 5069 个合作社,合作社的主流由消费合作社向生产合作社发展。此外,新四军所在地域的合作社也十分普遍化。①

5. 中共的财政政策

《中共概说》写道,中共的财政政策包括财政制度、租税政策等内容。

(1)财政制度。因为根据地处于相互被隔离状态,中共在各根据地实行财政独立制度,即对每一个战略根据地实行统筹统支的基本方针,采取金库制度和预决算制度。鉴于粮食问题是财政方面的最大问题,中共便以实物征办、实物支给为方针。根据地对相当于抗日军粮的救国公粮的征收也以物纳为原则。根据作战和工作的要求,对分散贮藏在各生产地乡村的公粮随时进行支取。收公粮时附带征收公柴、公草的情况也很多。此外,衣料、油料等轻工业生产品也是实物征收的对象。随着军队和党组织壮大带来的财政困难,中共要求进行极度的节约,通过精兵简政让一部分人回归到生产当中,同时部队、

---

① 大東亜省総務局総務課編『中共概説』、1944 年、国会国立図書館蔵、第 122−125 頁.

机关、学校自身也经营农工商业，将财政的重点逐渐转移到通过部队、机关的生产运动实现自给自足方面，从而让财政能够自食其力。其中规模最大的是陕甘宁边区政府经营的工业，这些都被称为"公营经济"。

（2）租税政策。租税是中共根据地财政收入的大宗，是抗日军粮的供给源。租税政策与农民土地政策均是中共改善民生、进行民主建设——新民主主义社会建设的重要手段。中共实行的租税政策主要包括：为了确保军粮采用物纳制；整合田赋，确立统一累进的农业税制；限制乃至废除以附加田赋为主的所谓的苛捐杂税；整备以对敌经济斗争为目的的输出入税制等。废除苛捐杂税是中共租税政策中重要的一环，陕甘宁边区在全民族抗战前废止了42种苛捐杂税，晋察冀边区也废止了30余种杂税。在新四军地区，淮南苏皖边区取消了区乡经费、保甲经费、户口税、牛头税等杂税，苏北也废止了50余种苛捐杂税。

（3）货币政策。《中共概说》写道，中共的货币政策是实施边区券制度。货币是调节金融、促进商业发展、刺激生产等进行根据地经济建设的"血液"。此外，中共的货币政策还肩负着在日军"治安地区"经济攻势下保卫根据地经济的重要任务。因此，中共货币政策的根本方针是通过边区券支持法币，绝对禁止"敌伪币"的流通。为此，中共地区现在的发券银行主要是：陕甘宁边区银行、晋察冀边区银行、晋西北农民银行、冀南银行，以及山东地区的北海银行，苏北区的盐阜银行、淮海银行、江淮银行，苏中区的苏中银行，苏南区的惠农银号，淮北苏皖边区的淮北地方银号，淮南苏皖边区的淮南银行，皖中区的大江银行，豫鄂边区的豫鄂建设银行等。这些银行发行的边区券又被称为边区币或边币，在新四军的地区有时也被称为抗币。根据中共方面的文献，中共各银行对货币的最高发行量进行限定，财政仍以实物财政为基本方针。

6. 节约问题和精兵简政

《中共概说》写道，不得不承认中共政府是世界上屈指可数的贫穷政府，随着反复的战斗,华北、华中各根据地所面临的困难更加严峻。这样的财政难题最终除开拓财源和节约之外没有其他解决措施。毛泽东从财政问题出发将节约问题与粮食问题、租税问题并列,重点强调节约问题的重要性。

(1)军政费用的支出方针。作为中共财政支出的方针,一般是军事费用占2/3,行政费用占1/3。随后提出了应符合军人占总人口的2%,政府、群众团体的工作人员、学校教员各占1%的方针,行政费用因此遭到极大缩减。但即使在困难中,中共对教育费用和经济建设费用的支出也并不吝惜,政府经费在总支出中所占的比重很小。由于军政人员费用遭到极度削减,因此中共没有采用俸给制度而是采用津贴制度。尽管以实物支付,但政府主席和军队司令每月不过5元,县长不过2元5角,士兵不过1元。军队的领导者以吃苦耐劳的精神与贫穷民众共同生活,因此获得了民众的同情,这也是中共军队势力扩大的原因所在。"廉洁政治"是中共特别强调的一点。中共政府在自己的一份报告书中写道:没有鞋子的军队、没有衣服的官吏——"世界上再没有这样贫苦的政府,即使只从内容上看也再没有这样节俭的政府"。①

(2)精兵简政政策。1943年初开始倡导的精兵简政政策与"三风"整肃运动一起,是中共的战斗搭配政策,即将全民族抗战以来随意膨胀和机构不断扩大的党组织进行强有力的精简,让党组织更富有弹力。因此,将正规军维持在最少限度内,把其他一切人力调动到生产方面,将行政机构明确简易化,使剩余人员参加到生产增产方面。该项政策在财政上的意义是:"减少消费性的支出,通过生产增加收入,不单直接给财政带来有利的影响,也能够减轻人民的负担,给经济带来好的影响。"根据1943年冀中作战中日方的调查,中共县政府的官吏数量与汪精卫伪政权县政府的官吏数量相比只有1/32。

(3)公营经济。公营经济即所谓的官业,是通过工业生产活动和军队、机关、学校的农业生产活动实施的财政自食其力运动。

---

① 大東亜省総務局総務課編『中共概説』、1944年、国会国立図書館蔵、第125-134頁.

公营经济首先在陕甘宁边区展开。由于人口稀少、土地贫瘠,加之严重的封锁,陕甘宁边区的财政陷入困难。1938 年,陕甘宁边区留守部队为解决经费不足的问题,开始种植蔬菜、饲养家畜、制造被服等,并在 1939 年将其大规模展开。边区政府在进行工业经营的同时,让军队、机关、学校主要从事农业生产,因此,1939 年,陕甘宁边区开垦了百万亩荒地。到 1943 年,军队及公共机关的自给率本年度已经实现了自给。毛泽东认为这种公营经济的建设是"一种新式的国家经济模型",即新民主主义基础上的国家经济。军队进行的屯田垦荒生产事业,是公营经济中最重要的部分。八路军总司令朱德要求官兵"扛枪上战场,扛起锄头上田园",充分发挥八路军的优良传统。边区军队展开工业、农业、运输等各方面的生产工作,有效地运用丰富的劳动力减轻人民的负担,改善部队生活,密切军民关系,协助边区的建设。朱德在前年指挥了南泥湾垦荒生产,当时南泥湾只是人烟稀少的荒芜地,八路军 359 旅上至旅长王震下至炊事员,都积极加入南泥湾的拓荒生产中,涌现了许多开垦纪录和劳动英雄。这是之后的屯田政策又被称为"南泥湾政策"的原因。这种由部队或机关主导的农业经营、合作社经营,或是兵工厂、纺织厂、烟草厂的经营,在华北、华中各根据地十分普遍。①

综上可见,中共在遭受日伪及国民政府经济封锁极其困难的条件下,动员党政军民齐动手,一方面开拓财源,通过垦荒种地增加粮食生产,通过白手起家建立工业、商业,解决根据地军民急需的日用品,以保证军民的基本生活。另一方面,节约开支,通过精兵简政、缩减政府支出等措施,减少消费性的支出和财政负担,将根据地政府变成了最"节俭的政府"。中共通过以上措施而渡过难关。

（四）中共对日伪地区的经济施策

据日本大东亚省总务局编写的《中共概说》,中共对日伪地区的经济施策

---

① 　大東亜省総務局総務課編『中共概説』、1944 年、国会国立図書館蔵、第 134-136 頁.

主要体现在以下五个方面。

1.对敌经济斗争

《中共概说》写道,中共对和平地区的所谓"对敌经济斗争"的直接动机,是打破日方的经济封锁,是一种克服困难的对策。因此,其目的不仅是对日方经济建设进行破坏扰乱,还试图通过对敌经济斗争的展开来破解根据地经济建设的困难局面。中共的对敌经济斗争采取以下具体手段:一是尽可能地实现粮食和抗日军需物资的自给自足,扩充边区内农工生产来确保土特产物资;二是禁止日方需要的军需物资、"治安工作"需要的物资、中共抗日的军需物资以及根据地民众的生活必需物资等进入日方势力范围,以进行经济反封锁;三是禁止或限制非必要物资、奢侈品的流入,同时对自给自足所必需的抗日军需物资以及根据地民众生活所必需的物资,则通过各种手段从日伪地区获得,进行物资引入工作;四是在破坏日伪地区经济设施乃至建设事业的同时,尽可能地对其进行利用。如今,对敌经济斗争与生产增收运动一起形成了现阶段中共经济政策的两大焦点。①

2.经济反封锁

《中共概说》写道,中共为了维持其抗战力量,主要是用农村的土产品在城市交换日本占领地区的工业品。1941年秋天以后,日本方面推行第三次"治安强化运动",实施物资统制、配给制度,使贸易斗争白热化。中共为了与之对抗,公布了《特权输出统制暂行办法》,规定输出特权只限于登记输出商,输出商如果没有县贸易局发行的采购证则不能购买输出的商品,没有出境证则不能离开县境。另外,没有贸易局发行的输出证也不能输出商品。有输出证的情况下,要在银行进行外货登记或是提交兑换输入物资的保证书,这份保

①　大東亜省総務局総務課編『中共概説』、1944 年、国会国立図書館蔵、第 144-146 頁.

证书在输入物资落实后被回收。1942 年 7 月,工商管理局成立,贸易统制得到了强有力的推行。①

3. 在华北方面的贸易统制

《中共概说》写道,中共在华北的贸易统制是在工商管理局的统制下进行的,对基层的取缔十分严格。各村落都设有哨所、游击小组、青年抗日先锋队、儿童团等展开盘查工作,对人员和货物进行监视。中共的贸易统制并不是单纯的封锁,对外贸易统制的本质是有力地获得物资的策略,经济反封锁是中共经济封锁的一个方面,另一方面是展开对敌斗争。封锁物资以粮食棉花等农产品为主,这是以获取敌方必需品为前提,或是根据情况以获得更多的必需品为目的。因此,交易采取物物交换的形式。中共只对能从日方输入保证物资的人员发给许可证,对武器、弹药等军需品,对石油、火柴、蜡烛、文具等生活必需品,则通过各种手段从日占区获得。②

4. 在华中方面的贸易统制

《中共概说》写道,新四军的地区有大工业城市上海,背靠广大的大后方,又有无数的水路纵横分布其中,因此是物资流动十分活跃的地区。新四军在交通要地设置了货物检查所、税务局等关卡,以保护贸易安全的名目征税,全民族抗战初期新四军的财政基础就是这种过路税。但是,从 1940 年秋开始,由于日方强化经济封锁政策,物资的流动遇到了巨大阻碍,新四军的财政收入逐渐减少,因此新四军对被占领地区实行反封锁,各根据地相继出台了禁止物资运出的办法。中共在华中进行经济斗争的主流是以获取上海地区的工业品、沿海一带的食盐为目的的物资获得工作,并希望通过对其进行课税来达到

---

① 大東亜省総務局総務課編『中共概説』、1944 年、国会国立図書館蔵、第 147–148 頁.
② 大東亜省総務局総務課編『中共概説』、1944 年、国会国立図書館蔵、第 148–149 頁.

增加财政收入的目的。①

5. 粮食斗争

《中共概说》写道,粮食既是利敌物资又是自身所必需的物资,因此,排在对敌封锁的第一位。这就导致中共在广阔的华北平原展开了征粮工作和对日方购粮的妨碍工作。于是,中共在华北对日占区的经济斗争,是以粮食争夺战的形式体现的。中共的征粮工作体现在:

(1)进行公粮征收和粮食收割的保卫工作。中共征收公粮是用征收统一累进税的方式来进行。公粮一般是小米、小麦、高粱、玉米等,按一定的换算率可以换成小米。首先,区公署的粮秣助理员接受工商管理局的指令,根据各村的状况将征收量摊派到各村上。其次,村上的征收量根据统一累进税的分数,分由各户承担。征收到的公粮在村内进行分散贮藏,军队和党政工作人员需要时,随时对其进行征用。这是中共地区一般的公粮征收方法。

(2)对集市实行统制。《中共概说》写道:"中共为了阻止与游击地区接壤地区的物资流向我方并确保自身能够获得这些物资,对集市实行了统制。"中共不但对其控制的地区内部进行集市统制,还将统制的触手伸到了日方势力圈的集市中,使其在农村占有重要地位的流通机构逐渐丧失其功能。近来,中共对日方的反封锁发展倾向尤为显著。

(3)实行坚壁清野战术。坚壁清野是中共征粮工作的一种方式。一般把合适的民宅作为仓库,将征收或是购买的粮食进行藏匿。在可能遭到日方袭击的地区,则通过开凿地洞进行贮藏,并且为了守卫这些藏粮还安排了守粮员和监察员。在与日方争夺粮食激烈的地区,则利用水缸将粮藏在地下。中共试图通过这种措施来达到其"在野外不留一物"的目的。

(4)妨碍日方的收买粮食工作。在冀中、冀东地区,针对日方强有力的收

---

① 大東亜省総務局総務課編『中共概説』、1944 年、国会国立図書館蔵、第 150-151 頁.

买粮食工作,中共积极展开"少交、迟交、不交"运动,对日方收买粮食工作进行反向宣传,运用武装部队或是民众武装,有计划地袭击日方收买粮食工作队、输送队、购买团体等,并对其粮食实施抢夺。由于新四军地区并不像华北中共根据地那样缺乏粮食,中共与日方在华中的粮食争斗并不像在华北那样激烈。根据 1941 年 7 月苏北行政委员会公布的《取缔粮食走私、囤积办法》,中共在该地区粮食统制内容如下:严禁运出,防止利敌;对免税运入粮食进行奖励,从而充实民众的粮食;调节供需,促使流通;严禁囤积,消灭投机。新四军的各根据地也相继公布了类似的粮食统制办法。①

（5）进行日占区物资引入工作。物资引入工作是中共对无法自给的物资试图进行获取的一种工作,是对日方经济封锁及物资配给统制的挑战,它的特征是极富计划性和谋略性。引入的物资包括:武器弹药、兵器材料、电话、军用药品、医疗器械等军用品,盐、石油、火柴、蜡烛、缝纫针、文具、印刷用具、铁类、生产材料以及其他生活必需品。物资引入机关有工商管理局、公营商店、合作社、贸易局、货物检查所等,通过物物交换输入所需商品,此外,还有计划地向日占区的城市派出情报人员进行潜伏并从事贸易。近来有情报称,中共的情报人员潜入铁道从业人员和苦力当中,盗取铁路运输中的军用或民用物资。

（6）对日占区建设事业的妨碍和利用工作。针对日方的地方建设进展,中共的对策最初只是以妨碍破坏为主,如袭击矿山和煤矿、爆破铁路、破坏通信线路等。近来,中共在继续这种妨碍破坏工作的同时,其工作重心转向将这些设施改变为中共方面所用。中共对日方"治安圈"以及中共难以控制地区的建设事业、军用道路、铁道工事、电信工事等,继续采取破坏工事、妨碍民众出工、进行逆向宣传等措施,极力阻止汪精卫伪政权通过建设事业来获取民心。②

---

① 大東亜省総務局総務課編『中共概説』、1944 年、国会国立図書館蔵、第 151–156 頁.
② 大東亜省総務局総務課編『中共概説』、1944 年、国会国立図書館蔵、第 156–159 頁.

总之,《中共概说》对中共的经济工作做了全面介绍:中共的经济理论是新民主主义经济理论;中共的经济政策是鼓励各类经济共同发展,通过减租减息、交租交息政策,调动各阶级抗日的积极性;中共制定自己动手、自力更生的生产政策,通过大生产运动,增加农业生产、工业生产、商业生产,减少财政支出等,使根据地能自给自足,渡过困难时期;中共还运用经济手段,开展对敌经济反封锁斗争;等等。

四、中共对马克思主义文化 教育理论与政策的创新

日本大东亚省总务局编写的《中共概说》,对中共根据地的文化教育进行了详细介绍。

（一）中共新民主主义文化的理论与政策

毛泽东的《新民主主义论》是解读中共文化理论的极其重要的文献,可以说是根本性资料。《中共概说》正是以这篇文章为根据,对中共是如何理解文化的,又是如何谋划将文化推进的,新民主主义文化究竟是什么等问题进行了探讨。

1. 文化理论

文化理论大致涵盖以下七个方面:

(1)文化与政治经济的关系。毛泽东首先对文化的本质特征进行了阐释,并引用了马克思的论述:"不是人们的意识决定人们的存在,而是人们的社会存在决定人们的意识。"毛泽东进而论述说:"一定的文化(当作观念形态的文化)是一定社会的政治和经济的反映,又给予伟大影响和作用于一定社会的政治和经济;而经济是基础,政治则是经济的集中的表现。这是我们对于

文化和政治、经济的关系及政治和经济的关系的基本观点。"以这样的思想为基础,加之以一定的变革为目的来对事物进行解释,马克思认为"从来的哲学家只是各式各样地说明世界,但是重要的乃在于改造世界",马克思的这一阐释才"是自有人类历史以来第一次正确地解决意识和存在关系问题的科学的规定"。因此,"我们讨论中国文化问题,不能忘记这个基本观点"。① 毛泽东的上述讲话是中共在看待"文化"时的基本态度和方法。

(2)目标是建立中华民族的新文化。毛泽东指出:"我们共产党人,多年以来,不但为中国的政治革命和经济革命而奋斗,而且为中国的文化革命而奋斗;一切这些的目的,在于建设一个中华民族的新社会和新国家。在这个新社会和新国家中,不但有新政治、新经济,而且有新文化。……建立中华民族的新文化,这就是我们在文化领域中的目的。"②

(3)现阶段中国社会的特质。毛泽东首先对现阶段中国社会的特质进行了分析。他指出:"自周秦以来,中国是一个封建社会,其政治是封建的政治,其经济是封建的经济。而为这种封建的政治和经济之反映的占统治地位的文化,则是封建的文化。""自外国资本主义侵略中国,中国社会又逐渐地生长了资本主义因素以来,中国已逐渐地变成了一个殖民地、半殖民地、半封建的社会。"这样一来,"现在的中国,在日本占领区,是殖民地社会;在国民党统治区,基本上也还是一个半殖民地社会;而不论在日本占领区和国民党统治区,都是封建半封建制度占优势的社会。这就是现时中国社会的性质,这就是现时中国的国情"。所以,统治这种社会的政治是殖民地、半殖民地、半封建的政治,经济是殖民地、半殖民地、半封建的经济,这种政治和经济所反映出的文化是殖民地、半殖民地、半封建的文化。由此,毛泽东认定"这些统治的政治、

① 《毛泽东选集》第二卷,人民出版社 1991 年版,第 663—664 页。大東亜省総務局総務課編『中共概説』、1944 年、国会国立図書館蔵、第 176 頁.

② 《毛泽东选集》第二卷,人民出版社 1991 年版,第 663 页。大東亜省総務局総務課編『中共概説』、1944 年、国会国立図書館蔵、第 177 頁.

经济和文化形态,就是我们革命的对象",并且断定,"我们要建立起来的,则是与此相反的东西,乃是中华民族的新政治、新经济和新文化"。①

(4)新范畴的民主主义。结合中国历史的革命进程,这样的新政治新经济新文化又该怎样理解呢? 毛泽东指出:"中国革命的历史进程,必须分为两步,其第一步是民主主义的革命,其第二步是社会主义的革命,这是性质不同的两个革命过程。"这样的进程是由现时中国社会的性质所决定的。因此,毛泽东接着阐述道:"中国现时社会的性质,既然是殖民地、半殖民地、半封建的性质,它就决定了中国革命必须分为两个步骤。第一步,改变这个殖民地、半殖民地、半封建的社会形态,使之变成一个独立的民主主义的社会。第二步,使革命向前发展,建立一个社会主义的社会。"基于这样的观点,毛泽东认为"中国现时的革命,是在走第一步",即新范畴的民主主义。②

(5)中国文化革命的历史特点。毛泽东以五四运动为界分为前后两个阶段,前者属于旧范畴的旧民主主义革命,后者属于新范畴的新民主主义革命,"这种区别,不只是在政治上,在文化上也是如此"。③ 那么,"在文化上如何表现这种区别呢?"毛泽东接着阐释道:在五四运动以前,中国文化战线上的斗争,是资产阶级的新文化和封建阶级的旧文化的斗争。五四运动以后,中国产生了完全崭新的文化生力军,这就是中国共产党人所领导的共产主义的文化思想,即共产主义的宇宙观和社会革命论。④

(6)新文化的本质。现在新文化的本质是什么呢? 毛泽东指出,从国民文化的方针来说,现在还不是社会主义文化。如果以为现在的整个国民文化

---

① 《毛泽东选集》第二卷,人民出版社 1991 年版,第 664—665 页。大東亜省総務局総務課編『中共概説』、1944 年、国会国立図書館蔵、第 177-178 頁.

② 《毛泽东选集》第二卷,人民出版社 1991 年版,第 665—666 页。大東亜省総務局総務課編『中共概説』、1944 年、国会国立図書館蔵、第 178-179 頁.

③ 《毛泽东选集》第二卷,人民出版社 1991 年版,第 696—697 页。大東亜省総務局総務課編『中共概説』、1944 年、国会国立図書館蔵、第 179 頁.

④ 《毛泽东选集》第二卷,人民出版社 1991 年版,第 697 页。大東亜省総務局総務課編『中共概説』、1944 年、国会国立図書館蔵、第 180 頁.

就是或应该是社会主义的国民文化,这是不对的。就整个国民文化而言,还不是完全以社会主义文化的资格去参加,而是以人民大众反帝反封建的新民主主义文化的资格去参加的。由于现时的中国革命不能离开中国无产阶级的领导,因而,现时的中国新文化也不能离开中国无产阶级文化思想的领导,即不能离开共产主义思想的领导。但这种领导,在现阶段是领导人民大众去开展反帝反封建的政治革命和文化革命,而不是领导他们去进行社会主义的政治革命和文化革命。由此,毛泽东断定,"现在整个新的国民文化的内容还是新民主主义的,不是社会主义的",因而要把对于共产主义的思想体系和社会制度的宣传同对于新民主主义的行动纲领的实践区别开来。① 这就是现在新文化的本质。

(7)新民主主义文化的特征。毛泽东指出,新民主主义文化有三个特征:

其一,新民主主义的文化是"民族的"。它是反对帝国主义压迫,主张中华民族的尊严和独立的。它是我们这个民族的,带有我们民族的特性。这种"民族的"意味着对外国文化不能生吞活剥,对于马克思主义也要采取中国的民族形式来接受。毛泽东强调,中国应该大量吸收外国的进步文化,作为自己文化食粮的原料。但是一切外国的东西,如同我们对于食物一样,把它分解为精华和糟粕两部分,然后排泄其糟粕,吸收其精华,才能对我们的身体有益,绝不能生吞活剥地毫无批判地吸收。中国共产主义者对于马克思主义在中国的应用也是这样,必须将马克思主义的普遍真理和中国革命的具体实践完全地恰当地统一起来,也就是说,与民族的特点相结合,经过一定的民族形式,才有用处,绝不能主观地公式地应用它。"中国文化应有自己的形式,这就是民族形式。"②

① 《毛泽东选集》第二卷,人民出版社 1991 年版,第 704—706 页。大東亜省総務局総務課編『中共概説』、1944 年、国会国立図書館蔵、第 181 頁.
② 《毛泽东选集》第二卷,人民出版社 1991 年版,第 706—707 页。大東亜省総務局総務課編『中共概説』、1944 年、国会国立図書館蔵、第 182 頁.

其二，这种新民主主义的文化是"科学的"。它是反对一切封建思想和迷信思想，主张实事求是，主张客观真理，主张理论和实践一致的。这种"科学的"文化，并不是说"民族的"就完全接受本国过去的一切文化，而是对其中封建的和带有民主性的文化进行辨别。中国在长期的封建社会中，创造了灿烂的古代文化。清理古代文化的发展过程，剔除其封建性糟粕，吸收其民主性精华，是发展民族新文化、提高民族自信心的必要条件。中国现时的新政治新经济是从古代的旧政治旧经济发展而来的，中国现时的新文化也是从古代的旧文化发展而来的，因此，我们必须尊重自己的历史，绝不能割断历史。但是这种尊重，是给历史以一定的科学的地位，是尊重历史的辩证法的发展，而不是颂古非今，不是赞扬任何封建的毒素。[①]

其三，新民主主义的文化是"大众的"，它应为全民族百分之九十以上的工农劳苦民众服务。如果不是"大众的"文化，作为革命文化就是软弱无力的，为了与大众结合需要进行文字和语言的改革。毛泽东指出，一切进步的文化工作者应有自己的文化军队，这个军队就是人民大众。文化人和文化思想不接近民众，就是"空军司令"或"无兵司令"，他的火力就打不倒敌人。为达此目的，文字必须在一定条件下加以改革，言语必须接近民众，须知民众就是革命文化的无限丰富的源泉。

综上，毛泽东将新民主主义文化归纳为：民族的科学的大众的文化，就是人民大众反帝反封建的文化，就是新民主主义的文化，也是中国革命现阶段的新文化。[②]

《中共概说》用大量篇幅引用了毛泽东《新民主主义论》中关于新民主主义文化的理论论述，[③]认为毛泽东运用马克思列宁主义观点，结合中国历史的

---

① 《毛泽东选集》第二卷，人民出版社1991年版，第707—708页。大東亜省総務局総務課編『中共概説』、1944年、国会国立図書館蔵、第182-183頁.

② 《毛泽东选集》第二卷，人民出版社1991年版，第708页。大東亜省総務局総務課編『中共概説』、1944年、国会国立図書館蔵、第183-184頁.

③ 大東亜省総務局総務課編『中共概説』、1944年、国会国立図書館蔵、第175-184頁.

优良传统文化、中国社会的实际,尤其是农村社会的实际,深刻地阐述了新民主主义的文化理论,即:它是新民主主义的,不是社会主义的,是民族的科学的大众的文化,是为抗日战争服务的文化,是中共文化建设的指导思想。

2. 文化工作

文化工作包括文化组织、文化工作和文艺政策。

(1)陕甘宁边区文化协会。作为文化运动的指导中心,中共中央设立了"文化运动委员会",其下设有"陕甘宁边区文化协会"。"文化运动委员会"于 1937 年 10 月成立,有资格参加边区各种文化团体,较早的有"社会科学研究会""国防教育研究会""国防科学社""战歌社""海燕社""音乐界救亡协会"等,之后又参加的有"世界语协会""新文字研究会""民众娱乐改进会""抗战文艺工作团""文艺界抗战联合会""文艺突击社""诗歌总会""新哲学会""戏剧界抗战联合会"等团体。各团体的组织原则是由各团体的全体会员大会选出执行委员会,执行委员会委任正副主任、秘书各一人,作为领导的责任人,并且团体协会还在边区各地设立分会。

从现在的边区文化协会的简章来看,其宗旨为:"联合全边区的文化工作者,并与全国的文化工作者通力合作,建立中华民族的新文化,为民族解放而斗争。"因此,边区文化协会的工作范围并不局限于所谓的"边区",而是试图向全国发展。1940 年 1 月,艾思奇、丁玲、周扬筹备的"陕甘宁边区文化协会第一次代表大会"正式召开,艾思奇做了《边区文化协会成立以来的工作》的报告,总结了该协会的成绩,也指出了存在的问题。大会第六天,毛泽东做了《新民主主义的政治和文化》报告,论述了新民主主义的政治和文化本质,指明了发展方向,这表明中共领导人是十分重视这次会议的。

(2)各种文化工作状况。边区一切文化工作的统一领导机关是"边区文化协会",各种文化工作都在其领导下展开。

其一,抗战文艺工作团。边区文化协会组织了"抗战文艺工作团",其目的在于有计划地将作家送往战场,让他们感受实际的抗战生活,从而获得创作的材料。乡村工作团有时也暂时搁笔参加到边区农村的实践运动中,以便加深对民众生活的理解,然后再从事文艺创作。

其二,文艺小组。从大众中发现拥有丰富的实际经验但无法用文笔表现出来的人士,通过教授这些人士文艺的基础知识并对其文艺技巧进行训练,将这些人培养成人民大众的文艺工作者。由于这些文艺小组的学员的出身、身份、知识水平存在差异,因此在各工厂、农村、学校、机关等都设有文艺小组。

其三,文艺顾问委员会。由边区具有作家和文艺素养的人担任委员,作为新作家指导机关。文艺顾问委员会设立了文艺讲座,召开了演讲会。

其四,《大众文艺》和《新诗歌》刊物。"文抗分会"的机关刊物《大众文艺》是边区最主要的文艺杂志,每一期都会被八路军总政治部配发给前线各部队。此外,还有誊写印刷版的诗歌杂志《新诗歌》。

其五,戏剧及歌咏活动。边区最为活跃的文艺工作是戏剧,为此成立了"烽火剧社""抗战剧团""民众剧团"等剧团。这些剧团演出的戏剧以民众和士兵为对象,以话剧、活报、旧形式的秦腔、舞蹈等各种形式,在农村和八路军的留守部队间巡演。此外,延安还有鲁艺实验剧团、余暇剧团、青救剧团、陕公剧团等,这些剧团利用学习或工作的空闲时间进行练习,择时演出戏剧。

此外,还有以艾思奇、周扬、范文澜、陈伯达、何思敬等为会员的"新哲学会"。"新哲学会"每年召开年会,进行报告和讨论。"自然科学研究会"在各个机关内设立了"自然科学研究小组",以期普及科学研究。此外,还有对时事问题进行研究的"时事问题研究会"。

其六,学习中共的文艺政策。中共中央宣传部在 1943 年 11 月 7 日发布了《关于执行党的文艺政策的决定》。在此之前,毛泽东发表了《在延安文艺座谈会上的讲话》。为了让全党的文艺工作者获得正确的认识,中共提倡学习中共的文艺政策,"也适用于一切文化部门"。在这份文献中,中共强调以

"戏剧工作"和"新闻通讯工作"为中心,这一点尤其值得注意,即:"在目前时期,由于根据地的战争环境与农村环境,文艺工作各部门中以戏剧工作与新闻通讯工作为最有发展的必要与可能,其他部门的工作虽不能放弃或忽视,但一般地应以这两项工作为中心。"

关于戏剧,文件规定了"内容反映人民情感意志,形式易演易懂的话剧与歌剧",强调"这是熔戏剧、文学、音乐、舞蹈甚至美术于一炉的艺术形式,是今天动员与教育群众坚持抗战发展生产的有力武器"。关于报纸,文件指出:"报纸是今天根据地干部与群众最主要最普遍最经常的读物,报纸上迅速反映现实斗争的长短通讯,在紧张的战争中是作者对读者的最好贡献,同时对作者自己的学习与创作的准备也有很大的益处。"并告诫说:"那种轻视新闻工作,或对这一工作敷衍从事,满足于浮光掠影的宣传而不求深入实际、深入群众的态度,应该纠正。"①

总之,关于中共的文化工作,《中共概说》做了详尽的介绍。最重要的有两点:一是文化理论。中共将马克思主义的普遍真理和中国革命的具体实践相结合,创造性地提出了建设新民主主义文化的理论;新民主主义的文化,就是民族的、科学的、大众的文化,就是人民大众反帝反封建的文化,是为抗日战争服务的文化。二是文化工作。中共的文化工作是深入实际,围绕服务抗日战争、服务人民大众展开的,的确体现了民族的科学的大众的本质。

(二)中共根据地的教育

中共地区的教育包括党、政、军和民众教育。党、军、政的教育主要是为培养党员和干部。《中共概说》写道,中共的教育首先分为党内教育和党外教育。党内教育可进一步分为一般日常的广义教育和由特殊机关所进行的狭义

---

① 中央档案馆编:《中共中央文件选集(1943—1944)》第14册,中共中央党校出版社1992年版,第107—109页。大東亜省総務局総務課編『中共概説』、1944年、国会国立図書館蔵、第188-189頁.

教育。党的对外教育活动为民众工作中的教育工作,民众工作不分党、军、政,而是三类机关合为一体而进行的工作。

1. 中共的党内教育工作

党内对一般党员进行广义上的教育,由党中央宣传部主管。地方党组织则基于中央宣传部的一般指示,根据地方的具体情况制订具体方案,党支部为实施的主体,县委、区委级别的地方党组织对其进行领导,以宣传部委员为中心。教育委员以一般学校与教育有关的人士为主,强化学习,以众所周知的"学习、学习、再学习"为标语,激励党员不断上进。学习采取不坐而论道、而从实际工作获得的方针,因此,学习的范围十分广泛,囊括了整个工作。在地方党组织,不仅是宣传委员,所有委员都负有指导党员的职责。党支部的中心人物是支部书记,一般由有能力的人物担任。以党支部为中心组织了农民抗日救国会(简称农抗会)、教抗会等所谓"党团",在非党员群众中进行宣传党章的任务。新党员都必须被编入支部接受革命观的基础教育。

党内狭义的党员教育是通过特设机关进行的教育,包括中央以及地方党组织管辖的各种干部学校、训练班等。这里所谓的"干部"是指"杰出"人才的意思,也包括非党员干部。

2. 中共的军队教育工作

军队教育在这里指通过军队政治部作为政治工作一环的教育工作,这是中共军队所特有的性质。众所周知,中共军队不只是专门的武装力量,还被称为老百姓的军队、民众的组织者。武力与政治工作相伴,同时相互之间强化彼此,这是中共军队的强项,也是中国共产党的强项。在党的领导下,军队是民众工作的中枢,政府协助进行行政。因此,军队的教育同时也是对民众工作干部的教育,在培养军人的同时也是在培养最优秀的民众工作干部,即"军政干部"。军队政治部在政治委员之下没有宣传、教育、青年、民运等党务委员,各自指导广义的教育。实际的活动体现为连队党支部,连队党支部是设立在军队内的党组织。中共希望通过对军队进行教育,将其改造成进步的军队,因此在军队内部发展党员。此外,连队党支部还面向民间进行对外的指导民团、融合军民、政治教育等工作。

3. 中共的地方行政机关教育工作

地方行政机关的教育工作,是指从边区政府到行政督察专员公署、区、县、村公署、保甲长等各级行政机关所进行的教育工作。地方行政机关的教育工作也有广义和狭义之分。教育处、教育科学所进行的是狭义的教育工作,以一般的中小学教育为主。广义的则是民众教育,与其他处、科都有关系。高等教育机构则有晋察冀边区政府组建的华北联合大学、由陕甘宁边区政府组建的陕北公学,以及其他一些地方政府管辖下的高等教育机关。①

4. 中共教育与农村教育的传统

(1)民众教育。教育是通向组织的捷径。中共最重视的是民众的组织和教育,对农村进行整顿的第一步就是对民众的教育。民众教育工作的第一步是设立民众学校。中共建立的民众学校既是一个提高学员一般文化的学校,又是一个偏向于进行民众动员、军事训练以及干部培养、征兵工作、政治宣传的机关。中共也进行与冬学和合作社运动相结合的成人文盲救济的民众学校运动,以战地总动员委员会或抗联的名义在中心地区设立民众学校,培养干部,并逐渐向各地推广普及。在军队政治部主导下,调动当地的知识分子,将民众编成干部班、普通班、流动班等,利用农闲、夜间等时间进行学习。其中,普通班的学习期限为2周到2个月左右,主要课程包括游击战术、防止汉奸训练、政治宣传等,即进行所谓的"战地非常教育"。与上述同时进行的是作为

---

① 大東亜省総務局総務課編『中共概説』、1944 年、国会国立図書館蔵、第 160—164 頁.

实际民众武装的自卫队的训练。如果说中共教育的一般特色是什么，那就是中共在早期就进行了"教育的生产化和军事化"。共产党为何能对农村具有强大的影响力？针对这个问题，仅回答中共的土地政策或主义具有合理性，或是政策和制度能够应对中国农村问题是不够的。这里就存在与乡村教育的传统相结合的中共教育的根本问题，即将军事、民众生活和教育巧妙地融合在一起。这是中国农村的传统，这个传统被中共很好地把握住了。

（2）普通教育。各边区政府的普通教育政策，包括推行义务教育、普通教育正规化、增设教员培训机构、提高教员待遇、改善地方教育经费支出、改善私塾私学、增设实验小学和中心小学、整备教科书、强化督学制度、教育的军事化和生产化等。

中共最为得意的义务教育是将生产合作社与教育相结合。合作社附设训练班、学校等，在社职员的指导下，首先从识字入手，进而与生产技术训练相结合，推行简单而实际的义务教育。此外，旧式私塾原本就受到农民的欢迎，中共与资本家、实力派人物联合组成校董会，兴建"平民学校"。

中共的师范学校继承了乡村师范学校的传统，学生在接受两三个月的短期训练后就被直接派往乡村，即所谓的"义务教师"。中共通过提高教员的待遇，让其跟一般公务员的待遇相等，从而吸引日伪地区的教员前往任教。其中，"赤化教员"作为知识分子工作的第一步，受到中共的特别重视。

关于教科书，晋察冀边区政府编写的《抗战时期初级小学国语课本》（1940年版），从初级小学二年级前期开始就是抗日教材。高级小学的课本由华北联合大学教育研究室编著，由边区政府发行。小学教育以"儿童为本位"，积极活用儿童的特质，让儿童融入现实生活中，通过现实对其进行教育。课本中的儿童团、少年先锋队等，进行春耕、秋收、运输、拾粪、站岗、放哨、军人慰问、发现汉奸、破坏交通、小先生、宣传等活动内容，体现了与儿童相符、活用儿童特性的意图。所谓"小先生"，是指让儿童以天真无邪的语调讲述八路军的前线佳话，宣传效果往往比成年人更好。

（3）现职干部的教育与学习运动。中共很重视对现职干部的教育与学习。从 1939 年起，就在延安开展了现职干部的教育与学习运动。1942 年 2 月 28 日，中共中央政治局通过《中共中央关于在职干部教育的决定》，现职干部的教育与学习运动在各个抗日根据地全面展开。在延安，干部开展不脱产学习，所属机关的领导者对其予以指导，并以一定的标准进行考察。课程分为初级、中级、高级三个阶段，以通过学习小组自习和通过集体讨论进行相互启发为原则，将重点放在每个人的工作实务上。初级课程有"党的建设"（必修）、"中国问题"（革命史、革命基本问题、抗日民族统一战线、三民主义等）、"游击战术"、"社会科学常识"（发展形势）；中级课程有"党的建设"（必修）、"近代世界革命史"、"简明联共（布）党史"、"马列主义"、"军队政治工作"；高级课程有"联共（布）党史"（必修）、"政治经济学"、"马列主义"、"共产国际纲领"、"军事理论"等。由低级常识逐渐上升到高级理论。学习小组和集体讨论是中共独特的学习方法，也是抗日军政大学所夸耀的学习方法。"学而不厌，诲人不倦"是党员学习的一条标语。这种重视党员的教育从共产党的本质来说是必然的政策，因为中共以工农出身者为中心，所以需要不断自学提高，即"学而不厌"；又因为中共将争取民众视为生命，因此，需要对民众进行开导从而获得民众的信赖，此即"诲人不倦"。中共教育的方针是培养"结合现实，不脱离民众，灵活地将马克思列宁主义运用到实际中的战士"。①

（4）对青年的教育。"青年队"是中共军队政治部组织起来的青年运动的一个表现形式，因此，"青年队"受到党中央青年部和军队的双重领导。青年队是由中共军队 23 岁以下青年人自愿参加的组织，编成大队、中队、小队（与军队的团、营、连相当）。青年队除接受军队的一般训练外，还接受特殊的教育，如队伍执行检举逮捕的工作，针对敌探、奸细、破坏分子、恶劣倾向、落后意

---

① 大東亜省総務局総務課編『中共概説』、1944 年、国会国立図書館蔵、第 164-170 頁.

识、纪律破坏者,发挥突击力量的作用。此外,青年队还与地方青年团、非党员民众协作,构成党的基本后备军。①

5.干部培训学校

中共抗日根据地的干部培训学校主要有:

(1)中国人民抗日军政大学。中国人民抗日军政大学(简称抗大)是十八集团军直管的开放大学,是抗日民族统一战线的学校,学生并不一定是党员,而非党员学生的思想、信仰是自由的,只要支持抗日就行。根据该校的招生简章,入校学生的资格应该是初中毕业以上,但对工农出身的人则没有这种限制,因此学校内的文盲和小学没有毕业的人有很多。学校也进行识字教育。此外,学校针对女子有女生队,针对白区青年有白区队。学校通过军队的地方办事处向全国招收学生,手续极其简单,学费、膳食住宿费全免,对大后方学生具有吸引力。学校对学生的编组是军队式的,分为军事队和政治队,学习时限为预科2个月、正科6个月,是一种短期的培训。地方上的分校更是如此,学生生活是严格的军队形式。学校的发展继承了过去红军大学的传统。

七七事变爆发后,许多失学的青年学生徒步陆续前往该校。由于学生急速增长,学校不得不面对校舍难、财政难、教员难的问题。1937年10月,学校以全体学生决议的形式,自己动手,在2周内开凿了170个窑洞、大讲堂等,校舍难的问题由此得到了解决,中共称赞这是"震撼世界的壮举"。至于学生的数量,后方的总校有2000人,山西的分校有8000人,每年约培养输送1万名学生,如果算上华中及其他地区的分校则会增加到一个庞大的数字。华中地区的学校数量,由华中总分校加上其他军队所在的主要根据地的分校也达到了十几所。多数情况由军队首长担任学校校长,在军队政治部的领导下培养该军队的军政干部。学科课程与现职干部教育大同小异,学习采取"少而精"

---

① 大東亜省総務局総務課編『中共概説』、1944年、国会国立図書館蔵、第171頁.

主义,一个科目最多不超过48小时,教授抗日所需要的事项。中共称共产主义绝不是苦行主义,会尽可能地丰富学生们的生活。学生毕业后,学校并不只是将学生调配到前线,也会根据学生各自的技能安排学生前往后方从事文化工作。总而言之,只要抗日就行。学校对工人出身的学生设立特别班,进行从识字教育开始的独特教育。这也是该校所骄傲的一点,对既作为军队的各类技术人员,又是纯粹的无产阶级,进行独特的教育。

(2)陕北公学。陕北公学由党中央教育部掌管,为公开党校,经费由陕甘宁边区政府支出,设有法学系、文学系、行政学院等。1939年,学校迁往晋察冀边区,成为华北联合大学的前身。后又在延安再建,再建后与女子大学合并成立了延安大学。所谓"公学",即与高中、附中、简单师范、附小合并形成一种7年制的高等学校,设有法学系、文学系,是培养行政人员的学校。华中的洪山公学也是这一类行政学院。陕北公学中也有国外和南方的学生。陕北公学以社会、师范两大系为主,学生的生活跟抗大同样严格,都是6个月的短期学制。陕北公学设有高级研究班,专门培养行政、文化方面的干部。

(3)鲁迅艺术学院。鲁迅艺术学院(简称鲁艺)设有文学、音乐、戏剧、美术四个系。抗大、陕北公学、鲁艺并称为兄弟学校。中共宣传鲁迅的理由,从毛泽东在延安文艺座谈会上的发言中便可知晓。据《延安访问记》介绍,"戏台、音乐厅、画室该校都没有,这一切活动都在露天进行。这是世界上最困苦的美术学院",学生在学习期间经常深入农村展开工作。丁玲曾以本校学生为中心组织了战地服务团,并率领服务团前往前线四处宣传。从这样的报告来看,其对农民、士兵的宣传取得了相当大的成果,尤其是通过戏剧所达到的宣传效果十分明显。

(4)中国女子大学。据《中国见闻录》,中国女子大学是世界上独一无二的女壮士大学。学校从识字班到高级班分班级、课程编成,与干部教育大同小异。学生毕业后多前往前线或乡里从事教育、民众组织、合作社等工作,也有进入抗大从事军事服务工作的。学校以实物为教员生活提供保障,教员的薪金为每月 5 元左右。学校的大部分经费来自募捐和南洋华侨的帮助。学生的学费、膳食住宿费全部被免除,中国女子大学作为妇女工作、女子教育的中枢而受到关注。

（5）其他学校。除上述学校之外,还有马列学院（中央党校,培养最高的理论干部）、中央党校（培养高级党员干部）等秘密党校。中央党校还附设少数民族班,培养了大量少数民族干部。华中也有中央党校的分校。自然科学院则与工作合作社合作培养技术员。此外,还有以毛泽东青年干部学校为代表的许多青年训练班。

以上是党中央领导的主要学校,其他还有军队系统、地方行政机关系统的学校。此外,还有日本工农学校、朝鲜青年革命学校等这种对敌工作的学校。①

综上,《中共概说》所介绍的中共地区的教育极具特色:一是教育全覆盖。中共的教育,包括党、政、军、民教育,大、中、小学教育,人文社会科学、自然科学,上到高级研究班,下到启蒙识字班,甚至还办有日本工农学校、朝鲜青年革命学校,建立起了全民教育网。二是中共的教育方针十分明确地坚持为抗日战争服务的方向,十分注重思想政治教育。三是中共的教育紧扣抗战所急需的人才进行培养。四是克服困难,在极其简陋的条件下创办各类学校。上述特色,使中共地区的教育事业开展得红红火火。

结　语

纵观自 1840 年鸦片战争以降的中国近代史,至抗日战争前,中国在反抗外来侵略战争中屡战屡败,但在抗日战争中取得了第一次完全胜利。究其原因,正如毛泽东在《论持久战》中所指出的,正是由于有了中国共产党及其领导下

---

①　大東亜省総務局総務課編『中共概説』、1944 年、国会国立図書館蔵、第 172–175 頁.

的军队,①因此决定了中国抗日战争必胜的前途。抗日战争的历史演进证实了毛泽东的这一分析和预测的正确性。

1938 年至 1944 年日方情报介绍的中共情况,重点是围绕中共是一个什么样的党,为何在装备如此简陋、环境如此恶劣的情况下,屡遭日军"扫荡"而不衰,成为日本在中国的"最坚韧的敌人"这一问题展开探讨的。综合这些资料可见,日本方面极其重视对中共的情报搜集和分析,尽管同中共是你死我活的敌对关系,但他们仍然对中共的理论、路线、方针和政策由衷地进行了肯定和赞赏。主要体现在以下几点:

第一,中共是组织严密、纪律严明、战斗力极强的马克思主义政党。日方认为,在长期的革命斗争中,中共涌现出以毛泽东为首的一批卓越的党、政、军领导人。正如日本华北方面军参谋长大城户三治中将所言:"中国共产党及其军队拥有强大的势力,……他们的首脑部在长期的逆境中克服了种种困难,走过了苦难的历程,其坚强意志和智谋不是一般人所能达到的。"②日本大东亚省总务局编写的《中共概说》指出,在抗日战争中,中共已进入了毛泽东时代,毛泽东有"优秀卓越的组织和领导才能"③。日本华北方面军参谋部在《对华北地区共党势力的观察》中也认为:"中共军队的高级干部是历经十几年不断艰苦斗争的历练之士,有相当的统帅之才。"④日方认为,中共形成了以毛泽东为首的集体领导核心,拥有一批卓越的党、政、军领导人,能确保中共作为无产阶级政党的革命性和战斗性。这种认识是符合中共实际情况的。

第二,中共有中国化的马克思主义理论的正确指导。《中共概说》最推崇

---

① 《毛泽东选集》第二卷,人民出版社 1991 年版,第 449 页。

② 防衛庁防衛研修所戦史室『戦史叢書 4:河南の会戦』、東京:朝雲新聞社、1969 年、第 74-75 頁.

③ 大東亜省総務局総務課編『中共概説』、1944 年、国会国立図書館蔵、第 22-23 頁.

④ 北支那方面軍参謀部『北支方面共産勢力に対する観察』、1940 年、JACAR(アジア歴史資料センター):C04122556700、第 7 頁.

1940 年 1 月毛泽东发表的《新民主主义论》,认为:"毛泽东的新民主主义是为了处理国共合作之下的民族统一战线中共所有的理论与实践的基础意识形态。……是中共政治指导理论的集大成者。"①毛泽东根据中国社会历史传统与现实抗战实际情况的特殊性,对马克思主义作了"创作式的自由解释",将其精华吸纳进新民主主义的理论中,变成了中国人易于接受的中国化的马克思主义,"成为中共新的政治纲领"。由此,《中共概说》认为:"《新民主主义论》代表着对中共将来集中性指导理论的确立,可以说是中共意识形态发展史上的金字塔。"②从《中共概说》中可知,毛泽东在抗战中将马克思主义与中国革命实践相结合,创造性地发展了马克思主义,开启了中共马克思主义中国化的新篇章。这种认识是有深度的。

不仅如此,中共还用中国化的马克思主义武装全党。从 1941 至 1942 年,中共在党内开展了针对学风中的主观主义、党风中的宗派主义、文风中的党八股进行整顿的整风运动。《中共概说》设问,整风运动具有怎样的意义呢? 就是为了提高党员的素质,增强的党的战斗力,"是马克思主义在中国实践的一种形式"③。

第三,党政军民,党是领导一切的。据《中共概说》,中共在政权建设、军队建设、民众组织建设中都体现了党的领导。在政权建设方面,陕甘宁边区是中共中央的所在地、中共军队的总后方、中国赤化的总据点、中国抗战的中心,更是事实上的苏维埃区,是中共以外的任何人都无法染指的特殊区域。陕甘宁边区和其他抗日根据地政府,都是抗日民族统一战线的"三三制"政府,但中共都牢牢地掌握着领导权。在军队建设方面,中共军队并不仅是战斗部队,也是实现中共政治目标的武装力量。中共对军队持有绝对的领导权,军队必须遵循党的路线。为了行使领导权,中共军队内设有党的机关与组织,通过这

---

① 大東亜省総務局総務課編『中共概説』、1944 年、国会国立図書館蔵、第 37 頁.
② 大東亜省総務局総務課編『中共概説』、1944 年、国会国立図書館蔵、第 38-42 頁.
③ 大東亜省総務局総務課編『中共概説』、1944 年、国会国立図書館蔵、第 42-46 頁.

些机关与组织的活动,从而确保军队遵循党的路线。在民众组织建设方面,《中共概说》认为,中共极其重视获得民众的支持,建立各种民众团体作为中共的外围组织,这些团体或多或少都担负着抗日的任务。总之,在党、政、军、民等方面,都能体现中共的领导。

第四,中共的各种政策能充分调动民众的积极性。日本大东亚省总务局编写的《中共概说》认为,中共建立的抗日根据地大多在乡村,中共的经济政策尤其是土地政策便至关重要。农民是抗日和生产的基本力量。因此,一方面,中共的经济政策是扶助农民,普遍实施"耕者有其田"的土地政策,实行减租减息政策,改善农民的生活,提高农民抗日和生产的积极性。同时,也要求农民向地主交租交息,以此鼓励地主阶级共同抗日。另一方面,中共实施拥政爱民、拥军爱民政策。通过拥政爱民、拥军爱民活动,强化党、政、军、民"四位一体"的基础,能进一步密切军民间的协作,将中共军队与民众的关系发展到"密不可分的状态"。①

第五,中共用大生产运动应对日本的封锁。从日本大东亚省总务局编写的《中共概说》中可见,经过 1941 至 1942 年日军对抗日根据地的"扫荡""清乡"封锁作战,中共在经济上进入了极其困难时期。为了克服困难,一方面,中共动员党、政、军、民自己动手,垦荒种地增加粮食生产,白手起家建立工业、商业,解决根据地军民急需的日用品,以保证军民的基本生活;另一方面,通过精兵简政、缩减政府支出等措施,减轻财政负担,使边区政府成为最"节俭的政府",从而能打破日军封锁,渡过难关。

第六,中共是抗日民族统一战线的坚定维护者。日本大东亚省总务局编写的《中共概说》,十分赞赏中共对抗日民族统一战线的维护。《中共概说》认为,日本的"既定国策"是造成国共分裂,在抗日战争中,国民党政府曾多次发动反共高潮,如 1941 年的皖南事变,1943 年对陕甘宁边区的军事挑衅

---

① 大東亜省総務局総務課編『中共概説』、1944 年、国会国立図書館蔵、第 61—63 頁.

等,但中共总是忍辱负重,运用各方力量,包括宣传手段,来避免事态进一步恶化,以斗争求团结,坚定地维持国共合作,维护抗日民族统一战线,从而维护中国持久抗战的局面,阻止日本所期待的国共分裂的"既定国策"的实施。①

第七,中共建立完整的教育网络和文化体系。日本大东亚省总务局编写的《中共概说》认为,中共十分重视教育事业,在极其困难的条件下,建立了党、政、军、民全覆盖的全民教育网。中共的教育目标是为抗日战争服务,培养出抗战所急需的各类人才,使中共地区的教育事业得到蓬勃发展。中共也十分重视文化建设。毛泽东运用马克思列宁主义观点,结合中国历史社会的实际,阐释了新民主主义的文化理论,即民族的、科学的、大众的文化。在这种文化理论指导下,中共的文化工作围绕服务抗日战争、服务人民大众的方向,开展得有声有色。

第八,未来的中国是属于中共的。据日本大东亚省总务局编写的《中共概说》统计,从 1937 年到 1944 年春,中共的力量迅猛发展,抗日根据地从陕甘边区一块,已发展遍布华北、华中日本占领区,中共军队内党员发展到 7.77 万人,中共武装正规军发展到 23.59 万人(其中新四军为 6.2 万人)。②《中共概说》认为,苏联共产党凭借 300 万党员就能领导 2 亿苏联民众。"当中共拥有 600 万党员之日,那么就是中国的赤化之时。"③《中共概说》的这种分析是有道理的,预测也是比较准确的。事实上,到 1945 年 4 月,中共党员就已发展到 121 万人,在取得抗日战争的胜利后又取得了解放战争的胜利。1949 年 10 月,中共党员发展到 448 万人,还未达到 600 万党员时,就取得了中国革命的胜利,建立了新中国。

---

①　大東亜省総務局総務課編『中共概説』、1944 年、国会国立図書館蔵、第 70-78 頁.

②　该数字是日方情报机关的不完全统计,与我方的统计有出入(据中方统计,截至 1945 年 4 月,中共党员为 121 万人,中共领导的正规军有 91 万人、民兵有 220 万人)。但日方的统计仍可以证明中共领导的军队和抗日根据地发展迅速,故保留其统计.

③　大東亜省総務局総務課編『中共概説』、1944 年、国会国立図書館蔵、第 21 頁.

基于以上分析,日方认为中共有系统的成熟的中国化的马克思主义理论作指导,有一整套适合中国国情的抗日战争的路线、方针和政策,是中国抗日民族统一战线的坚定维护者,是中国在逆境中坚持持久抗战的领导核心。对日本而言,中共是日本侵华战争最"坚韧的敌人"①,"是解决中国问题的关键"②。同时,日方也预见到未来的中国是属于中共的。

---

① 防衛庁防衛研修所戦史室『戦史叢書 18:北支の治安戦 1』、東京:朝雲新聞社、1968 年、第 145 頁.

② 防衛庁防衛研修所戦史室『戦史叢書 18:北支の治安戦 1』、東京:朝雲新聞社、1968 年、第 265 頁.

第三章

从共产国际、苏联史料看中共抗战的独立自主方针

ББК 66.02(3Кит)
В 56

ГПИБ России

335545　　-07

Составители книги выражают искреннюю признательность Генеральному директору Гонконгской международной инвестиционной корпорации, Почетному доктору Российской академии наук, Почетному доктору (экономика) Института Дальнего Востока РАН д-ру Сюй Цзиминю, а также Фонду социальной защиты «Academia» за финансовую помощь в издании этой книги

Издание подготовлено при финансовой поддержке Российского гуманитарного научного фонда (РГНФ), исследовательский проект № 03-01-00224а

В 56　　ВКП(б), Коминтерн и Китай: Документы / Т. V. ВКП(б),
Коминтерн и КПК в период антияпонской войны, 1937 — май
1943 / Ред. коллегия: М. Л. Титаренко, М. Лёйтнер и др. —
М.: Российская политическая энциклопедия (РОССПЭН),
2007. — 752 с.
　　Заключительный V том серии сборников документов «ВКП(б), Коминтерн и Китай» включает прежде не публиковавшиеся секретные архивные документы о разработке Коминтерном совместно с представителями КПК вопросов о создании и функционировании единого национального антияпонского фронта на основе сотрудничества КПК и Гоминьдана о тактике КПК в едином фронте на всех этапах. Особенно широко в томе представлен обмен шифротелеграммами между Секретариатом ИККИ и ЦК КПК, а также между Г. Димитровым и Мао Цзэдуном, в том числе во время кризисных ситуаций, грозивших разрывом отношений между КПК и Гоминьданом. Из документов ясна важная роль рекомендаций ВКП(б) и Коминтерна по тактике КПК для сохранения единого национального антияпонского фронта в возникавших трудных ситуациях.
　　Книга рассчитана на исследователей, историков и читателей, интересующихся историей внешней политики СССР, историей политики Коминтерна китайского направления, вопросами взаимоотношений ВКП(б), Коминтерна и Компартии Китая.

© Андерсон К.М., Григорьев А.М.,
Картунова А.И., Титаренко М.Л.,
Шевелев К.В., Щечилина В.Н.
(составители), 2007
© Российский государственный
архив социальной и политической
истории, 2007
© «Российская политическая
энциклопедия», 2007

ISBN 5-8243-0397-5
ISBN 978-5-8243-0889-1

　　▲俄罗斯国家社会—政治史档案馆、俄罗斯科学院远东研究所、柏林自由大学东亚研究班编辑委员会组编,М.Л.季塔连科、М.莱特纳等主编《联共(布)、共产国际和中国·第五卷·抗日战争时期的联共(布)、共产国际和中国共产党,1937—1943年5月:文献资料》书影(俄罗斯政治百科全书出版社2007年版,共752页;国际标准书号:ISBN 978-5-8243-0397-5, ISBN 5-8243-0889-1)。

　　《联共(布)、共产国际和中国》文献汇编系列结尾卷第五卷,包括以前未公开的共产国际与中国共产党代表所研究的有关在中共与国民党合作基础上抗日民族统一战线的创建和运行,以及中国共产党在这一整个阶段统一战线内部的战术问题的秘密档案文献。该卷尤为广泛地提供了共产国际执行委员会秘书处与中国共产党中央委员会之间,以及季米特洛夫与毛泽东之间,包括在中共与国民党关系出现破裂危机情况下的电报往来。该卷适用于对苏联外交政策史、共产国际对中国方向政策史和联共(布)、共产国际与中国共产党相互关系问题感兴趣的研究者、历史学家和普通读者。

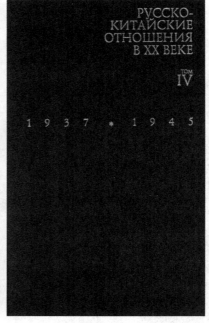

▲《二十世纪的俄中关系：资料和文献·第四卷·苏中关系，1937—1945年》书影（第2册，1945年，俄罗斯科学院远东研究所、俄罗斯联邦外交部历史文献司、俄罗斯联邦档案局组编；责任编辑：С.Л.季赫文斯基。莫斯科：历史思想文献出版社2000年版。国际标准书号：ISBN 5−88451−032−2，ISBN 5−88451−091−8）。

本卷共704页，收录了关于20世纪中俄关系的一系列文件。本卷内容包含了1937—1945年的苏中关系，即中国人民抗日战争、苏联人民伟大卫国战争和第二次世界大战期间的苏中关系。

世界反法西斯战争是人类历史上一场规模空前的战争,这场战争的战火燃及亚洲、欧洲、美洲、非洲和大洋洲,共有80多个国家和地区约20亿人口被卷入其中。这场战争是以德、意、日为首的法西斯势力给人类带来的一场劫难,是世界正义与邪恶、光明与黑暗、进步与反动、文明与野蛮力量之间的大决斗。回顾这场战火纷飞、硝烟弥漫的世界大战,中国共产党不仅在全民族抗战中发挥了中流砥柱作用,而且为世界反法西斯战争的胜利作出了特殊的历史贡献。① 本章主要运用共产国际、苏联的俄文档案文献,来考察中共抗战的国际影响。

一、俄文档案文献中的中共敌后抗战

1937年7月7日,日本帝国主义挑起了卢沟桥事变,发动了全面侵华战争,中华民族到了生死存亡的紧急关头。7月8日,中共中央发布《中国共产党为日军进攻卢沟桥通电》,号召全国进行全民族抗战。如何实行全民族抗战,把日本帝国主义驱逐出中国,根据当时的形势,毛泽东指出,"必须把过去的正规军和运动战,转变成为游击军(说的是分散使用,不是说的组织性和纪律性)和游击战,才能同敌情和任务相符合"②。党的军事战略方针,也由国内

---

① 中共中央党史研究室第一研究部编:《抗日战争新论》,中共党史出版社2016年版,第10页。

② 《毛泽东选集》第二卷,人民出版社1991年版,第551页。

战争后期的正规战争转变为全民族抗战前期的游击战争,使游击战争担负起配合正面战场、开辟敌后战场和建立敌后抗日根据地的战略任务。八路军和新四军分别开赴华北和华中抗日前线,在敌后广大地区建立根据地,开展游击战争,开辟了敌后战场。

1937 年 9 月,中共领导的八路军开赴前线直接参加对日作战。А.Я.卡利亚金①在《沿着陌生的道路前进——一个军事顾问的札记》一书中写道,(师长林彪的)部队于 1937 年 9 月 25 日在平型关(晋东北)歼灭敌军一个旅团的后勤部队,这是中国军队自战争爆发以来取得的第一次作战胜利。② 1939 年 3 月 4 日,郑林在苏联《真理报》发表的《民族解放斗争中的中国共产党》一文中指出,平型关大捷对于鼓舞中国人民进行长期的、艰苦卓绝的抗日斗争具有历史意义。它说明,八路军虽然是一支弱小的武装力量,但是完全能够摧毁日军的机械化优势。平型关大捷是对现有"恐日病"的一次沉重打击。采取游击战是完全可以粉碎已经武装到牙齿的日本精锐部队的。这一具有重大历史意义的事实,还促使中国其他部队改变其军事战略战术。它说明必须把阵地战、运动战和游击战三者结合起来进行。1938 年 4 月,中国军队在台儿庄战役的胜利,便是直接运用八路军军事经验的硕果。③ 郑林介绍说,全民族抗战一开始,中国共产党还进一步提出了"变日军后方为第二战场"的口号。只是

① 卡利亚金·亚历山大·雅科夫列维奇(Калягин Александр Яковлевич),1900 年生,1918 年参军,开展社会政治工作。苏联军事领导人,工程兵中将。1937—1939 年任中国国民党军事顾问。与其他苏联援华志愿者一样,卡利亚金为中国人民反对外国侵略者的解放斗争提供了真正的援助。其著作《沿着陌生的道路前进——一个军事顾问的札记》(По незнакомым дорогам:Записки военного советника в Китае)记述了苏联援华志愿者和为了祖国自由而战的中国爱国者的无私工作。作者根据亲身经历,用很多篇幅叙述了 1938 年至 1939 年亲眼看到或亲自参加的一些重要战役的准备和实施过程、蒋介石和国民党高级将领的活动,并就一系列政治、军事和经济问题提出了自己的看法。

② Калягин А. Я. По незнакомым дорогам:Записки военного советника в Китае. М.:Главная редакция восточной литературы издательства《Наука》,1979.стр.57.

③ 中共中央党史研究室第一研究部编:《共产国际、联共(布)与中国革命档案资料丛书·第二十卷·共产国际、联共(布)与中国革命文献资料选辑(1938—1943)》,中共党史出版社 2012 年版,第 43—44 页。

由于中国共产党、八路军和新四军的努力,才在敌后广泛地开展了游击战争。在晋察冀边区,建立了民主联合政府和强大的武装力量。游击队当时活跃于日军后方,其战士已达百万人左右。日本军阀现在所能控制的仅仅是一些大的中心城市和铁路线上的重要据点。① 郑林还写道,沦陷区百分之八十的土地仍在中国政府和中国军队手里。游击战阻止了日本军阀掠夺他们所占领的中国土地上的丰富资源。② 郑林在苏联《真理报》发表的这篇文章,使中共的抗战业绩在苏联和共产国际广为传播。

1938 年 5 月 8 日,中共领导人任弼时在莫斯科向共产国际执委会主席团所作的《中国的抗战形势及中共的工作和任务》的报告中指出,中国共产党在军事行动和工作中制定了以下原则:第一,进行运动战和游击战,放弃当时国民党军队采取的只进行阵地战的战术,从侧翼和后方给敌人以打击,在敌人后方和大后方开展游击战,破坏交通线,给敌人增援部队以打击,以便把自己的行动同其他中国军队的行动结合起来。中国共产党的所有这些措施,以自己的成功行动影响着国民党部队在战略战术上的进步。第二,加强组织和武装当地民众的工作,建立敌后根据地。开展群众性的游击战争,以便把自己的行动同正规军的行动结合起来。第三,加强在八路军中的政治工作和瓦解敌军的工作。与当地民众建立密切联系,以便推动其他部队改进政治工作,并同当地民众建立良好的关系。总之,党的工作和作战原则可以归结为:在各个方面给中国所有军队起到先进的模范作用,以便影响今后胜利开展抗日自卫战争。③ 任弼时的报告使共产国际和苏联对中共抗战有了全面了解。

---

① 中共中央党史研究室第一研究部编:《共产国际、联共(布)与中国革命档案资料丛书·第二十卷·共产国际、联共(布)与中国革命文献资料选辑(1938—1943)》,中共党史出版社 2012 年版,第 43—44 页。

② 中共中央党史研究室第一研究部编:《共产国际、联共(布)与中国革命档案资料丛书·第二十卷·共产国际、联共(布)与中国革命文献资料选辑(1938—1943)》,中共党史出版社 2012 年版,第 43—44 页。

③ Доклад Жэнь Биши 《Положение антияпонской войны в Китае. Работа и задачи Компарии Китая》 Президиума ИККИ. РГАСПИ. Ф. 514. Оп. 1. Д. 891. Л. 3–66.

1938 年,苏联《真理报》发表一系列介绍中共抗日游击队的文章,如 1938 年 4 月 14 日 H.利亚霍夫的《八路军》、1938 年 5 月 5 日 Я.马克西莫夫的《中国人民喜爱的报纸》(《新华日报》——中国共产党的机关报)、1938 年 5 月 30 日 B.罗戈夫的《五台山的游击队员——来自中国的消息》、1938 年 8 月 2 日塔斯社介绍《泰晤士报》记者的《延安——新中国文化的中心》和美国新闻记者霍尔多尔·亨松的《在中国游击队员中间》等,表明中国共产党领导的抗日游击队是从人民群众的抗日斗争中产生和发展起来的。① 这些文章的中心观点是共产国际和苏联十分关注并积极宣传中共的抗战。

中国共产党在敌后作战上取得的胜利也在国际上产生了广泛影响。1940 年 3 月 3 日,共产国际执委会主席团在《关于中共组织和干部工作的决议》中强调:"中国共产党为组织胜利地抵抗日本侵略和为中国人民在民族解放战争中取得胜利所进行的斗争,无论对于中国人民的命运还是对于其他国家的劳动者,特别是对于殖民地和附属国人民都具有重大意义。"②共产国际执委会主席团同时还建议,共产国际各支部开展最广泛的声援和援助中国人民反对日本侵略者的运动,并将这一运动同国际无产阶级反对帝国主义战争的斗争联系起来,而且要全力协助中国共产党和日本共产党采取联合行动反对日本帝国主义及其中国帮凶。③

中国共产党领导的敌后抗战不仅对于中国抗战胜利具有决定性意义,还有效地配合了苏联对德作战。1941 年 6 月 23 日,即法西斯德国全面进攻苏联的第二天,毛泽东在《关于反法西斯的国际统一战线》和中共中央给季米特

---

① 中共中央党史研究室第一研究部编:《共产国际、联共(布)与中国革命档案资料丛书·第二十卷·共产国际、联共(布)与中国革命文献资料选辑(1938—1943)》,中共党史出版社 2012 年版,第 9—27 页。

② Постановление Президиума исполкома коминтерна по докладу делегации Китайской Комунистической Партии.РГАСПИ.Ф.495.Оп.2.Д.285.Л.2.

③ Постановление Президиума исполкома коминтерна по докладу делегации Китайской Комунистической Партии.РГАСПИ.Ф.495.Оп.2.Д.285.Л.2.

洛夫的电报中表示,中国共产党在全中国的任务是:坚持抗日民族统一战线,坚持国共合作,驱逐日本帝国主义出中国,即用此以援助苏联;对于大资产阶级中的反动分子的任何反苏反共的活动,必须坚决反对;在外交上,同英美及其他国家一切反对德意日法西斯统治者的人们联合起来,反对共同的敌人。①7月7日,中共中央发表《中共中央委员会为抗战四周年纪念宣言》明确指出:"我伟大中华民族的神圣抗日战争,不独为了挽救自己祖国的危亡,亦且有助于国际反抗侵略的奋斗。"②抗日战争"已经成为全世界总的反法西斯战争的组成部分"③。周恩来从爱国主义与国际主义相统一的原则立场出发,指出:世界风云变得这样急,这样大,我们伟大的中华民族,在抗战中已屹然不动地坚持了四年,现在更不应受这个风浪波动,而要运用我们站在东方反日本法西斯强盗的前线地位,联合东方一切反法西斯的人民、民族和国家,结成更广大的反法西斯的国际统一战线,肃清一切反苏反共及对日妥协的有害思想,以打倒东方法西斯头子的日本强盗。只有这样,我们才能坚持反法西斯的大纛。④这就明确提出了中华民族在世界反法西斯战争中应负的繁重而光荣的任务。7月18日,中共中央在给季米特洛夫的电报中表示:"随着苏德战争的爆发,我们立即着手加强对日军调动的侦察并准备破坏华北的交通线,以便牵制敌人。在目前情况下,我们坚决用一切可能的办法援助红军的斗争,但由于敌人占领华北已经四年,在大城市、铁路线、矿区等地修筑了大型工事,敌人的技术装备比我们优越,而我们的人力、物力、活动区域和弹药在消耗,情况日益困

---

① 《毛泽东选集》第三卷,人民出版社 1991 年版,第 806 页。Телеграмма ЦК КПК Г. Димитрову.РГАСПИ.Ф.495.Оп.184.Д.4(вх.1941 г.).Л.210-212.

② 中共中央党史研究室第一研究部编:《共产国际、联共(布)与中国革命档案资料丛书·第二十一卷·共产国际、联共(布)与中国革命文献资料选辑(1938—1943)》,中共党史出版社 2012 年版,第 18 页。

③ 中共中央文献研究室、中央档案馆编:《建党以来重要文献选编(1921—1949)》第 18 册,中央文献出版社 2011 年版,第 502 页。

④ 出自周恩来于 1941 年 6 月 28 日的社论《论苏德战争及反法西斯的斗争》,可参考《中国共产党抗日战争时期大事记(1937—1945)》(肖一平等编,人民出版社 1988 年版)第 289 页。

难,因此,一旦日本进攻苏联,配合作战的意义不会很大。如果我们不管付出多大牺牲采取行动,那就不排除出现这种可能性:我们会被击溃,不能长期坚持敌后游击基地。我们决定加强敌后游击基地,进行广泛的游击战,还要同日本占领者打持久战,以赢得时间。"①这表明中共是在以擅长的游击战争坚持敌后持久战,打击和牵制日军,使其不敢随意发动侵苏战争,以实际行动来支援苏联抗德战争。

二、俄文档案文献中的中共坚持独立
自主的抗日民族统一战线

在对待中国国共两党的态度上,联共(布)和共产国际曾有迁就国民党的倾向,让中国共产党同联共(布)的关系变得微妙起来。1937 年 8 月 10 日,季米特洛夫在共产国际执行委员会书记处会议上的讲话中指出,希望中国共产党学习法国共产党和西班牙共产党,在帝国主义侵略的时候,中国共产党应该放弃自己在统一战线中的独立地位,彻底服从以蒋介石为首的国民政府。② 1937 年 10 月 10 日,《共产国际执行委员会书记处决议(书记处专门委员会的建议)》指示,中国共产党"应该最大限度地提高革命的警惕性,不能让敌人通过瓦解、挑拨离间和间谍活动等手段破坏党和红军的组织"③。1937 年 11 月 11 日,季米特洛夫与斯大林在克里姆林宫谈话时指出:"现在对于中国共产党来说,最基本的是融入全民族的浪潮并参与领导,现在最主要的是战争而不是土地革命。"④

---

① Телеграмма ЦК КПК Г.Димитрову.РГАСПИ.Ф.495.Оп.184.Д.4(вх.1941 г.).Л.209.

② Выступление Г.Димитрова на заседании секретариата ИККИ.РГАСПИ.Ф.495.Оп.18.Д.1215.Л.14.

③ Постановление секретариата ИККИ(Предложение комиссии секретариата).Ф.495.Оп.18.Д.1226.Л.25-26.

④ Краткая запись Г.Димитрова беседы с И.В.Сталиным в Кремле.Ф.495.Оп.18.Д.1227.Л.33.

后来,斯大林在会见王明等人时指出:"口号只有一个,即为了中国人民的独立、为了自由的中国反对日本占领者而进行必胜的战争。"①值得注意的是,关于中共在抗日民族统一战线中是否保持独立性的问题,斯大林不同意中共保持独立性,他指示说:"当下在代表会议上进行理论上的争论是不合时宜的,应把它放到晚些时候,放到战争之后。"②这明显是让中国共产党完全服从于国民党的领导,这也说明联共(布)和共产国际对蒋介石的反共立场缺乏基本判断和清醒认识。很明显,联共(布)和共产国际的指导方针是让中国共产党放弃其在抗日民族统一战线中的独立性,接受中国国民党的完全领导。这是与中国革命实际情况相背离的错误指示。

实际上,早在七七事变爆发后,中共是否在中国的抗日民族统一战线中保持独立性,联共(布)和共产国际与中国共产党之间就已经存在严重分歧。以毛泽东为首的中共中央对联共(布)和共产国际的相关指示进行了合理的抵制。在1937年8月22日至25日召开的洛川会议上,毛泽东在《为动员一切力量争取抗战胜利而斗争》的报告中表示,赞同保持中国共产党在政治上和组织上独立性的情况下巩固和扩大统一战线,必须为争取在统一战线中的领导作用而斗争。③1938年9月29日,中共中央六届六中扩大会议在延安召开,毛泽东在批评"一切经过统一战线"的口号时表示,在国民党限制群众运动,不愿采纳共同政治纲领的情况下,这一口号就意味着片面地服从蒋介石,实行这样的口号就是束缚自己的手脚,正确的口号应该是:既统一,又独立。④

---

① ВКП(6),КОМИНТЕРН И КИТАЙ документы,Т.V.ВКП(6),КОМИНТЕРН И КПК В ПЕРИОД АНТИЯПОНСКОЙ ВОЙНЫ 1937 - май 1943, МОСКВА, РОССПЭН, 2007 г. предисловие.

② ВКП(6),КОМИНТЕРН И КИТАЙ документы,Т.V.ВКП(6),КОМИНТЕРН И КПК В ПЕРИОД АНТИЯПОНСКОЙ ВОЙНЫ 1937 - май 1943, МОСКВА, РОССПЭН, 2007 г. предисловие.

③ 中共中央文献研究室、中央档案馆编:《建党以来重要文献选编(1921—1949)》第14册,中央文献出版社2011年版,第478—483页。

④ 《毛泽东选集》第二卷,人民出版社1991年版,第539—540页。

国民党的抗战并没有像苏联预测的那样拖住日本的疯狂进攻,反而是在其主导的正面战场上节节失利,这使得中国共产党更加重视自身在抗战中的地位和作用。1937 年 11 月 12 日,毛泽东在《上海太原失陷后抗日战争的形势和任务》中表示,在中国共产党内部和全国的抗日战争中必须反对投降主义,其中包括在党内要反对阶级对阶级的投降主义;提出"必须反对中国共产党内部和无产阶级内部的阶级的投降倾向,要使这一斗争开展于各个方面的工作中"①。这也表明毛泽东主张中国共产党在抗日统一战线中必须保持独立性,成为独立的抗战力量,而不是一切服从于国民党政府的附庸。但是,联共(布)和共产国际对于毛泽东主张共产党保持在抗日统一战线中独立性的主张表现出强烈的不满和反感。1937 年 8 月 10 日,季米特洛夫在共产国际委员会讨论中国问题会议上的讲话中表示,毛泽东的主张使中国共产党误入歧途。正是在这样的背景下,共产国际提出应该委派能够在混乱的国际形势中辨明方向、有朝气的人去帮助中国共产党的发展。② 1937 年 11 月,经联共(布)和共产国际商议决定,委派坚决认同和贯彻联共(布)和共产国际决议的王明和康生等人回国,"帮助"毛泽东领导的中国共产党不折不扣地执行共产国际"统一战线"的路线和主张。斯大林在王明等人回国前夕明确指示:"以前那些过去了的话(指中国共产党要求自己独立发展,与国民党争取中国革命的领导权并与国民党进行斗争等一系列主张),应当暂时将它搁置,不用理会他。中国共产党和中国工人阶级要成为反侵略斗争的领导者,目前从力量分析的对比来看,还显得太屠弱……中国唯一的国民革命集团是中国国民党,……在中国不仅共产党而且各阶级暂时都要依靠国民党。"③斯大林还进一步重申了苏联对中国共产党的态度:中国共产党的一切行动应服从于统一

---

① 《毛泽东选集》第二卷,人民出版社 1991 年版,第 396 页。

② 中共中央党史研究室第一研究部编:《共产国际、联共(布)与中国革命档案资料丛书·第十七卷·共产国际、联共(布)与中国革命文献资料选辑(1931—1937)》,中共党史出版社 2007 年版,第 501—505 页。

③ 周国全、郭德宏:《王明传》,安徽人民出版社 1998 年版,第 156—158 页。

战线。

1937 年 11 月,王明和康生等人带着联共(布)和共产国际的指示来到延安。12 月,中国共产党召开了十二月政治局会议,带着"尚方宝剑"的王明在会上做了题为《如何继续全国抗战和争取抗战胜利呢?》的报告。王明在会上打着联共(布)和共产国际的旗号,反对毛泽东提出的坚持独立自主和改造国民政府的主张,反对在抗日民族统一战线中将国民党的力量划分为左、中、右三部分,放弃了中国革命力量实际情况的划分方式,简单地只谈"抗日派"和"投降派",甚至认为建立陕甘宁边区政府这样的政权机关都是错误的,主张完全服从和归属式的隶属政策。而且,王明批评了洛川会议上通过的一系列方针。① 例如,王明在报告中认为,在会议的决议中和现实的工作中,中国共产党没有完全意识到国民党政策的变化:对国民党政府开始起到国防政府的作用及其军队起到统一的国防军的作用估计不够。他认为,过去太强调解决民主、民生问题,没有把握住"抗战高于一切""一切服从抗战"的原则;过分地强调独立自主,没有采取"一切经过统一战线""一切服从统一战线"的方针。他还认为,不应该说谁领导谁,而是国共两党"共同负责、共同领导",他反对公开评判国民党的"片面抗战"。王明在报告中援引了共产国际的"指示精神"和"斯大林同志的意见",使得很多人不加思考就开始盲从。②

其后,王明担任中共长江局书记一职。在担任长江局书记期间,王明无视中央的集中领导和党的组织原则,在没有经过中共中央授权和同意的情况下,擅自发表一些诸如完全依靠国民党来领导中国的抗日战争等丧失原则的意见。这些言论是联共(布)和共产国际的主张的翻版,完全抹杀了中国共产党的独立性,使一些人产生了错误认识,对中国共产党的抗战路线、方针和政策产生了诸多不良影响。

---

① 郭德宏编:《王明年谱》,社会科学文献出版社 2014 年版,第 346—365 页。

② 中共中央党史研究室:《中国共产党历史·第一卷(1921—1949)》下册,中共党史出版社 2002 年版,第 651—652 页。

1938 年 3 月,中国共产党在延安召开政治局会议。时任长江局书记的王明做了题为《目前的抗战形势与如何继续抗战和争取抗战胜利》的报告,主张中国共产党应该放弃对军队的军事领导权,提出所有军队"应该以实施运动战为主,游击战为辅,配合以一定的阵地战",抗战的胜利需要全国建立几十个机械化师团作为战斗主力。① 从当时来看,这样的军事规模连国民党政府也很难办到。王明提出"游击战为辅"的抗战方针并不适合中国尤其是中国共产党抗战的实际情况。这说明他把取得抗战胜利的希望全部押在了国民党政府身上,忽视了中国共产党在敌后和其他方面的抗战作用。王明在三月政治局会议后接着又发表了《三月政治局会议的总结》,声称政治局全体成员"完全意见一致,没有任何分歧"。这种不顾中国共产党的实际主张和大多数人意见的独断专行做法,让中国共产党陷入十分尴尬的困境。中国共产党领导人明白,王明代表联共(布)和共产国际的"极右"路线可能再一次将中国共产党引入歧途。但是,正如毛泽东在王明归来时发表的题为《饮水思源》的欢迎词中说的,是"从昆仑上下来的'神仙'",是"喜从天降",是"马克思给我们送来了天兵天将"。② 这就使得中国共产党虽然不满意王明的做法,但也不能极力地表示反对,毕竟当时受联共(布)指导的共产国际在其组织形式上依旧是中国共产党的领导机构。

为了让联共(布)和共产国际真正了解中国的现状和解释中国共产党的政策,党中央商议决定派任弼时赴苏。1938 年 4 月 14 日,任弼时代表中国共产党向共产国际递交了《中国抗日战争的形势与中国共产党的工作和任务》的报告。任弼时向共产国际解释道,国民党并不像联共(布)和共产国际想象的那样全心全意进行全民族的抗日战争,而且其消灭中国共产党的野心一直没有改变。任弼时还向共产国际介绍了中国共产党、八路军和新四军、抗日根

① 中央档案馆编:《中国共产党文献选集》第 10 册,中共中央党校出版社 1986 年版,第 395—462 页。

② 饶银华:《评述毛泽东》,中央文献出版社 2014 年版,第 384 页。

据地和游击战术在中国抗日战争中的重要作用,提出必须坚定不移地巩固党在八路军和新四军中的绝对领导权和坚持中国共产党的独立性。① 经过任弼时同志的耐心解释,共产国际和联共(布)开始改变对中国共产党的一些不正确看法。1938 年 6 月 11 日,共产国际召开会议,讨论任弼时关于中国共产党问题的汇报,会上通过了《共产国际执行委员会主席团就中共中央代表的报告通过的决议》,大会认为毛泽东领导的中国共产党实行的抗日民族统一战线政策符合中国的实际情况,而且联共(布)也开始重视中国共产党在抗日民族统一战线中的独立作用。② 共产国际和联共(布)对中共在抗日民族统一战线中独立性问题上的认识的转变,标志着中共抗日的理论、路线、方针和政策得到了共产国际和苏联的认可,也标志着中共的抗战开始影响共产国际和苏联。

1938 年 9 月 29 日,中国共产党在延安召开了扩大的六届六中全会,进一步巩固了毛泽东在全党的领导地位,基本上纠正了王明的右倾错误。这表明联共(布)、共产国际和中国共产党关于抗日民族统一战线的分歧以中国共产党的胜利而告终,但为了顾及与联共(布)和共产国际的团结,中国共产党只对王明本人进行了批评,并没有批评联共(布)和共产国际。

随着日本在中国战场上频频得手,国民党在正面战场上屡屡战败、节节受损,中共领导的八路军和新四军在敌后不断获得发展,这就让本来不放心中国共产党的蒋介石再一次想限制甚至消灭中共。1938 年,武汉失守,国民党正面战场对日本的威胁减少,日本开始腾出手来对敌后的中共武装力量进行"扫荡",这也使蒋介石有了可乘之机。1939 年 1 月,面对共产党的蓬勃发展,国民党在召开的五届五中全会上确立了"溶共、防共、限共、反共"的方

---

① Доклад Жэнь Биши 《Положение антияпонской войны в Китае. Работа и задачи Компарии Китая》Президиума ИККИ. РГАСПИ. Ф. 514. Оп. 1. Д. 891. Л. 3—66.

② Постановление президиума ИККИ о декралации делекации КПК. РГАСПИ. Ф. 495. Оп. 2. Д. 269. Л. 71—73.

针。据统计,自1938年底到1939年10月,国民党在陕甘宁边区制造的反共摩擦高达150多起;1939年6月至12月,与山东八路军纵队的摩擦高达90多起。国民党还在全国不同地方制造了一系列残害中国共产党党员的惨案。中国共产党在忍无可忍的情况下,在1940年末到1941年3月的国民党反共高潮时,进行了正当且适度的反击。但是,中国共产党的合理反击并没有得到联共(布)和共产国际的理解。经联共(布)高层商议,1941年2月4日,季米特洛夫致电毛泽东表示:"你们不应把方针建立在破裂上,相反,要依靠主张维护统一战线的民众,竭尽共产党和我们军队的一切努力来避免内战的爆发。"①但是,毛泽东审时度势,绝不放弃中国共产党在抗日民族统一战线中的独立性的立场,也不愿对国民党进行无底线的妥协,而坚持以斗争求团结的立场。因此,联共(布)与中国共产党之间产生了不和谐的气氛。

1939年12月,芬兰在国联控告苏联入侵,在西方大国的操纵下,苏联被国联除名。中国政府投了弃权票,这引起苏联对蒋介石政府的不满,并开始减少对中国的援助。在这样的国际背景下,国共矛盾再一次加剧。1940年7月,国民党发布了《中央提示案》,其目的是用划界的方式进一步限制共产党的迅速发展,命令八路军和新四军在一个月之内开赴黄河以北地区,同时限定八路军的兵力不能超过3军6师5个补充团,新四军的兵力不能超过2个师。但是,这时的八路军已经在全国多地建立了根据地,部队总数超过了50万人。1940年10月19日,蒋介石发布最后通牒,以扣除军饷来威胁中国共产党,并且准备对中国共产党采取军事行动。在这样的紧急情况下,毛泽东在《毛泽东、王稼祥关于对付日蒋联合反共的军事部署给彭德怀的电报》中判定蒋介石的目的:第一步是"将我军驱逐于陇海路线以北,构筑重层纵深封锁线

---

① 中共中央党史研究室第一研究部译:《共产国际、联共(布)与中国革命档案资料丛书·第十九卷·联共(布)、共产国际与抗日战争时期的中国共产党(1937—1943.5)》,中共党史出版社2012年版,第133页。

（边区周围的封锁线是第五道）",第二步是驱我军于黄河以北,置我军于日蒋夹击之中而消灭之。① 毛泽东在《关于目前的形势及我们的部署给周恩来的电报》中认为,在这种紧急时刻,我们应该先发制人,中国共产党决定采取重大军事措施,准备以 15 万部队,打到国民党"进剿"军的后方河南和甘肃等地去。② 用毛泽东的原话说,就是"他要剿共,我们就要反剿共","抄到他后方去,打几个大胜仗",提出惩罚何应钦,撤退"剿共"军等主张。毛泽东于 11 月 4 日给季米特洛夫写信征求共产国际的意见,季米特洛夫表示强烈反对。毛泽东出于对共产国际和苏联意见的尊重,很快便改变了原来对国民党进行全面反击的计划,决定"遵令北移"。不料,仅仅因为没有按期北移和采取的路线有违国民党的规定,国民党就发动了骇人听闻的"皖南事变"。

皖南事变发生后,虽然苏联通过一系列外交途径表达了自己的愤怒和不满,但是迫于国际形势变化——欧洲战场日益紧迫,加之苏联依旧想依赖国民党政府来牵制日本,苏联政府不愿与国民党政府决裂;尽管苏联在外交场合对国民党政府进行了严厉的谴责,但是联共(布)依旧要求中国共产党对国民党作出让步,维护所谓的"统一战线"。皖南事变发生后不久,中国共产党决定在军事和政治上发动全面反击,以打退蒋介石政府的反共高潮。毛泽东曾表示:"只有猛烈坚决的全面进攻,方能打退蒋介石的挑衅与进攻,必须不怕决裂,猛烈反击之。"③1941 年 1 月 20 日,中国共产党在《中共中央书记处关于政治上取攻势军事上取守势给周恩来的指示》中,确定了"政治上采取猛烈攻

---

① 中共中央文献研究室、中央档案馆编:《建党以来重要文献选编(1921—1949)》第 17 册,中央文献出版社 2011 年版,第 638—639 页。

② 中共中央文献研究室、中央档案馆编:《建党以来重要文献选编(1921—1949)》第 17 册,中央文献出版社 2011 年版,第 636—639 页。

③ 中央档案馆编:《皖南事变(资料选辑)》,中共中央党校出版社 1982 年版,第 147 页。

势,军事上暂时采取守势的策略",并且正式宣布重新建立新四军。① 1941 年 1 月 29 日和 2 月 1 日,毛泽东亲自写信给季米特洛夫阐释自己的立场并请求指示。② 面对中国共产党新的以斗争求团结策略,1941 年 2 月 4 日,季米特洛夫致电毛泽东称:"我们认为,破裂不是不可避免的。"③苏联驻华大使崔可夫还向周恩来转达了联共(布)最高领导人斯大林的意见,表示联共(布)依旧会坚持团结国民党的政策,并不打算结束对国民党的援助。④ 对于中国共产党正常、合理的反击,联共(布)认为中国共产党的"激进"措施险些让苏联的远东战略毁于一旦。而中国共产党则认为,苏联一方面对中共的支持严重不足,另一方面又明显地倾向于中国国民党,这让中国共产党在感情上受到伤害。联共(布)与中国共产党的分歧,也因为利益冲突和对问题的看法不同而被进一步拉大。中共对苏联和共产国际错误指示的抵制,表明中共已经成为一个成熟的马克思主义政党。

综上所述,对于中国的抗日战争,联共(布)和共产国际采取了积极支持的态度。但是,共产国际对于中国的抗战方针,特别是关于中国共产党如何在统一战线中处理同国民党的关系的问题,整体而言,是给予了不符合实际情况的指导,并给中国共产党造成了一定的不利影响和危害。以毛泽东为核心的中国共产党,对联共(布)和共产国际损害中国共产党利益的做法,给予了合理且适度的反击,根据自己的历史经验和中共抗日民族统一战线的具体特点,制定和坚持了独立自主的原则,在维护自身正当利益的同时推动了抗日民族统一战线的良性发展。

---

① 中共中央文献研究室、中央档案馆编:《建党以来重要文献选编(1921—1949)》第 18 册,中央文献出版社 2011 年版,第 43—44 页。

② Телеграмма Мао Цзэдуна Г.Димитрова. РГАСПИ. Ф.495. Оп.184. Д.4 (вх.1941 г.). Л. 28-29; Телеграмма ЦК КПК Г.Димитрову об отношении малых партий к конфликту между КПК и Гоминьданоы. РГАСПИ. Ф.495. Оп.184. Д.4 (вх.1941 г.). Л.59-60.

③ Телеграмма Г.Димитрова Мао Цзэдуну. Ф.495. Оп.184. Д.9 (исх.1941 г.). Л.159.

④ 中共中央文献研究室编:《周恩来年谱(一八九八——一九四九)》,中央文献出版社、人民出版社 1989 年版,第 491—492 页。

三、中共对苏联要求的合理抵制

1937年8月下旬,中共中央在陕北洛川召开的政治局扩大会议,确定了中共武装力量的战略方针是独立自主的游击战争。同年11月,太原失守后,中共武装力量着重向敌后实施战略展开。根据这一部署,中共领导的八路军、新四军和其他抗日武装,先后深入华北、华中和华南日军后方建立根据地,依靠群众开展游击战争,开辟了敌后战场,牵制和打击了大量日军。中共武装力量在同日军作战中迅速发展壮大,至1940年底已发展到50万人,在全民族抗战中发挥着日益重大的作用,充分证明中共的游击战略是正确的,中共擅长的是游击战,正是实施了游击战略使中国抗战最终取得胜利。

随着自身的不断成熟壮大,面对不断变化的国际形势,中国共产党不再一味地盲目执行联共(布)和共产国际的指示,而是站在中华民族的整体利益之上,制定适合中国国情的路线、方针和政策。苏德战争爆发以后,苏联面对日德在东西两面作战的威胁,要求中国共产党全力对日出击援助苏联。中国共产党从实际情况出发,做了相应的抵制。

1941年6月22日,苏德战争全面爆发。苏德战争是联共(布)与中国共产党关系发生变化的重要转折点。苏联为了防止日本从远东进攻苏联,更加重视中国的抗日战争,以期在东方牵制住日本。为此,1941年6月22日,共产国际执行委员会书记处给中共中央电报称:"德国背信弃义进攻苏联,这不仅是对社会主义国家的打击,而且也是对各国人民的自由和独立的打击。保卫苏联同时也是保卫各国正在进行反对奴役者的解放斗争的人民。必须反对中国军阀的任何反苏计划。必须在各族人民国际统一斗争战线的旗帜下开展群众运动,保卫中国,保卫受德国法西斯奴役的各国人民,保卫苏联。"①苏联

---

① Телеграмма секретариата ИККИ ЦК КПК. РГАСПИ. Ф. 495. Оп. 184. Д. 9 (исх. 1941 г.). Л. 98.

希望中国共产党能够全力以赴打击日本,来达到牵制日本的目的。中国共产党一方面以坚持抗战的实际行动支持苏联的卫国战争,另一方面对苏联不合理的要求则继续给予抵制。

苏德战争爆发初期,苏联节节失利,这使得苏联无暇应付来自东方日本的威胁。在远东地区,尽管在苏德战争爆发之前苏联已同日本签订《苏日中立条约》,目的是确保苏联远东地区的安全,但是,日本外相松冈洋右曾就该条约向德国外交部长里宾特洛夫表示,未来如果爆发苏德战争,则"该条约立即失效"①。因此,苏联仍担心陷入东西两线作战的不利境地。出于这种考虑,苏联把牵制日本的希望寄托在中国战场上。早在 1941 年苏德战争爆发前夕,苏联驻华武官崔可夫就向周恩来和董必武提出,要求中国共产党的军队配合国民党在山西的部队的后方和侧翼向日本军队发动进攻,制止日本可能对苏联的进攻。② 1941 年 6 月 5 日,季米特洛夫在给毛泽东的电报中要求中共对日开展积极行动。他说:"我们很难从这里提出什么军事方面的建议。但我们十分清楚,您必须果断地对日本的进攻采取一切可能的积极行动,尽管有种种困难。不仅中国人民所进行的民族战争的今后命运,而且共产党及其军队的未来都取决于此举。"③此时中共抗日根据地正在应对日军残酷的"扫荡"作战,如果按照苏联的要求去做,就必然导致中共丧失大量的根据地,面临被日军击溃的危险,同时还可能遭到国民党军队的袭击。面对生死存亡的重大选择,中国共产党当然不能同意苏联的要求,故没有正面回复联共(布)的请求。

苏德战争爆发后,联共(布)通过共产国际紧急号召各国共产党重新回到

---

① С.И.Вербицкий,И.И.Коваленко,"СССР- Япония:К 50-летию установления сов.-яп. отношений(1925-1975)",АН СССР,Ин-т востоковедения- Москва:Наука,1978,стр.38.

② [苏]瓦·伊·崔可夫:《在华使命——一个军事顾问的笔记》,万成才译,新华出版社 2012 年版,第 146—147 页。

③ Телеграмма Г.Димитрова Мао Цзэдуну.РГАСПИ.Ф.495.Оп.184.Д.9(исх.1941 г.). Л.108.

"反法西斯国际统一战线"上来。作为与联共(布)有着特殊关系的中国共产党表示支持这一号召。但是,这时的中国共产党已经不会盲目地听从联共(布)的指挥,而是声明在支持苏联的斗争之外,在号召中加入反对日本法西斯和支援中国抗战的内容,并表示上述内容是好的、有益的、正义的。毛泽东在《关于反法西斯的国际统一战线》中表示,要在新的条件下坚持与国民党的统一战线,把日本帝国主义彻底赶出中国,以此来达到援助苏联的目的,并联合英美和世界上其他反法西斯力量,共同打击法西斯主义。① 毛泽东的这一符合中国国情的战略部署,体现出中共的独立自主性。

1941 年 7 月,共产国际执行委员会书记处给中共中央电报称,日本正在源源不断地向中国大陆运输兵力,不断在苏联边界上集中,建议中国共产党领导的八路军能够切断通往北平、张家口和包头的铁路运输。② 毛泽东在接到共产国际 7 月通知后于 7 月 15 日即致电在重庆的周恩来,要他告知苏联驻华军事顾问崔可夫:关于军事行动,自苏德战争起,我们即加紧侦察和准备破坏交通以牵制敌人,力争以最大可能帮助苏联红军取得胜利。③ 但是,毛泽东也清楚地看到敌我力量的悬殊,强调:"假若日本进攻苏联时,我们在军事上的配合作用恐不很大。假如不顾一切牺牲来行动,有使我们被打坍,不能长期坚持根据地的可能,这不管对哪一方面都是不利的,因此我们采取巩固敌后根据地,实行广泛的游击战争,与日寇熬时间的长期斗争的方针而不是孤注一掷的方针。"④毛泽东明确表示中国共产党对苏联的配合只是战略上的配合,而不是具体战术上的配合。⑤ 1941 年 7 月 18 日,中共中央在给季米特洛夫的电报

---

① 《毛泽东选集》第三卷,人民出版社 1991 年版,第 806 页。

② Телеграмма секретариата ИККИ ЦК КПК.РГАСПИ.Ф.495.Оп.184.Д.9(исх.1941 г.). Л.96.

③ 宋洪训、张中云主编:《共产国际的经验教训——纪念共产国际成立七十周年学术论文集》,人民出版社 1989 年版,第 240 页。

④ 徐塞声主编,张鲁鲁、刘志平副主编:《中共中央南方局历史文献选编》(上),重庆出版社 2017 年版,第 495 页。

⑤ 中共中央文献研究室、中央档案馆编:《建党以来重要文献选编(1921—1949)》第 18 册,中央文献出版社 2011 年版,第 277 页。

中也表示："从目前的情况看,我们坚决用一切可能的办法援助苏联红军的斗争。但由于敌人占领华北已经四年,在大城市、铁路线和矿区等地修筑了大型工事,敌人的技术装备比我们优越,而我们的人力、物力、活动区域和弹药在消耗,情况日益困难。因此,日本一旦进攻苏联,配合作战的意义不会太大。"①

1941 年 7 月 7 日,《中共中央为抗战四周年纪念宣言》再次指出,苏联的卫国战争和中国的抗日战争是"站在同一战线上,成败与共,休戚相关"的,但是针对"只有保证苏联的胜利,各国人民才有可能争取自由"的说法,毛泽东在文中委婉地表达了不同的意见。毛泽东指出,中国共产党援助苏联的具体办法就是:坚持抗日民族统一战线,坚持国共合作,驱逐法西斯日本强盗出中国。② 毛泽东在电文中还让周恩来把他的意见告诉苏联驻华使馆武官崔可夫将军,并请崔可夫转告斯大林。7 月 18 日,毛泽东在《关于八路军新四军应取长期斗争方针》中同样指出,"八路、新四大规模动作仍不适宜,还是熬时间的长期斗争的方针,原因是我军各种条件均弱,大动必伤元气,于我于苏均不利"③。

1941 年 9 月 3 日,斯大林致电询问中国共产党如何帮助苏联摆脱两线作战的危险,并表示希望中国共产党派一部分部队往长城内外方向移动,以牵制日本关东军。这就意味着装备简陋的八路军要同装备精良的日本关东军进行大规模的正面作战,这是八路军所不擅长的。所以,毛泽东认为这对中国共产党而言太过危险,表示难以满足苏联的要求。苏联由于不了解中国共产党的难处,认为是敷衍拖延,因而表示不满。1941 年 9 月 20 日,苏联以共产国际的名义向毛泽东发出一封包含 14 个问题的电报。④ 中国共产党对苏联的反

① Телеграмма ЦК КПК Г.Димитрова.РГАСПИ.Ф.495.Оп.184.Д.4(исх.1941 г.).Л.209.

② 中共中央文献研究室、中央档案馆编:《建党以来重要文献选编(1921—1949)》第 18 册,中央文献出版社 2011 年版,第 486—491 页。

③ 中共中央文献研究室、中央档案馆编:《建党以来重要文献选编(1921—1949)》第 18 册,中央文献出版社 2011 年版,第 508 页。

④ Телеграмма Г.Димитрова Мао Цзэдуну. РГАСПИ. Ф.495. Оп.184. Д.9 (исх. 1941 г.). Л.40–41.

应深感意外,当日,中国共产党给季米特洛夫回电:"中共赞成团结,支持蒋介石和中央政府的行政命令,目的是加强解放战争的实际力量;中共赞成国家政策和进行解放战争,将坚决把解放战争进行到底。"①电报表明,虽然苏联希望中国共产党能够展开更大规模的军事行动,但是中国共产党进行利弊分析之后,根据自身不具备同日军进行正面作战的实际情况,不能答应苏联的要求。但是,表示坚持国共合作,支持国民政府的抗战,继续坚持自己擅长的游击战打击日军,以坚决抗战的实际行动支援苏联,同苏联的目标是一致的,以消除苏联的误解。

在此期间,王明企图依靠共产国际和苏联的支持,重新获得党内大多数人支持,以贯彻牺牲中共、保卫苏联的方针。1941 年 10 月 8 日,毛泽东针对王明的系列指责,如"同国民党斗争不坚决""违反党的路线""支持游击战路线不坚定""滥用职权"等错误进行了批评,与会同志也都赞同毛泽东对王明的批评,使其在党内陷入更加孤立的境地。1941 年 10 月底,面对日本在中国和东亚地区的疯狂进攻,中国共产党在没有请示联共(布)和共产国际的情况下,召开了 10 个东亚和东南亚国家代表出席的"反法西斯代表大会",并号召建立以中国共产党为中心的"东方各民族反法西斯大同盟"②,这表明中国共产党已经可以独立自主地开展推进国际反法西斯统一战线的工作。

随着世界反法西斯战争形势的变化,共产国际的存在已经成为各国共产党独立开展活动的阻力,而苏联为得到西方的支持,决定解散共产国际。1943 年 5 月 15 日,共产国际执行委员会主席团作出《关于提议解散共产国际的决定》。③ 共产国际执委会为适应反法西斯战争发展的需要,并考虑到国际

---

① Телеграмма ЦК КПК Г.Димитрову.РГАСПИ.Ф.495.Оп.184.Д.4(вх.1941 г.).Л.267.

② 《东方各民族反法西斯代表大会》,《解放日报》1941 年 10 月 27 日。

③ Постановление президиума исполнительного комитета Комунистического Интернационала о роспуске коминтерна.РГАСПИ.Ф.495.Оп.18.Д.1340.Л.99−104.

形势和国际工人运动所发生的变化、各国共产党及其领导者的成长与政治上的成熟,若干支部提出解散共产国际的要求。① 1943 年 5 月 22 日,共产国际向全世界公布了这个决定。1943 年 5 月 26 日,中共中央发出《关于共产国际执委主席团提议解散共产国际的决定》,完全同意共产国际的提议,指出"中国共产党在革命斗争中曾经获得共产国际的帮助。但是,很久以来中国共产党人即已能够完全独立地根据自己民族的具体情况和特殊条件决定自己的政治方针、政策和行动",并宣布"自即日起,中国共产党解除对于共产国际的章程和历次大会决议所规定的各种义务"。② 当晚,毛泽东在延安中共中央书记处干部大会上做了《关于共产国际解散问题的报告》,肯定了共产国际帮助中国革命事业所做的伟大功绩,并解释了共产国际解散的原因,指出共产国际解散是一件"划时代的大事",号召全党同志提高责任心,发挥创造力。③ 实际上,此前对共产国际许多错误指示的抵制已经表明,中共早已走上把马克思列宁主义与中国革命实践相结合的独立自主的道路。

综上所述,自苏德战争爆发以后,苏联面临东西两线作战的威胁,为了减轻苏联在东线的压力,联共(布)通过共产国际指示各国共产党不惜一切代价保卫苏联,要求中共出兵北上与日军大规模作战。但是,中共武装力量还不能同日军进行阵地战这一客观事实,使中共不可能完全按照苏联的指示行事。以毛泽东同志为主要代表的中国共产党人从自身实际和中国的国情出发,对于联共(布)和共产国际的合理要求予以执行,不合理要求则进行合情合理且适度的抵制,决定继续开展游击战争,在战略上牵制日军,以配合苏军作战。

---

① Постановление президиума исполнительного комитета Комунистического Интернационала о роспуске коминтерна.РГАСПИ.Ф.495.Оп.18.Д.1340.Л.99−104.

② Решение ЦК КПК по поводу предложения президиума ИККИ о роспуске Коминтерна. Русско−китайские отношения в XX веке. Документы и материалы. Т. IV. Советско−китайские отношения.В 2 кн.1937−1945.Кн.2.;1945.М.,2000.стр.489−491.

③ 中共中央文献研究室、中央档案馆编:《建党以来重要文献选编(1921—1949)》第 20 册,中央文献出版社 2011 年版,第 324—327 页。

实践证明,以毛泽东同志为核心的中共中央的决定是正确的,是符合中国抗战实际情况的。正是在正确的理论、路线、方针和政策的指引下,中共及其领导下的敌后战场,将日本百万大军牵制在中国战场,才使日本法西斯无力发动侵苏战争,从而使苏联避免了东西两线作战的困境。

结　　语

1939 年 1 月,毛泽东高屋建瓴地指出:"伟大的中国抗战,不但是中国的事,东方的事,也是世界的事……我们的敌人是世界性的敌人,中国的抗战是世界性的抗战。"[①]1941 年 7 月,周恩来撰文指出:"我们抗战四年,久已成了东方反法西斯的先锋。"[②]中国的抗战产生了广泛的国际影响,从而在 1942 年 1 月 1 日的《联合国家宣言》中被公认为与美、英、苏并列的四大反法西斯国家。中共领导的敌后战场是中国抗战的中流砥柱,同样有重要的国际影响。

通过共产国际和苏联的俄文档案文献,既能看出共产国际和苏联对中共抗战指导和支持的一面,又能从一个侧面折射出中共抗战对共产国际和苏联的影响。共产国际作为各国共产党的最高组织,曾在各国共产党建党初期起了不可替代的作用,但是在第二次世界大战全面爆发后,在对各国革命实际不了解的情况下,共产国际凭着片面的不完整的情报来指导各国共产党的革命斗争已经行不通了。从某种意义上讲,中共在全民族抗战时期坚持的独立自主原则,暴露出共产国际已不适应各国革命斗争需要的缺陷,其解散则是必然的归宿。苏联对中共的抗战有重要支持,但是苏联出于自己的国家利益,对中共提出无条件保卫苏联的要求,是中共难以完全做到的。中共不能用牺牲中国的利益予以迁就,因而采取合理和适度抵制,进而以自己擅长的游击战争打击日军,用实际行动支援苏联卫国战争。历史证明,中共的做法是正确的。

---

① 《毛泽东选集》第二卷,人民出版社 1993 年版,第 145—146 页。
② 周恩来:《团结起来打敌人》,《新华日报》1947 年 7 月 7 日。

从战时共产国际和苏联的资料来看,虽然共产国际和苏联对中共的指导严重脱离中国抗战的实际而受到中共的抵制,但是从国际共产主义运动的视角来看,欧亚各国共产党都积极投入反法西斯战争之中,并在法西斯占领区开展抵抗运动,其中发展最快、实力最雄厚、影响最大的是中国共产党。因而,苏联在卫国战争中急切要求中共武装力量配合其作战,也就是说,在各国共产党中唯有中共被苏联认为是有力量打击日本,并能阻止日军在远东发动侵苏战争的。从这个意义上可以说,中共抗战在战时国际共产主义运动中树起了一面旗帜,得到了共产国际和苏联的认可,在国际共产主义运动中影响深远。

第四章

斯诺与中共抗战形象的国际传播

▶埃德加·斯诺《红星照耀中国》书影
（纽约：格罗夫1971年版）。

本书是兰登书屋（Random House）1938
年版的再版，并由费正清(John King Fair-
bank)作序。埃德加·斯诺是第一个采访陕北
红区的外国人，也是第一个在国际上正面宣
传中国共产党、红军以及他们的奋斗目标的
西方人。1936年冬访问结束后，斯诺陆续将
采访内容整理发表，并出版成书，震惊了全
世界的读者。该书中有对毛泽东等主要中共
领导人的访谈，记述了中共发展历史和陕北
根据地的一些政策，尤为重要的是对中共的
抗日主张和"抗日民族统一战线"的记述。
《红星照耀中国》激励了中华儿女的抗日决
心，引发外国人士了解和援助中共的热潮。

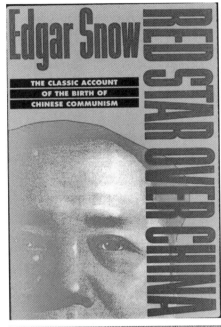

▶埃德加·斯诺《为亚洲而战》书影（纽
约：兰登书屋1941年版）。

在该书中，斯诺忠实记录了他对中国抗
战的观察，赞扬了中国共产党领导的抗日力
量。他指出"边区最显著的一种成就，便是人
民与战斗部队密切的联系"，感叹"当红星在
西北出现时，无怪有千千万万的人起来欢迎
它，把它当作希望和自己的象征"。斯诺以
很大的篇幅描写了游击战，记述了八路军和
新四军的作战效力，以及中共军队的巨大牺
牲。他指出，中共最大的财富就是"它的组织
方式、它不屈不挠的精神和它的战术"。

**Foreigners in Areas of China Under
Communist Jurisdiction
Before 1949**

*Biographical Notes and a Comprehensive
Bibliography of the
Yenan Hui*

by
Margaret Stanley

with an introduction by
Helen Foster Snow

edited by
Daniel H. Bays

Reference Series, Number Three
The Center for East Asian Studies
The University of Kansas
1987

◀玛格丽特·斯丹利著《1949年以前在中国共产党管辖地区的外国人：“延安会”的传记和书目》扉页（劳伦斯：堪萨斯大学东亚中心1987年版）。

该书是研究中国共产党的重要参考书。斯丹利在海伦·斯诺（Helen Snow）的帮助下整理而成，简要记录了1936—1949年145名到达或者访问了保安、延安及其他控制区域的外国人及其贡献。除此之外，该书还列举了他们有关根据地的部分文章或著作。

▶英国外交档案，FO371/35777，1943，英国驻华大使薛穆给外交大臣艾登的信函（“Sir H.Seymour to Mr.Eden”，December 29，1942）。英国国家档案馆藏。

1942年底，英国驻华大使薛穆向英国外交部递交了首份关于陕甘宁边区的报告，由荷兰人布朗基（Broudgeest）撰写。1942年1月，布朗基逃离北京前往重庆，途经中共根据地，并曾到达延安。报告记录了中共的抗战和根据地建设，以及布朗基对中共领导人的一些认识，指出：“尽管缺乏武器装备和战略物资，但八路军士气高昂，不放弃任何打击日军的机会。中共确实在全心全意为人民服务。”

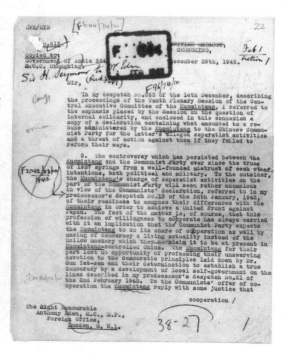

中共形象的国际传播离不开一位伟大的美国人——埃德加·斯诺(Edgar Snow)。他最有影响力的作品为《红星照耀中国》(*Red Star over China*,又译《西行漫记》),出版后被翻译为各种文字,不断地重印、再版,不仅宣传了中共及其领导人的正面形象,还宣传了中共的统一战线思想和抗战,至今仍然是海外学者研究中国和中国共产党的必读书目。作为第一位进入苏区采访的外国人,斯诺历来备受关注,《中国评论周报》(*The China Critic*)称他是"美国记者中的奥德赛"①。1937 年 12 月 3 日,《曼彻斯特卫报》(*The Manchester Guardian*)认为《红星照耀中国》"是有史以来,记者记述外国的作品中最引人瞩目的"②。费正清(John King Fairbank)指出:"《红星照耀中国》的出版,就是当代中国史上的一件大事。"③拉铁摩尔认为,该书的重要意义绝不是因为其记录了一些领导人的讲话,更为重要的是,它预告了此后中国的革命和发展方向,"这场以共产党为领导核心的革命运动日益发展,吸引着越来越广大阶层民众的衷心拥护"④。

除《红星照耀中国》外,斯诺还发表过一系列报道,并著有《远东前线》(*Far Eastern Front*,1933)、《活的中国》(*Living China*,1936)、《为亚洲而战》

---

① "An American Journalist's Odyssey",*The China Critic*,Vol.19,No.9,December 2,1937,p.103.

② J.M.D.P,"Communist China",*The Manchester Guardian*(1901-1959),December 3,1937,p.7.

③ Edgar Snow,*Random Notes on Red China*,*1936-1945*,Cambridge:East Asian Research Center,Harvard University,1968,p.v.

④ Jack Beldon,*China Shakes the World*,New York and London:Monthly Review Press,1970,p.xii.

(*The Battle for Asia*, 1941)、《红色中国杂记》(*Random Notes on Red China*, 1957)、《复始之旅》(*Journey to the Beginning*, 1958)、《大河彼岸》(*The Other Side of the River*, 1962)、《漫长的革命》(*The Long Revolution*, 1971)等，在国际上宣传了中国的抗战、革命和新中国。

　　学界关于斯诺研究的论著不胜枚举。① 因为《红星照耀中国》具有重要意义，所以，现今对斯诺的研究主要围绕该书对根据地政治和社会生活的介绍，以及斯诺笔下中共领导人的形象而展开。然而，在这些研究之外，有些问题仍值得我们思考。第一，斯诺为什么会成为第一个报道中共的外国记者？学界注意到了 20 世纪 30 年代"匪论"的失败，也发现了中共此时政策的转变，但是缺少对斯诺个人思想转变推动这次冒险之旅的研究，即斯诺前往陕北前就已是中国革命和中国命运的同情者，这是他观察中共的主观原因。第二，《红星照耀中国》的影响力毋庸置疑，相关研究很多，这已经说明了斯诺对战时出现"中共热"的引导作用。此外，已有许多研究讨论了战时出现的这种亲共的集体叙事模式，或归因于阴谋论，或认为这种叙述模式的出现是因为国民党极为腐败导致中外人士别无选择，或将其认为美国政治

---

　　① 影响较大的有：S. Bernard Thomas, *Season of High Adventure: Edgar Snow in China*, Berkeley: University of California Press, 1996; John Maxwell Hamilton, *Edgar Snow: A Biography*, Bloomington: Indiana University Press, 1988; Robert M. Farnsworth, *From Vagabond to Journalist: Edgar Snow in Asia, 1928-1941*, Missouri: University of Missouri Press, 1996。三部国外作品主要梳理了斯诺在华活动及其影响。刘立群主编的《纪念埃德加·斯诺》(新华出版社 1984 年版)提供了一些与斯诺及其作品有关的一手资料。日本学者石川祯浩在『現代中国文化の深層構造』(京都大学人文科学研究所，2015 年)的第一部分，依托翔实的史料，考证了《红星照耀中国》各国版本的发行、出版和差异。孙华的、王芳的《埃德加·斯诺研究》(湖南师范大学出版社 2012 年版)分析了斯诺夫妇对战时和战后中美关系的影响。赵文莉的论文《埃德加·斯诺与中国抗战》(《河南师范大学学报(哲学社会科学版)》1995 年第 4 期)梳理了斯诺对中国抗战的帮助。王奇的博士论文《抗战时期埃德加·斯诺对中国的认识》(东北师范大学，2018 年)，则在分析抗战时期斯诺对国民政府、国民党、共产党和中国社会的认识的基础上，肯定了斯诺思想的先进性。除此之外，休梅克(Kenneth E. Shewmaker)的 *Americans and Chinese Communists, 1927-1945: A Persuading Encounter* (Ithaca: Cornell University Press, 1971)，虽研究记者群体与中共形象在美国的传播，但是作者在《残匪论的破产》(*The Bandit-Remnant Thesis Destroyed*)一章中肯定了斯诺及其作品的时代意义。

愿望的投射。① 不论何种解释,实际上都属于冷战话语的范畴,忽视了斯诺引发的亲共叙事模式出现的必然性——这种叙述模式的基础是这些外国人士具有对中国国情的客观认识,抱着一种对中国革命和命运的同情来考察中国政治的走向。值得注意的是,战时即使那些中共的批判者,也肯定中共抗战模式和民主建设。第三,斯诺发表了一些关于统一战线和中共在抗战中的表现的报道,目前学界对此研究较少,值得深入探讨。本章将依据斯诺对中共的系列报道与相关评价,讨论斯诺在战时中共形象传播中发挥的作用,并解答以上问题。

一、斯诺对中共报道的源起

《密勒氏评论报》(The China Weekly Review)的主编鲍威尔(John B. Powell)回忆:"满洲的战事和远东动荡不安的局势,给美国报纸的读者们带来了一系列由一批新记者撰写的报道,这些新面孔,在此之前是无人知晓的,因为他们一直被派驻在欧洲,但是,当他们来到亚洲工作后,其中有好几位都成为远东问题的专家,如当时《伦敦每日先驱报》(Daily Herald)的斯诺……"②

---

① 阴谋论是用冷战话语解释战时对华、对中共友好的模式,认为这些战时记者或部分"中国通"被苏联和中共收买,他们对中共的赞美,迷惑了舆论,是美国丢失中国的罪魁祸首。从白修德回忆录中可以看出,该论在"二战"刚结束时就已经出现。弗雷达·阿特丽极力攻击斯诺等人对中共的描述,与阴谋论不同,对于这种集体的亲中共现象,她认为是国民党的腐败导致了集体亲中共的现象出现。(Freda Utley, China Story, Chicago: Henry Regnery Company, 1951)费正清也持有类似观点。值得注意的是,弗雷达·阿特丽是一名英国共产党员,后与苏联人结婚。婚后她丈夫在苏联肃反运动中消失,此后她开始敌视共产主义。芝加哥大学教授邹谠极力反对阴谋论,认为美国人在战时对中共的认识,与美国对中国的政治需求是一致的。(Tang Tsou, America's Failure in China, 1941-1950, Chicago and London: University of Chicago Press, 1968)。了解邹谠的观点时,也需知道邹谠的父亲是国民党元老邹鲁。休梅克,战后美国中国学专家,同样反对阴谋论。他综合了上述两种解释,认为战时美国人用西方的观点审视中国,易于接受中国进步的一面,而国民党是传统的。国共之间的鲜明对比,使得美国人在情感上更容易接受共产党。他的《美国人与中国共产党人》,是哈佛东亚学会东亚研究系列丛书之一。(Kenneth E. Shewmaker, Americans and Chinese Communists, 1927-1945: A Persuading Encounter, Ithaca: Cornell University Press, 1971)。

② [美]鲍威尔:《我在中国二十五年——〈密勒氏评论报〉主编鲍威尔回忆录》,邢建榕、薛明扬、徐跃译,上海书店出版社2010年版,第166页。

可以说,斯诺对中共的探索正是在远东局势巨变和中国国内政治变化的背景下产生的。此外,不能忽视斯诺西行的主观因素。除密苏里人的严谨、求真和实证的精神之外,①20世纪30年代上半叶斯诺对中国命运和中国革命认识的变化,也是促使斯诺西行"冒险"的重要原因。

(一) 从同情中国到同情中国革命:斯诺西行的初衷

1928年7月6日,斯诺到达上海,开始了他的中国之旅。刚到上海的斯诺,对中国人的认知与当时的在华外国人相比并无太大差异。在已有的关于中国和中国人的作品中,"傅满洲"是西方人对中国人的定义,西方人多认为中国民众愚昧、落后,官员懒惰、贪腐,中国人似乎是无可救药的。在国共对峙期间,西方人认为即使国民党并非治病良方,但共产党更是"暴民""匪徒"。当时的斯诺受到鲍威尔亲国民党态度的影响:"在三十年代,我们这些外国人和体面的中国人都感到杜先生和蒋先生从'暴民'手里拯救了中国。"②斯诺后来承认,在前往"红色中国"之前,"所能找到的有关这些共产党人的一切材料,极为零碎、不确切而且靠不住"。③

斯诺对中共的好奇来自对国民党的失望。1929年的内蒙古萨拉齐之行是斯诺思想转变的起点。在萨拉齐大饥荒中,他看到了中国人坚韧的精神,"眼中的希望之光"④,由此产生了帮助中国的想法。1931年,斯诺在《中国洪

---

① 密苏里别名"Show-Me State",即"索证之州",密苏里人不相信别人告诉他们的一切东西,除非展示出来,即"Show-Me"。19世纪上半叶,很多国际知名记者有密苏里背景,如密勒(Thomas Millard)、鲍威尔、斯诺、克劳(Carl Crow)和武道(Maurice Votaw)等。关于斯诺身上的密苏里精神,在 S. Bernard Thomas 的 *Season of High Adventure*:*Edgar Snow in China* 和 Robert M. Farnsworth 的 *From Vagabond to Journalist*:*Edgar Snow in Asia*,*1928-1941* 中已有详尽论述,此处不再赘述。

② [美]埃德加·斯诺:《复始之旅》,宋久等译,新华出版社1984年版,第32页。"杜先生"指杜月笙,"蒋先生"指蒋介石。

③ Edgar Snow,*Random Notes on Red China*,*1936-1945*,Cambridge:East Asian Research Center,Harvard University,1968,p.ix.

④ Edgar Snow,"Saving 250,000 Lives",*The China Weekly Review*(*1923-1950*),August 03,1929,https://search. proquest. com/historical - newspapers/saving - 250 - 000 - lives/docview/1319919571/se-2? accountid=15157.

水纪实》中写道："在我看来，像中国农民一样拥有美好品德和坚强性格的人，应该得到更好的对待。我认为，要尽一切努力使他们恢复生存的希望。"①九一八事变爆发后，斯诺参加记者团前往中国东北；1933年，他将此次采访的内容整理成书，以《远东前线》为名出版。在书中，斯诺批评了蒋介石和张学良的不抵抗政策，尤其是南京政府，有能力"剿匪"，却不抗击日本。② 在这本书中，斯诺叙述了中共在对峙期间的发展历程，肯定了中共改革的进步性。此时的斯诺已经开始疑惑："难道共产党人真比国民党独裁或日本人侵占还要坏吗？"③因为没有实地考证，所以他仍认为"共产主义不可能大规模地发展，至多能实现土地平权"④。

斯诺从1931年起多次采访宋庆龄，他对中共的好奇受到宋庆龄的影响。宋庆龄不仅对以蒋介石为首的国民政府背离革命进行批判，而且多次赞扬中共。斯诺表示："多亏早结识了宋庆龄，使我领悟到：中国人民有能力从根本上改革他们的国家，并且迅速地把地位很低的中国提高到凭其历史和众多人口在世界上应占有的地位。"⑤中国共产党人是为穷人谋福利的政党，"其他的人则不是"⑥。

1933年，斯诺成为统一新闻协会（Consolidated Press Association）驻北平代表，并在1934年成为燕京大学新闻系讲师。在此期间，斯诺夫妇与爱国进步青年黄华、张兆麟、龚澎等建立了良好关系，还对马克思主义有了进一步的了解和研究。1935年一二九运动爆发后，斯诺夫妇彻底成为中国革命的支持者。他们在一二九运动期间全力支持学生，为他们出谋划策、提供避

---

① Snow, Edgar. "In the Wake of China's Flood", *The China Weekly Review* (1923–1950), January 23, 1932, https://search.proquest.com/historical-newspapers/wake-chinas-flood/docview/1324893871/se-2? accountid=15157.

② Edgar Snow, *Far Eastern Front*, London: Jarrolds, 1934, p.248.

③ ［美］埃德加·斯诺：《复始之旅》，宋久等译，新华出版社1984年版，第161页。

④ Edgar Snow, *Far Eastern Front*, London: Jarrolds, 1934, p.150.

⑤ ［美］埃德加·斯诺：《复始之旅》，宋久等译，新华出版社1984年版，第99页。

⑥ ［美］埃德加·斯诺：《复始之旅》，宋久等译，新华出版社1984年版，第111页。

难所,发动在华外国报纸报道学生运动,并极为辛辣地撰文批判国民政府的作为。此时,斯诺萌发了与真正的共产党员接触,并了解中国共产党真实情况的想法。① 1936 年 6 月,在宋庆龄的安排之下,斯诺终于开始了他的"红色冒险"。

(二)"匪论"破产:斯诺西行的起点

国共走向内战后,国民党占领舆论阵地,封锁有关中共的消息,将中共妖魔化。国民党常常用"赤匪"等词语指代中共,甚至污蔑中共"对民众实施暴行"之类。国民政府在宣传文件中,要求使用"杀人放火共产党,枪毙共匪毛泽东"②之类的宣传语。国民党机关报《中央日报》从 1927 年到 1936 年几乎每一期都有以"赤匪"或"土匪"称呼中共的内容。两党之外的第三方报纸对中共也多是负面报道。以《申报》为例:1928 年 4 月,刊有"(毛、朱)陷城以后,烧杀抢掠,无所不为"③;1933 年 8 月,刊有"赤匪犯樟树、毛泽东形似伙夫且在天后宫戏台演讲、蛊惑民众"④;1935 年 6 月 14 日,刊有"匪首毛泽东、已被夷人杀害"⑤;1935 年 9 月,又有"周恩来毛泽东率伪军一三二军团、向岷县夏河窜去"⑥。在这些报道中,时而有中共已经被消灭,或中共主要领导人被杀等消息,时而又重金悬赏"朱毛"人头,反反复复,真伪难辨,并影响着国际舆论对中共的认识。例如,从 1927 年到 1937 年间,泰晤士报(*Times*)在报告中共活动时,就有很多以"中国叛军"(Chinese Bandit)或"叛军活动"(Bandit Active)等词开头或命名的新闻。外国人没有与中共直接沟通的途径,往往采

---

① [美]海伦·斯诺:《旅华岁月:海伦·斯诺回忆录》,华谊译,世界知识出版社 1985 年版,第 154 页。
② 《交通部训令:第二九二一号》,《交通公报》1929 年第 77 期,第 7—8 页。
③ 佚名:《会剿茶陵毛朱两匪》,《申报》1928 年 4 月 16 日第 9 版。
④ 任安:《赣皖湘鄂视察记》,《申报》1933 年 8 月 8 日第 9 版。
⑤ 佚名:《朱毛残匪溃窜紫石关》,《申报》1935 年 6 月 14 日第 4 版。
⑥ 佚名:《共匪主力在岷县南》,《申报》1935 年 9 月 28 日第 6 版。

用拿来主义,直接套用国民党官方的观点,认为中共是土匪,共产主义根本不适合中国。①

此时,也有一些有识之士对国民党构建的"匪论"有所怀疑。1930年,史沫特莱(Agnes Smedley)在鲁迅祝寿会上第一次听到关于红军与秋收起义的信息,②很受震撼。1931年初,斯诺在报道中指出红军很受农民支持,主要由农民组成,也有一小部分国民党逃兵和土匪。③ 1931年8月,威廉·普罗密(William Prohme)提出中国共产党并非土匪的观点。④ 1932年6月30日,《申报》公开质疑"匪论"。"抑且所剿之'匪',何莫非我劳苦之同胞,何莫非饥寒交迫求生不得之良民。枪口不以对外。而以之剿杀因政治经济两重压迫铤而走险之人民。……政治之黑暗,生计之穷蹙,民不为'匪',更有何路? 民既为'匪',则惟剿杀,故曰'剿匪'者政府,而'造匪'者实即黑暗之政治也。"⑤1934年10月,瑞士传教士薄复礼(Rudolf Alfred Bosshardt)被红军逮捕。在与共产党人"亲密接触"18个月后,薄复礼并没有对红军产生太多好感,但他认为红军并不是土匪,而是"马克思列宁主义的信徒"。⑥

在负面消息弥漫的同时,中共率领的红军多次粉碎国民党的"围剿",完成长征,到达陕甘宁革命根据地,并"抗日反蒋、渡河东征"。到1936年,"匪论"已经难以立足。1937年2月,斯诺在给美国驻华大使约翰逊(Nelson T.Johnson)的信中回忆自己的出行目的,指出:"人民不会相信一支对掠夺和杀戮感兴趣的那种纯粹的土匪会公然反抗南京的军队近10年之久。……必定有

---

① Kenneth E.Shewmaker, *Americans and Chinese Communists, 1927-1945: A Persuading Encounter*, Ithaca: Cornell University Press, 1971, pp.27-31.

② [美]艾格尼丝·史沫特莱:《中国战歌》,江枫译,北京出版社2018年版,第76页。

③ Edgar Snow, "From the Foreign Press", *The China Critic*, Vol.4, February 19, 1931, p.188.

④ William Prohme, "Soviet China", *New Republic*, LXVII, August 12, 1931, pp.334-335.

⑤ 彬:《"剿匪"与"造匪"》,《申报》1932年6月30日第3版。

⑥ [瑞士]薄复礼:《一个外国传教士眼中的长征》,张国琦等译,昆仑出版社2006年版,第66页。

一种强力的东西支撑着他们。"①因为没有来自中共的确切资料,所以与斯诺一样,一些关注中国的西方记者非常迫切地希望前往苏区,了解真正的中共。

(三)中共对外宣传的需求:斯诺西行始成

斯诺是在中华民族危机加剧和世界面临法西斯威胁的背景下,开始陕北之行的。20 世纪 30 年代,日本加速对华侵略,九一八事变之后,日本又制造了"一·二八"事变、热河事变、华北事变,一步一步"蚕食"中国,致使中日矛盾上升,民众的抗日情绪高涨。面对日本的不断侵略,如何有效地抵抗日本侵华成为中共首要思考的内容。欧洲的局势也影响着远东。随着欧洲局势的改变,苏联逐渐提出构建反法西斯和平战线的思想,共产国际第七次代表大会通过《关于建立反法西斯统一战线的决议》,呼吁各国人民行动起来,反对法西斯,制止战争爆发,要求各国共产党同社会民主党采取联合行动,实现工人阶级的统一,并联合其他民主阶层建立反法西斯人民阵线,殖民地半殖民地国家的无产阶级要争取建立反对帝国主义侵略的民族统一战线。在共产国际七大期间,中共代表团发表了《为抗日救国告全体同胞书》,呼吁"停止内战,抗战救国"。

早在九一八事变爆发后,中共就开始构建抗日统一战线的尝试。1933 年 1 月 17 日,中国共产党发表了《为反对日本帝国主义侵入华北,愿在三个条件下与全国各军队共同抗日》的宣言,②并与福建的国民党十九路军联系,商讨共同抗日事宜。在 1935 年的《八一宣言》中,中共再次提出结束敌对,建立统一国防政府和统一的抗日联军倡议。③ 在同年 12 月的瓦窑堡会议中,明确提

① 《斯诺致约翰逊》(纳尔逊·T.约翰逊私人信件,1937 年 2 月 6 日),见裘克安:《斯诺陕北之行的自述》,《新闻战线》1979 年第 6 期。

② 中共中央文献研究室、中央档案馆编:《建党以来重要文献选编(1921—1949)》第 10 册,中央文献出版社 2011 年版,第 27—29 页。

③ 中共中央文献研究室、中央档案馆编:《建党以来重要文献选编(1921—1949)》第 12 册,中央文献出版社 2011 年版,第 262—268 页。

出要建立"最广泛的反日民族统一战线"①。相比于国民政府的不抵抗,这样的呼吁不仅鼓舞了爱国人士的抗日决心,也激发了西方人对中共的兴趣。然而,国共十年对峙期间,中共的形象早已被国民政府妖魔化,中共虽然也进行对外宣传,但是在国民党的封锁下,影响有限。② 中共要推行抗日统一战线,必须将其政策宣传出去。继续通过中共或者亲共的媒介宣传,显然难以达到效果。近代以来,在华外国报社一直拥有比较大的影响力,它们的报道受政府影响相对较小,可信度高。通过在华的西方媒体进行宣传报道,既可以打破国民党的舆论封锁,也会在民众中产生较大影响。

此时,一些外国媒体、记者,包括斯诺在内都注意到中共的呼吁。前往陕北之前,斯诺所带的疑惑之一就是"他们真要与日本交战吗? ……'民主统一战线',停止内战,这到底是什么意思?"③1936 年 4 月 22 日,著名记者菲尔德(Frederick V.Filed)在《远东观察》(*Far Eastern Survey*)中指出:"持续不断的传闻,使人们相信南京国民政府和中国共产党总部正在形成某种统一战线。……任何苏联和中国之间谅解都会增加中国内部团结抗日的机会,粉碎广田弘毅的政策。在没有苏联帮助,以及国共实现和平共处之前,南京是不可能抗日的,统一战线是不可能建立的。……在远东正在形成的同盟和不断发展的敌对的局势中,中共处于中心地位。"显然,《远东观察》的论述肯定了合作抗日的力量。该文章还指出,要认识"统一战线",必须了解近期红军的活动。④ 可

①　中共中央文献研究室、中央档案馆编:《建党以来重要文献选编(1921—1949)》第 12 册,中央文献出版社 2011 年版,第 536 页。

②　关于中共对外宣传的途径、方法,可参考甘险峰的《中国对外新闻传播史》(福建人民出版社 2004 年版)。中共海外宣传主要通过法国的《救国报》和苏联的《真理报》。陈云的《随军习性见闻录》首先向共产国际介绍了中共的长征,邓发的《雪山草地行军记》和《从甘肃到山西》在《救国报》上发表,宣传长征。

③　[美]埃德加·斯诺:《西行漫记》,董乐山译,生活·读书·新知三联书店 1979 年版,第 5—6 页。

④　Frederick V.Field, "The Key Position of the Chinese Red Armies", *Far Eastern Survey*, Vol.5, No.9, April 22, 1936, pp.88-89.

以说,中国共产党提出"统一战线"后,记者们更为迫切地想要了解中共和"统一战线"的真相。

中共也欢迎像斯诺一般同情中国革命的、客观公允的外国记者来宣传其政策。1936 年初,斯诺南下向宋庆龄求助,希望在她的帮助下前往陕北根据地。恰好当时红军与驻守西北、负责"围剿"红军的张学良达成了默契,秘密结束了敌对状态,给中外人士进入红军控制区创造了机会。据马海德(George Hatem)的回忆,1936 年 6 月,宋庆龄向他表示,中共希望"一名诚实的西方记者访问该地区,并向世界阐述事实"①。中共最终选择斯诺来访,有多重原因:首先,在 30 年代上半叶,斯诺是著名的在华外国记者;其次,斯诺没有任何政党身份,对一二九运动有非常客观公正的报道;最为重要的是,斯诺所服务的报纸主要为《先驱报》、《星期六晚邮报》(The Saturday Evening Post)和《密勒氏评论报》,前两份报纸在英、美两国影响力很大,《密勒氏评论报》是在上海租界发行的一份外国报纸,实际由国民党控制。显然,对中共来说,斯诺是最好的选择。至此,斯诺之行始成。

综上所述,斯诺来到中国之后,其情感经历了从同情中国人到同情中国革命和同情中国命运的转变,这是斯诺西行的主观原因。到 30 年代,长期盛行的"匪论"逐渐破产,尤其是在中共长征胜利之后,国民党对中共的诬蔑渐渐不得人心。斯诺意识到中国共产党并不是"土匪",而且受到了农民的广泛支持。除此之外,中共正处于政策调整时期,需要一名客观的外国人帮助宣传合作抗日的主张。这些因素也是斯诺得以作为第一名西方记者,在国共结束内战前,能前往苏区报道中共情况的前提。

----

① Ma Haide, *The Sage of American Doctor George Hatem in China*, Beijing: Foreign Language Press, 2004, p.26.马海德,美国人,原名 George Hatem,1936 年受宋庆龄委托陪同斯诺前往陕北,此后留在中国,一直到 1988 年去世,为我国的医学发展作出了巨大贡献。当时的记者人选中,还有史沫特莱。史沫特莱是美国共产党员,考虑到对外宣传的效果,中共最终选择了斯诺。

二、斯诺笔下的中国共产党

1936年10月,斯诺从陕北返回后,立刻对外宣传本次西行的见闻。他的报道首先在报纸上发表,还协助进步青年王福时、郭达等人率先用中文翻译和出版了部分采访内容,后又在国外出版。① 费正清回忆道:"在长征结束后,当那位富有进取心的美国记者埃德加·斯诺采访毛泽东及其战友时,他发现了一支自信甚至愉快的革命家。《红星照耀中国》精彩刻画了他们的朴实和对农民事业的奉献精神,激发了世界各地读者的想象。"②

(一)斯诺笔下的中共领导人和中国红军形象

斯诺到达陕北后,发现中国共产党和红军的形象与国民党所宣传的形象完全相反。不管是共产党人,还是红军士兵,均给他留下了深刻印象。

在斯诺眼中,中国共产党领导人并不粗鄙,红军也不是杀人放火者。毛泽东虽然"面容消瘦",但"双眼炯炯有神";南京虽然悬赏二十五万要取他的首级,可是他毫不介意地和旁的行人一起行走。斯诺发现,毛泽东不仅熟悉旧学,还熟读世界历史,了解时政。③ 当1939年斯诺第二次见到毛泽东时,这种印象并没有发生改变。毛泽东"仍是一个普通老百姓,是农民和知识分子素质的奇异混合体,兼具伟大的政治目光和乡土常识。他对革命的乐观态度从

---

① 斯诺的报道早期发表情况,以及《红星照耀中国》的出版情况,可参考石川祯浩的『現代中国文化の深層構造』(京都大学人文科学研究所2015年版)。王福时等人翻译和出版了《外国记者西北印象记》,出版时间为1937年4月,比《红星照耀中国》的英文版(英国Victor Gollancz公司1937年10月出版)早6个月。在内容上,该书增加了陈云和美国经济学家韩蔚尔的作品,并有《中国问题与西安事变》一文,记录了毛泽东与史沫特莱关于西安事变的谈话([美]埃德加·斯诺:《前西行漫记》,王福时等译,解放军文艺出版社2006年版)。

② John King Fairbank, *The United States and China*, Cambridge, Massachusetts and London: Harvard University Press, 1983, p.295.

③ [美]埃德加·斯诺:《西行漫记》,董乐山译,生活·读书·新知三联书店1979年版,第61、65—67页。

未动摇,他始终相信共产党会在中国取得最终的胜利,为此他通宵达旦地工作。他坚持了解世界大事,分析国际政治"①。周恩来是一名"清瘦的青年军官,一个行动同知识和信仰完全一致的纯粹的知识分子","头脑冷静,善于分析推理,讲究实际经验。他态度温和地说出来的话,同国民党宣传九年来诬蔑共产党人是什么'无知土匪'、'强盗'和其他爱用的骂人的话,形成了奇特的对照"。② 斯诺对朱德、彭德怀、贺龙、项英等中共领导人都有生动的刻画,尤其强调他们的革命意志和奉献精神。此外,斯诺发现,中国共产党领导人没有特权,随处体现平等观念。在斯诺的记述中,中共领导人的生活条件都是极普通的,即使是毛泽东,也住在窑洞里,和士兵吃同样粗粝的食物,穿同样的粗布军装,"军官廉洁,官兵生活待遇平等"③。

斯诺对红军的精神面貌有比较详细的记述。在对红军的观察中,他发现"红军战士大部分是青年农民和工人,他们认为自己是为了家庭、土地和国家而战斗"④。从高级指挥官到普通士兵,吃穿都一样,"与国民党的军队相比,共产党也没有贪污腐败的官员和将军"⑤。60%的红军战士接受过教育,能识文断字,并"尊重农村妇女和姑娘,农民对红军的道德似乎都有很好的评价"⑥。红军中的"红小鬼"也吸引了斯诺的注意:"我从来没有在中国儿童中间看到过这样高度的个人自尊。……我深入苏区以后,我就会在这些脸颊红彤彤的'红小鬼'——情绪愉快、精神饱满而且忠心耿耿——的身上发现一种

---

① Edgar Snow, *The Battle for Asia*, New York: Random House, 1941, p.283.

② [美]埃德加·斯诺:《西行漫记》,董乐山译,生活·读书·新知三联书店 1979 年版,第43,47 页。

③ [美]埃德加·斯诺:《复始之旅》,宋久等译,新华出版社 1984 年版,第 210 页。

④ [美]埃德加·斯诺:《西行漫记》,董乐山译,生活·读书·新知三联书店 1979 年版,第231 页。

⑤ [美]埃德加·斯诺:《西行漫记》,董乐山译,生活·读书·新知三联书店 1979 年版,第232 页。

⑥ Edgar Snow, *Random Notes on Red China, 1936-1945*, Cambridge: East Asian Research Center, Harvard University, 1968, p.117.

令人惊异的青年运动所表现的生气勃勃精神。"①通过四个月的观察,斯诺认识到红军是人民的军队,深受人民的拥护,并认为"中国农民占红军的大部分,他们坚忍卓绝,任劳任怨,是无法(被)打败的"②。

除此之外,斯诺发现中国共产党人有坚定的革命意志。斯诺记述了红军在长征时的艰难行军,发现红军经过长征后"其核心力量仍完整无损,其军心士气和政治意志的坚强显然一如往昔"③。正如1939年采访新四军游击区时项英所言:"当作一个个人,我们一文不值,但当作革命的一部分,我们却是不可征服的,不管中国革命'死了'多少次,它还是会死而复生,除非中国本身能被消灭,否则,中国革命是永远不会消亡的。"④中国共产党坚定的革命意志让斯诺深受感动:"在众多革命遗产中,新四军最大的财富就是:它的组织方式、它不屈不挠的精神和它的战术。"⑤他认为这种高度的革命意识和政治觉悟,是中共在抗日战争中制胜的法宝。

(二)斯诺笔下的中共根据地

在斯诺笔下,苏区没有可以称之为"恐怖"的事情。"……统一战线力求团结除最顽固不化的旧统治阶级分子以外的全部力量。在动员穷苦农民参加土地和政治改革时,共产党人采取了说服和循序渐进的方式。"⑥中共领导的根据地,不仅在政治上实现了民主政体,而且根据地的生活体现出强烈的平等和民主意识。除对红军的教育之外,中共在与民众的日常互动中,有丰富的文

---

① [美]埃德加·斯诺:《西行漫记》,董乐山译,生活·读书·新知三联书店1979年版,第41页。

② [美]埃德加·斯诺:《西行漫记》,董乐山译,生活·读书·新知三联书店1979年版,第252、253页。

③ [美]埃德加·斯诺:《西行漫记》,董乐山译,生活·读书·新知三联书店1979年版,第180页。

④ Edgar Snow, *The Battle for Asia*, New York:Random House,1941, p.133.

⑤ Edgar Snow, *The Battle for Asia*, New York:Random House,1941, p.137.

⑥ [美]埃德加·斯诺:《复始之旅》,宋久等译,新华出版社1984年版,第211—212页。

化生活、普及性的教育、寓教于乐的教育方法,以及相关的制度法规,以此实现平等、民主与抗战思想的传播。

1. 中共推行民主政治

在《红星照耀中国》中,斯诺指出苏维埃虽然是一个工农政府,但选民更多是农民,在苏维埃选举中,佃农、雇农和手工业者比其他阶级的代表名额多。代议制政府从最小的村苏维埃到中央苏维埃,都是逐级选举产生的。苏维埃中设有革命委员会,有决定选举和改选的权利。① 这种政治组织的改革,使得农民意识到自己的政治权利,并亲切地用“我们的政府”称呼苏维埃政权,这是红军得到农民拥护的原因之一。1939 年,随着统一战线的推进,陕甘宁边区率先成立了参议会,允许地主、资产阶级及国民党参与政权建设。斯诺发现边区各级政府“不是也不可能是社会主义政权,他们是一种根据‘三民主义’的激进民主主义解释而成立的战时制度”②。边区政府建立在统一阵线的基础上,并不排斥任何抗日的政党。这种制度被推广到前线,斯诺发现在山西,中国共产党教育边区的人民如何组建自己的政治和军事组织,鼓励他们自己选举村、乡、县政府来取代傀儡政府。③

2. 中共用寓教于乐的方式普及革命和抗日思想

据斯诺记载,红军剧社“几乎每天变更活报剧,许多军事、政治、经济、社会上的新问题都成了演戏的材料,农民是不易轻信的,许多怀疑和问题就都用他们容易理解的幽默方式加以解答”④。工人有丰富的业余生活,比如读书、写

---

① [美]埃德加·斯诺:《西行漫记》,董乐山译,生活·读书·新知三联书店 1979 年版,第195—196 页。

② Edgar Snow, *The Battle for Asia*, New York: Random House, 1941, p.252.

③ Edgar Snow, *The Battle for Asia*, New York: Random House, 1941, p.256.

④ [美]埃德加·斯诺:《西行漫记》,董乐山译,生活·读书·新知三联书店 1979 年版,第99 页。

字、政治课和剧团;他们也认真参加运动、文化、卫生、墙报评比等个人或团体的比赛。通过这种寓教于乐的方式,根据地的人民认识到他们"革命者的身份"。①

在学校教育方面,根据地有红军大学,对红军战士进行军事、政治和思想教育,后又建立了女子大学、艺术大学。针对民众的教育,苏区建有小学和各种职业培训学校。中国共产党在教育中强调官兵平等、军民平等、男女平等。这种教育总体上是一种战时模式或"应急教育"。② 正是在"应急教育"的基础上,农民有了识字的机会,能理解中共革命思想、民族危机和中共的抗日主张。简言之,中共的教育正是一场民众的革命。斯诺通过观察,看到了中国农民旺盛的斗志——他们不是消极的,只要有方法、组织、领导、纲领和希望就会斗争,"当红星在西北出现时,无怪有千千万万的人起来欢迎它,把它当作希望和自己的象征"③。

3. 中共重视性别平等

斯诺注意到共产党人尤其保护妇女权益,明令禁止一妻多夫或一夫多妻,推行《中华苏维埃共和国婚姻法》,对结婚、离婚、子女教育抚养和财产分配等方面有明确的法律要求。斯诺在访问吴起镇的苏区工厂时,发现那里倡导同工同酬,对女性没有工资上的歧视,女工怀孕生产期间有四个月的带薪休假。中共还为工人子女设置了托儿所,以此保障妇女的就业权益。④ 1939 年,斯诺再次到达陕甘宁时,专门访问了延安的女子大学。他认为女子大学是世界上独一无二的,是一个不折不扣的亚马逊式女英雄学校。女子大学的学生来自

---

① ［美］埃德加·斯诺:《西行漫记》,董乐山译,生活·读书·新知三联书店 1979 年版,第227 页。

② Edgar Snow, *The Battle for Asia*, New York: Random House, 1941, p.276.

③ ［美］埃德加·斯诺:《西行漫记》,董乐山译,生活·读书·新知三联书店 1979 年版,第190、193 页。

④ ［美］埃德加·斯诺:《西行漫记》,董乐山译,生活·读书·新知三联书店 1979 年版,第226 页。

全国各地,阶级成分多样。教育方法上采用三级制,根据不同的水平,采用不同的教育方式。每一门课程中都渗透着马克思主义哲学,也包括中共自己对三民主义的解释。女子大学的所有学生都要学习"中国社会问题"和"'妇女运动'演讲"课程,这与中国其他地区的教育完全不同。①

(三)斯诺笔下的中共战略和成就

中国共产党通过斯诺第一次对外解释了统一战线的实质和内涵,为中国的抗战创造了舆论攻势。拉铁摩尔在回忆录中指出,斯诺的报道引发了人们对统一战线的普遍同情:"1937年春,人人都在谈论恢复统一战线。"②海伦指出:"他(斯诺)的旅行成为中国历史的一部分——帮助使舆论倾向抗日的统一战线。"③

1. 斯诺笔下的中国抗日民族统一战线

1936年11月14日,斯诺在《密勒氏评论报》发表了对毛泽东的采访实录,首次报道了毛泽东对中国革命、抗日战争和统一战线的认识。④ 首先,关于抗日战争,毛泽东认为无论是中国还是日本都不是孤立的国家,东方的和平或者战争问题是一个世界性问题。日本有它的潜在盟友,中国也必须寻求其他国家的帮助。但是,这并非说,没有外援,中国就无法对日作战;也不是说,必须等有了与外国的联盟才能开始抗日。中国人民具有强大的抗日潜力,中

① Edgar Snow, *The Battle for Asia*, New York: Random House, 1941, pp.274-277.
② [美]欧文·拉铁摩尔著,[日]矶野富士子整理:《蒋介石的美国顾问——欧文·拉铁摩尔回忆录》,吴心伯译,复旦大学出版社1997年版,第50页。
③ [美]海伦·斯诺:《旅华岁月:海伦·斯诺回忆录》,华谊译,世界知识出版社1985年版,第193页。
④ 该报道与收录到《毛泽东选集》和《建党以来重要文献选编》等文献中的《毛泽东关于反对日本帝国主义问题同美国记者斯诺的谈话》稍有差异。《红星照耀中国》(《西行漫记》)中也有这部分内容,但在翻译上与原文有所差异。下文对毛泽东讲话的引用,以《建党以来重要文献选编》收录的文献为准。

国人民不会向日本帝国主义屈服。其次,关于统一战线,毛泽东指出,中国必须首先实现国内的统一战线,还必须努力把这条统一战线推广到包括所有与太平洋和平有利害关系的国家。再次,关于中国人民是否具有能战胜并消灭日本帝国主义的实力,毛泽东认为,在实现以下三个条件后,中国可以打败日本。"第一是中国抗日统一战线的完成;第二是国际抗日统一战线的完成;第三是日本国内人民和日本殖民地人民的革命运动的兴起。就中国人民的立场来说,三个条件中,中国人民的大联合是主要的。"最后,关于战争持续的时间,毛泽东认为,如果中国的抗日统一战线有效地组织起来,中国将迅速胜利,如果这些条件不能很快实现,战争就要延长。即使延长,结果还是一样,日本必败,中国必胜。① 统一战线形成后的一段时间内,斯诺对中国抗战的发展非常乐观:"远东政治舞台上发生了许多重大的变化,统一战线已经成为事实了。……现在民族解放战争已成为唯一出路,而一切其他问题,都给抛开去。"②

斯诺还在国际上呼吁援助中国,从某种意义来说推动了国际反法西斯战线的构建。首先,他明确反对英日妥协并构建东方慕尼黑,特别指出日本的主要敌人是英国,不是蒋介石或是中国人③,主张中英美合作抗日④。1940 年 7月 17 日,斯诺在菲律宾与卡尔逊等人共同签署了一份关于反对关闭滇缅公路,反对东方慕尼黑的倡议书。⑤ 其次,斯诺呼吁其他被压迫的民族支持中国

　　① Edgar Snow,"Interviews with Mao Tse-tung,Communist Leader",*The China Weekly Review*(*1923-1950*),November 21,1936,https://search. proquest. com/historical-newspapers/interviews-with-mao-tse-tung-communist-leader/docview/1371495971/se-2? accountid=15157;中共中央文献研究室、中央档案馆编:《建党以来重要文献选编(1921—1949)》第 13 册,中央文献出版社2011 年版,第 197—198 页。

　　② [美]埃德加·斯诺:《西行漫记》,董乐山译,生活·读书·新知三联书店 1979 年版,第7—8 页。

　　③ Edgar Snow,"Peeling John Bull's Skin",*The Saturday Evening Post*,September 2,1939,p.43.

　　④ Edgar Snow,"Showdown in the Pacific",*The Saturday Evening Post*,May 31,1941,p.47.

　　⑤ "United States Department of the Interior Office of the Secretary to Mr. Rudolph Forster",September 6,1940,*China*:*Records of the U. S. Department of State*,*1940-1944*,National Archives(United States),Archives Unbound,https://link. gale. com/apps/doc/SC5112291334/GDSC? u=peking&sid=GDSC&xid=e91e77da. (accessed August 9,2020).

抗战。1938 年 9 月 20 日,斯诺在菲律宾为中国工业合作社①筹款时,接受了菲律宾记者的采访。他向记者解释了日本侵略中国的真实目的,以及日本不可能取胜的原因。"日本侵略中国是一种军事帝国主义行为,与经济帝国主义不同。日本既不能与中国的银行家、工厂主、地主和资产阶级形成同盟,更不可能与中国的农民形成同盟。日本在中国的真实目的就是控制中国沿海重点地区,以便于向南扩展。"针对部分菲律宾人对中国抗战胜利后可能走向对外侵略的担忧,斯诺认为中国的抗战有益于菲律宾——在抗战胜利后,中国要着力发展自己的经济,不会漂洋过海侵略他国,况且国民政府还要继续面对国内进步自由势力的挑战。而且,美国愿意援助中国抗战,对菲律宾来说"一个自由独立的中国是一个自由独立的菲律宾的最好保证"。②

斯诺是中国抗日民族统一战线坚定的维护者。1940 年 1 月,中国出现抗日民族统一战线破裂的危机使斯诺感到失望。他指出,1936 年 12 月 23 日,共产党就获得了合法地位,但蒋介石并没有兑现承诺,其他的非国民党政党同样没有合法地位,这说明中国并不是一个宪政的、民主的、统一的国家,国民政府不尊重法律。无怪乎中国人民和各个政党都想要终结这段"被国民党监护的时期"③。不久,他无奈地说,"统一战线既没有带来民主,也未达成和睦相处"④。1941 年 1 月,皖南事变爆发。斯诺获知消息后,第一时间将事变真

---

① 中国工业合作社(Chinese Industrial Co-operative),简称"工合"(IDUSCO 或 C.I.C),下文统一使用"工合"。1937 年冬,在路易·艾黎、斯诺等人的倡议下,中国工业合作社成立,目的在于促进战时中国工业发展、支援战争,最终实现中国民主。

② "Newspaper Interview on Edgar Snow", September 23, 1938, *U. S. Military Intelligence Reports: Japan*, *1918-1944*. ProQuest History Vault, https://congressional.proquest.com/histvault? q = 003011-010-1137&accountid = 15157(accessed August 12, 2020).

③ Edgar Snow, "The Chinese Communists and Wars on Two Continents: Interviews with Mao Tse-Tung", *The China Weekly Review* (*1923 - 1950*), January 20, 1940, https://search. proquest. com/historical-newspapers/chinese-communists-wars-on-two-continents/docview/1371480179/se-2? accountid = 15157.

④ Edgar Snow, "China's Precarious Unity", *The China Weekly Review* (*1923-1950*), February 24, 1940, https://search. proquest. com/historical-newspapers/chinas-precarious-unity/docview/1371505186/se-2? accountid = 15157.

相告知世界。① 国民党政府断然否认报道内容,并取消了斯诺在中国采访的权利。同年 2 月,斯诺被迫离开中国返回美国。斯诺回到美国之后,继续通过媒体宣传中国的抗战情况,揭露皖南事变的相关情况,希望中国恢复抗日民族统一战线、推进和平民主。鉴于中国国内国共两党相持而消耗军力的情况,1942 年斯诺发表文章,建议由美国、英国和苏联共同组成观察团,调和国共两党关系,恢复积极的军事配合。②

斯诺一直期望美国能与中国共产党合作。1941 年 7 月,斯诺发文批评美国不应该只援助国民党,游击区应该享有同等的待遇,应督促国民党解除对中共的封锁。③ 1943 年 4 月 5 日,海伦(Helen Snow,斯诺夫人)与罗伯特·沃德(Robert Ward)、费奇(McCracken Fisher)在一次晚宴上,向犹他州参议员托马斯、佛罗里达州参议员克劳德,表达了对美国单方面援助国民政府的不满。他们指责蒋介石消极抗日对中共的包围与新闻封锁,并质问两位参议员:"我们能扮演这种助纣为虐的角色吗?"④ 1944 年 5 月 26 日,斯诺与罗斯福第二次会面,呼吁美国推进国共合作,避免内战爆发:"也许在日本失败之前或投降之时,中国就会爆发一场大规模的内战。"⑤

2. 中共的抗战情况

1936 年 11 月 14 日,斯诺在对中共的首次报道中,就介绍了共产党的抗

---

① "The Ambassador in China (Johnson) to the Secretary of State", January 23, 1941, Department of State ed., *Foreign Relations of the United States*: *Diplomatic Papers*, *1941*, *Vol.5*, *The Far East*, Washington: Government Printing Office, 1956, p.472.

② "What We can Expect from China", *The Saturday Evening Post*, August 8, 1942, p.67.

③ Edgar Snow, "China and the World War", *Asia*, Vol.41, No.7, July, 1941, pp.341–343.

④ "Mr. Wright (Washington) to Mr. Ashley Clarke", April 16, 1943. FO 371/35739, The U.K. National Archives.罗伯特·沃德,时任美国驻重庆大使馆领事兼二等秘书。费奇,著名记者,1944 年参加了迪克西使团。

⑤ Edgar Snow, *Random Notes on Red China*, *1936–1945*, Cambridge, Mass.: Harvard University, 1968, pp.126–127.

战战略。毛泽东指出："中国军队要胜利,必须在广阔的战场上进行高度的运动战。……日军遇到我军的猛烈活动,必得谨慎。他们的战争机构很笨重,行动很慢,效力有限。……还要在农民中组织很多的游击队。……中国农民有很大的潜力,只要组织和指挥得当,能使日本军队一天忙碌二十四小时,使之疲于奔命。"①毛泽东还指出,如果不能克服内部的分裂,抗战将是持久的,但中国最终会取得胜利。可以说,这也是斯诺第一次关于中共持久战战略思想的报道。《红星照耀中国》中记录了彭德怀对游击战能够取胜的分析,指出除落后的经济这一因素之外,"游击战所以能够成功,游击队所以能够战无不胜,还因为群众同作战部队打成一片。红色游击队不仅仅是战士,他们同时也是政治宣传员和组织者。……红军是人民的军队,它所以壮大是因为人民帮助我们。"②到1940年,斯诺观察到华北乡间的无数农民都被组织起来,接受革命观念的教育,已经达到某程度的政治和经济解放。

斯诺报道了中共在抗战方面的优秀表现。其一,斯诺高度肯定中国共产党的动员工作,赞扬共产党领导的人民战争。全民族抗战爆发后,斯诺在多篇文章中谈到中国共产党军队的作战动员,八路军和新四军都能最大可能地动员当地群众,通过组织青年敢死队,进行小规模的游击战争,不断取得胜利。"共产党领导农民,训练他们用棍棒去偷袭敌人,夺取武器,把革命同民族战争结合起来,使他们有一个誓死为之奋斗的目标。"③斯诺认为,中国的农民"从几个世纪的沉睡中醒来,在政治指导下,被训练有素、有组织地武装起来,他们被证明是比裕仁天皇的将军们更致命的战斗机器",日本的根本错误是"低估

---

① Edgar Snow,"Interviews with Mao Tse-Tung,Communist Leader",*The China Weekly Review* (*1923-1950*),November 21,1936,https://search. proquest. com/historical - newspapers/interviews - with-mao-tse-tung-communist-leader/docview/1371495971/se-2? accountid = 15157;中共中央文献研究室、中央档案馆编:《建党以来重要文献选编(1921—1949)》第13册,中央文献出版社2011年版,第201—202页。

② [美]埃德加·斯诺:《西行漫记》,董乐山译,生活·读书·新知三联书店1979年版,第247—252页。

③ [美]埃德加·斯诺:《复始之旅》,宋久等译,新华出版社1984年版,第234页。

了中国人民今天表现出来的团结、士气、民族主义和高度的抗日精神"。①

其二,斯诺报道了中共游击战的成就。斯诺认为八路军和新四军有强大的战斗力。与国民党部队相比,"据军事委员会的统计,八路军和新四军在全国所有部队中占可观的比重。仅这两支军队就俘获或摧毁占敌方全部损失中6%的大炮,15%的机关枪,28%的卡车和34%的步枪"②。斯诺在1938年4月的报道中指出:"随着日本侵略加剧,对日本不利的不确定性因素越大。……经过八个月的抗日战争,共产党军队的人数实际上增加了两倍,在日军后方的地盘也增加了两倍。……日本军事实际控制的地方并不如地图上所显示的那么多。日军显然还不能控制所宣称'征服地区'的1/4,以及1.3亿人口的1/4。"③他还以日本的军事报告内容为佐证:"2月,日本人的军事报告估计在河北有超过十万人的叛徒。这是一个由各类人员组成的大杂烩,有中产阶级、大学生、教授、破产的商人、前官吏、警察、和平保卫队、地方民兵、军阀部队、红枪会、政府领导、国民党官员、共产党人以及整户整村的农民,甚至包括一位70岁的年迈老妇人。他们众志成城要击败日本人。"④同时,斯诺指出中共在斗争中形成了几大军区,尤其在山西,除非把中国军队扫荡一空,否则日本就无法从黄河以西实行大规模的入侵。⑤"……打击日本人的是那些'举起棍棒'的农民。游击队来无踪,去无影,他们不屈不挠,搞得占领军日夜不安宁……"⑥

其三,斯诺记述了中共在抗战中的巨大牺牲。"敌人在华的40个师团中,有17个在与八路军、新四军交战。但新四军在军费上只有国民党军队的1/5,仅13美分左右。"⑦"1939年末,叶挺告诉我,新四军约有4万人,仅有2

---

① Edgar Snow,"The Sun Also Sets",*The Saturday Evening Post*,June 4,1938,p.30,p.6.

② Edgar Snow,*The Battle for Asia*,New York:Random House,1941,p.347.

③ Edgar Snow,"The Sun Also Sets",*The Saturday Evening Post*,June 4,1938,p.5,p.30.

④ Edgar Snow,"The Sun Also Sets",*The Saturday Evening Post*,June 4 1938,p.30.

⑤ Edgar Snow,*The Battle for Asia*,New York:Random House,1941,p.257.

⑥ [美]埃德加·斯诺:《复始之旅》,宋久等译,新华出版社1984年版,第234页。

⑦ Edgar Snow,*The Battle for Asia*,New York:Random House,1941,p.348.

万支步枪。部队一半以上的战士仅有手榴弹与大刀,他们的主要任务是陪同作战,当那些有步枪的士兵战死或受伤时,保证武器不会遗失。"①八路军和新四军在抗战中艰难地克服困境。因缺乏政府支持,红军在武器保障方面都靠自给自足程度,大多武器都是战利品。"到 1940 年 9 月,新四军的兵力已超过35000 支步枪和 460 门机枪。火力的增加主要是从敌人手中夺取。"斯诺指出,这是一种缓慢而付出高昂代价的武器装备方法。如果没有那些微弱的海外援助,他们的牺牲更大。②

三、"中共热"与战时中共抗战信息的记述

斯诺的报道开始让世界关注远东的冲突,开启了外国记者了解中共的热潮。海伦指出:"通过埃德的居中介绍,苏联领导人认识了毛泽东,欧洲和中国人也认识了毛泽东。"③即使是亲国民党的弗雷达·阿特丽,也认为"他(斯诺)拥有一种罕见的能力,能够将俄罗斯和中国共产党人都以民主人士的身份呈现给《邮报》(指《星期六晚邮报》)的读者"④。美国历史学家休梅克认为:"从更积极的方面来看,实地考察的记者们所准确感受到的是中国共产党人的旺盛斗志和献身精神。"⑤

(一)斯诺推动了外国人士到访各抗日根据地和援助中共

斯诺的报道引发了国外民众同情中国和援助中国。著名记者哈里森·索

---

① Edgar Snow, *The Battle for Asia*, New York:Random House,1941,pp.144-145.

② Edgar Snow, *The Battle for Asia*, New York:Random House,1941,p.145.

③ [美]海伦·斯诺:《旅华岁月:海伦·斯诺回忆录》,华谊译,世界知识出版社 1985 年版,第 196 页。原文中为"埃德"。

④ Freda Utley, *China story*, Chicago:Henry Regnery Company,1951,p.141.

⑤ Kenneth E.Shewmaker, *Americans and Chinese Communists*, *1927-1945:A Persuading Encounter*, Ithaca:Cornell University Press,1971,p.190.

尔兹伯里(Harrison Salisbury)指出:"它(《红星照耀中国》)使我们把注意力转向中国,转向远东……如今我们忽然看到中国并不必然要成为日本侵略的受害者,她有可能有崭新的前途,这不仅是被美国记者、美国外交官、也是被美国公众的大部分所觉察到了的。"①1937年,刚刚结束蜜月返回中国的拉铁摩尔非常认同斯诺的观点,急迫地想要前往延安。与他志同道合者也众多:"当西安事变结束后……人们都试图到那边去:不仅有好奇的外国人,还有数以百计的中国知识分子、大学教授和学生。……重新建立起来的抗日统一战线并没有令我们害怕——我们觉得真正的政治生活终于在中国开始了——我们进而对抵抗罗马—柏林—东京侵略的统一战线表示普遍同情。"②

斯诺引发的中共热,最直观地表现为外国人大量地到访根据地。据记载,1937年至1939年是外国人到访延安及其他革命根据地的高潮(见附表)。来访者除外国记者外,还有许多医护人员。其中一些记者在访问根据地时得到了斯诺的大力帮助。例如,1937年6月,拉铁摩尔与菲利普·贾菲(Philip Jacob Jaffe)夫妇和托马斯·阿瑟·毕森(T.A.Bisson)到达延安,斯诺不仅给他们的出行提供了很多有用的建议,还协助他们与延安取得联系。③ 1937年冬,美国海军军官卡尔逊走访了晋察冀革命根据地和晋西北革命根据地,1938年夏又到访延安。他是美军观察团到延安前唯一访问过延安的美国官员。卡尔逊前往延安的原因之一是他读了斯诺的作品,对中共产生巨大的好奇;而他之所以能成行,也得益于斯诺在其中的牵线。④ 太平洋战争爆发前,燕京大学教

① 史沫特莱·斯特朗·斯诺研究会编:《〈西行漫记〉和我》,国际文化出版公司出版1991年版,第9页。

② [美]欧文·拉铁摩尔著,[日]矶野富士子整理:《蒋介石的美国顾问——欧文·拉铁摩尔回忆录》,吴心伯译,复旦大学出版社1997年版,第56页。

③ [美]托马斯·阿瑟·毕森:《抗日战争前夜的延安之行》,张星星、薛鲁夏译,东北工学院出版社1990年版,第4页。

④ [美]埃文斯·福代斯·卡尔逊:《中国的双星》,祁国明译,新华书店出版社1987年版,第32页;舒暐、赵岳编:《太阳正在升起:卡尔逊亲历的中国抗战》,北京出版社2016年版,第137—139页。

授、英国贵族林迈可（Michael Lindsay）多次对晋察冀革命根据地进行访问。他既受到《红星照耀中国》的影响，又受到记者霍尔多·汉森（Haldore Hanson）的影响。汉森是斯诺夫妇的好友，他们都是《民主》杂志（*Democracy*）的创办人。在斯诺夫妇的影响下，汉森于 1938 年夏也访问了晋察冀革命根据地和延安。除此之外，记者厄尔·利夫（Earl Leaf）、贝特兰（James Bertram）也都是在斯诺的协助之下到达延安的。最终牺牲在中国战场的汉斯·希伯（Hans Hippe）曾在《太平洋事务》（*Pacific Affairs*）发表了对《红星照耀中国》的评价，并与斯诺关于中共问题有过辩论；他在 1938 年到达延安后，曾询问毛泽东对《红星照耀中国》一书的评价。①

　　不论是记者还是其他身份人员，这些外国人士从中共抗日根据地返回后，大都积极呼吁国外力量支持中国抗战，为中共提供援助。1937 年 5 月 22 日，斯诺在给夫人海伦的信中讲到，她在返回后将有一项重要工作："要使人们明白：'土匪'，作为一个政治实体在中国依然存在。"②自 1937 年起，斯诺夫妇与路易·艾黎等致力于"工合"运动，希望为中国抗战提供经济支持。工合被认为是除红十字会外，唯一可以在国民党和共产党控制区域下同时运行的战时组织。③ 1942 年，延安的"工合"机构成为全国最大的地区总分会，带动了其他边区和根据地的"工合"生产模式快速发展。"工合"也是海外援助中共的途径之一。据斯诺回忆："爪哇和菲律宾的华侨募集了国币 40 万元以上，以供在延安和晋冀设立一个中国工业合作协会的国际中心。事实上，在南方新四军和北方八路军的游击区内，工合的工作在华侨募集捐款和资金，以及反对

---

　　① Edgar Snow, *Random Notes on Red China*, *1936—1945*, Cambridge, East Asian Research Center, Harvard University, 1968, pp.20—21.

　　② ［美］海伦·斯诺：《延安采访录》，安危译，北京出版社 2018 年版，第 337 页。海伦当时在延安访问。

　　③ Edgar Snow, *Random Notes on Red China*, *1936—1945*, Cambridge, East Asian Research Center, Harvard University, 1968, p.125.

日本政府的远东美国人的投资下展开。"①"工合"推动了根据地的经济发展，为打击日本侵略者的游击战和持久战提供了物质保障。②

除此之外，史沫特莱离开根据地后，前往汉口为八路军筹款，直接促使了鲁茨慰问团（Frances Roots Good-Will Group）访问晋察冀根据地、白求恩（Bethune）援华医疗队支援中共抗战。林迈可在1938年第一次访问晋察冀革命根据地后，长期利用自己特殊的身份，在北京为根据地提供医疗、物资和通信方面的协助。他还向英国外交部门递交过一些关于中共军队和根据地建设的报告，为中共寻求国际上的援助。1941年，太平洋战争爆发后，林迈可携夫人李效黎③前往延安，直至1945年离开，为根据地的无线通信事业作出极大贡献。医生白求恩、柯棣华（Kotnis）和德国记者希伯牺牲于中国战场。简言之，斯诺的报道不仅开启了"中共热"，而且促发了外国人士援助中共的行动。

（二）斯诺之后的外国观察者对中共的叙述

斯诺所引发的"中共热"还表现在外国人士对中共的持续观察。1937年至1939年的访问延安热潮反映了外国人对中共的好奇。即使在1939年斯诺第二次访问延安后国民党继续对陕甘宁革命根据地实行封锁的情况下，外国人士对中共的观察也没有停止。尤其是外国记者，他们前往抗战前线或八路军驻重庆办事处了解相关信息。1944年，美军观察组访问延安，可以说在一定程度上是由驻华记者推动的。

斯诺及后来者对中共形象构建的核心内容是"平等、民主"。就斯诺与后来观察者的叙述方式和内容而言，他们笔下的中共形象几乎一致。

在叙述方式上，斯诺大量地采用了对比手法，以突出叙述内容的真实性，

① Edgar Snow, *The Battle for Asia*, New York: Random House, 1941, pp.331-332.

② Nym Wales, *China Build for Democracy: A Story of Cooperative Industry*, Allahbad: Kitabistan, 1942, p.129. Nym Wales 是海伦·斯诺的笔名。

③ 李效黎，林迈可妻子，山西离石人。

后续的记者大都继承了这种写作手法,即通过国共对比来描写中共。须认识到,这种叙述方式是基于事实的,即国共之间的差异极大地冲击了这些记述者。白修德(Theodore Harold White)曾在 1944 年前往延安采访,然而他在 1939 年就发现,不管多么精通外语,重庆的高官都与自己国家的人民严重脱节。而在同一时期的前线,中共与群众紧密合作,不论是阎锡山控制区,还是游击队,中共的群众教育和群众动员模式都被广为采用。① 自 1937 年离开延安之后,托马斯·毕森再也没有到过延安。1943 年,他发表了《盟军作战中的中国》,将中国分为两个部分:一个是国民党控制的封建中国,另一个是共产党控制的民主中国。在比对了双方的抗战力量之后,毕森认为,"共产党中国"能成功地动员战争潜力,是由于其瓦解了压在中国人之上的数百年的封建统治。他对中共领导的土地改革和民主建设给予高度评价,指出延安领导人的目的不仅仅是应对当前的抗日战争,他们还将其认为是中国摆脱封建枷锁、向现代国家过渡的手段。②

在内容上,后续的记述成为斯诺笔下中共形象的佐证。1938 年初,一位笔名为 H.H.的作者曾点评《红星照耀中国》,他既承认这本书提供了关于红军的一手资料,是无可比拟的,又认为"斯诺热情赞颂的共产党追求民主,这一点应该被质疑,还有很多可疑的地方"③。然而,他的观点很快被驳斥。在托马斯·毕森的笔下,他看到的中共"与埃德加·斯诺,以及后来在抗日战争期间到过延安的其他外国访问者的感受,没有什么两样"④。1938 年春夏之交,

---

① Theodore Harold White, *In Search of History: A Personal Adventure*, New York: Warner Books, 1978, pp.102-103, 128-129.

② T.A.Bisson, "China's Part in a Coalition War", *Far Eastern Survey*, Vol.12, No.14, July 14, 1943, p.139.

③ H.H., "New Books of Interest in the Far East: An American Reporter with the Chinese 'Reds'", *The China Weekly Review* (*1923-1950*), March 26, 1938, https://search.proquest.com/historical-newspapers/new-books-interest-far-east/docview/1371496849/se-2? accountid=15157.

④ [美]托马斯·阿瑟·毕森:《抗日战争前夜的延安之行》,张星星、薛鲁夏译,东北工学院出版社 1990 年版,第 2 页。这本书最早的版本是 1938 年出版的英文版。

美国记者霍尔多·汉森游历了晋察冀革命根据地,后到达延安。从延安返回后,他出版了《高尚的奋斗》。汉森指出:"整个军队都拥有一种民主精神。军官们除了'同志'以外,再无其称呼,军官和士兵吃一样的食物,接受同样严格的纪律约束,尤其在对待农民方面。"①较斯诺更为进步的是,汉森认为红军战斗力强的原因在于其政治信仰,红军中所有人都相信中国最终会取得胜利。②

　　皖南事变之后,斯诺出版了《为亚洲而战》一书,该书关于八路军和新四军英勇抗战的内容引起了读者们的兴趣,他们对斯诺的叙述大加赞扬,肯定游击战的成效和中共的民主建设。③ 有书评指出:"对盎格鲁-撒克逊国家的人民来说,应该关注《为亚洲而战》的什么内容呢? 简单地说,是中国战争站在世界民主反独裁斗争的前台,作为一个试验性的例子,它通过近四年的斗争,证明了民主可以更有效地对抗独裁。"④虽然国民党对延安实行封锁,严格约束外国记者的言论,但"毫无疑问,对所有想控制在华记者的群体或组织而言,最大的问题是1941年后越来越多的记者们开始亲共,即便不亲共,他们至少也想了解反日联盟的另一方正在发生什么"⑤。当时几乎所有在华的西方记者都写过关于"红色中国"的报道或出版过相关书籍:"他们的经历让人想起1936年埃德加·斯诺的经历。共产党人似乎异常开放,乐于助人,并愿意将他们的故事公之于世。"⑥即使是弗雷达·阿特丽也承认中共的成就,也指

　　① Haldore Hanson,*Humane Endeavour*,New York:Farrar & Rinehart 1939,p.266.

　　② Haldore Hanson,*Humane Endeavour*,New York:Farrar & Rinehart 1939,p.313.

　　③ "Our Book Table",*The Chinese Recorder*,Vol.72,No.7,1941,p.391.

　　④ Causey,B.D.J.,"Edgar Snow's New Book Describes China War from Lukouchiao to End of 1941",*The China Weekly Review*(1923-1950),April 19,1941,https://search. proquest. com/historical-newspapers/edgar-snows-new-book-describes-china-war/docview/1371508856/se-2? accountid=15157.

　　⑤ [英]保罗·法兰奇:《镜里看中国:从鸦片战争到毛泽东时代的驻华外国记者》,张强译,中国友谊出版社2011年版,第282—283页。

　　⑥ Lloyd E.Eastman,*The Nationalist Era in China*,*1927-1949*,Cambridge:Cambridge University Press,1986,p.281.

出"应大规模地采取共产党的游击战,否则中国无疑是打不赢战争的。而且除非通过深远的土地改革和农村自治制度,使'人民动员'成为可能,否则战争也是不可能胜利的"①。

在 1944 年 7 月美军观察组访问延安之前,国民政府再次抹黑中国共产党。对此,高斯给国务卿的信中以带有讽刺的口吻说道:"总司令与国民党高官认为过去共产党受欢迎是因为斯诺的报道,实际上中共所在区域的状况很糟糕,记者们被迫虚造揭秘图片。据说国民党做出上述结论,是依据自己的通讯社搜集到一手材料。……外国记者的延安之行可能导致国民党将要面对'11 个埃德加·斯诺'。"②

外国记者普遍认为,中国的抗日战争之所以能构建统一战线、发动人民战争并最终取得胜利,与战时民族主义的极大强化有关。民族主义的最终目标是追求与其他国家的平等地位,"民族主义意味着民主,或者至少是某种平等主义思想"③。因此,战时的中国,不论在国民党还是共产党控制区,都并存着战争与革命。相比于战后获得解放的其他国家,不言而喻,中国共产党领导的这一场战争中的革命是成功的。在斯诺等人的印象中,中共既是抗战的、革命的,又是民主的、改革的,追求构建真正的民主和平等的社会。国民党的形象与之相反,追求某一些特权家族的统治,并非真正如其宣传的一般——构建社会平等。

为什么追求平等的中国共产党会领导中国广大的农民取得革命成功? 回溯这些战时"中国通"的记录,可以发现中共在革命中通过教育的方式将平等

---

① Freda Utley,"A Terse,Authentic Report of the Terror in China:Edgar Snow Writes That the 'Deliberate Degradation of Man Has Been Thoroughly Systematized by The Japanese Army'",*New York Times Book Review*,March 9,1941,p. 9.

② "The Ambassador in China(Gauss)to the Secretary of State",February 29,1944,Department of State ed.,*Foreign Relations of the United States:Diplomatic Papers*,1944,*Vol.5*,*China*,Washington:Government Printing Office,1967,p.366.

③ Peter Zarrow,*China in War and Revolution*,*1895-1949*,London and New York:Routledge,2005,p.360.

的观念灌输给每一个人,从而实现从追求人的平等,到追求政治权利和主权的平等。这些外国人士都是基于对中国人的同情来考察中共的,前往中共之前,他们有关于中国问题的各种认识,也提出了多种解决办法。当看到延安的模式时,他们才恍然大悟,中共正在实行最好的办法,促使民众觉醒,解决中国问题。从这个意义上来说,这是战时出现"中共热"的根本原因。而国民政府的高层以及后来的批判者,则无法理解中共影响力扩大的根本原因。正如史迪威所言:"蒋介石困惑于共产党影响的扩大,他看不到民众欢迎共产党,并把红军视为从繁重税收、军队为非作歹和戴笠的盖世太保中解放的唯一希望。"①

　　就个人身份而言,这些外国人士大多是记者,只有极少数人参与美国政治中,即使参与政治也多是情报提供者,并非最终决策层。如卡尔逊,虽受命于美国海军和罗斯福,以观察中国的局势,但是他在美国政治的最终决策中并无多大影响。如果从阴谋论的角度去看待亲中共的叙述模式,显然夸大了这些外国人士的实际影响力。中共确实有通过外国记者对外宣传、与美英合作的愿望,但不能因此就认为这些亲中共叙述完全出自共产党人的手笔。不仅中共没有左右如此多外国人士的能力,而且这些外国人士在报道时大多坚守客观原则。正如白修德在延安被赫尔利(Patrick Jay Hurley)和毛泽东两方怀疑时的感慨:"不管是美国官员还是毛泽东,他们根本不了解美国记者的行为准则。"②虽然记者们在描写根据地生活时会与国民党控制区以及美国作对比,在比较中凸显中共的美好形象,但这种对比并非为了说明当时在国民党之外无可奈何的选择,更不是美国政治的导向,而是出于对中国革命和命运转折性的认识。正是中共自身的发展模式真正解决了他们眼中的中国问题,符合他

---

　　① Joseph W.Stilwell,Theodore Harold White ed.,*The Stilwell Papers*,New York:W.Sloane Associates,1962,p.252.引用的是史迪威1944年日记中的内容,在原文中未标注日期,标题为"Radios I did not Write"。

　　② Theodore Harold White,*In Search of History:A Personal Adventure*,New York:Warner Books,1978,p.266.

们对中国未来的期许。

总之,战时的这些"中国通"基于对中国命运的同情和对中国未来的思考,观察中国共产党的理念、实践和抗战,对外构建了战时中共的基本形象,其核心内容是"平等和民主"。这不是阴谋论,也不是在国共两党之间的选择,更不是美国的政治导向。

四、战时英美政府对斯诺报道的反应

伯纳德·托马斯认为,斯诺试图在中国的革命者和美国的决策者之间搭桥牵线。[1] 他的观点有夸大一名新闻记者实际影响力之嫌,但英美政府确实比较关注斯诺的报道,将其视为重要的情报来源。英美政府对斯诺报道的态度,经历了从怀疑到重视,再到接触的变化。英美政府态度的转变,反映了英美对中国抗战、中共抗战的需求和认识变化。

(一)从怀疑到重视:西安事变前后英美对斯诺报道的反应

1936 年 10 月 30 日,《京津泰晤士报》(*Peking and Tientsin Times*)首次报道了斯诺的红区之行。随即,11 月 10 日,英国驻北京公使馆代办贺武(Robert George Howe)写信把这份报道的摘要发给英国外交大臣艾登(Eden)。他开宗明义地指出斯诺同情共产党,还认为除非日本的侵略使得蒋介石别无选择,否则中国不可能建立统一战线。[2] 不久,贺武与斯诺面谈,斯诺向他讲述了自己在红区的经历,指出比起对抗国民党,中共更重视抗日,共产党正在推进与

---

① Thomas, S. Bernard, *Season of High Adventure*: *Edgar Snow in China*, Berkeley: University of California Press, 1996, p.152.

② "Mr. H. Knatchbull-Hugessen to Mr. Eden", November 10, 1936. FO 371/20233, The U.K. National Archives. 1936 年 10 月 29 日,路透社记者采访了斯诺,采访内容于 30 日刊登在《京津泰晤士报》上。

国民党订立统一战线的协定,可能会促使国民党与莫斯科谅解。① 然而,英国驻华大使许阁森爵士(Hughe Montgomery Knatchbull-Hugessen)认为斯诺的上述推测是错误的。在他看来,中苏接近的可能性不大,"当前,日本在华北不会采取公开发动战争的措施,日本最有可能放慢脚步以避免将中国推入苏联的怀抱"②。许阁森的想法,实质上反映出当时英国在远东推行绥靖政策。而1936年11月4日,许阁森给贾德干(Alexander Ceorge Montagu Cadogan)的信正好说明了英国在华绥靖的目的:"在欧洲的局势明朗之前,日本不会发动战争。……我们正处于一个非常好的三角关系中,中国人对我们非常友好,我们的日本朋友为我们赴汤蹈火。我希望我们能在其中取得可观的商业收益。"③

　　1936年10月31日,美国驻上海总领事高斯(C.E.Gauss)向驻华大使约翰逊发送了一份电报,汇报了在上海的外国报纸大力宣传中共的统一战线。该电报对统一战线的形成和主张有详细的介绍,还叙述了当时中共为了推进统一战线所做的工作。相对于中共积极推进统一战线,电报末尾记述了蒋介石对统一战线的反应:"蒋介石承诺,只要中共不再破坏国家统一以及国家的法律和条例,他将对中共采取宽大政策。然而,据洛阳的中央通讯社的消息,蒋介石重申要彻底消灭共产党。"④西安事变之前,大部分美国的驻华外交官认为中共并没有发展前景。1936年11月16日,今井武夫到美国使馆约见约翰逊,询问约翰逊对中国共产主义运动的看法。约翰逊指出,因为中国没有工业

----

① "Mr. H. Knatchbull-Hugessen (Nanking) to Mr. A. Cadogan", December 17, 1936, FO 371/21001, The U.K. National Archives.

② "Mr. H. Knatchbull-Hugessen (Nanking) to Mr. A. Cadogan", December 17, 1936, FO 371/21001, The U.K. National Archives.

③ "Mr. H. Knatchbull-Hugessen (Nanking) to Mr. A. Cadogan", November 4, 1936, FO 371/20246, The U.K. National Archives.

④ "C. E. Cause to Nelson Johnson", October 31, 1936, *Confidential U.S. Diplomatic Post Records*, *Japan*: *Part 3*, *Section B*, *1936–1941*, ProQuest History Vault, https://congressional. proquest. com/histvault? q=011302-002-0528&accountid=15157 (accessed December 9, 2020).

或只有一小点工业,所以共产主义在中国没有发展的土壤,中国的共产主义运动就是一种农民运动。对于共产主义在中国的发展,约翰认为:"与其他国家激进的改革者一样,中国的青年和学生是出于促进国家进步的目的,倾向于共产主义。……这种现象出现是一种自然规律,但他们迟早会失去对共产主义的兴趣。"①当然,此时约翰逊的言论也有安抚日本之意。

然而,西安事变的爆发促使英美政府开始审视中共,斯诺的文章成为帮助英美认识西安事变和中共政策的参照。1937 年 1 月 13 日,上海领事馆给南京大使馆布莱克布恩(A.D.Blackburn)的信中有:"鉴于西安的情况,谨随函附上一份名为《毛泽东与美国记者的对话》的小册子的译文。"②同时资料显示,1937 年 1 月,驻华大使许阁森爵士已经精读了斯诺发表在《密勒氏评论报》上的文章,并认为"事实证明了斯诺文章是完全真实的。……文章的字里行间都在告诉我三个叛军都对南京政府极度不满。很显然南京试图逼迫三方互相斗争来消耗他们。……毫无疑问,结果很好,他们对蒋介石改变想法很满意"③。2 月 12 日,许阁森在发往英国外交部的电报中指出:"日本大使在备忘录中担忧,中国共产党决定加强统一战线以抵抗日本。我们一直真诚地倾向于淡化日本对中国共产主义威胁的担忧,但鉴于最近中国西北发生的事件,他们的担忧显然需要被重新认识。乍一看,这些事件似乎为日本人的观点提供了充分的理由,但更仔细的调查会使他们的情况有所不同。……在此之前共产主义在中国根本不受欢迎,他们提出抗日后才开始发展,……因此,如果日本继续侵略中国,共产党人就会进一步利用民众尤其是年轻人

①　"Conversation of Major Takeo Imai and Mr. Johnson",November 16,1936,*Confidential U.S. Diplomatic Post Records*,*Japan*:*Part 3*,*Section B*,*1936-1941*,ProQuest History Vault,https://congres-sional.proquest.com/histvault? q = 011302 - 002 - 0528&accountid = 15157 (accessed December 9, 2020).

②　"Mr. Hull-Patch to Mr. Blackburn",January 13,1937,FO 676/336,The U.K. National Archives.

③　"Telegram from H. M. Ambassador at Nanking to Foreign Office",January 25,1937,FO 676/336,The U.K. National Archives.

的爱国情感。"①虽然许阁森此时不看好中共,认为中共的影响力很快会下降,但是他对统一战线具有抵抗日本的性质还是有很清楚的认识。同样在1937 年 2 月,美国大使约翰逊致信斯诺,转述了南京国民政府对斯诺报道的不满。②

（二）从重视到接触：西安事变后英美对中共情报的搜集

西安事变引发了美国对中共政策和国共合作的重视。1937 年初的美国军事情报摘要指出:"过去中共两次提出与政府军一道抗日,但这个建议被国民政府拒绝。……埃德加·斯诺发表的对毛泽东的采访,表明了当前中共宣传的基调。"这份报告认为:"如果不是中国共产党赢得了陕西、甘肃、宁夏无数领导人的支持,以及获得了来自蒋介石和其救援者被迫做出的保证,让一群几乎是贱民的人配合和拥护国民党和国民政府,是非常可笑的。"③1937 年 5 月,当斯诺夫妇主办的《民主》首刊出版时,英国驻北京公使馆将该杂志的原件转发南京和上海领事馆,并特意强调斯诺夫妇发表在上面的文章。④ 1937 年 12 月 20 日,国共武汉会议,美国临时驻华武官在提交的情报报告中关注了中共在汉口的活动以及影响。⑤

---

①　"Mr. H. Knatchbull-Hugessen to Mr. Eden", February 12, 1937, FO 371/20991, The U.K. National Archives.

②　《斯诺致约翰逊》(纳尔逊·T.约翰逊私人信件,1937.02.06),见裘克安:《斯诺陕北之行的自述》,《新闻战线》1979 年第 6 期。

③　"China: The Sianfu Revolt, January 23–February 5, 1937", *U.S. Military Intelligence Reports*: *Bi-Weekly Intelligence Summaries*, *1928–1938*, ProQuest History Vault, https://congressional.proquest. com/histvault? q=003205-006-0055&accountid=15157 (accessed November 11, 2020).

④　"Mr. H. Knatchbull-Hugessen to Mr. Eden", May 10, 1937, FO 371/21001, The U.K. National Archives. 其中提及斯诺的《叛军画像》(《苏维埃的掌权人物》)和海伦的《中国和民主》。这两篇文章见: Edgar Snow, "Portrait of a Rebel", *Democracy*, May 1, 1937, pp.11–13, 29–30; Nym Wales, "China and Democracy", *Democracy*, May 1, 1937, pp.14–15, 30–33.

⑤　"Comments on Current Events, November 27–December 20, 1937", December 20, 1937, *U.S. Military Intelligence Reports*: *China*, *1911–1941*, ProQuest History Vault, https://congressional. proquest.com/histvault? q=002825-002-0756&accountid=15157 (accessed November 12, 2020).

斯诺的报道引发了英美对中共军事实力的观察。卡尔逊的晋察冀和延安之行，兼具私人访问和官方情报搜集的双重目的。卡尔逊在根据地时与罗斯福保持通信往来，向罗斯福汇报根据地的见闻。① 除此之外，他也向直属部门美国海军部汇报情况。1938 年 3 月 23 日，在第一次根据地之行结束后，他向海军部提交了一份《关于中国西北部军事活动的报告》，明确地指出他的红区之行有四个目标：(1)获得一手信息以评估中国共产党及其军事武器、在未来八路军对中国可能产生的影响；(2)获取有关第八路军在对日军作战中使用的"游击"战术的可靠情报；(3)了解日军的组织战术和作战效果；(4)获取中苏西北交通线的情报。② 从该报告的结论来看，这项政治性调查已经实现其目标。卡尔逊认为中国民众的爱国心和抗日热情被极大地激发，八路军的抵抗模式如果推广至所有日军已经或可能入侵的地区，将有效阻止日军的扩张并延续战争，这能让中国政府有充裕的时间培养力量组织反击。同时，在持久作战下，日本的国力也会每况愈下。卡尔逊还认为，战争结束后中国共产党的力量将迅速提高。但出于维护统一战线的目的，中国共产党目前没有试图壮大他们的力量，因为他们确信为了打败日本，维持统一战线是必要的，他们对统一战线的忠诚度很高。③

英国方面也在搜集有关中共的军事情报。1938 年 4 月，林迈可冀中行结束后，向北京领事馆交了一份介绍中共抗日的报告。领事馆官员杨（Young）

① 双方并没有直接的通信往来，卡尔逊对中共的观察均通过罗斯福总统的秘书莱汉德小姐（Lehand）提交给了罗斯福总统。见吕彤玲主编，武云编：《卡尔逊与罗斯福谈中国：1937—1945》，上海远东出版社 2017 年版。

② "A Report on the Military Activities in the Northwest of China with Especial Regard to the Organization and Tactics of the Chinese Eight Route Army(Ex-Communist)", March 23, 1938, *U.S. Military Intelligence Reports*: *Japan*, *1918 - 1941*, ProQuest History Vault, https://congressional. proquest. com/histvault? q=003011-010-0327&accountid=15157(accessed November 11, 2020).

③ "A Report on the Military Activities in the Northwest of China with Especial Regard to the Organization and Tactics of the Chinese Eight Route Army(Ex-Communist)", March 23, 1938, *U.S. Military Intelligence Reports*: *Japan*, *1918 - 1941*, ProQuest History Vault, https://congressional. proquest. com/histvault? q=003011-010-0327&accountid=15157(accessed November 11, 2020).

依据报告、结合新闻和自己的观察，向英国政府汇报了中共的抗战成绩，"在河北、山西，日本仅仅占领大城镇和铁路线，有时候可能连这也无法控制，山东的情况也是如此"，广大地区由游击队控制。①

（三）舆论与政府之间的互动：皖南事变后英美对斯诺报道的反应

在皖南事变爆发前，英美政府已经关注到"统一战线"的裂痕。1939 年 10 月 31 日，美国驻华大使约翰逊在给国务卿的信中指出："交通部副部长彭学沛说，为了构建一个民主政府，……一旦共产党对政府造成威胁，在抗日战争结束后政府就要消灭她。"约翰逊哀叹道："令人不安的是，彭学沛似乎预见到，在敌对行动结束后，共产党的'威胁'将被强行消除。很难想象，在埃德加·斯诺的《红星照耀中国》在美国的政府和军队之间广受欢迎时，中国会重新爆发内战。这只能让外国舆论更加疏远中国政府。"②英国政府也呼吁维持统一战线。1939 年 11 月，斯诺发表在《新共和》杂志上的《中国岌岌可危的团结》一文，报道了中国的统一战线情况，担忧中国可能会爆发内战。该报道引起了外交官们的关注。驻英国大使克拉尔·卡尔（Archibald Clark Kerr）在文件备忘录中指出，斯诺发表的文章让"我们现在更清楚国共之间的差异，以及《美亚》上确凿的报道"③。

皖南事变爆发，国共统一战线岌岌可危。斯诺等记者的报道给英美政府施加了压力。周恩来也积极通过在重庆的外国代表和记者，向蒋介石施压。1941

---

① "Mr. Young to Viscount Halifax", May 20, 1938, FO 371/22155, The U.K. National Archives.

② "The Ambassador in China(Johnson)to the Secretary of State", October 31, 1939, Department of State, *Foreign Relations of the United States*: *Diplomatic Papers*, *1939*, *Vol. 3*, *The Far East*, Washington: Government Printing Office, 1954, p.309.

③ "Internal Situation in China", November 27, 1939, FO 371/23477, The U.K. National Archives.《美亚》杂志上的报道指 1939 年 9 月的《中国人还要打中国人吗?》(Frederick V. Field, "Are Chinese Again Fighting Chinese", *Amerasia*, September 1939, pp.315-319)。

年1月23日,约翰逊在给国务卿的信中指出,在皖南事变中,中共的宣传工作非常有效,引起了舆论的反响。① 然而在此时,约翰逊还是选择听信蒋介石的解释,认为斯诺本来就是中国共产党的同情者。卡尔逊早在1940年11月29日就紧急向罗斯福总统汇报了中国的情况,他认为日本在努力破坏中国的统一,绕开国民党军队,集中火力攻打中共的军队。卡尔逊指出:"国共的分裂比那些报告预测的还要严重。共产党的政策,仍然是实现中国的民主化。证据显示,亲日力量壮大,但越来越多的证据表明日本不可能占领中国。"他指出如果统一战线被破坏,美国将直接面对日本的压力,因此必须通过外力迫使国民政府坚持统一战线。为此,卡尔逊建议"以贷款为条件,要求国民政府公开宣誓拥护统一战线"。② 据王安娜回忆,1941年1月,卡尔逊回到美国,向罗斯福提供了皖南事变的一手消息。③ 斯诺夫妇的另一位好友,英国记者贝特兰正在重庆,担任英国使馆的新闻参赞,他向英国大使卡尔·克拉克转述了周恩来对皖南事变的态度。王安娜也向英国大使叙述了事件的真相,促成了克拉克与周恩来的会面。④ 外国记者努力的成效显著,后来约翰逊以及英、苏驻华大使纷纷要求蒋介石停止对抗,继续抗日。⑤ 1941年2月19日,蒋介石在日记中写下:"新四军问题,余波未平,美国因受共产党蛊惑,援华政策,几乎动摇。"⑥

----

① "The Ambassador in China(Johnson) to the Secretary of State", January 23, 1941, Department of State ed., *Foreign Relations of the United States*: *Diplomatic Papers*, *1941*, *Vol.5*, *The Far East*, Washington: Government Printing Office, 1956, pp.468–471.

② 吕彤玲主编,武云编:《卡尔逊与罗斯福谈中国:1937—1945》,上海远东出版社2017年版,第174—175页。

③ 〔德〕王安娜:《中国——我的第二故乡》,李良健、李希贤译,生活·读书·新知三联书店1980年版,第361页。王安娜,德国人,王炳南之妻。

④ 〔德〕王安娜:《中国——我的第二故乡》,李良健、李希贤译,生活·读书·新知三联书店1980年版,第361页。

⑤ "The Secretary of State to the Ambassador in China(Johnson)", March 13, 1941, Department of State ed., *Foreign Relations of the United States*: *Diplomatic Papers*, *1941*, *Vol.5*, *The Far East*, Washington: Government Printing Office, 1956, pp.490–491.

⑥ 引自蔡胜琦所编的关于蒋介石生平的《事略稿本》第45册(台北"国史馆"2010年版),第422页。

1941 年 12 月 8 日,太平洋战争爆发。面对日本的进攻,英美放弃了对日绥靖政策。中国战场的作战情况,直接影响太平洋战场上英美的压力。因此,维护国共之间的统一战线,促进国共合作,成为英美共识。较之前,英美政府更为关注中共的抗战。

1942 年 3 月,斯诺发表在《星期六晚邮报》上的《如何击溃日本》一文也受到了英国外交官员们的重视与讨论。斯诺在该文章中不仅讨论了英美在亚洲的战略,更引用中共的例子,主张发动亚洲人民抗击日本。在该文件的备忘录中,有的外交官认为“这是一份非常有趣并且思虑周全的文章”,有的则认为斯诺关于“人民战争”的想法不切实际。① 从 1942 年起,薛穆担任英国驻华大使后,开始向英国大量介绍中国共产党的情况。该年年底,英国驻华大使薛穆向英国外交部递交了首份关于陕甘宁边区的报告。该报告指出:“尽管缺乏武器装备和战略物资,但八路军士气高昂,不放弃任何打击日军的机会。中共确实在全心全意为人民服务。”②英国国内围绕在华外交官和学者们的报告展开讨论,对中共产生了好感。③ 1945 年初,斯诺发表的《苏联对日本有仇要报》再次引起了英国的关注,然而其关注点在于苏联是否会利用参与中国战场而干预中国事务。④ 虽然斯诺在文中对苏联的介入抱一种乐观态度,但是对于此时的英国而言,既担心苏联关于对日宣战而狮子大开口,又担心苏联和中共加深关系。同年,薛穆在提交的报告中回应了英国的担忧,指出:“恰当地说,虽然中共发端于苏联的正统共产主义,并以共产主义为奋斗目标,但当前中共的运动是独特的。就目前来看,它没有外界援助,也不受外界干涉和控

---

① "The Progress of the War in the East:Mobilisation of and Cooperation with Asiatic Peoples", May 8,1942,FO 371/31816,The U.K. National Archives.

② "Sir. H. Seymour to Mr. Eden",December 29,1942,FO 371/35777,The U.K. National Archives.

③ 李世安:《太平洋战争时期的中英关系》,中国社会科学出版社 1994 年版,第 111—113 页。

④ "Sunday Express",April 8,1945,FO 371/46462,The U.K. National Archives.

制,已经成为一个强大的中国产物。"①这一论断与斯诺以及其他的中国通观点一致。

在美国也有同样的反响。在重庆的外国记者多次公开批评国民政府消极抗日,引起了国民政府的不满,一些外国记者被驱逐,或被取消护照、停发经费,斯诺在被驱逐之列。但时任美国驻华大使高斯认为,记者们批评国民政府是有好处的,"如果仔细观察美国媒体对中国事务的评论,有时候会有积极的效果;在任何时候,这样的评论都不会削弱美国在华地位"②。在美国政府层面,斯诺曾向罗斯福直接表达了希望美国促进国共合作避免内战的想法,罗斯福对此也给予了积极回应。1944年,斯诺与罗斯福第二次会面时,斯诺介绍了中国的作战情况。罗斯福指出,他已在开罗会议期间向蒋介石施压,希望国民党与共产党合作抗日,美国也将在延安派驻常驻人员。③ 在一定程度上,斯诺等人的舆论推动了1944年美军观察组访问延安,开启了中共和美国的正式交往。

总之,皖南事变前后直至太平洋战争爆发,英美并未对日本宣战,还处于绥靖政策的高潮,他们对中共的关注,是希望中国合作抗日能有效地拖延日本南进速度。太平洋战争爆发之后,国民党的消极抗战逐渐引起了英美的不满。他们对中共的关注则出于中国战场能否在盟军作战中起到应有的作用。除此之外,中苏关系也成为英美考察中共的原因之一。

值得注意的是,美、英政府并非仅仅收集那些同情中共的言论,后续的历史说明,美、英从来没有完全倒向中共。他们对中共的观察是基于远东战场的

---

① "Seymour to Bevin", October 25, 1945, N 15123/ 10674/38. Anthony Best ed., *British Documents on Foreign Affairs: Reports and Papers from the Foreign Office Confidential Print. Part III, Series E, Asia, Vol.8*, New York: Publication of America, 1997, p.351.

② "The Ambassador in China(Gauss) to the Secretary of State", October 21, 1942, Department of State ed., *Foreign Relations of the United States: Diplomatic Papers, 1942, China*, Washington: Government Printing Office, 1956, pp.167–168.

③ Edgar Snow, *Random Notes on Red China, 1936–1945*, Cambridge, East Asian Research Center, Harvard University, 1968, pp.126–127.

考虑,即中共是否具有与国民党一起抗日的能力,是否能让中国战场有效地配合"先欧后亚"战略。战时在伦敦或华盛顿制定外交政策的官员,与驻华外交官、新闻记者群体在对中国国情的认知上存在很大差异,这些远离中国的官员虽通过各种渠道了解中国和中共的信息,但是他们仍然保持着高高在上的态度,忽视中国的国情,并且对共产主义敌视。例如,1944 年赫尔利的计划中明确要求,对中共的援助以中共及其军队从属于国民党领导的政府为前提。[①]即使他们担忧中国被日本侵略,但考虑的是"保证帝国主义列强互相自由竞争的国际俱乐部的制度"[②]是否遭到了破坏。回顾在华的外国人士与英美政府的观点,可以发现二者在立足点上有存在根本性差别。在华盛顿或者伦敦的官员们很难理解那些中共观察员的"亲中共"的态度,因此,当战后开始讨论"谁丢失了中国"时,他们无法接受中国政治的必然走向,总是用一种二元对立的模式看待中国问题。

结　　语

综上所述,从主观层面来看,斯诺访问苏区和抗日根据地,缘起于斯诺对中国命运和中国革命的关情。从客观层面来看,在世界局势改变和日本侵华加剧的背景下,中共政策进行大调整,需要外界的客观报道。因此,斯诺得以成行。斯诺对战时中共的宣传集中在三个层面:中国的形象、统一战线和中共抗战。在斯诺笔下,这三者是紧密相连、缺一不可的。他引发的战时集体"亲共"的叙述模式,究其原因,正是这些外国人士通过实际调研得出的对中国的现状和未来的思考,而并非"亲共"导致这样的叙述。在他们笔

---

① Tang Tsou, *America's Failure in China*, *1941 - 1950*, Chicago and London:University of Chicago Press,1963,p.179.

② Jack Beldon,*China Shakes the World*,New York and London:Monthly Review Press,1970, p.xi.

下,中共是民主的、平等的,中共的抗日战略非常有效,在极其艰难的情况下仍能有效地打击日本。斯诺的宣传也成为英美政府的信息来源,促使英美政府重新认识中共,并适当调整政策。简言之,斯诺在国际上不断发声,使得国际上对中国的抗战、中共的统一战线有较正面的认识,并以此为基础促使国外对华援助。更重要的是,斯诺及相关人士对中共的考察,以其真实性再现了中共敌后战场抗战的人民战争特点,使中共抗战的影响传播到了全世界。

附表:1937—1939 年到达延安或其他抗日根据地的外国人一览表①

姓名	国籍	职业	时间	目的地	作品或贡献
埃德加·斯诺 (Edgar Snow)	美国	记者	1936.07—1936.10	延安	*Red Star Over China &* *Battle for Asia*
			1939.09	延安	
马海德 (George Hatem)	美国	医生	1937.07	延安	*Ma Haide: The Saga of* *American & Doctor Geo-* *rge Hatem inChina*
史沫特莱 (Agnes Smedley)	美国	美国共产 党员,记者	1937.01—1937.09	延安	*Battle Hymn of China &* *China Fights Back*
			1937.10—1938.01	晋察冀	
维克托·基恩 (Victor Keene)	美国	记者	1937 年春	延安	/
厄尔·利夫 (Earl Leaf)	美国	记者	1937 年 3 月底(1 天)	延安	/
哈里·邓纳姆 (Harry Dunham)	美国	摄影师	1937.04	云阳(红军 前线)	/
海伦·斯诺 (Helen Foster Snow)	美国	记者	1937.04.30—1937.09.07	延安	*My Yenan Notebooks &* *Inside Red China*

① 表格内容来自 Margaret Stanley, *Foreigners in Areas of China Under Communist Jurisdiction Before 1949: Biographical Notes and a Comprehensive Bibliography of Yenan Hui*, Lawrence: The University of Kansas, Center for East Asian, 1987。需说明的是:1. 所列仅为 1937—1939 年到达延安或其他抗日根据地的外国人统计,共 37 人。中文姓名为常用译名。还有一些人如协助海伦等人前往根据地的外国司机,没有计入统计范围。2. 史丹利在文中并没有全部标明这些外国人士来访的确切时间,笔者根据来访者的作品尽可能将时间具体化。3. 作品或贡献栏中斜体英文为他们书写的关于根据地影响较大的专著,厄尔·利夫等人返回后均有文章发表,本表没有收录。

续表

姓　名	国籍	职　业	时　间	目的地	作品或贡献
托马斯·毕森 (T.A.Bisson)	美国	美国外交政策协会远东问题专家	1937.06.21—1937.06.24	延安	*Yenan in June 1937: Talks with the Communist Leaders*
欧文·拉铁摩尔 (Owen Lattimore)	美国	《太平洋事务》主编	1937.06.21—1937.06.24	延安	*China Memoirs*
菲利普·贾菲(其妻子艾格尼丝·贾菲随行)(Philip Jacob Jaffe)	美国	《美亚》主编	1937.06.21—1937.06.24	延安	*New Frontiers InAsia: A Challenge to the West*
哈里森·福尔曼 (Harrison Forman)	美国	记者	1937.07.08	晋西北革命根据地	*Report from Red China & Changing China*
詹姆斯·贝特兰 (James Bertram)	英国(新西兰)	记者	1937.10	延安	*North China front Crisis in China*
安娜·王 (Anneliese Marten)	德国	王炳南之妻	1937 春夏	延安	/
埃文斯·福代斯·卡尔逊 (Evans F.Carlson)	美国	美国海军军官	1937.12—1938.03	晋察冀—晋西北	*Twin Stars of China*
			1938.05—1938.08	延安—晋西北—晋察冀	
斯特朗 (Anna Louise Strong)	美国	记者	1938.01	晋察冀	*One-Fifth Mankind China Fights for Freedom*
Frances Roots Good-Will Group(5 人)	多国	传教士	1938.02.06	晋察冀	弗兰茨(为汉口圣公会主教鲁茨之女)为晋察冀根据地带去了在汉口募集的物资
霍尔多·汉森① (Haldore Hanson)	美国	记者	1938.05—1938.09	晋察冀(冀中—晋北)	*Humane Endeavour*
白求恩 (Norman Bethune)	加拿大	加拿大共产党员，医生	1938.03.31—1939.11.11	延安—晋西北—晋察冀	抢救八路军伤员时感染了，1939 年 11 月因败血症去世

① 霍尔多·汉森前往延安之前，在 1937 年 4 月走访了前中华苏维埃治下江西南部地区，认为中共在江西的政策适用于农民(the pertinent communist medicine)。见"Chinese Farmers' Plight: Oppressed Peasants'-Financing Measures Bring Them to Eventual Bankruptcy", *The North-China Herald*, July 7, 1937, p.37.

姓名	国籍	职业	时间	目的地	作品或贡献
理查德·布朗（Richard Brown）	加拿大	（传教）医生	1938.04.17—1938.07.13	延安—晋西北—晋察冀	与白求恩医生并肩作战,离开根据地后继续给根据地等集医疗物资
琼·伊文（Jean Ewen）	加拿大	护士	1938.03.31—1939.06	延安—晋绥—苏皖边区	与白求恩医生并肩作战,战后出版著作 *China Nurse*
汉斯·米勒（Hans Mueller）	德国	医生	1939.09	延安	/
杰克·贝尔登（Jack Belden）	美国	作家	1939	新四军	*China Shakes the World*
白修德（Theodore Harold White）	美国	记者、国民政府顾问	1939 年秋	晋察冀（晋南）	*Thunder Out of China*
林迈可（Michael Lindsay）	英国	英贵族、燕京大学教授	1938.04	晋察冀（冀中）	*The Unknown War—North China*,1941-1946
			1938 年夏	晋察冀（冀中—晋北）	
克莱顿·米莱尔（Clayton Miller）	美国	学生	1938 年春	晋察冀（冀中）	/
乔治·泰勒（George E.Taylor）	美国	燕京大学教授	1938 年夏	晋察冀（冀中—晋北）	/
印度援助医疗队伍（5 人）柯棣华、爱德华、卓克华、木克华、巴苏华	印度	医生	1939.02	延安	柯棣华接替白求恩的工作,后在华牺牲
路易·艾黎（Rewi Alley）	英国（新西兰）	工合发起者	1939	延安	*The Story of George Hogg & Gung HO*
乔治·何克（George Hogg）	英国	工合秘书	1938.06	延安	*I See A New China*
			1939	晋察冀	
汉斯·希伯（Hans Hippe）	德国	记者/国际主义战士	1938 年春	延安	在华牺牲《战斗在中华大地》
			1939	苏皖边区	

第五章

卡尔逊对中共华北敌后根据地的观察及认知

▲卡尔逊于1937年12月从中国寄给莱汉德信件的信封（美国罗斯福总统图书馆藏）。

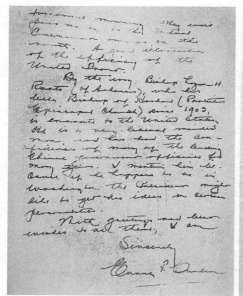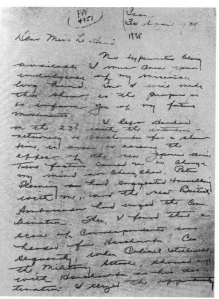

▲卡尔逊致莱汉德的信件手稿,1938年(美国罗斯福总统图书馆藏)。

　　卡尔逊提及在根据地的艰苦条件下没有打字机,但所见所闻又令他极为振奋,故等不到回汉口,他就迫不及待地给莱汉德写下了自己的感受。卡尔逊认为,中共是"所谓的共产党",他们有坚定不移的抗战信念,有清晰明确的抗战纲领。八路军具有战术优势和巨大潜力,以及广泛的群众基础。卡尔逊提醒美国高层,应充分认识中共的力量并与之建立联系。

埃文斯·福代斯·卡尔逊（Evans Fordyce Carlson）是第一位考察中共抗日根据地的美国军官，也是1944年迪克西使团到达延安之前唯一一访问过延安的美国军官。1927年2月，卡尔逊跟随美国海军第四陆战队首次来到中国。8月，陆战队组建了情报部，卡尔逊成为情报官。1929年9月，卡尔逊离开中国。1933年3月，卡尔逊第二次来到中国，担任北平美国公使馆卫队副官。①在华期间，卡尔逊对中国文化及政治产生了浓厚兴趣。1935年，卡尔逊回到美国，成为查尔斯·H.莱曼（Charles H.Lyman）将军的随从参谋，同时他还进修了华盛顿大学的国际法与国际关系学课程。这时，卡尔逊已展露出对中国乃至东亚政局的睿智思考。②

1935年秋，卡尔逊调任佐治亚州的罗斯福温泉公馆，奉命组织一支海军陆战分遣队，负责公馆卫戍安全。从这时起，他与罗斯福建立了深厚的私人友谊。尽管身在美国，但"卡尔逊脑海里只有中国，言谈总围绕着中国，他迫切希望能尽快重返中国"③。1937年春，卡尔逊终于获准再次前往中国。④ 7月31日，卡尔逊从西雅图出发，经日本横滨、神户等地抵达中国，开始了他第三次，也是最重要的一次中国之旅。8月18日，卡尔逊乘坐的"麦金利总统"号（S.S.

---

① Kenneth E.Shewmake，*American and Chinese Communists*，*1927-1945*，Ithaca：Cornell University Press，1971.

② Kenneth E.Shewmake，"The American Liberal Dream，Evans F.Carlson and Chinese Communists"，*Pacific Historical Review*，Vol.38，No.2，1969，pp.207-216.

③ Michael Blankfort，*The Big Yankee*：*The Life of Carlson of the Raiders*，Boston：Little，Brown and Company，1947，p.10.

④ Michael Blankfort，*The Big Yankee*：*The Life of Carlson of the Raiders*，Boston：Little，Brown and Company，1947，p.173.

President McKinley）战舰航行至上海附近的长江水面。这时淞沪会战刚刚爆发，卡尔逊看到"停靠在港口的船舶全部悬挂着日本太阳旗"①。驶入黄浦江时，他又目睹了日本轰炸机炸毁了上海市中心政府大楼。卡尔逊此行的初衷是去北平系统学习中文，然而诚如他自己所说："命运之手翻云覆雨，我的方向就此改变。"②卡尔逊进入美国驻上海的海军武官处工作。海军陆战队少校爱德华·哈根（Edward Hagen）交给他一项任务，考察交战双方尤其是中国军队。

在卡尔逊启程前，罗斯福曾要求自己的秘书玛格丽特·莱汉德（Margaret LeHand）安排其与卡尔逊见面。7月21日，罗斯福会见卡尔逊并安排给他一项特殊任务——随时直接向白宫写信报告他在中国的见闻。卡尔逊遵从了罗斯福的要求。他写的信件一般以莱汉德为收信人，由她转呈罗斯福。这些通信开始于1937年8月14日，至1945年3月25日③结束，时间跨度几乎贯穿中国全民族抗战时期。罗斯福对卡尔逊的汇报非常感兴趣，曾多次授意莱汉德转达自己对其的重视。1937年10月21日，莱汉德转告卡尔逊："我简直难以言表，我们对你的来信有多么感兴趣！总统先生希望你继续写下去。"④1939年1月12日，罗斯福亲自告诉莱汉德，让她写一封"友好的短笺"给卡尔逊。⑤次日，莱汉德致信卡尔逊："总统先生非常欣赏您1月1日的来信，并让我转告您，他对您留在海军陆战队工作十分欣慰。"⑥

---

① Evans Fordyce Carlson, *Twin Stars of China：A Behind-the-Scenes Story of China's Valiant Struggle for Existence by a U.S.Marine Who Lived & Moved with the People*，Beijing：Foreign Language Press，p.1.

② Evans Fordyce Carlson：*Twin Stars of China：A Behind-the-Scenes Story of China's Valiant Struggle for Existence by a U.S.Marine Who Lived & Moved with the People*，Beijing：Foreign Language Press，p.2

③ 罗斯福于1945年4月12日去世。

④ "October 21st,1937，LeHand to Captain Evans F.Carlson"，*President's Personal File 4951*，*Carlson*，*Captain Evans F.*，NARA，Franklin D.Roosevelt Presidential Library.

⑤ "January 12th,1939，F.D.R.to Missy（即莱汉德）"，*President's Personal File 4951*，*Carlson*，*Captain Evans F.*，NARA，Franklin D.Roosevelt Presidential Library.

⑥ "January 13th,1939，LeHand to Captain Evans F.Carlson"，*President's Personal File 4951*，*Carlson*，*Captain Evans F.*，NARA，Franklin D.Roosevelt Presidential Library.

在这段时间,卡尔逊曾前后两次去往中共华北敌后根据地,身临其境的观察改变了卡尔逊既往对中共的成见。1927 年,"四一二"及"七一五"政变发生时,卡尔逊恰好就在上海。据卡尔逊 1940 年接受海伦·福斯特·斯诺(Helen Foster Snow)采访时的自述,他当时"对国民党的宣传深信不疑",认为共产党"是些反对合法当局的叛民。中国的政治看上去一团糟,……江西的共产党人是一群土匪"。① 但随着调查的深入,卡尔逊的偏见彻底消除了。他在信中详细介绍了自己在敌后的所见所闻;对中共的政党组织、战略纲领,以及八路军的军队建设和战斗情况表示肯定和称赞;建议罗斯福加强同中共的联系,以期未来建立合作。

然而,对中共及八路军的积极态度给卡尔逊招致了不公平待遇,他毅然辞去了在海军部的工作。尽管如此,卡尔逊对敌后战场的情愫并未终结,他在多种场合发表有关中国抗战的演讲,向美国民众宣传真实、全面的中国抗战。② 卡尔逊还将自己在华北敌后的观察记录加以整理,出版了《中国的军队:它的组织与效能》(*The Chinese Army:Its Organization and Military Efficiency*)③和《中国的双星》(*Twin Stars of China*)两部著作。④ 1940 年夏,卡尔逊以独立观察员

① 舒暲、赵岳编著:《太阳正在升起——卡尔逊亲历的中国抗战》,北京出版社 2016 年版,第 7 页。

② "9 March,1940,Memorandum,Evans F.Carlson to F.D.R,Playmouth,Connecticut",*President's Personal File 4951*,*Carlson*,*Captain Evans F.*,NARA,Franklin D.Roosevelt Presidential Library.在这封备忘录中,卡尔逊表明自己近来在波士顿、纽约等地关于"日本军事目标""中国抗战能力"等问题做过数场演讲。"27 May,1940,Evans F.Carlson to LeHand,Playmouth,Connecticut",*President's Personal File 4951*,*Carlson*,*Captain Evans F.*,NARA,Franklin D.Roosevelt Presidential Library.在这封信中,卡尔逊表示《中国的双星》即将完稿,自己将去加州奥克兰进行数场演讲。

③ Evans Fordyce Carlson,*The Chinese Army:Its Organization and Military Efficiency*,Institute of Public Relations,1940.

④ "9 March,1940,Carlson to LeHand,Playmouth,Connecticut",*President's Personal File 4951*,*Carlson*,*Captain Evans F.*,NARA,Franklin D.Roosevelt Presidential Library.在这封信中,卡尔逊表示自己将在接下来的 3 个月完成一本书。"11 July,1940,Carlson to LeHand",*President's Personal File 4951*,*Carlson*,*Captain Evans F.*,NARA,Franklin D.Roosevelt Presidential Library.在这封信中,卡尔逊表示《中国的双星》将于 9 月出版,自己委托出版社寄给她两本,并请求她呈送一本给罗斯福。

的身份重返中国,考察工业合作社。① 他还去往皖南的新四军控制区考察那里的合作社。但由于时间较短且关注点不同,卡尔逊关于新四军的记录并不如他对华北根据地的记录那样翔实丰富。卡尔逊对中共敌后战场的观察和认知主要体现在以下几个方面。

一、中共有坚定不移的抗战信念

1937 年 11 月 1 日,卡尔逊在上海写下了他在中国的第一封信,概述了华北的局势:"华北似乎已完全沦陷于日军铁骑下,但山西的形势使持久战成为可能。八路军的力量开始彰显,……朱德率领部队前进时,也不断动员组织群众。他们的宣传部门注重教化民众仇恨日本,向人们灌输死战到底的信念。八路军所处的位置可以威胁绥远、山西两地日军的交通线。"②11 月 7 日,卡尔逊正式向罗斯福表达了自己想前往华北的计划:"我希望能去山西考察八路军。这支部队一直在坚持不懈地袭击日军的交通线……我知道,他们在进军中是用政治手段来整合、组织民众。我希望能通过埃德加·斯诺的引荐去那里,好好地观察一下日本人如何应对游击战。"③

同年 11 月 29 日,卡尔逊踏上了北去的旅途。在南京开往汉口的"武昌号"轮船上,他写信给莱汉德:"我将从汉口北上去西安,再继续向北前往延

---

① "17 March,1939,Evans F.Carlson to Miss LeHand,Fleet Marine Force,San Diego,California", *President's Personal File 4951,Carlson,Captain Evans F.*, NARA, Franklin D. Roosevelt Presidential Library.在这封信中,卡尔逊表达了自己重返中国的意愿。"9 March,1940,Evans F. Carlson,Memorandum,Evans F. Carlson to F.D.R, Playmouth, Connecticut", *President's Personal File 4951,Carlson,Captain Evans F.*,NARA,Franklin D.Roosevelt Presidential Library.在这封备忘录中,卡尔逊表示自己计划在当年七八月重返中国。

② "1 November,1937,Evans F.Carlson to Miss LeHand,American Club,Shanghai", *President's Personal File 4951,Carlson,Captain Evans F.*,NARA,Franklin D.Roosevelt Presidential Library.

③ "7 November,1937,Evans F.Carlson to Miss LeHand,American Club,Shanghai", *President's Personal File 4951,Carlson,Captain Evans F.*,NARA,Franklin D.Roosevelt Presidential Library.

安,那是陕北'所谓的'中国共产党(So-called Chinese Communist)的首府所在。我希望沿着交通线去山西北部的八路军前线。"①接下来,卡尔逊取道汉口、郑州,抵达西安,先会见了八路军办事处代表伍云甫。伍云甫告诉卡尔逊,他需要向毛泽东请示,才能决定卡尔逊能否前往山西。12月10日,毛泽东的批示刚刚下达,卡尔逊就迫不及待地登上了开往潼关的火车。多年后,卡尔逊回忆此情仍难掩激动,他在《中国的双星》中写道:"伟大的大探险开始了!"②

　　在"口琴与匕首"③的敌后漫游中,卡尔逊首先发现,中共有坚定不移的抗战信念。12月12日,卡尔逊终于来到八路军总部,见到了朱德。这里也是卡尔逊敌后观察的第一站。朱德给卡尔逊留下了极好的印象:"没有哪张摄影能真正反映他的神采,因为静态照片描绘不出面部表情所流出的,他内心深处的善良与同情心。"④在写给罗斯福的信中,卡尔逊也毫不掩饰自己对朱德的好感:"朱德亲切和蔼、率真诚恳,实干有为。他为人谦逊低调,但处理军事问题则当机立断。"⑤卡尔逊甚至评价朱德有罗伯特·E.李式的温良,亚布拉罕·林肯(Abraham Lincoln)式的谦卑,以及U.S.格兰特式的坚韧。⑥

---

①　"29 November,1937,Evans F.Carlson to Miss LeHand,S.S.Tuck Wo,Enroute from Nanking to Hankow",*President's Personal File 4951*,*Carlson*,*Captain Evans F.*,NARA,Franklin D.Roosevelt Presidential Library.

②　Evans Fordyce Carlson,*Twin Stars of China*:*A Behind-the-Scenes Story of China's Valiant Struggle for Existence by a U.S.Marine who Lived & Moved with the People*,Beijing:Foreign Language Press,p.50.

③　曾德厚:《口琴与匕首——卡尔逊传》,中国青年出版社1991年版。

④　Evans Fordyce Carlson,*Twin Stars of China*:*A Behind-the-Scenes Story of China's Valiant Struggle for Existence by a U.S.Marine who Lived & Moved with the People*,Beijing:Foreign Language Press,p.56.

⑤　"24 December,1937,Evans F.Carlson to Miss LeHand,Somewhere in Shansi,With the 8th Route Army",*President's Personal File 4951*,*Carlson*,*Captain Evans F.*,NARA,Franklin D.Roosevelt Presidential Library.

⑥　Evans Fordyce Carlson,*Twin Stars of China*:*A Behind-the-Scenes Story of China's Valiant Struggle for Existence by a U.S.Marine who Lived & Moved with the People*,Beijing:Foreign Language Press,p.57.

一见到朱德,卡尔逊就迫不及待地问:"你们抗击日本侵略的根基是什么?"这一问题引发了一阵哄堂大笑。卡尔逊意识到,自己的问题在这些人看来,答案昭然若揭——"他们是为民族生存而战"①。他随即询问八路军具体的作战规划。对此,朱德回答道:"我们有着基本的战略方针,那就是我们坚信,动员、发展全民参与抗战,能最大限度地抵消日本在现代化武器装备及军队组织方面的优势。这便意味着,每一个男人、女人,甚至是儿童,都必须要矢志不渝地抱定牺牲到底的决心,无论这场苦战将会多么惨烈,也无论它将持续多久。"②

不仅领导人有坚持抗战的信念,普通士兵也有同样的热情。卡尔逊在八路军总部遇到了史沫特莱,和她有过多次交谈。有趣的是,史沫特莱最初对卡尔逊极为冷淡,以为他是"美国海军陆战队派来的军事间谍"③。但在明晓了卡尔逊的来意后,他们很快便建立起深厚的友谊。史沫特莱向卡尔逊讲述了她所亲历的一次八路军作战:"一路日军从东部沿着正太铁路攻入山西。为了在敌人到来之前跨过铁路,我们一天之内由北向此疾行了四五十英里。殿后部队同敌人交火,拖住了他们,直到我们最后一批驼队越过铁路。但我们却未能携带足够的补给,我们行军经过的村落也早已被洗劫一空。战士们把皮带扎得更紧些,拖着沉重的脚步完成了第二天的 50 英里行军。我永远也不会忘记他们憔悴的面容和坚毅的神情。"讲到这里时,卡尔逊注意到,史沫特莱的声音中充满哀伤:"伤员们没有麻醉药,绷带奇缺。民众们临时拼凑出门板

---

① Evans Fordyce Carlson, *Twin Stars of China: A Behind-the-Scenes Story of China's Valiant Struggle for Existence by a U.S. Marine who Lived & Moved with the People*, Beijing: Foreign Language Press, p.65.

② Evans Fordyce Carlson, *Twin Stars of China: A Behind-the-Scenes Story of China's Valiant Struggle for Existence by a U.S. Marine who Lived & Moved with the People*, Beijing: Foreign Language Press, p.66.

③ Michael Blankfort, *The Big Yankee: The Life of Carlson of the Raiders*, Boston: Little, Brown and Company, 1947, p.205.

和毯子搭成担架,抬着他们同部队一道转移。"①史沫特莱还邀请卡尔逊一起观看了丁玲的战地服务团演出,其中一个节目是众人合唱《游击队之歌》,嘹亮的歌声与欢快的音节给卡尔逊留下了深刻印象,卡尔逊听出了"生机盎然的活力与矢志不渝的信念"。在此后的旅途中,卡尔逊曾一次又一次听到类似的爱国歌曲:"它们火借风势、风助火威般,在全国各地轰轰烈烈地流传开来。每回听到,我都会联想到在八路军总部遇到的那些诚挚的人们。"②

更令卡尔逊叹服的是中共在军队中关于"牺牲"与"服务"的思想教育。在给莱汉德的信中,卡尔逊写道:"他们从一开始就谆谆教诲士兵们,要有乐于献身的精神。……目的就是要培养服务国家的强烈热忱。军队领导人鼓舞士兵,反复向他们解释当前的形势,告诉他们军队为什么要采取某种行动。……所以,他们对战局有着清醒的认知。长官会明白地告知他们胜算有几分,一旦失败又会有什么后果。这样,军队中就会建立起一种强烈的互信与理解,以及强烈的服务意愿。"在卡尔逊看来,"正是这样的信念使得中共武装能抵抗比它强大的国民党军队十年之久,也正是这样的信念使得中共武装成为全中国唯一能战胜日军的部队。"③

卡尔逊承认:"在这么短时间内得出这样的结论也许有些草率,毕竟我在这里仅仅停留了两周。"尽管如此,卡尔逊还是如实反映了他的真实感受:"中国共产党会竭尽全力维护抗日民族统一战线,并愿意为此作出任何让步与牺

---

① Evans Fordyce Carlson, *Twin Stars of China: A Behind-the-Scenes Story of China's Valiant Struggle for Existence by a U.S. Marine Who Lived & Moved with the People*, Beijing: Foreign Language Press, p.62.

② Evans Fordyce Carlson, *Twin Stars of China: A Behind-the-Scenes Story of China's Valiant Struggle for Existence by a U.S. Marine Who Lived & Moved with the People*, Beijing: Foreign Language Press, p.67.

③ "24 December, 1937, Evans F. Carlson to Miss LeHand, Somewhere in Shansi, With the 8th Route Army", *President's Personal File 4951*, *Carlson, Captain Evans F.*, NARA, Franklin D. Roosevelt Presidential Library.

性。假使中国其他政治派系停止了抵抗,中共也会孤军奋战,将抗日进行到底。我本人对此深信不疑。"1938 年 3 月 4 日,在观察了五台山的根据地后,卡尔逊又给莱汉德写了一封 7 页的长信,再次强调了自己的观点:"我确信,即便是中央政府决定对日妥协,中共武装力量也会坚持抗战。他们也许会在短时间内容忍日本占领满洲里,但归根结底,他们一定会同日军血战到底,直到全部牺牲,或是直到将侵华日寇全部赶出中国领土。"①

二、八路军具有战术优势和巨大潜力

敌后的独特的氛围深深吸引着卡尔逊,他渴望更进一步深入敌后,去近距离观察八路军的作战。他急于弄清楚,八路军是如何在物资如此匮乏的条件下,在华北地区"支撑着一条虽界限模糊,但面积却非常广大的战线"②。史沫特莱在第二次见面时便鼓励卡尔逊前往五台山:"你一定要去五台山,八路军在那里干了一番了不起的事业。那一带是山区,深陷日军的重重包围。朱德派聂荣臻在那里坚守并组织抵抗。"史沫特莱一席话令卡尔逊激动难耐,他当即对朱德提出了前往敌后根据地的请求。但出于安全考虑,朱德并未立刻同意。为打消朱德的顾虑,卡尔逊写信给汉口的约翰逊大使:"我就要到前线去了,这是我坚决违背朱德总司令的建议,自己强烈要求的。假如我受伤甚或遇难了,我希望说明,千万不要对八路军和中国政府加以任何责难。"③卡尔逊将这封信交给朱德,委托他交给约翰逊。朱德被卡尔逊的诚意打动了,最终答应

---

① "4 March, 1938, Evans F. Carlson to LeHand, American Embassy, Hankow", *President's Personal File 4951, Carlson, Captain Evans F.*, NARA, Franklin D. Roosevelt Presidential Library.

② [美] 迈克尔·沙勒:《美国十字军在中国(1938—1945)》,郭济祖译,商务印书馆 1982 年版,第 24 页。

③ Evans Fordyce Carlson, *Twin Stars of China: A Behind-the-Scenes Story of China's Valiant Struggle for Existence by a U.S. Marine Who Lived & Moved with the People*, Beijing: Foreign Language Press, p.72.

了他的请求,并派周立波随行。① 之所以选择五台山,除史沫特莱的鼓励外,卡尔逊也有自己的考虑:"八股日军从东部和南北部压来,意图攻入五台山。然而这正是我要求前往那里的主要原因,我想看八路军是如何作战的。去五台山至少需要两次跨越日军封锁线,我更有机会亲眼看到他们的战斗行动。"②12 月 26 日,卡尔逊随同护送医疗用品的巡逻队开拔,前往五台山。他们计划将向东北方行进约二百英里,经过刘伯承率领的一二九师师部,越过日本人占领的正太铁路,进入五台山地区。

卡尔逊获准成行的这一天恰逢平安夜,他在给莱汉德的信中兴奋地写道:"我迫切想要跟随部队前往战场,我想看看这些领导人所说的理论如何付诸实践。……八路军的部队在晋察西北边界部署了三个师,向东南方向经五台山,一直延伸至河北西部。他们在日军背后及侧翼活动,在日军交通线两边来回穿梭。目前,活跃于五台山的部队正处于日军重围之下,此外还有八支日军小股力量从冀西向那里移动。但八路军像鳗鱼一样,在日军部队钻进钻出。"③卡尔逊还对八路军的"破袭战法"做出了形象设喻:"也许可以将切断交通线比作一群大黄蜂骚扰一头大象,不断进行突袭,随即又逃得无影无踪。它们在夜晚不断发起进攻,令对手无法休息。我相信日本军官的确在日记中抱怨过'八路军真是让我头疼'。"④

---

① 周立波在随行中坚持写日记,结束观察后,他出版了报告文学集《晋察冀边区印象记》(共 26 篇)及散文集《战地日记》。这些文章收录在《周立波文集》中。《周立波文集》(第 4 卷上辑),上海文艺出版社 1984 年版。

② Evans Fordyce Carlson, *Twin Stars of China: A Behind-the-Scenes Story of China's Valiant Struggle for Existence by a U.S. Marine Who Lived & Moved with the People*, Beijing: Foreign Language Press, p.73.

③ "24 December, 1937, Evans F. Carlson to LeHand, Somewhere in Shansi, With the 8th Route Army", *President's Personal File 4951*, *Carlson, Captain Evans F.*, NARA, Franklin D. Roosevelt Presidential Library.

④ "24 December, 1937, Evans F. Carlson to LeHand, Somewhere in Shansi, With the 8th Route Army", *President's Personal File 4951*, *Carlson, Captain Evans F.*, NARA, Franklin D. Roosevelt Presidential Library.

行进到第六天,卡尔逊一行人抵达沁县,见到了薄一波和刘伯承。刘伯承向卡尔逊介绍了一二九师所面临的军事形势:"最近,日军派出五路兵力前来,意图摧毁我的师部。我们的主力部队在和顺县附近的山里,敌军从西部、西北部、北部向我们压来。"尽管情况如此危急,但刘伯承还是率部击退了敌人一次又一次的进攻。卡尔逊记录了刘伯承同他分享的两场代表性战事。其一:"我们的一组部队设下埋伏,重创了其中一支 600 人的敌军。旋即,这组士兵又疾行 30 英里穿过和顺县,奇袭了第二支敌人。剩余三队敌人立刻纠集在一起,从正前方及侧翼向我方主力发起围攻。但那天晚上,我们只留下一个连的兵力在山上坚守战地,剩余主力全部迂回至敌人的侧翼及后方。破晓之后,我们和游击队联合行动,分别打击敌人的侧翼及后方。这场大获全胜为我们赢得了 50 匹马、数条步枪、几台电台、若干火药。"另一场战事更令人叫绝,刘伯承讲道:"我们更喜欢近距离攻击战,这样我们就可以充分发挥手榴弹的威力。一个月前,700 名日本士兵从太谷向我们驻地移动。我们密切地监视他们,直到他们到达一个山口,我们早已在这里道路的两边部署了一个营的兵力。我们用机枪和步枪发起第一轮火力攻击,日军用火炮回击,激战持续了整整一天。但是日本人看不到我们,我们分散开来,隐蔽得很好。他们丢下 90 具尸体逃走了,而我们无一伤亡。"[1]

到达辽县[2]后,卡尔逊参观了一二九师师部。他惊喜地发现,在这里,日本军大衣几乎随处可见。一二九师沿正太、平汉两条铁路同日军频繁交火,几乎每天都能缴获军需用品。卡尔逊经过皋落镇陈锡联的步兵团时,恰好陈部成功袭击了敌军车队,正在展览战利品。一本日军日记吸引了卡尔逊的注意,他发现,日军对八路军极为忌惮恐惧,日记本上写道:"出发前,我们听说一股

---

[1]　Evans Fordyce Carlson, *Twin Stars of China: A Behind-the-Scenes Story of China's Valiant Struggle for Existence by a U.S. Marine Who Lived & Moved with the People*, Beijing: Foreign Language Press, pp.80−81.

[2]　今左权县。

我方军队被陈锡联部袭击了,我们只得小心翼翼地前进。在这里,我们团遭到了第一轮进攻,……我们被敌人包围了,今天也许就是我的末日。但愿能有援军拯救我们,上帝保佑我们。"①陈锡联还向卡尔逊介绍了步兵团成功摧毁敌机的壮举:"日军在阳明堡有一个紧急迫降机场,处在我们的严密监视下。一天夜里,我方谍报员报告,有24架飞机停在那里。我立刻派出一个营袭击阳明堡北边,另一个营攻打南部,第三个营由我亲自率领直接突击机场。我们趁着夜色悄无声息地接近阳明堡。两个连队攻打卫戍部队,另两个连队包围停机坪,用手榴弹炸毁了22架飞机,另外两架起飞逃脱了。"②

　　如果说卡尔逊在以上两县的观察记录仅限于他的听闻,那么1938年1月22日,他跟随八路军跨越正太线,穿过敌人控制区的惊险经历则是他的亲身体会。卡尔逊在信中详细介绍了行军经过:"一路日军从我们刚才所在的山谷经过,前去筹备粮食。我们差点就同他们相遇,还好我们已从前面几英里的村落得到了警报,……我们立刻后撤两英里占据了山间有利地势,护卫队上前迎战。鏖战四天后,我们继续前进。那一天,我们持续行军20小时,翻过八座山,跋涉了近43英里。"卡尔逊坦言,在他戎马倥偬的20年间,这是最艰苦的一次行军。同时他又由衷地赞叹:"这些八路军年轻人们真是身手矫捷。机动性是他们的专长优势,他们尤其注重训练士兵快速爬山。"③突破封锁线险象环生的过程,也令卡尔逊真切认识到八路军的作战水平及潜能。卡尔逊在信中特意用大量细节,细致入微地还原了当时的过程。卡尔逊文采斐然,其所描写的这段文字,即使今天读来,令人如身临其境,兴奋不已。

---

　　① Evans Fordyce Carlson, *Twin Stars of China*: *A Behind-the-Scenes Story of China's Valiant Struggle for Existence by a U.S. Marine Who Lived & Moved with the People*, Beijing: Foreign Language Press, p.87.

　　② Evans Fordyce Carlson, *Twin Stars of China*: *A Behind-the-Scenes Story of China's Valiant Struggle for Existence by a U.S. Marine Who Lived & Moved with the People*, Beijing: Foreign Language Press, p.87.

　　③ "4 March, 1938, Evans F. Carlson to LeHand, American Embassy, Hankow, China", *President's Personal File 4951*, *Carlson*, *Captain Evans F.*, NARA, Franklin D. Roosevelt Presidential Library.

跨过铁路穿越日军火线真是一场完美的计划与行动。我们有一个营的兵力。一连巩固侧翼,二连打头阵,三连殿后,四连被派来保护我。黎明时分,我们到达公路南端 5 英里外的一个山口。夜色美好,黑幕般的天空上星辰熠熠,……我们进入山口,爬上山顶,下到公路边的小村落。村中似乎有上千条狗,在我们行进中对天狂吠。日本人一定有所觉察,但先遣部队已经将所有通往村子的入口把守得水泄不通。营长①是位风度翩翩的年轻人,他折返回来一把拉起我,紧紧握着我的手,带着我飞奔过村子穿过公路。此处距离铁道直线距离只有 15 里(li),但中间隔着一座山。……这位营长带着我轻捷地蹚过小溪爬上堤岸,穿过一段隧道,最终跨越铁路,到达北端。……在铁道上值勤的四个守卫被先遣部队擒获,部队带着他们一同前进。我们继续跋涉,准备爬第八座山。

此时已经是凌晨两点,卡尔逊等人从前一天下午五点出发就再没休息过。"我们攀上山顶,月亮出现在东方。那番景象,我永远不会忘记,……头顶银河灿烂繁星密布,一轮壮丽的洪荒之月自神秘的地平线缓缓升起。北风呼啸刺骨,我们都已筋疲力尽。但我们竟骗过警觉的敌人,成功地暗度陈仓,一想到这里,欣欣就战胜了疲惫。"后来卡尔逊一行才知道,昨夜的行军果真危机四伏:"日军获知我们要穿越封锁,派出一路纵队从井陉赶来,但我们行进神速,将敌人抛在了后面。"②

在行军中,卡尔逊发现,日军的控制力事实上极为薄弱,中共的武装力量已经渗入交通线交叉点上的各个重镇。在卡尔逊看来,此次行军的最大价值是,他看到了一个真相,即日本人虽然占领交通干线,却根本无法阻挡中国军队,他们在其间畅行自如。卡尔逊直言:"一个结论在我心中越来越明晰,只

---

① 指孔庆德,时任八路军第 129 师 385 旅 769 团 1 营营长。

② "4 March,1938,Evans F.Carlson to LeHand,American Embassy,Hankow,China",*President's Personal File 4951*,*Carlson*,*Captain Evans F.*,NARA,Franklin D.Roosevelt Presidential Library.

要人民保持抗日到底的信念,日军就绝无可能占领中国。"①卡尔逊一行人经过徐海东部控制区,取道阜平的聂荣臻控制区,终于抵达八路军五台山地区。在这里,卡尔逊参观了位于五台县耿镇的后方医院,他在发言中兴奋地说:"八路军深入敌人的后方发动游击战争,到处予以敌人重大威胁,这是争取胜利的最大条件。"②在崞县,卡尔逊再次越过日军封锁的另一条铁路同蒲线,走过冰封的滹沱河,来到贺龙部控制区。在河面上,卡尔逊看到"铁路远处的山口上有部队的岗哨,此处以北30英里的铁轨都被拆掉了"③。卡尔逊在贺龙部停留了一天,取道离石、汾阳和临汾,回到了八路军总部。

一路走来,八路军灵活、高效的行动及作战令卡尔逊钦佩不已。他再次想起自己出发前关于"大象与黄蜂"的比喻:"入侵的日军疯狂进攻着山西,就像一头横冲直撞的疯狂大象。但这头大象没日没夜地被密密麻麻的大黄蜂包围着。大黄蜂们不断叮咬、叮咬,令大象苦不堪言。……大黄蜂有时还成群结队地突袭大象'巢穴',把它的食物尽数带走。在这种条件下,试想大象还能苟延残喘多久呢?"④3月4日,在给莱汉德的信中,卡尔逊这样写道:"据我个人观察,在山西境内,八路军可以随心所欲地切断从太原通往石家庄的铁道和公路交通线。他们常常以小组为单位实施破袭,他们埋伏在交通线附近,打击火车和卡车车队。我亲眼见过他们缴获的战利品。假如他们有炸药,他们一定能摧毁主要桥梁及干道,使这些交通主线上的物流彻底瘫痪。"卡尔逊还对八

① Evans Fordyce Carlson, *Twin Stars of China*, *A Behind-the-Scenes Story of China's Valiant Struggle for Existence by a U.S.Marine Who Lived & Moved with the People*, Beijing: Foreign Language Press, p.95.

② 《卡尔逊在耿镇军区后方医院参观慰问时的讲话》,《抗敌报》1938年2月10日第3版。

③ Evans Fordyce Carlson, *Twin Stars of China: A Behind-the-Scenes Story of China's Valiant Struggle for Existence by a U.S.Marine Who Lived & Moved with the People*, Beijing: Foreign Language Press, p.102.

④ Evans Fordyce Carlson, *Twin Stars of China: A Behind-the-Scenes Story of China's Valiant Struggle for Existence by a U.S.Marine Who Lived & Moved with the People*, Beijing: Foreign Language Press, p.87.

路军之所以在山西获得战略优势作出分析："崎岖不平的地势及内线作战固然是他们的有利条件，但主要原因却在于，他们同心同德、斗志昂扬；更重要的是，他们有着精心策划的战略战术。"①

　　卡尔逊的第一次敌后之旅长达 51 天。通过这次实地考察，卡尔逊得出结论，八路军代表了"中国抗日的全新潜力"，"是对日军现代化武器挑战的有力回击"。日本的战争机器隆隆作响，"但它无法战胜这样一个民族，该民族已被激发、被整训，决意破釜沉舟死战到底，同时也做好了承受苦难的准备。它也无法摧毁这样一支军队，此军队道高一尺魔高一丈，总能利用持久游击战，智胜敌军"。② 在卡尔逊看来，山西的八路军已依靠破袭战、游击战等多样战法"建立起一套完美的'化防御为进攻'作战模式"。这种模式"使日军无法获取充足后勤补给，更无法有效保护后方……"③他再次形象地比喻："日军试图攻占山西，其效能之微就像海上耕犁。"④在卡尔逊看来，山西的对敌优胜局面可以作为典型模范向全中国推广："山西只是全国一小部分，如果中国要克敌获胜，就有必要将在实战中被证明如此高效的作战模式在全国各地推广开来。"⑤卡尔逊甚至乐观地预估："若能将八路军的作战模式在中国其他地方推广，一定会大大迟滞日军攻势；给中央政府争取充足时间来整训一支精锐部队，同日军主力交战，并一举摧毁之。与此同时，这种旷日持久的消耗战也会

　　① "4 March, 1938, Evans F.Carlson to LeHand, American Embassy, Hankow, China", *President's Personal File 4951, Carlson, Captain Evans F.*, NARA, Franklin D.Roosevelt Presidential Library.

　　② Evans Fordyce Carlson, *Twin Stars of China: A Behind-the-Scenes Story of China's Valiant Struggle for Existence by a U.S.Marine Who Lived & Moved with the People*, Beijing: Foreign Language Press, p.105.

　　③ "4 March, 1938, Evans F.Carlson to LeHand, American Embassy, Hankow, China", *President's Personal File 4951, Carlson, Captain Evans F.*, NARA, Franklin D.Roosevelt Presidential Library.

　　④ Evans Fordyce Carlson, *Twin Stars of China: A Behind-the-Scenes Story of China's Valiant Struggle for Existence by a U.S.Marine Who Lived & Moved with the People*, Beijing: Foreign Language Press, p.105.

　　⑤ Evans Fordyce Carlson, *Twin Stars of China: A Behind-the-Scenes Story of China's Valiant Struggle for Existence by a U.S.Marine Who Lived & Moved with the People*, Beijing: Foreign Language Press, p.105.

最终在日军占领中国之前就将其拖垮。"①为了向罗斯福证明八路军作战的成果,卡尔逊特意向白宫邮寄了八路军缴获的日本毛皮军服、日军日记及一些军事文件。②

三、中共有清晰明确的抗战纲领

卡尔逊发现,除了抗战到底的决心,中共还有合理的战略部署和军事计划作为支撑。在八路军总部,左权向卡尔逊详细介绍了山西游击战开展的情况:"日本人占领了南北向的同蒲线与东西向的正太线两条铁路。我们已经部署兵力包围了这些交通线。在太原以北,我们在同蒲线东西各部署了一个师,在正太线以南也部署了一个师。中国地形多山,但我们的士兵擅长爬山。如果有必要,我们一天可以行军60或70英里,而日军却难以超过20英里,因为他们的装备过于沉重,有时还携带重炮。我们的部队灵活机动,每支很少超过600人。每支队伍携带自己的电台,作战行动由师长统一指挥调动。这些小股力量频繁地突袭敌人的交通线,打击卫戍部队,在敌人行军路上设埋伏。"③

离开八路军总部后,卡尔逊又考察了山东、江苏等地的正面战场,并亲历了台儿庄战役。④ 在他看来,较之阵地战,游击战"似乎是实现中国人民目标的最佳方法,那就是夺取日本战果,延长战线直至中国足够强大,一举

---

① "4 March,1938,Evans F.Carlson to LeHand,American Embassy,Hankow,China",*President's Personal File 4951*,*Carlson*,*Captain Evans F.*,NARA,Franklin D.Roosevelt Presidential Library.

② "31st 1938,Evans F.Carlson to LeHand",*President's Personal File 4951*,*Carlson*,*Captain Evans F.*,NARA,Franklin D.Roosevelt Presidential Library.

③ Evans Fordyce Carlson,*Twin Stars of China:A Behind-the-Scenes Story of China's Valiant Struggle for Existence by a U.S.Marine Who Lived & Moved with the People*,Beijing:Foreign Language Press,p.66.

④ 时培京:《在这里见证"中国的力量"——伊文思·卡尔逊在台儿庄吹奏〈义勇军进行曲〉》,《抗战史料研究》2017年第1辑。

赶走侵略者"①。卡尔逊敏锐地觉察到,游击战取胜需要依靠强大的群众动员,尤其是在那些被日军控制、渗透的区域。因此,他开始考虑对敌后展开更为深入、广泛的考察。4月15日,卡尔逊在给莱汉德的信中表达了自己再次北上的想法,他计划从西安出发,造访延安和榆林,再继续向东北进发,考察绥远及内蒙古的广大敌后根据地,然后折向东南,去河南及山东,最后回到郑州。这段路途全程1500英里,卡尔逊计划在半年内完成。②

卡尔逊此行有明确的目的,他希望看到民众动员的潜力,观察国共统一战线在敌后的运作。除此之外,卡尔逊希望深入更为偏远的敌后还有另一层目的,即"以自由之名,向世人宣传中国人民争取民族自决的英勇壮举"。在卡尔逊心中,"自由与平等是生而为人的基本权利",然而现在,"它们却遭到日本侵略者暴虐残忍的蹂躏与践踏"。一想到这里,卡尔逊发现自己的"内心与灵魂都不自觉地鼓荡起一种激扬的反抗意识"。中国人民无畏牺牲的抗敌精神令卡尔逊感受到了"同美国立国先贤们相一致的精神"③。他迫切希望将这一切公告于众。

为获准通行,卡尔逊特意拜访了陕西省省长蒋鼎文。在同蒋鼎文的谈话中,卡尔逊道出了自己的肺腑之言:"美利坚人民视自由与平等为永不可剥夺的权力,我们国家为追寻它们付出了巨大牺牲。我发现,中国人民对自由、平等有同样的热忱。为了让子孙后世沐浴人权的阳光,他们甘愿舍弃安逸、牺牲小家,甚至奉献生命。对他们的决心与意志,我深信不疑。虽然美国在中日战

---

① Evans Fordyce Carlson, *Twin Stars of China*: *A Behind-the-Scenes Story of China's Valiant Struggle for Existence by a U.S.Marine Who Lived & Moved with the People*, Beijing: Foreign Language Press, p.133.

② "15 April, 1938, Evans F.Carlson to Miss LeHand, American Embassy, Hankow, China", *President's Personal File 4951*, *Carlson*, *Captain Evans F.*, NARA, Franklin D.Roosevelt Presidential Library.

③ Evans Fordyce Carlson, *Twin Stars of China*: *A Behind-the-Scenes Story of China's Valiant Struggle for Existence by a U.S.Marine Who Lived & Moved with the People*, Beijing: Foreign Language Press, p.136.

争中并不能明确选边,但我个人却可以通过一己之力,深入最偏远荒芜的地区,考察中国人民抗击外侮的浴血奋战。"①这番肺腑之言令蒋鼎文极为感动,他向卡尔逊承诺,一定会不遗余力地支持他。在西安八路军办事处,卡尔逊见到了林伯渠。和蒋鼎文一样,林伯渠对卡尔逊的计划很感兴趣,立刻为他向毛泽东写了一封介绍信。次日,卡尔逊搭上了一辆去往延安的医疗物资卡车,开启了他的第二次敌后行程。

抵达延安后,卡尔逊采访了一些中共高层领导人,并与毛泽东进行过两次彻夜长谈。他发现,中共对中国军事形势有准确判断及清晰的战略计划,并有完整合理的政治纲领来支撑此战略的施展。

首先,中共对抗战前景有客观清醒的预测。此时正是全民族抗战第二年,也是最艰苦的一年,但中共对未来战局却无比乐观。毛泽东告诉卡尔逊:"只要我们的民众有卧薪尝胆、血战到底的矢志,中国就不会沦亡。"他比喻道:"中国就像一个水罐,日本在其中注水。当日军入侵到一地,我们就转移到另一地,当它掉头追击我们,我们就又迂回回来。日本并无足够兵力占领中国全境,因此只要民众们坚持抗战,日本就绝无可能控制中国。"他进一步分析道:"日本在中国的军事进攻并无主要方向,而是盲目地四面出击。他们已经无法像最初那样投入大量兵力,只能一点一点地增加援兵。此外,日军的最大错误在于他们对待中国人民的态度。他们烧杀奸淫,这不仅不会摧毁我们的意志,反而更加坚定了我们拼死抵抗的决心。"②

其次,中共有宏观整体的战略部署。在第一次彻夜长谈中,毛泽东告诉卡尔逊:"山西是华北之咽喉,五台山则是山西之锁钥。因此,只要八路军控制

---

① Evans Fordyce Carlson, *Twin Stars of China: A Behind-the-Scenes Story of China's Valiant Struggle for Existence by a U.S.Marine Who Lived & Moved with the People*, Beijing: Foreign Language Press, p.136.

② Evans Fordyce Carlson, *Twin Stars of China: A Behind-the-Scenes Story of China's Valiant Struggle for Existence by a U.S.Marine Who Lived & Moved with the People*, Beijing: Foreign Language Press, p.145.

了五台山,日军就休想占领山西。"表面来看,似乎是日军将八路军围困在五台山,事实则恰恰相反。日军充其量是阵地战的犄角包围,而八路军的围困则更胜一筹。毛泽东排杯布盏,向卡尔逊模拟山西境内的敌我兵力格局:"山西日军主力驻扎在太原,但太原东北是聂荣臻部,西北是贺龙部,西南是林彪部,东南则是朱德部。日军在山西的任何军事行动都无法避开八路军的控制区。"卡尔逊对此钦佩不已:"正是毛泽东非凡的理论奠基了河北与山西极其高效的抵抗模式,使日军难以发挥武器装备方面的优势。"这种放眼全局的战略部署并不仅限于山西一省,甚至还超出了中国全境,同世界未来发展格局相联系。毛泽东告诉卡尔逊,除这两种围困战术外,"第三种则是美国、俄罗斯与中国共同协作,联合对日作战,形成对日的国际包围。"①

四、八路军有坚实广泛的群众基础

卡尔逊第二次敌后之行最主要的目的是考察中共的民众动员。早在第一次敌后观察中,卡尔逊便发现,中共的民众动员极为成功,为游击战的开展提供了坚实的保障。延安及绥远之行大大加深了他的这一认知。他意识到,中共的民众动员绝不仅仅停留于理论层面,而的确是付诸了实践。在八路军总部,任弼时向卡尔逊系统介绍了八路军的群众路线。任弼时坦言:"政治工作是八路军的生命线,也是抗日活动的心脏与灵魂。我们的武器陈旧落后,但我们可以通过政治教化来弥补此不足。士兵与民众都必须明白,中国为何而战;也必须知道如何团结协作,如何和谐相处,如何共同击败敌人。"任弼时进一步解释道,达到这样的目的需要从两方面做起:在八路军方面,八路军严格遵守纪律,注重培养、提高民众对军队的信任;在群众方面,则注重提高民众的政

---

① Evans Fordyce Carlson, *Twin Stars of China*: *A Behind-the-Scenes Story of China's Valiant Struggle for Existence by a U.S.Marine Who Lived & Moved with the People*, Beijing: Foreign Language Press, pp.144-146.

治觉悟,使他们拥有和八路军一样高昂的斗志。"军队是鱼,民众是水。水要清澈且温度适宜,鱼才能畅游其间。"民众必须知晓八路军为何抵抗日本,也需要明白应该怎样做来参与其中。为了教化民众,中共采取了许多宣传措施,如进行集会、表演戏剧、张贴墙报与标语等。在卡尔逊看来,这一番话闪烁着"真理、智慧,以及理想主义"的光辉。"中共的政治主张如果真的实现,那么我真的步入了乌托邦(Utopia)。这样的愿景真是令人无比振奋。"①

在 12 月 24 日的信中,卡尔逊用大段篇幅对八路军的民众动员进行了细致分析:"对普通民众进行动员,这是中共占据一片新地盘后,所实行的最重要的军事政治策略之一。另一大策略是对持有武装的平民进行整编,他们被称为'民兵'。他们听从八路军的调遣,很多情况下往往最终被收编。中共的领导人训练有素,知道如何组织民兵及平民来抵抗日军进攻。这样,所有人都被动员起来,奋起反抗侵略者。八路军无须专门派遣力量来守卫交通线,该任务由民兵执行。与此同时,八路军还训练民兵实施破袭战(sabotage),如拆除铁轨、摧毁敌军粮食基地、污染敌军水源。当敌人进入八路军组织动员过的区域时,必须要自己携带补给,因为经过训练的民众会转移走所有食物。……民众成为八路军情报信息的来源,但日军却对八路军的动向一无所知。这样,八路军就可以秘密出击、转移,出其不意、攻其不备。"②

在去往五台山的行军中,刘伯承等将领也对卡尔逊讲述了依靠群众作战取得胜利的战例。刘伯承告诉卡尔逊,焚烧日军飞机就是依靠人民通风报信才成功的,"人民没有令我们失望"。1938 年 3 月 4 日,卡尔逊在信中对八路军的作战模式作出总结,他认为:"这种抵抗模式是三种因素的结合,即正规

---

①　Evans Fordyce Carlson, *Twin Stars of China: A Behind-the-Scenes Story of China's Valiant Struggle for Existence by a U.S. Marine Who Lived & Moved with the People*, Beijing: Foreign Language Press, p.68.

②　"24 December, 1937, Evans F. Carlson to LeHand, Somewhere in Shansi, With the 8th Route Army", *President's Personal File 4951, Carlson, Captain Evans F.*, NARA, Franklin D. Roosevelt Presidential Library.

军佐以民兵,并紧密团结群众。"①

抵达延安后,卡尔逊也在同毛泽东的交谈中发现,中共并未空谈"提高民众士气",而是采取了一系列实际措施,尽力争取并紧密团结群众。毛泽东告诉卡尔逊:"民众只有对政府充满信心,相信政府能为他们提供更美好的生活,才会与政府同心同德,坚持抗战。为了取得民众信任,中共干部奉公守法,力图帮助民众解决实际困难。我们认为,发展民主、实行人民自治,可以实现更美好的生活。"②这一席谈话令卡尔逊印象深刻。在给莱汉德的信中,卡尔逊评价毛泽东"有着洞察问题本质的惊人特质"③。接下来,卡尔逊乘卡车从延安出发,取道米脂,到达榆林,参观了邓宝珊的部队;又沿长城向东北进发,经神木进入绥远,参观马占山部。之后,卡尔逊一行折向山西,从河曲向东,于6月22日、23日夜再次突破同蒲铁路日军封锁线,跨越平汉线,穿过河北,来到山东,结束了考察。

在这次观察中,卡尔逊惊喜地发现,短短半年时间,中共已通过成功的民众动员,大大推动了晋察两地根据地建设。在山西境内,卡尔逊发现,即便是在炮火中,人们仍坚强地开展生产,经济自足取得飞跃性发展。"他们组织性极强,斗志高昂",甚至还新建了一些学校和兵工厂。苦战并未瓦解人们的意志,恰恰相反,他们的抗战决心空前强烈。河北中部的发展则更为激动人心,通过"双交双减"政策,当地佃户与地主建立了真诚的合作关系。尽管租息仍然较高,达到10%,但较之从前降低了25%—75%。1938年1月,河北西部仅有17个县仍在中国控制下,其余土地尽皆沦丧。而现在,石家庄至唐县公路

---

① "4 March,1938,Evans F.Carlson to LeHand,American Embassy,Hankow,China",*President's Personal File 4951,Carlson,Captain Evans F.*,NARA,Franklin D.Roosevelt Presidential Library.

② Evans Fordyce Carlson,*Twin Stars of China:A Behind-the-Scenes Story of China's Valiant Struggle for Existence by a U.S.Marine Who Lived & Moved with the People*,Beijing:Foreign Language Press,p.144.

③ "15 August,1938,Evans F.Carlson to Miss LeHand,American Consulate General,Hankow,China",*President's Personal File 4951,Carlson,Captain Evans F.*,NARA,Franklin D.Roosevelt Presidential Library.

以北,连同北平南部的所有县城,全部被动员起来。尽管日军能攻占县政府,但郊区及广大乡村仍在中国人的掌控下。

　　7月6日,卡尔逊一行人抵达晋察冀边区。八路军正沿着平汉线,在数个地点同日军展开激烈交火。准备越过铁路时,卡尔逊等人经过了几个小村镇。在给莱汉德的信中,他详细描写了自己在这里的所见所闻。这一段文字充满大量细节,字里行间流露着对中国人民的理解与共情,读来令人极为动容:"这里只有老人妇孺。我们经过时,他们就站在周围,神情忧郁默不作声,脸上写满诚挚和恐惧。这场战争不再是惊悚的爆炸性新闻,而是惨烈致命的现实状态。他们从以往的经验中意识到,我们中的一些人也许再也无法回还。他们烧开水给口渴的战士们喝;当我们在距离铁轨3英里的地方下马休息等待天黑,村民自愿上前牵住缰绳帮忙遛马。……当我们离开一个小村,一位长者对我喊道:'给我杀一个鬼子,绑在你的马尾上拖回来!'"①卡尔逊感到,"这里有一种与子同袍、团结协作的气氛"②。亲密和谐的军民关系,以及民众对日军的刻骨仇恨,正说明中共的群众动员极为有效,也确实印证了任弼时所言的"鱼水"关系譬喻。

　　卡尔逊的第二次敌后之旅走遍了中共的各个根据地。基于实地调查,卡尔逊直言不讳地写道:"在敌后,克复国土、动员民众的主要动力来自共产党。显而易见,他们制订了完善的相关计划,并认真地对之贯彻落实。"广泛、深入的群众基础成为敌后抗日力量蓬勃发展的关键因素。这一点在山西与河北表现得尤为明显。"山西是中共的主要作战区域……八路军主力在此坚持抗战……中共正是以山西为基点,向东及东北扩张,挺进河北和察哈尔。河北

---

① "15 August,1938,Evans F.Carlson to Miss LeHand,American Consulate General,Hankow,China",*President's Personal File 4951*,*Carlson*,*Captain Evans F.*,NARA,Franklin D.Roosevelt Presidential Library.

② "15 August,1938,Evans F.Carlson to Miss LeHand,American Consulate General,Hankow,China",*President's Personal File 4951*,*Carlson*,*Captain Evans F.*,NARA,Franklin D.Roosevelt Presidential Library.

是中共未来发展势力的前沿阵地,从这里出发,向东北可达满洲里,向北亦可达察哈尔。一路远征纵队在北平东部与北部活动,另一路北上直接挺进察哈尔。河北中部的民兵力量现在已取得飞跃发展,具有相当规模。他们受中共领导,此时正奉命穿越平津铁路,同当地的远征纵队联合,展开协同作战。每当这些部队进入新的地方,他们都对当地群众进行组织、动员。这样,军队总能拥有安全可靠的群众基础。在过去的数年中,八路军都努力同满洲里的民兵游击队保持密切联系。"①

在卡尔逊看来,这种以群众运动为基础的敌后抗战具有极为重要的战略意义。"中共收复了华北大部分领土,不但如此,他们还建立了一条从甘肃延伸至山东海岸的封锁线。假使武汉沦陷,他们与国民政府主力军之间的联系被切断,他们也能立足于此封锁线,继续坚持抗战。武汉如果不保,国民政府一定计划后撤至四川及云南。这样,中共领导下的半自治行动就显得尤为重要。"②

五、美国应充分认识中共力量并与之建立联系

两次敌后考察令卡尔逊认识到中共和八路军的真实作战状态及战斗潜力,他开始思考美方同中共建立合作的可能。早在卡尔逊参观八路军总部时,他就作出了这样的预设:"应当加强对中国及中国人民的了解,以防美国卷入战争而有必要向中国派兵。"卡尔逊认为,目前美国人的相关认知极为有限,在很大程度上来自于"遇到的华人洗衣工以及传教士的讲述",他们误以为中

---

① "15 August,1938,Evans F.Carlson to Miss LeHand,American Consulate General,Hankow,China",*President's Personal File 4951*,*Carlson*,*Captain Evans F.*,NARA,Franklin D.Roosevelt Presidential Library.

② "15 August,1938,Evans F.Carlson to Miss LeHand,American Consulate General,Hankow,China",*President's Personal File 4951*,*Carlson*,*Captain Evans F.*,NARA,Franklin D.Roosevelt Presidential Library.

国"在方方面面都是一个落后民族"。因此,卡尔逊强调,"必须要训练他们学会容忍与理解,……这是一个思维转变、适应的问题"。卡尔逊旗帜鲜明地指出,之所以要这样做,是因为"在这场战争中,中国将会是我们的盟友"。① 此时全民族抗战刚刚爆发半年,欧洲战端未开,美日在太平洋上的矛盾也尚未激化到无可调和的地步;就是在这样的形势下,卡尔逊竟预见到中美也许会建立军事同盟,如此远见令人叹服。卡尔逊提醒罗斯福,基于这样的战略可能性,"应增进同中国亲密的盟友情谊,这不仅有助于两国联合作战,更会推动战后中美建立更为密切的邦交关系。毕竟中国有着富饶的未开发的自然资源"。在卡尔逊看来,建立军事同盟在依靠国民政府的同时,也应联合中共的力量。为了强调自己观点的公正客观,卡尔逊特别说明自己"对政党,尤其是国外的政治派别素无偏见,只在乎政府工作人员是否诚实、智慧、无私"。他直言:"据我的短暂观察,这些人坦率真诚、言行一致。作为个体,他们每一位本质上都克己奉公;作为一个党派,他们在接受新观点时又表现得谦逊通达。与他们交往就像同西方人交往一样,毫无违和感。了解这些,对我们将来同中国的关系来说是很有必要的。"②

第一次敌后之行结束后,卡尔逊在信中明确表示,中共领导人及八路军非常可靠:"这些人的言行举止、处事风格和我们更为接近。"③他写道:"在上一封信中,我曾提及他们道德上严于律己。在这一路的考察中,我从未发现违背这一点的任何蛛丝马迹。一旦他们作出承诺,他们一定会恪守,必要时甚至会为之付出生命。"卡尔逊同时还发现,敌后群众对美国及美国人民极为友好。

---

① "24 December,1937,Evans F.Carlson to LeHand,Somewhere in Shansi,With the 8th Route Army",*President's Personal File 4951*,*Carlson*,*Captain Evans F.*,NARA,Franklin D.Roosevelt Presidential Library.

② "24 December,1937,Evans F.Carlson to LeHand,Somewhere in Shansi,With the 8th Route Army",*President's Personal File 4951*,*Carlson*,*Captain Evans F.*,NARA,Franklin D.Roosevelt Presidential Library.

③ "4 March,1938,Evans F.Carlson to LeHand,American Embassy,Hankow,China",*President's Personal File 4951*,*Carlson*,*Captain Evans F.*,NARA,Franklin D.Roosevelt Presidential Library.

在 1938 年 8 月 15 日的信中,卡尔逊提及:"我所行经的地方,到处可见的都是对美国及美国人的热情友好。我发现,中国人民并不指望美国人派炮舰及军队来帮他们作战,他们所期待的是美国能在不影响中立立场的前提下,为中国提供一些力所能及的援助。我肯定地告诉他们,绝大多数美国人都很同情中国。美国人民对自由的热爱是无穷的,对为反抗异族奴役、争取自由而战的民众的敬意也是崇高的。"①

敌后观察令卡尔逊坚定了一个认知,即中国人民绝不会放弃抵抗。他甚至预见到,武汉沦陷后,中共将成为抗击日本的主要力量。在 9 月 23 日及 11 月 15 日给莱汉德的信中,卡尔逊都明确表达了这样的观点。在 9 月 23 日的信中,卡尔逊写道:"武汉沦陷虽然会使中国抗战更为艰难,但未必完全是一场军事灾难。中共将能在敌后放手一搏,在华北继续开展群众动员。"中共具有发动大众的能力,可以向他们灌输矢志不渝的信仰、理念及保家卫国的民族精神,从而将普通民众整合为一支能抵御外侮的伟大军队。与此同时,武汉的沦陷也意味着"日军将调动主力对付八路军"②,日军的下一步计划无疑是尽快消除华北的抵抗力量。但不论是政治手段抑或军事手段,中共都不会让日军得逞。基于这样的分析,卡尔逊认为,中共在未来可能爆发的战争中会是牢靠可信的盟友。

1938 年 10 月 25 日武汉失守后,抗战进入了最为艰苦的时期。11 月 6 日,中共六届六中全会根据毛泽东的报告通过了《抗日民族自卫战争与抗日民族统一战线发展的新阶段》政治决议案。该决议旗帜鲜明地指出:"坚持抗战克服困难的中心关键,就在于进一步团结我全民族,强固我国共合作,坚定

---

① "15 August,1938,Evans F.Carlson to Miss LeHand,American Consulate General,Hankow, China",*President's Personal File 4951*,*Carlson*,*Captain Evans F.*,NARA,Franklin D.Roosevelt Presidential Library.

② "23rd September,1938,Evans F.Carlson to Miss LeHand,1938,American Consulate General, China",*President's Personal File 4951*,*Carlson*,*Captain Evans F.*,NARA,Franklin D.Roosevelt Presidential Library.

我抗战信心,增长我新生力量,以进行长期的艰苦的百折不挠的民族自卫战争。"①11 月 10 日,湖南省主席张治中召开紧急会议,准备下达蒋介石"焦土抗战"命令。此时正是卡尔逊离开中国的前夕。11 月 15 日,他在上海再次致信莱汉德,描述了中国当前情况及他个人的预判:"尽管中国目前局势不容乐观,但我仍然坚信,中国会将抗战进行到底。"卡尔逊承认,自己的观点的确属于少数派,但却绝非臆断,"而是基于对中共领导人、蒋委员长,以及桂系军阀的了解,他们全都怀抱着破釜沉舟的意志"②。

卡尔逊还特别强调,自己的信心更来源于"中共在群众动员方面所取得的巨大成功。中共培养了华北人民抗战到底的坚定信念,以及为民族救亡奉献生命的牺牲精神"。卡尔逊指出,一些西方观察者仅凭中国难以获得战略物资援助就认为中国无法坚持抗战,这样的观点显然大错特错。一旦广大民众被有效动员起来,人人枕戈待旦、渴望杀敌,那么这种昂扬的精神足以弥补甚至克服物资的匮乏。因此,抗战能否取得胜利的关键问题不在于武器装备,而在于"军政领导人是否具有自我牺牲的大义,能否也在中国南部发起广泛的群众动员"。卡尔逊一针见血地指出:"唯有普罗大众才能挽救民族危亡。"③卡尔逊的这种认知同毛泽东"战争的伟力之最深厚的根源,存在于民众之中"④的论述是一致的。在卡尔逊看来,中共正是基于广泛、深入的群众动员,才开展起成功的游击战争。然而,这样的模式难以复制,卡尔逊在信中遗憾地写道:"国民政府把自己与普通士兵和底层民众隔绝得如此遥远,以至于已不知道该如何再接近普罗大众了。"这也印证了毛泽东在《战争和战略问

---

① 《抗日民族自卫战争与抗日民族统一战线发展的新阶段》,载上海师范大学历史系中国现代史教研室、资料室编:《中国现代史资料选辑》(第三册·上·抗日战争时期),1978 年,第17 页。

② "15 November,1938,Evans F. Carlson to Miss LeHand,Shanghai",*President's Personal File 4951,Carlson,Captain Evans F.*,NARA,Franklin D. Roosevelt Presidential Library.

③ "15 November,1938,Evans F. Carlson to Miss LeHand,Shanghai",*President's Personal File 4951,Carlson,Captain Evans F.*,NARA,Franklin D. Roosevelt Presidential Library.

④ 《毛泽东选集》第二卷,人民出版社 1991 年版,第 511 页。

题》中所说的，"游击战争的坚持，却只有在共产党领导之下才能出现"①。

与此同时，卡尔逊还认为，国民党内部的腐败问题大大削弱了其抗战作为，而中共则不存在此种问题。在给莱汉德的信中，卡尔逊直言不讳地写道："中国大部分有权势者自私且腐败。如果神力能将他们清除出权力阶层，国家实力就会取得飞跃式发展。贪腐问题比比皆是，这些人不断为一己之私罔顾国家利益。尽管国民政府在抗击日本方面已付出极大努力，但无奈蠹虫肆虐，蒋委员长也深感无力。军队中也有同样的以权谋私问题。长官克扣士兵津贴，中饱私囊，引发军中普遍不满，导致士气低迷。士兵只好从平民身上强取豪夺。幸而这并非普遍现象，但也已流毒甚广，严重影响了国民党军队在长江一带的军事行动。"在卡尔逊看来，"抵制腐败唯一的明智举措是进行教育"，而中共是全中国"唯一具有资质进行此种教化行动的组织"。②

基于对中国抗战前景及中共的信心，卡尔逊强烈建议罗斯福向中国提供贷款及战略物资援助，以支援国共双方的抗战活动。为了打消罗斯福在意识形态方面的顾虑，卡尔逊劝解他不必担心中国会"赤化"成苏联模式，因为中共所倡导的共产主义基于中国的文化心理，与美国人所理解的"共产主义"迥然不同。③ 卡尔逊暗示道，中国战场的作战关乎美国的国家安全："有说法认为，中国是在为我们而战。我不能确定这种说法是错误的。但可以确定，日本在中国战场泥潭中困顿越久，就会越晚威胁到美国的安全。但假使它在中国实现了战略目标，那么其领土和权力野心将更加欲壑难填。"卡尔逊提醒罗斯福，切勿对日绥靖，最终导致养虎为患。"我越来越强烈地感到，我们与这场战争的联系绝不仅限于经济层面。日本在中国获得的每一步战略推进，其建

---

① 《毛泽东选集》第二卷，人民出版社 1991 年版，第 553 页。

② "15 November, 1938, Evans F. Carlson to Miss LeHand, Shanghai", *President's Personal File 4951, Carlson, Captain Evans F.*, NARA, Franklin D. Roosevelt Presidential Library.

③ "23ʳᵈ September, 1938, Evans F. Carlson to Miss LeHand, American Consulate General, Hankow, China", *President's Personal File 4951, Carlson, Captain Evans F.*, NARA, Franklin D. Roosevelt Presidential Library.

立世界霸权尤其是太平洋主导权的野心就愈加昭彰。而一旦中国的人力、物力落入日本控制,它势必会基于此建立起强大的陆军与海军,直接威胁美国的国家安全及领土完整。我认为,日本现时的领土扩张计划完全就是16世纪丰臣秀吉设想的发展与实践。"①

即便在今天看来,卡尔逊的分析也闪耀着智慧的光芒。然而,正是这些言论给他招致了很大麻烦。美国海军部对卡尔逊关于中共的正面评价极为不满,禁止他对新闻界谈论华北的见闻。② 这令卡尔逊深感压抑,他希望"自由谈论、书写真实感受"③。于是,1938年9月20日,卡尔逊正式向海军部提出了辞呈。尽管如此,卡尔逊并未停止对中国以及美国在未来战局中地位的思考。他将自己的观点整理成章,发表在《美亚》杂志上。④ 太平洋战争爆发后,卡尔逊的预言成为现实。此时的他再次投笔从戎,效命于美国海军太平洋舰队两栖部队。1942年2月,卡尔逊奉命组建第二陆战突击营,罗斯福总统的儿子詹姆斯·罗斯福(James Roosevelt)也参与其中。⑤ 这支部队不论是在组织动员还是在作战方法方面,都完全按照八路军的模式进行训练。⑥ 卡尔逊

---

① "15 November,1938,Evans F.Carlson to Miss LeHand,Shanghai", *President's Personal File 4951,Carlson,Captain Evans F.*,NARA,Franklin D.Roosevelt Presidential Library.

② Kenneth E.Shewmake, *American and Chinese Communists,1927-1945*,Cornell University,1971,pp.104-105.

③ "23ʳᵈ September,1938,Evans F.Carlson to Miss LeHand,American Consulate General,Hankow,China", *President's Personal File 4951,Carlson,Captain Evans F.*,NARA,Franklin D.Roosevelt Presidential Library.

④ Evans Fordyce Carlson,"European Pacts and Chinese Prospects", *Amerasia*,October,1939,pp.345-349.Evans Fordyce Carlson,"America Faces Crisis in the Orient", *Amerasia*,February,1940. 1940年2月10日,卡尔逊在给莱汉德的信中附带了这篇文章。"10 February,1940,Evans F.Carlson to Miss LeHand,Plymouth,Connecticut", *President's Personal File 4951,Carlson,Captain Evans F.*,NARA,Franklin D.Roosevelt Presidential Library.

⑤ "2ⁿ March,1942,Evans F.Carlson to His Excellency,The President of the United States.2d Marine Raider Battalion,Amphibious Force,Pacific Fleet,Camp Elliott,San Diego,California", *President's Personal File 4951,Carlson,Captain Evans F.*,NARA,Franklin D.Roosevelt Presidential Library.

⑥ "12 March 1942,F.D.R.to Carlson", *President's Personal File 4951,Carlson,Captain Evans F.*,NARA,Franklin D.Roosevelt Presidential Library.

十分自信,他在给罗斯福的信中写道:"我坚信我们的整训理念是完善、可取的。"①1942年8月16日,卡尔逊率领突击队运用八路军的游击战术,取得了马金岛突袭战的胜利。② 11月至12月,卡尔逊又运用游击、奇袭战法,在瓜岛取得了数次胜利,被誉为"海军陆战队史上最重要的突击作战"③。

实战经验进一步加深了卡尔逊对中共抗战潜力的认知。同时,随着太平洋战局的发展,卡尔逊愈加感到,有必要重提自己当年的设想。1944年,第二次世界大战进入最后的大反攻阶段,美军在太平洋上对马绍尔群岛展开攻势。2月23日,卡尔逊再次致信罗斯福,提醒他"时机已经成熟,该派遣与我有类似经验的人员前往中国北部了。他们可以在华北开展基础工作,以待我们通过太平洋军事行动将东方与西方打通"。卡尔逊直言不讳道:"我对中共领导人毛泽东、周恩来、朱德充满信心","在那里我们将获得最可靠的信息,以及最忠诚的支持"。在信的末尾,卡尔逊还诚恳地写道:"这是我基于目前西太平洋战局的个人之见,希望与您的宏观规划契合。"④罗斯福很快回复:"我相信,我们大家都希望你重返华北的那一天终将到来。"⑤

1944年7月22日及8月7日,美军延安观察组18名成员先后抵达延安。

---

① "29 April,1942,Carlson to The Honorable Franklin D.Roosevelt,President of the United States.2d Marine Raider Battalion,Amphibious Force,Pacific Fleet,Camp Elliott,San Diego,California",*President's Personal File 4951*,*Carlson*,*Captain Evans F.*,NARA,Franklin D.Roosevelt Presidential Library.

② Richard Whealer,*A Special Valor*,*The U.S.Marines and the Pacific War*,New York,1983,p.56.

③ Robert D.Heinl Jr.,*Soldier of the Sea:The U.S.Marine Corps 1776 - 1962*,1962,p.327."7 March,1944,Grace Tully to Colonel Carlson",*President's Personal File 4951*,*Carlson*,*Captain Evans F.*,NARA,Franklin D.Roosevelt Presidential Library.在这封信中,罗斯福总统的私人秘书格雷丝·图莉向卡尔逊再次转达了罗斯福的嘉奖。

④ "23rd February,1944,Evans F.Carlson to Mr.President,4th Marin Division,San Francisco California",*President's Personal File 4951*,*Carlson*,*Captain Evans F.*,NARA,Franklin D.Roosevelt Presidential Library.

⑤ "2 March,1944,Franklin D.Roosevelt to Carlson",*President's Secretary's Files*,*Diplomatic Correspondence*,Box 27,NARA,Franklin D.Roosevelt Presidential Library.

卡尔逊的关于美国同中共建立正式联系的建议终于成为现实。10 月 28 日，卡尔逊致信罗斯福，表达自己听闻此消息的喜悦心情："写这封信就是想告诉您，当我听闻一支美军代表团（Military Mission）正在延安与第十八集团军一起工作，我简直太开心了！"卡尔逊在信中甚至直言不讳地表示，在当前形势下同中共建立合作会更有价值："我相信，我们的军事小组会信服，正像我自己信服那样，较之大部分国民政府及国民党军队的领导人，'所谓的'中共军队（So-called Communists Armies）①领导人更加值得信任（Trustworthy）。此外，中共领导人也会帮助我们同民众建立有效合作，对我们在亚洲大陆军事行动的实施更有帮助。"②

结　　语

美军观察组抵达延安后的 8 月 14 日，朱德、周恩来等人③用一架返航的美军飞机给卡尔逊捎去了一封信。在今天读来，这封信仍能令人感到一种亲密珍贵的战友之情："在过去几周，延安终于迎来了第一支美军小组，他们将作为盟友与我们同仇敌忾。美军朋友们的到来是我们大家翘首期待的，具有非凡意义。……如果我们同盟军并肩作战、相互配合，我们就会取得更为丰硕的战果，也会大大减轻盟友方面的军事压力，我们共同的伟业也将更快实现。任何力量都无法将我军在敌后的奋战与盟军的作战永远隔绝。我们之所以有这样的自信，关键原因就是，我们知道，像您这样真正代表着美国民主力量的朋友，正大声疾呼、笔耕不辍地工作，努力向渴望打败法西斯的人民展示我军英勇作战的实况，以及寻求合作的诚意。……现在，我们迎来了 18 名观察组

---

① 卡尔逊在信中多次将中国共产党冠以"所谓的"，意在将中国共产党同美国人所理解的"共产党"概念相区别。

② "28 October, 1944, Carlson to Mr. President, Escondido, California", *President's Secretary's Files*, *China July-December*, Box 27, NARA, Franklin D. Roosevelt Presidential Library.

③ 这封信的署名依次为朱德、周恩来、叶剑英、聂荣臻。

成员。我们对彼此印象都非常好。……他们将去往我们的前线,亲眼看看人民被赋予机会为自己而战时,会爆发出怎样卓越的战斗力……"在这封信的最后,周恩来等人满怀深情地写道:"针对我们的封锁仍在继续,灾难性的消极政策在指望别国力量摧毁日军的同时,反过来又在积极反对中国共产党。……但尽管如此,战争这一现实终于将我们同美国首次紧密维系在一起。"①卡尔逊将这封信附加在自己信件的背后,一起寄给了罗斯福。11 月 15日,罗斯福在回信中欣慰地写道:"重庆的态度已趋于明朗。我企盼并祈愿着,我们同'所谓的'中国共产党的合作能迅速步入正轨,并取得真正进展。"②

回顾卡尔逊关于敌后考察的信件,可以发现,他曾作出了两大预言,即"中国人民的抗战必将取得胜利",以及"中国共产党会成为抗战的主要动力"。事实上,在这些信件之外,卡尔逊还基于自己的观察,作出了第三个,也是最重要的一个预言——中国共产党将成为中国国家力量的源泉。踏上北行之路前,卡尔逊曾这样对斯诺说:"如果他们真正是士气高昂和纪律严明,……那么就会相信未来可能是属于他们的。"③两次的敌后观察使他确信,"在游击区体验到的才是唯一的真正的'善'。他毫不怀疑地相信,依靠中国共产党人的力量,新的更加美好的世界可以建设成功"④。1939 年 3 月,在为《美亚》杂志撰写的文章中,卡尔逊曾坦言,他坚信"中国国家力量的源泉来自中国共产党","中国有了成为世界伟大强国的前景"。⑤ 1944 年 10 月 28 日,

---

① "14 August, 1944, Headquarters of the Eighth Route Army to Colonel Evans F. Carlson, United States Marine Corps. Yenan Shenkanning Border Region", *President's Secretary's Files*, *China July-December*, Box 27, NARA, Franklin D. Roosevelt Presidential Library.

② "15 November, 1944, F.D.R. to Evans F. Carlson", *President's Secretary's Files*, *China July-December*, Box 27, NARA, Franklin D. Roosevelt Presidential Library.

③ [美]埃德加·斯诺:《复始之旅》,宋久等译,新华出版社 1984 年版,第 236 页。

④ [德]王安娜:《中国——我的第二故乡》,李良健、李布贤译,生活·读书·新知三联书店 1980 年版,第 219 页。

⑤ Evans Fordyce Carlson, "The Unorthodox War Continues", *Amerasia*, March, 1939.

卡尔逊在给罗斯福的信中再次强调了自己的这一观点。

中国历史的演进证实了卡尔逊的三大预言都成为现实：中共是中国抗战的中流砥柱；中国人民的抗战取得了伟大胜利；中共领导中国人民取得了革命胜利，建立了新中国，正在将中国建设成"世界伟大强国"。我们在回顾这段珍贵历史时，深感正是通过卡尔逊等有识之士的实地考察和报告，将中共在抗日战争中的丰功伟绩传播到美国，从而使美国从总统到民众都对中共有了全面的了解，只是出于意识形态的偏见，美国主流政治家不愿承认而已。

第六章

美国赴延安观察组对中共敌后战场的认知

Center for Chinese Studies · China Research Monographs
UNIVERSITY OF CALIFORNIA, BERKELEY

/ NUMBER SIX

Dixie Mission:
The United States Army
Observer Group
in Yenan, 1944

DAVID D. BARRETT

▲美国加州大学伯克利分校中国研究中心编辑《迪克西使团：1944年美国陆军观察组在延安》（包瑞德回忆录）（伯克利：加州大学伯克利分校出版社1970年版）。

　　包瑞德对中共的观察经历了从带有成见到高度肯定的积极转变。在经过实地观察后，包瑞德得出结论：中共只对两件事情最感兴趣——抗击日本、获取民心。包瑞德对中共军队的敬意一直延续至战后。在他看来，中共军队是世界上政治觉悟最高也最为坚毅的战斗力量。

◀《华北边区经济重建》(*Economic Reconstructions in North China Border Regions*)，1944年3月(美国国家第一档案馆藏)。

谢伟思所记录的是中共陕甘宁边区的经济建设。谢伟思认为，除当地气候土壤条件适宜等客观原因外，经济增长最主要的动因是"在中共的鼓动和领导下，地方政府进行了广泛热情的、发展农工生产的大运动"。同时，谢伟思也发现，大生产运动存在诸多困难，如"科技人才的匮乏"及"器材设备的短缺"。即便如此，谢伟思仍特别强调"大生产运动取得了普遍、辉煌的成功"。

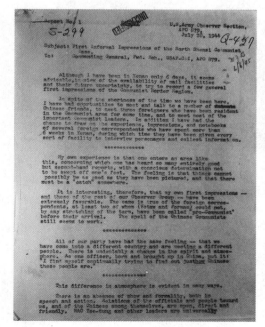

◀《关于陕北共产党的非正式第一印象》(*First Informal Impressions of the North Shensi Communist*, July)，1944年7月28日(美国国家第一档案馆藏)。

这是谢伟思所记录的关于延安的第一印象。在谢伟思看来，延安生活虽然艰苦，但共产党和八路军斗志昂扬，军民关系和谐。谢伟思写道："我完全赞同一位通讯员的观点，他已经在中国停留了很久。他说，我们进入陕北深山，却探寻到了中国最为现代的地方。"

长期以来,西方社会对中国抗战在世界反法西斯战争中的价值及地位认识不足。这种偏见不仅存在于政界及公众领域,而且存在于史学界。中国在世界反法西斯战争中为争取民族解放、维护世界和平作出巨大牺牲,最终却成为"被遗忘的盟友"。

　　历史证明,中国是当之无愧的世界反法西斯战争东方主战场。首先,正是中国率先举起了反法西斯旗帜,开辟了世界上第一个反法西斯战场,在一个新的历史时期,站在世界历史最前列,代表世界历史前进的方向。其次,中国的持久抗战有力牵制了日本世界战略的展开,有效支援了英美苏盟国的反法西斯战争,加速了法西斯轴心集团的崩溃,加快了反法西斯战争的胜利步伐。最后,中国最早倡导并推动了世界反法西斯同盟的建立。在长达十四年艰苦卓绝的浴血奋战中,中国共产党的担当、领导与坚持是抗战最终取得胜利的关键因素。2020年9月3日,习近平在《纪念中国人民抗日战争暨世界反法西斯战争胜利75周年座谈会上的讲话》中指出:"中国人民抗日战争胜利是中共发挥中流砥柱作用的伟大胜利,……中国共产党以卓越的政治领导力和正确的战略策略,指引了中国抗战的前进方向,坚定不移推动全民族抗战、团结、进步,反对妥协、分裂、倒退,……中国共产党人勇敢战斗在抗日战争最前线,支撑起中华民族救亡图存的希望,成为全民族抗战的中流砥柱。"①

　　经过漫长的筹备,1944年7月,美国政府向延安派出美军观察组,其官方

---

　　①　http://www.gov.cn/xinwen/2020-09/03/content_5540176.htm,访问时间:2020年9月16日。

名称为"中缅印战区驻延安美军观察组"①。此外,它还有一个更广为人知的名字——迪克西使团。较之此前来访延安的埃文斯·卡尔逊(Evans Carlson)和西方新闻记者,这支观察组具有更为完善、紧密的人员组织及更重要的政治任务,即加强同中共的了解,并尝试建立战略合作。从1944年7月至1946年4月9日撤离延安②,迪克西使团留下了大量报告。因为使团由中缅印战区司令部派出,所以成员报告经战区重庆负责人会发给史迪威本人。史迪威去职后,这些报告又递交给接替他的魏德迈。但很多情况下,重庆负责人会选取他认为有价值的资料,直接发给陆军部。③ 这些报告涉及中共敌后建设及抗日作战等方面,为美国高层呈现出一个全新的、完整的战时中共形象及敌后战场全貌。

一、迪克西使团对延安的整体认知

1944年7月22日及8月7日,迪克西使团18名成员④先后分两批从重

① 美方原计划将观察组命名为"美军使团",但遭到了蒋介石的强烈反对。

② 《观察组九号撤离》(1946年4月7日),载中央档案馆编:《中央档案馆藏美军观察组档案汇编》(影印版),上海远东出版社2018年版,第442页。

③ David D. Barrett, *Dixie Mission: The United States Army Observer Group in Yennan*, 1944, Berkeley: University of California Press, 1970, p.36.

④ "Report No.10", July 28–August 14, 1944, Barret to Stilwell, OSS, NARA, RG 226.值得注意的是,观察组成员的职务在不同文件中的记录存在出入。

这18名成员是:观察组组长包瑞德;美国驻重庆大使馆第二秘书:谢伟思、雷蒙德·卢登(Raymond P.Ludden),军医陆军少校梅尔文·卡斯特伯格(Melvin A.Casberg);美国陆军航空队:陆军少校雷·克罗姆利(Ray Cromley)、陆军上尉(Captain)查尔斯·斯特尔(Charles G.Stelle)、中校雷金纳德·福斯(Reginald E.Foss)、上校查尔斯·多尔(Charles R.Dole)、中尉路易斯·琼斯(Louis M.Jones);步兵团:上尉约翰·科林(John C.Colling)、中尉亨利·威特利斯(Henry C.Whittlesey)、少校威尔伯·彼得金(Wilbur J.Peterkin)、上尉布鲁克·多兰(Brooke Dolan);陆军通讯兵:上尉保罗·多姆克(Paul C.Domke)、参谋军士安东·雷蒙尼亨(Anton H.Remenih)、军士沃尔特·格雷斯(Walter Gress);海军:中尉赫伯特·希契(Herbert Hitch)、四级技术师乔治·中村(George Ichiro Nakamura)。事实上,并不是所有成员的真实身份都如公开所列,雷蒙尼亨、格雷斯和科林事实上来自战略情报局(Office of Strategic Services)。中村是日裔美国人,其后有吉幸治(Koji Ariyoshi)也来到延安,加入观察组。

庆飞抵延安。对他们而言,来到延安"仿佛是来到遥远的异域,面对着一个截然不同的民族"①。赴延安之前,使团核心人物约翰·谢伟思(John Service)就已对中国其他地方进行过观察。谢伟思在成都出生,又跟随父母在中国传教,且有过人的语言天赋,掌握中国各地许多方言,接触中国各行各业的社会底层民众。这样的成长经历使谢伟思具备了良好的沟通能力及敏锐的观察力。从事外交工作后,谢伟思先后在北京、上海、重庆等地工作,与国共两党许多高层人士均有交游,对中国政治结构及状态有非常透彻的认识。不仅如此,他还热衷于实地考察,常常深入其他外国观察者不愿涉足的艰苦危险地区进行调研。谢伟思的见识和使命感使他成为观察组的灵魂人物,现今可见的迪克西使团报告,大部分都由他撰写。

(一)艰苦的生活及"独特的氛围"

和中共领导人一样,迪克西使团成员被安排住在宝塔山上的窑洞中。观察组成员彼得金(Colonel W.J.Peterkin)在日记中记录:"我们坐摆渡船穿过黄河,山壁上成排开凿着8孔'洞穴',我们就被安排住在这里。"②包瑞德在回忆录中也详细描述了窑洞中的居住环境:"我们居住在'洞穴中'。事实上,都不能称之为洞穴,而是开凿在陡峭山体上的约15英尺长的短小巷道。巷道内壁砌满粗砖,地上铺一层灰砖,缝隙间填以沙土。门窗镶嵌在木质边框里。白纸糊在窗寮上,防止外面的人向内窥探。室内陈设几乎是'斯巴达式'的简陋(Spartan Simplicity):一张桌子、两把普通木椅、一张用木板和锯木机搭成的床、一个洗脸盆支架和毛巾架。晚上用油灯照明。对不追求安逸的人而言,这

---

①　"First Informal Impression of the North Shensi Communists Base",July 28,1944,John S.Service,*Amerasia Papers*,Box 6,Folders S 290-S299,S-299,NND 883134,RG 46.

②　Colonel W. J. Peterkin,*Inside China 1943-1945*,*An Eyewitness Account of America's Mission in Yenan*,Baltimore:Gateway Press. Inc.,1992,p.20.

里干净整洁,也算宽敞。住所四周没有任何流动水。"①

陆军上校伊凡·耶顿(Ivan Yeaton)也回忆说:"每逢下雨天,窑洞就开始返潮,导致皮鞋和其他皮革制品板结变形。天气晴朗干燥时,又有成群的苍蝇嗡嗡作响,它们往往刚从露天厕所飞来,现在又在窑洞飞进飞出。人们用喷雾剂来杀灭蜈蚣、蚊蛾。有时也会有巨鼠窜入窑洞。为将它们拒之门外,即使在最溽热的夜晚都不得不紧闭门窗。"②关门虽然可以阻挡老鼠等害虫,但往往也会有生命危险。这是因为,窑洞内没有供暖,拢火盆烧炭(Charcoal Braziers)是唯一取暖措施。虽然军医梅尔文·卡斯特伯格(Melvin A.Casberg)警告使团成员在使用炭盆时切勿关门,但包瑞德、谢伟思、戴维斯等人都先后数次一氧化碳中毒。

尽管物质条件如此匮乏,但谢伟思依然感受到了这里不同寻常的氛围。"特殊气氛"是谢伟思对延安的第一感受。在发自延安的第一份电报中,他甚至使用了"中国共产党的魔咒"(The Spell of the Chinese Communists)这一措辞来形容他所感受到的中共"魅力"。他在报告中写道:"作为一个在中国出生、长大的美国政府工作人员,我一直在思考,他们究竟是怎样一群中国人。"③

这一独特的气氛在精神风貌方面体现得最为鲜明。"延安士气高涨,战火近在咫尺,但人人斗志昂扬,无丝毫厌战及失败主义情绪。"谢伟思观察到"这里有许多年轻人,他们大多来自游击区和其他地区。这些青年学生普遍思想成熟、勤学苦练,极少游手好闲。他们奔赴这里是因为向往这里,渴望在这里辛勤劳作,过简单的生活,……一些学生谈论着将来回归故乡或重返前

---

① David D.Barrett,*Dixie Mission:The United States Army Observer Group in Yenan*,*1944*,Berkeley:University of California Press,1970,p.29.

② Carolle J.Carter,*Mission to Yenan:American Liaison with the Chinese Communists 1944-1947*,Maryville:The University of Press of Kentucky,1997,p.38.

③ "First Informal Impression of the North Shensi Communists Base",July 28,1944,John S.Service,*Amerasia Papers*,Box 6,Folders S 290-S299,S-299,NND 883134,RG 46.

线,继续开展工作。"此外,这种风貌也体现在平等、开放的生活方式上。谢伟思也发现"人人生活简朴,除农民外,大家都穿着一样的棉花土布制服①……无人浮夸炫耀","重庆随处可见的警卫宪兵,以及阿谀谄媚的官场作风(Clap-Trap of Chungking Official-Dom),在延安都没有"。"每个人都是可以发挥价值的生产者。不耕作的人可以纺织,每天早晨都会看到邻居们在窑洞外纺线织布。"同时,"作为游历过北方国统区的外国人",谢伟思最直观的感受就是"在延安,我们不会担心有人假装亲热质询我们。我们行动自由,没有感到限制和压抑,各国记者也不会被审查"。②

(二)如火如荼的大生产运动

大生产运动(Production Campaign)令观察组成员们深感震撼。彼得金曾回忆道:"在卡车上颠簸六个多小时后,我们终于来到距延安四十英里的南泥湾。蜿蜒的小路修筑在山梁上,陡峭难行,我们只能背着行李徒步5英里,才爬到山顶。这里原本是一块没有人烟的荒地,一支部队奉命开进此地,建造房屋、开凿窑洞、种植庄稼。南泥湾的生产建设形成了完善体制,359旅不仅种植庄稼,同时还纺线织布,加工制服和鞋子,甚至还有榨油厂、造纸厂、酿酒厂。"彼得金对此赞叹不已:"经过辛勤开垦,他们现在不仅可以自给自足,甚至还能供应延安政府的需求。"在这样艰苦的条件下,南泥湾的被服厂竟然采用了先进的生产、管理制度。"他们采用流水线作业,每个士兵只负责完成一个步骤,最后一位士兵负责完善细化所有环节。"细心的彼得金还发现,这些士兵都是志愿参军的,大都只有十五六岁,看起来营养充足且身体健康,和他"在桂林陆军训练营看到的士兵简直有天壤之别"。国民党的士兵饥肠辘辘、

①　关于抗战时期八路军穿着,可参考宋弘:《抗战时期华北八路军士兵的衣装》,《中共党史研究》2019年第12期。

②　"First Informal Impression of the North Shensi Communists Base",July 28,1944,John S.Service,*Amerasia Papers*,Box 6,Folders S 290-S299,S-299,NND 883134,RG 46.

营养不良,很多人甚至患有严重的脚气病。① 但南泥湾的士兵们"种植各种蔬菜,还饲养猪牛羊等牲畜",实现了丰衣足食。②

谢伟思也在报告中写道,大生产运动"是迫于中央政府的封锁而发起的。中央政府仅允许奢侈品进入边区,但却严禁中共急需的日用品流入,包括边区之前无法自己生产的棉花、纸张、大米、蔗糖及火柴。封锁在1940—1941年造成了极为严峻的影响。被围困在极度贫穷落后的地方,中共感到自身处境岌岌可危,他们面临着或是自己动手丰衣足食,或是最终缴械投降的抉择。现在一些中共领导人认为,正是这样的封锁促成了他们最终的发展壮大。封锁迫使他们奋起,除非如此,他们也不会有这样英勇的壮举"③。

通过中共提供的数据和自己的观察,谢伟思在报告中写道:"陕甘宁边区经济状况在过去两年中有了明显改善,……士兵口粮增加、党政人员衣食改善,过去三年中屡见不鲜的营养不良病例也几乎都消失了。其他敌后游击区的中共根据地,也有类似经济水平提升现象……"④谢伟思认为,除当地气候土壤条件适宜等客观原因外,经济增长最主要的动因是"在中共的鼓动和领导下,地方政府进行了广泛热情的,发展农工生产的大运动"。同时,谢伟思也发现,大生产运动存在诸多困难,如"科技人才的匮乏"及"器材设备的短缺"。即便如此,谢伟思仍特别强调道:"大生产运动取得了普遍、辉煌的成功。"⑤

---

① 史景迁在《追寻现代中国》中,也对国民党士兵的士气及营养状况有过类似描写:"士兵们被绑在一起送往前线,他们蓬头跣足衣衫褴褛,很多人因为脚气病或营养不良而奄奄一息。……1943年征召了167万士兵,其中有近44%的人在开赴前线途中逃亡或死去。"Jonathan D. Spence, *The Search for Modern China*, New York: W.W.Norton & Company, 1992.

② Colonel W.J.Peterkin, *Inside China 1943-1945*, *An Eyewitness Account of America's Mission in Yenan*, Baltimore: Gateway Press Inc., 1992, pp.21-22.

③ Subject: "Brief Notes on the Economic Situation in the North Shensi Communist Base", S 304, Folders 300-320, Box 6, *Amerasia Papers Collection*, NND 8587148, Entry 148.

④ Subject: "Brief Notes on the Economic Situation in the North Shensi Communist Base", S 304, Folders 300-320, Box 6, *Amerasia Papers Collection*, NND 8587148, Entry 148.

⑤ Subject: "Brief Notes on the Economic Situation in the North Shensi Communist Base", S 304, Folders 300-320, Box 6, *Amerasia Papers Collection*, NND 8587148, Entry 148.

（三）鱼水相依的党群关系

延安军民党群亲如一家。早在迪克西使团抵达之前，获准来到延安的西方记者就发现了这一点。美国《时代》周刊记者伊斯雷尔·爱泼斯坦（Israel Epstein）在《见证中国》中感叹道："这里的老百姓看起来丰衣足食，虽然有人穿着打补丁的衣服，但并没人困窘到衣不蔽体。在中国其他地方，老百姓一看到士兵就立刻躲闪，或是愁眉不展地看着他们。但这里却完全是另一派景象。不管我们在哪里休息，老百姓们都会热情地同战士们攀谈，打听我们这些'怪人'是做什么的，还送热水给他们喝，甚至主动帮忙照料马匹。总而言之，老百姓对待共产党战士就好像是对待出门在外的自家人……"[1]

谢伟思也写道："延安干部和群众与我们的关系，以及他们彼此之间的关系，都很坦率友好……中共领导人在延安家喻户晓且备受爱戴……这些领导人平易近人……同民众打成一片（Mingle freely in groups）。"谢伟思以延安文艺为例，敏锐地观察到八路军表演的"戏剧与音乐都吸取了陕北艺术元素，交际舞也带有当地的风格色彩"[2]。谢伟思提及，在欢迎宴会后，中共领导都加入人群，跳起这种颇具特点的舞蹈。亲密的干群关系以及军官与普通士兵之间的关系也给包瑞德留下深刻印象，他在战后回忆道，中共武装力量"是迄今为止世界上最坚韧、政治性最强的军队。历史上恐怕未曾出现过这样的部队，军官同士兵有着极为密切的联系，竭力为他们寻求利益，带领他们前线杀敌"[3]。

---

[1]　Israel Epstein, *My China Eye：Memoirs of a Jew and a Journalist*, San Francisco：Long River Press, 2015, p.181.

[2]　Subject："First Informal Impression of the North Shensi Communists Base", July 28, 1944, John S.Service, *Amerasia Papers*, Box 6, Folders S 290–S299, S–299, NND 883134, RG 46.

[3]　Robert B. Rigg, *Red China's Fighting Hordes*, Harrisburg：Military Service Publishing Co., 1952, pp.165–166.

（四）中国的希望与未来

谢伟思特别写道："对怀疑论者而言,延安的整体气氛类似于一所小小的宗教学院(Small Sectarian College),或是一个宗教夏令营(Religious Summer Conference)。他们以为共产党员伪善精明、自命清高、装模作样。"他同时坦言:"在延安最初的几天,我也曾有类似感觉。但随后,我完全赞同一位通讯员的观点,他已经在中国停留了很久。他说,我们进入陕北深山,却探寻到了中国最为现代的地方。"①

谢伟思提及的这位通讯员,正是爱泼斯坦。爱泼斯坦在给妻子邱茉莉的信中兴奋地写道:"边区并不是一个英勇人民被封锁、禁锢的悲惨之地。恰恰相反,……这里的人和事都比中国其他地方更加富有生气,一切都是那么朝气蓬勃。他们满怀信心,认为自己就是中国的未来。这可不仅仅是口若悬河的吹嘘,更切切实实体现在他们自信的言语、笑容和行动中。"在信的末尾,爱泼斯坦甚至作出这样的预言:"我现在更加确信,延安就是中国未来的缩影,下一个十年将证明这一点!"②

二、迪克西使团对中共抗战的观察

除了观察中共的组织建设,迪克西使团最核心的任务便是评估敌后抗日武装力量的组织与效能。毛泽东在欢迎致辞中真诚地说:"我们欢迎美军观察组诸位战友,不能不想到美军在世界反法西斯战争中的光辉业绩,和美国人民见义勇为、不怕牺牲的伟大精神。"③包瑞德也表示:"你们坚持在日军背后

---

① Subject:"First Informal Impression of the North Shensi Communists Base", July 28, 1944, John S.Service, *Amerasia Papers*, Box 6, Folders S 290-S299, S-299, NND 883134, RG 46.

② Israel Epstein, *My China Eye:Memoirs of a Jew and a Journalist*, San Francisco:Long River Press, 2015, p.186.

③ 《欢迎美军观察组的战友们》,《解放日报》1944 年 8 月 15 日。

成功抗争了七年之久,希望向你们学习。"①作为观察组组长,包瑞德最为关心的问题莫过于尽快了解中共武装力量的抗日活动。为配合观察组,中共方面特别拟定了预计工作计划参观日程②,同时就使团感兴趣的敌后战场态势、敌伪情报、气象与陆地情报以及医疗救护等问题,安排专人进行讲解介绍。8月4日,叶剑英做了《华北敌后形势概况》谈话。③ 6日至9日,彭德怀对美军观察组做了《八路军七年来在华北抗战的概况》的谈话。④ 10日,陈毅又做了《华中新四军一般情况》的谈话。⑤

为了深入了解中共抗战的真实情况,包瑞德提出请求,希望对各边区进行实地考察。为此,毛泽东特意致函邓小平、罗荣桓和张云逸,要求他们在太行、山东、华中分别修建机场,⑥以方便观察组飞机着陆。在中共支持下,迪克西使团展开了对各根据地抗日形势的详细观察及情报搜集工作。8月17日至21日,包瑞德赴位于绥德的抗日军政大学考察。8月24日,使团成员又参观了南泥湾的大生产运动及军事演练。9月,使团成员分组前往各根据地实地调研。科林、琼斯考察晋绥及晋察冀边区,科林从晋绥经宁武以北赴晋察冀,琼斯取道临县、兴县直赴偏关。卡斯伯格则徒步赴晋察冀第八分区,途中他还观察了八路军在汾阳、娄烦的作战。

10月6日,在晋察冀军区副参谋长耿飚的带领下,彼得金、卢登、多兰、多

---

① Israel Epstein, *Unfinished Revolution in China*, New York: McGraw- Hill, 1945, pp.406–407.

② 中央档案馆编:《中央档案馆藏美军观察组档案汇编》(影印版),上海远东出版社 2018 年版,第 100 页。

③ Subject:"Summary of the Situation in North China", S 308, Folder S 300–320, Box 6, NND 883134, *Amerisan Paper Collections*, RG 46.

④ 中央档案馆编:《中央档案馆藏美军观察组档案汇编》(影印版),上海远东出版社 2018 年版,第 113—163 页。

⑤ 《陈毅军长与美军观察组关于华中新四军一般情况的谈话》(1944 年 8 月 10 日),载中央档案馆编:《中央档案馆藏美军观察组档案汇编》(影印版),上海远东出版社 2018 年版,第 165—203 页。

⑥ 《毛泽东关于在太行、山东、华中建飞机场给邓小平等的电报》(1944 年 8 月 20 日),载中央档案馆编:《中央档案馆藏美军观察组档案汇编》(影印版),上海远东出版社 2018 年版,第 227 页。

默克、希契、威特利斯、格雷斯从延安出发,历时四个月穿越晋绥根据地,跋涉近一千公里,于 11 月 11 日抵达河北阜平庙儿台①晋察冀边区总部。中央军委特意致电晋察冀军区代理政委程子华等人,要求他们"妥为部署,并严守秘密,……准备迎接他们,并保障其安全"②。彼得金沿平汉线参观了曲县和新乐县的地道。多姆克、多兰访问了联络处,搜集到包括轰炸目标、航空救护站点、沿海形势在内的多种情报图表。他们一行人的观察时间最久、路径最长。卢登对此的记录也最为详尽,因而相当具有代表性。

(一)观察组最初的偏见及认知改变

最初,包瑞德等一些观察组成员对中共抗战及中共领导人充满怀疑与偏见。包瑞德认为,中共"添油加醋"地夸大了自己的抗日战果,自己"才不会轻易上当"。③ 包瑞德在回忆录中记叙了他对中共将领们的第一印象:"叶剑英是共产党军队的总参谋长。他身材魁梧,相貌英俊,常常穿戴整洁,一点都不像传言里因常年炮火洗礼而衣衫褴褛的共产党人。"有一晚,叶剑英忽然来到包瑞德的窑洞,要同他单独会谈。叶剑英向包瑞德分享了自己早年参加国民军的经历,并告诉包瑞德,"如果不是因为国民党腐败透顶",他很可能还会"继续效命于蒋委员长"。包瑞德对叶剑英自陈早年经历感到非常惊讶。由于此时恰恰是史迪威原计划来访延安的前夕,包瑞德想当然地会错了意,他以为叶剑英是要在此关键时刻表明自己并非这一"激进共产党"(Rabid Communists)的领导核心。值得注意的是,"Rabid"一词本义是"暴虐的""患狂犬病的",包瑞德使用这一词汇来形容中共,足见其成见之极端深刻。基于这样的

---

① 河北省保定市阜平县史家寨乡庙儿台村。

② 《中共中央军队关于保障美军观察组人员安全给程子华等的电报》(1944 年 10 月 8 日),载中央档案馆编:《中央档案馆藏美军观察组档案汇编》(影印版),上海远东出版社 2018 年版,第 315—316 页。

③ John N.Hart, *The Making of an Army" Old China Hand", A Memoir of Colonel David D. Barrett*, Berkeley: University of California, 1970, p.45.

错误认知,包瑞德对叶剑英的印象大打折扣。在他看来,叶剑英"脱离国民党根本不是他所宣称的理由,而是像现在一样见风使舵"①。同时,包瑞德还认为叶剑英故意夸大了中共武装的战斗力及影响力。

包瑞德还对彭德怀发表的三次关于八路军作战情况的演讲十分抵触,将之评价为"冗长啰唆"(long-winded)。彭德怀讲道:"八路军共有兵力三十二万人,经常抗击着敌人兵力的五分之二至五分之三,还不包括三十余万伪军。最多时,曾钳制敌人二十二个师团。"②包瑞德认为这是"极尽吹嘘共产党武装的优势,一点也不客观"。彭德怀提及八路军武器匮乏,每个士兵都必须保证弹无虚发,每一轮射击都必须至少消灭一个日军。包瑞德也表示怀疑:"如果他以为我们会相信,那一定是觉得我们太容易上当了。"包瑞德印象最糟糕的是陈毅,他认为陈毅"公开谴责国民党,……言谈中充满排外特别是反美色彩"③。

然而,经过一段时间的观察和了解,包瑞德彻底消除了自己的偏见,对中共有了全新的理性认知。8月14日,在递交史迪威的报告中,包瑞德这样写道:"根据观察组的所见所闻,根据与毛、周、朱、彭及其他中共高层的谈话,也根据我个人的观察所得,我已对中共控制区的整体形势得出了明确结论。我最强烈的感受是,这些人只对两件事情最感兴趣——抗击日本、获取民心。"④包瑞德坦陈:"很久以来,我都强烈质疑一些外国人全力以赴支持中共的举动……然而现在我并不认为自己在援助中共方面夸大其词了。在军事组织

① David D.Barrett,*Dixie Mission:The United States Army Observer Group in Yenan*,*1944*,Berkeley:University of California Press,1970,p.30.

② 《彭德怀对美军观察组的谈话》(1944年8月6、8、9日),载中央档案馆编:《中央档案馆藏美军观察组档案汇编》(影印版),上海远东出版社2018年版,第155页。

③ David D.Barrett,*Dixie Mission:The United States Army Observer Group in Yenan*,*1944*,Berkeley:University of California Press,1970,p.31.

④ Letter,U.S.Army Observer Section,Yenan,August 14,1944,Subject:"General Report on U.S.Army Observer Section for Period July 28,1944 to August 14,1944(Both Dates Inclusive)",File No.Geog V China 334,*Yenan Observer Group*,*Dixie Mission* Vol.I,Office of the Chief of Military History,Department of the Army,Washington,D.C.

如参谋工作方面,中共确实存在诸多不足。但我确知,一旦中国人矢志不渝去做一件事时,他们一定会作出令人惊叹的成绩。退一步讲,我在中国这么久了,绝不会轻易被蒙蔽。何况,自观察组来到延安,我们从未受到推销兜售式的宣传压力,只感到他们迫切想让我们相信,他们渴望打败日本、帮助民众。"①

认识到中共真实形象的包瑞德深感振奋,在和谢伟思商议后,两人计划采用跳降落伞的方式前往敌后战场展开更为深入的调研。多年后,包瑞德回忆往事,落笔仍难掩激动:"我当然知道,一点点微小的计算误差就足以令我落入日军之手,但我甘冒此险!"②遗憾的是,他们的计划落空了。9月23日,包瑞德接到重庆方面的命令,禁止他以考察敌后为目的离开延安。尽管未能如愿成行,但是包瑞德在南泥湾及绥德等地的实地调研,彻底改变了他对中共战斗力的认知。

结束调研回到延安后,包瑞德在另一份报告中对此问题做了专门说明。他特意强调:"离开延安之前,我收到了关于此次任务所需收集信息的各种指令,我尽量在报告中都涉及这些方面。但是,我在考量、评估中共武装的战斗力方面投入了最多精力,……观察他们的战略战术、武器装备、整训操练、军规纪律、斗志士气。我还尽我所能,对他们过去在战争中的整体贡献进行了客观、公平的衡量。"包瑞德得出明确结论,如果中共愿意接受美国教官、顾问和武器,如果他们获得更充足的补给和更精良的装备,一定会为战局作出更大贡献。③ 包瑞德对中共军队的敬意一直延续至战后。他曾对另一位美国军官坦

---

① Letter, U.S.Army Observer Section, Yenan, August 14, 1944, Subject: "General Report on U.S. Army Observer Section for Period July 28, 1944 to August 14, 1944(Both Dates Inclusive)", File No. Geog V China 334, *Yenan Observer Group*, *Dixie Mission* Vol.I, Office of the Chief of Military History, Department of the Army, Washington, D.C.

② David D.Barrett, *Dixie Mission: The United States Army Observer Group in Yenan, 1944*, Berkeley: University of California Press, 1970, p.45

③ David D.Barrett, *Dixie Mission: The United States Army Observer Group in Yenan, 1944*, Berkeley: University of California Press, 1970, p.36.

言,中共军队"是迄今为止世界上政治觉悟最高,也最为坚毅的战斗力量"①。《时代》杂志记者白修德(Theodore H.White)认为:"包瑞德关于共产党的报告是诚实且中肯的军事评估。作为一名军人,包瑞德认识到共产党人是具有高效战斗力的勇士,是抗击共同敌人的坚定盟友。"②

包瑞德并不是唯一最初对中共怀有偏见的观察组成员,彼得金也是其中的一员。然而,当彼得金深入晋察冀敌后进行考察后,他终于认识到了中共抗日的决心与能力。据中共晋察冀的报告,彼得金在考察后曾对程子华等人坦率表示:"虽对你们的主义有不同意见,而你们所做的一切我非常同意,且赞美。"③回到美国后,彼得金还对在根据地的所见念念不忘。他在不同场合发表演讲,宣传中共的英勇战斗及灵活多样的地雷战、地道战。近半个世纪之后的1992年,彼得金还基于自己的日记和观察组摄影,整理出版了《1943—1945年在中国:美军观察组延安见闻实录》(*Inside China 1943-1945:An Eyewitness Account of America's Mission in Yenan*)。④

(二)渴望杀敌的士气

豫湘桂大溃退后,谢伟思曾对国民党军队的战斗力作出过分析。他在报告中写道:"很多士兵衣不蔽体食不果腹,看起来简直与乞丐无异。由于给养不足,医疗条件恶劣,非战斗减员现象屡屡发生。冻饿倒毙的士兵就暴尸于野,无人收敛。这种状况绝非个案,而是普遍存在。可想而知,国民党军队士

---

① Robert B.Rigg, *Red China's Fighting Hordes*, Harrisburg: Military Service Publishing Co., 1952, p.165.

② Theodore H.White and Annalee Jacoby, *Thunder Out of China*, New York: William Sloane Associates, 1945, p.241.

③ 《程子华等关于美军观察组对我印象极好给叶剑英的电报》(1944年12月30日),载中央档案馆编:《中央档案馆藏美军观察组档案汇编》(影印版),上海远东出版社2018年版,第395—398页。

④ Colonel W.J.Peterkin, *Inside China 1943-1945:An Eyewitness Account of America's Mission in Yenan*, Baltimore: Gateway Press, Inc., 1992.

气低落,战力孱弱。"①然而在来到根据地后,观察组却被八路军的士气震撼了。卢登特别提及:"在所有我走过的中共控制区,都有一个再明显不过的现象,那就是渴望杀敌的昂扬斗志。然而在国统区,我却很难感受到这样的士气,……中共高层军事领导无一例外都是不屈不挠的沙场老将,他们还有一套系统的政治纲领为民服务。毫无疑问,他们是目前中国最切合实际(Realistic)、组织性最强(Well-knit)、意志最坚定(Tough-minded)的团体。"他感叹道:"一个纯粹由中国人组建的政权绵亘广域,它赢得了民众积极拥护和参与,正在蓬勃发展。这在中国近代史上还是第一次。"②

9月14日,卡斯伯格在晋绥军区第八分区考察时,遇到了爱泼斯坦、《泰晤士报》记者哈里森·福尔曼(Harrison Forman),以及《巴尔的摩太阳报》记者毛里斯·武道(Maurice Votaw)。他们商量要实地观察一次八路军的战斗。15日和16日深夜,他们一起爬上汾阳附近的山顶,进行观战。"凌晨三点半左右,我们听到枪炮声,三处地点腾起火光,显然行动顺利。破晓时分,我们看到巨大的烟云飘过城墙。……午后,战报传来,八路军们成功完成了一部分目标,他们烧毁了机场设施,在跑道上埋了地雷,使日军无法派飞机调遣援兵。他们还炸毁了发电厂,破坏了汽车站。"③天明时分,战斗结束,卡斯伯格亲自参与了对伤员的救助。作为军医,卡斯伯格对八路军在如此匮乏的医疗条件下还能坚持奋战大为感动。10月9日,卡斯伯格回到延安,兴奋不已的他立刻向魏德迈发去电报,表达了对八路军的钦佩之情。

---

① John S.Service, *Lost Chance in China : The World War II Despatches of John S.Service*, Random House, 1974, p.36.

② Secret Report No.137 of February 12, 1945 from George Atcheson in Chungking to the Sec.of State, forwarding Second Sec.Raymond P.Ludden's Report on the subject : "Popular Support of Communists as Evidenced by People's Militia Organization in Shansi-Chahar-Hopei Communist Base", Memorandum for Assistant Chief of Staff, G-2.S-371, Folder S 370-394.Box 7, NND 883134, Entry 148, RG 46.

③ Harrison Forman, *Report From Red China*, New York : Henry Holt and Company, 1945, pp. 230-238.

有些说法认为这场战斗是故意为之,目的是给卡斯伯格留下深刻印象。但在卡斯伯格和包瑞德看来,这种说法"纯属无稽之谈"。他们认为,尽管共产党的确希望向美国展示自身抗战力量,但他们绝不可能因此牺牲自己的同志,更不会冒着整个连队全军覆没的危险达到宣传目的。卡斯伯格曾在欧洲参观过军事行动,他自信不会被表演所蒙蔽。① 卡斯伯格和包瑞德的反应说明,通过实地观察,美军观察组已经建立了对中共的理性认知。

(三)简陋条件下坚持整训与军工生产

延安观察组成员们发现,尽管物力维艰,但中共的军事整训丝毫没有松懈。8 月 24 日,包瑞德等人乘坐卡车前往南泥湾,参观 120 师 359 旅的训练。八路军为他们表演了步枪远程射击、轻重型机关枪扫射、手榴弹投掷等项目。在包瑞德看来,"这些训练方式太拘泥于程式,和国民党军队接受美式整训前一样"。实弹演习后,包瑞德又观看了八路军的队列操练。他看到:"士兵们个个青春洋溢,看起来营养充足。整个部队军容整洁,士兵们穿着简陋的胶底布鞋。"②10 月 17 日,包瑞德又前往绥德,参观抗日军政大学。在他眼中,这座紧挨长城,在延安东北 80 英里外的小城"丝毫未受 20 世纪人类文明的沾染"③。包瑞德在绥德停留了四天。在抗日军政大学,包瑞德发现,这里并没有军事训练,而是党员、工人、士兵、政府工作人员休养和接受教育的场所。军政大学的学员为他表演了会操、格斗,以及实战空弹模拟。一开始,包瑞德还认为军政大学过于"寒酸",但他很快意识到,在时局、物力均如此艰难的环境下,自己期待看到美械军备及美式操练才是异想天开。绥德几乎没有像样的

---

① David D.Barrett,*Dixie Mission:The United States Army Observer Group in Yenan*,*1944*,Berkeley:University of California Press,1970,p.44.

② David D.Barrett,*Dixie Mission:The United States Army Observer Group in Yenan*,*1944*,Berkeley:University of California Press,1970,p.37.

③ David D.Barrett,*Dixie Mission:The United States Army Observer Group in Yenan*,*1944*,Berkeley:University of California Press,1970,p.40.

建筑,共产党征用了几幢简陋的民居,充作校舍和教室。即便条件如此艰苦,这里的师生们仍心怀家国,他们围坐一起,阅读《解放日报》、学习党章,了解时政要闻。①

更令使团成员们震撼的是,除了坚持整训、学习,中共还在敌后积极进行军工生产,维持游击的作战与医疗需要。11月24日,卢登和彼得金小组参观了位于山西阜平的小型化工厂。这里设备极其简陋,除了基本化学原料,只有"水槽、陶瓷罐、温度计、搅拌棒"。彼得金还看到一个年仅18岁的小女孩"在昏暗的棚子里制作地雷和手榴弹所用的雷酸银"②。雷酸银是烈性炸药的原材料,不仅有毒,而且性状极不稳定,遇热即爆炸,甚至"一束强光就会将之引爆"。这些危险工作竟然全是由年轻人完成的。"工厂里有40名女孩,120名男孩,都不超过25岁。他们每天工作六到十小时,完全取决于任务危险系数与难易程度。"生活条件也极为简陋,通常都是"十到十五人挤在一张炕上"③。然而,就是在这样极端艰苦的条件下,这些年轻人冒着生命危险,竟然成功生产出了无烟火药、黄色炸药及烈性炸药。这些炸药被送到6公里外的子弹厂。彼得金一行人观看了手雷投掷,"一排手雷像火箭一样齐刷刷投掷出去,打击距离达到100—150码"④。

(四)紧密联系群众的抗战路线

迪克西使团成行前夕的6月24日,谢伟思呈交了一篇题为《国民党中国与美国政策》的报告。他透过复杂的乱象看到了国民党抗战不力的根本原

---

① David D.Barrett, *Dixie Mission:The United States Army Observer Group in Yenan*,1944,Berkeley:University of California Press,1970,p.41.

② Colonel W.J.Peterkin, *Inside China 1943−1945,An Eyewitness Account of America's Mission in Yenan*,Baltimore:Gateway Press Inc.,1992,p.42.

③ Colonel W.J.Peterkin, *Inside China 1943−1945,An Eyewitness Account of America's Mision in Yenan*,Baltimore:Gateway Press Inc.,1992,p.43.

④ Colonel W.J.Peterkin, *Inside China 1943−1945,An Eyewitness Account of America's Mision in Yenan*,Baltimore:Gateway Press Inc.,1992,p.43.

因:"不充分依赖民众,得不到民众的广泛支持,国民党根本无法发起有效的抗战。"来到延安及根据地后,谢伟思发现,中共武装力量的最独特之处在于,它坚定不移地推行密切联系群众的抗战路线。谢伟思在报告中写道:"八路军是一支政治部队,他们……尽可能团结一切可以团结的力量,并同时改善穷人生活为主导,……所有的一切都主要为战争服务。"①包瑞德也发现,八路军"极为重视培养士兵的政治素养"②。政治意识的提高大大促进了军队上下级之间的团结。包瑞德感叹道:"有史以来,很少有军队像中共武装那样,军官与普通士兵之间有着亲密无间的关系。军官真心为士兵谋福利,在战争中身先士卒,率领他们奋勇杀敌。"③这种密切的联系不仅体现在军队中,更体现在军民、党群关系中。

中共坚定的群众路线使延安民众具有"高度自觉的政治使命感"。谢伟思采访了当地民众,他惊讶地发现"无论是农民、理发师,或服务员,都可以很好地解释共产党坚持抗战的纲领"④。卡斯伯格在报告中分析了中共受到民众拥护的原因:"正是因为八路军迅速进入敌占区,对民众进行全面宣传、动员,给百姓带来了相对的社会稳定,……因此,八路军受到了人民的欢迎与支持。"⑤

1945年2月2日,卢登也将自己一路所见写入了报告。在他看来,"最重要且最令人感佩的现象是华北民兵组织对共产党政权的广泛支持"。接着,

---

① University of Oklahoma, *Hurley Papers*; John Service, Report 10, "Summary of Situation in North China", 1944.8.15, Joseph W.Esherick ed., *Lost Chance in China: The World War Ⅱ Despatches of John S.Service*, "Summary of the Situation in North China, August 15, 1944", pp.200-207.

② Theodore H.White, Mel Stuart: *China: The Roots of Madness*, New York: Norton Company, p.99.

③ Robert B.Rigg, *Red China's Fighting Hordes*, Harrisburg: Military Service Publishing, 1952, p.166.

④ Subject: "First Informal Impression of the North Shensi Communists Base", July 28, 1944, John S.Service, *Amerasia Papers*, Box 6, Folders S 290-S299, S-299, NND 883134, RG 46.

⑤ Melvin Casberg, "Report from Casberg about his September Visit to the CCP Frontline", 1944.10.15, National Archives in College Park, RG403, Box1, Roll 1.

他详细介绍了中共对民兵的组编、整训:"太原沦陷之前八路军便进入山西。中央政府和晋绥军撤离后,他们留在敌后坚持游击战斗。溃散的军队给山西人民带来巨大苦难,在一片混乱的局势中,共产党的政治工作者开始组织当地平民,收集被丢弃的武器装备用以自卫,抵抗退却的士兵,同时也防止武器落入进犯的日军之手。这一工作成果显著,大量被弃设备尤其是弹药、轻机枪、迫击炮等被收集并隐蔽起来⋯⋯共产党将 16 岁至 24 岁的青少年编入反日青年队,24 岁至 35 岁的青壮年则组织为模范分遣队(Model Detachments)⋯⋯随着组织的发展,分遣队便成为民兵团体的骨干力量。随着中共根据地的发展,民兵组织也逐渐壮大。"①

共产党全面发动群众,允许普通民众持有武器,这令在国统区生活过的卢登十分惊讶。"共产党人最主要的宣言之一是他们并不害怕有组织的、开明的民众。有充分证据表明,这绝非虚言。组织、教育农民便是中共最重要的活动之一。在此过程中,他们采取了终极措施——将武器交于成千上万的华北农民之手。"采访程子华时,卢登提出了自己的疑惑:"中共难道不害怕民众普遍持有武器导致局面失去控制吗?"程子华随即引述美国宪法答道:"公民持有武器的权利不可被剥夺!"②卢登将这些对话如实写入了报告。

卢登同时观察到,民兵与中共有极为紧密的联系:"尽管民兵团体是分散的,但每当联合作战时,任何民兵单位都直接听命于八路军高级军官的指挥,也会从中共常规武装力量处领取弹药。通常,八路军的粮食补给不成问题,但

---

① Secret Report No.137 of February 12, 1945 from George Atcheson in Chungking to the Sec.of State, forwarding Second Sec.Raymond P.Ludden's Report on the subject: "Popular Support of Communists as Evidenced by People's Militia Organization in Shansi-Chahar-Hopei Communist Base", Memorandum for Assistant Chief of Staff, G-2.S-371, Folder S 370-394.Box 7, NND 883134, Entry 148, RG 46.

② Secret Report No.137 of February 12, 1945 from George Atcheson in Chungking to the Sec.of State, forwarding Second Sec.Raymond P.Ludden's Report on the subject: "Popular Support of Communists as Evidenced by People's Militia Organization in Shansi-Chahar-Hopei Communist Base", Memorandum for Assistant Chief of Staff, G-2.S-371, Folder S 370-394, Box 7, NND 883134, Entry 148, RG 46.

如若处于长期战斗状态中,他们的口粮则会从公共仓储中调配。"令卢登印象深刻的还有中国共产党坚实的群众基础:"华北地区民众对中共的支持如此普遍,目击证据不可胜数,很难再抱守残念,认定这是为应付外国采访者而搭设的表演台,……对民众的教育、组织及武装进展迅速。共产党纲领要求保障平民基本权益、为他们提供体面的待遇,确保他们丰衣足食,这使八路军和民众真诚亲密地团结在一起。"卢登在报告中由衷地感叹:"我终于确信,共产党宣扬他们深受群众拥护,原来是真的!"①卢登对中共根据地的民主建设的评价也非常高。他对程子华说:"你们的民主政治虽还只是开始,但所走方向确是正确的;尽管非完全人民自己管理,却是真正为了人民。"②

(五)中共抗战具有重要价值

在观察组到达延安之前,西方力量已经对中共抗战十分关注。美国海军陆战队将官埃文斯·福代斯·卡尔逊(Evans Fordyce Carlson)曾于1937年底至1938年夏两次来到敌后根据地,在山西临汾、长治等地调研,跟随八路军一同行军至五台山。他还访问了延安,并取道榆林深入绥远和蒙古考察。③ 在此行程中,卡尔逊细致观察了八路军的战略战术、组织训练,以及群众动员,并将之详细记录呈报给罗斯福总统本人。1944年,英国贵族林迈可(Michael Francis Morris Lindsay)和妻子也从北京穿越重重火线来到延安。同卡尔逊一样,林迈可也观察了中共领导下的敌后抗日:"整个华北都是一条由共产

---

① Secret Report No.137 of February 12,1945 from George Atcheson in Chungking to the Sec.of State,forwarding Second Sec.Raymond P.Ludden's Report on the subject:"Popular Support of Communists as Evidenced by People's Militia Organization in Shansi-Chahar-Hopei Communist Base",Memorandum for Assistant Chief of Staff,G-2.S-371,Folder S 370-394,Box 7,NND 883134,Entry 148,RG 46.

② 《程子华等关于美军观察组对我印象极好给叶剑英的电报》(1944年12月21日),载中央档案馆编:《中央档案馆藏美军观察组档案汇编》(影印版),上海远东出版社2018年版,第395—398页。

③ Michael Blankfort,*The Big Yankee*:*The Life of Carlson of the Raiders*,Boston:Little,Brown and Company,1947.

党武装力量组成的游击战线，……虽然并未发生过大规模战役，但也持续消耗了日军的有生力量……"①尤其是在 1944 年日军发起"一号攻势"后，美国外交界及军界开始出现一种声音，认为"中国共产党军队一直以来都积极投身抗日活动，有时与国民党军队组成统一战线协同作战，但更多时候是孤军奋战"②。

1944 年 5 月，美国记者冈瑟·斯坦因（Gunther Stein）在赴延安之前，应何应钦之邀，对他进行采访。当斯坦因问及如何评价中共的抗战活动时，何应钦回答道："政府认为，游击队与地方自卫武装对整个民族抗战并无任何贡献，反而激化了地区的不稳定性。因此，必须要消融他们。"③来到延安后，谢伟思转呈了斯坦因的采访记录，同时提交了一份《国民党及日军对中共抗战影响力的观点》报告，旗帜鲜明地表达了他对中共抗战的称赞之情。"关于共产党是否在抵抗日军这一问题，在我看来毫无讨论的必要。我们不时收到穿越游击区的外国人的报告，最近也常看到延安中共军事领导人关于战事的介绍。这些记录翔实完整，我对之完全信服。中共坚守着敌后的大片要地，以此为基础积极抗日，同时发展壮大他们在华北等地的根据地。如果这是编造的，那日军何必要针对中共建立如此复杂的防御系统？"同时，谢伟思还引用了日军对八路军作战的新闻报道，来证明"日军确实视中共为华北地区一支活跃的军事政治力量"④。

包瑞德也认为中共的抗战活动具有极为重要的战略意义。1944 年 9 月 17 日，在巡视了八路军的一个旅之后，包瑞德深感振奋，他开始设想八路军、

---

① "OSS Report：The Guerrilla Front in North China" May 21, 1943, NARA, RG 165, Entry 9, Box5 45, Folder 11.

② Carter, Carolle J., *Mission to Yenan：American Liasion with the Chinese Communists 1944-1947*, Lexington：The University of Press of Kentucky Press, 1997, p.2.

③ Subject："Kuomintang and Japanese Views of Effectiveness of Communist Forces", S 302, Folder 300-320, Box 6, NND 883134, Entry 148, RG 46.

④ Subject："Kuomintang and Japanese Views of Effectiveness of Communist Forces", S 302, Folder 300-320, Box 6, NND 883134, Entry 148, RG 46.

新四军参加未来中美对日联合作战。9 月 30 日，经过一番详细考察，包瑞德呈交了题为《中共武装的战斗力与需求》（*Capabilities and Needs of Communists Fores*）的报告，要求立即向中共施以物资援助。包瑞德写道："总而言之，我相信，中共武装力量能直接策应盟军在中国战场的作战。这种支持可以拯救美国人的生命，加快取得最终的胜利。"同时，他还进一步指出："我们能从多大程度上利用中共军队的力量，完全取决于我们能为其提供多少装备及训练。"①

美国驻华大使高斯一直以来都持反共政见。在把观察组成员的报告转呈给国务院或罗斯福时，高斯往往会附加一份对中共极为不利的材料，或是站在反共立场对报告另作解释。即便如此，当他将包瑞德这篇热情洋溢的报告上呈时，他一方面附文说"共产党的抗战成就被夸大了"，但另一方面也明确承认道："中共的确在北方建立了抗日根据地，也在华北、华中牵制了部分日军。"

结　　语

1944 年夏，迪克西使团来到延安。他们对延安及中共所领导的各抗日根据地展开了全方面考察。迪克西使团关于延安及敌后根据地的正面、积极报告大大改变了美国对中共的认知。首先延安观察组的报告证明，中国共产党的抗战是伟大的，是中国抗战的希望，也是美国对日作战的有力友军。观察组的报告为美国军政高层呈现了真实的中国共产党及敌后战场，虽不能彻底消除偏见，但也起到了"祛魅"的作用。正如毛泽东所说："……事实胜于雄辩，真理高于一切，外国人中国人的眼睛，总有一天会亮起来的。现在，果然慢慢

---

① Letter, U.S. Army Observer Section, Yenan, September 30, 1944, Subject: "Capabilities and Needs of Communists Forces", File No.Geog V China 334, *Yenan Observer Group*, *Dixie Mission*, Vol.1, Office of the Chief of Military History, Department of the Army, Washington: D.C.

地亮起来了……"①其次,迪克西使团的观察还说明,中国抗战的国际话语权亟待进一步弘扬。长期以来,在国际社会,中国抗战的地位得不到应有的肯定,中共敌后战场抗战的地位更是被忽视。话语权的缺失不仅是学术研究的损失,更不利于新中国在国际舞台上发挥与身份相称当的大国角色。

最为重要的是,迪克西使团的观察说明,中共领导下"全国人民的动员"②是最终打败日本法西斯、建立新中国的关键因素。刚刚到达延安时,谢伟思便发现"延安现在所发生的是一场彻底的改革,……这场运动是强大且成功的,它背后有强大的推动力,它和民众的联系如此密切;想要扑灭它绝没那么容易"。谢伟思在报告中曾这样写道:"共产党由于持续不断的奋斗需求,仍保持着其革命品质,并逐渐发展至臻。"③所谓革命品质,这是一个政党的"初心"。中国共产党正是秉持服务于人民的初心,坚守"抗击日本、获取民心"的使命,领导敌后军民积极生产、英勇抗战,最终迎来了世界反法西斯战争的胜利,后又取得了解放战争的胜利,建立了新中国。新中国的成立及其崛起的历史业已证明,美国迪克西使团关于延安是中国的希望与未来的预言是正确的。④ 历史也将证明,在中共的正确领导下,中华民族伟大复兴终将实现。

---

① 毛泽东:《欢迎美军观察组的战友们》,《解放日报》1944 年 8 月 15 日社论。中共中央文献研究室、中央档案馆编:《建党以来重要文献选编(1921—1949)》,中央文献出版社 2011 年版,第 471 页。

② 《毛泽东选集》第二卷,人民出版社 1991 年版,第 479 页。

③ Subject:"First Informal Impression of the North Shensi Communists Base", July 28, 1944, John S.Service, *Amerasia Papers*, Box 6, Folders S 290−S299, S−299.NND 883134, RG 46.

④ Israel Epstein, *My China Eye: Memoirs of a Jew and a Journalist*, San Francisco: Long River Press, 2015, p.186.

第七章

全民族抗战时期美国档案文献对中共军队的评估

▲卡尔逊致莱汉德信函，1937年12月24日（美国罗斯福总统图书馆藏）。

《罗斯福总统私人文书4951文件夹》（*President's Personal Files 4951*）收录了卡尔逊从中国寄给白宫的函件，收件人多为罗斯福的秘书莱汉德小姐。这是因为在卡尔逊启程赴华之前，罗斯福曾专门约见卡尔逊，叮嘱其记录中国发生的事情，发表其见解，并就此与罗斯福保持通信。1937年12月24日，卡尔逊在山西某地的八路军驻地向莱汉德小姐发出了这份信件，汇报了其在八路军总部访问所获得的有关中共军队的初步印象。卡尔逊认为八路军是中国全新的军队，指出八路军的政治工作、官兵关系和军民关系、游击战术、将领的指挥能力等是八路军能够抵抗日本的重要基础，特别是游击战严重袭扰了日军。卡尔逊坚信八路军是中国最为坚定的抗日武装。

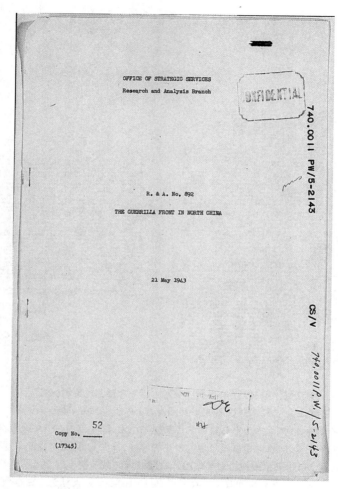

▲《华北的游击战前线》，1943年5月21日（美国国家档案馆藏）。

这一报告是美国战略情报局研究与分析部门在自英国方面获得的林迈可报告的基础上，对中共在华北地区根据地的游击战所作的详尽报告。报告包括游击区域及民政管理、游击战前线的重要性、游击队的力量和战术、日本的战术、日军与中共军队战斗的结果等部分。报告指出，中共是卓越的政治组织，成功发动起民众，从而得以在艰苦的物质条件下坚持抗战，并发展出地道战等多种游击战作战方式，几乎将整个华北地区变成游击战的前线，消灭了相当数量的日军部队，还使日本无法大量获取棉花等资源。报告强调，在评价中共军队游击战的成果时，必须谨记"中共的战术严重受制于弹药的缺乏"这一要素，如果中共军队能得到更好的武器供应，华北的战局将发生有利于整个亚洲太平洋战场盟军的重大变化。

全民族抗战时期是中国共产党与美国关系建立的时期,学界的相关研究成果极为丰富,但是主要集中于考察美军延安观察组的派遣与工作、美国对中共的认知与评价、对国共之争前景的预判,以及中共对美政策、中共对美宣传等方面,而较少关注美国对中共军事力量的评估。① 实际上,美国之所以对战时国共之争有诸多担忧,后来甚至直接介入调停国共关系,主要原因在于:不同于民盟等其他非国民党政党,中共是掌握了军队的政党,且中共领导的八路军、新四军等武装力量在战时牵制、打击日本力量方面发挥了重要作用。因此,本章主要依据美国国家档案馆藏驻华使领馆档案、战略情报局(Office of Strategic Services)档案、卡尔逊(Evans F.Carlson)的相关报告及"外国观察者眼中的中共抗战:美军观察组延安机密档案"丛书、《中华民国时期外交文献汇编(1911—1949)》等资料,考察全民族抗战时期,自卡尔逊访问华北中共抗日根据地开始,美国驻华机关及人员在基于各种渠道获得的情报基础上,对中

① 近年来,关于全民族抗战时期中共与美国关系研究的重要论著有:牛军《从延安走向世界——中国共产党对外关系的起源》(中共党史出版社 2008 年版)、杨奎松《中间地带的革命》(陕西人民出版社 2010 年版)、陶文钊《中美关系史》(上海人民出版社 2016 年版),以及周祖文《抗日战争时期中共对美政策的演进》(《开放时代》2015 年第 4 期)、吕彤邻《美国馆藏中共抗战解密史料汇编——西方见证人眼中的敌后根据地》(《上海交通大学学报(哲学社会科学版)》2015 第 5 期)、吕彤邻《抗日战争中期西方民间人士与中共对外信息传播》(《中共党史研究》2015 年第 7 期)、牛军《合作—"中立"—对抗:1944—1946 年中共对美政策再探讨》(《四川大学学报(哲学社会科学版)》2016 年第 1 期)、贾钦涵《抗战时期美国战略情报局与中共军事合作的尝试》(《抗日战争研究》2018 年第 1 期)、洪富忠《抗战时期中国共产党国际形象的建构——以大后方为中心的考察》(《党的文献》2019 年第 6 期)等。关于美军延安观察组的研究进展,可参见韦磊、张语:《20 世纪 90 年代以来美军观察组研究综述》,《北京党史》2019 年第 4 期。

共军队进行的评估,进而揭示中共抗战在美国的影响。

就美国获取中共军队信息的途径而言,有直接与间接两种,据此可将全民族抗战时期美国对中共军队的评估分为三个阶段:一是全民族抗战初期,国共两党关系较佳,卡尔逊得以顺利进入中共根据地,并与毛泽东、朱德等中共领导人及军事将领交流;二是随着国民党对中共根据地封锁的加强,美方无法直接接触中共军队,更多的是通过一些线人、珍珠港事变后自北平进入根据地的英美人士以及其他间接渠道获取中共军队信息;三是全民族抗战后期,随着美军延安观察组抵达延安,美方得以直接观察、评估中共及中共军队。

需要说明的是,由于战时中共主要采取敌后游击战的战术,且在较长时期内无法从国民政府获得武器装备,因此美国档案中很多时候直接以"游击队"称呼中共军队[①],不过在谈到中共军队的具体组成时,则会区分八路军正规部队与游击队。

一、根据卡尔逊直接渠道所作的评估

在 1937 年之前的十多年间,中共与美国没有直接联系。尽管在 1927 年 5 月,美国驻华公使马慕瑞(John Van Antwerp MacMurray)就称许中共是"中国各党派中最精悍、最专一、组织性最强的队伍"[②],但总体而言,美国政府及民众完全不了解中共,受国民党宣传的影响,多将中共视作"赤匪"。据李玉等人的研究,1927—1937 年间的美国驻华领事馆报告中,尽管有一些红军优点

[①] 一份文件直接在 the North China Communists 后面以括号加注 guerrillas,参见"Report from G.Martell on Experience in North China and Trip from North China to Chongqing",July 31,1943, National Archives Ⅱ,RG 226,Entry 210-OSS Classified Sources and Methods Files,Box 330,Folder 9,p.2,U.S.National Archives,Maryland.

[②] "The Minister in China(MacMurray) to the Secretary of State",October 9,1928,Department of State ed., *Papers Relating to the Foreign Relations of the United States*:*1928*,Washington,D.C.: United States Government Printing Office,1943,Vol.3,p.169.

的评述,但总体而言,充斥着很多不实甚至污蔑之词,将中共与红军的革命行动视作土匪破坏社会秩序的活动。① 直到埃德加·斯诺访问陕甘宁边区后,这一状况才有所改变。

七七事变后,日本发动全面侵华战争,国共两党开始第二次合作,开展反对日本侵略的全民族抗战。国民政府对中共根据地的封锁因之暂时放松,于是大批记者、传教士、工业合作运动雇员、医生、技术人员等追随斯诺的脚步,纷纷前往延安等根据地,其中就包括斯诺的友人、美国军官卡尔逊。

1927 年 2 月至 1929 年 9 月及 1933 年 3 月至 1935 年,卡尔逊曾两度以美国海军陆战队情报官身份来华,对中国有浓厚的兴趣。1935 年秋,他开始担任美国总统罗斯福(Franklin Delano Roosevelt)的温泉公寓警卫官,与罗斯福建立起私人友谊;1937 年春,卡尔逊申请赴华,并于同年 7 月 31 日启程来华,担任驻华大使馆参赞、上海美国海军武官处情报官。在卡尔逊临行之前的 7 月 15 日,罗斯福专门接见了卡尔逊,并请卡尔逊直接与其本人通信,告知中国的情况及卡尔逊的看法。② 1937 年 12 月至 1938 年 2 月,卡尔逊先后访问了八路军总部、晋察冀根据地,会见了朱德、彭德怀、任弼时、左权、林彪、刘伯承、薄一波、徐向前、陈赓、聂荣臻、贺龙等八路军高级将领。1938 年 5 月初,卡尔逊到达延安,展开了为期十余天的考察、访问,并与毛泽东等中共领导人进行了数次会谈,这使他成为 1944 年之前唯一访问过延安的美国官员。随后,他又到绥远、晋绥、冀中、冀南、山东等地,考察八路军和根据地的情况。卡尔逊给罗斯福、驻华使馆及美国海军的信件和报告中就包括 1937—1938 年他前往中共抗日根据地考察八路军的情况汇报。

卡尔逊之所以前往中共根据地,是因为他认为淞沪抗战中,中国军民表现出的忍受艰辛、共同合作精神,如果能推广到全中国,将抵消日本在现代化装

① 熊秋良、李玉:《美国驻华领事馆关于中国共产党及红军的观察》,《苏区研究》2017 年第 4 期。

② 武云编:《卡尔逊与罗斯福谈中国:1937—1945》,上海远东出版社 2017 年版,第 1 页。

备与组织方面的优势。在从斯诺那里得知中共军队正是如此行事之后,他决定亲自访问中共根据地,以获得第一手资料,"为中国共产党及其武装力量,即八路军做一定程度的评估",并"获取八路军在抗日过程中使用的'游击'战术"这一对外国军队来说陌生的战术信息。①

卡尔逊在八路军总部停留了十天,其间与朱德等八路军领导人及地方民众、传教士等进行了广泛的交流。他的初步感受是,中共军队是中国整合得最好的政治团体,并发展出了与其他中国军队完全不同的战术。他注意到八路军的思维过程、为人及行动都与传统的、拘泥于繁文缛节的、闪烁其词的中国人不同。八路军的政治工作及官兵关系给卡尔逊留下了深刻印象:培养军人的奉献精神,在战前向士兵讲述军事形势,使士兵清楚可能取得的胜利和遭到失败的后果,加深官兵之间的理解。"正是官兵之间强烈的理解纽带,加上服务和从事正义事业的愿望,使得这支军队在过去十年能够击退国民党军队,也使得它在今天能赢得对日本人的胜利,而其他中国军队做不到。"八路军广泛发动民众,组织游击队,使全民都起来抵抗侵略,从而能够对敌人进行出其不意的袭击。他强烈称赞朱德等八路军领导人展现出的正直、热诚、坦率、坚毅、厚道的人格魅力及卓越的军事指挥能力,"领导八路军……取得了一次又一次的胜利,缴获了大批日本补给……半数部队都穿着从日军缴获的长大衣"。卡尔逊称许八路军的游击战术,指出八路军活跃于日军的后方和侧翼,"就像鳗鱼一样,在日军之间来回穿梭,或许更好的比喻是黄蜂骚扰大象,发动攻击,然后消失,切断交通线,在晚上频繁袭击使敌人无法入睡"。卡尔逊认为中共表现出了竭力维持抗日民族统一战线的自制力,了解世界事态,思想开明、务实,并深信即便中国其他军队放弃抗日,八路军也会独自坚持下去。②

---

① 居之芬:《抗战爆发前后外国人对中国共产党和敌后抗日根据地的考察》,《抗日战争研究》1992 年第 3 期;舒暲、赵岳编著:《太阳正在升起——卡尔逊亲历的中国抗战》,北京出版社2016 年版,第 96 页。

② "Carlson to Lehand",December 24,1937,载武云编:《卡尔逊与罗斯福谈中国:1937—1945》,上海远东出版社 2017 年版,第 50—52 页。

卡尔逊并不满足于仅在八路军总部获取信息,而是希望到前线,亲眼考察中共思想和理论的实践情形、八路军的实际作战状况及群众组织工作。在深入中共抗日根据地后,他对八路军的评价更高了。他指出八路军的游击战"发展完善了抗战的形式",如果能推广到中国其他地方,"将能通过破坏通信线路、切断后勤补给、拖延作战时间等方式有效地阻止日军的推进",从而为训练出能够打击、消灭日军主力的正规军争取到充足时间。他注意到八路军的游击战注重实现正规军、游击队及民众的密切配合,正是得益于"团结、高昂的战斗精神和有一个精心制订的计划"等因素,根据地得以击退敌军的进攻。卡尔逊称赞朱德等八路军领导人对待生活的态度及行为方式,"比起中国其他任何集团来,更接近我们"。他再次强调,他深信八路军将坚持抗战,即便国民政府与日本达成妥协。不过,他也清楚八路军的力量单薄,人数、武器都有限,无法在华北完全展开。① 正是由于八路军成功发动了民众,并坚持抗战,因此挫败了日军控制山西全省、掠夺资源的企图;此外,八路军控制地区的军事与政治也有了显著的进步。②

卡尔逊高度赞赏八路军官兵表现出的美德、信念:"这支军队的士气之高,体魄之健,在远东各武装部队中首屈一指。指挥员的诚实、无私和廉洁,让不赞同共产党的政治思想、但具有爱国精神和高尚理想的人,也钦佩不已。不管你如何夸奖这批人在救国事业中的重大作用,都不谓言过其实。"③

在给美国海军部的《关于中国西北部军事活动的报告——特别有关中国八路军(原共产党部队)的组织和策略》报告中,卡尔逊详细汇报了自己的行

---

① "Carlson to Lehand",March 4,1938,载武云编:《卡尔逊与罗斯福谈中国:1937—1945》,上海远东出版社 2017 年版,第 54—55 页。

② "Telegram from Nelson Johnson at Chongqing,about Evans Carlson's tour of CCP areas",September 1,1938,National Archives Ⅱ,RG 59,Central Decimal Files 1930-1939,Box 7132(893.00/14258),p.2,U.S.National Archives,Maryland.

③ [新西兰]路易·艾黎:《在中国的六个美国人》,许存尧译,新华出版社 1985 年版,第198 页。

程及所见所闻的八路军的情况,还提供了具体的战例。卡尔逊指出,考察八路军具有重大意义,并断定中共将会日益发展壮大,在战后对国家事务的影响力将迅速扩大。据卡尔逊观察,中共为了纠正可能出现的军事主义倾向,同时激发士兵的愿望与决心,由与军事指挥员拥有同样权威的政委进行政治思想工作。他认为这是八路军军事行动获胜的最重要因素:"八路军领导人制订了一系列行为规范,然后召集士兵,向他的部属阐述这些行为准则,以及如此做的原因,这与美国陆海军领导方式的区别仅仅表现在说服力度上";八路军领导人花在说服士兵一事上的时间是美国军官的好几倍,效果很好,士兵乐意、自觉执行上级的命令。他报告了八路军的建制和人事组织情况。八路军在山西和河北成功运用游击战、运动战和正规战三种抵抗方式,在正规部队之外,由游击队作补充,并在群众中树立起部队官兵的良好形象,组织发动民众,实现军民密切配合,从而弥补武器的不足。八路军厉行军事民主,军官与战士的生活条件是平等的,以"同志"互称,以能力为选拔军官的标准。八路军的军队条例主要是"三大纪律八项注意",惩罚方式温和,以批评为主。八路军的军事训练不注重形式,重点在于保护武器和学习技巧,重视体能训练;不进行训练时,主要开展体育活动。八路军的冬季服装宽松,武器来自战斗缴获,也有一些是国民党政府提供的,还接收了国民党军队溃退后留下的军用物资。八路军的薪资标准简单,服装、食品、烟草及其他军需品实行免费供应;伙食方面,餐标是每天 15 分,偶尔吃肉,茶和大米是奢侈品。运输是八路军的弱项,主要依靠人力,炊具、食物、无线电、办公设备等由士兵运送,或背在身上,或用扁担挑运;大宗食物、医疗用品和服装由牲畜驮运。八路军细心照顾伤员,不像中国其他军队一样听任伤员在痛苦中或恢复或死亡。八路军拥有极好的无线电通信系统,主要通过无线电保持联系。八路军行军效率很高,途中只休息两三次。卡尔逊报告了八路军的部署情况,指出八路军的作战目标是破坏交通线,极力阻止日军渗透到交通线以外地区;作战方式是以营以下部队为作战单位,在敌人侧翼及后方发动袭击,避免正面进攻,获胜的关键是机动、奇袭、机智和高昂的士气。①

在另一份报告中，卡尔逊同样对中共军队赞不绝口。他注意到八路军区别于中国其他军队的根本性标志之一是八路军的建军原则。八路军实行"三大纪律八项注意"，官兵关系平等，不强调绝对的盲从，也反对通过残酷的刑罚来惩罚违反军规的人，警惕军事独裁的可能性，在军事训练的同时进行政治教育，激发战士自觉支持指挥官。卡尔逊对八路军的政治思想工作有浓厚兴趣。他认为八路军与民众之间的鱼水关系、政治委员通过思想工作激发战士的战斗意愿等特征，是八路军在武器装备方面长期严重落后的情况下，维持战斗力、取得战斗胜利的重要原因。卡尔逊详细介绍了八路军采用的游击战术，指出游击战主要是困扰日军、破坏日军的交通线和征粮队、在运动中发现和利用敌人弱点。八路军在正规军之外，还建立起区域性和流动性的游击队，并与民众保持密切联系与合作，通过组织村自卫团体获取情报、转移伤员，从而有效弥补了缺乏坦克、大炮等武器的不足。当然，单纯的游击战难以实现抗战的最终胜利，但可以延缓日军的步伐，拖垮日本的力量，从而赢得时间，建立能彻底打败日军的中国军队。他认可游击战的战术，认为如果推广八路军的战术，"至所有日军已经或可能入侵的地区，将有效阻止日军的扩张并使战争得以拖延，可以让中国政府有充裕的时间来组织和培养强大反击力量，同时持久性战争也将使日本国力每况愈下"，从而帮助中国夺得最后的胜利。卡尔逊并不讳言中共军队的缺点，指出八路军的薄弱点在运输方面，因运输主要依靠人

① 舒暲、赵岳编著：《太阳正在升起——卡尔逊亲历的中国抗战》，北京出版社2016年版，第108—121页。美国国家档案馆所藏2份驻华海军舰队司令的信件中就提到，收到了卡尔逊自山西发出的报告。报告称，八路军在该地区的抗日斗争中取得了很大成功，八路军是游击战的专家，给日军造成了诸多破坏，带来了麻烦。"Letter from Yarnell to Leahy, on Situation in Shanghai: Japanese Drunkenness, Mentions Receiving Reports from Carlson with the Eighth Route Army", January 18, 1938, National Archives Ⅱ, Harry E. Yarnell Papers, Box 3, Folder Leahy, Adm. William D. 46-55; "Letter from Yarnell to Asiatic Fleet CoS Riley McConnell, on Conditions in China, Report from Carlson with Eighth Route Army", National Archives Ⅱ, Harry E. Yarnell Papers, Box 1, Folder General Correspondence 1/3/38-1/18/38.

力或牲畜,此外还缺乏足够的医生。为了维持抗日统一战线,八路军愿意对国民党作出让步。①

数月的实地考察让卡尔逊认识到,八路军是"一支世界上最能自我克制、最讲自我纪律的部队"②。在给斯诺的信中,卡尔逊兴奋地写道:"您知道我对八路军的看法,世界上再也找不到那样一支军队";八路军之所以能够成功,基本因素在于"给每个人灌输要有正直为人的愿望和有高度的责任感……结合轻视物质的东西,甘愿个人隐姓埋名、做出牺牲,这就使个人有了一种精神基础,能克服一切物质上的困难"③。他强调八路军代表了"中国抗日战争中新的潜力",也回答了如何应对"日本的现代战争机器的挑战"④。卡尔逊也由此成为斯诺所说的,"一九三八年,除史迪威外……我所知道的唯一认识到日本人战线后方游击队这种惊人发展的重要意义的美国军官"⑤。他还向罗斯福总统寄送了八路军缴获的文件、日记和军大衣,呼吁美国援助八路军。

正是出于对八路军的推崇,太平洋战争爆发后,卡尔逊以八路军为样板,组建了美国海军陆战队第二突击营,对下属进行游击战训练,在敌后开展机动作战;提倡八路军的"集体精神",对士兵开展政治教育,并厉行官兵平等、军事民主,与士兵同吃、同住、同战斗,获得了太平洋战争期间美军两栖登陆作战的首次胜利,并在瓜岛战役、塞班岛战役等战役中取得了丰硕战果。同样是出于对中共军队的认可,卡尔逊于1944年2月23日致函罗斯福,指出时机已经成熟,建议美国派遣像他一样有经验的人前往华北,寻求与中共军队共同作战

---

① 侯中军:《美国军事情报人员对八路军的第一次实地考察——卡尔逊给美国军方情报处的报告》,《抗日战争研究》2004年第2期。

② [美]史沫特莱:《中国在反击》,陈文炳、苗素群译,新华出版社1985年版,第224页。

③ 舒暲、赵岳编:《太阳正在升起——卡尔逊亲历的中国抗战》,北京出版社2016年版,第137—138页。

④ [美]埃文斯·福代斯·卡尔逊:《中国的双星》,祁国明、汪杉译,新华出版社1987年版,第109页。

⑤ [美]埃德加·斯诺:《复始之旅》,宋久、柯南、克雄译,新华出版社1984年版,第234页。

的机会。① 1944 年 10 月 28 日,病床上的卡尔逊还致信罗斯福,重申对中共军队的信任,建议与中共军队开展联合军事行动:"确信中国的所谓共产党军队的领导人较诸国民党军队的大部分领导者更值得信赖。在我们开始亚洲大陆的军事行动时,他们在使人民同我们合作方面更为有益。"②

学界对卡尔逊的华北之行已有诸多介绍,实际上,在 1940 年,卡尔逊还在周恩来的安排下,陪同路易·艾黎(Rewi Alley)视察"工合"运动情况,短期访问了新四军控制下的皖南地区。卡尔逊指出,新四军驻扎在山区,兵员来自当地;士兵瘦削健壮,尽管食物不足,缺医少药,但制服和装备尽可能保持干净;具有性格恬静、直爽、脾气好等共性特征;新四军士兵精神状态好,充满着警觉和渴望,"那是中国少见的";新四军控制区内强调统一战线、军民紧密合作。③

卡尔逊的报告在美国驻华人员中得到了回响,时任美国驻华大使詹森(Nelson Trusler Johnson)相信卡尔逊的调查是符合要求的、充分深入的调查,认为如果能得到苏联支持的话,中共在华北的影响力还会持续扩大,而日本将发现其更难消灭这一强劲发展的力量,也难以充分利用华北的丰富资源。④

二、根据间接情报所作的评估

在卡尔逊访问根据地之后,由于国民党的封锁,加上中共所处区域没有美国外交及领事官员,因此美国驻华外交、军事系统主要依靠一些进入中共根据

---

① "Carlson to Roosevelt",February 23,1944,载武云编:《卡尔逊与罗斯福谈中国:1937—1945》,上海远东出版社 2017 年版,第 204 页。

② "Carlson to Roosevelt",October 28,1944,载武云编:《卡尔逊与罗斯福谈中国:1937—1945》,上海远东出版社 2017 年版,第 210 页。

③ 舒暲、赵岳编著:《太阳正在升起——卡尔逊亲历的中国抗战》,北京出版社 2016 年版,第 142—144 页。

④ "Telegram from Nelson Johnson at Chongqing,about Evans Carlson's tour of CCP areas",September 1,1938,National Archives Ⅱ,RG 59,Central Decimal Files 1930–1939,Box 7132(893.00/14258),pp.3–4,U.S.National Archives,Maryland.

地的外国人及《真理报》等中外报刊之类的间接渠道,获取中共军队的情报。①
据崔玉军统计,全民族抗战时期到访过延安的美国人至少有 95 人,不过他的
统计只包括珍珠港事变前及 1944 年之后到访延安的美国人,没有涉及
1941—1944 年间进入其他解放区的外国人。② 实际上,在中共的帮助下,珍珠
港事变后,有一些外国人从北平经根据地抵达重庆,他们的观察与体验成为美
国驻华系统了解中共信息的重要渠道。

(一)美国驻华外交系统

红军改编为八路军、新四军的消息公布后,美国驻华使领馆及时报告给了
美国国务院。③ 1938 年 8 月 4 日的一份情报,根据中方的公开报道,指出八路
军部分人员从河北西部进入河北东部,与当地武装联合抗日,另外一部分进入
热河,试图与东北的游击队合作抗日。④ 1937 年 11 月 5 日的一份报告称,项

---

① 美国国家档案馆解密档案中有相当一部分关于八路军、新四军的报告都是由国务院远
东司将美国驻苏联大使馆的文件转给驻华使馆的,而美国驻苏联大使馆的相关文件也多来自苏
联媒体的报道。如 1938 年 10 月 26 日,国务院远东司转了同年 9 月 24 日驻苏大使馆据 9 月 11
日《真理报》有关新四军发展情况的报道,参见"Despatch from Moscow Embassy, Transmittal of
Pravda Severa article on the New 4th Army", October 26, 1938, National Archives Ⅱ, RG 59, Central
Decimal Files 1930-1939, Box 7132(893.00/14269)。这里所说的其他渠道,还包括日本方面。珍
珠港事变前,美、日两国并未断交,美国海军仍造访上海,与日本有联系,因此部分有关中共活动
的情报是从与日方交流中获得的。如 1938 年 10 月 8 日有关八路军与日军作战情况的情报部分
内容就来自日本官员,参见"4th US Marine Intelligence Report, about Battles between Japanese and
8th Route Army", October 8, 1938, National Archives Ⅱ, Harry E. Yarnell Papers-4th US Marines In-
telligence Reports, Box 11, Folder October 1st-October 18th, 1938, U.S. National Archives, Maryland。

② 崔玉军:《抗战时期到访延安的美国人及其"延安叙事"》,《齐鲁学刊》2017 年第 5 期。

③ "Telegram by Nelson Johnson at Nanking, about Reorganization of 8th Route Army into Na-
tional Government", September 13, 1937, National Archives Ⅱ, RG 59, Central Decimal Files 1930-
1939, Box 7132(893.00/14174); "Memorandum from Nelson Johnson, about organization of 'Fourth
Route New Army'", November 13, 1937, National Archives Ⅱ, Harry E. Yarnell Papers—Commander
in Chief Asiatic Fleet War File, Box 7, Folder 71-90.

④ "4th US Marine Intelligence Report, about Japanese Defeating CCP Armies at Taihsien", Au-
gust 4, 1938, National Archives Ⅱ, Harry E. Yarnell Papers—4th US Marines Intelligence Reports, Box
11, Folder July 19th-August 4th, 1938.

英已经被委以负责召集、组织"在江西、湖南和湖北的多股共产主义和土匪团伙",并在湖南推动此事。① 另一份军事情报则声称,新四军由江西、福建和广东的 50000 名共产党部队成员组成,并已经被从广东运送到了浦口地区。② 由于缺乏切实可靠的情报渠道,甚至还出现了朱德取代阎锡山,负责指挥山西的军事行动的报告。③

在很长一段时间内,美国驻华外交、军事系统只能依靠去过中共控制区或附近地区的人员提供的信息来了解中共军队。1938 年 5 月,驻华使馆一秘索尔兹伯里(Salisbury)报告国务院,据一位来自保定的、可靠的美国人的叙述,占领保定的日军实则处于八路军的包围中,在保定郊区时常发生中日两国士兵的冲突,中国士兵时常破坏铁路、在晚上潜入市区,日本士兵晚上只能撤退至有路障的区域。④ 同年 5 月 4 日,美国海军的一份情报显示:"一位可靠的外国人近期在山东西北部遇到了一支装备较好的共产党军队的领导人,并与之交谈。他说他们是八路军的成员,从山西开始行军,任务是与山东的游击队会合。"⑤

1939 年 2 月,在给美国国务院的年度报告中,驻华使馆指出 1938 年有包括八路军在内的约 100 万游击队员对日军交通线及孤立据点发动了袭击。报

---

① "Memorandum from Josselyn(State Department),about General Hsiang Yiang being Commissioned by the Guomindang to Organize Guerrilla Fighters",November 5,1937,National Archives Ⅱ,Harry E.Yarnell Papers—Commander in Chief Asiatic Fleet War File,Box 7,Folder 91-115.

② "4th U.S.Marine Intelligence Report,Mentions Formation of New 4th Army",December 11,1937,National Archives Ⅱ,Harry E.Yarnell Papers—4th US Marines Intelligence Reports,Box 10,Folder December 1st,1937-December 15th,1937.

③ "4th U.S.Marine Intelligence Report,Mentions Zhu De Replacing Yen Hsi-shan as commanders of operation in Shansi",January 15,1938,National Archives Ⅱ,Harry E.Yarnell Papers—4th US Marines Intelligence Reports,Box 10,Folder January 3rd,1938-January 27th,1938.

④ "The First Secretary of Embassy in China(Salisbury) to the Secretary of State",May 14,1938,Department of State ed.,*Foreign Relations of the United States Diplomatic Papers*:1938,*The Far East*,Washington,D.C.:United States Government Printing Office,1955,Vol.4,p.320.

⑤ "4th US Marine Intelligence Report,about Japanese Forces Winning Battles against 8th Route Army",May 4,1938,National Archives Ⅱ,Harry E.Yarnell Papers—4th US Marines Intelligence Reports,Box 11,Folder April 19th-May 7th,1938.

告评论道,由于八路军避免与日本发生大的战斗、未能在强攻下守住城镇、破坏铁路,因此游击战在很多方面是无效的,但游击战给日本的交通线、铁路守备和分散的驻军造成持续的压力,阻遏了日本稳固控制华北的企图。报告分析游击战缺乏作用的主要原因在于,游击队缺少武器弹药、缺乏训练,以及"可能的,与高度成熟的中国人愿意抵抗相比,典型的中国人缺乏进攻的意愿"。关于游击战的未来,报告指出,存在两种观点:一种认为游击战会逐渐消失,或是日本终将彻底消灭之;一种认为游击战既能扩张军事力量,又能得到民众广泛支持,将最终导致日军的失败。①

　　1939年3月1日,美国驻重庆大使馆向国务院提交了一份报告,报告中的信息来自在晋西南生活了5个月的美国人福斯特(John Foster)。据福斯特提供的信息,华北地区中共八路军掌握的正规军和非正规军(游击队)总共有32万人,这一数据不包括在山西和河北几乎每个沦陷区的村子都有的自卫队;福斯特不确定中共正规军与非正规军的人数比例,但相比战前每个师15000人的兵力,八路军3个师的人数已经远远超过这一数字。中共在尽力维持抗日统一战线。② 此前一周,福斯特已经向驻华使馆报告,八路军组织良好,他还注意到了八路军战士的纪律性和士气。③

　　1940年6月29日,美国驻汉口总领事思派克(Clarence J. Spiker)在给驻华大使馆和国务院的《1940年上半年华中地区军政情况调查报告》中,对新四军的抗战有较高评价。思派克注意到新四军与国民党军队之间的摩擦,指出

---

① "The Charge in China(Peck) to the Secretary of State", February 6, 1939, Department of State ed., *Foreign Relations of the United States Diplomatic Papers*:1939, *The Far East*, Washington, D.C.: United States Government Printing Office, 1955, Vol.3, p.138.

② "Telegram from American Embassy, about Views of the CCP from John Foster, American Who Returned from Shanxi", March 1, 1938, National Archives Ⅱ, RG 59, Central Decimal Files 1930–1939, Box 7133(893.00/14340), p.3.

③ "Telegram from American Embassy, about an American(John Foster) Returning from a Trip through Shanxi, Return of American Reporter from the United Press(Andrew T.Roy) from a Month Trip to Xi'an and Yan'an", February 23, 1939, National Archives Ⅱ, RG 59, Central Decimal Files 1930–1939, Box 7133(893.00/14336), pp.1–2.

不用怀疑新四军抗日的决心,新四军不顾日军的报复,持续袭击小股日本驻军和交通线,表现出毫不妥协甚至可以说"非中国人"的态度,而"其他中国军队,特别是缺乏政治信仰的游击队,对抵抗战争的忠诚并不如此坚定";国民党军队对新四军的敌对行动是可以理解的,因为国民党认为中共损害了国民政府的统治,因此国民党不对共产党进行各种诽谤才是不可思议的;新四军抗战的影响是巨大且深远的,有助于"发展中国人的道德品质",其活动地区的中国民众已具有"对爱国主义含义的初步理解和某种自力更生及希望的感觉"。① 豫南平汉线沿路活跃的新四军受到民众的欢迎,对铁路线的破坏使日军只能在火车头之前放置几列空车厢。② 安陆地区的新四军同样受到民众拥护,在抗日之外,新四军还开展了镇压土匪、建立学校等活动,并善待传教士。③ 当然,由于无法与新四军近距离接触,美国外交官及领事通过线人得到的有关新四军的评价,有时候互相冲突,如戴维斯(John Davies)从一位线人那里得到的情报显示,鄂东北民众对新四军评价不高,认为他们不比其他游击队好。④

　　内迁至成都的齐鲁大学教授劳滕施莱格(S. Lautenschlager)于 1940 年10—12 月到西北考察,于 11 月 10—18 日进入陕甘宁边区,并在延安停留了 5天。在随后给美国驻华大使馆的报告中,劳滕施莱格对中共在发展经济、教育、医疗等方面的成就给予高度评价。对于所谓中共"游而不击"的说法,劳滕施莱格也赞同中共的解释:如果进行游击战就被指控为扩大地盘,如果不这么做就被批评不抗日。美国大使馆对该报告的评价是:"劳滕施莱格教授可

① "Survey of Military and Political Situation in Central China During the First Half of 1940",June 29,1940,载蒯晓林编:《戴维斯、谢伟思与实用外交》,上海远东出版社 2017 年版,第 11—13 页。

② "Situation Along the Ping-Han Railway in South Honan",March 26,1940,载蒯晓林编:《戴维斯、谢伟思与实用外交》,上海远东出版社 2017 年版,第 17—18 页。

③ "Conditions in North Central Hupeh West of the Ping-Han Line",March 30,1940,载蒯晓林编:《戴维斯、谢伟思与实用外交》,上海远东出版社 2017 年版,第 35—36 页。

④ "Situation in Northeastern Hupeh",April 8,1940,载蒯晓林编:《戴维斯、谢伟思与实用外交》,上海远东出版社 2017 年版,第 23 页。

能是最近一位访问延安的外国观察者。看起来他去延安时保持了开明的观点,他的评论可以被视作客观、清楚、公正的。"①对于日本控制下的北平媒体鼓吹对冀东地区"共匪"的"扫荡"取得重大胜利的宣传,美国外交系统根据旅行者的报告,也了解到日本的军事行动极不成功。②

1943 年初,美国国务院收到一份"可能是根据埃德加·斯诺和周恩来的谈话而作的"报告,其中提到"国民政府军队腐败及士兵向共产党军队出售武器,加强了中共军队的实力"。国务卿赫尔(Cordell Hull)就此征询驻华大使高斯(Clarence E.Gauss)的看法。③ 高斯的答复是:"大使馆所得到的情报并不说明共产党军队的实力有可观的增强",国民党军队存在叛逃现象,但未影响大局;中共军队缺乏足以装备所有兵力的武器,且因缺乏劳动力,正鼓励士兵返乡务农;中共不鼓励国民党军队叛逃或从其手中购买武器。高斯还提到了花旗银行北平分行经理霍尔(Jim Hall)的报告。霍尔在解放区旅行并在延安停留了一段时间,他对中共军队的观察结果是:"共产党军队拥有一定数量的小型武器,但是需要山炮。他们在进行游击战争。然而,当前的状态,妨碍他们与国军合作,共同予日本人以有力打击,这使他们焦躁不安。"霍尔称,在陕南,国民党军队士气低落、经济动荡、腐败盛行,与之形成鲜明对照的是,"看起来在延安并不存在这个问题"。④

① "Report from an American Missionary (Prof. Stanton Lautenschlager) of Conditions in Yenan",March 6,1941,National Archives Ⅱ,RG 59,Central Decimal Files 1940-1944,Box 5839, Folder 893.00.14680-14720.

② "Report of cooperation in Shantung between Nationalist,Japanese,and Puppets Against Communists",June 25,1941,National Archives Ⅱ,RG 59,Central Decimal Files 1940-1944,Box 5840, Folder 893.00.14570-14799,p.2.

③ "The Secretary of State to the Ambassador in China(Gauss)",January 25,1943,Department of State ed.,*Foreign Relations of the United States Diplomatic Papers*:*1943*,*China*,Washington,D.C.:United States Government Printing Office,1957,p.199.此报告应是 1942 年 5 月,周恩来委托斯诺向美国总统特使居里转交的有关中共抗战情况的材料。

④ "The Ambassador in China(Gauss) to the Secretary of State",February 1,1943,Department of State ed.,*Foreign Relations of the United States Diplomatic Papers*:*1943*,*China*,Washington,D.C.:United States Government Printing Office,1957,p.204.

1943 年 3 月 9 日,供职于史迪威司令部的戴维斯在一份报告中,批评中国军队组织和装备都很差,缺乏训练,但中共军队是中国军队中少有的士气不低落的军队。[①] 在 1943 年 6 月 24 日的备忘录中,戴维斯称,根据美国军方估计,八路军的兵力为 6 万—10 万,中共则自称有 100 多万武装人员,"这一数字或有夸大,系包括游击队和武装农民"。对于国共军事冲突的结果,他的判断是,在国共双方均没有外援的情况下,"除非到那时中央政府已经由于长期抗日作战力量消耗殆尽和前述的离心倾向使其无能为力,则中央政府单凭武力能够打垮共产党,这一点是毫无问题的"。[②]

1943 年下半年,美国驻华大使馆向国务院提交了数份有关中共军事力量的报告,主要有 9 月 15 日从西安发来的报告和 11 月 16 日驻华使馆武官的报告。

9 月 15 日的报告,主要是基于在西安获得的军政情报。根据该报告,八路军的人数约 20 万人,"据说他们训练有素,指挥得当,纪律严明,经验丰富,坚强勇敢,战斗意志高昂,其中没有或只有很少的文盲";其中 3 万人由林彪和贺龙指挥驻扎在陕甘宁边区,其他部队分布于河北、察哈尔、山东、豫北、安徽及苏北地区。游击队人数约 30 万人,在沦陷区内或附近地区展开活动,训练、指挥及装备都不如正规军。地方民兵遍布华北,几乎没有军事训练和装备。报告指出,中共军队的装备老旧、不统一,多是取自日军及国民党军队;推测中共有约 20 万支各类型的步枪、数千支机关枪、极少数的大炮及炮弹,没有坦克与飞机;中共可以生产一些步枪、机关枪、手榴弹和弹药。尽管物质上有诸多不足,但中共成功地在华北山区维持住了据点。报告最后称西安的国民

---

①　"Memorandum by the Second Secretary of Embassy in China(Davis) to the Ambassador in China(Gauss)", March 9, 1943, Department of State ed., *Foreign Relations of the United States Diplomatic Papers: 1943, China*, Washington, D.C.: United States Government Printing Office, 1957, p.27.

②　"Memorandum by the Second Secretary of Embassy in China(Davis), Temporarily in the United States", June 24, 1943, Department of State ed., *Foreign Relations of the United States: Diplomatic Papers, 1943, China*, Washington, D.C.: United States Government Printing Office, 1957, p.259, p.263.

党军官轻视中共的武力,认为国民党政府可以轻而易举地迅速消灭陕北的中共武装。大使馆补充了自重庆获取的相关情报,认为中共部队人数介于 20万—50 万之间。①

驻华使馆武官的报告指出,中共的军事力量包括正规军、游击队及地方民兵三类。正规军主要是八路军和新四军,这两支部队的人数分别为 23 万人和 12 万人,不过这一数字并未得到中共方面的认证。新四军因"对日本和伪军作战活动较强有力,从对方手中缴获到军事物资",装备比八路军好。据中共的说法,游击队和地方民兵各有 100 万人,但武官报告认为这两类非正规军队的人数分别为不超过 40 万人、大约 60 万人。该报告对中共军队的总体评价是:"由于中国共产党的军队是一支混合型的军事力量,在进攻中,即使能够发挥一点作用,也远不如正规军;尽管训练有素,指挥得当,然而装备低劣,其主要武器是步枪,另有少量自动步枪、一些机枪,但火炮很少(而弹药更缺),没有坦克、飞机,只有少数老旧磨损的卡车。他们的力量存在于游击活动。"关于国共军队实力的比较,该报告认为一旦发生军事冲突,中共可以集结的军队不会超过 60 万人,国民党则需要 100 万军队才能对付中共 60 万的军队,但"考虑到其他各种因素,目前共产党与中央政府力量的对比,相当于 1 比 1",而国民党政府还能够从盟国手中获得武器装备,因此更具优势。不过,美国驻华大使馆并不认可这一有关国共军事冲突结果的预测,认为由于共产党可以发动农民反抗国民党统治,且几乎所有中国人都强烈反对内战,因此,"现在国民党企图用军事手段解决共产党问题,并不像国民党内某些好战的反共分子想象的那样轻而易举"②。

---

① "The Ambassador in China(Gauss) to the Secretary of State", November 2, 1943, Department of State ed., *Foreign Relations of the United States*: *Diplomatic Papers*, *1943*, *China*, Washington, D.C.: United States Government Printing Office, 1957, pp.372-373.

② "The Ambassador in China (Gauss) to the Secretary of State", November 20, 1943, Department of State ed., *Foreign Relations of the United States*: *Diplomatic Papers*, *1943*, *China*, Washington, D.C.: United States Government Printing Office, 1957, pp.382-385.

（二）美国驻华军事系统

除驻华外交系统外,美国军事系统也对中共军队力量做了评估报告。美国驻上海的海军舰队就持续报告过八路军在华北的发展、活动状况及新四军在华中、华东地区的活动。如 1938 年 10 月 8 日的情报指出,在晋西北地区,日本与以五台山为中心的八路军持续发生战斗,八路军在察哈尔南部袭击日军后撤退。①

1943 年 5 月 21 日,美国战略情报局在英国外交部转交的林迈可（Michael Lindsay）关于"1941 年 12 月 7 日逃离北平、此后生活在游击区域的一位极其聪明、能干的年轻英国人的个人观察"基础上,形成了一份有关华北游击战的报告。报告一开头就指出,几乎整个华北地区都是八路军组织的游击战的前线。关于游击战的重要性,报告列举了一系列数字。虽然自 1939 年以后,外国观察家未再对华北的游击战及中共根据地进行报道,在华北也没有发生大规模会战,但日军人力持续遭受消耗。1942 年 2 月,华北日军由 11 个师团、14 个独立旅团以及火炮、摩托、航空部队组成。尽管太平洋战场需要兵力,但华北日军数量并未减少多少;虽然由日本本土直接派过来的年轻士兵取代了部分战斗力更强的部队,但航空兵的规模比起 1941 年也小了不少。1942 年,日军共对中共根据地发动了 9 次持续一两个月的进攻,平均每次动用的兵力超过 20000 名,且基本都是日本人;最大的一次是进攻冀中的战役,共投入了 50000 名日本士兵;"围剿"冀东中共军队的行动也动用了 40000 名日军士兵。截至 1942 年 6 月,华北日军的伤亡超过 50000 人,伪军伤亡也超过了 30000 人,还有 2 名日本将官阵亡。由于中共的游击战,日本掠夺华北资源的计划受阻,只能利用驻地附近的资源,而无法大量获取华北地区盛产

---

① "4th US Marine Intelligence Report, about Battles between Japanese and 8th Route Army", October 8, 1938, National Archives Ⅱ, Harry E. Yarnell Papers—4th US Marines Intelligence Reports, Box 11, Folder October 1st–October 18th, 1938.

的棉花；日本无法只靠摩托化部队联系占据县城的部队，必须消耗相当力量来建设驻扎于各地的防御工事，力图保有重要交通线。根据地及游击区的中共军队包含正规军、各县的游击支队、地方民兵及各村的自卫组织，其中地方民兵和自卫组织的人数非常庞大，仅晋察冀根据地就有近62万民兵、超过380万自卫组织成员，这使得中共军队能及时获得日军行动的情报，当缺乏详细地图的山区行动时也能很容易寻到向导。日本侵略促使华北腹地民众的民族意识觉醒，将对家族的忠诚上升为对国家的忠诚，但普通民众无力及时组织对抗日本的团体，在最初的激情消退后，抵抗无以为继；唯有中共卓越的政治组织，确保中共军队得到了民众广泛、持续的支持，使中共军队能在艰苦的物质条件下坚持抗日，而武器装备更好的国民党游击队因缺乏民众合作，无力抵抗日本进攻，很快归于失败。尽管日军的进攻给中共根据地造成了损失与困难，迫使中共军队短暂退出部分地区，但中共军队未被摧毁，反而在军事组织及时效性方面有了很大提高，还发展出地道战等作战手段。

该报告强调，在评价中共游击战的成果时，必须谨记"中共的战术严重受制于弹药的缺乏"，而有关中共"游而不击"的批评在很大程度上是因为忽视了这一点。中共军队的武器来源于缴获的日军装备及中共兵工厂生产的手榴弹和地雷。由于弹药有限，在某次战斗中，中共军队仅使用了900个弹夹，却用了2000多颗手榴弹；中共军队包围日军分遣队却无法消灭之，也是因为无法负担阻挡日军支援部队的弹药消耗，也不能持续发动对日军工事和交通线的袭击。报告断定："如果中国人有更好的武器供应，华北的整个局势都会发生变化"，一些轻机枪和远程步枪就足以让山区的交通线无法通行；有了机枪形成的交叉火力，平原上的道路将成为小股日军的死路；有了大炮，日军的工事也将无济于事。因此，如果中共军队有充足的弹药和一些轻型山炮的话，日军将失去1939年以来所取得的战果，退缩至主要交通线附近，而要维持交通线，日本将不得不大举增加包括火炮、航空及坦克力量在内的华北驻军。①

  1943 年 7 月 31 日,一份根据一位从北平经中共根据地逃到重庆的美国人的观察形成的报告,涵盖了八路军的情报、武器、战术、兵役、医疗等信息,并将之与国民党军队进行了比较。这位"可靠的美国人"是 1942 年 5 月 21 日在中共游击队的帮助下从北平逃离的,1943 年 1 月 26 日抵达重庆,6 月 10 日离开重庆前往印度。他在解放区生活了 8 个月之久,且可以自由活动,而非走马观花式的考察。因此,他的报告被认为可信度极高。其报告首先高度评价了八路军的情报工作,指出八路军建立了极其优异的情报组织,渗透到了日本控制的所有大城市,甚至还进入伪政权内部,因此能在日伪部队行动之前或是开始行动之后很快得到相关信息。由于八路军的行动,日本被迫放弃了"扫荡"中共军队的计划,而是通过建立防御工事的方式,控制占领区。虽然八路军能够通过使用手榴弹和步枪攻占日军碉堡,但因缺乏大炮,人员伤亡代价过大。八路军的兵工厂能够生产黑火药,也能制造性能稍差的无烟火药;兵工厂生产的各种手榴弹是解放区最重要的武器;兵工厂还利用从铁轨上撬下来的钢铁生产一些步枪、轻机枪。为了日本进攻时方便转移,兵工厂的规模一般不大,因此产能严重受限。由于国民政府的封锁,八路军的武器主要来自与日军作战中的缴获或是自己生产。因为缺乏武器,八路军很难发动进攻,甚至防守都很困难,力争实现一颗子弹消灭一名日军。八路军在战术上不采用国民政府军队使用的大兵团决战方式,而是依靠机动性与奇袭的游击战。这位美国人将日本未能巩固其在华北的统治,完全归功于八路军的活动,强调只要中共军队还存在,日本就不能从华北调离军队。八路军擅长近战和拼刺刀,使用各种方法袭扰日军,寻找日军弱点,然后发动奇袭,夺取武器;根据中共的说法,

---

  ① "The Guerrilla Front in North China", May 21, 1943, National Archives Ⅱ, RG 59, Decimal File Relating to WWⅡ, 1939–1945, M982, Roll 245, July 1941–Aug 1944, pp.1–12.这份报告是美国自参战以来获得的直接来自中共根据地的最详尽报告。关于美国战略情报局对林迈可这份报告的评价,参见贾钦涵:《抗战时期美国战略情报局与中共军事合作的尝试》,《抗日战争研究》2018 年第 1 期。

八路军每年给日军造成了 5 万人的伤亡。八路军各个师的规模差别很大,多的有 15000 人,少的只有 8000 人。根据观察者推测,中共军队的总兵员介于 40 万—80 万之间。不同于国民党军队的强行征兵,得益于政治教育工作的成效,八路军的兵员主要是自愿入伍的,且有相当数量的大学生及南方家庭的学生加入八路军。尽管八路军的物质和身体状况还有待改善,但与国民党军队的平均状况相比,八路军战士身体更健康,也有更多衣物。八路军竭力救治伤员,非常注意公共卫生。他还断言,如果国共发生内战,结局将是蒋介石统治的崩溃。①

　　1943 年 10 月 20 日,美国战略情报局根据两位曾在中共根据地生活近两年的英美人士的叙述,形成的一份秘密报告指出,日本在华北构筑了包括 9600 英里的壕沟与城墙、带刺的铁丝网和近 4 万个碉堡的严密防御工事,而这正是八路军活动的结果。八路军缺乏足以摧毁日军工事的大炮和破坏日军交通线的枪支弹药,但一直在竭力运用手头拥有的有限武器袭击日军,迫使日本在名义上早已占领的华北驻扎大批军队,具体包括 10 个师团、10 个独立旅团、2 个骑兵旅团、1 个坦克联队的兵力。这批军队无法用于其他战场,迫使日本只能从朝鲜和华中地区调兵至华南地区,"这揭示了此处讨论的游击活动与太平洋地区美国军事问题的关键联系"。只需要美国提供的少量军火(华北每年四五百万弹药包,每个根据地一些山炮及弹药)和顾问(大炮和爆破专家)等援助,八路军就可以对华北日军造成严重破坏,摧毁山区的大部分日军工事,极大削弱日军在平原地区的势力;攻击日军控制的铁路,需要约 1000 支轻机关枪、数百门反坦克炮;这些将使日本增加在华

---

① "Report from G. Martell on Experience in North China and Trip from North China to Chongqing", July 31, 1943, National Archives Ⅱ, RG 226, Entry 210-OSS Classified Sources and Methods Files, Box 330 Folder 9, pp.1-6, 14. 据这位观察者所述,他曾在延安与毛泽东、朱德有过交流,并与毛泽东多次长谈,有时候甚至畅谈至早晨四五点钟。不过,笔者尚不能据此确定其身份信息。

北的驻军。①

戴维斯根据这些间接获取的情报,总结道:"在共产党中国:……(3)有中国步调最一致、纪律最严明和抗日最积极的政权;(4)有中国唯一最大的与蒋介石政府相抗衡的力量。"这一评价虽然是针对中国共产党整体而言的,但整体内自然是包括中共军队的。②

三、根据美军赴延安观察组情报所作的评估

太平洋战争爆发后,中国共产党迅速确立了国际统一战线的方针。1941年12月9日,中共中央发表《中国共产党为太平洋战争的宣言》,强调世界各国已明确划分为法西斯国家与反法西斯国家,中国要坚持抗战,坚定站在反法西斯国家一方,与"英美及其他抗日诸友邦缔结军事同盟",八路军和新四军要继续坚持敌后抗战,粉碎日伪军"扫荡",大量牵制敌人,为夺取抗日战争的最后胜利而斗争。③ 同日,中共中央指示要在各种场合与英美人士坦诚合作,并尽可能在华南沦陷区及东南亚等地,与英美等国抗日军事行动保持协同一致,取得英美在各方面的赞助。④ 1942年夏,周恩来首次提出欢迎美国政府派人

---

① "Vulnerability of the Japanese Fortifications System in North China", October 20,1943, National Archives Ⅱ, Office of Strategic Services(OSS)–State Department Intelligence and Research Reports, Part 01: Japan and Its Occupied Territories During World War Ⅱ, Folder 002797–015–0002, pp.1–7.

② "Memorandum by the Second Secretary of Embassy in China(Davis)", January 15,1944, Department of State ed., *Foreign Relations of the United States*: *Diplomatic Papers*, *1944*, *China*, Washington D.C.: United States Government Printing Office, 1967, pp.307–308.

③ 《中国共产党为太平洋战争的宣言》(1941年12月9日),载中共中央文献研究室、中央档案馆编:《建党以来重要文献选编(1921—1949)》第18册,中央文献出版社2011年版,第729—730页。

④ 《中共中央关于太平洋反日统一战线的指示》(1941年12月9日),载中共中央文献研究室、中央档案馆编:《建党以来重要文献选编(1921—1949)》第18册,中央文献出版社2011年版,第732—733页。

员访问解放区。①

尽管通过各种途径，美方对中共军事力量已经有了一定认识，且评价较高，但由于1939—1944年间，国民政府严禁西方人士进入陕甘宁边区，因此美方缺乏与中共的直接接触、交往，这当然或多或少会影响美方对中共评估结果的准确性。正如谢伟思（John S. Service）所说：美国缺乏有关中共政府及军队的情报，"没有这方面的知识，很难对互相矛盾的报道进行评估，作出深思熟虑的判断"，因此有必要向陕甘宁边区派出会讲中文的外交官，对中共进行长期的观察。② 谢伟思指出，单纯支持国民党，不关注包括中共在内的其他力量，对于美国有关中国事务的决策来说是愚蠢、错误的。③ 战略情报局也提出应派遣谢伟思等外交人员进入解放区，搜集中共与日本的关系、中共的心理战等方面的情报。④ 戴维斯多次强调，自卡尔逊访问解放区之后的6年内，没有任何一位官方观察员访问过解放区，而长期缺乏官方交往的结果是，美国缺乏获取中共信息的官方渠道，只能依靠非官方旅行者提供的"间接的和相互矛盾的情报"；为了阻止中共倒向苏联，同时抑制蒋介石发动内战消灭中共的意愿，在中共已表示欢迎美国派出观察组的情况下，美国应该向解放区派出一军事政治观察组，"搜集敌人的情报，帮助从那一地区开始的某些有限的作战行动并为此做准备，精确估计共产党军队的实力"，获取"对八路军和游击队力

---

① "Memorandum by the Second Secretary of Embassy in China(Davis) to Mr.Lauchlin Currie, Administrative Assistant to President Roosevelt", August 6, 1942, Department of State ed., *Foreign Relations of the United States: Diplomatic Papers, 1942, China*, Washington D.C.: United States Government Printing Office, 1956, pp.372-373.

② "Memorandum by the Third Secretary of Embassy in China(Service), Temporarily in the United States", January 23, 1943, Department of State ed., *Foreign Relations of the United States: Diplomatic Papers, 1943, China*, Washington D.C.: United States Government Printing Office, 1956, p.198.

③ "Adviser on Political Relations", January 30, 1943, National Archives Ⅱ, RG59, Central Decimal Files 1940-1944, Box 5841 Folder 893.00.14921-14985, p.1.

④ "Desire of the OSS for Certain Types of Information Relating to Condition in North China", February 11, 1943, National Archives Ⅱ, RG 59, Central Decimal Files 1940-1944, Box 5841 Folder 893.00.14921-14985, p.1.

量的正确估计,他们目前在抗击日军方面的潜在效能,他们将来反抗中央政府的潜力和我们自己在华北与敌方对抗能做些什么的估计"等方面的军事情报。① 这一建议受到了美国决策层的赞同与支持,于是有了美军延安观察组(以下简称"观察组")之行。根据史迪威(Joseph W. Stilwell)的命令,观察组除从中共方面获取日军情报外,还要作出有关中共军队的战斗序列、训练情况、作战行动、目前表现出的战争贡献及潜在的贡献、提高中共军队战斗力的最有效办法等方面的报告。②

1944 年 7 月 22 日,观察组抵达延安,随后几天先后与周恩来、叶剑英、毛泽东、朱德等举行会晤。中共给包瑞德(David D. Barrett)留下了良好印象,他称赞中共军事官员"显现出一种我以前在中国从未遇见过的极大的主动精神和有条不紊的计划能力"③。在考察期间,包瑞德建议给予中共适当的援助,并强调"这不是为了中共本身的利益,而是考虑到他们对战争所具有的潜在的贡献"④。包瑞德注意到中共军队士气很高,对从事的事业引以为豪。包瑞德坦承很难对中共的军事能力作出准确评估,因为中共军队缺乏武器装备,大多进行游击战,不过,因中共军队所处的位置,"任何数量的援助都可立即导致日军的死亡、交通线的破坏和小股守军的俘获"。因此,他建议援助中共,给予中共军队展示自己战斗能力的机会,"这不会丧失一个美军士兵的生命。

---

① "Memorandum by the Second Secretary of Embassy in China(Davis) , Temporarily in the U-nited States" , June 24, 1943, Department of State ed. , *Foreign Relations of the United States* : *Diplomatic Papers* , *1943* , *China* , Washington D.C. : United States Government Printing Office , 1956, pp. 265 – 266; "Memorandum by the Second Secretary of Embassy in China(Davis)" , January 15, 1944, Department of State ed. , *Foreign Relations of the United States* : *Diplomatic Papers* , *1944* , *China* , Washington D.C. : United States Government Printing Office , 1956, p. 308.

② 《中缅印战区指挥部致包瑞德令》(1944 年 7 月 21 日),载王建朗主编:《中华民国时期外交文献汇编(1911—1949)》第八卷,中华书局 2015 年版,第 989—990 页。

③ 《关于 1944 年 7 月 22 日—27 日美军观察组的总报告》(1944 年 7 月 27 日),载王建朗主编:《中华民国时期外交文献汇编(1911—1949)》第八卷,中华书局 2015 年版,第 1002 页。

④ 《美军观察组的未来》(1944 年 8 月 27 日),载王建朗主编:《中华民国时期外交文献汇编(1911—1949)》第八卷,中华书局 2015 年版,第 1006 页。

如果结果证明是失败了,我们几乎不会损失什么"①。包瑞德也注意到了中共军队的弱点与不足,如参谋工作不够有效、缺乏为大部队提供给养的后勤知识等。不过,由于中共军队机动性强、士兵身体素质高、熟悉地形,并得到了民众的广泛支持,因此如果给予中共军队急需的步枪、轻重机枪及子弹、大炮、炸药、信号设备,中共军队将可立即投入"前线、后方和侧翼的防卫;追击败退之敌或撤退之敌;袭击敌人侧翼;夜袭;骚扰交通线;爆破活动;伏击和突袭;布雷"②等作战行动,进而帮助盟军的在华军事行动,减少美军伤亡,加快最后胜利的进程。包瑞德在回忆录中仍对中共军队持正面看法,强调八路军是优秀的游击战士,"我相信,经过一些训练,再装备以适当的美国武器装备,他们也完全能够参加正规的对日作战"③。

戴维斯对中共的顽强表示赞叹,"他们遭受的敌人压力比中国中央政府遭受的压力更持久,但是生存下来了;不仅如此,他们还在蒋的严密封锁下活下来",而且实现了几何指数的发展,控制了相当数量的国土及人口,且还在持续发展中。在戴维斯看来,其根本性的原因是:"共产党政府和军队是近代中国历史上第一个得到民众积极、广泛支持的政府和军队,他们得到这一支持是因为该政府和军队是真正的人民政府和人民军队。"④

何应钦在与英国记者斯坦因(Guenther Stein)的谈话中,对中共进行了"饱含偏见、完全不顾事实的肆无忌惮"的攻击。对此,谢伟思在报告中直接嘲讽、反驳,如批驳共产党只有七八万正规军的说法是"荒谬的"。何应钦声称1937年以后中共未真正抗日,沦陷区也没有中共游击队,但重庆政府经常

---

① 《包瑞德报告》(1944年9月30日),载王建朗主编:《中华民国时期外交文献汇编(1911—1949)》第8卷,中华书局2015年版,第1006—1007页。

② 《包瑞德:共产党军队的力量与需要》(1944年9月30日),载王建朗主编:《中华民国时期外交文献汇编(1911—1949)》第8卷,中华书局2015年版,第1010—1012页。

③ [美]包瑞德:《美军观察组在延安》,万高潮、卫大匡等译,解放军出版社1984年版,第119—120页。

④ "Will the Communists Take Over China", November 7, 1944,载蔺晓林编:《戴维斯、谢伟思与实用外交》,上海远东出版社2017年版,第156页。

大肆抱怨共产党在沦陷区扩张势力；何应钦主张游击战是无用的，应被抛弃，谢伟思则认为中国很多地区都适合进行游击战。谢伟思分析了何应钦贬低中共军队战斗力的原因，指出何应钦主要是担忧如果中共军队的能力广为人知的话，盟国要求武装中共的压力将变大。尽管谢伟思等"中国通"后来被当作美国对华政策失败的替罪羊，但他并不轻信中共有关其军事能力及成就的说法，指出存在部分夸大其词的情况，强调应严密核实。谢伟思认为中共在华北成功建立了根据地，使日本无法完全控制占领地区，并将部分日本军队牵制在华北与华中；当然，中共还无力将日军赶出城市、主要交通线及重要的资源产地。不过，高斯的观点是：中共之所以未与日军进行大规模战斗，主要是因为缺乏发动大规模进攻的武器；窃听到的情报和自解放区归来的外国人都证明中共在持续进行游击战；有越来越多的证据表明中共在军事以外的领域所取得的成就并非虚言，因此除非能证明绝对是虚构的，中共有关其军事成就的说法更可信，而非毫无根据的何应钦之流的说辞。[①] 实际上，在谢伟思看来，广泛发动人民群众的游击战是"中国能够有效地进行的唯一一种战争"，国民党则惧怕发动人民群众。[②] 谢伟思在《游击根据地中国共产党政治控制的发展》报告中，称赞八路军和新四军在民众中的影响力，"军队对老百姓的行为和态度、它的自觉自愿性质、与众不同的和人民团结一致的态度、高昂的士气、打仗的表现等等"都对民众产生了巨大示范作用。[③]

　　观察组中的战略情报局人员也对中共军队进行了详细的调查，形成了一份综合报告，认为中共军队具有"强大的民兵力量、鲜明的政治导向，生存条

---

① "Transmitting Report of Kuomintang and Japanese Views of Effectives of Communist Forces", September 1, 1944, 载蔺晓林编：《戴维斯、谢伟思与实用外交》，上海远东出版社 2017 年版，第 249—252 页。

② 《谢伟思关于中国局势和美国政策的备忘录》（1944 年 6 月 20 日），载王建朗主编：《中华民国时期外交文献汇编（1911—1949）》第 8 卷，中华书局 2015 年版，第 1069 页。

③ "The Development of Communist Political Control in the Guerrilla Bases", September 10, 1944, 载蔺晓林编：《戴维斯、谢伟思与实用外交》，上海远东出版社 2017 年版，第 282 页。

件极其艰苦却能自力更生、发展壮大",是整个反法西斯战场中绝无仅有的军队。①

不仅在延安,其他根据地的中共军队也受到了实地考察的美军人员的认可。观察组中赴晋察冀根据地访问的卢登(Raymond Paul Ludden)指出,中共政府和军队深受民众支持,"在华北,人民群众支持共产党的证据随处可见……不可能再认为这是为了欺骗外国人的舞台道具。在现代中国历史中,这是管理着大片地区的纯粹中国人的政权第一次受到人民积极的支持"。他强调,在根据地"都有一种十分显著的,即便最漫不经心的观察也会发现的活力、力量以及与敌人作战的愿望,在国民党的中国这是极难找到的",中共及中共军队无疑是当时中国"最现实、组织最严密、意志最坚强的团体"。他反复建议在制定美国未来对华政策时,必须正视、考虑这一点。②

四、美国援助中共的计划

正是出于对国民党军队的失望及中共军队军事潜力的认可,史迪威提出了向中共军队提供美式武器的建议。1943 年 9 月 6 日,史迪威首次向蒋介石建议使用中共军队进攻日军,核心内容是向八路军提供武器,命令八路军袭击平汉铁路。③ 史迪威计划亲赴延安,游说中共承认蒋介石的最高权力,并由史

---

① 贾钦涵:《抗战时期美国战略情报局与中共军事合作的尝试》,《抗日战争研究》2018 年第 1 期,第 84 页。

② 《中共晋察冀根据地的民兵组织证明了人民对共产党的支持》(1945 年 2 月 2 日),载《中国抗日战争军事史料丛书》编审委员会编:《中国抗日战争军事史料丛书·八路军·参考资料(5)》,解放军出版社 2015 年版,第 301 页;"Memorandum by the Second Secretary of Embassy in China(Ludden)",February 12,1945,Department of State ed.,*Foreign Relations of the United States*:*Diplomatic Papers*,1945,*The Far East*,*China*,Washington D.C.:United States Government Printing Office,1969,p.203.

③ 《史迪威的建议》(1943 年 9 月 6 日),载王建朗主编:《中华民国时期外交文献汇编(1911—1949)》第 8 卷,中华书局 2015 年版,第 872—873 页。

迪威指挥中共军队;在黄河以北使用中共军队,不与国民党军队接触;向中共军队提供5个师的武器装备,并配备用于支援的大炮;任何时候都保留这些美式装备的中共军队的实力;这些军队和其他接受美援的国民党军队享有租借物资上的同等优先分配权。① 不过由于蒋介石的反对,加之与蒋介石矛盾激化,史迪威最后被召回美国,他的这一计划也就没能实施。

1944年12月19日,魏德迈(Albert Coady Wedemeyer)的参谋长麦克卢尔(Robert McClure)向军政部长陈诚提出了一份打击日本人的初步计划。其内容包括:"在共产党地区部署训练有素的空降部队去摧毁敌后的交通线。a. 破坏江南的铁路和桥梁。b. 组织、领导和指挥共产党游击队向日本人的碉堡发动进攻并歼灭日军。c. 经常地有力地对敌人发动进攻,使敌人不得不从华南及其他地方调遣部队。"麦克卢尔指出,在此行动中,中共的作用有五点:"①可以利用他们来修筑机场,我们需要大批工人。②当向导并为各种爆破部队提供保护。③从基地机场向外围部队运送物资、爆破器材和食品。④在美国人的指导下对日本的碉堡发动夜间进攻。⑤对日本军队的活动情况、物资的运送情况和驻地等情况进行侦查并提供情报。"他特别向陈诚保证,美方不会允许中共部队利用此次行动,"储备军火或建立军火库,以备日后在内战中使用",并强调提供给中共部队的武器数量"与委员长控制下的武器相比是微不足道的"。② 麦克卢尔派战略情报局中国处副处长伯德(Willis H. Bird)与包瑞德一起,同朱德、叶剑英等人讨论了在解放区内投入美军特别部队作战的可行性,计划在得到美国政府批准后,派遣战略情报局部队,协同中共部队,摧毁日军的通信设施、机场、碉堡;全面武装参与行动的中共部队,以便其在破坏行动中提供援助与保护;行动目标由魏德迈确定,但具体细节要与相关地区的

① 《史迪威致赫尔利》(1944年9月23日),载王建朗主编:《中华民国时期外交文献汇编(1911—1949)》第8卷,中华书局2015年版,第919页。

② "Memorandum of Conversation", December 19, 1944, Department of State ed., *Foreign Relations of the United States*; *Diplomatic Papers*, *1944*, *China*, Washington D.C.: United States Government Printing Office, 1967, pp.741–742.

中共协商、合作;为 25000 名中共游击队员提供粮食、衣物及全套武器装备;建立一所学校,培训中共部队使用美式武器、爆破技术和通信设备;与八路军合作,建立无线电情报网;向民兵提供至少 10 万支单发手枪;如有战略上的需要,魏德迈可以得到中共军队的全面合作。①

麦克卢尔这一与中共军队进行合作的计划,遭到了美国新任驻华大使赫尔利(Patrick Jay Hurley)的强烈反对。在他看来,这一计划实际上是要美国与中共达成协议,绕开国民政府,直接向中共军队提供援助,将中共军队置于美国军官指挥下会破坏国共和谈,并促使中共试图绕过国民政府和赫尔利本人,通过在华美军与美国政府打交道,"这个军事计划……要向他们提供的正是他们想要的一切:对他们的承认,提供租借物资和破坏国民政府。如果共产党这个武装起来的政党得以成功地与美国军队作出这样的安排,那么我们为挽救中国国民政府所做的努力都将付之东流",并指控美国部分人员擅自向中共透露了该计划。② 魏德迈也坚持"我们必须支持中国的国民政府,未经蒋委员长认可或批准,我们绝不与其他的中国……人员接触或为其提供任何形式的援助",并极力澄清其下属军官未向中共泄露该计划。③ 最终,这一计划被放弃,麦克卢尔等人也被调职。

虽然蒋介石多次攻击中国共产党"对外宣传无孔不入",但战时的中共及中共军队长期缺乏与美国直接沟通的渠道。由于长期在敌后坚持抗战且政治严明,中共受到了美国驻华人员的认可与敬重,所以在战争后期,魏德迈的代表伯德才会说,对于美国向中共提供武器装备一事,"如果美国不批准这件

① 《魏德迈致马歇尔》(1945 年 1 月 27 日),载王建朗主编:《中华民国时期外交文献汇编(1911—1949)》第 8 卷,中华书局 2015 年版,第 1164 页。

② "The Ambassador in China(Hurley) to President Roosevelt",January 14,1945,Department of State ed.,*Foreign Relations of the United States:Diplomatic Papers*,*1945*,*The Far East*,*China*,Washington D.C.:United States Government Printing Office,1969,p.174.

③ 《魏德迈致马歇尔》(1945 年 1 月 22 日),载王建朗主编:《中华民国时期外交文献汇编(1911—1949)》第 8 卷,中华书局 2015 年版,第 1159 页。

事,是与美国在中国的一切参谋人员的愿望相冲突的。这件事若得到蒋介石的同意,就公开做;如果不同意,就秘密做"①。

驻华使馆官员范宣德(John Carter Vincent)曾明确指出:"大家都承认,中国共产党能够最有效地使用数量有限的武器弹药和爆破物资。"②1945年3月1日,范宣德在一份备忘录中再次阐明:"访问中共控制区的美国文武官员似乎都认为,只要给他们提供军需品,中共部队不但有助于美军的登陆行动,而且有助于华北的抗日行动,特别是在切断交通线方面",建议"应做好准备,在美军军事行动得到中共部队的合作……的情况下,为他们提供武器弹药"。③驻华使馆代办艾切森(George Jr.Atcheson)建议,由罗斯福总统直接向蒋介石提出美军与中共军队合作的问题,"由总统以明确的措辞通知蒋委员长,军事上的需要要求我们向共产党及其他能帮助抗日战争的有关组织提供物资并与之合作,……我们将采取直接的步骤完成这一目标"。④ 这些建议是基于盟军在中国沿海登陆,进而发动对日军进攻的设想上的。美国国务院远东司中国科官员庄莱德(Everett F.Drumright)也强调,盟军在中国沿海登陆时,"与可能在该地区出现的中共和其他非国民党军队进行合作并给予他们援助是很有必要的"。⑤

---

① 《朱德、叶剑英与包瑞德、伯特的谈话记录》(1944年12月16日),中央档案馆编:《中央档案馆藏美军观察组档案汇编》(影印版),上海远东出版社2018年版,第218页。

② "Memorandum by the Chief of the Division of Chinese Affairs(Vincent) to the Acting Secretary of State",January 29,1944,Department of State ed.,*Foreign Relations of the United States:Diplomatic Papers,1945,The Far East,China*,Washington D.C.:United States Government Printing Office,1969,p.38.

③ "Memorandum by the Chief of the Division of Chinese Affairs(Vincent)",March 1,1945,Department of State ed.,*Foreign Relations of the United States:Diplomatic Papers,1945,The Far East,China*,p.248.

④ "The Charge in China(Atcheson) to the Secretary of State",February 28,1945,Department of State ed.,*Foreign Relations of the United States:Diplomatic Papers,1945,The Far East,China*,p.244.

⑤ "Memorandum by Mr.Everett F.Drumright of the Division of Chinese Affairs",March 2,1945,Department of State ed.,*Foreign Relations of the United States:Diplomatic Papers,1945,The Far East,China*,p.252.

结　语

综观美国对中共军事力量的评价,主要着眼于两点:一是国共两党军队在内战中胜负的前景;二是中共军队对反法西斯战争作出的实际贡献及潜在贡献。对于第一点,美国驻华大使馆 1942 年 12 月 16 日的报告中就有结论:"中国经济枯竭及中国军队腐化将成为发生内战的因素,而中央政府要在这样的一场内战中取得胜利是困难的。"①对于第二点,尽管存在互相矛盾的报告,但总体而言,美方了解到,中共军队完全不是国民党所指责的"游而不击"的军队,反而是士气最高、抗日意志最坚定、最受民众支持的中国军队;尽管缺乏武器装备,参谋及运输等方面还存有较大不足,但通过游击战,中共军队牵制了大量日军,从而间接支持了太平洋战场的美军。部分人士更是深信只要有充足的武器,中共军队就能对日军造成沉重打击。

正是出于对中国共产党及中共军队相对于国民党政权和军队的现实及潜在优势的认知,戴维斯提出:"我们一定不能无限制地为一个已在政治上破了产的政权打保票……我们必须做坚决的努力去从政治上赢得中国共产党,而不让他们完全地投向苏联。"因此,必须推动国民党与中共成立联合政府,推动与中共军队的大规模军事合作;即便国共和谈没能成功,美国也要保持与中共的良好关系,因为"中国的权力正处于从蒋向共产党转移的边缘……随着权力的转移,以共产党的力量和精力,他们将会成为中国最强大的和最富建设性的联合力量";在抗战的最后阶段,如欲对东京发动空袭,中共在山东的根据地距东京更近,在军事上能比国民党发挥更大作用,而国民党政权和军队"在我们对日本发动最后进攻时对我们是没有多

---

① "Memorandum Prepared in the Division of Far Eastern Affairs", February 11, 1945, Department of State ed. , *Foreign Relations of the United States*:*Diplomatic Papers*,*1943*,*China*,p.207.

大用处的"。① 不过,在赫尔利看来,戴维斯、谢伟思等人的核心观点是国民党政权终将崩溃,中国不会在蒋介石的领导下实现政治与军事的统一,"美国应和共产党而不是国民政府打交道"。赫尔利认为,这些外交及军事官员实际上是在反对中国的统一,他们的观点"是建立在错误的和不牢固的基础之上的",且违背了《大西洋宪章》原则。② 此外,魏德迈也对中共军队的战斗潜力表示怀疑,"他得到很多关于华北共产党军队的信息,但他不认为有任何信息能证明,如果有了美援物资,共产党的游击队就确实有用"③。

需要强调的是,即便是赞同援助中共的美国官员,很多人的意见也只是希望能利用中共军队为美国的军事行动服务,是一种有限援助,并不意味着他们要彻底抛弃国民党:"除了考虑能否利用共产党部队让他们继续起到他们目前所能起的作用(即作为一支游击队),并考虑只为他们提供他们可以有效地用来发挥游击部队作用的物资,比如爆破器材和所缴获日军的轻武器,我们没有考虑更多的东西。"④

值得注意的是,这些对中共军队力量持积极正面看法的观点大多存在于美国中下层与中共打过交道的外交及军事官员中,并未对美国的决策层产生重大影响。如1938年,卡尔逊因公开宣传、称赞八路军的抗战及中共的政治与军事组织,谴责日本侵略,引发日本抗议,被美国海军高层下令封口,最终他

---

①　"Memorandum by the Second Secretary of Embassy in China(Davies)",November 15,1944,Department of State ed.,*Foreign Relations of the United States：Diplomatic Papers*,*1945*,*The Far East*,*China*,Washington,D.C.：United States Government Printing Office,1969,pp.696-697.

②　"The Appointed Ambassador in China(Hurley) to the Secretary of State",December 24,1944,Department of State ed.,*Foreign Relations of the United States：Diplomatic Papers*,*1944*,*China*,p.749；"The Ambassador in China(Hurley) to the Secretary of State",January 31,1945,Department of State ed.,*Foreign Relations of the United States：Diplomatic Papers*,*1945*,*The Far East*,*China*,p.197.

③　"Memorandum of Conversation,by the Chief of the Division of Chinese Affairs(Vincent)",March 12,1945,Department of State ed.,*Foreign Relations of the United States：Diplomatic Papers*,*1945*,*The Far East*,*China*,p.272.

④　"Memorandum of Conversation,by the Chief of the Division of Chinese Affairs(Vincent)",March 12,1945,Department of State ed.,*Foreign Relations of the United States：Diplomatic Papers*,*1945*,*The Far East*,*China*,p.271.

愤而辞职。在抗战结束后的国共内战中,美国继续支持国民党,固然有与中共意识形态冲突的原因,其对中共军队力量的评估应当也是不可忽视的一点。因为在战时美方对中共军队的评估,基本着眼于中共军队的游击战,甚至将中共军队简单视作游击队,对于中共军队的成长与发展缺乏充分的心理预期。因为美军最终放弃了在中国沿海对日登陆作战的计划,所以也就失去了在对日战争结束前与中共军队携手作战的机会。即便在美军起初的登陆作战计划中,中共军队只起辅助美军的作用,但如果有直接联合作战的机会,美军将对中共军队有更多的认知、更准确的评估。直到数年之后,美国政府与军队才对中共军队的力量有了切身的体会,只是彼时两军已成为战场的对手。

本章通过论述全民族抗战时期美方对中共军队的评估,亦可揭示中共抗战在美国的影响。这一影响至少包含以下几点:(1)八路军的游击战为太平洋战争初期的美国对日作战提供了可供借鉴的战术,正是在学习八路军游击战及军事民主的基础上,卡尔逊领导美军取得了一系列战绩;(2)八路军坚持抗战,将大批日军牵制在华北战场,使日本不能充分利用华北的战略资源及军事力量对美国作战,支援了美国在太平洋战场的作战;(3)中共军队表现出来的战斗能力、潜力及受民众支持的程度,得到了美国部分中下层驻华人员的认同,打破了国民党有关中共的不实宣传,提升了中共乃至中国人在美国人眼中的形象;(4)中共军队在战时的表现,使部分驻华人员希望美国政府在制定战后对华政策时要充分考虑与中共的关系,只是由于美国政府傲慢的意识形态偏见,才使他们的建议没有被重视与采纳。

第八章

中共与旧金山联合国制宪会议

▲1945年6月26日，联合国安理会五大常任理事国在旧金山联合国制宪会议上签署《联合国宪章》。作为安理会五大常任理事国之一的中国，因是最早遭受法西斯侵略的国家，而被大会安排为第一个在《联合国宪章》上签字，其中董必武为中共代表。

反法西斯战争时期，中国国民政府在外交层面是代表中国的中央政府。既往研究在涉及联合国创建问题时多聚焦于国民政府的外交作为，而甚少关注中国共产党的联合国政策和主张，关于旧金山会议也仅止步于代表团名单争执。其实，中共参与旧金山会议是对于中国内外处境及中共内外政策研究的一个关键切口，无论是关于国际层面的中国抗战价值、国际地位提升、参与战后规划、创建国际组织，抑或是国内层面的敌后战场贡献、中共政治主张、联合政府组建、国共内战溯源，均可由此事件进行深入剖析。中共出席联合国制宪会议，亦可在国际法上寻求中国代表签署、中国政权更迭、驱逐台湾当局以及恢复合法席位的法理依据。

一、中国是联合国的四大发起国之一

　　第二次世界大战后期，反法西斯盟国基于对战争走向的管控以及对战后和平的维护，致力于创建新的国际组织——联合国，借以取代在欧战爆发后即陷入停滞状态的国际联盟。相对于代表性和权威性均有所缺失的国际联盟，联合国被其发起国赋予了更高的价值和意义，甚至将其作为建立战后国际秩序的根基。

　　美国是联合国首要发起国。美国将"二战"视为"难得的机遇"——原有国际关系架构被战争摧毁，威尔逊在"一战"后试图借助国际联盟带领美国走出美洲、介入国际事务的构想获得了重生的机会。"威尔逊主义者"罗斯福和赫尔决定完成威尔逊政府未竟的事业,遵循法律和秩序,建立新的国际组织,带领美国走出孤立主义沉疴,确立以美国为核心并保持大国合作的战后新秩序。1937 年 10 月 5 日,鉴于欧洲战争风险提升,罗斯福于芝加哥发表"隔离演说",告诫美国民众需要警惕战争灾难的来临,同时首次公开表明:美国或许必须为此承担某些责任。① 这是罗斯福对于美国民意的一次试探。虽然演说得到了英、法等欧洲国家的高度评价,②但是美国民众并不希望政府介入欧洲事务。罗斯福感慨道:"你一心想领导人们前进,回头一看,跟着的却一个也没有。真可怕啊!"③直至欧战爆发,罗斯福和赫尔着手在国务院内部成立"对外关系问题顾问委员会",寻求"限制并结束战争,建立和平的国际秩序和加强西半球的防御"方略,其中包含建立新的国际组织的初步设想。④ 作为联合国思想和组织的萌芽在此计划中隐约可见。伴随战争局势的逐步扩大,尤其是珍珠港事件后,美国直接参战,罗斯福意识到在国家存亡和全球战争的关键时刻,美国需要承担起相应的历史责任,推动战后世界新秩序的构建。战后世界新秩序构建的关键步骤,被集中于借助国际组织,建立以美国为核心的大国合作机制,将反法西斯盟国间的合作关系延续至战后,形成集体安全体制。1943 年 8 月,美国在经历国内数次论战后,由国务院形成《联合国宪章草案》。⑤

联合国的另一个重要发起国是英国。英国同样于欧战爆发后提出了建立国际组织的构想。1941 年 8 月 14 日,美英签署了《大西洋宪章》,声明美英将

---

① Department of State, *Press Releases*, October 8, 1937, p.275.

② "The Charge in France(Wilson) to the Secretary of States", October 6, 1937, *FRUS*, *1937*, *Vol.1*, *General*, pp.132—135.

③ [美]E.A.麦雷:《新中国印象记》,梅蔼等译,上海群社出版社 1939 年版,第 28 页。

④ Townsend Hoopes and Douglas Brinkley, *FDF and the Creation of the United Nations*, New Haven, Conn.: Yale University Press, 1997, pp.36—40.

⑤ "The Charter of the United Nations, 14 August, 1943, and Commentaries, 7 September, 1943", Harley Notter, *Postwar Foreign Policy Preparation*(*1939—1945*), Washington, D.C.: Department of State, 1949, pp.175—176.

合作致力于系列民主原则的维护,同时宣称待纳粹暴政被最后毁灭后,希望世界终将能建立一个"广泛而永久的普遍安全制度"。① 为了避免遭受国内孤立主义者的责难,罗斯福删除了原英国文本中"有效的国际组织"的字眼,并以"广泛而永久的普遍安全制度"取而代之。② 英国之所以主动提出建立国际组织,乃是基于以下认识:英国无力独自面对欧洲的复杂形势,亦无法通过缔约的方式使处于欧洲之外的美国参战,因此通过建立国际组织将宪章的内容付诸实施,保持美国对于欧洲事务的持续关注是最为理想的做法。③ 随着 1942年 1 月 1 日《联合国家宣言》的签署,反法西斯国家结为同盟,加之前线战事的牵绊,英国并未在联合国方案投入更多精力。直到 1942 年,艾登声称盟国已经拥有"战略主动权","胜利在望"的时候,英国才开始关注联合国宪章草案的拟定工作,④并且在 1943 年春,由外交部提出了"联合国家计划",该计划乃是当时英国关于战后规划最为详尽的计划。

　　联合国的第三大发起国苏联也极为关注战后国际组织的组建。1941 年 9月 24 日,苏联政府代表、驻英大使迈斯基在伦敦会议上宣布同意《大西洋宪章》的基本原则。同年 12 月 4 日,苏联在《苏波友好互助宣言》中明确提出,战胜希特勒之后,"只有通过一个新的国际组织,将各民主国家联合在一个持久同盟的基础上,才能保证持久和正义的和平"⑤。苏联建立国际组织的构想与其战后国家战略目标,特别与其对于国家安全的重视紧密相连。斯大林认

　　① ［英］温斯顿·丘吉尔:《第二次世界大战回忆录》第 3 卷,吴万沈译,南方出版社 2003年版,第 382 页。

　　② Townsend Hoopes and Douglas Brinkley, *FDF and the Creation of the United Nations*, New Haven, Conn.: Yale University Press, 1997, pp.36–40. ［美］舍伍德:《罗斯福与霍普金斯——二次大战时期白宫实录》上册,福建师范大学外语系编译室译,商务印书馆 1980 年版,第 484 页。

　　③ Sir Liewellyn Woodward, *British Foreign Policy in the Second World War*, London: Her Majesty's Stationery Office, 1962, pp.430–431.

　　④ Harley Notter, *Postwar Foreign Policy Preparation (1939 – 1945)*, Washington, D. C.: Department of State, 1949, p.247.

　　⑤ "The Charge in the Soviet Union(Thurson) to the Secretary of State", FRUS, 1941, Vol.1, General, the Soviet Union, pp.266–267.

为"希特勒可以消灭，但是德意志民族和国家仍然存在"。因此，战后防止德国复仇，保持欧洲安全乃是联合国的主要目标。斯大林安全优先的原则同时影响其关于联合国基本结构的观点，他认为只有大国才具有维护和平的能力，因此任何国际组织要想成功地实现维护和平的目标，必须使大国在该组织中处于支配地位。①

中国是联合国的第四个发起国。对于建立一个真正能保卫世界和平与安全的国际组织，中国有着比其他大国更为强烈的愿望。中国曾是国际联盟的会员国，九一八事变后，中国政府将中日争端提交国际联盟裁决，然而国际联盟对于日本大规模武装侵略中国东北并未形成有效决议，亦未对日本实行任何实质性制裁。因此，在太平洋战争爆发前，中国社会对于改造国际联盟或者废除国际联盟的舆论形成风潮。②《大西洋宪章》的发布、《联合国家宣言》的签署以及反法西斯同盟的缔结，促使国民政府将建立新的国际组织提上政府日程。1942 年 6 月，国防最高委员会属下的国际问题讨论会，拟定了中国关于战后国际组织的第一份政策文件《国际集团会公约草案》。该公约草案集中了众多国际事务专家的意见，基于对国际联盟弊端的总结，提出了对于新的国际组织的系列规划，旨在建立介于国际联盟与世界国家之间的国际组织，"较之国际联盟，其地位已大见增强，但与'世界国家'之程度相距尚远"。③

1943 年夏秋之前，美、英、苏、中作为《联合国家宣言》中的四个重要国家，已经就建立新的国际组织分别形成了最初方案，表达了对于建立新的国际组织，维护战后世界和平，并且维系战时大国间合作，致力于战后国际秩序构建

---

① Vojtech Mastny, *Russia's Road to the Cold War*(1941–1945), New York：Columbia University Press, 1979, p.218.

② 以《大公报》《东方杂志》为代表的中国报刊在此时期形成中国民众关注国际事务的高潮，社会舆论尤其关注对于国际联盟进行改造并提出若干方案。

③ 《国际集团会公约草案要点》，1942 年 7 月 4 日王宠惠呈蒋介石，台北"国史馆"藏，载《特交档案：外交——对国联、联合国外交》第 17 卷。叶惠芬编：《中华民国与联合国史料汇编——筹设篇》，台北"国史馆"2001 年版，第 66—88 页。

的共同意愿。1943 年后期,随着战争形势逐渐明朗,美、英、苏三国外长于 10 月在莫斯科召开外长会议,会后,美、英、苏、中四国代表签署了《四国关于普遍安全的宣言》,宣布:"它们承认有必要在尽速可行的日期,根据一切爱好和平国家主权平等原则,建立一个普遍性的国际组织,所有这些国家无论大小,均得加入为会员国,以维持国际和平与安全。"①由此,四大国获得联合国发起国资格,并在国际层面正式启动了联合国的筹建工作。继《联合国家宣言》之后,《四国关于普遍安全的宣言》使中国的大国地位再次得到国际法确认,同时中国也获得了联合国发起国资格。蒋介石在致三大国领导人的贺电中说:"四国联合宣言之签订,余及我全中国军民闻之无限欣幸。此一历史性的重要文件,昭示反侵略大义于世界,不仅增强我四国为达成共同信念之合作,且对全世界爱好和平之民族,均以建立国际和平及普遍安全之保证,此于世界之前途实有莫大之贡献……"②

联合国四大发起国于 1943 年至 1945 年,先后召开开罗会议、德黑兰会议、敦巴顿橡树园会议、雅尔塔会议,就联合国宪章草案进行详细商讨,并就大国地位问题、联合国创始会员国问题、安理会表决程序问题以及托管制度问题等逐渐达成共识。在雅尔塔会议上,美、苏、英三国首脑商定,由美国、英国、苏联、中国及法国临时政府向反法西斯联盟的中小国家发出会议邀请,于 1945 年 4 月 25 日在美国旧金山召开联合国制宪会议,签署纲领性文件《联合国宪章》,建立联合国。③ 经历反法西斯盟国历时数年的精心酝酿和筹划,联合国被确立为战后国际秩序的根基,即将由设计蓝图成为国际法主体。

联合国制宪会议对于中国意义重大。根据《联合国宪章》,中国作为核心机构安全理事会常任理事国的身份被确认,中国的大国地位得到国际社会的

---

① 《国际条约集(1933—1944)》,世界知识出版社 1961 年版,第 403 页。

② 秦孝仪主编:《中华民国重要史料初编——对日抗战时期·第三编·战时外交》第 3 卷,(台北)中国国民党中央委员会党史委员会 1981 年,第 815 页。

③ 《德黑兰、雅尔塔、波茨坦会议记录摘编》,上海人民出版社 1974 年版,第 172 页。

认同,东方的中国在经历近代百年的屈辱和全民族持久抗战后,终于以崭新的面貌重归大国行列;同时,中国可以凭借联合国安理会常任理事国身份,积极参与战后国际秩序的建立和维护,对于维护中国国家利益、远东亚太地区利益以及推动非殖民化运动均具有重要价值。因此,国民政府从1945年3月即开始就与会方案的拟定、与会方针的确立以及与会代表团组成开展工作。这期间,中国共产党正式提出派遣代表参与旧金山会议的请求,并促成了中国共产党在抗战外交层面的首次公开亮相。

二、中共对战后世界秩序的认知

1943年10月,莫斯科外长会议上缔结的《四国关于普遍安全的宣言》,正式确认了中国的大国地位,并赋予中国联合国发起国身份参与联合国的筹建。反法西斯战争是中国国际地位提升的历史契机,联合国的创建是中国大国地位确立的重要载体,而中国长达十四年艰苦卓绝的全民持久抗战则构成了中国大国地位的根基。中国的抗战不同于其他反法西斯盟国的抗战,在这场中国民众全面参与的伟大战争中,形成了国民政府领导的正面战场以及中国共产党领导的敌后战场相呼应的战争局面,这与其他大国的战争形态存在显著差别,并深刻影响抗战期间的中国国内政治生态。

对中国抗战价值的评价,在突出国民政府正面战场价值的同时,不可忽视的是:中国共产党的抗战主张和军事战略对于中国抗战的胜利以及对盟国战略的支持都发挥了重要作用,可以说,中国共产党领导的抗战不仅有利于中国,而且有利于世界。中国共产党是中国全民持久抗战的倡导者和支持者,同时也是盟国大战略的拥护者和践行者,对于中国抗战及世界反法西斯战争胜利均起到了重要作用。基于抗战确立的大国地位,是中国人民浴血奋战的结果,是对反法西斯战争作出巨大贡献的回报。

（一）中共表达积极参与战后国际秩序构建的愿望

中国共产党在坚持抗战的同时，同样表达了积极参与战后国际秩序构建的愿望。1941年8月19日，中国共产党高度评价《大西洋宪章》，认为"这不但是英美苏三国人民从法西斯威胁下获得解放的国际基础，而且是我们中国人民获得解放的国际基础"[①]。1942年，《联合国家宣言》正式签署，中国共产党的抗日民族统一阵线政策从国内层面的国共合作、全民抗战，发展为国际层面的反法西斯国家合作和反法西斯联盟的建立。毛泽东指出："中国是全世界参加反法西斯战争的五个最大的国家之一，是在亚洲大陆上反对日本侵略者的主要国家。中国人民不但在抗日战争中起了极大的作用，而且在保障战后世界和平上将起极大的作用，在保障东方和平上则将起决定的作用。"[②]1942年7月7日，《新华日报》刊发《中共中央宣言——为抗战五周年纪念》，表达了对于参与战后世界重建的愿望："去年八月大西洋宪章的宣布，今年一月二十六国的宣言，最近英苏同盟的签约以及苏美协定的签订，都规定了战后世界是自由的、民主的、和平的世界。不扩张领土，不干涉别国内政，各国人民有选择政治制度的自由，不让法西斯有抬头的可能，凡此一切，都被中苏英美及一切反侵略国所共同承认。……中国共产党中央委员会声明：我们拥护这些宣言，我们愿意本着这些宣言的基本原则，与中国各爱国党派协同一致，参加战后新世界与战后新中国的建设。"[③]1942年10月5日，中共中央再次重申："战后的世界必定要是自由、民主、和平的世界。法西斯主义的侵略，必须根绝。相互间决不侵犯领土，不干涉内政，经济必须繁荣与互惠。民族必须平等互助。凡此一切，去年所宣布的大西洋宪章，今年一月的二十

---

① 中央档案馆编：《中共中央文件选集（1941—1942）》第13册，中共中央党校出版社1991年版，第195页。

② 《毛泽东选集》第三卷，人民出版社1991年版，第1033页。

③ 《中共中央宣言——为抗战五周年纪念》，《新华日报》1942年7月7日。

六国宣言,以及英苏同盟条约,苏美互助协定等文件中,都已规定得很明确。这些,都与中国人民的愿望相吻合与新中国的建设相辅相成。"表达了中国共产党对于同盟国历次会议、文件精神的支持,并将建设"自由、民主、和平的新世界"和"独立、自由、民主、和平、幸福的新中国"作为战后重建的基本原则。①

然而,伴随中国大国地位得到反法西斯盟国认可,原有不平等条约体系也随之废除,国民政府的声望空前提升。国民政府决定趁此良机,对内集中于"剿灭"中共政权和军队,完成国内政治"统一";对外则将联合国筹建问题置于由国民党一党独裁的国民政府内部,排斥中共及其他民主力量参与战后规划。然而全民族抗战后期,中国国内的军事和政治状况处于迅速变动中,中国共产党领导的抗战武装力量已经成为抗击日本法西斯的中流砥柱,并在政治上提出了改组国民政府的主张。反法西斯盟国之间的军事配合和战略协作不断增强,盟国反对中国国共关系恶化,希望维持中国全民抗战局面。基于皖南事变和平解决的经验,以及对于国际形势的准确判断,中国共产党决定打破国民党发动的第三次反共攻势,加强对外联络,在国际层面展现中共军事价值和政治主张,借助国际社会的力量向国民政府施压,促成国共合作、参与政府重组和战后秩序重建。

(二)中共外交活动重心之美国

中共认同美国对中国全民族抗战的物质支持和对中国大国地位的承认。因此,在全民族抗战后期,美国逐渐成为中共外交活动的重心。中共希望通过建立与美国政府的官方联络,使美国全面了解中共主张,并利用与美国的合作向国民党施压,解决国共矛盾。1942 年 5 月,中共中央通过驻重庆代表周恩来会见美国记者斯诺,明确表示希望美军派出正式代表团访问延安,并委托斯

---

① 《战后新世界与新中国》,《新华日报》1942 年 10 月 5 日。

诺转交中共军队对日作战的材料给罗斯福总统的私人代表居里。① 11 月,周恩来和林彪通过美国驻华使馆参赞范宣德和三秘谢伟思,表达了希望借助美国对国民党的影响力推动中国民主进程,改善国共关系的观点。1943 年 1 月 23 日,美国驻华使馆三秘谢伟思提交题为"国共形势"的备忘录,提请美国国务院关注中国国内政治形势,尤其是国共间的日趋分裂状态,以及战后难以避免的内战。谢伟思提醒美国政府充分重视中共武装力量的军事价值,以及中共政治主张的群众基础,并且建议派遣调查团突破国民党方的封锁,对共产党统治区作实地调查研究。② 美国国务卿赫尔、远东司司长汉密尔顿对此均作出了积极回应,然而美国远东事务资深顾问霍恩贝克却保持谨慎态度。③ 2 月 1 日,美国驻华大使高斯的回复依然坚持认为"国共关系仍旧保持使馆于 1941 年 8 月 20 日报告中所描述的那样,短期内几无可能爆发内战"④。根据美国驻华使馆的反馈,美国国务院远东司形成了关于国共关系的备忘录:认为国共对峙不利于抗战,并且存在导致国共内战于抗战结束前爆发的多重因素;为了促成和推动中国统一,避免内战,美国必须考虑采取适当行动,其中包括派遣官方人士访问共产党控制区。这一举措将会一箭双雕,既可以向中国表明美国对事态的整体关注,又可以搜集多层面的更多情报。⑤

1943 年 3 月 16 日,周恩来通过美国驻华使馆二秘戴维斯再次发出邀请,希望美国派遣官方观察团进入山西和陕西,中共将协助美国搜集日军军

---

① Margaret B. Denning, *The Sino-American in World War Ⅱ*: *Cooperation and Dispute Among Nationalists*, *Communists*, *and Americans*, Berne: Peter Lang Publishers Ltd., 1986, p.240.

② "Memorandum by the Third Secretary of Embassy in China(Service)", Temporarily in the U-nited States, January 23, 1943, *FRUS*, *1943*, *China*, pp.193-199.

③ "The Secretary of States to the Ambassador in China(Gauss)", January 25, 1943, *FRUS*, *1943*, *China*, p.199. "Memorandum by the Chief of the Division of the Far Eastern Affairs(Hamilton)", January 28, 1943, *FRUS*, *1943*, *China*, p.201.

④ "The Ambassador in China(Gauss) to the Secretary of States", February 1, 1943, *FRUS*, *1943*, *China*, pp.203-205.

⑤ "Memorandum Prepared in the Division of Far East Affairs", February 11, 1943, *FRUS*, *1943*, *China*, pp.205-208.

事情报。① 5 月 6 日,周恩来通过参赞范宣德三次发出邀请;他强调国共内战的危险,并且希望美国立足于对日决战而派遣军事观察团进入中共根据地。② 6 月 27 日,中共代表林彪与代办艾奇森会见时也表达了对于国共关系的担忧,并且希望借助国际社会对中国事务的影响力,积极寻求美国对国共关系的谨慎处理。③ 6 月 24 日,戴维斯在华盛顿提交了题为"美国利益和中国团结"的备忘录;这份备忘录基于对国共两党以及中国政局的深度分析和解读,提出国共对立不仅会将美国卷入中国内战,甚至会直接引发美苏对抗。美国必须放弃不介入的消极政策,积极制定对华政策,保障美国在亚洲的利益。为此,美国官方需要获取关于中共方面的情报,以避免受制于国民党单方面的外交影响。派出美国政治和军事观察团前往中共根据地的决定,应该由华盛顿高层向中国国民政府外交部提出。④ 然而,中共寻求与美国建立官方联系的外交努力并未取得立竿见影的成效。国民政府通过美国驻华使馆高层,以及直接游说美国国务院,明确表示出强烈反对不受中央政权控制的中共政权以及苏联支持中共的立场。⑤ 鉴于国民政府的强烈反对以及内战于抗战结束前爆发的较低概率,美国国务院并未立即派遣观察团前往中共根据地,但是持续保持对于中国国内政治生态的密切关注。

(三)中共外交重点之苏联

苏德战争爆发前,作为当时对中国抗战提供援助最多的国家,苏联足以影

---

① "Memorandum of Conversation, by the Second Secretary of Embassy in China(Davies)", March 16,1943,*FRUS*,*1943*,*China*,pp.214-216.

② "The Charge in China(Vincent) to the Secretary of State", May 6,1943,*FRUS*,*1943*,*China*, pp.230-231.

③ "The Charge in China(Atcheson) to the Secretary of State", June 27,1943,*FRUS*,*1943*,*China*,pp.257-258.

④ "Memorandum by the Second Secretary of Embassy in China(Davies)", Temporarily in the United States,June 24,1943,*FRUS*,*1943*,*China*,pp.258-266.

⑤ "Memorandum of Conversation, by Mr.Robert S.Ward of the Division of Commercial Policy and Agreement", July 2,1943,*FRUS*,*1943*,*China*,pp.271-273.

响中国国内事务,因而成为中共的外交重点。中共的对苏外交立足于争取援助增强中国抗战力量,以及借助苏联钳制国民党分裂企图两个层面。皖南事变的和平解决正是中共寻求苏联介入,利用共产国际积极争取国际支持,向国民党施压,维系国共合作的例证。毛泽东曾明确指出:"苏联是世界上第一个大力量,它是决然帮助中国抗战到底的。"①苏德战争爆发后,虽然由于物资援助减少导致苏联对华影响力下降,但是反法西斯同盟的建立重塑了苏联的在华地位。1943 年,面对国民党的第三次反共高潮,中共中央决定"以宣传对付他们的反共宣传,以军事对付他们的军事进攻"②。在强化对美外交的同时,加强与苏联之间的联系。1943 年 7 月 8 日,周恩来向美、英等国驻华使馆通报了国共关系恶化的信息,以及中共的立场和政策。③ 7 月 9 日,毛泽东亲自会见苏联塔斯社驻延安记者,希望其向苏联及前共产国际领导人报告中国国共之间的紧张关系并争取其积极介入。8 月 8 日,苏联作出积极回应,塔斯社著名记者罗果夫发表《对于中国政府之批评》一文,公开批评国民政府放任国民党对于中共的封锁和袭击,破坏民族团结和削弱抗战力量,是对中国人民的背叛和对抗战大计的背离。中国抗战的最后胜利取决于国民政府认识到真正团结一切民主力量的重要性。④ 罗果夫的文章是全民族抗战以来苏联对中国政府的首次公开批评,苏联借此释放出清晰信号:苏联对于中国国内事务高度关注,反对武力解决中共问题,并将积极介入国共争端。

对于国共危机,苏联的反应在美国预料之中:苏联是中国的利益相关国,对于中国国共问题的任何考量必须将苏联因素考虑在内。1943 年 6 月 16

---

① 毛泽东:《为皖南事变发表的命令和谈话》(1941 年 1 月 20 日),载《毛泽东选集》第二卷,人民出版社 1991 年版,第 775 页。

② 中共中央文献研究室编,逄先知、金冲及主编:《毛泽东传》,中央文献出版社 2011 年版,第 888 页。

③ "The Charge in China(Atcheson) to the Secretary of State", July 8, 1943, *FRUS*, *1943*, *China*, pp.277-279.

④ 《对于中国政府之批评》,《解放日报》1943 年 9 月 14 日。

日,美国国务院远东司即提出,国民政府将会通过怀柔或者武力方式清算中共武装,苏联对于中共的支持将成为掣肘力量。6 月 18 日,美国国务卿赫尔直接指示美国驻苏大使斯坦德利调查苏联对于国共对峙的态度和立场。苏联和美、英等盟国对华政策的核心是一致的,即保持中国统一、政权稳定,利用中国抗战配合盟军、牵制日军。国共交恶必然会产生内耗,从而危及抗战力量,因此美苏之间为此开始交换观点。7 月 14 日、8 月 5 日、8 月 11 日,苏联先后通过其驻华使馆人员向美国驻华使馆人员表示:国民党企图以武力消灭共产党的行为是"一个严重的错误",并且明确提出"一旦国共发生武装冲突,美国是否会继续援助中国"。① 美国再次确认苏联对于中国问题的关切以及对于中共的支持,苏联的介入将会使中国问题更加复杂,出于抗战需要和盟国团结,美国必须采取措施遏制事态发展。8 月 18 日,霍恩贝克约见宋子文,明确表示:"美国政府严重关切国共双方的公开冲突,这种冲突应该加以避免。"②同时,史迪威和美国驻华使馆也开始向国民政府施压,促使其放弃对中共的军事围攻。

中共争取美、苏等盟国政府介入国共危机处理的努力取得了明显成效。1943 年 9 月 13 日,蒋介石在国民党五届十一中全会上宣布,中共问题是"一个纯粹的政治问题","应该以政治方法来解决",并派出王世杰、邵力子和董必武会谈,愿意通过政治谈判解决国共问题。③ 中共也公开表示"延安欢迎政治解决,不愿破裂"④。

---

① "The Charge in China(Atcheson) to the Secretary of State",July 14,1943,*FRUS*,*1943*,*China*,pp.283-284;"Memorandum by the Third Secretary of Embassy in China (Service)",August 5,1943,*FRUS*,*1943*,*China*,p.308;"The Charge in China(Atcheson) to the Secretary of State",August 12,1943,*FRUS*,*1943*,*China*,p.314.

② "The Charge in China(Atcheson) to the Secretary of State",July 21,1943,*FRUS*,*1943*,*China*,p.291.

③ 荣孟源主编:《中国国民党历次代表大会及中央全会资料》下册,光明日报出版社 1985 年版,第 841 页;朱敏彦等主编:《中国共产党 80 年事典》,上海人民出版社 2001 年版,第 368 页。

④ 《毛泽东关于暂时停止揭露国民党以示缓和致董必武电》(1943 年 10 月 5 日),载中央统战部、中央档案馆编:《中共中央抗日民族统一战线文件选编》下册,档案出版社 1986 年版,第 669 页。

综上,1943 年国共危机得以缓解有多重因素,根本原因在于中共对于国际形势的准确把握。其一,立足于反法西斯盟国军事胜利,建立在国共合作基础上的抗日民族统一阵线可以凝聚中国抗战力量,形成全民参与对日作战的局面。因此,美、苏等盟国必然会阻止国共冲突,以免产生内耗,危及远东战局。其二,考虑到战后远东政治格局,美国对于中国政治将会持续产生影响力,而美国对华政策的重心则集中于保持中国政权的稳定。因此,中共需要加大对美外交力度,利用美国促成战后中国政府改组。其三,有鉴于盟国战后合作,美国对华政策的任何调整必然考虑苏联对华问题的关切。因此,中共可以借助苏联扭转美国建立在对国共信息来源的不对称基础上的现有政策。

三、中共对筹建联合国的主张和努力

中共在成功化解国共危机后,继续努力在国际舞台释放其对于国际事务的观点、立场和见解,增强国际社会对于中共的了解和关注。1943 年底,莫斯科外长会议、开罗会议和德黑兰会议先后召开,中国作为参与战后世界规划的四大国之一的身份得以确认,中共亦对中国国际地位的提升表示欣喜,并对参与战后规划表现出浓厚兴趣。中共以《解放日报》和《新华日报》为舆论宣传平台,表达了对于莫斯科外长会议和开罗会议的高度重视,以及中共愿意承担作为联合国四大发起国的责任参与联合国筹建,并阐发了中共对于战后世界及联合国组织的规划原则,尤其是非殖民化原则。例如,强调"中国及其他殖民地的解放和民主",坚决反对"独霸世界之谬说""列强共管之妄论""计划瓜分殖民地"等帝国主义思想。①

1944 年,世界反法西斯战争胜利基本已成定局,联合国的筹备作为战后世界规划的核心工作已经启动。中共希望能够将政治问题作为中国的民主化

①　《战争与战后问题》,《新华日报》1943 年 3 月 24 日;《三国外长会议胜利闭幕》,《解放日报》1943 年 11 月 3 日;《开罗会议与德黑兰会议》,《解放日报》1943 年 12 月 10 日。

进程加以推进,并且希望能够参考欧洲国家组建联合政府的做法,在战后建立包含国民党、共产党和民主党派的联合政府,共同参与战后规划和重建工作。

中共再次于复杂的国内外局势中选取对中共有利的因素。其一,中国抗战局面出现有利于中共方面的转机。日本发动的大规模攻势迫使国民党军队后撤,中国正面战场出现大溃败,而中共敌后战场开启局部反攻的价值开始受到盟国关注。其二,中苏关系因为新疆问题日趋恶化。国民政府希望美国直接介入中苏纠纷,美苏同盟关系因之受到影响。其三,中共舆论宣传引发国际舆论关注,而国民政府的新闻封锁适得其反,激发起盟国记者对中共的兴趣。为了打破国民党对于中共外交活动的封锁,中共南方局于 1944 年 1 月提前为董必武做寿,向国内外各界人士介绍中共的民主立场和统战主张,打开了外交新局面,一方面促成了中外记者团访问延安,另一方面推动美国派遣军事观察组考察延安。1 月 24 日,戴维斯在其提交给史迪威的报告中指出,国民党对于中共的封锁促使其逐渐依靠苏联力量,美国必须立即派遣军事和政治观察组到中共地区搜集情报,包括发动对日反攻、调查中共实力、在苏联进攻日本时汇报战况和考察苏联对北方中国的政治影响。① 戴维斯的报告引起了罗斯福的重视,罗斯福自 2 月 10 日起连续三次致电蒋介石,要求立即派遣美国观察团至西北中共控制区,但遭到蒋介石的拒绝。蒋介石认为:"美国必期派员视察延安,实则联络共党,以为牵制我中央政府之计也,其心用甚险,余惟以照理力拒而已。"②直至 6 月下旬副总统华莱士访问中国,才得到蒋介石的最终同意。③ 美国军事观察团分作两批分别于 7 月 22 日和 8 月 7 日到达延安,从

---

① "Memorandum by the Second Secretary of Embassy in China(Davies)", January 24, 1944, *FRUS*, *1944*, *China*, pp.307-308.

② 《蒋介石日记》,1944 年 3 月 24 日。

③ 秦孝仪主编:《中华民国重要史料初编——对日抗战时期·第三编·战时外交》第 1 卷,(台北)中国国民党中央委员会党史委员会 1981 年,第 163—164 页。《关于时局近况的通知》(一九四四年七月十五日毛泽东致李先念、华中局、山东分局、冀鲁豫分局、北方局、冀察晋分局、晋西北电),载中央档案馆编:《中共中央文件选集(1943—1944)》第 14 册,中共中央党校出版社 1992 年版,第 283 页。

而"构成了美国政府对延安政权的一种准官方承认"①。

　　基于美国对中共政策的调整,中共在军事和政治上加强了与美国的合作,但同时对于国内外形势依旧保持着清醒认识。8月16日,以董必武为首的中共南方局向中共中央提交了关于外交工作的报告,指出了美国政策的两面性:一方面,需要联苏联共打败日本,因此执行压蒋联共的政策;另一方面,不会赞成中共成为中国政治中心,不会放弃对中国的影响力。② 据此,中共中央决定将对美外交与国内政治相联系,利用美国促成国内政治环境的改善。8月18日,中共中央发布了《中央关于外交工作指示》,明确指出"国际统一战线的中心内容,是共同抗日与民主合作","国际统战政策,在目前最主要的应是外交政策"。③ 9月15日,得到中共中央指示后,中共驻重庆代表林伯渠等人公开提出废除国民党一党专政,"组织各抗日党派联合政府,一新天下耳目"④。中共利用美国与中共之间正在运行的准官方关系开始大幅调整中共政治主张,完成了从谋求国民政府民主化到强调组建联合政府的政策转变。然而,中共虽然希望和美国之间的合作可以"由军事合作达到文化合作、政治合作和经济合作",但也充分认识到美国对华政策的重心仍旧是支持国民党。因此,中共对于和美国合作持审慎态度,"目前不应希望过高"⑤。这种审慎的外交立场在赫尔利使华期间也有集中体现。

　　赫尔利以美国总统特使身份使华,首要任务是解决蒋介石与史迪威之间的矛盾,其次是调解日趋紧张的国共关系。罗斯福指示赫尔利"帮助蒋介石

---

　　① 〔美〕约瑟夫·W.埃谢里克:《在中国失掉的机会:美国前驻华外交官约翰·S.谢伟思第二次世界大战时期的报告》,罗清、赵仲强译,国际文化出版公司1989年版,第179页。

　　② 南方局历史资料征集组编:《南方局党史资料》,重庆出版社1990年版,第110—117页。

　　③ 《中央关于外交工作指示》(1944年8月18日),载中央档案馆编:《中共中央文件选集(1943—1944)》第14册,中共中央党校出版社1992年版,第314—318页。

　　④ 《林伯渠在国民参政会上关于国共谈判的报告》(1944年9月15日),载中央档案馆编:《中共中央文件选集(1943—1944)》第14册,中共中央党校出版社1992年版,第334页。

　　⑤ 《毛泽东、刘少奇关于我党与美军合作的方针问题给张云逸、饶漱石、曾山等的指示》(1944年9月10日),《解放日报》1944年9月22日。

解决中国政治问题,例如中央政府与中共的关系问题"①。虽然来自中共方面的信息开始从中外记者、驻华美军、军事观察团等渠道反馈至美国政府,但是从罗斯福给赫尔利的指示来看,美国对华政策的核心依旧是片面支持国民党。此时,中共仍寄希望于美国促成联合政府的方案,因为若无外力介入,国民党断然不会放弃独裁权。因此,中共中央热情欢迎赫尔利访问延安。赫尔利对国共争端的核心问题,即联合政府和军队改编问题,缺乏深刻理解。在访问延安期间,赫尔利与毛泽东签署了《延安协定草案——中国国民政府、中国国民党与中国共产党协定》②(《五点协定草案》)后,非常满意,并向罗斯福汇报:"协议中几乎所有的原则都是我们的。"③但是,中共对于《五点协定草案》持谨慎态度。1944 年 11 月 9 日,在中共六届七中全会上,周恩来指出,蒋介石所谓的让我们参加政府和我们主张建立的联合政府是有区别的,但赫尔利却把二者混而为一。④ 但是,毛泽东希望推动美国影响国民党方面,他通过赫尔利转达信件给罗斯福,表示"愿意和蒋主席取得用以促进中国人民福利的协定",并感谢总统"为着团结中国以便击败日本并使统一的民主的中国成为可能的利益之巨大努力"。⑤

中共对于《五点协定草案》的审慎估计,随后得到印证,国民党以及国民

---

① "General Hurley's Instructions", The U.S. Department of State, ed., *United States Relations with Special Reference to the Period*, *1944—1949*, Washington D.C.: Government Printing Press, 1949, p.71.

② 《延安协定草案》(1944 年 11 月 10 日),载中央档案馆编:《中共中央文件选集(1943—1944)》第 14 册,中共中央党校出版社 1992 年版,第 393—394 页。"Memorandum by Major General Patrick J.Hurley", November 8,1944, *FRUS*, *1944*, *China*, pp.667-688.

③ "Major General Patrick J.Hurley to President Roosevelt", November 16,1944, *FRUS*, *1944*, *China*, p.699.

④ 胡乔木:《胡乔木回忆毛泽东》,人民出版社 1994 年版,第 355 页。

⑤ 《毛泽东致罗斯福的信》(1944 年 11 月 10 日),载中央档案馆编:《中共中央文件选集(1943—1944)》第 14 册,中共中央党校出版社 1992 年版,第 397 页。"Mr.Mao Tse-tung to President Roosevelt", November 10,1944, *FRUS*, *1944*, *China*, pp.688-689.

政府表示绝不接受协定草案,并提出了三点反建议。① 基于赫尔利对国共关系的介入,11 月 17 日,罗斯福任命其为驻华大使,持续施加美国影响力。罗斯福急于解决国共关系,除军事层面统一军队反攻日本的考虑之外,苏联的影响逐渐增强也是重要因素。② 虽然此时以谢伟思和史迪威等人为代表,提出放弃对于蒋介石及其国民政府的片面支持,立足于美国在华利益重新衡量美国对华政策,甚至呼吁加强与中共的联系,③但是美国的对华外交依然依照惯性,继续支持国民党表面民主化改造的国共关系解决方案。

中共在对美外交遭遇赫尔利调停国共关系停滞,甚至美国逐渐采取压制共产党、支持国民党的倾向时,再次开始外交调整,一方面向美国释放强硬信号拉美压蒋,另一方面则加强对苏外交的力度。此时周恩来已经感受到赫尔利的态度在向扶蒋抑共方向转化。11 月 27 日和 12 月 2 日,赫尔利两次与周恩来会谈,希望利用美国对中共军事援助换取中共接受国民党方案。中共试图通过强硬立场拉美压蒋。12 月 8 日,周恩来返回延安后致函赫尔利,表达对赫尔利致力于国共合作和中国统一的谢意,同时表示中共将应各界公众要求公布《五点协定草案》。④ 然而,中共立场引发美国强烈反应,赫尔利致函周恩来,指出如果中共公开《五点协定草案》就意味着国共谈判的失败,中共要为此承担主要责任。⑤ 中共中央决定暂缓公布《五点协定草案》,避免与美国对立,⑥

① "Three Counterdraft by Chinese Government Representatives", November 21, 1944, *FRUS, 1944, China*, pp.706-707.

② "President Roosevelt to Major General Patrick J. Hurley", November 18, 1944, *FRUS, 1944, China*, p.703.

③ 在此时期,艾奇森将谢伟思等人关于美国对华政策新思路的报告及备忘录陆续发往美国国务院。

④ "Mr. Chou En-lai to the Appointed Ambassador in China (Hurley)", December 7, 1944, *FRUS, 1944, China*, pp.723-724.

⑤ "The Appointed Ambassador in China (Hurley) to Mr. Chou En-lai", December 11, 1944, *FRUS, 1944, China*, pp.732-733. "The Appointed Ambassador in China (Hurley) to President Roosevelt", December, 12, 1944, *FRUS, 1944, China*, pp.733-734.

⑥ "Mr. Chou En-lai to the Appointed Ambassador in China (Hurley)", December 16, 1944, *FRUS, 1944, China*, pp.739-740.

并且在赫尔利斡旋下,于 1945 年 1 月重启国共谈判。与此同时,中共捕捉到来自苏联方面的积极信号。早在 1944 年 11 月 6 日,斯大林在莫斯科就公开谴责日本是侵略者,释放出对日作战的信息。① 次日,中共在《解放日报》作出回应,高度评价"苏联是目前世界上第一个也是唯一一个消灭阶级的国家。因此,苏联的民主体制比世界上其他任何国家更优越。广大人民群众是这个国家的真正掌权者"。美国驻苏大使哈里曼也提醒罗斯福,苏联对日作战后对中国事务的影响以及对中共的支持,将会使远东局势更趋复杂。②

1944 年中共的外交集中于对美外交的突破。美国军事观察团的派遣,以及赫尔利直接介入国共和谈,使中共将对美外交作为重点。然而,当国共和谈陷入僵局时,中共清醒地认识到,美国对华政策的重心依然是确保亲美的蒋介石政权。为此,美国需要与苏联协调远东政策,对中共主张加以抑制,但是抗战结束前,出于对日反攻的需要和美苏同盟的合作,美国不会断然关闭与中共沟通的大门,但是窗口期会越来越短。中共需要利用有限的时间,对外加大宣传力度,让世界深度了解中共,全面了解中国,在国共关系的解决过程中获得国际社会的更多支持。

四、中共代表参加旧金山联合国制宪会议

中国抗战在军事上形成了国民政府主导的正面战场和共产党领导的敌后战场相互配合的局面,这一特征有别于其他反法西斯国家。中国共产党及其领导的抗日武装力量对于中国抗战与世界反法西斯战争的胜利意义重大,因此,中国共产党提出的建立国共联合政府及参与战后国际秩序构建的提议是

① 〔苏〕斯大林:《伟大的十月社会主义革命二十七周年》(1944 年 11 月 6 日),载《斯大林文选(1934—1952)》(下),人民出版社 1962 年版,第 400 页。

② "The Ambassador in Soviet Union (Harriman) to President Roosevelt", December 15, 1944, *FRUS*, *1944*, *China*, pp.737–738.

实至名归的。然而全民族抗战后期,中国国内军事问题和政治问题并现,国共双方的分歧和矛盾不断加深,美国作为第三方介入中国内政,促使中国国内形势更加错综复杂。这种复杂的国内政治折射在外交舞台上同样使中国呈现出不同于其他大国的特别之处。聚焦于联合国创建问题,美、英等国将《联合国宪章》草案在国内各阶层以及各党派之间先行达成共识,并分别由政府出面组成包括执政党和在野党的联合代表团参与联合国的筹建。而国民政府则将《联合国宪章》草案的拟定局限于国民党内部,希望由国民党独揽出席国际会议的代表团名额,尤其着意排挤中国共产党代表,这一做法在旧金山联合国制宪会议期间表现得尤为明显。

1945 年 2 月 12 日,雅尔塔会议发布会议公报,由联合国四大发起国美、英、苏、中向所有反法西斯盟国发出会议邀请,定于 1945 年 4 月 15 日召开联合国制宪会议——旧金山会议。有鉴于美国扶蒋压共的政策取向以及苏联对日作战尚未实施,毛泽东指示周恩来中断与国民党的谈判,中共希望借助联合政府推动战后中国民主化进程的努力受阻。[①] 为了遏制中国共产党的国际影响,国民政府在组建中国代表团时,决定由国民党独占所有名额,排斥中国共产党及各民主党派。而中共决定充分利用这一难得的国际外交平台开展会议外交,对内推动民主运动的发展,对外扩大中共的国际影响力,促成有利于中国民主化进程的国内外局势。

(一)中共推动联合代表团的组建

雅尔塔会议后,中共中央通过舆论宣传、统战联合、直接交涉以及国际施压等方式,展开系列斗争,致力于组建包含国内各党派、各阶层民主人士的代表团出席旧金山联合国制宪会议。2 月 17 日,《解放日报》刊登社论,提出中

---

① 《毛泽东关于召开党派会议国事会议和国民大会等问题致周恩来电》(1945 年 2 月 12 日),载中央统战部、中央档案馆编:《中共中央抗日民族统一战线文件选编》下册,档案出版社 1986 年版,第 789 页。

国以发起国身份参加旧金山会议是中国人民的光荣,是中国人民坚持抗战的结果,应该由国民党、共产党、民主同盟和著名无党派人士共同组成代表团出席会议,并请美、苏、英三国加以正当考虑。① 2 月 18 日,毛泽东在中共六届七中全会上表示,中国共产党要派出代表参加旧金山联合国制宪会议。同日,周恩来代表中共中央致电赫尔利:"国民党一党独裁的国民政府,既不能代表解放区的千万人民,也不能代表国统区的民众意愿,因此不能由国民政府垄断代表团名单。"中共方面希望赫尔利履行承诺,由国民党、共产党和民主同盟三方组成代表团出席旧金山会议,并向罗斯福总统转达中共意愿。② 然而,赫尔利有鉴于国共谈判破裂,希望以代表团组成为筹码,压制中共接受美国对中国军队的统一指挥权,因此,以受邀参会的是政府代表而非党派代表为由,委婉拒绝了周恩来的意见。拒绝组建联合政府的国民政府同样排斥联合代表团的设想,决定派遣完全由国民党党员组成、规模为 3—5 人的小型代表团出席旧金山会议。

为了营造国内民主政治氛围,中共中央充分利用国内统战力量,推动联合代表团的组建,共同争取参加旧金山会议。2 月 25 日,毛泽东指示王若飞,"真正能逼蒋让步的条件,还没完全成熟","国共谈判也不能望其速成,而只能运用公开谈判的形式,以援助大后方民主运动的发展",而旧金山会议"有利于国内民主运动的推动"。③ 在中共统战工作的推动下,民主同盟负责人章伯钧等公开表示:"中国要在旧金山会议中获得成就和应有的地位,必须先以民主而统一的中国出现在世界人士之前。"④当得知美国出席旧金山会议的代

---

① 《克里米亚会议的成就》,《解放日报》1945 年 2 月 17 日。

② "The Ambassador in China(Hurley) to the Secretary of State", February 19,1945, *FRUS*, *1945*, *The Far East*: *China*, pp.234-235.《中美关系资料汇编》第 1 辑,世界知识出版社 1957 年版,第 600 页。

③ 《中央关于发展国民党统治区的民主运动给王若飞的指示》(1945 年 2 月 25 日),载中央统战部、中央档案馆编:《中共中央抗日民族统一战线文件选编》下册,档案出版社 1986 年版,第 793 页。

④ 《中国民主同盟负责人左沈章三先生重要谈话》,《新华日报》1945 年 2 月 17 日。

表团由民主、共和两党代表各半组成后，中国民主力量呼吁"世界和平非一党所能决定，和平机构不能为一人一党一国而工作"①。中国各界要求组建联合代表团出席旧金山会议的呼声因此高涨。中国妇女代表刘清扬号召妇女应为民主而奋斗："旧金山会议我国应产生由各党派组织的举国一致的代表团去出席。"②张申府指出，中国只有"适应世界民主潮流，在国际上才有地位……我国旧金会议的代表，应包括各党派，最好还是对国际组织问题素有研究的"③。与中共设想相契合，中国民主党派和社会各界群众也希望通过组建联合代表团参加旧金山会议，推动因国共谈判破裂而停滞的中国民主化进程。

3月7日，周恩来致函王世杰，正式向国民政府提出，出席旧金山会议的中国代表团要"真能代表全国人民的公意"，代表团人选"必须包括中国国民党、中国共产党、中国民主同盟三方面的代表"。同时，从两方面向国民政府施压：其一，美、英等盟国宣布代表团成员包含各重要政党代表；其二，国民党垄断代表团名额表明分裂立场，中共对于其"所作之一切言论和行为保留自己的发言权"。④ 3月9日，周恩来将信函内容转告赫尔利，并要求赫尔利"尽速告之"罗斯福。⑤ 3月10日，罗斯福致电毛泽东，赞誉中共为国家统一作出的努力，并希望国共之间能够保持真诚合作致力于抗战胜利和国家统一。⑥这封电报并未提及中国代表团组成事宜，但是却向国民政府释放出信号：为抗战计，国共仍需继续致力于国内政治统一。3月15日，罗斯福总统根据赫尔利及国务卿斯退丁纽斯的建议，通过电报向蒋介石明确表达他对于中国代表

---

① 《克里米亚会议是美国历史的转折点》，《新华日报》1945年3月3日。

② 《妇女们应为民主而奋斗》，《新华日报》1945年3月7日。

③ 《张申府先生论克里米亚和旧金山会议》，《新华日报》1945年3月8日。

④ 《周恩来关于出席旧金山会议代表等问题致王世杰信》（1945年3月7日），载中央档案馆编：《中共中央文件选集（1945）》第15册，中共中央党校出版社1991年版，第57—58页。

⑤ "The Charge in China(Atcheson) to the Secretary of State", March 12, 1945, *FRUS*, *1945*, *The Far East：China*, pp.268–269.

⑥ "President Roosevelt to Mao Tse-tung", March 10, 1945, *FRUS*, *1945*, *The Far East：China*, pp.266–267.

团组成的意见：中国共产党曾要求代表团应包括国民党、共产党和民主同盟的代表，赫尔利婉言拒绝了中共的提议，他本人与大使的意见一致。但是，代表团包含中共及其他党派代表并无不利影响，而且有利于中国树立良好国际形象以及推动国内团结的考虑。罗斯福还以美国代表团包括两党的代表，以及其他国家亦会以此为例组建代表团作为示范。①

尽管罗斯福倾向中国代表团应包含中共及其他党派代表，但国民政府顽固地坚持垄断代表团人选，并且在3月19日组成了八人代表团。对于这一方案，国民政府内部也出现异议，顾维钧表示，真正代表全国的代表团"应有广泛的基础，应包含各种不同政治主张的代表"，这是"明智的做法"，可以使"中国处于有利地位"。② 然而，来自国内的不同政见并未改变以蒋介石为首的国民政府的决定，直到国际干预再次发挥重要作用。3月23日，罗斯福的电报辗转到达蒋介石手中，罗斯福措辞委婉却坚定，使蒋介石"心烦意乱"。蒋介石经过反复确认和再三权衡之后，被迫做了一些让步。3月27日，国民政府行政院正式公布了出席旧金山会议的代表团十人名单：宋子文、顾维钧、王宠惠、魏道明、李璜、张君劢、董必武、胡适、吴贻芳、胡霖。其中，中国共产党、中国青年党、中国社会民主党代表各1名，无党派人士3名。③ 名单发表后，中共代表由中共提出的周恩来、董必武、秦邦宪三人缩减为董必武一人。中共中央为大局计，由周恩来指示王若飞转告王世杰：虽然对缩减中共代表名额表示不满，但同意董必武代表中共中央出席旧金山会议。④ 中共打破国民党垄断，成功推动国民政府组建包含各政党、各阶层的联合代表团出席旧金山联合国

①　"The Secretary of State to the Ambassador in China(Hurley)", March 15,1945, *FRUS*, *1945*, *The Far East：China*, pp.283-284.

②　《顾维钧回忆录》第5分册，中华书局1987年版，第475、493页。

③　秦孝仪主编：《中华民国重要史料初编——对日抗战时期·第三编·战时外交》第1卷，(台北)中国国民党中央委员会党史委员会1981年版，第907页。

④　"The Charge in China(Atcheson) to the Secretary of State", March 30,1945, *FRUS*, *1945*, *The Far East：China*, pp.307-308.《董必武传》，中央文献出版社2010年版，第450—451页。

制宪会议。

综上,组建包括各党派、各阶层代表的联合代表团出席旧金山会议,是中共在全民族抗战后期外交活动的延续和发展。利用反法西斯同盟召开联合国制宪会议的时机,以中国代表团成员身份开展会议外交,向国际社会展现中国局势、国共关系、中共主张,对于提升中共的国际影响力,促成有利于中国民主化进程的外部环境出现,不仅是可行的,而且是非常必要的。

(二)中共代表董必武出色完成使命

中共代表董必武非常出色地完成了中共中央交付的国内外双重统战使命。1945 年 4 月 6 日,董必武偕秘书章汉夫、翻译陈家康等从延安飞往重庆。当日,在中国民主同盟举行的欢送宴会上,董必武向各界人士发表重要讲话。一方面,介绍中共关于建立民主联合政府的主张,表示中共与民盟今天共同奋斗的目标是"争取中国实现民主团结,以便达到抗战建国的成功"。"有了民主的联合政府,人民的各种自由权利才能实现,中国人民才能在抗战中表现自身的力量与作用,才能内合全民要求,外符国际期望。"另一方面,表达中共顾全大局致力和平的立场:"本党中央派本人出席旧金山会议,本着爱好和平、力求民主团结的委曲求全精神,为国际和平而奋斗,本党'深信民主为世界大势所趋,必须实现,否则,中国永无和平,中国人民永无自由'。"左舜生、黄炎培、章伯钧、沈钧儒、张申府等民盟领导人认同中共主张,并希望代表团成员"把中国的现状表达于国际人士,谋取国际同情","发动华侨共同从事于民主运动"。① 4 月 7 日,董必武出席由张申府、王世杰、邵力子等人在参政会举行的饯行会;4 月 8 日,出席重庆妇女界举行的茶话会。通过行前系列活动,中共成功促成了国内各派民主力量的合作,民盟普遍接受中共关于建立联合政府的主张,并希望利用旧金山会议获取国际民主人士和民主力量的支持。

---

① 《中共代表董必武将赴旧金山,民主同盟茶会欢送》,《新华日报》1945 年 4 月 12 日。

董必武一行经纽约短暂停留后于 4 月 24 日抵达旧金山,这是中国共产党首次公开出席重大国际活动,对于中共而言是难得的外交机会和平台,董必武圆满完成了国际统战工作。

董必武在旧金山制宪会议期间顾全大局,与各位代表协同完成《联合国宪章》的修正和完善工作,其谦逊的作风和对于国际事务的熟稔使之成功塑造了中共良好的国际形象。5 月 1 日,中国代表团全体代表举行记者招待会,其间,董必武被问及旧金山会议的成功是否将有助于促成中国内部团结与和谐。董必武当即坦率地说:"是,但不是直接的。"董必武准确、简洁而有分寸的答复赢得了热烈掌声,维护了中国的国际声誉。中国代表团的团结一致为《联合国宪章》提供了完善的空间。相对于其他大国,中国是唯一长期遭受侵略压迫的国家,因此"全世界被束缚之民族,尤其是东方民族,都希望于中国的支持",把中国"看作他们前途的象征和希望的源泉"。① 中国代表团致力于会员国主权平等、提高大会地位、赋予安理会权威、托管倾向独立等主张,不仅完善了《联合国宪章》,而且恢复并保障了弱小国家和民族的权利,从根本上奠定了联合国深厚的生命根基,使之成为维护世界和平发展、推动非殖民化进程的中流砥柱。中共捐弃前嫌、顾全大局,作为中国代表团成员共同参与《联合国宪章》的完善,成功推动了联合国的创建。

董必武还利用会议间隙深入华侨聚居区,先后参观了中华会馆、中华学校和东华医院等。6 月 3 日,董必武出席旧金山救国总会举行的侨众宣传大会并发表讲话指出:"海外侨胞希望我国早日实现民主政治,国内同胞也具同一目标,切望大家一致努力,争取我国的民主政治早日实现。"6 月 5 日,董必武受邀参加旧金山华侨宪政会、致公党大会,做了主题为"中国共产党的基本政策"的演讲,全面阐述了中共"坚持抗战,坚持团结,坚持民主"的基本政策,介绍了中共及其领导的八路军、新四军等武装力量的卓越

---

① 《大公报》1945 年 5 月 3 日、1945 年 6 月 14 日。

战绩,以及中共为建立联合政府和民主政权作出的努力和贡献,为海外侨胞了解中共提供了翔实资料。① 中共借助旧金山会议不仅团结了国内民主同盟,而且加强了对海外民主力量的动员,构建起反对独裁、共建民主的广泛爱国统一阵线。

董必武在旧金山会议期间并未与各国政要进行正式且密切的接触,而是将工作重心放在向新闻媒体和海外侨胞宣讲中共方针政策和介绍解放区情况方面。这一方面是由于国民政府制定了严格的工作原则,核心原则是禁止与会代表谈论国内政治,代表须以国家而非党派的身份接受采访;另一方面则是由于中共的外交重心再次出现调整,中共在继续保持对美外交的同时,逐渐加大对苏外交力度,利用苏联抑制美国对国民党的单方面支持。1945 年 3 月 13日,苏联《红星报》公开批评国民政府的倒行逆施,拒绝中共提出建立联合政府的提议。4 月 5 日,苏联政府宣布废除《苏日中立条约》,苏联对日作战已成定局,中共中央外交重心逐渐由美国转向苏联。4 月 24 日,中共在《论联合政府》的政治报告中明确提出,中共的外交政策必须是联合苏联,苏联是 1924—1927 年间唯一援助中国革命的国家,也是第一个援助中国抗日战争的国家,而且"太平洋问题的最后的彻底的解决,没有苏联参加是不可能的"。同时毛泽东庄严宣布:"中国共产党对于保障战后国际和平安全的机构之建立,完全同意敦巴顿橡树林会议所作的建议和克里米亚会议对这个问题所作的决定。中国共产党欢迎旧金山联合国代表大会。中国共产党已经派遣自己的代表加入中国代表团出席旧山金会议,借以表达中国人民的意志。"②旧金山会议于 6 月 25 日圆满结束,董必武以中国代表身份正式签署了《联合国宪章》。

---

① 《董必武传》撰写组:《董必武传(1886—1975)》(上),中央文献出版社 2006 年版,第463—468 页。

② 《毛泽东选集》第三卷,人民出版社 1991 年版,第 1085 页。

结　　语

　　1945 年旧金山联合国制宪会议的召开,对于中国共产党而言,具有多重意义:其一,出席会议的代表团是代表国家而非政府,因此,中国代表团成员不能由国民党一党操控的国民政府独揽,中国共产党有派出代表的资格;其二,中国共产党支持反法西斯盟国创建联合国,将战时盟国合作关系延续至战后,并希望能够代表全体中国人民发表对于联合国机构和机制的观点,致力于联合国的创建和完善;其三,借助联合国制宪会议,公开亮相于国际舞台,昭示中国国内政治状况,密切与国际社会联系,推动国际社会支持中国建立包括各党派、各阶层的联合政府;其四,借助联合国制宪会议,前往纽约及旧金山进行舆论宣传,增加美国民众及中国华侨对中国共产党的了解,以及对建立中国联合政府的理解和支持。中国共产党审时度势,成功启动并圆满完成了联合国制宪会议外交。

　　中共能够获得机会参与旧金山联合国制宪会议,也受到美国对华政策处于思忖期的影响。1945 年初,美国对华政策尚处于促成国共合作、避免内战发生、保持政治稳定、防止苏联介入的阶段。因此,美国会施加压力促成中国联合代表团的成行。然而,美国轻视了中国共产党在中国的影响力和支持度的巨大提升,依旧僵化地支持国民政府的政治和武力绞杀政策,从而最终"丢失"了中国,并酿成了长达二十多年的中美关系冰冻状态。中国共产党却借助参加联合国制宪会议,成功释放出中共的国际影响力,寻求推动中国民主化发展的国际支持,为战后建立人民当家作主的新中国奠定了基础,进而为新中国恢复在联合国合法席位创造了条件。

第九章

战时英国《中国政治报告1911—1960》中的中共抗战（1931—1945）

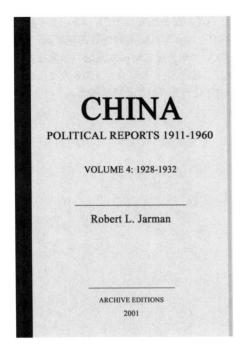

◀《中国政治报告 1911—1960》为档案资料汇编，共计 11 卷，汇集了 1911—1960 年英国驻华官员寄给英国外交部的定期政治报告。此为第 4 卷（1928—1932 年）。九一八事变爆发之前，报告就对红军的组织纪律、道德水平及在山地游击战的战斗力给予了肯定的评价。九一八事变之后，共产党率先举起抗日救国的旗帜，在学生中宣传抗日救国主张，而国民政府对日本的侵略实行"攘外必先安内"政策，用尽各种手段积极"剿共"。

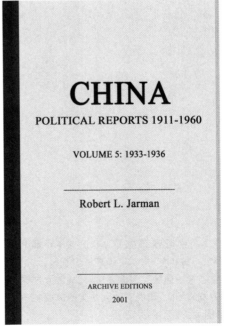

▶《中国政治报告 1911—1960》第 5 卷（1933—1936 年）中对共产党红军的游击战术形成初步认识，认为其灵活多变，战斗力极强，红军难以被"剿灭"。

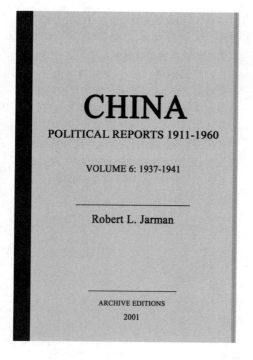

◀《中国政治报告 1911—1960》第 6 卷
（1937—1941 年）认为：游击战在军事、经济
和政治领域为组织对日本侵略的长期抵抗
奠定了基础，边区政府的建立为长期抵抗日
军渗透地方管理制度奠定了基础。

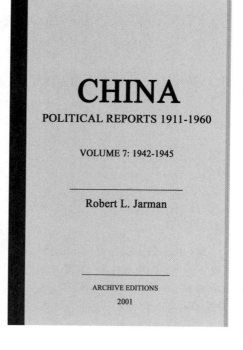

▶《中国政治报告 1911—1960》第 7 卷
（1942—1945 年）中对毛泽东评价积极，认为共
产党领导的边区政府深得民心。随着共产党力
量的发展壮大，国民党对共产党的敌视与日俱
增，国共关系引起关注。

中国抗日战争是世界反法西斯战争的重要组成部分,中国共产党在中国全民族抗战中发挥了中流砥柱的作用。近年来,中国学术界对中共抗战史的研究蔚为大观①,但从英国对中共抗战认知的视角来研究的成果比较少见②。本章以英国外交部档案《中国政治报告 1911—1960》为中心,探讨战时英国对中共抗战的认知及其转变。《中国政治报告 1911—1960》汇集了 1911—1960 年英国驻华官员寄给英国外交部的定期政治报告。这些报告的初衷是"全面反映过去 12 个月内发生的与该国相关的事件,并解释其对该国立场和政策的影响",涵盖外交关系、海军政策、政府机构、财政、教育、新闻及其对公众舆论的影响等各个主题。③ 整个中日战争期间,政治报告一直在持续进行。如1931—1937 年的《定期报告》(*Periodic Despatches*)、1938—1945 年的《每月评论》(*Monthly Reviews*)、每年的《年度报告》(*Annual Report*)、1933—1945 年的《人物报告》(*Personality Report*)、《临时报告》(*Occasional Review*),都围绕中日战争、国共关系、中国内政外交等主题进行了系统报告。从九一八事变到七七

①　高永中主编:《中流砥柱:中国共产党与抗日战争》,中国青年出版社 2017 年版;卢毅等:《抗日战争与中共崛起》,东方出版社 2015 年版;李东朗:《中流砥柱:中国共产党在抗日战争中的地位和作用》,湖北人民出版社 2015 年版;王士花:《新世纪以来中共抗战史研究综述》,《中共党史研究》2020 年第 4 期;等等。

②　徐蓝:《英国与中日战争 1931—1941》,首都师范大学出版社 2010 年版;李世安:《太平洋战争时期的中英关系》,中国社会科学出版社 1994 年版,胡德坤主编,李世安著:《反法西斯战争时期的中国与世界研究·第七卷·战时英国对华政策》,武汉大学出版社 2010 年版;杨天石、侯中军编:《战时国际关系》,社会科学文献出版社 2011 年版;等等。

③　Robert L. Jarman, *China Political Reports 1911-1960*, Volume 1: *1911-1921*, Preface, Archive Editions Limited, 2001, p.v.

事变的局部抗战期间,对中国共产党、工农红军及国民党的对内对外政策给予
重点关注。从七七事变到抗战胜利的全民族抗战时期,对中国的内政,中日战
争的正面战场、其他战线(游击战),华北、华中、华南各战区,地面作战、空中
行动等予以分别报告。在1931—1945年整个战争时段,这些报告对中共政权
和中日战争的持续关注和评价,虽然不能完全代表英国政府的官方态度和政
策,但可以提供一个英国对中共抗战认知的视角。

一、无法"剿灭"的"共匪"(1931—1935)

1931—1935年,国民政府对日本的侵略实行"攘外必先安内"和"不抵
抗"政策,用尽各种手段积极"剿共",但中国共产党打破了国民党的围追堵
截,并积极宣传抗日。

九一八事变爆发之前,《中国政治报告1911—1960》就对红军的组织纪
律、道德水平及在山地游击战的战斗力给予了肯定的评价。1931年8月27
日,英国驻华公使兰普森(M.Lampson)致外交部报告,回顾了1931年6月13
日以来中国的政治发展情况,包括政府军在江西攻打红军之进展:"被集结起
来的国民党政府主力军,有组织地对江西的共产党军队发起进攻。蒋介石本
人于6月21日离开南京前往江西,此后一直在那里亲自指挥镇压红军的战
事。据说,为此在江西省动用了25万军队。有组织的共产党部队,其纪律和
道德水平即使不比派去对付他们的政府军更好,起码也是一样好。他们在最
困难的山区进行游击战,对这种战争的了解程度远远高于政府军。虽然政府军
在占领城区方面可能取得了成功,但实际上,他们除把共产党势力从江西和福
建山区腹地的一个地方转移到另一个地方之外,几乎没有取得什么成果。"①

---

① "Sir M.Lampson, Peking, to the Marquess of Reading", Foreign Office, August 27, 1931, F
6046/69/10, Robert L. Jarman, *China Political Reports 1911-1960*, *Volume 4:1928-1932*, Archive Edi-
tions Limited, 2001, pp.499-500.

九一八事变之后的政治报告，很多都围绕中国国内对日本侵华的反响和反应展开。[1] 英国驻华公使兰普森致英国外交大臣约翰·西蒙（Sir John Simon）1931 年年度报告称："日军 9 月 18 日占领奉天在南京引起震惊，使蒋介石匆忙返回南京。面对新的共同外来危险，共产党准备与南京合作，于是进攻逐渐平息。这导致了政府部队和共军之间的亲善和默契，不再相互攻击。"[2]

中国共产党率先举起抗日救国的旗帜，在学生中宣传抗日救国主张，而此时英国的《中国政治报告 1911—1960》没有认识到中共主张抗战的正义性和前瞻性。兰普森致约翰·西蒙的 1931 年年度报告认为："当 9 月份中日在满洲爆发危机时，中共抓住机会，在爱国主义宣传的'幌子'下，特别是在上海传播其学说，并取得了一定程度的成功。可以肯定的是，学生抗日示威活动在很大程度上是由共产党资助的，是共产党宣传的结果。"[3]

面对日本的侵略，国民党坚持"攘外必先安内"政策。1932 年 1 月 7 日，行政院院长孙科发表声明，明确了政府的立场："关于以武力收复失地的建议，至少在目前，我们还没有实现这一目标的必要手段。""目前，我们必须集中精力整顿和稳定国内政局。因为只有先建立一个强大而稳定的政府，我们才能形成一个反对侵略者的统一战线。"[4]1932 年 1 月 16 日，兰普森致约翰·

---

[1] "Sir M. Lampson, Nanking, to Sir John Simon", Foreign office, December 1, 1931, F 7832/69/10, Robert L. Jarman, *China Political Reports 1911-1960*, Volume 4: 1928-1932, Archive Editions Limited, 2001, p.502.

[2] "Sir M. Lampson, Peking, to Sir John Simon", Foreign Office, May 3, 1932, *Annual Report of Events in China for the Year 1931*, FO 371/16234, F 4981/4981/10, Robert L. Jarman, *China Political Reports 1911-1960*, Volume 4: 1928-1932, Archive Editions Limited, 2001, pp.536-537.

[3] "Sir M. Lampson, Peking, to Sir John Simon", Foreign Office, May 3, 1932, *Annual Report of Events in China for the Year 1931*, FO 371/16234, F 4981/4981/10, Robert L. Jarman, *China Political Reports 1911-1960*, Volume 4: 1928-1932, Archive Editions Limited, 2001, p.533.

[4] "Sir M. Lampson, Peking, to Sir John Simon", Foreign Office, January 16, 1932, FO 371/16191, F 2260/27/10, Robert L. Jarman, *China Political Reports 1911-1960*, Volume 4: 1928-1932, Archive Editions Limited, 2001, p.516.

西蒙的报告认为:"尽管过去几年有种种麻烦和失望,但中国政府在国家重建方面,已经取得了真正的进展,直到去年9月日军袭击满洲使中国自上而下分裂,粉碎了政府稳定的前景。"①

英国驻华代办英格拉姆(Mr.Ingram)致西蒙的报告,多次对蒋介石积极"剿共"以建立其军事地位的行动作了非常细致的报告。1932年1月28日,日军大举进攻上海。"随着上海战事的爆发,国民党政府被迫放弃了自去年夏天开始的对共产党军队的进攻,而且共产党很快收复了政府军从他们手中夺取的地盘。"②虽然蔡廷锴、蒋光鼐领导的第十九路军在上海抵抗日本侵略,但国民党仍在为积极"反共"做准备:"为了对付共产主义和匪患,广东被划分为四个平定区,每个平定区由一个专员负责,并配备必要的兵力,整个早春都在为向福建、江西、湖南等邻近省份派遣反共部队做准备。"③"中日停战谈判在上海进行,双方于5月5日签署《停战协定》。蒋介石忙于恢复其在政府中的优势地位。"④"在上海战争结束后,中央政府又把注意力转向共产党,第十九路军立即被派往福建'剿共'。同时,蒋介石被任命为河南、安徽、湖北的'剿匪总司令',接着前往汉口整顿政府军,为新的反共运动筹集资金"⑤,并在那里指挥了一场大规模攻势。直到1932年底,"蒋介石一直留在汉口,继续

---

① "Sir M.Lampson,Peking,to Sir John Simon",Foreign Office,January 16,1932,FO 371/16191,F 2260/27/10,Robert L. Jarman,*China Political Reports 1911-1960*,Volume 4:1928-1932,Archive Editions Limited,2001,p.515.

② "Mr.Ingram,Peking,to Sir John Simon",Foreign Office,January 11,1933,*Annual Report of Events in China for the Year 1932*,FO 371/17125,F 1562/1562/10,Robert L. Jarman,*China Political Reports 1911-1960*,Volume 4:1928-1932,Archive Editions Limited,2001,p.627.

③ "Mr.Ingram,Peking,to Sir John Simon",Foreign Office,May 26,1932,FO 371/16193,F 5568/27/10,Robert L. Jarman,*China Political Reports 1911-1960*,Volume 4:1928-1932,Archive Editions Limited,2001,p.590.

④ "Mr.Ingram,Peking,to Sir John Simon",Foreign Office,January 11,1933,*Annual Report of Events in China for the Year 1932*,FO 371/17125,F 1562/1562/10,Robert L. Jarman,*China Political Reports 1911-1960*,Volume 4:1928-1932,Archive Editions Limited,2001,p.617.

⑤ "Mr.Ingram,Peking,to Sir John Simon",Foreign Office,January 11,1933,*Annual Report of Events in China for the Year 1932*,FO 371/17125,F 1562/1562/10,Robert L. Jarman,*China Political Reports 1911-1960*,Volume 4:1928-1932,Archive Editions Limited,2001,p.627.

他的反共运动，顺便建立自己的军事地位"①。

　　值得一提的是，英国驻华代办英格拉姆致西蒙的 1932 年年度报告特意提及国民党为何把共产党称为"土匪"："日本人把所有反'满洲国'的部队称为'土匪'，而中国人则把所有的土匪、共产党或红军都称为'土匪'。政府曾多次试图镇压他们。但直到最近都没有取得任何成果。事实上，红军通常不是打败就是收买了向他们派来的军队。他们的武器供应几乎全部来源于此，他们与讨伐的联系只是补充弹药的一种方式。"②因此，不难理解，此时的《中国政治报告 1911—1960》中常把共产党称为"共匪""土匪""叛乱"，是借用了当时国民党政府主导的话语体系。

　　兰普森致西蒙的报告述及："1933 年 1 月下旬，张学良飞往南京，可能是为了与蒋介石商讨北方的军事部署。蒋介石对热河局势保持冷漠的态度，几天后前往江西，在那里指挥该省的长期反共运动。"③

　　1933 年 2 月，日军侵入热河，国民政府实行"不抵抗"政策。4 月 8 日，兰普森致西蒙的报告说："装备不良、组织混乱的东北军无力保卫热河，日本人在侵略中几乎没有遇到什么抵抗。"④英格拉姆致西蒙的 1932 年年度报告称："当日军进入热河的消息传到南京时，以汪精卫为首的中央政治委员会投票赞成'武装抵抗，不忽视外交手段'的政策。蒋介石甚至拒绝回到南京与他的

　　①　"Mr. Ingram, Peking, to Sir John Simon", Foreign Office, September 5, 1932, FO 371/16194, F 7529/27/10, Robert L. Jarman, *China Political Reports 1911-1960*, *Volume 4：1928-1932*, Archive Editions Limited, 2001, p.595.

　　②　"Mr. Ingram, Peking, to Sir John Simon", Foreign Office, January 11, 1933, *Annual Report of Events in China for the Year 1932*, FO 371/17125, F 1562/1562/10, Robert L. Jarman, *China Political Reports 1911-1960*, *Volume 4：1928-1932*, Archive Editions Limited, 2001, p.629.

　　③　"Sir M. Lampson, Peking, to Sir John Simon", Foreign Office, April 8, 1933, F 3500/26/10, Robert L. Jarman, *China Political Reports 1911-1960*, *Volume 5：1933-1936*, Archive Editions Limited, 2001, p.4.

　　④　"Sir M. Lampson, Peking, to Sir John Simon", Foreign Office, April 8, 1933, F 3500/26/10, Robert L. Jarman, *China Political Reports 1911-1960*, *Volume 5：1933-1936*, Archive Editions Limited, 2001, p.4.

同僚讨论局势。"①"日本完成对热河的侵略,把'满洲国'和日本占领区的边界扩大到距离北京约 80 英里的古北口。蒋介石的政策似乎是不采取任何步骤收复长城以外的失地,而是以足够的力量控制南方地区,以阻止日本扩大侵略范围。"②

面对日本的侵略,国民党爱国将领纷纷举起抗日的义旗,中国共产党参与其中。"广东的陈济棠似乎终于要和广东、江西、福建交界的共产党人合作了,而十九路军继续在福建对抗红军。"③1933 年 11 月,"在福建的十九路军领导人发起反对国民政府的起义"④。"冯玉祥的爱国态度使南京政府陷入困境。"⑤

1933 年 9 月 6 日,兰普森致西蒙的报告认为:"中国政府的政策不会有任何突然和深远的改变,他们更有可能以中国的方式寻求中间路线,保持西方的善意,同时避免与日本发生进一步的冲突。"⑥

在英格拉姆致西蒙的 1933 年年度报告中,可以见到共产党抗日活动的广

---

① "Mr. Ingram, Peking, to Sir John Simon", Foreign Office, January 11, 1933, *Annual Report of Events in China for the Year 1932*, FO 371/17125, F 1562/1562/10, Robert L. Jarman, *China Political Reports 1911−1960*, *Volume 4:1928−1932*, Archive Editions Limited, 2001, p.619.

② "Sir M. Lampson, Peking, to Sir John Simon", Foreign Office, May 20, 1933, FO 371/17062, F 4566/26/10, Robert L. Jarman, *China Political Reports 1911−1960*, *Volume 5:1933−1936*, Archive Editions Limited, 2001, p.9.

③ "Sir M. Lampson, Peking, to Sir John Simon", Foreign Office, July 9, 1933, FO 371/17063, F 5501/26/10, Robert L. Jarman, *China Political Reports 1911−1960*, *Volume 5:1933−1936*, Archive Editions Limited, 2001, p.26.

④ "Mr. Ingram, Peking, to Sir John Simon", Foreign Office, December 27, 1933, FO 371/18046, F 758/3/10, Robert L. Jarman, *China Political Reports 1911−1960*, *Volume 5:1933−1936*, Archive Editions Limited, 2001, p.45.

⑤ "Mr. Ingram, Peking, to Sir John Simon", Foreign Office, January 1, 1934, *Annual Report of Events in China for the Year 1933*, FO 371/18142 and 158385, F 1261/1261/10, Robert L. Jarman, *China Political Reports 1911−1960*, *Volume 5:1933−1936*, Archive Editions Limited, 2001, p.108.

⑥ "Sir M. Lampson, Peitaiho, to Sir John Simon", Foreign Office, September 6, 1933, F 6809/26/10, Robert L. Jarman, *China Political Reports 1911−1960*, *Volume 5:1933−1936*, Archive Editions Limited, 2001, p.34.

泛性及其对游击战术的灵活使用。"毫无疑问,在全国范围内,共产主义的地下运动占相当大的比例,而公开的共产主义活动仅限于南部和中部省份。"①"中央政府用整整一年时间来准备一场规模空前的运动,以彻底消除江西的红色影响。这说起来容易做起来难,因为共产党在该省的势力如此稳固。长期保持密切接触的军队很容易屈服于红色宣传。""他们的中心位置也给了红军一个优势。共产党人总是可以集中全部力量,打击最薄弱的地方,使其处于守势。待增援部队到达后,他们又带着战利品、给养和军需品撤退了。"②

1934 年上半年,"政府军对共产党人的压力在稳步增加"③。到 1934 年底,"国民党在江西成功地完成了反共作战"。1935 年 1 月 1 日,驻华公使卡多根(A.Cadogan)致西蒙的报告认为:"共产主义形势中更令人担忧的是,主要的红军领导人显然试图在中国西部的贵州和四川建立政权,他们将超出蒋介石相对有效的直接军事打击范围。"④

1935 年,日本制造华北事变,民族危机空前严重;国民党政府一意孤行,"反共运动有增无减"。卡多根致英国外交大臣塞缪尔·霍尔(Samuel Hoare)的报告认为:"华北地区的局势受到与日本爆发新危机的深刻影响"⑤;"中国

---

① "Mr. Ingram, Peking, to Sir John Simon", Foreign Office, January 1, 1934, *Annual Report of Events in China for the Year 1933*, FO 371/18142 and 158385, F 1261/1261/10, Robert L. Jarman, *China Political Reports 1911−1960*, *Volume 5：1933−1936*, Archive Editions Limited, 2001, p.105.

② "Mr. Ingram, Peking, to Sir John Simon", Foreign Office, January 1, 1934, *Annual Report of Events in China for the Year 1933*, FO 371/18142 and 158385, F 1261/1261/10, Robert L. Jarman, *China Political Reports 1911−1960*, *Volume 5：1933−1936*, Archive Editions Limited, 2001, p.109.

③ "Sir A.Cadogan, Peking, to Sir John Simon", Foreign Office, October 1, 1934, FO 371/18048, F 6712/3/10, Robert L. Jarman, *China Political Reports 1911−1960*, *Volume 5：1933−1936*, Archive Editions Limited, 2001, p.199.

④ "Sir A.Cadogan, Peking, to Sir John Simon", Foreign Office, January 1, 1935, FO 371/19307, F 990/427/10, Robert L. Jarman, *China Political Reports 1911−1960*, *Volume 5：1933−1936*, Archive Editions Limited, 2001, p.204.

⑤ "Sir A. Cadogan, Peking, to Sir Samuel Hoare", Foreign Office, June 25, 1935, FO 371/19307, F 5110/427/10, Robert L. Jarman, *China Political Reports 1911−1960*, *Volume 5：1933−1936*, Archive Editions Limited, 2001, p.340.

政府对最近日本侵略华北事件的态度是平静的,似乎不打算偏离寻求与日本和解的政策,而把精力放在国内重建和镇压中国的叛乱势力上。但是,日军在北方的胃口似乎无法满足"①;"反共运动继续主导着国内局势,垄断着蒋介石的注意力"②。"到 1935 年 11 月底,政府军和省军已将强大的共产党势力从福建、江西驱逐到四川的西北部,迫使多年来一直占领四川北部地区的共产党人向西撤退到四川西北部和甘肃东南部;同时,还采取积极的措施,以对付陕北的共产主义威胁。"③

面对日本的侵略野心和公众越来越多的批评,国民政府仍无坚定的抗日决心,而梦想寻求以外交手段解决争端。1936 年 1 月 15 日,卡多根致英国新任外交大臣艾登(Mr.Eden)的报告称:"国民党全国代表大会决定对日本的侵略采取更坚定的政策,同时利用一切手段在外交上全面解决与日本之间悬而未决的问题。因此,北方官员奉命中断与日本军队的地方谈判,代之以日本大使与蒋介石本人在南京展开外交会谈。"④

综上可见,1931—1935 年,英国密切关注中日关系走向,以及蒋介石对外避免与日本发生战争、对内积极"剿共"的政策。一方面,此时的英国官方情报对中共持敌视态度,并没有认识到中共主张抗战的正义性和前瞻性。另一方面,英国官方情报透露出是共产党率先举起抗日救国的旗帜,在学生中宣传

---

① "Sir A. Cadogan, Peking, to Sir Samuel Hoare", Foreign Office, June 25, 1935, FO 371/19307, F 5110/427/10, Robert L. Jarman, *China Political Reports 1911–1960, Volume 5: 1933–1936*, Archive Editions Limited, 2001, p.342.

② "Sir A. Cadogan, Peking, to Sir Samuel Hoare", Foreign Office, June 25, 1935, FO 371/19307, F 5110/427/10, Robert L. Jarman, *China Political Reports 1911–1960, Volume 5: 1933–1936*, Archive Editions Limited, 2001, p.337.

③ "Mr. R.G. Howe, Peking, to Mr. Eden", Foreign Office, April 21, 1936, *Annual Report of Events in China for the Year 1935*, FO 371/20275, F 3111/3111/10, Robert L. Jarman, *China Political Reports 1911–1960, Volume 5: 1933–1936*, Archive Editions Limited, 2001, p.410.

④ "Sir A.Cadogan, Nanking, to Mr.Eden", Foreign Office, January 15, 1936, FO 371/20249, F 1177/166/10, Robert L. Jarman, *China Political Reports 1911–1960, Volume 5: 1933–1936*, Archive Editions Limited, 2001, p.349.

抗日救国主张,并对共产党红军的游击战术形成初步认识,认为其灵活多变,战斗力极强,红军难以被"剿灭"。

二、中共积极寻求建立抗日民族
统一战线(1936—1937)

在中日民族矛盾上升为主要矛盾的关键时刻,在夹缝中生存的中国共产党毅然放下国共之间的仇怨,积极倡导建立抗日民族统一战线。

1936 年 4 月 15 日,英国驻华公使豪先生(Mr. Howe)致艾登的报告称:"1935 年 11 月,共产党打破了军事封锁。被政府军阻止的两个集团最终成功会师","据说,农民私下里对他们表示同情"。①

1935 年 12 月,中国共产党领导了大规模抗日爱国运动——一二九运动,掀起全国抗日救亡新高潮。1936 年 4 月 15 日,豪致艾登的报告提及"全国各地发生了反对华北自治运动的学生示威游行","学生示威活动仍在继续","政府作出了和解的姿态,然后指示今后应严肃处理任何动乱,因为动乱都是共产党煽动者为了自己的目的而利用的"。②

1936 年 7 月 31 日,豪致艾登的报告称:"日本在华北的驻军增加","日本政府深信蒋介石并未认真考虑诉诸战争"。③"对共产主义形势的报道一直是此前政治报告的一个突出特征,但在面对其他更为紧迫的问题时,它已

---

① "Mr. Howe, Peking, to Mr. Eden", Foreign Office, April 15, 1936, FO 371/20249, F 3009/166/10, Robert L. Jarman, *China Political Reports 1911−1960*, *Volume 5*: *1933−1936*, Archive Editions Limited, 2001, p.477.

② "Mr. Howe, Peking, to Mr. Eden", Foreign Office, April 15, 1936, FO 371/20249, F 3009/166/10, Robert L. Jarman, *China Political Reports 1911−1960*, *Volume 5*: *1933−1936*, Archive Editions Limited, 2001, pp.482−483.

③ "Mr. Howe, Peking, to Mr. Eden", Foreign Office, July 31, 1936, FO 371/20251, F 5612/166/10, Robert L. Jarman, *China Political Reports 1911−1960*, *Volume 5*: *1933−1936*, Archive Editions Limited, 2001, p.487.

经退居幕后。"①

中国共产党首先倡导建立以国共合作为基础的抗日民族统一战线。1936年11月27日,英国新任驻华大使许阁森(H.Knatchbull-Hugessen)致艾登的报告写道:"共产党声称对日本人怀有敌意,并准备重返鲍罗廷时代的国共联合反帝国主义战线。"②

1936年12月12日,震惊中外的西安事变爆发。《中国政治报告1911—1960》对西安事变的认识有一个逐渐清晰的过程。事变初期,各界对西安事变众说纷纭,报告也认为张学良是为了个人利益扣押蒋介石。1937年4月7日,许阁森致艾登的报告叙述了西安事变的经过:"1936年,张学良一直留在陕西,在这些地区,张的部队完全不愿与红军交战。蒋介石任命蒋鼎文为'西北剿匪军前敌总司令'的消息在西安已为人所知。他担心自己的军队将被解散或转移,因此起来反抗,12月12日扣押了蒋介石和当时在西安逗留的其他人士,并号召全国人民与中国共产党结盟,立即开战抗日。""难以想象除了不喜欢日本人之外,张学良和红军还有任何共同之处。"③"经过在西安的谈判,蒋介石终于获释,并与张学良返回南京。现在,蒋介石的心情已有所缓和,但在此之前,双方是否达成了协议,目前尚不清楚。有谣言说张学良得到了八千万美元,而另一些报道称,蒋介石同意了张学良的要求,即停止对共产党的内战,武装抗日。从那时起发生的一些事情似乎并没有强化后一种说法,张反叛仅仅是因为他认为他将失去一些权力,当误解被澄清后,他自愿释放了

---

① "Mr. Howe, Peking, to Mr. Eden", Foreign Office, July 31, 1936, FO 371/20251, F 5612/166/10, Robert L. Jarman, *China Political Reports 1911–1960*, *Volume 5:1933–1936*, Archive Editions Limited, 2001, p.485.

② "Sir H. Knatchbull-Hugessen, Nanking, to Mr. Anthony Eden", Foreign Office, November 27, 1936, FO 371/20969, Robert L. Jarman, *China Political Reports 1911–1960*, *Volume 5:1933–1936*, Archive Editions Limited, 2001, p.508.

③ "Sir H. Knatchbull-Hugessen, Peking, to Mr. Eden", Foreign Office, April 7, 1937, enclosing list of Record of Leading Personalities in China, FO 371/20999, F 2835/829/10, Robert L. Jarman, *China Political Reports 1911–1960*, *Volume 5:1933–1936*, Archive Editions Limited, 2001, p.517.

他的首领,这可能是真的。"①

随后,许阁森致艾登的1936年年度报告认为,张学良发动西安事变主要是为了促成国共合作抗日。"张学良的叛乱似乎主要是为了促成共产党领导人和南京政府之间的和解"②;"少帅要求委员长暂时留在西安,并已起草八项主张,除非蒋接受,否则不会释放他。由于严格的审查制度,这八点没有一个真正的版本可以看到,但是人们普遍认为它们包括:改组南京政府,以便包括所有党派(包括共产党);结束内战,停止反共,积极抗日;释放所有政治犯;保障言论、出版和集会自由;立即召开救国大会"③。

中国共产党积极促成西安事变的和平解决。1937年3月2日,许阁森致艾登的报告称:"委员长及同时被捕的其他官员的释放虽然缓解了南京的焦虑,但并没有立即改变西北地区的局势,一段时间以来,中央政府军和叛军仍然对峙,谈判员和中间人在南京和西安之间来回奔波。然而,最终达成了一项谅解,即杨虎城的省军和张学良的东北军撤退到商定的地点,由中央政府军进驻西安。撤军的决定遭到了共产党和激进分子的强烈反对,因为这是对统一战线的致命打击。2月2日,西安发生骚乱,4名东北军高级军官被杀。尽管如此,这项安排仍然得到了忠实执行。"④

联合抗日已经成为民心所向。许阁森致艾登的报告认为:"似乎没有必

---

① "Sir H. Knatchbull-Hugessen, Peking, to Mr. Eden", Foreign Office, April 7, 1937, enclosing list of Record of Leading Personalities in China, FO 371/20999, F 2835/829/10, Robert L. Jarman, *China Political Reports 1911-1960*, *Volume 5*: *1933-1936*, Archive Editions Limited, 2001, pp.525-526.

② "Sir H. Knatchbull-Hugessen, Peking, to Mr. Eden", Foreign Office, April 8, 1937, *Annual Report of events in China for the year 1936*, FO 371/21006, F 2836/2836/10, Robert L. Jarman, *China Political Reports 1911-1960*, *Volume 5*:*1933-1936*, Archive Editions Limited, 2001, p.587.

③ "Sir H. Knatchbull-Hugessen, Peking, to Mr. Eden", Foreign Office, April 8, 1937, *Annual Report of events in China for the year 1936*, FO 371/21006, F 2836/2836/10, Robert L. Jarman, *China Political Reports 1911-1960*, *Volume 5*:*1933-1936*, Archive Editions Limited, 2001, p.578.

④ "Sir H. Knatchbull-Hugessen, Nanking, to Mr. Eden", Foreign Office, March 2, 1937, F 249/35/10, Robert L. Jarman, *China Political Reports 1911-1960*, *Volume 6*: *1937-1941*, Archive Editions Limited, 2001, p.15.

要进一步寻找西安事变的动机,但过于简单化会产生误导,因为还有其他因素在起作用。政府对日本的妥协政策不受欢迎,过去一段时间,一个被称为牺牲救国同盟会的组织的影响力越来越大。它宣称建立包括共产党在内的全国各党派的统一战线,并采取有力行动反对日本人对北方的侵占。"①"无论中国人民看起来多么分裂,无论内部纷争多么激烈,有一点大家是一致的,那就是对日本侵略的敌意。反日主义确实是当今中国最强大的推动力。"②

新任英国驻华大使克拉克·卡尔(A.Clark Kerr)致外交大臣哈利法克斯(Viscount Halifax)的1937年年度报告论及西安事变的和平解决,称"一个典型的军事政治'事件'就这样结束了,它清楚地表明,即使是中国最高领导人,在中日关系方面奉行温和政策时,也会面临风险"③。

为了巩固西安事变达成的协议,争取早日实现全民族共同抗战,共产党提出五项要求和四项保证。1937年2月15日,国民党五届三中全会在南京开幕,为期8天。3月2日许阁森致艾登的报告称:"会上唯一引起关注的问题是西安态势和政府对共产党的态度。除已经提到的救国会'八项主张'之外,中国共产党也提出了自己的类似要求,包括以下五项:(一)停止内战,集中一切力量,一致对外;(二)保障言论、集会、结社自由,释放一切政治犯;(三)召开各党各派各军各界的代表大会,集中全国人才,共同救国;(四)立即完成抗日战争的准备工作;(五)改善人民的生活条件。如果上述纲领通过,共产党承诺:(一)放弃使用武力推翻国民政府的企图;(二)在中央政府和军委的直

---

① "Sir H. Knatchbull-Hugessen, Peking, to Mr. Eden", Foreign Office, April 8, 1937, *Annual Report of events in China for the year 1936*, FO 371/21006, F 2836/2836/10, Robert L. Jarman, *China Political Reports 1911—1960*, *Volume 5：1933—1936*, Archive Editions Limited, 2001, pp.578—579.

② "Sir H. Knatchbull-Hugessen, Nanking, to Mr. Eden", Foreign Office, March 2, 1937, F 249/35/10, Robert L. Jarman, *China Political Reports 1911—1960*, *Volume 6：1937—1941*, Archive Editions Limited, 2001, pp.24—25.

③ "Sir A. Clark Kerr, Shanghai, to Viscount Halifax", April 29, 1938, *Annual Report of Events in China for the year 1937*, FO 371/22160, F 6312/6312/10, Robert L. Jarman, *China Political Reports 1911—1960*, *Volume 6：1937—1941*, Archive Editions Limited, 2001, p.158.

接领导下,将'中华苏维埃政府'改为'中华民国特区政府','红军'改为'国民革命军';(三)在特区内实行彻底的民主制度;(四)停止没收地主土地的政策,坚决执行抗日民族统一战线的共同纲领。"①

国民党政府拒绝了共产党的请求:"一项会议特别决议处理了政府同共产党的关系问题,得出的结论是,共产党人目前的投降姿态不是出于爱国动机,而是他们发现自己处于极端地位的结果,不能向共产主义妥协。具体到共产党的五项要求和承诺,全体会议的'最低要求'是:彻底废除红军和任何其他共产党武装;彻底废除苏维埃政府和其他一切破坏民族团结的组织;彻底停止任何形式的红色宣传和阶级斗争。"②

在民族大义之前,共产党捐弃前嫌,与国民党进行谈判,积极争取早日实现国共合作抗战。1937 年 6 月 7 日,许阁森致艾登报告写道:"中国和日本之间的分歧如此之大,中日关系几乎没有任何改善的希望。"③"由于共产党已经宣布放弃阶级斗争,并且在特定条件下准备暂停一切旨在推翻国民政府的武装行动,因此双方至少有一些谈判的基础,而且毫无疑问,红军领导人和中央政府代表,甚至是委员长本人之间的谈判确实已经在进行。"④"共产党人已经表明,一旦与日本开战,他们将支持政府。他们的帮助可能确实是无价的。所有共产党员和其他政治犯都被释放,与国民党交战多年的共产党军队被赋予

---

① "Sir H. Knatchbull-Hugessen, Nanking, to Mr. Eden", Foreign Office, March 2, 1937, F 249/35/10, Robert L. Jarman, *China Political Reports 1911 - 1960*, Volume 6: *1937 - 1941*, Archive Editions Limited, 2001, pp.16–17.

② "Sir H. Knatchbull-Hugessen, Nanking, to Mr. Eden", Foreign Office, March 2, 1937, F 249/35/10, Robert L. Jarman, *China Political Reports 1911 - 1960*, Volume 6: *1937 - 1941*, Archive Editions Limited, 2001, p.18.

③ "Sir H.Knatchbull-Hugessen, Peking, to Mr.Eden", Foreign Office, June 7, 1937, FO 371/20970, Robert L. Jarman, *China Political Reports 1911-1960*, Volume 6: *1937-1941*, Archive Editions Limited, 2001, p.36.

④ "Sir H.Knatchbull-Hugessen, Peking, to Mr.Eden", Foreign Office, June 7, 1937, FO 371/20970, Robert L. Jarman, *China Political Reports 1911-1960*, Volume 6: *1937-1941*, Archive Editions Limited, 2001, pp.30–31.

国民军的地位。作为回报,中国共产党宣布放弃纯粹的共产主义原则,在抗日战争中效忠于国民党。"①

1937年7月7日,卢沟桥事变爆发。卡尔致哈利法克斯的1937年年度报告认为:"7月7日中日战争爆发的重要性远远超过1937年所有其他军事事件。这一事件标志着日本全面恢复了帝国主义对亚洲大陆的进攻,这种进攻是从1931年占领满洲开始的。"②

全民族抗战爆发以后,国民党军节节败退,八路军在华北立即投入对日作战,牵制大量日军。1937年年度报告称:"日本人现在还遭到山西省军(第三十三军和第三十四军)和中国共产党军队的进攻,这些共产党人被编入了第八路军,由朱德指挥。"③"11月9日,日军占领太原府。此时,日本人不得不停止向黄河以南进军,以便重新组织和加强他们的交通线,因为他们的交通线正受到来自四面八方的八路军(前共产党军队)的严重骚扰";"截至12月底,据报道,在平汉铁路沿线和大运河以西地区至少有26个中国师。这些部队来自中国各地,由于语言障碍、领导人之间的个人矛盾以及缺乏联合训练,他们似乎除了战斗什么都干"。④

1936—1937年,随着日本对中国的侵略日益加深,直至七七事变中日战争全面爆发,联合抗日已经成为大势所趋。英国的情报资料表明,中国共产党

---

① "Sir A. Clark Kerr, Shanghai, to Viscount Halifax", April 29, 1938, *Annual Report of Events in China for the Year 1937*, FO 371/22160, F 6312/6312/10, Robert L. Jarman, *China Political Reports 1911–1960, Volume 6: 1937–1941*, Archive Editions Limited, 2001, p.143.

② "Sir A. Clark Kerr, Shanghai, to Viscount Halifax", April 29, 1938, *Annual Report of Events in China for the Year 1937*, FO 371/22160, F 6312/6312/10, Robert L. Jarman, *China Political Reports 1911–1960, Volume 6: 1937–1941*, Archive Editions Limited, 2001, p.156.

③ "Sir A. Clark Kerr, Shanghai, to Viscount Halifax", April 29, 1938, *Annual Report of Events in China for the Year 1937*, FO 371/22160, F 6312/6312/10, Robert L. Jarman, *China Political Reports 1911–1960, Volume 6: 1937–1941*, Archive Editions Limited, 2001, p.160.

④ "Sir A. Clark Kerr, Shanghai, to Viscount Halifax", April 29, 1938, *Annual Report of Events in China for the Year 1937*, FO 371/22160, F 6312/6312/10, Robert L. Jarman, *China Political Reports 1911–1960, Volume 6: 1937–1941*, Archive Editions Limited, 2001, pp.160–161.

从抗日大局出发,在与国民党谈判中积极推动各方合作抗日,促使西安事变得到和平解决,为建立以国共合作为基础的抗日民族统一战线铺平了道路。七七抗战爆发后,国共携手合作,抗日民族统一战线正式建立,中共领导的八路军在华北敌后展开游击战,牵制和打击日军。

三、中共领导的敌后游击战是中国抗战的中坚力量(1938—1943)

全民族抗战进入相持阶段之后,中国共产党领导军民开辟的敌后战场成为抗日战争的主战场,中共领导的敌后游击战为持久抗战奠定了军事、思想政治、经济基础。在军事方面,游击战给日军以沉重打击。在思想方面,在民族存亡的紧要关头,毛泽东发表的《论持久战》极大增强了全国人民的自信心,鼓舞了士气。在政治方面,边区政府的建立为长期抵抗日军渗透地方管理制度奠定了基础。共产党人全心全意抗战,努力维护以国共合作为基础的抗日民族统一战线。

据《中国政治报告 1911—1960》记载,自七七事变至 1938 年 1 月,日军已占领中国大片领土。"经过六个月的战斗,日军占领了绥远、察哈尔、山西、河北、山东等省,以及江苏、安徽、浙江等省的部分地区。日本成功控制了这些省份的几乎所有铁路。"①中国共产党领导的八路军、新四军敌后游击战在各个地区展开。

1938 年 1 月,"日军仍在太原以南的阵地坚守,战线大致从太谷到汾阳。在山西省北部,日军的交通线遭到了八路军的严重袭扰"②。

---

①　"Mr. Howe,Shanghai,to Mr.Eden",Foreign Office,Monthly Summary for January 1938,February 14,1938, F 3376/3376/10, Robert L. Jarman, *China Political Reports 1911－1960*, *Volume 6*: *1937－1941*,Archive Editions Limited,2001,p.204.

②　"Mr. Howe,Shanghai,to Mr.Eden",Foreign Office,Monthly Summary for January 1938,February 14,1938, F 3376/3376/10, Robert L. Jarman, *China Political Reports 1911－1960*, *Volume 6*: *1937－1941*,Archive Editions Limited,2001,p.204.

2月,"一支日军纵队一直在太原以西行动,目的是解除八路军对太原—大同线的威胁"①。

4月,"在河南北部和江苏南部的太湖地区,有大量的游击队在活动"。"中国游击队活跃在日军后方,在阜阳以西有频繁的小冲突。在离上海约10英里的地方和太湖以西地区,游击战相当频繁。"②

5月,"在山西和绥远,中国游击队很可能从日本驻军的消耗中获利,并利用这个机会增进他们的游击战术"③。

6月,"日军的占领局限于铁路、河流和大城镇,各种各样的中国非正规军在驻军之间活动。上海、山东等地到处都是游击队。毫无疑问,目前的部队组织有序,纪律严明,但随着日军的继续推进,他们可能会逐渐被分成越来越小的部队"④。

7月,"八路军已经渗透到热河南部,游击队与日军在该地区以及北京附近、山西和江苏南部地区进行着断断续续的战斗"⑤。

8月,"在河北、山东、安徽南部和浙江北部,甚至在上海附近,都有相当密集但总的来说无效的游击活动。据说,日军对冀北的局势感到非常不安,那里有一支庞大的游击队集中在热河边境山区,其总部设在迁安,北京—奉天线不

---

① "Sir A. Clark Kerr, Shanghai, to Viscount Halifax", Foreign Office, Monthly Summary No.2, March 7, 1938, F 3889/3376/10, Robert L. Jarman, *China Political Reports 1911－1960, Volume 6: 1937－1941*, Archive Editions Limited, 2001, p.218.

② "Sir A. Clark Kerr, Shanghai, to Viscount Halifax", Foreign Office, Monthly Summary No.4, May 5, 1938, F 6314/3376/10, Robert L. Jarman, *China Political Reports 1911－1960, Volume 6: 1937－1941*, Archive Editions Limited, 2001, p.233.

③ "Sir A. Clark Kerr, Shanghai, to Viscount Halifax", Foreign Office, Monthly Summary No.5, June 3, 1938, F 7443/3376/10, Robert L. Jarman, *China Political Reports 1911－1960, Volume 6: 1937－1941*, Archive Editions Limited, 2001, p.241.

④ "Sir A. Clark Kerr, Shanghai, to Viscount Halifax", Foreign Office, Monthly Summary No.6, July 7, 1938, F 8966/3376/10, Robert L. Jarman, *China Political Reports 1911－1960, Volume 6: 1937－1941*, Archive Editions Limited, 2001, p.252.

⑤ "Sir A. Clark Kerr, Shanghai, to Viscount Halifax", Foreign Office, Monthly Summary No.7, August 8, 1938, F 9829/3376/10, Robert L. Jarman, *China Political Reports 1911－1960, Volume 6: 1937－1941*, Archive Editions Limited, 2001, p.257.

断受到威胁"①。

10 月，"中国游击队在北方五省以及江苏、浙江和安徽的活动有增无减。虽然它们对日军攻打武汉城区的主要行动影响不大，但无疑在防止日本人巩固其对农村的控制权方面取得了相当大的成功，因为远离主要的交通干线和大城镇。而且，对于未来更为重要的是，至少在北方，游击战已经在军事、经济和政治领域为组织对日本侵略的长期抵抗奠定了基础。现在广州和汉口已经沦陷，中国政府退入'新中国'，而西南各省正在做准备，毫无疑问，他们将越来越依赖这种在日军前进路线后方的政治、军事和经济抵抗"②。

11 月，"关于日军在山西对八路军'压倒性胜利'的报道是错误的，这种成功非常有限，并伴随着日军的重大损失"③。

12 月，"日军的前沿阵地几乎没有改变，主要是在华南略微扩大了战线。在各条战线的背后，双方都进行着游击和反游击活动。""在山西，日军继续炮击陇海铁路附近的潼关。山西省的情况非常危急，报道证实，尽管日本人占领了五台山镇，但他们在五台山的行动失败了，他们遭受的伤亡比他们对八路军造成的伤亡更大。在山西南部，特别是在汾河附近以及河南北部，中国游击队取得了一些小的胜利，这些游击队给分散的日军驻地造成了相当大的麻烦。在山东，日本人显然占了上风，尽管可能只是暂时的，他们声称在 9 月 1 日至 11 月 30 日期间杀死了 8000 名中国游击队员。""据悉，在鄂豫边界大约有五万游击队。安徽芜湖以南有零星战斗。湖南和湘鄂边境也有一些小规

---

① "Sir A. Clark Kerr, Shanghai, to Viscount Halifax", Foreign Office, Monthly Summary No.8, September 2, 1938, F 10800/3376/10, Robert L. Jarman, *China Political Reports 1911–1960*, *Volume 6*: *1937–1941*, Archive Editions Limited, 2001, p.264.

② "Sir A. Clark Kerr, Shanghai, to Viscount Halifax", Foreign Office, Monthly Summary No.10, November 22, 1938, FO 371/22158, F 12333/3376/10, Robert L. Jarman, *China Political Reports 1911–1960*, *Volume 6*:*1937–1941*, Archive Editions Limited, 2001, p.281.

③ "Sir A. Clark Kerr, Shanghai, to Viscount Halifax", Foreign Office, Monthly Summary No.11, December 8, 1938, F 138/3376/10, Robert L. Jarman, *China Political Reports 1911–1960*, *Volume 6*: *1937–1941*, Archive Editions Limited, 2001, p.293.

模冲突。"①

在民族存亡的关键时刻,毛泽东发表的《论持久战》增强了中国人民抗战胜利的决心和自信心。卡尔致哈利法克斯的1938年年度报告称:"以人类痛苦的程度来衡量,即使在中国漫长的苦难历史中,可能也未曾出现过像1938年这样的年份。日本的入侵意味着中国最富裕的广大地区遭到破坏,数十座城市被大火、炸弹和大炮摧毁,无数农民和城镇居民被杀害,数百万人流离失所,伴随着被迫迁徙、洪水、饥荒和瘟疫而来的痛苦和恐惧。除此之外,还有一系列几乎连续不断的军事失败,在这些失败中,数十万年轻的中国士兵失去生命,他们训练不足、装备落后、领导不善。这足以挫败一个民族的勇气。虽然港口、铁路、工业和收入都相继消失,但是人民坚持下来了,政府坚持下来了。""遭遇这样的打击并能经受住考验,对任何人来说都是不同寻常的。在中国,尤其如此,因为它出乎意料。这使我们都感到吃惊,也使日本人感到不安,使他们失去了前进的动力。"②"中国人宣称并相信自己最终会取得胜利。他们说,时间会站在他们一边。他们只要坚持……就不会被打败。与此同时,他们还在不断完善'牛虻战术'。他们认为,他们的士气将比日本人更持久。当一个人身处中国中部地区时,很难抵挡他们乐观情绪的蔓延。"③

卡尔致哈利法克斯的1938年年度报告对这一年来八路军领导的游击战给予了公正的评价:由于中国正面战场迅速溃败,因此,此时游击战对主战场

① "Sir A. Clark Kerr, Shanghai, to Viscount Halifax", Foreign Office, Monthly Summary No.12, January 12, 1939, FO/P&S/12/2299, F 2002/787/10, Robert L. Jarman, *China Political Reports 1911-1960*, *Volume 6: 1937-1941*, Archive Editions Limited, 2001, pp.300-301.

② "Sir A. Clark Kerr, Shanghai, to Viscount Halifax", Foreign Office, February 28, 1939, *Annual Report of Events in China for the Year 1938*, FO 371/23443, F3662/53/10, Robert L. Jarman, *China Political Reports 1911-1960*, *Volume 6: 1937-1941*, Archive Editions Limited, 2001, p.310.

③ "Sir A. Clark Kerr, Shanghai, to Viscount Halifax", Foreign Office, February 28, 1939, *Annual Report of Events in China for the Year 1938*, FO 371/23443, F3662/53/10, Robert L. Jarman, *China Political Reports 1911-1960*, *Volume 6: 1937-1941*, Archive Editions Limited, 2001, p.310.

的影响还难以判断,但游击战可以长期牵制日军,使其无法再扩大战争规模。"1938 年,有非常多的游击活动。执行这些战术的中国军队主要是朱德将军领导的八路军和叶挺将军领导的新四军。八路军在山西、河北、察哈尔等省作战,新四军在安徽、江苏、浙江、广东东部等省作战。这些军队由具有共产主义思想的人组成。他们这一年主要在山西活动,在那里对日军的交通线造成了严重干扰——火车脱轨,炸毁桥梁,对孤立的日军哨所进行攻击。虽然毫无疑问,八路军的行动阻止了任何令日军满意的对山西省的控制,但也必须承认,游击战应该是全体平民有组织武装抵抗的同义词,现在还没有达到这样的比例,也没有达到这样的结果,但是在适当的指导下是可能的。"①"中国人不可能指望在军事上战胜日本对手。但是,他们能够而且有希望的是,把军队留在战场上,并采取积极的游击战术,长期地牵制日军,使其处于精疲力尽的状态,不可能继续发动进攻。"②

　　1938 年年度报告还对中共边区政府大加赞赏。"边区政府在很大程度上归功于八路军在山西的经验和努力,其组织是以无党派民族主义为基础的,目的是实现联合抗日。这种抵抗是政治、经济和军事三方面结合起来的。""学校教育和群众运动很受重视,重点放在抗日宣传,而不是灌输党的原则上。邮政和电话服务也得到恢复。到今年年底,也许可以这样说,在边区政府控制下的地区享有前所未有的良好管理,并为长期抵抗日本渗透地方管理制度奠定了基础。""在经济方面,边区政府的主要目的是防止日本人从华北获得任何经济利益。""地主和士绅对政策有一些批评,但当局放弃了共产主义的原则,强调保持统一战线的重要性,不仅在政治领域鼓励军民之间和文武官员之间保持良好

　　① "Sir A. Clark Kerr, Shanghai, to Viscount Halifax", Foreign Office, February 28, 1939, *Annual Report of Events in China for the Year 1938*, FO 371/23443, F 3662/53/10, Robert L. Jarman, *China Political Reports 1911-1960*, *Volume 6*: *1937-1941*, Archive Editions Limited, 2001, p.313.

　　② "Sir A. Clark Kerr, Shanghai, to Viscount Halifax", Foreign Office, February 28, 1939, *Annual Report of Events in China for the Year 1938*, FO 371/23443, F 3662/53/10, Robert L. Jarman, *China Political Reports 1911-1960*, *Volume 6*: *1937-1941*, Archive Editions Limited, 2001, p.315.

关系,而且在经济领域防止任何一个阶级过度流血,消除政治腐败。"①

　　1938 年年度报告亦认为游击队组织良好。"游击活动,普遍有不同程度的政治组织支持。""广州和汉口陷落以后,日本停止推进。在一些地区,动荡的局势导致土匪活动严重增加,特别是在中国控制区与日军交通线之间的无人地带。有证据表明,日本鼓励这种活动,以便在民众中败坏游击队的声誉。"②

　　全民族抗战进入相持阶段之后,国民党反共倾向明显,但共产党仍然积极坚持敌后抗战。1939 年 1 月,国民党五届五中全会召开。卡尔致哈利法克斯的报告述及"会议结束时发表了一份宣言,重申了国家的抵抗政策","它表明在统一战线中这两个主要伙伴之间的关系并不融洽"。③ "在华北地区,河北、察哈尔及河南北部的日军继续进行反游击战,但进展不大。1 月 11 日,游击队在河北省北部使北京和天津之间的一列货运车脱轨。最活跃、最成功的游击战发生在黄河以北、平汉铁路以西的河南北部,日军在那里驻扎困难,贸易基本陷于停顿。在山西,游击战的持续性、成功性和广泛性比其他任何省份都强。这个国家擅长游击战术,八路军和中国联军充分利用了这一事实,组织并实施了一系列非常成功的侵扰日军驻军的行动。由于游击队的良好抵抗,加上国家的困难情况和恶劣的气候条件,使得日军在各地区的清剿工作很少成功,有报告指出,他们在黄河与汾河之间地区的清剿是一次代价高昂的失败。"④

---

　　① "Sir A. Clark Kerr, Shanghai, to Viscount Halifax", Foreign Office, February 28, 1939, *Annual Report of Events in China for the Year 1938*, FO 371/23443, F 3662/53/10, Robert L. Jarman, *China Political Reports 1911-1960*, *Volume 6: 1937-1941*, Archive Editions Limited, 2001, p.325.

　　② "Sir A. Clark Kerr, Shanghai, to Viscount Halifax", Foreign Office, February 28, 1939, *Annual Report of Events in China for the Year 1938*, FO 371/23443, F 3662/53/10, Robert L. Jarman, *China Political Reports 1911-1960*, *Volume 6: 1937-1941*, Archive Editions Limited, 2001, p.326.

　　③ "Sir A. Clark Kerr, Shanghai, to Viscount Halifax", Foreign Office, May 24, 1940, *Annual Report of Events in China for the Year 1939*, FO 371/24698, F 3882/1064/10, Robert L. Jarman, *China Political Reports 1911-1960*, *Volume 6: 1937-1941*, Archive Editions Limited, 2001, p.504.

　　④ "Sir A. Clark Kerr, Shanghai, to Viscount Halifax", Monthly Summary No.1, February 3, 1939, F 2611/797/10, Robert L. Jarman, *China Political Reports 1911-1960*, *Volume 6: 1937-1941*, Archive Editions Limited, 2001, pp.358-359.

"在杭州—南京—上海三角地带,中国新四军展开了各种游击战,一直打到上海市郊。"①

　　游击战机动灵活,中共在敌后展开形式多样的游击活动,如阻断交通、毁坏火车、摧毁铁路桥、破坏煤矿、损毁发电厂等,给日军造成了严重困扰。卡尔致哈利法克斯的历次报告中都有专题叙述游击战,例如:"在山西省,包括大同在内的大部分地区都发生了游击战,中国人破坏了一些煤矿。游击队在保定北撞毁一列火车,摧毁了坨里煤矿。游击队摧毁了济南南部的几座铁路桥。"②"游击活动使平绥铁路暂时中断。"③"济南遭到游击队袭击,据报道,游击队破坏了那里的发电厂。"④"游击队摧毁了临汾南部的一座铁路桥。"⑤"游击队成功袭击了北京西北约20英里处的一个日本哨所,丰台附近的一列火车被炸毁。上海—南京铁路暂时被游击队阻断。"⑥"归绥—包头沿线的铁路被破坏。"⑦

---

①　"Sir A. Clark Kerr,Shanghai,to Viscount Halifax",Monthly Summary No.2,March 9,1939,F 3667/797/10,Robert L. Jarman,*China Political Reports 1911－1960*,*Volume 6：1937－1941*,Archive Editions Limited,2001,p.367.

②　"Sir A. Clark Kerr,Shanghai,to Viscount Halifax",Monthly Summary No.4,May 10,1939,F 5759/797/10,Robert L. Jarman,*China Political Reports 1911－1960*,*Volume 6：1937－1941*,Archive Editions Limited,2001,pp.382－383.

③　"Sir A. Clark Kerr,Shanghai,to Viscount Halifax",Monthly Summary No.5,June 6,1939,F 7515/797/10,Robert L. Jarman,*China Political Reports 1911－1960*,*Volume 6：1937－1941*,Archive Editions Limited,2001,p.390.

④　"Sir A. Clark Kerr,Shanghai,to Viscount Halifax",Monthly Summary No.6,July 5,1939,F 8767/797/10,Robert L. Jarman,*China Political Reports 1911－1960*,*Volume 6：1937－1941*,Archive Editions Limited,2001,p.401.

⑤　"Sir A. Clark Kerr,Shanghai,to Viscount Halifax",Monthly Summary No.7,August 16,1939,F 10667/797/10,Robert L. Jarman,*China Political Reports 1911－1960*,*Volume 6：1937－1941*,Archive Editions Limited,2001,p.410.

⑥　"Sir A. Clark Kerr,Shanghai,to Viscount Halifax",Monthly Summary No.8,September 8,1939,F 11468/ 797/10,Robert L. Jarman,*China Political Reports 1911－1960*,*Volume 6：1937－1941*,Archive Editions Limited,2001,p.421.

⑦　"Sir A. Clark Kerr,Shanghai,to Viscount Halifax",Monthly Summary No.12,January 5,1940,FO 371/24697,F 1594/895/10,Robert L. Jarman,*China Political Reports 1911－1960*,*Volume 6：1937－1941*,Archive Editions Limited,2001,p.455.

"上海—杭州铁路沿线常有游击行动。"①"游击队对汉江以东日军发动多次突袭,同时破坏了广水—花园之间的交通。"②

1939 年,日军展开了疯狂的反游击"清剿"运动,并辅之空袭。1939 年 1 月,"日本在山西、陕西和河南北部的空袭活动显著增加,以支持目前日军在山西境内打击游击队的行动,以及清剿陇海铁路西部的中国军队"③。3 月,"日军第 10 师团继续在河北开展反游击运动"。"日军继续在中国北方进行猛烈空袭。日军飞机除协助清剿山西境内的游击队外,还对西安、洛阳、延安及陕甘宁等地区进行多次袭击"。④ 4 月,"在反游击活动方面,日军飞机在山西、山东、河北南部和河南北部进行了多次袭击。""4 月下旬到 5 月上旬,日军在华北得到一个师团的增援,据信已被派往山西。"⑤6 月,"除了向在山西、山东与游击队作战的日军提供空中支援,日军还在杭州、江苏、芜湖和汉口之间的长江北岸进行了大量的反游击轰炸"⑥。7 月,"在日本占领区,尤其是在江苏和山东,游击队多次遭到袭击"⑦。8 月,"在山西,对游击队进行大量轰炸,

---

①　"Sir A. Clark Kerr, Shanghai, to Viscount Halifax", Monthly Summary No. 10, November 7, 1939, L/P&S/12/2299, F 13051/797/10, Robert L. Jarman, *China Political Reports 1911 - 1960*, *Volume 6: 1937-1941*, Archive Editions Limited, 2001, p.440.

②　"Sir A. Clark Kerr, Shanghai, to Viscount Halifax", Monthly Summary No. 12, January 5, 1940, FO 371/24697, F 1594/895/10, Robert L. Jarman, *China Political Reports 1911-1960*, *Volume 6: 1937-1941*, Archive Editions Limited, 2001, p.455.

③　"Sir A. Clark Kerr, Shanghai, to Viscount Halifax", Monthly Summary No. 1, February 3, 1939, F 2611/797/10, Robert L. Jarman, *China Political Reports 1911-1960*, *Volume 6: 1937-1941*, Archive Editions Limited, 2001, p.359.

④　"Sir A. Clark Kerr, Shanghai, to Viscount Halifax", Monthly Summary No. 3, April 8, 1939, F 4999/797/10, Robert L. Jarman, *China Political Reports 1911-1960*, *Volume 6: 1937-1941*, Archive Editions Limited, 2001, pp.374-375.

⑤　"Sir A. Clark Kerr, Shanghai, to Viscount Halifax", Monthly Summary No. 5, June 6, 1939, F 7515/797/10, Robert L. Jarman, *China Political Reports 1911-1960*, *Volume 6: 1937-1941*, Archive Editions Limited, 2001, p.390.

⑥　"Sir A. Clark Kerr, Shanghai, to Viscount Halifax", Monthly Summary No. 6, July 5, 1939, F 8767/797/10, Robert L. Jarman, *China Political Reports 1911-1960*, *Volume 6: 1937-1941*, Archive Editions Limited, 2001, p.401.

⑦　"Sir A. Clark Kerr, Shanghai, to Viscount Halifax", Monthly Summary No. 7, August 16, 1939, F 10667/797/10, Robert L. Jarman, *China Political Reports 1911-1960*, *Volume 6: 1937-1941*, Archive Editions Limited, 2001, p.412.

延续了上个月对该省进行清剿的企图"①。9 月，"陇海线沿线的洛阳在 21 日遭到猛烈轰炸，游击中心榆林在 27 日遭到猛烈轰炸。日本人在山东、江苏沿海进行过几次针对游击队的空袭"②。10 月，"在华北地区，相当数量的日军飞机返回山西，恢复了对山西和河南等地的猛烈空袭。以西安为主要目标的空袭仍在继续。在安徽、江苏和山东，针对游击队的空中行动频繁"③。11月，"日军在山西西北部对八路军进行了两次'清剿'，均以失败告终"④。12月，"在华北，日军继续轰炸西安、兰州。在华中，轰炸河南南部、湖南和四川。在华南，继续轰炸广西"；"日本在 12 月 25 日发布的一份官方声明中，宣称自1937 年 7 月 7 日以来，已经明确摧毁中国军用飞机 1408 架，可能摧毁 235 架，这个数字比中国的空军总数还要多"。⑤ 日本宣传报道的不实之处由此可见一斑。

中共领导的敌后游击战承受了日军的强大火力，双方互有伤亡，考虑到双方客观实力对比，游击战仍然取得了相当大的成功。卡尔致哈利法克斯的多次报告述及日军的艰难推进和游击队的战果。"在上海地区，日本人声称游击队'已经减少到大约 24000 人'，这个数字与去年同期大致相同，显示出日

①　"Sir A. Clark Kerr, Shanghai, to Viscount Halifax", Monthly Summary No. 8, September 8, 1939, F 11468/797/10, Robert L. Jarman, *China Political Reports 1911–1960*, *Volume 6：1937–1941*, Archive Editions Limited, 2001, p.422.

②　"Sir A. Clark Kerr, Shanghai, to Viscount Halifax", Monthly Summary No. 9, October 4, 1939, F 12730/797/10, Robert L. Jarman, *China Political Reports 1911–1960*, *Volume 6：1937–1941*, Archive Editions Limited, 2001, p.432.

③　"Sir A. Clark Kerr, Shanghai, to Viscount Halifax", Monthly Summary No. 10, November 7, 1939, F 13051/797/10, Robert L. Jarman, *China Political Reports 1911–1960*, *Volume 6：1937–1941*, Archive Editions Limited, 2001, p.441.

④　"Sir A. Clark Kerr, Shanghai, to Viscount Halifax", Monthly Summary No. 12, January 5, 1940, FO 371/24697, F 1594/895/10, Robert L. Jarman, *China Political Reports 1911–1960*, *Volume 6：1937–1941*, Archive Editions Limited, 2001, p.455.

⑤　"Sir A. Clark Kerr, Shanghai, to Viscount Halifax", Monthly Summary No. 12, January 5, 1940, FO 371/24697, F 1594/895/10, Robert L. Jarman, *China Political Reports 1911–1960*, *Volume 6：1937–1941*, Archive Editions Limited, 2001, p.456.

本取得的进展缓慢。新四军正在稳步扩大其影响和控制。"①"日本人似乎越来越依赖伪军,这些伪军被用来在平汉、沪杭铁路沿线驻守。"②"在河南南部,日本军队试图从信阳向西北推进,但收效甚微。"③"在华北,山西和河北西北部发生了大量小规模战斗,日军被迫从那里的几个城镇撤离。在河北西北部,一支约6000人的日军纵队被成功伏击,日军损失惨重,指挥官被杀。""南京、上海、杭州一带发生了大量的游击战,日军在小规模交战中伤亡很大。最近日军在这一地区进行了一次大规模进攻,但同以前一样,只能暂时取得成功。"④"中国人声称在山西南部取得了进一步的胜利,日本的进攻已被成功击退,但日本的说法是'扫荡'导致2200名中国人死亡。虽然没有中国的统计数字,但日本占领的地区几乎没有增加,可能双方损失大致相等。"⑤到1939年底,"由于日军占领的据点后方有大量的中国游击队,因此很难界定日本人控制的确切地区"⑥。

　　1940—1943 年,中日战争正面战场相对平静,共产党领导的游击队坚持

　　① "Sir A. Clark Kerr, Shanghai, to Viscount Halifax", Monthly Summary No.5, June 6, 1939, F 7515/797/10, Robert L. Jarman, *China Political Reports 1911—1960*, Volume 6: *1937—1941*, Archive Editions Limited, 2001, p.391.

　　② "Sir A. Clark Kerr, Shanghai, to Viscount Halifax", Monthly Summary No.6, July 5, 1939, F 8767/797/10, Robert L. Jarman, *China Political Reports 1911—1960*, Volume 6: *1937—1941*, Archive Editions Limited, 2001, p.401.

　　③ "Sir A. Clark Kerr, Shanghai, to Viscount Halifax", Monthly Summary No.8, September 8, 1939, F 11468/797/10, Robert L. Jarman, *China Political Reports 1911—1960*, Volume 6: *1937—1941*, Archive Editions Limited, 2001, p.422.

　　④ "Sir A. Clark Kerr, Shanghai, to Viscount Halifax", Monthly Summary No.11, December 4, 1939, F 895/895/10, Robert L. Jarman, *China Political Reports 1911—1960*, Volume 6: *1937—1941*, Archive Editions Limited, 2001, p.447.

　　⑤ "Sir A. Clark Kerr, Shanghai, to Viscount Halifax", Monthly Summary No.10, November 7, 1939, L/P&S/12/2299, F 13051/797/10, Robert L. Jarman, *China Political Reports 1911—1960*, Volume 6: *1937—1941*, Archive Editions Limited, 2001, p.440.

　　⑥ "Sir A. Clark Kerr, Shanghai, to Viscount Halifax", a review by Sir Arthur Blackburn on the general political situation in China during the year 1939, dated May 24, 1940, FO 371/24698, F 3882/1064/10, Robert L. Jarman, *China Political Reports 1911—1960*, Volume 6: *1937—1941*, Archive Editions Limited, 2001, p.509.

在敌后抗战，各地小规模作战频繁，日军人力、物力日益消耗。

1940 年，日军改变大规模军事进攻的策略，把目光转向中共领导的游击战，对各个抗日根据地实行"扫荡""清乡""三光""治安强化"政策，侵略罪行触目惊心。驻华大使卡尔及其继任者薛穆（H.Seymour）致外交大臣的每月报告中有许多详细叙述，例如："2 月 14 日，日本南方远征军向蒋介石和其他中国军事领导人发出声明，宣称建立'东亚新秩序'所需的一切战略位置都已被占领，日军无意扩大占领区。因此，他们希望稳定目前的军事局势，中国人最好听从他们的建议，避免大规模的进攻。中国的军事抵抗将无限期延长。"①"日本人组织了所谓的'扫荡'行动，通常由小型移动纵队组成，约有 1000 人，核心部队是一个步兵营，配有炮兵和轻型坦克，飞机被广泛用于轰炸，机枪部队用于在侦察行动中粉碎较大规模的武装反抗。平民是最大的受害者，因为军队很少等待被袭。日本人把被侵扰的愤怒发泄在无害的乡村地区，一连串村庄被烧毁。""2 月的第一个星期，日本陆、海军合作在山东东北部展开了一场'扫荡'行动，以驱逐大量涌入芝罘和威海卫内陆山区的游击队，因为他们不时威胁港口。2 月中旬，日本纵队在安徽东南部从芜湖展开'扫荡'。日军还在杭州周围区域进行'清剿'。"②3 月，"日本人已经完成了镇压华北游击队的'中国治安队'的组建工作。它由 13000 人组成，分为 8 个团，每团 3 个营，每营 500 人。由一名少将指挥的两个团在北京、保定。天津和济南各一个独立团"③。4 月，"日军对在山东西南部的 10 万中国共产党军队进行大规模的

　　①　"Sir A. Clark Kerr, Shanghai, to Viscount Halifax", Monthly Summary No.2, March 7, 1940, F 2664/895/10, Robert L. Jarman, *China Political Reports 1911-1960*, *Volume 6:1937-1941*, Archive Editions Limited, 2001, p.526.

　　②　"Sir A. Clark Kerr, Shanghai, to Viscount Halifax", Monthly Summary No.2, March 7, 1940, F 2664/895/10, Robert L. Jarman, *China Political Reports 1911-1960*, *Volume 6:1937-1941*, Archive Editions Limited, 2001, pp.526-527.

　　③　"Sir A. Clark Kerr, Shanghai, to Viscount Halifax", Monthly Summary No.3, April 6, 1940, F 2664/895/10, Robert L. Jarman, *China Political Reports 1911-1960*, *Volume 6:1937-1941*, Archive Editions Limited, 2001, p.534.

进攻。这一行动是对最近该省北部海岸行动的补充,旨在使日军占领的港口免受不定期袭击的持续威胁"①。"10 月 8 日,杭州驻军开始加大'扫荡'力度,在西南地区实行清乡。等他们离开后,游击队又返回那里。"②1941 年 8 月,"关于日本军队在河北、山西以及在海南进行大规模扫荡的报道只能说明他们的军事占领是多么无效"③。1942 年 3 月,"在山东、安徽边境和河南南部,日军进行了常规的'扫荡'行动"④。"4 月底和 5 月初,中国军队和游击队在东部地区的活动有所增加,他们在沿海省份袭击敌人占领的据点。一两个星期后,日军在那里发动了大规模进攻,扭转了这一局面。"⑤1943 年 9 月,"10000 名日军在山东西北部发动了进攻,战斗仍在进行中"⑥。"日军的目标是清剿中国游击队,夺取或摧毁农作物,并为自己的部队提供训练。"⑦

在极端困难的条件下,中国共产党领导的游击战风生水起,在全国各地与日伪军展开英勇作战。1940 年 1 月,"游击队在山东和河南北部依

①　"Sir A. Clark Kerr,Shanghai,to Viscount Halifax",Monthly Summary No.4,May 3,1940,F 2664/895/10,Robert L. Jarman,*China Political Reports 1911–1960*,*Volume 6:1937–1941*,Archive Editions Limited,2001,p.538.

②　"Sir A. Clark Kerr,Shanghai,to Viscount Halifax",Monthly Summary No.10,November 5,1940,F 849/849/10,Robert L. Jarman,*China Political Reports 1911–1960*,*Volume 6:1937–1941*,Archive Editions Limited,2001,p.564.

③　"Sir A. Clark Kerr,Shanghai,to Mr. Eden",Monthly Summary No.7,September 5,1941,F 11440/849/10,Robert L. Jarman,*China Political Reports 1911–1960*,*Volume 6:1937–1941*,Archive Editions Limited,2001,p.632.

④　"Sir H. Seymour,Chungking,to Mr. Eden",Monthly Summary for the month of March,April 1,1942,F 3751/1689/10,Robert L. Jarman,*China Political Reports 1911–1960*,*Volume 7:1942–1945*,Archive Editions Limited,2001,p.7.

⑤　"Sir H. Seymour,Chungking,to Mr. Eden",Monthly Summary for the month of May,June 4,1942,F 4629/1689/10,Robert L. Jarman,*China Political Reports 1911–1960*,*Volume 7:1942–1945*,Archive Editions Limited,2001,pp.17–18.

⑥　"Sir H. Seymour,Chungking,to Mr. Eden",Monthly Summary for September 1943,October 9,1943,FO 371/35801,F 5647/254/10,Robert L. Jarman,*China Political Reports 1911–1960*,*Volume 7:1942–1945*,Archive Editions Limited,2001,p.241.

⑦　"Sir H. Seymour,Chungking,to Mr. Eden",Monthly Summary for October 1943,November 8,1943,F 6171/254/10,Robert L. Jarman,*China Political Reports 1911–1960*,*Volume 7:1942–1945*,Archive Editions Limited,2001,p.249.

然活跃"①。2 月，"没有大规模的军事行动，但是全国各地都有非常多小规模游击战"，"在山西，日军与八路军的战斗仍在继续"②。4 月，"山西东南部和河南北部发生了大量战斗。中国人对开封发动突袭，成功地占领了开封的部分地区"③。8 月，"共产党军队的重新集结，使河北的游击活动死而复生。平津铁路遭到攻击，平汉线严重中断"④。"在被占领区，发生了无数次小规模遭遇战。"⑤"在中国被占领区，游击队活动明显增加，组织和领导也有改善的迹象。"⑥"战斗在广泛的地区进行，特别是在浙江、福建、广东、湖北和山西南部。"⑦1943 年 4 月，"本月唯一激烈的战斗是 4 月 18 日在山西—河南边境太行山地区展开的"⑧。5 月，"山西和河南边境的战斗已经停止。此后，湖南和

---

① "Sir A. Clark Kerr, Shanghai, to Viscount Halifax", Monthly Summary No. 1, February 8, 1940, F 2664/895/10, Robert L. Jarman, *China Political Reports 1911–1960*, *Volume 6：1937–1941*, Archive Editions Limited, 2001, p.517.

② "Sir A. Clark Kerr, Shanghai, to Viscount Halifax", Monthly Summary No.2, March 7, 1940, F 2664/895/10, Robert L. Jarman, *China Political Reports 1911–1960*, *Volume 6：1937–1941*, Archive Editions Limited, 2001, pp.526–527.

③ "Sir A. Clark Kerr, Shanghai, to Viscount Halifax", Monthly Summary No.4, May 3, 1940, F 2664/895/10, Robert L. Jarman, *China Political Reports 1911–1960*, *Volume 6：1937–1941*, Archive Editions Limited, 2001, p.538.

④ "Sir A. Clark Kerr, Shanghai, to Viscount Halifax", Monthly Summary No.8, September 3, 1940, F 3916/895/10, Robert L. Jarman, *China Political Reports 1911–1960*, *Volume 6：1937–1941*, Archive Editions Limited, 2001, p.556.

⑤ "Sir A. Clark Kerr, Shanghai, to Viscount Halifax", Monthly Summary No.9, October 3, 1940, FO 371/24697, F 3916/895/10, Robert L. Jarman, *China Political Reports 1911–1960*, *Volume 6：1937–1941*, Archive Editions Limited, 2001, p.560.

⑥ "Sir A. Clark Kerr, Shanghai, to Viscount Halifax", Monthly Summary No.10, November 5, 1940, F 849/849/10, Robert L. Jarman, *China Political Reports 1911–1960*, *Volume 6：1937–1941*, Archive Editions Limited, 2001, p.564.

⑦ "Sir A. Clark Kerr, Shanghai, to Mr. Eden", Monthly Summary No. 4, June 4, 1941, F 8329/849/10, Robert L. Jarman, *China Political Reports 1911–1960*, *Volume 6：1937–1941*, Archive Editions Limited, 2001, p.625.

⑧ "Sir H. Seymour, Chungking, to Mr.Eden", Monthly Summary for April 1943, May 7, 1943, F 2894/254/10, Robert L. Jarman, *China Political Reports 1911–1960*, *Volume 7：1942–1945*, Archive Editions Limited, 2001, p.189.

湖北成为日军活动的主要场所"①。7 月,"据报道,山西南部、广东、绥远、山东、浙江西部、太行山、滇缅线发生了零星战斗"②。

游击战使日本人力、财力消耗日益严重。卡尔致哈利法克斯的报告称:"日军在不断地被消耗。根据来自汉口的法国领事馆报告,汉江河谷地区的小规模军事行动每月造成 1 万人伤亡。按照一般的伤亡人数计算,仅在这一地区,日军每月就损失 3000 人。这种形式的战争加上对交通设施的攻击使日军十分疲惫,因此必须维持庞大的海外驻军,这使日本的财力和人力不断消耗。据报道,日本的经济状况日益严峻。"③"在山东,尽管最近日军在该省北部进行了'扫荡'行动,并向青岛—济南铁路以南推进,但游击队一直表现得相当活跃,而且取得了不小的成功";"游击队在济南周围进行了大量的袭扰,驻守在这一带的日军已有一些伤亡"。④

1940—1943 年,国共摩擦不断,但共产党一心抗日,不愿内战,努力采取各种措施维护以国共合作为基础的抗日民族统一战线,打退了国民党破坏统一战线的历次行动。共产党领导的游击战和边区政府在国际上受到越来越多的关注,并获得一致好评。

1939 年 12 月的晋西事变使国共关系一度恶化。卡尔致哈利法克斯的报告称:"山西省军与中共八路军之间爆发的冲突阻碍了游击活动。据了解,和

---

① "Sir H. Seymour, Chungking, to Mr. Eden", Monthly Summary for May 1943, June 7, 1943, F 3260/254/10, Robert L. Jarman, *China Political Reports 1911−1960*, *Volume 7*: *1942−1945*, Archive Editions Limited, 2001, p.201.

② "Sir H. Seymour, Chungking, to Mr. Eden", Monthly Summary for July 1943, August 7, 1943, F 4485/254/10, Robert L. Jarman, *China Political Reports 1911−1960*, *Volume 7*: *1942−1945*, Archive Editions Limited, 2001, p.225.

③ "Sir A. Clark Kerr, Shanghai, to Viscount Halifax", Monthly Summary No.2, March 7, 1940, F 2664/895/10, Robert L. Jarman, *China Political Reports 1911−1960*, *Volume 6*: *1937−1941*, Archive Editions Limited, 2001, p.526.

④ "Sir A. Clark Kerr, Shanghai, to Viscount Halifax", Monthly Summary No.5, June 5, 1940, F 2664/895/10, Robert L. Jarman, *China Political Reports 1911−1960*, *Volume 6*: *1937−1941*, Archive Editions Limited, 2001, p.544.

平已经恢复,目前正在采取措施防止今后发生类似的动乱。这种内部矛盾无疑暂时影响了中国在山西的抵抗运动,并使日军在那里得到喘息。"①1940 年3 月,"中央军西北战区参谋长和八路军参谋长在重庆举行了会议,蒋介石主持了会议,使局势大为缓和。与叛乱分子的谈判也已恢复,八路军正在利用其影响力寻求解决办法。与此同时,共产党和中央政府军在河北发生了一些武装冲突"②。"7 月底国共双方达成协议,8 月中旬在延安得到批准。规定共产党军队可以行动的地区为:陕西、山西、河北和山东北部。其他地区(如安徽)的共产党军队也被要求进入该地区……陕西的十八个县组成共产主义特区。"③

　　进入 1941 年后,国民党为了遏制中共武装力量的发展,发动了第二次反共高潮。1 月,当新四军军部及皖南部队 9000 余人,在遵照国民党军事当局的命令向长江以北转移途中,遭到国民党军队 8 万余人的伏击,伤亡惨重,仅2000 余人突围,这就是震惊中外的皖南事变。事变发生后,蒋介石竟诬称新四军"叛变",宣布取消其番号。皖南事变标志着国民党顽固派发动的第二次反共高潮达到了顶峰。皖南事变发生后,1 月卡尔致艾登的《中国政治报告1911—1960》对在皖南事变中牺牲的新四军给予了极大同情,认为共产党人对统一战线的坚持意义重大。1941 年 3 月初,第二届国民参政会在重庆召开,中共代表拒绝与会。卡尔致艾登的 3 月报告称:"共产党人的缺席和他们的行动引起的讨论给这次会议蒙上了阴影。3 月 2 日,共产党向参政会提出

---

　　①　"Sir A. Clark Kerr, Shanghai, to Viscount Halifax", Monthly Summary No. 1, February 8, 1940, F 2664/895/10, Robert L. Jarman, *China Political Reports 1911-1960*, *Volume 6:1937-1941*, Archive Editions Limited, 2001, p.517.

　　②　"Sir A. Clark Kerr, Shanghai, to Viscount Halifax", Monthly Summary No. 3, April 6, 1940, F 2664/895/10, Robert L. Jarman, *China Political Reports 1911-1960*, *Volume 6:1937-1941*, Archive Editions Limited, 2001, pp.533-534.

　　③　"Sir A. Clark Kerr, Shanghai, to Viscount Halifax", Monthly Summary No. 8, September 3, 1940, F 3916/895/10, Robert L. Jarman, *China Political Reports 1911-1960*, *Volume 6:1937-1941*, Archive Editions Limited, 2001, p.555.

十二项要求,接受这些要求是他们出席会议的一个条件。要求包括:停止军事行动,解除对共产党的政治压力;重建新四军番号;叶挺复职;释放新四军被俘部队并重新武装等。"①薛穆致艾登的 1941 年年度报告认为:"虽然他们的委屈是真实的,但共产党不参加这次会议是错误的,因为他们的缺席使国民党右翼势力获得机会。然而,共产党人在抗日战争中的基本诚意和他们与中央政府的利益认同,以及他们对统一战线的坚持,并非没有效果。这种态度在德国进攻苏联和太平洋战争爆发时再次得到重视。"②而蒋介石却与中共相反,1942 年 2 月 3 日,卡尔致艾登的一份临时报告论及:"戴笠对共产主义的恐惧影响了蒋介石和他的将领们。因此,我们看到去年对新四军邪恶而愚蠢的屠杀没有受到惩罚。我有些悲伤地看到蒋介石对共产党的看法发生了变化。三年前,当共产党人出现在他面前时,他会微笑着告诉人们不要害怕,共产党人和他们一样都是优秀的中国人。今天,他开始变得完全不讲道理。"③

面对国民党的军事封锁,中国共产党一贯主张同国民党化解分歧,维护抗日统一战线。薛穆致艾登的 1942 年年度报告称:"1942 年国共摩擦以各种形式表现出来,但并没有成为公开的问题,也没有破坏全国的战争努力。中国共产党一贯主张同国民党化解分歧,建立统一战线,并在 7 月 7 日,即中日战争爆发五周年之际发表宣言,声称不再同国民党争执,并宣布同蒋介石领导下的政府全面合作。然而,共产党和国民党之间根深蒂固的相互不信任继续阻碍

---

① "Sir A. Clark Kerr, Shanghai, to Mr. Eden", Monthly Summary No. 2, April 3, 1941, F 5171/849/10, Robert L. Jarman, *China Political Reports 1911-1960*, *Volume 6: 1937-1941*, Archive Editions Limited, 2001, p.619.

② "Sir H. Seymour, Chungking, to Mr.Eden", Foreign Office, February 9, 1943, *Political Review for China for the Year 1941*, FO 371/35832, F 1535/1535/10, Robert L. Jarman, *China Political Reports 1911-1960*, *Volume 6: 1937-1941*, Archive Editions Limited, 2001, p.685.

③ "Sir A. Clark Kerr, Chungking, to Mr.Eden", Foreign Office, February 3, 1942, *Brief Survey at the End of Four Years Mission in China*, FO 371/31645, F 4351/113/10, Robert L. Jarman, *China Political Reports 1911-1960*, *Volume 6: 1937-1941*, Archive Editions Limited, 2001, p.691.

着这些令人钦佩的情绪的转化。"①"表面上与重庆合作抗日的中国共产党人,实际上一年来都被中央政府军队封锁在陕西和山西北部的控制范围内,中央政府不信任他们,害怕他们成为战后的政治对手。"②

1943 年 5 月,共产国际解散后,国民党顽固派"敦促毛泽东解散共产党"③。薛穆致艾登的报告认为,"国共之间的紧张关系可能达到顶峰"④,"这主要是以武力相威胁的方式进行的,但以失败告终。与此同时,这一问题在国外引起了一定程度的破坏性宣传,政府似乎在这场实力较量中失去优势"⑤。

国民党消极抗日,积极反共,并对边区政府实行严密封锁政策,引起了广大爱国将领的不满。薛穆致艾登的 1943 年 11 月报告称:"尽管中央政府宣称采取容忍政策,并宣称打算通过政治手段解决问题,但对共产党地区的封锁却越来越严密。在这些地区的边缘修建了新的军用机场。据报道,中央政府的部队和物资集结有所增加。封锁的压力越来越大,让共产党人感到焦虑,一些非官方人士建议英国和美国进行调停,以期'为了盟军的战争努力'解除封锁。这种观点是完全合理的,中国军队的精英应该被派去抗击日本人,而不是浪费时间和精力去监视那些唯一的愿望就是合作对付共同敌人的人。与此同

---

①　"Sir H. Seymour,Chungking,to Mr.Eden",Foreign Office,June 22,1943,*Political Review for China for the Year 1942*,FO 371/35832,F 3456/1535/10,Robert L. Jarman,*China Political Reports 1911−1960*,*Volume 7:1942−1945*,Archive Editions Limited,2001,pp.149−150.

②　"Sir H. Seymour,Chungking,to Mr.Eden",Foreign Office,June 22,1943,*Political Review for China for the Year 1942*,FO 371/35832,F 3456/1535/10,Robert L. Jarman,*China Political Reports 1911−1960*,*Volume 7:1942−1945*,Archive Editions Limited,2001,p.157.

③　"Sir H. Seymour,Chungking,to Mr. Eden",Monthly Summary for July 1943,August 7,1943,F 4485/254/10,Robert L. Jarman,*China Political Reports 1911−1960*,*Volume 7:1942−1945*,Archive Editions Limited,2001,p.228.

④　"Sir H. Seymour,Chungking,to Mr.Eden",Foreign Office,May 23,1944,*Annual Report of events in China for the Year 1943*,FO 371/41580,F 2804/34/10,Robert L. Jarman,*China Political Reports 1911−1960*,*Volume 7:1942−1945*,Archive Editions Limited,2001,p.333.

⑤　"Sir H. Seymour,Chungking,to Mr. Eden",Monthly Summary for August 1943,September 6,1943,F 4953/254/10,Robert L. Jarman,*China Political Reports 1911−1960*,*Volume 7:1942−1945*,Archive Editions Limited,2001,p.237.

时,有迹象表明,共产党不是中国唯一对国民党的控制感到不满的派系。"①
"李济深此前并未表现出任何明显的亲苏态度,但他的态度可能反映出,在中国本应集中军事力量对抗日本的时候,中央政府却继续专注于国内问题,这可能激怒了广东人。因此,如果重庆和共产党之间爆发敌对行动,很可能引起东南方将领的叛乱。"②

中国共产党领导的边区政府深得民心。薛穆致艾登的 1943 年年度报告称:"在过去一段时间里,在委员长最信任的指挥官的指挥下,中央政府动用几个最精锐的部队,对共产主义地区进行严密封锁,包括军需品、医疗用品等。然而,外国游客对共产主义地区的民主管理、全面战争基础上的民众组织、人民对共产党军队及政府的忠诚和热情支持,都给予了一致的赞扬。"③

1943 年的人物报告对毛泽东评价积极:"毛泽东是一个能干而富有魅力的人物,他不仅能够唤起他的追随者的热情,而且能够唤起许多英国和美国宣传人员的热情。后者甚至把他描述为:一个精力充沛的人,一位精通中国古典文学的文学家,一位深入研究历史和哲学的学者,一位才华横溢的作家,一位天才的军事政治战略家。一个 1943 年底访问延安的英国人将毛描述为一个……很有幽默感的人,给人一种绝对真诚的印象,这在中国人中是不同寻常的。"④

---

① "Sir H. Seymour, Chungking, to Mr. Eden", Monthly Summary for November 1943, December 6, 1943, FO 371/35802, F 6692/254/10, Robert L. Jarman, *China Political Reports 1911–1960, Volume 7:1942–1945*, Archive Editions Limited, 2001, p.259.

② "Sir H. Seymour, Chungking, to Mr. Eden", Monthly Summary for November 1943, December 6, 1943, FO 371/35802, F 6692/254/10, Robert L. Jarman, *China Political Reports 1911–1960, Volume 7:1942–1945*, Archive Editions Limited, 2001, p.259.

③ "Sir H. Seymour, Chungking, to Mr. Eden", Foreign Office, May 23, 1944, *Annual Report of events in China for the Year 1943*, FO 371/41580, F 2804/34/10, Robert L. Jarman, *China Political Reports 1911–1960, Volume 7:1942–1945*, Archive Editions Limited, 2001, p.333.

④ "HM Embassy, Chungking, to Foreign Office", August 9, 1944, enclosing list of the Records of the Leading Personalities in China, FO 371/41682, F 3682/3682/10, Robert L. Jarman, *China Political Reports 1911–1960, Volume 7:1942–1945*, Archive Editions Limited, 2001, p.311.

英国的情报资料表明,1938—1943 年,中国共产党领导军民在敌后展开各种形式的游击战,吸引了日军的强大火力,并牵制了大量日军,使日军人力和物力消耗严重。另外,全民族抗战转入相持阶段之后,国民党对共产党边区实行严密封锁,发动三次反共高潮,共产党采取各种措施努力维护抗日民族统一战线,对坚持抗战意义重大。此时,英国的情报对中共抗战的认识越来越深入,并给予了高度赞扬。

四、英国关注国共关系(1944—1945)

1944 年,一方面,国民党军队在中国正面战场的大溃败吸引着全世界的目光,共产党领导的敌后抗战获得关注相对较少;另一方面,随着共产党力量的发展壮大,国民党对共产党的敌意与日俱增,国共关系陷入僵局,这在一定程度上也影响着《中国政治报告 1911—1960》对中共抗战的认识。1944—1945 年的报告主要集中于对国共关系的关注,既对国共关系的前景感到担忧,又对共产党抱以同情。

薛穆致艾登的 1944 年年度报告认为,两党之间的主要分歧在于共产党的军队问题:"政府认为——当然符合逻辑——一个政党拥有军队是不可接受的,因此将其纳入国家军是达成协议的必要条件;共产党人认识到军队是他们最强有力的谈判筹码,并铭记着过去历史的教训,他们不准备放弃控制权,直到他们的代表在这个国家拥有真正的发言权。"①

外部因素的影响增强了国共关系的复杂性。薛穆致艾登的 1944 年年度报告称:"1944 年,国共僵局的广泛影响开始成为密切研究的主题。如果双方不能达成协议将会发生什么?假设美国军队在中国沿海登陆,那里的共产党

---

① "Sir H. Seymour, Chungking, to Mr. Eden", Foreign Office, April 27, 1945, *Annual Report of Events in Free China for the Year 1944*, FO 371/46210, F 2827/186/10, Robert L. Jarman, *China Political Reports 1911–1960, Volume 7: 1942–1945*, Archive Editions Limited, 2001, p.470.

游击队比政府军更活跃,美国指挥官会不会和一个不在中央政府控制下的军事指挥官建立联系? 莫斯科对中国共产党的态度是什么? 日本战败后,如果中国仍然分裂,中国的盟国应该对延安政府持什么态度? 这些问题都没有明确的答案,但它们的重要性不言而喻。"①

　　中外记者参观团访问延安提高了中国共产党的知名度。薛穆致艾登的1944 年 2 月报告认为:"中国共产党的问题由于政府的审查制度而引人注目,外国新闻记者对政府继续拒绝传递任何关于反共封锁和类似问题的信息感到痛苦,向委员长提出请愿书,请求允许他们访问延安;一位记者称禁止他们报道为'封锁关于封锁的新闻'。"②"一个星期后宣布,委员长已经批准了记者的请求,允许他们访问共产党边区",但规定参观团须先访问西北国民党统治区,然后再到共产党边区,访问时间是三个月,这样"他们将有时间去研究共产党政府的所有方面,并且认识到它的缺点和优点"。"如果委员长真的认为时间会让记者的意见成熟,他很可能是在追求一种幻影。因为一个在共产党地区待了两年最近抵达重庆的英国人,一位非常冷静的观察者,离开边区时对共产党整个政权印象深刻,并且在某种程度上与国民党政府的失败形成强烈的对比。"③"5 月 17 日,一个由 21 名中外记者组成的团队开始了拖延已久的对共产党地区的新闻访问。"④薛穆致艾登的 1944 年 8 月报告称:"共产党问

---

　　① "Sir H. Seymour, Chungking, to Mr. Eden", Foreign Office, April 27, 1945, *Annual Report of Events in Free China for the Year 1944*, FO 371/46210, F 2827/186/10, Robert L. Jarman, *China Political Reports 1911–1960*, *Volume 7*: *1942–1945*, Archive Editions Limited, 2001, p.470.

　　② "Sir H. Seymour, Chungking, to Mr. Eden", Foreign Office, Monthly Summary for February 1944, March 9, 1944, F 1627/34/10, Robert L. Jarman, *China Political Reports 1911–1960*, *Volume 7*: *1942–1945*, Archive Editions Limited, 2001, p.363.

　　③ "Sir H. Seymour, Chungking, to Mr. Eden", Foreign Office, Monthly Summary for February 1944, March 9, 1944, F 1627/34/10, Robert L. Jarman, *China Political Reports 1911–1960*, *Volume 7*: *1942–1945*, Archive Editions Limited, 2001, p.363.

　　④ "Sir H. Seymour, Chungking, to Mr. Eden", Foreign Office, Monthly Summary for May 1944, June 5, 1944, FO371/41580, F 2952/34/10, Robert L. Jarman, *China Political Reports 1911–1960*, *Volume 7*: *1942–1945*, Archive Editions Limited, 2001, p.390.

题一直是公众关注的焦点,因为重庆最近发表了一篇记者访问边区的文章。这些文章完全是实事求是的,没有人们想象的那么具有批判性。作者和编辑自然会顺着国民党的风向去调整态度,但这样做的结果是让中国人民意识到,延安政权并非完全是不好的。事实上,这次对'叛徒营'的新闻访问,让我们对委员长试图封锁的地区有所了解,将会获得更多'令人不安'的信息。与此同时,国民党控制下的审查制度如此严厉,以至于很少有记者能发出去。"①

美国一方面派军事代表团访问延安,对共产党表示同情;另一方面为国民党提供援助,为反共增加实力,为双方的敌视增加筹码。薛穆致艾登的1944年8月报告称:"应罗斯福总统的直接请求,美国情报特派团获准前往延安,政府发言人宣布,这个特派团的目的是获取军事情报,并为美国陆军和空军收集气象数据。"②"在四个月的谈判中,共产党人明显表现出提高要求的倾向,毫无疑问,由于国民党在军事上的失败,美国突然对共产党的努力表示同情,他们感到有能力这样做"③,"即他们既可以坚持对抗国民党,又可以获得他们所需的美国援助"④。薛穆致艾登的1945年3月报告认为:"美国对中国共产党的兴趣(如果不是支持的话),是造成国共关系紧张的一个重要因素。在国内政治问题上,蒋介石是最不愿意接受外国意见或压力的人,而在共产

---

① "Sir H. Seymour, Chungking, to Mr. Eden", Foreign Office, Monthly Summary for August 1944, September 5, 1944, F 4356/34/10, Robert L. Jarman, *China Political Reports 1911-1960*, *Volume 7*: *1942-1945*, Archive Editions Limited, 2001, p.419.

② "Sir H. Seymour, Chungking, to Mr. Eden", Foreign Office, Monthly Summary for August 1944, September 5, 1944, F 4356/34/10, Robert L. Jarman, *China Political Reports 1911-1960*, *Volume 7*: *1942-1945*, Archive Editions Limited, 2001, p.419.

③ "Sir H. Seymour, Chungking, to Mr. Eden", Foreign Office, Monthly Summary for September 1944, October 3, 1944, FO 371/41582, F 4776/34/10, Robert L. Jarman, *China Political Reports 1911-1960*, *Volume 7*: *1942-1945*, Archive Editions Limited, 2001, p.427.

④ "Sir H. Seymour, Chungking, to Mr. Eden", Foreign Office, April 27, 1945, *Annual Report of Events in Free China for the Year 1944*, FO 371/46210, F 2827/186/10, Robert L. Jarman, *China Political Reports 1911-1960*, *Volume 7*: *1942-1945*, Archive Editions Limited, 2001, p.470.

主义问题上的这种建议很可能把他推向反动派的怀抱。"①"这个使团的意见在向重庆传达时,似乎印证了外国新闻记者今年早些时候已经给出的对共产党政权的有利印象。"②"美国人正在武装和训练驻扎在昆明的中央政府军。因此,要意识到国共两党长期纷争所带来的内战危险,几乎无须想象力。"③

中共以大局为重接受国民党选择董必武作为中共代表出席旧金山会议。薛穆在致艾登的每月报告中数次提及中共派代表出席旧金山会议的情况:"国共冲突可能会损害中国在即将召开的旧金山会议上发声的效力"④;"尽管政府试图阻止冲突进入公众讨论的范畴(包括扣押共产党报纸《新华日报》第三期),但公众对争端的兴趣,以及在某种程度上对共产党的同情,已经达到了政府难以忽视甚至可能是危险的程度";"共产党以军队作为谈判武器,希望参加联合政府,参与盟军的胜利,并在和平谈判桌上占有一席之地"⑤;"令人惊讶的是共产党代表董必武先生的当选","他的提名使共产党处于困难的境地","董必武先生是中国共产党提名的三名候选人中唯一几乎或完全不会说英语的人,当地的共产党人声称,他之所以当选,是因为国民党意图减

---

① "Sir H. Seymour, Chungking, to Mr. Eden", Foreign Office, Monthly Summary for October 1944, November 8, 1944, F 5710/34/10, Robert L. Jarman, *China Political Reports 1911–1960, Volume 7: 1942–1945*, Archive Editions Limited, 2001, p.433.

② "Sir H. Seymour, Chungking, to Mr. Eden", Foreign Office, April 27, 1945, *Annual Report of Events in Free China for the Year 1944*, FO 371/46210, F 2827/186/10, Robert L. Jarman, *China Political Reports 1911–1960, Volume 7: 1942–1945*, Archive Editions Limited, 2001, p.470.

③ "Sir H. Seymour, Chungking, to Mr. Eden", Foreign Office, April 4, 1945, Monthly Summary for March 1945, FO 371/46209, F 2366/186/10, Robert L. Jarman, *China Political Reports 1911–1960, Volume 7: 1942–1945*, Archive Editions Limited, 2001, p.500.

④ "Sir H. Seymour, Chungking, to Mr. Eden", Foreign Office, March 2, 1945, Monthly Summary for February 1945, F 1761/186/10, Robert L. Jarman, *China Political Reports 1911–1960, Volume 7: 1942–1945*, Archive Editions Limited, 2001, p.490.

⑤ "Sir H. Seymour, Chungking, to Mr. Eden", Foreign Office, March 2, 1945, Monthly Summary for February 1945, F 1761/186/10, Robert L. Jarman, *China Political Reports 1911–1960, Volume 7: 1942–1945*, Archive Editions Limited, 2001, pp.492–493.

少共产党在美国的宣传联络"①；"中国共产党最终接受中央政府提名董必武为旧金山会议中国代表团成员，董先生于 4 月 12 日离开重庆前往美国，他说：'中国共产党中央委员会对目前代表团的选举深感不满。考虑到共产党在中国政治和抗日战争中的重要作用，我们不应该只占代表团的十分之一。我们接受以此种方式得到代表权，因为我们要证明我们渴望民主团结和国际和平'"②。

薛穆致英国外交大臣的报告中多次对共产党抱以同情。1944 年 8 月报告称："共产党人的一些要求，正如周恩来所说的，显然是合理的。国民党政府即使准备承认中国共产党的合法存在，但如何能够接受它拥有十六个师的独立武装和控制一大片南至广东的地方自治政府。如果没有这支军队，共产党当然就会受到国民党的摆布，这就是问题的症结所在。"对于 1944 年 9 月发生的中央政府军和共产党部队之间的冲突，1944 年 10 月报告认为："据了解，中央政府军对挑起事端负有全部责任。"③1945 年 1 月报告写道："参军运动在许多学生心中引起怀疑，他们被训练不是为了对付日本人，而是为了对共产党发动内战；他们中的许多人在意识形态上对共产党抱有相当大的同情。"④1945 年 7 月报告称："共产党人的活动引起了一些关注。在浙江，他们与政府军发生过几次冲突。令人惊讶的是，相对装备精良、训练有素的政府军在共产

---

①　"Sir H. Seymour, Chungking, to Mr. Eden", Foreign Office, April 4, 1945, Monthly Summary for March 1945, FO 371/46209, F 2366/186/10, Robert L. Jarman, *China Political Reports 1911−1960*, *Volume 7: 1942−1945*, Archive Editions Limited, 2001, p.504.

②　"Sir H. Seymour, Chungking, to Mr. Eden", Foreign Office, May 1, 1945, Monthly Summary for April 1945, F 2960/186/10, Robert L. Jarman, *China Political Reports 1911 − 1960*, *Volume 7: 1942−1945*, Archive Editions Limited, 2001, p.513.

③　"Sir H. Seymour, Chungking, to Mr. Eden", Foreign Office, Monthly Summary for October 1944, November 8, 1944, F 5710/34/10, Robert L. Jarman, *China Political Reports 1911−1960*, *Volume 7: 1942−1945*, Archive Editions Limited, 2001, p.436.

④　"Sir H. Seymour, Chungking, to Mr. Eden", Foreign Office, February 6, 1945, Monthly Summary for January 1945, FO 371/46207, F 1221/186/10, Robert L. Jarman, *China Political Reports 1911−1960*, *Volume 7: 1942−1945*, Archive Editions Limited, 2001, p.484.

党游击队手中遭受了挫折。"①1945 年 8 月报告对国共重庆谈判态度乐观：
"在军事方面,政府握有一把王牌。在过去的几个月里,美国大量的补给和大
规模的训练无疑创造了一支新军。""虽然拥有这支军队本身就会对政治格局
产生实际影响,但战争结束的时间和方式进一步加强了委员长的地位。共产
党人曾满怀信心地期待在现场协助美军登陆中国沿海,并从美军那里获得援
助,但是美军没有登陆;他们原以为当地的日军指挥官会向共产党军队而不是
国民党军队投降,但是日本天皇的命令排除了日本方面的任何此类行动;他们
原以为苏联加入战争会给他们强有力的支持,迫使国民党提出令人满意的条
件,但是战争的迅速结束和《中苏友好同盟条约》的条款使他们失去了这一希
望。现在,随着九月的到来,共产党的主要领导人毛泽东已经来到委员长面前
进行直接谈判,重庆的情况也很乐观。"②

　　随着国民党在正面战场的溃败,以及共产党领导的军民敌后抗战的军
事实力大增,加之国际因素影响,国共矛盾更加凸显。怀着对反法西斯战争
胜利后国共可能爆发内战的担忧,此时英国出于意识形态的偏见,对中共抗
战的认识由积极转向保守,但字里行间却显而易见地流露出对中共的肯定
和同情。

结　　语

　　英国对中共抗战的态度是复杂而微妙的,随着中日战争的态势和国共关
系的变化而变化。1931—1935 年,英国主要关注中日关系走向和蒋介石的

---

　　①　"Sir H. Seymour, Chungking, to Mr. Bevin", Foreign Office, August 6, 1945, Monthly Summary for July 1945, FO 371/46212, F 5780/186/10, Robert L. Jarman, *China Political Reports 1911-1960, Volume 7:1942-1945*, Archive Editions Limited, 2001, p.541.

　　②　"Sir H. Seymour, Chungking, to Mr. Bevin", Foreign Office, September 6, 1945, Monthly Summary for August 1945, FO 371/46213, F 7220/186/10, Robert L. Jarman, *China Political Reports 1911-1960, Volume 7:1942-1945*, Archive Editions Limited, 2001, p.552.

"剿匪"行动,对中共基本持敌视态度,却又实事求是地肯定了中共动员全国的抗日运动和在反"围剿"中开展的灵活机动的游击战,认为中共是难以被"剿灭"的;1936—1937 年,中日民族矛盾上升为主要矛盾,中共采取各种措施积极寻求建立抗日民族统一战线,英国赞赏中共为建立抗日民族统一战线所做的努力。1938—1943 年,英国逐渐认识到中共领导的敌后游击战和边区政府的重要作用,以及共产党坚持抗战的决心,对中共抗战的认识变得积极,并给予了高度赞扬。1944—1945 年,共产党领导的敌后抗战深得民心并引来国际关注,国共关系陷入僵局,英国出于意识形态的偏见,对战后国共关系表示担忧,又对共产党抱以同情,英国不希望国共内战影响英国在中国乃至远东的利益,因而对中共抗战的认识趋于保守。

由于战争期间通信交流不畅,共产党问题又具有敏感性,加上国民党对共产党控制地区的"围剿"和严密封锁,在《中国政治报告 1911—1960》中,英国的观察没有反映出中共抗日的全貌,但仍可以从一个侧面看到中共在抗日战争中的实际贡献,以及英国视角对中共抗战所给予的高度评价。

第十章

战时英国外交部和陆军部档案中的中共抗战

▶《中国政治报告1911—1960》收录了
1911—1960年间英国驻华官员（主要是外
交官）向伦敦所作的与中国政治情况有关
的报告，有面向英国公众的公开报告，也有
呈交英国外交部高层的机密报告。相当数
量的报告在英国外交部档案中也有收录。
报告中最为重要的是年度报告（Annual Re-
ports），由英国驻华大使馆编写，除第一次
世界大战期间（1914—1918年）、1945年和
1949年外，每年一份，不曾间断。年度报告
内容涵盖中国的对外关系、海军政策、政府
结构及运作、财政、教育、媒体及媒体对公
众的影响等多个方面，尤其关注中国国内
的政治纷争，如国民党与共产党之间、国民
党内部派系之间、国民党中央与地方势力
之间的矛盾与冲突。除年度报告之外，与抗
战时期密切相关的还有1937年到1949年
的月度评论（Monthly Reviews）等。除第6卷
外，本章还重点参考了第5卷和第7卷，时
间跨度为1933年至1945年。

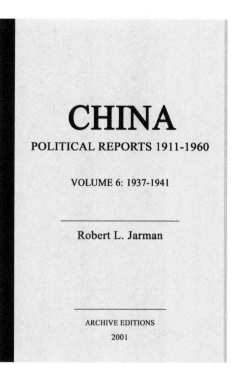

CHINA

POLITICAL REPORTS 1911-1960

VOLUME 6: 1937-1941

Robert L. Jarman

ARCHIVE EDITIONS
2001

▶此为英国陆军部（War Office）档案。
档案编号WO 208/451，内容为英军服务团
对中共占领区的报告，时间是1944年2月到
1945年3月。1972年解密，现藏于英国国家
档案馆。此档案是本章重点参考的十份陆军
部档案之一。需要指出的是，由于英国与中
国的军事合作主要集中在缅甸战场，所以，
陆军部档案中关于中国境内的军事活动的
记录不多。

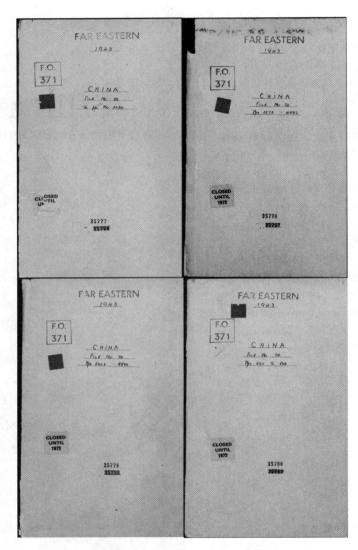

▲ 英国外交部（Foreign Office）远东司档案。档案编号 FO 371/35777–FO 371/35780，共 4 份，内容为 1943 年的中国政治形势。1972 年解密，现藏于英国国家档案馆。

英国外交档案中与中共有关的记录多散布在与中国内政相关的案卷中，并在 1941 年之后呈现增多趋势。这与中共在抗日战争时期的壮大有关，也与太平洋战争爆发后英国开始重视中国战场并担心国共冲突会削弱中国的抗战力量有关。

中国抗日战争是世界反法西斯战争的重要组成部分,是一次全民族的抗战,中国共产党在其中起到了中流砥柱的作用。首先,这是因为中国共产党是抗日民族统一战线的首要发起者、主要促成者和坚决维护者。1935 年,中国共产党发表《八一宣言》,首倡停止内战,建立反法西斯统一战线和抵抗日本帝国主义的侵略。1936 年,中国共产党又从全民族的利益出发,以谋求集聚最大的抗日力量为目标,将以往的"反蒋抗日"政策改变为"联蒋抗日",力促"西安事变"的和平解决和第二次国共合作。全民族抗战期间,中国共产党领导的八路军、新四军和游击队一面与日本侵略者和伪军英勇战斗,一面与国民党内的反动力量坚决斗争,有力地维护了抗日民族统一战线的完整。其次,中国共产党领导的敌后抗战力量在困难中蓬勃发展,收复了大量日占领土。没有国外援助,地处贫瘠的中国西北,又加上国民党的封锁,中国共产党领导的抗战从一开始就是困难模式。即便如此,中国共产党人还是以高昂的革命热情和不畏艰险的英雄气概克服了一系列困难。粮食不够,开荒种田;衣物不够,纺织运动;弹药武器不够,自己制造或从敌人那里获得。1937—1945 年,共产党领导的抗日力量飞速发展,正规军从最初的 3 万余人,发展到 1945 年的 91 万,民兵也增长至超过 200 万,[1]1944 年已在 591 个县建立政权(占国民党政府失

---

[1] The National Archives(TNA),FO 371/46168,telegram from Sir Horace Seymour to Winston S. Churchill,26 June,1945.

去的 712 个县的 82%），1945 年辖区人口近 1 亿。① 到 1945 年夏，共产党抗战力量的迅速发展，已经将在中国特别是在华北的日军逼上了穷途末路。

本章依托英国官方档案和英国人的回忆录等，揭示英国视角下的中共抗战。文中使用的英国档案来源主要有二：一是位于伦敦丘园的英国国家档案馆（the National Archives）所藏的外交部和陆军部档案；二是已经出版的《中国政治报告 1911—1960》（*China Political Reports 1911-1960*）。该报告是英国驻华官员定期向伦敦提供的有关中国政治情况的介绍和分析，共计 11 卷，本章使用的主要是第 5、6、7 卷。尽管部分报告在英国外交部档案中也有收录，但并不完整。

一、不断壮大的中共抗战力量

英国档案中对中共抗战的关注主要集中在七七事变之后。事变爆发后，英国驻华外交官对中国共产党发表的服从国民政府指令和联合共同抗日的宣言高度赞扬，认为这将可能起到不可估量（invaluable）的作用。② 此后，《中国政治报告 1911—1960》记录了一系列中国军队与日本的战事，其中与中共有关的主要集中在敌后抗战部分。

全民族抗战爆发之初，中共积极配合国民党军队作战，并取得了平型关和阳明堡战斗的胜利。随着山西大部的沦陷，八路军部分转入敌后，展开游击战。1938 年 1 月，八路军一部在山西北部严重破坏了日军的交通线。③ 英国驻华武官斯皮尔中校（C.R.Spear）认为中国的敌后作战在 1938 年取得了长足

---

① 邓野：《联合政府与一党训政：1944—1946 年的国共政争》，社会科学文献出版社 2011 年版，第 162 页。

② L. Robert Jarman ed., *China Political Reports 1911-1960*, Vol.6, *1937-1941*, London: Archive Editions Limited, 2001, p.143.

③ L. Robert Jarman ed., *China Political Reports 1911-1960*, Vol.6, *1937-1941*, London: Archive Editions Limited, 2001, p.204.

发展,背后的主要推动力量是中国共产党领导的八路军和新四军。八路军在山西、河北和察哈尔,新四军在安徽、江苏、浙江和广东东部地区均展开了游击战;特别是在山西,八路军所部炸毁日军控制的铁路和桥梁,对陷入孤立的日军据点发动进攻,阻碍了日军全面占领山西的计划。不过,斯皮尔也指出这些游击战对正面战场的贡献还十分有限。他认为敌后作战应建立在全民武装和有组织抵抗的基础上,辅之以合适的指导,但当时的中国还远未达到这一水平。①

　　1939 年后,虽然中国大片国土沦陷,但日军有效控制的范围仅限于大城市和铁路沿线。中共军队抓住机会深入敌后,在敌人控制的薄弱地带开辟了一系列抗日根据地。据英国 1939 年的《中国政治报告》记录,中共最重要的根据地是位于大同—北京—正定—太原铁路之间的晋察冀抗日根据地。此外,还有胶济铁路以南的山东抗日根据地,津浦铁路和平汉铁路之间的晋冀鲁豫抗日根据地,大运河以东、从阜宁到长江北岸的苏北抗日根据地。② 这些根据地的出现让日军十分头疼,日军随即发动了一系列针对抗日根据地的军事"扫荡"行动。1940 年的《中国政治报告》就记录了日军对冀中平原抗日根据地的吕正操部③和山东抗日根据地的进攻。日军宣称中共在鲁西南有近 10万部队。④

　　中共在沦陷区的快速发展不仅引起了日军的注意,也遭到了国民党的警惕,国共之间的冲突和摩擦不断发生。为限制中共发展,国民政府军事委员会发布命令,要求中共军队只能在山西、陕西、河北和山东北部等指定区域进行

---

　　① 　L. Robert Jarman ed., *China Political Reports 1911–1960*, *Vol.6*, *1937–1941*, London: Archive Editions Limited, 2001, p.313.

　　② 　L. Robert Jarman ed., *China Political Reports 1911–1960*, *Vol.6*, *1937–1941*, London: Archive Editions Limited, 2001, p.509.

　　③ 　L. Robert Jarman ed., *China Political Reports 1911–1960*, *Vol.6*, *1937–1941*, London: Archive Editions Limited, 2001, p.535.

　　④ 　L. Robert Jarman ed., *China Political Reports 1911–1960*, *Vol.6*, *1937–1941*, London: Archive Editions Limited, 2001, p.538.

抗战，上述区域以外的中共军队，比如在长江以南的新四军，必须限期撤入这一区域。随后，国民党部队对陕甘宁边区进行了军事封锁，并以新四军违抗撤出的命令为由，悍然发动了"皖南事变"，一时间国内和国际舆论哗然，国共合作陷入崩溃的边缘。英、美等盟国十分担心国共关系的持续恶化会分散中国的抗日力量，削弱中国的抗日决心。英国驻华大使薛穆（Horace Seymour）认为封锁陕甘宁边区不仅对共产党而言，对国民党而言也是一件不幸的事情。①最终，英国驻华外交官欣喜地看到国共统一战线虽历经风波，但由于中共的努力和双方的克制而免于破裂。薛穆对中共维护抗战大局的态度表示赞许，称赞中共就七七事变五周年发表的宣言。在宣言中，中共表示将避免与国民党发生冲突，全面与蒋介石领导的国民政府合作，专注抗战。同时，英国驻华外交官深知将这一宣言转化成行动的不易——国共两党积怨已久，彼此间的不信任根深蒂固。例如，国民党经常指责共产党专心分裂活动和西北地区的自治，没有全力抗日；共产党则反斥国民党是法西斯和封建主义政党，对国内政治的民主改革口惠而实不至。②

国民党设置的种种障碍没能阻碍中共敌后游击战的进一步发展。1945年，新四军的游击队成功发展到安徽、江西、浙江、福建和东南沿海地带，控制了交通线之间的大片农村地区，并对国民党领导的敌后武装，特别是与戴笠领导的"忠义救国军"展开了有力的斗争。③ 根据英国人的观察，共产党领导的游击队要远比国民党领导的组织严密和战斗力强，对根据地的控制也更为有效，尤其是控制了东南沿海的大部分城镇，为接应计划中的美军登陆做好了准备。根据盟军最初的计划，美军将在占领冲绳岛之后登陆中国东南沿海，实施

---

① L. Robert Jarman ed., *China Political Reports 1911-1960*, Vol.6, *1942-1945*, London: Archive Editions Limited, 2001, p.40.

② L. Robert Jarman ed., *China Political Reports 1911-1960*, Vol.6, *1942-1945*, London: Archive Editions Limited, 2001, pp.149-150, p.333.

③ TNA, WO 208/358, telegram from C. M. Maclehose to Wallinger, 29 June 1945, and report of 'Central China: Communist Armies, Leaders and Activities', 24 July, 1945.

对日本在华军队的大反攻。登陆作战需要中国当地游击队的配合和接应,中共领导的军队极有可能被作为主力。但由于美军在冲绳岛登陆作战中伤亡过大,登陆计划最终被取消。尽管如此,中国共产党积极配合盟军作战的态度可见一斑。英国评估一旦日军撤出或被击溃,共产党领导的游击队有能力马上光复和占领这些地区。① 根据英国驻福州领事的一份报告,1945 年 6 月,共产党控制的长江以南地区主要有:

(a)鄱阳湖东岸北部,浮梁和乐平地区。这一地区的共产党军队约 1000人,浮梁和乐平县城没有被他们控制;

(b)长江九江至芜湖段南岸 5—10 英里,共产党军队控制交通线附近的农村地区;

(c)在芜湖至宣城之间的区域有非常强的影响力,估计有共产党军队1000 余人;

(d)共产党的控制区域包括孝丰地区,很可能也包括宜兴地区,以及以此为中心向北延伸到苏州—南京铁路线,向南到临安的区域,和整个太湖以东近30 英里宽的区域。估计共产党的正规武装有 2 万—3 万人;

(e)上海外围的四片小区域被共产党控制;

(f)浙江金华线以东和杭州—宁波线以南的地区,杭州—宁波线与杭州湾之间的地区,甬江以西,嵊县以南地区,和南至宁海的农村地区;

(g)福建的龙岩和莆田地区。②

《中国政治报告 1911—1960》和英国陆军部档案中的相关记录清楚地反映出中共在维护抗日民族统一战线上所作出的努力,以及在敌后抗战上的卓越贡献。这些记录还折射出中国敌后抗战发展的基本脉络:从最初的鱼龙混

---

① TNA,WO 208/358, extract from memorandum of Military Attaché (Chongqing) , 21 June, 1945.

② TNA,WO 208/358, "Report on Opposition to the Central Government Existing in Northern Kiangsi,Southern Anhwei,Chekiang and Fukien",attached to the telegram from British Consulate(Foochow) to Sir Horace Seymour,28 June,1945.

杂,不仅有国民党转入敌后的正规军、共产党领导的抗日游击队,还包括不少原土匪和强盗的武装,到中国共产党的一枝独秀;国民党领导的敌后游击战不断式微,最终共产党成为敌后抗战的主导力量。① 不过,需要指出的是,英国档案中关于中共抗战军事行动的记录是非常有限的。主要原因有三:一是中英的军事合作以英国与国民党合作为主;二是英国的战略重点在欧洲战场,其亚洲战场的主要任务只是保卫印度,在 1945 年之前对远东战事关注不够;三是英国缺乏了解中共的渠道,与中共的直接接触也遭到了国民政府的严格限制。总体而言,英国主要有两个渠道了解中共:一是外国亲历者对中共的印象;二是英军服务团(British Army Aiding Group,BAAG)与东江纵队在粤东的有限合作。

二、“农民改革者”——战时英国对中共的印象

英国没有与中共直接沟通的渠道,驻华大使薛穆和英国外交部负责中国事务的官员主要通过外国亲历者的观察和报告,来间接了解中共抗日政权和抗日武装的情况。这些观察和报告普遍呈现出对中共某种程度上的好感和赞扬,这在一定程度上影响了英国外交部系统对中共的评价。

荷兰人布隆基斯特(Carel A.M.Brondgeest)在太平洋战争爆发前是北平电力公司的总工程师。战争爆发后,他逃离北平,在共产党领导的八路军和游击队的帮助下抵达延安,最终到达重庆。沿路的观察为他提供了了解中共的一手资料。② 据他观察,八路军和新四军尽管隶属国民政府,却是中国共产党独

---

① 洪小夏:《抗日战争时期国民党敌后战场衰落原因新探》,《抗战史料研究》2016 年第 1辑,第 1—15 页;洪小夏:《抗战时期国民党敌后游击战研究述略》,《抗日战争研究》2003 年第 1期,第 217—237 页。

② 布隆基斯特这一时期的回忆和个人书信现藏于斯坦福大学胡佛研究所档案馆,计 1 个文件夹,共 124 页。下面使用的是英国档案中对他回忆的摘录,见 TNA, FO 371/35777, extracts from a report by M.C.A.M.Brondgeest, who escaped from Peking in January 1942, on his journey to Chungking through the territories controlled by the 8th Route Army, dated probably late 1942。

立领导的两支抗日武装,前者主要活动在河北、察哈尔、山西、陕西和山东等地,而后者主要在安徽。1942 年,两支武装力量合计不少于 20 万人,此外,还有差不多同等规模的游击队。八路军的武器装备很差,"每人配一支步枪和若干手榴弹,一张毯子和一小袋小米(可能是他们唯一的食物)",因而无法承担大规模的作战任务,只能起到骚扰日军的作用(nuisance value),诸如破坏铁路、电话线等。但是,八路军极高的机动性和对当地情况的熟识,以及高昂的士气,在一定程度上弥补了这些不足。除武器装备外,抗日根据地的医疗物资也非常匮乏。他到访的白求恩国际和平医院只有一名英籍印裔医生(柯隶华)和为数不多的中国医生和护士,只能收纳住院病人 100 人左右。由于收治的人数有限,因此只有病情和伤情最严重的病人才会被送到这里。这期间,布隆基斯特还对根据地的社会和民主改革有所观察,给予了高度评价。他认为中国共产党人不同于苏联共产党人或西方印象中的共产党人,他们明白照搬的共产主义理论并不适合当时的中国,知道从长期的"父权主义和个人主义"体系(individualistic-patriarchal system)过渡到共产主义天堂是一个巨大的跳跃,将很可能把中国推向深渊。因此,中国共产党推行了许多符合实际的政策,如重新分配土地、限制财富过度集中和普及教育等,这也让他们获得了民众的支持。中国共产党还在边区推行了"三三制"。在这项政策下,所有的政府部门和参议会将由三分之一的共产党员、三分之一的国民党员和三分之一的无党派人士组成。民众获得了民主权利,任何 18 岁以上的男女均有投票权,有权选举产生村、县等各级官员。①

同一时期,法国人丹乔(René D'Anjou)和威尔曼(George Uhlmann)也到访过共产党领导的华北抗日根据地,他们的看法与布隆基斯特基本一致。他

---

① TNA,FO 371/35777, extracts from a report by M. C. A. M. Brondgeest, dated probably late 1942.关于边区政权组成的"三三制"原则,布隆基斯特的叙述是不准确的。正确的表述是:共产党员占三分之一,党外进步人士占三分之一,中间派占三分之一。参见《毛泽东选集》第二卷,人民出版社 1991 年版,第 742 页。

们帮助薛穆大使形成了对中共的初步印象。在给英国外交大臣艾登（Anthony Eden）的电报中，薛穆认为共产党比国民党更好地实现了孙中山所主张的"三民主义"。在民生方面，边区政府限制地租，合理征税，稳定货币，根据实际分配生产资料，在一定程度上保障了占据中国人口绝大多数的农民的经济和社会安全。反观国统区，则是飞涨的物价、繁重的赋税和普遍的经济不安全。最让薛穆印象深刻的是八路军与农民的鱼水之情——农民信任和支持八路军，八路军也爱护农民。而在国统区，农民则视国军为最坏的敌人。在民权方面，共产党开始了基层政权的民主建设，以晋察冀边区为例，村和县级领导由全体民众选举产生，选举得到了严格执行；而国统区的国民参政会和地方参议会仍然只是咨询机构，没有政治权力。薛穆虽然担心过高的文盲率会影响民主的质量，但仍然认为这是一次有意义的尝试，对国民政府的统治方式构成了潜在挑战。①

当然，薛穆仍存有意识形态上的偏见。他认为中共没有放弃马克思列宁主义的意愿，只是采取了更符合中国实际的策略。中共将对日仇恨与反对日本帝国主义和反对法西斯侵略的统一战线作为宣传重点，这与以往共产党煽动仇恨（民族仇恨或阶级仇恨），团结民众推翻压迫者的策略没有本质区别。只是仇恨对象从以英国为首的西方帝国主义变成了日本军国主义。②

一年之后的 1944 年，薛穆在与威廉·邦德（William Band）和林迈可（Michael Lindsay）的交谈与通信中了解到更多与中共有关的讯息。邦德原为燕京大学的物理学教授，太平洋战争爆发后逃离北平，之后在边区停留了 2 年，对中共有更为长期的观察。此时中共领导的抗日根据地进一步扩大，包括八路军建立的 5 片根据地——陕甘宁、晋察冀、晋西北、晋东南和山东，还有散布在江苏、安徽、浙江、江西、福建、广东等省的多个八路军和新四军游击区。在陕甘宁和晋察冀两个边区，邦德均有亲身经历。据他观察，共产党得到了当地

---

① TNA，FO 371/35801，telegram from Sir H. Seymour to Mr. Eden，13 July，1943.

② TNA，FO 371/35801，telegram from Sir H. Seymour to Mr. Eden，13 July，1943.

农民的踊跃支持,这得益于实施了一系列成功的政策,如减税和取消不合法的税赋,限制地租,消除腐败,保障言论和信仰自由,普及教育和建立有效的民主政府等。地方政权建设方面也比国民党更为民主。共产党地方政权有县和村两级自治政府,国民党则有四级:县、乡镇、保和甲。在共产党的地方选举中,每位成年人可直接选举县级和村级的委员会,而国民党则以户为单位,若干户主构成甲委员会,每户派一名代表选举保委员会,每保派一名代表选举乡镇级委员会,以此类推。邦德特别指出共产党没有控制政府,反而限制共产党员在政府中的人数不得超过三分之一,这与国民党的一党独裁不同。他反驳国民党对中共的指责——共产党没有真正地对日作战。他认为共产党的军队以极大的勇气和热情克服部队数量和物资上的劣势,对敌人进行了真实和艰苦的作战。关于苏联和中共的关系,邦德也有观察。他认为中国共产党只是意识形态上与苏联接近,但不受苏联的任何控制和领导。中共的意识形态尽管仍以马克思列宁主义为基础,但已经进行了调整,以适应中国的实际。①

林迈可是英国世袭贵族,曾短暂地担任过英国驻华大使馆的新闻参赞,太平洋战争爆发前同样执教于燕京大学。② 与邦德不同,早在1937年中日战争全面爆发时,他就与中共有所接触,并三次进入河北省的八路军抗日根据地考察,为中国地下组织偷运无线电器材和医疗药品。在此过程中与聂荣臻和吕正操结识。战争爆发后,他逃离北平与共产党游击队取得联系,之后在中共根据地工作,直到抗战结束。1944年前,他在晋察冀边区负责通讯组的机务工作,包括改装、设计收发电台和训练通讯人员等。1944年春到达延安,担任无线电通讯的机务顾问,并承担新华社英文广播的任务。这期间,他与中共领导人聂荣臻、博古(秦邦宪)、沈建图、陈杰等建立了深厚友谊。③ 也就是在这一

---

① TNA,FO 371/41612,telegram from Sir H. Seymour to Mr. Eden,6 March,1944.

② TNA,FO 371/46164,telegram from Michael Lindsay to Sir H. Seymour,25 November,1944.

③ [美]李效黎:《延安情——燕京大学英国教授林迈可及其夫人李效黎的抗日传奇》,肃宜译,上海远东出版社2015年版,第3—4页。

时期,他积极与外界联络宣传中共,澄清与中共有关的误解和谣言。如 1944 年 3 月,他致信薛穆,详细介绍了边区"三三制"改革的情况。① 同年 8 月,他又致信薛穆,澄清美国和国民党媒体的不实报道,并邀请英国代表访问边区。针对陕甘宁边区不抗战的指责,他予以说明。陕甘宁边区只是中共控制下的一块较小的根据地,它的重要性被严重夸大。由于基本免于日军的进攻,陕甘宁边区汇聚的主要是中共的行政和教育机构,不能代表前线根据地的情况。② 晋察冀才是中共最大的根据地,"也是最早建立起来的战时根据地,大约有二千五百万人口。它是唯一的一个作为战争期间特殊的、具有省级政府同等权利且得到国民党中央政府承认的政权机构。那里有一个实行'三三制'的边区政府"③。

根据林迈可的回忆,中共在华北的抗日活动大致经历了三个阶段。第一阶段是 1937—1940 年,日军以国民党正规军为主要战斗对象。日军攻下华北后,主力南下华中和华南,只留下第 110 师团警卫华北运输线,中共利用这一时机快速发展。日军占领开封和武汉后,部分回调华北,于 1938 年 10 月发起控制华北农村的攻势,于 1939 年底占领了除阜平外的晋察冀所有县城。不过,当时的日军主要采用包围战术,而八路军总能机智地避开包围,整体上损失不大。第二阶段是 1940—1943 年,日军改变战术,修筑碉堡和封锁交通线,从保护交通线出发,实行"三光"政策,步步"蚕食"共产党领导的根据地,对中共领导的抗日武装造成了沉重打击。这一时期八路军大概损失了四分之一的兵力和一些很富庶的地区。国民党在华北的部队和游击队也大多在这一时间被消灭或投降日军,日军基本控制了华北。第三阶段是 1943—1945 年,由于

① Shi'an Li,"Britain's China Policy and the Communists,1942 to 1946:the Role of Ambassador Sir Horace Seymour",*Modern Asian Studies*,Vol.26,No.1(1992),pp.54-55.

② TNA,FO 371/41615,extract from letter from Michael Lindsay,11 August,1944.

③ [英]林迈可:《八路军抗日根据地见闻录——一个英国人不平凡经历的记述》,杨重光、郝平译,国际文化出版公司 1987 年版,第 6 页。英文版见 Michael Lindsay,*The Unknown War：North China,1937-1945*,London:Bergstrom and Boyle Books Ltd.,1975。

太平洋战争形势恶化，日军不得不从华北抽调兵力，共产党重新获得了快速发展的机会。晋察冀边区从 1943 年 7 月的仅 2 个县城（阜平和平山），扩大到1944 年 7 月的 40 多个县城。1945 年，日军退回到 1938 年初的阵地，只剩下几条铁路线。林迈可事后回忆："如果八路军有像（越战中的）越南共产党得到的那种数量充足的外援，他们（共产党军队）就会在一年内把你们（日本人）赶出中国。"无奈的是，共产党军队在 1940 年后，也包括此前的一段时间，几乎没有得到过任何外援。很多士兵使用的还是 19 世纪 90 年代的步枪，弹药几乎完全依靠从日军和伪军手中夺得。而到战争后期，日本的物资也十分匮乏。①

　　1944 年中，经过反复协商，国民政府终于同意外国记者团访问延安和共产党领导的抗日根据地。薛穆获得了其中三人的报告，分别是来自《曼彻斯特卫报》的英国记者冈瑟·斯坦因、来自《纽约时报》的美国记者爱金生（Brooks Atkinson）和来自美国战时情报局（US Office of War Information）的麦克拉肯·费希尔（MacCracken Fisher）。薛穆综合阅读了这三份报告，认为它们真实可靠。三份报告均对中国共产党评价很高，认为在边区不论群众还是领导，不论军人还是平民，都洋溢着高昂的士气，军事、经济和政治系统均运转良好。薛穆阅后评价道：共产党在政治上的改革是卓越的，政治上消除了"压榨"和腐败，经济上的困难也被克服。地租被减少，农民可以留存更多的粮食来提高生活水平，生产者和消费者被组织起来，提高了生产效率和市场流动，很多地方谷物的增产达到了 50%。薛穆在给艾登的报告中还转述了斯坦因的观点，认为中国共产党不受苏联的控制，和苏联也没有紧密的联系，根据地也没有国民党指责的种植鸦片的行为。薛穆还转述了斯坦因报告中的美军延安观察组的意见："给共产党军队提供少部分训练和小规模的先进轻武器和弹药，共产党军队就能够对日本发动有力的进攻，可以让数以千计的美国士兵

---

　　①　[英]林迈可：《八路军抗日根据地见闻录——一个英国人不平凡经历的记述》，杨重光、郝平译，国际文化出版公司 1987 年版，第 6—13 页。

免于丧命。"①

以上这些信息都让英国外交官印象深刻,也让他们中的不少人对中共心存好感。不少英国外交官认为中共不是真正意义上的马克思列宁主义者,执行的也不是共产主义政策。英国驻华大使馆资深外交官台克满(Eric Teichman)就认为:

> 中国共产党人更像是中国国民党的对手,而不像是一个对阶级战争和世界革命感兴趣的共产主义政党。他们宣称是代表中国的民主和改革的政党,宣传他们的政府是建立在人民代表的原则之上。共产党人不是占据百分之百,而是占据不超过三分之一的由选举产生的政府和参议会席位。②

前英国驻华大使卡尔(Sir Archibald Clark-Kerr)也持相同的观点。他认为中国共产党是"农民改革者"(agrarian reformers)③,而"不是严格意义上的马克思列宁主义者。苏联人对他们的兴趣主要是将他们作为中国西北抵抗日本侵略的重要力量,作为日本进攻苏联一个缓冲。尽管如此,中国共产党只从苏联那里获得了微不足道的物质支持"④。关于中共与苏联的关系,薛穆评论道:

> 所谓中国共产党在多大程度上受到莫斯科或苏联其他政治机构的启发,或多大程度上与它们相关联,这是一个经常被讨论的问题。我可以肯定地说,这是一种特殊的运动,它源于正统的苏联共产党的种子,最终瞄准的也是正统的目标,但在现阶段已发展成为一种健壮

---

① TNA,FO 371/41615,telegram from Sir H. Seymour to Mr. Eden,17 October,1944.

② TNA,FO 371/35780,memorandum by Eric Teichman,26 July,1943.

③ Christopher Thorne,*Allies of a Kind:the United States,Britain,and the War Against Japan,1941-1945*,New York:Oxford University Press,1978,p.184.

④ L. Robert Jarman ed.,*China Political Reports 1911-1960,Vol.6,1937-1941*,London:Archive Editions Limited,2001,p.342.

的中国产品,不愿接受外界,尤其是外国的干扰。①

伦敦的一些媒体和官员也倾向赞同这一观点。比如,《泰晤士报》的一位高层就认为"延安体系不是共产主义而是农民民主主义"②。英国外交部中国事务主管乔治·基森(George V. Kitson)也认为中国共产党实施的农村改革政策(a policy of agrarian reform)"与社会民主主义并不相悖"③,"我通常理解的共产党员意味着一个人坚守和践行马克思列宁主义,但中国的共产党员不是如此"④。综上表明,中共并非机械地搬用马克思主义,而是将马克思主义的基本原理与中国革命实践相结合,创新出适合中国国情的中国化的马克思主义。

尽管处理中国事务的外交官普遍对中共持有好感,但是伦敦对中共的政策并未发生根本性变化,它继续在国共冲突中保持中立和不介入政策,拒绝与中共建立直接联系。这一方面是顾及国民政府仍是中国的合法政府,另一方面也由于英国在中共是否是真正的共产主义者的问题上拿捏不准。1944年5月,英国外交部研究部(Research Department)提交了一份关于国民党与共产党意识形态斗争的研究报告。报告得出了相反的结论,指出中国共产主义毫无疑问是世界共产主义的一部分。因为中国共产党人不提倡工业和土地的立即公有化,就认为他们不是真正的共产主义者,而是某种农民式改革党的观点是一个错误。毛泽东曾明确声明中国共产党不会放弃社会主义和共产主义。他在《新民主主义论》一书中写道,目前共产党的政策处在第一阶段,即建立一个联合所有革命阶级的政府,这一阶段结束后将进入社会主义和共产主义的阶段。王稼祥在1939年的讲话中也明确提出中国共产党的事业包括两个

① TNA, FO 371/46216, telegram from Sir Horace Seymour to Foreign Office, 25 October, 1945.

② Brian Porter, *Britain and the Rise of Communist China: A Study of British Attitudes, 1945－1954*, London and Toronto: Oxford University Press, 1967, p.5.

③ Zhong-ping Feng, *The British Government's China Policy, 1945－1950*, Keele: Keele University Press, 1994, p.55.

④ TNA, FO 371/46215, minute by Kitson, 25 November, 1945.

目标:最终目标是推翻资本主义和建立社会主义,通过消灭阶级来实现全人类的解放;近期目标是推动民族民主革命,与三民主义和民族解放的目标是一致的。此外,报告还注意到中共的共产主义意识形态并非只停留在纸面上和演讲上。八路军和新四军的士兵都在接受共产主义的教育,政治的指示一般占40%,另外60%是关于军事的。在延安的抗日军政大学和中国女子大学对学生的政治训练与江西苏区时期没有区别,只是增加了对于共产主义与抗日民族统一战线和三民主义之间关系的讲解。①

关于中共在边区推行的是否是真正意义上的民主,英国外交部内部也存在分歧。印度审查部门曾在1944年审查到一封分析边区民主的电报,此电报对边区的民主建设提出了另一种解读。电报中认为中共实行的是民主集中制,而非西方意义上的民主。为此,电报引用了毛泽东《论新阶段》一文中的几个组织原则——个人服从组织、少数服从多数、下级服从上级和所有党员服从中央委员会——予以说明。电报还引述了《大公报》的评论,认为民主应该基于个体的自由之上,而延安的民主显然不是这一类型。②

抛开意识形态上的分歧,英国外交部对战时中共的整体印象是正面的。这一方面是由于中共在对日作战问题上的坚持和努力,另一方面,也是更主要的方面,是由于中共推行的社会改革让其获得了农民的空前支持。这让深谙现实主义外交的英国外交官们不得不刮目相看。

三、中共东江纵队与英军服务团的有限合作

与英国有密切接触的中共军队非东江纵队莫属,尤其在香港地区活跃的

---

① TNA, FO 371/41613, Far East Memoranda, titled "The Ideological Conflict Between the Kuomintang and Communist Parties", 10 May, 1944.

② TNA, FO 371/41615, telegram from William Hunt & Co. (Chongqing) to China Corporation (Washington), 22 August, 1944.

隶属东江纵队的香港港九独立大队。东江纵队是中共领导的,在七七抗战之后就活跃在广东惠州、东莞、宝安和香港新界等地的游击武装。太平洋战争爆发前夕,香港政府曾试图与东江纵队接触。当时英国获得的情报,称日本军队正试图在海南训练士兵两栖作战,以适应热带环境,为入侵东南亚的马来亚和新加坡做准备。英国希望与中共领导的东江纵队和海南琼崖游击队合作——英国人出钱和武器、共产党出人,破坏日本在海南的军用机场和其他军事设施。不过战争很快爆发,合作未果。[①]

日本占领香港后,由于人手不足、语言不通,加上对香港的地理民情缺乏了解,日军始终未能对新界的农村地区和周边岛屿实施有效的控制,这客观上为中共香港港九独立大队的发展创造了条件。到 1943 年中,香港港九独立大队发展到近 5000 人,成立了 6 个支队:大屿山中队、沙头角中队、西贡中队、海上中队、城市中队和元朗中队。其中,海上中队实力最强,组织最有力,负责的任务主要有三:一是保护和运输来自香港的逃亡者,几乎所有的逃亡者都经他们的渔船送至大鹏湾北岸;二是骚扰和攻击日军海上交通;三是对香港与内地之间的地下贸易征税,这既为游击队提供了稳定的财源,也保障了贸易顺利进行,防止货物被日军或土匪劫掠。[②] 纵队的武器装备不佳,主要使用收集和收购而来的英军丢弃的武器,故只能不时地对日军发动小规模的伏击和破坏。1944 年 8 月,游击队主动袭击了日军保障海上交通的一个机动分队(约一个连的兵力),击毙日军和伪军士兵 25 人,捕获船员 13 人,缴获机枪 6 挺、步枪 20 支、手枪 4 把。[③] 此外,游击队还渗透至日本在新界建立的区政所系统,并依托这一系统建立自己的地下政府——动员被日本人任命的村干部或村代表

---

① 陈瑞璋:《东江纵队——抗战前后的香港游击队》,香港大学出版社 2012 年版,第 29—30 页。

② 陈瑞璋:《东江纵队——抗战前后的香港游击队》,香港大学出版社 2012 年版,第 65—66 页。

③ 陈瑞璋:《东江纵队——抗战前后的香港游击队》,香港大学出版社 2012 年版,第 66 页。

成立"村公所",与游击队密切合作,协助游击队获得情报和粮食。① 游击队也不时遭到日军的攻击。1943 年 3 月,日军袭击了沙头角地区的南涌村,游击队 11 名高级干部被杀,4 人被俘,更严重的是渗入日本区政所和宪兵队部分人员名单泄露,导致这些人惨遭杀害,地下工作损失重大。②

除袭击和破坏外,中共游击队的一项突出工作是救援和营救。据统计,1941 年 12 月—1942 年 5 月,游击队共营救左翼干部和知识分子 800 余人,其中不乏作家茅盾、翻译家戈宝权、诗人柳亚子、史学家胡绳和新闻家邹韬奋等著名人士。1942 年 1 月—1945 年初,共计有 100 多名英、美飞行员,盟军战俘、士兵和平民被游击队营救,被安全地送往中国。③ 英军服务团的创建人赖廉仕上校(Colonel Lindsay T.Ride)便是其中之一。赖廉仕生于澳大利亚维多利亚省,曾为香港大学的生理学教授,后入伍加入了保卫香港的战斗。香港沦陷后,他被日军俘获,关押在深水埗战俘营。幸运的是,他和其他 3 人很快逃出,在港九独立大队的帮助下顺利到达重庆。在与游击队接触期间,他有机会与独立大队的负责人蔡国良详谈,建立了联系。他还告知了蔡国良战俘营的情况和英军在附近遗留武器和弹药的信息。④ 1942 年初,赖廉仕在桂林成立了英军服务团,最初的任务是营救战俘,后来扩展到情报搜集和破坏行动,隶属英国陆军部的军情九处。赖廉仕非常希望能与共产党领导的东江纵队立即展开合作。对于东江纵队,他评价颇高:

> 日本和中央政府力量空隙之间的红色组织控制的缓冲带最活跃、
>
> 可靠,是所有华人抗日组织中效率最高的。他们的控制权遍布日本占

---

① 陈瑞璋:《东江纵队——抗战前后的香港游击队》,香港大学出版社 2012 年版,第 80—81 页。

② 陈瑞璋:《东江纵队——抗战前后的香港游击队》,香港大学出版社 2012 年版,第 74—75 页。

③ 陈瑞璋:《东江纵队——抗战前后的香港游击队》,香港大学出版社 2012 年版,第 42—47 页。

④ Edwin Ride, *B. A. A. G.*, *Hong Kong Resistance*, *1942 - 1945*, Hong Kong: Oxford University Press,1981,pp.39-41.

领区,甚至到达新界及九龙。…… 他们实际控制了山区和新界大部分地区。无论中国人或外国人要从陆路进入或离开香港,必须通过共产党控制的领土。没有他们同意或协助,没有人能够进出……

因为武器不够精良,战略上和数量上,东江游击队经常遭受损失。在好几个场合,他们同时遭到国民党和日本军队的攻击。但他们熟悉当地情况,得到当地人民的支持,弥补了这方面的不足。①

由于国民政府处处设限,英军服务团与东江纵队的合作主要停留在营救战俘和护送人员方面。例如,东江纵队曾护送英军人员侦查启德机场,以获得日军机场修建的情报;利用英军服务团提供的照明弹和曳光弹,引导盟军飞机轰炸关键目标,如位于红磡的黄埔船坞等。② 但是,双方进一步的合作遭到了国民政府的明令禁止。1943 年 6 月,英军服务团拟向共产党游击队提供一批军事装备和物资,以换得纵队在香港建立和维护两个海上航行观察哨所上的帮助,以掌握日本海军进出珠江口和在香港周边海域活动的情报。这对盟军研判日本海军的调动和战略意图非常重要。但国民政府获悉后,立即要求英军服务团终止与共产党游击队的联系,③并警告英军:"如果英国政府是中国政府的真正盟友,就不应该和共产党建立联系。如果英军服务团继续和共产党游击队有任何接触,英军服务团将从惠州被清除。"④尽管如此,英军服务团与纵队的秘密联系和合作并没有中断。陈纳德将军领导的美军在华第十四航空队也设法与东江纵队合作,并在东

---

① Lindsay Ride, *Spheres of Military Influence in Kwangtung*, unpublished Lindsay Ride papers, dated probably in mid-1942,转引自陈瑞璋:《东江纵队——抗战前后的香港游击队》,香港大学出版社 2012 年版,第 54 页。

② 陈瑞璋:《东江纵队——抗战前后的香港游击队》,香港大学出版社 2012 年版,第 60—61 页。

③ TNA, WO 208/451, report from Major D. R. Holmes, BAAG to Major Egerton Mott, titled "The New Territories of Hong Kong and the Coastal Waters and Seaboard of Mirs Bay and Bias Bay", 12 July, 1944.

④ Lindsay Ride, letter to Military Attaché. H. B. M. Embassy Chongqing, 1 August, 1943,转引自陈瑞璋:《东江纵队——抗战前后的香港游击队》,香港大学出版社 2012 年版,第 76 页。

江纵队总部派驻了联络官(1944 年 10 月—1945 年 9 月)。被游击队员营救的第 32 战斗机中队的科尔(Donald W.Kerr)中尉是这一安排的积极推动者,他曾致函东江纵队:"整个世界都公认中国人民在英勇抵抗。我们美国人与你们并肩作战,引以自豪。愿我们在和平或战争时期永远和你们在一起。"①

综上,尽管东江纵队与英军服务团的合作始终停留在初步层面,但是为英国了解中共抗日武装打开了一扇窗户。赖廉仕等人对东江纵队的高度评价侧面反映出中共领导的敌后抗战武装虽然力量薄弱,却是态度坚决、行动积极的抗日队伍。战后英国政府依然高度评价东江纵队的贡献:其一,香港地区的逃亡者几乎都得到过东江游击队的帮助;其二,东江纵队是华南地区最抗日的华人组织。除嘉奖东江纵队的成员外,不少曾与东江纵队合作过的村民也在战后得到了香港政府颁发的荣誉和金钱奖励。②

结　　语

英国档案中对中共抗战的描述反映出两个基本事实:一是中共领导的八路军、新四军和游击队是态度坚决和行动有力的抗日力量。尽管由于武器装备落后、后勤保障不足,共产党领导的军队较少对日军发动大规模的军事进攻(百团大战后,八路军遭到了日军的大规模报复,损失严重),但中共所坚持的敌后游击战和运动战有效地破坏和干扰了日军的军事行动,导致日军从未真正地占领中国广大的农村地区。二是中国共产党领导的抗战事业得到了广大民众,特别是农民的支持。在一系列正确政策的指导下,中国共产党领导的抗

---

① 转引自陈瑞璋:《东江纵队——抗战前后的香港游击队》,香港大学出版社 2012 年版,第 77 页。
② 转引自陈瑞璋:《东江纵队——抗战前后的香港游击队》,香港大学出版社 2012 年版,第 102—105 页。

日根据地快速发展,收复了大量沦陷的国土,在 1945 年战争结束前控制了近
1 亿人口的区域。

尽管如此,我们应清醒地看到,英国对于战时中共的认识是粗浅的,是带
有意识形态偏见的。英国在"二战"中执行的是典型的"先欧后亚"战略。受
限于兵力和军事资源,英国直到 1945 年初对德战争确定胜利后,才开始系统
地考虑对日反攻的问题。在此之前,英国对中国的抗战关注不够,支持也很
少,它最为担心的是不断升级的中国内部冲突会削弱中国抗战的力量。它
对中共抗战的观察在很大程度上是以研判中国未来的政治走向为目的的。
负责中国事务的英国外交官员在战时就观察到中国共产党已经发展成为一
支足以挑战国民党统治的力量。在这些外交官的建议下,伦敦决定在国共
冲突中不明确政治立场,继续实行"不介入"和"不干涉"政策,这也为英国
战后的对华政策确定了基调。

第十一章

从日本战史资料看中共是全民族抗战的中流砥柱

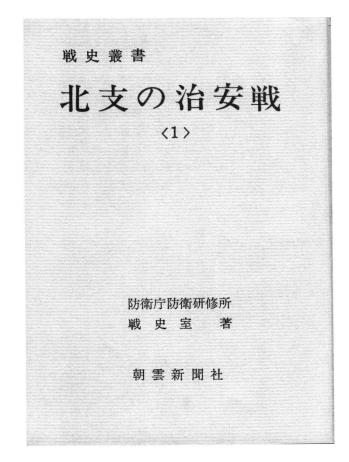

　　▲日本防卫厅防卫研究所战史室编《战史丛书18·华北的治安战1》（东京：朝云新闻社1968年版）。

　　日本防卫厅防卫研究所战史室编写的《战史丛书》，是日本官方组织编写的以日本为主体的第二次世界大战史。战后，日本内阁便成立了"史料调查会"，开始收集战时日本大本营、内阁及陆海军各作战部队的原始档案资料。1955年，日本成立"战史室"，编入防卫厅防卫研究所。在广泛收集资料后，"战史室"134名研究人员开展专题研究，从1956年至1977年，《战史丛书》102卷全部出齐，其特点是原始档案文献极其丰富，是研究战时日本的必读著作。《战史丛书》之《华北的治安战》共两卷，是使用原始档案文献研究日本华北方面军在华北占领区对中共及八路军进行"治安战"的专著。虽然作者有自己的立场和观点，但大量史实仍证明中共及其军队是日本华北方面军乃至整个侵华日军"最坚韧的敌人"。《战史丛书18·华北的治安战1》的主要内容：1938年至1941年日本华北方面军对中共华北抗日根据地进行"治安战"，中共及八路军在同日军作战中不断成长壮大，成为侵华日军"最坚韧的敌人"。

戰史叢書

北支の治安戰

〈2〉

防衛庁防衛研修所
戰史室 著

朝雲新聞社

◄日本防卫厅防卫研究所战史室编《战史丛书50·华北的治安战2》(东京:朝云新闻社1971年版)。

主要内容:1942年至1945年日本华北方面军对中共华北抗日根据地进行的"治安战",中共及其军队屡遭日军"围剿""扫荡"而不衰,坚持在日军后方作战,新四军也在粉碎日军"清乡"的同时获得了大发展,使中共敌后战场不仅成为中国持久抗战的主战场,也成为中国反攻的主战场。史实证明:中共是中国抗战的中流砥柱。

现代史资料
(9)

日中戦争
(二)

みすず書房

▶[日]臼井胜美、稻叶正夫编《现代史资料(9)·日中战争(二)》(东京:三铃书房1978年版)。

这部资料汇编共分三大部分:一、"战略进攻阶段"(1937.7—1938.11);二、"战略相持阶段"(1938.11—1941.12);三、"对苏国防和伪满洲国"。其中,"战略相持阶段"收集的资料,包括对华作战计划、作战命令、作战总结等原始档案,有部分资料涉及对中共敌后战场的作战。

以 1937 年七七事变为起点,日本发动全面侵华战争,迅速将战火燃遍了中国的华北、华东、华中和华南的广大地区。以七七事变为起点,在中华民族面临生死存亡的紧要关头,中国共产党和国民党迅速和解,团结抗战,在以国共两党合作为核心的抗日民族统一战线的旗帜下,全国军民奋起抵抗,形成了波澜壮阔的全民族抗战新局面。

毛泽东指出:"中国的抗日战争,一开始就分为两个战场:国民党战场和解放区战场。"①解放区战场即敌后战场。1937 年 8 月 22 日,根据国共两党协议,西北地区中共领导的工农红军改编为国民革命军第八路军,下辖第 115、120、129 师,共 4.6 万人,配合中国第二战区军队参加了山西保卫战。中共中央根据八路军的特点,制定了"独立自主的山地游击战争"的基本原则,将 120 师部署在晋西北管涔山区,115 师进入晋东南太行、太岳山区,129 师进入晋西南吕梁山区。在山西保卫战期间,八路军依托险峻的山地地形,运用游击战袭击日军,相继取得了包括平型关大捷在内的一系列战果。

1937 年 8 月 31 日,日本设立华北方面军,下辖 8 个多师团,进行华北会战。9 月中旬,日本华北方面军发动河北省作战,至 10 月下旬攻占河北省。9 月下旬,日本华北方面军发动山西省作战,11 月 8 日太原沦陷后,日军已占领河北、山西、绥远、察哈尔等省,八路军配合国民党军队在华北的正面抗战告一段落。1937 年 12 月 23 日,日本华北方面军发动山东作战,26 日攻占济南,

---

① 《毛泽东选集》第三卷,人民出版社 1991 年版,第 1042 页。

1938 年 1 月 14 日攻占青岛,基本上控制了山东省。在这种形势下,中共中央及时对八路军的抗战作出新的部署。1937 年 11 月 13 日,毛泽东在《向全面抗战过渡期中八路军在山西的任务》中指出,在山西,"正规战争结束,剩下的只是红军为主的游击战争了","红军任务在于发挥进一步的独立自主原则,坚持华北游击战争,同日寇力争山西全省的大多数乡村,使之化为游击根据地,发动民众,收编溃军,扩大自己,自给自足,不靠别人,多打小胜仗,兴奋士气,用以影响全国"。① 这就明确指出了太原失陷后,在华北以国民党正规军为主体的正规战争宣告结束,中国抗战将进入以八路军为主体的游击战争时期;中共及其领导下军队的任务是深入敌后同日军争夺乡村,在华北建立根据地,发动民众开展抗日游击战争。毛泽东还在《抗日游击战争的战略问题》和《论持久战》等著作中,根据敌强我弱的国情,从理论到实践深刻地论证了中共领导的抗日游击战争具有战略意义,结论是中国抗战必将是持久战,有中国共产党及其领导下的军队,中国的持久抗战一定能取得最后的胜利。在持久战游击战理论的指导下,中共中央制定了一整套抗日游击战争的理论、路线、方针和政策,指引着中共军队挺进敌后,建立抗日根据地,发动群众,依靠群众,进行持久抗战。按照中共中央部署,八路军的敌后游击战争从山西扩展到整个华北日本占领区。

  1937 年 8 月 13 日,日军发动上海会战,将战火扩大到华中,11 月中旬攻占上海,12 月 13 日攻占南京,12 月 24 日攻占杭州,1938 年 5 月 19 日攻占徐州,5 月 14 日攻占合肥,10 月 25 日攻占武汉。至此,日军控制了华中自上海至武汉的长江中下游地区。在此期间,1937 年 10 月 12 日,根据国共两党的协议,中共领导的江南八省的红军和游击队改编为国民革命军新编第四军,12 月 25 日新四军正式成立。1938 年 5 月,根据中共中央指示,新四军第 1、第 2 支队进入江苏南部敌后,发动群众开展抗日游击战争,开辟了苏南抗日根据

---

　　① 《毛泽东文集》第二卷,人民出版社 1993 年版,第 67 页。

地。新四军第 4、第 5 支队进入安徽长江以北地区,成立江北指挥部,开辟了江北抗日根据地。1938 年 10 月下旬,日军攻占华南重镇广州。中共中央决定将留在广东的红军改编为抗日武装,在广州附近的东江地区和海南岛琼崖地区开展抗日游击战争。至此,八路军、新四军在华北和华中先后开辟了晋察冀、晋冀鲁豫、晋绥、山东、苏南和江北六个抗日根据地,表明中共领导的敌后战场正式形成。中共敌后战场与国民党正面战场互相呼应,共同进行持久抗战,迫使日本在中国进行两线作战,顾此失彼,导致日本对华战略与政策屡遭挫折,直至最后失败。

中共敌后战场的抗战是一场伟大的波澜壮阔的人民战争,是中国坚持持久抗战的主战场。本章运用日本的战时档案文献资料,考察日方视角下的中共敌后战场的抗战,从敌方的视角来印证中共抗战的中流砥柱作用。

一、中共敌后战场发展成为中国抗战的主战场

在华北,中共敌后战场一开辟便引起了日本的注意。1937 年 12 月,日本华北方面军在分析占领区治安情况时指出,中国军队正面抵抗失败后,便全面进入游击战,扰乱后方。"尤其是共军的游击战术巧妙,其势力与日俱增,扩大到广泛的地域。其主要手段有以下几点:(一)彻底破坏铁路、道路、水路、通信线路等,妨碍日军后方补给,使之因修理而消耗大量人力和物力。(二)袭击补给部队或小部队。(三)袭击军需品仓库、飞机场、经济要地等。"①12 月 22 日,日本华北方面军在《方面军占领地区治安维持实施要领》中规定其方针是:"一、维持治安的目的是着眼于军队存在的需要,促进军队占领地区的全面安定,助推新政权(即日本扶植的华北伪政权)基础的确立。二、首先完成军队驻屯地区及主要交通线附近的治安,再逐渐向外扩展而覆盖整个区

① 防衛庁防衛研修所戦史室『戦史叢書 18:北支の治安戦 1』、東京:朝雲新聞社、1968 年、第 53 頁.

域。三、目前凭借地区内各要冲分驻的日本军队威慑力,尽快恢复民众原有的自卫机能,指导中国方面(指日本扶植的华北伪政权)的机构自己来维持治安。""对匪贼团体的讨伐重点指向共匪,特别是努力尽早摧毁共产党地区的组织结构。""对共匪进行彻底的扫荡,为此,在共匪地区一面进行讨伐,一面采用宣传及其他方法,尽量灌输防共思想。对于与共匪合流或被共匪操纵的匪众,应迅速设法使其与共匪脱离。""对盘踞外国租界的共产党及抗日团体,主要依靠宪兵及中国(伪)警察机关,查明其动静,以适当手段使之逐渐减少,如有可能则一网打尽。"①由此可见,早在1937年12月,即八路军刚刚进入敌后时,日本华北方面军为维持"治安",就十分重视对占领区内的中共军队进行"扫荡"作战。

从1938年开始,华北方面军有计划地在占领区对抗日根据地进行"肃正"作战。据原日本华北方面军独立混成旅团直属第三大队作战主任田副正信少佐回忆,该旅团旅团长常冈宽治少将召集副大队长以上军官,进行了5天关于应对游击战的培训,再由各大队进行应对游击战的普及教育。从1938年4月17日开始,在察南的涞源、灵丘等地进行"肃正"作战,一年间进行了50次作战,"由于我军屡次讨伐,土匪被消灭了,但八路军的势力却逐步扩大。八路军采用遇强而退、遇弱而打的战法,要扫灭他们极其困难。"6月,"八路军开始活跃,侵入日军驻屯地附近进行政治工作,或袭击我讨伐部队出动后的留守部队。此外,还对道路、电话线进行破坏。对此,我大队除临时应战外,也实施了有计划的讨伐。7月,八路军以1个旅和1个团的大兵力袭击了北水泉警备队,并伏击增援部队。由于我军的机敏应对,给敌人以很大损害,但未能将其捕捉歼灭。此后,我军逐步扩大治安圈,或寻找八路军进行远距离讨伐,

---

① 防衞庁防衞研修所戦史室『戦史叢書18:北支の治安戦1』、東京:朝雲新聞社、1968年、第54-55頁.

或紧急救援运输部队,但很多讨伐是望风捉影、无功而返。"①由此可见,从1938年开始,华北日军便有计划地对敌后八路军进行了"扫荡"作战,但未能阻止中共和八路军的发展壮大。

1938年9月至10月,日本华北方面军为策应武汉会战,对位于山西省北部地区的中共根据地进行了"扫荡"作战。9月15日,日本华北方面军司令官寺内寿一大将在《军况报告》中指出:"治安肃正工作按照作战地域由各兵团自行承担,但对主要地区有必要由方面军统辖进行,尤其是皇军威力尚未达到的山西北部和与之相连的太行山一带的山岳地带,是共军巢穴,其影响波及华北全域,必须彻底斩草除根,以绝后患。"在华北占领区,"破坏铁路、袭击各地等不祥事件反复发生,治安恢复地区只不过是铁路两侧数公里地区之内"。②日本华北方面军副参谋长武藤章大佐也认为:"在我占领地区部队警备的配置仅仅是在铁路和主要交通线,控制了所谓的点和线。因此,进一步进入腹地便处于蒋系军和共军的势力范围。日军的势力从面上看,也没有控制华北,导致治安恶化,每天都传来铁路爆炸的消息,连北京也受到威胁。尤其是共军在山西省的山岳地带建立根据地,扩展到平汉线和津浦线的中间地区、山东省的山区,乃至冀东地区,巧妙地进行游击战,在日军防守的缝隙中疯狂地扰乱治安。"③据日本华北方面军在《战时月报资料》中透露,截至1938年10月末,"曾想通过武汉及山西北部作战改善治安状况,但与此相反,却出现了得到民众支持的共产党越来越发展的趋向"。在山西,日军进行了五台山作战,山西北部共产党军队的根据地移动了地方,但其活动却执拗且连续在进行。在河北,平汉线东侧的共产党军队以南宫附近为根据地,努力争取

①　防衛庁防衛研修所戦史室『戦史叢書18:北支の治安戦1』、東京:朝雲新聞社、1968年、第65-67頁.

②　防衛庁防衛研修所戦史室『戦史叢書18:北支の治安戦1』、東京:朝雲新聞社、1968年、第64-65頁.

③　防衛庁防衛研修所戦史室『戦史叢書18:北支の治安戦1』、東京:朝雲新聞社、1968年、第66-67頁.

民众并进行武装工作。在山东，共产党派遣许多人潜入山东省各县，联络当地武装，努力进行赤化工作。① 可见，在武汉会战期间，中共领导的八路军挺进华北敌后，在日军控制的薄弱地区建立根据地，依靠群众开展抗日游击战争，在敌后遍地开花，不断袭击日军，破坏铁路和重要交通线，搅得日军惊恐不安。

1938 年 10 月，日军占领武汉、广州。此时日本陆军几乎倾巢而出投入中国战场，国内仅剩下 1 个师团，②无力发动战略攻势，表明日本对华"速战速决"战略破产，中日战争进入战略相持阶段。1938 年 12 月 6 日，日本大本营陆军省部在《1938 年秋季以后对华处理方策》中指出，完全不能指望利用武汉、广东会战的余威努力取得迅速解决中国事变的成果，对华已处于长期战争状态。为应对这种新形势，目前"应将恢复治安放在首位，其他各项施策均应与此相适应。消灭残存抗日势力的工作依然要继续，但主要是以强大的军队为背景，结合谋略与政略的运用来推行"。按照这一总方针，规定日本中国派遣军"如无特别重大的必要时，不准备扩大占领地区，而将占领地区划分为以确保治安为主的治安地区，与以消灭抗日势力为主的作战地区"。所谓的"治安地区"，主要是指中共敌后抗日根据地以及留在敌后的国民政府军残余部队控制的地区，包括华北各省和上海、南京、杭州三角地带的日本占领区。"对占领地区的政策，应把治安第一作为当前的目标，""固定地配备相当的兵力"，"迅速达到恢复治安的目的"。所谓的"作战地区"，是指与国民党统治区直接对峙的武汉及广州地区，各配备 1 个军，起到在政治上和战略上压制国民党军队的作用，对国民党军队的集团进攻适时加以反击，消耗其战力，但不准备扩大战局。"为此，根据敌我形势而配备的兵力，要限制在必要的最少限度内。"③

---

① 防衛庁防衛研修所戦史室『戦史叢書 18：北支の治安戦 1』、東京：朝雲新聞社、1968 年、第 67−68 頁.

② 歴史学研究会『太平洋戦争史 3：日中戦争 2』、東京：青木書店、1972 年、第 120 頁.

③ 臼井勝美・稲葉正夫編『現代史資料（9）：日中戦争（二）』、東京：みすず書房、1978 年、第 553−554 頁.

同日,日本大本营陆军省部在《关于政略攻势、战略持久时期的作战指导要纲》中作了具体规定,方针是"努力确保占领地区,促进其安定,以长期围攻的态势压制残存的抗日势力,使其衰亡"。按照这一方针,"今后的作战指导是:一、确保位于蒙疆地区的要域和华北、华中东部的现占领区,促进治安的恢复,支持亲日政权的稳定和发展。在此地域担任警备的军队配置应是固定的,且驻兵的密度更大,以便能迅速地恢复治安。二、在武汉地区配置一支有力的作战部队,牵制湖北、湖南及江西方面的敌军主力,在广东(州)地区保留最少限度的兵力,用以切断敌方的补给"。该指导要纲规定:"一、华北方面:专注于确保占领地区的安定,尤其是首先迅速恢复河北省北部、山东省、山西省北部、蒙疆地区等要地的治安,确保主要交通线。二、华中方面:1.确保庐州(合肥)、芜湖、杭州一线以东占领地区的安定,尤其是首先迅速恢复上海、南京、杭州之间地区的治安,确保主要交通线。2.配置在武汉的作战部队依托武汉三镇及九江,在海军协同下,确保岳州以下的长江航道,以安庆、信阳、岳州、南昌之间的地域作为作战地区,以摧毁敌之抗战企图。三、华南方面:以切断敌之补给为目的,配置最小限度的兵力,依托广东(州)、虎门,以惠州、从化、北江、西江间的地区作为作战地域,以摧毁敌之抵抗企图。"①从日本大本营关于日本中国派遣军在华作战的部署来看,武汉、广东会战后,日本大本营已停止战略进攻,而采用战略相持。在战略相持方针下,日本中国派遣军对华作战重点从大规模的进攻作战,转向对占领区内的"治安战"。1938年12月,日本中国派遣军拥有23个师团、17个混成旅团(2个旅团可换算为1个师团)、1个骑兵兵团(换算为1个师团),将旅团换算成师团后总数为32.5个师团。其中,驻守广州的第二十一军有2个师团、1个混成旅团,华中派遣军驻守武汉的第十一军有7个师团、2个混成旅团,将旅团换算成师团后两军共计10.5个师团,占日本中国派遣军总数的32%,主要同国民政府军作战。日本华北

方面军有 10 个师团、11 个混成旅团、1 个骑兵兵团,华中派遣军直辖 4 个师团、3 个混成旅团,将旅团换算成师团后共计 22 个师团,占日本中国派遣军总数的 65%,主要任务是在华北、华中对敌后以中共军队为主体的抗日武装进行"治安战"。① 即占日本中国派遣军 65% 的兵力在日占区承担"治安战"任务。当然,此时日本"治安战"的对象也有少量的国民党军队,但主要作战对象是中共军队。

此后,日本华北方面军酝酿制订华北"治安战"计划。日本华北方面军司令官杉山元大将、参谋长山下奉文中将、副参谋长武藤章少将、中国驻屯宪兵队司令佐佐木到一中将,共同审定《治安肃正要纲》。佐佐木曾任伪满洲国军政部最高顾问,长期负责"围剿"东北抗日武装,是专门研究对付游击战的"专家"。在审定过程中,佐佐木到一介绍了伪满洲国日军"围剿"东北抗日武装的"经验"和"教训"。"经验"是:用重兵"围剿"东北抗日武装能收到成效。伪满洲国成立时,东北抗日武装大约有 30 万人,经过日本关东军集中兵力进行三次"围剿"后,到 1937 年末,东北抗日武装只剩下 2 万人左右。"教训"是:中共与民心是伪满洲国治安的主要敌人。残存的东北抗日武装仍盘踞在密林中,属于顽固的"思想匪徒",使中国的"抗日运动"在东北地区明显发展成为"抗日共同战线"。七七事变后,东北抗日联军确立了中共的领导,坚持抗战。中共活动的基础是贫穷的农民及一部分地主、富农阶层和知识阶层。在伪满洲国军警不间断"讨伐"之下,中共势力表面上减少了,但在民众中的潜在势力的发展却令人吃惊。因此,伪满洲国军政部认为中共获取了民心,"是满洲治安之癌"。② 参照伪满洲国的经验,日本华北方面军的"治安肃正"最重视的是两点:一是"以武力为中心的讨伐肃正是确保实现安定的首要条

---

① 防衛庁防衛研修所戦史室『戦史叢書 89:中国事変陸軍作戦 2』、東京:朝雲新聞社、1976年、第 303–304 頁.

② 防衛庁防衛研修所戦史室『戦史叢書 18:北支の治安戦 1』、東京:朝雲新聞社、1968 年、第 128–129 頁.

件"；二是凭借皇军的军威，"完全把握民心，使民众心悦诚服"。①

　　日本华北方面军的"治安肃正"作战设想分三期进行：第一期是1939年1
到5月，第二期是6月到9月，第三期是10月到1940年3月。1939年4月20
日通过的《治安肃正要纲》决定，"治安肃正的目的是剿灭占领区内的残敌及
匪团，完全封杀其游击战法"，"关键是恩威并重，把握民心"。② 此外，还特别
注意"行政方面的关键点，铁路、水路等主要交通线上的重要地点和重要资源
所在地"③。当时，日占区主要有两种武装力量：一是中共军队，人数少、武器
装备差；二是国民党残留的部队，人数多、装备好。所以，日本华北方面军在制
订计划时，是把国民党军队和中共军队同等看待的。但经过日军第一期"肃
正"作战后，日占区内的国民党军队大多被击溃。经过第二期"肃正"作战，国
民党军队大多退出了日占区，这时日军便感到在占领区内最难"肃正"的是八
路军。因而，在第三期"肃正"作战中，日军就完全把作战重点指向了八路军。
据统计，仅1939年，日本华北方面军进行的"治安战"就高达17457次。④ 但
由于中共在敌后依靠群众开展游击战争，因此日军对八路军的围剿常常无功
而返。据日军第109师团参谋山崎重三郎大尉回忆，在五台山作战中，"作战
期间，几乎无法掌握共军的动向，甚至连共军的踪影也弄不清"，"其战果与上
次相同，毫无所获"。⑤ 又据日军第36师团参谋小堀晃中佐回忆，"因共军在
五台山的寺院群周围建有根据地，曾认为可以逐步摸清情况，但作战开始后，

---

　　①　防衛庁防衛研修所戦史室『戦史叢書18：北支の治安戦1』、東京：朝雲新聞社、1968年、
第115頁.

　　②　防衛庁防衛研修所戦史室『戦史叢書18：北支の治安戦1』、東京：朝雲新聞社、1968年、
第117頁.

　　③　防衛庁防衛研修所戦史室『戦史叢書18：北支の治安戦1』、東京：朝雲新聞社、1968年、
第119頁.

　　④　防衛庁防衛研修所戦史室『戦史叢書18：北支の治安戦1』、東京：朝雲新聞社、1968年、
第436頁.

　　⑤　防衛庁防衛研修所戦史室『戦史叢書18：北支の治安戦1』、東京：朝雲新聞社、1968年、
第158頁.

敌情完全不明,如坠云雾,是无法捉摸的作战。……虽然采用在满洲实施过的分进合击治安讨伐方式,但由于中共方面的情报周密巧妙,预期落空,毫无结果。"①1939年10月31日,日本独立混成第2旅团旅团长阿部规秀中将,指挥军队向晋察冀边区腹地发动"扫荡"作战,11月7日,在黄土岭遭到八路军伏击,被八路军的炮弹击中毙命,日军被歼500余人。② 阿部规秀是中国军队在抗日战争中击毙的侵华日军军衔最高的将领,日本华北方面军司令官多田骏因之写下了"名将之花,凋谢在太行山上"的挽联。这是中共游击战成功的案例。又据日军第110师团作战主任参谋中村三郎中佐在《华北第110师团的治安肃正》一书中指出,在该师团"管区内,最棘手的是冀西及冀中军区的中共军队","他们在省境或日军的作战附近区域,或在日军威力难以达到的沼泽、河川等地区为根据地,进行巧妙的地下工作和活跃的游击战"。"中共军队的情报搜集、传递极为迅速而又巧妙。在很多时候,都事先知道了日军的讨伐行动。""中共军队的行动敏捷,精通地理,捕捉消灭甚难,甚至(日军)还经常遭到中共军队的伏击。"③经过日本华北方面军的三期"肃正"作战,八路军的力量不是削弱了,反而增强了。

1939年12月初,日本华北方面军情报主任会议认为:"在方面军占领地区周围的国民政府军队,只要情况无大的变化,仍会继续进行消极抵抗,避免消耗战力。"但中共及八路军的情况正好相反,会议认为:"根据最近的情报,共产党势力渗透到了华北全境,就连北平周围,共产党组织也深入到了通县、黄村(大兴)县的民众之中。在山东方面,共产党势力的扩张更为剧烈。山西、河北的共产党军队,以前的行动目的是扰乱我后方,消耗我战力,牵制我兵

①　防卫厅防卫研修所战史室『戦史叢書18:北支の治安戦1』、東京:朝雲新聞社、1968年、第159頁.

②　防卫厅防卫研修所战史室『戦史叢書18:北支の治安戦1』、東京:朝雲新聞社、1968年、第171–173頁.

③　防卫厅防卫研修所战史室『戦史叢書18:北支の治安戦1』、東京:朝雲新聞社、1968年、第184頁.

力,乘机进行游击战争,最近接受任务,将采取以下几个方面大规模的积极行
动:(一)以西北根据地为基地,全面强化共产党的力量;(二)在汪精卫政权和
华北特殊地带成立以前,推进游击战争;(三)乘机挺进冀东地区,切断京山
线;(四)为了加强同冀南解放军的联系,企图切断平汉、津浦两线和占领冀南
各县。""中共势力是华北治安肃正最坚韧的敌人。为此,加强情报搜集,确立
排除中共势力的对策,是目前刻不容缓的任务。"①日本华北方面军参谋长笠
原幸雄中将在会上特别提醒与会者:"中国共产党及其中共军队是今后华北
治安之癌。要深刻认识到,只有打破这种立足于军、政、党、民有机结合之上的
抗战组织,才是现阶段治安肃正的根本。"②

　　1939 年 9 月 1 日,德国进攻波兰,第二次世界大战全面爆发,给日本以继
续扩大战争的机会,但日本已陷入中国持久战而不能自由行动。9 月 23 日,
日本大本营在给日本中国派遣军的《大陆命第 363 号》命令中指出:"大本营
的企图是希望迅速处理中国事变。"要求日本中国派遣军"摧毁敌人继续抵抗
的企图":在华北各要地和上海、南京、杭州之间地区"迅速恢复治安";在武汉
地区"摧残敌人的抗战企图","确保岳州以下长江的交通";在广东地区攻占
汕头和海南岛北部要地,"切断敌之南方补给线"。③ 当时,日本中国派遣军拥
有 24 个师团、20 个混成旅团(2 个旅团可换算为 1 个师团)、1 个骑兵兵团(相
当于 1 个师团),换算后共 35 个师团。其中,华北方面军有 9 个师团、12 个混
成旅团、1 个骑兵兵团,驻守京沪杭地区的第十三军有 4 个师团、4 个混成旅
团,共 13 个师团、1 个骑兵兵团、16 个旅团,换算后共 22 个师团,占总数的
63%,主要任务是在华北、华中同八路军、新四军作战。驻守广东的第二十一

---

　　①　防衛庁防衛研修所戦史室『戦史叢書 18:北支の治安戦 1』、東京:朝雲新聞社、1968 年、
第 145 頁.

　　②　防衛庁防衛研修所戦史室『戦史叢書 18:北支の治安戦 1』、東京:朝雲新聞社、1968 年、
第 215 頁.

　　③　臼井勝美・稲葉正夫編『現代史資料(9):日中戦争(二)』、東京:みすず書房、1978 年、
第 414 頁.

军有 4 个师团、2 个混成旅团,驻守武汉的第十一军有 7 个师团、2 个混成旅团,换算后共 13 个师团,占总数的 37%,主要任务是同国民党军队作战。① 这表明日本中国派遣军是用 63% 的兵力来对中共抗日根据地进行"治安战"。此时日本的"治安战"的主要对象就是中共敌后战场,即是说,至 1939 年 9 月,中共敌后战场已成为日本中国派遣军对华作战的主要战场。换言之,由于日军对华作战重点由正面战场转向敌后战场,中共敌后战场便成为中国抗战的主战场。

1940 年春,日本兴亚院华北联络部政务局调查所对华北、华中日占区的治安状况的调查报告中所附《共军编制概要图》显示,在华北,中共领导的八路军的编制情况是:第 115 师辖 2 个旅共 5 个团,总兵力约 2.4 万人;第 120 师辖 2 个旅共 6 个团,总兵力约 2.6 万人;第 129 师辖 2 个旅共 6 个团,总兵力约 3.2 万人;晋察冀边区军区 6 个师,总兵力约 3.2 万人;冀中边区第三纵队总兵力约 1 万人;鲁苏豫区军区辖山东纵队、东进挺进纵队、第 115 师东进支队,总兵力约 3.1 万—3.2 万人;八路军挺进军总兵力约 0.6 万人。以上相加,八路军总兵力约为 16 万人以上。在华中,中共领导的新四军的编制情况是:江南指挥部辖第一、第二、第三支队,共 6 个团;江北指挥部辖第四、第五、第六支队,共 9 个团;直属教导总队、江南挺进纵队、江南抗日义勇军。② 另据日本大东亚省总务局总务课编《中共概说》统计,1937 年改编时八路军的兵力为 3 万,1938 年末发展为 8 万,1939 年为 28 万,1940 年增加到 32 万;新四军 1938 年改编当时的兵力为 5000,1939 年发展到 7 万。③ 日本这些情报提供的数据不一定准确,却能证明,中共领导的八路军、新四军在日军连续进行"治安战"

① 防衛庁防衛研修所戦史室『戦史叢書 90:中国事変陸軍作戦 3』、東京:朝雲新聞社、1975 年、第 7—8 頁.

② 防衛庁防衛研修所戦史室『戦史叢書 18:北支の治安戦 1』、東京:朝雲新聞社、1968 年、第 261 頁.

③ 大東亜省総務局総務課編『中共概説』、1944 年、JACAR(アジア歴史資料センター):A06033500100、第 13 頁.

后反而得到迅速发展,这是侵华日军最不愿意看到的。更重要的是,国民政府军人数虽多,但基本上据守在日占区外,而中共武装虽少,却多在日占区之内,因而成为日军的心腹之患。

　　日本华北方面军按照日本大本营的命令,制订1940年度两期"肃正建设"计划:第一期从4月至9月,第二期为10月以后。日本华北方面军认为:"自去年第二期(治安肃正作战)以来,共军势力逐渐显著抬头,及至第三期……其势力变得极其强大。如果放任不管,华北将成为中共任意肆行的地盘。为此,方面军的讨伐重点必须全面指向共军。"①根据两期作战设想,1940年春,日本华北方面军制订了《1940年度肃正建设的基本方针》,规定"应以治安第一为各项施策的基础,将各项工作有机地统一起来,服务于剿灭共军。继续实行高度分散部署兵力,积极进行讨伐作战"。② 日本华北方面军在《1940年度第一期肃正建设·纲要》中规定,"将作战重点放在剿灭共产党军队方面"。《1940年度第一期肃正建设·要领》指出,"讨伐重点置于剿灭共产党军队"。"讨伐肃正"的重点地区:一是平汉、津浦铁路线之间地区,尤其是冀中地区;二是对在晋北、晋南的中共军队实施"彻底的肃正作战"。③ 1940年3月19日,日本华北方面军司令官多田骏中将在各兵团参谋长会议训示说,完成肃正建设还遥遥无期。尤其是敌人强化了地下组织网,顽强地继续进行活动,要讨伐剔除困难极大。他认为,必须认识到确保华北治安,促进华北特殊地带建设,"是解决中国问题的关键"④。他要求全军一致打好"治安战"。日本华北方面军副参谋长平田正判少将在会议上强调:"共军对我占领区的进

---

　　①　防衛庁防衛研修所戦史室『戦史叢書18:北支の治安戦1』、東京:朝雲新聞社、1968年、第264頁.

　　②　防衛庁防衛研修所戦史室『戦史叢書18:北支の治安戦1』、東京:朝雲新聞社、1968年、第265頁.

　　③　防衛庁防衛研修所戦史室『戦史叢書18:北支の治安戦1』、東京:朝雲新聞社、1968年、第268頁.

　　④　防衛庁防衛研修所戦史室『戦史叢書18:北支の治安戦1』、東京:朝雲新聞社、1968年、第265頁.

犯活动令人吃惊,这是今后治安肃正方面最严重的问题。根据过去的经验,由于我军的讨伐,国民党杂牌军溃灭后其地盘却被共军占领。因此,今后讨伐肃正的重点特别要指向共军,使其溃灭。"①

1940 年,日本华北方面军之所以将军事作战重点指向华北敌后抗日根据地和八路军,是因为正如日本华北方面军司令官多田骏中将所言,华北"治安战""是解决中国问题的关键"。虽然日本华北方面军精心部署了 1940 年的"治安战",但并未达到预期效果。例如,1940 年 6 月 5 日至 7 月末,日本华北方面军第 12 军出动 3 个师团的精锐部队,对冀南抗日根据地反复进行"扫荡"作战,但中共军队早已分散退避,日军一撤退又重新返回。据第 12 军作战主任参谋松田正雄大尉回忆,"作战构想是根据以往经验,在占领地区边缘地带悄悄地逐次展开,缩小包围圈,各个击破。在部署时还担心漏网而用飞机放烟雾指明位置,以防止中共军队逃脱的对策","但是,由于战场极其辽阔,即使发现共军,仍然不能及时指挥将其捕获,以致未能取得像样的战果"。② 又据日军第 27 师团师团长本间雅晴中将在《师团状况报告书》中透露,该师团在冀东管区内反复"讨伐",冀东周围的国民政府军向南逃走,留下的是"清一色的中共势力",他们"巧妙地躲开我军讨伐的锋芒,转入地下活动,现在正尽力加强扩大其抗战力量,企图依靠游击战夺回我守备兵力薄弱的乡镇,或策划破坏主要交通线等,其活动愈加隐蔽顽强"。③ 第 27 师团《师团状况报告书》中还透露,自 1939 年 1 月至 1940 年 11 月,该师团"讨伐"作战共 2795 次,死伤 2027 人。④ 综上,1940 年上半年,日本华北方面军在华北的"治安战"依

---

① 防衛庁防衛研修所戦史室『戦史叢書 18:北支の治安戦 1』、東京:朝雲新聞社、1968 年、第 275 頁.

② 防衛庁防衛研修所戦史室『戦史叢書 18:北支の治安戦 1』、東京:朝雲新聞社、1968 年、第 310-312 頁.

③ 防衛庁防衛研修所戦史室『戦史叢書 18:北支の治安戦 1』、東京:朝雲新聞社、1968 年、第 317 頁.

④ 防衛庁防衛研修所戦史室『戦史叢書 18:北支の治安戦 1』、東京:朝雲新聞社、1968 年、第 318 頁.

然收效甚微。

1940 年,一方面,日本对华作战主要是对中共敌后战场进行"治安战";另一方面,在扶植汪精卫伪政府成立的同时,积极推进诱降蒋介石政府的谋略工作"桐工作",促成建立蒋、汪合流的伪政权,以尽早结束对华战争。1940 年 3 月,蒋、日代表举行正式会谈,蒋方明确表示不能接受日方提出的承认伪满洲国等条件,原因是会遭到中共和国民党内抗战派的反对。[①] 1940 年 5 月,日军发动宜昌作战,占领宜昌后以宜昌为空军基地,对中国的临时首都重庆进行狂轰滥炸,企图迫降蒋介石。此时,不仅日蒋代表接触频繁,而且国民党内也涌动着投降暗流,中国抗战进入了关键时期。8 月 11 日,日本华北方面军制订了《第二期肃正建设要纲及实施要领》,认为:"自前年以来,尽管集中了华北方面军的所有施策,努力剿灭中共势力,但中共势力却日益增大,地下活动更加活跃,潜入地区进一步扩大到华北全境。因此,今后要找到共产党军队的组织和根据地,集中统一实施我军事、政治的各种策略,努力迅速剿灭之。尤其是实施积极果断的肃正讨伐。"根据这一分析,日本华北方面军决定:"一切施策均集中于剿灭中共势力。"[②]在这种形势下,为了打破日军的"肃正"作战,为了阻止投降暗流、维系中国坚持抗战的局面,中共中央和八路军决定在华北日占区发动以破坏交通线为主要目的的"百团大战"。

1940 年 8 月,八路军出动 105 个团的兵力在华北日占区发动了"百团大战"。《日本华北方面军作战记录》记载:"盘踞在华北一带的共产党军队,按照第十八集团军总司令朱德部署的所谓'百团大战',于 1940 年 8 月 20 日夜,一起向我交通线及生产地区(主要是矿山)进行了奇袭,特别是山西省,其势

---

① 　日本国际政治学会编『太平洋戦争への道 4:日中戦争(下)』、東京:朝日新聞社、1963 年、第 231 頁.

② 　防衛庁防衛研修所戦史室『戦史叢書 18:北支の治安戦 1』、東京:朝雲新聞社、1968 年、第 392-393 頁.

更为猛烈,在袭击石太线及同蒲线北段警备队的同时,炸毁、破坏铁路、桥梁及通讯设施,井陉煤矿等设备被彻底破坏。这次奇袭完全出乎我军意料之外,损失甚大,需要相当的时日和巨额经费才能恢复。"①据日本华北方面军第一军参谋朝枝繁春大尉回忆,遭到百团大战袭击后,他奉命乘飞机察看石太铁路线,在飞机上看到"石太线沿线小据点(以分队为主)大半被消灭,可以看见沿线制高点上中共军队的瞭望哨,多处枕木被烧毁,铁轨被拆除,铁路桥大都遭到破坏或损伤"②。"八路军的抗战士气十分旺盛,共产党地区的居民一齐动手支援八路军,就连妇女儿童也用竹篓运送手榴弹。我方有的部队往往冷不防被手执大刀的敌人包围袭击而陷入苦战。"③日本华北方面军10月15日在给日本陆军省的报告《遭受损害恢复情况》中写道:"遭受损害最严重的是石太线,平汉线、同蒲线北端也受到损害……石太线破坏极其严重,规模之大无法形容,敌人以爆炸、焚烧、毁坏等手段,企图对桥梁、轨道、通信网、车站等重要技术性设备,进行有组织的彻底破坏。而在实施前伪装得极为巧妙。"④井陉煤矿的受损也给日本以极大打击,因为"井陉煤炭是炼钢用煤,当时是满洲鞍山制铁所重要的不可缺少的原料,井陉三矿井中最重要的新矿井损害最大,至少半年不能出煤"⑤。9月22日,八路军发动"百团大战"的第二次攻击,华北日本占领区再次遭受打击。日本华北方面军在总结遭受八路军百团大战袭击的"痛苦经验"和"宝贵教训"时写道:"共军对隐匿企图做得非常巧妙,既周密又彻底","事先进行周密的侦察";"共军的民众工作既广泛又彻底","当

①　防衛庁防衛研修所戦史室『戦史叢書18:北支の治安戦1』、東京:朝雲新聞社、1968年、第338頁.

②　防衛庁防衛研修所戦史室『戦史叢書18:北支の治安戦1』、東京:朝雲新聞社、1968年、第349頁.

③　防衛庁防衛研修所戦史室『戦史叢書18:北支の治安戦1』、東京:朝雲新聞社、1968年、第357頁.

④　防衛庁防衛研修所戦史室『戦史叢書18:北支の治安戦1』、東京:朝雲新聞社、1968年、第353頁.

⑤　防衛庁防衛研修所戦史室『戦史叢書18:北支の治安戦1』、東京:朝雲新聞社、1968年、第355頁.

共军发动袭击时,动员大批居民予以协助,首先切断通信电线和破坏道路,孤立日军各个警备队,使其难以互相支援"。① 日本华北方面军参谋横山幸雄少佐强调中共在情报工作方面的优势,他说:"由于中共的活动巧妙,直到他们进一步显示实力之前,难以掌握其实情。华北方面军很早就认识到华北治安的祸根是中共,便逐步扩大情报机能,1940 年 8 月人事调整时,配置了针对中共情报的专职参谋负责这项工作。但此时中共军队进行了奇袭。对此,华北方面军参谋部尤其是第二课痛感责任重大。"②1940 年 10 月 1 日,日本华北方面军在《对华北共产党势力的观察》中,对"百团大战"后中共势力有如下判断:现有力量"从数字上看,中共军队的基干部队(包括 115 师、120 师、129 师及晋察冀边区 4 个师)约 20 万人,属于中共系列(包括中共系列及其他带有中共系列色彩的力量总和)估计约有 70 万—80 万人,逐步并且以相当速度发展壮大"。"共军整个编制为数甚少,装备很差,因此,被认为几乎不可能具有大兵团作战能力。但其上层干部多是久经磨炼富有丰富经验之士,有相当强的统帅能力之才,尤其是对分散在广大地区的小股部队能巧妙地指挥和运用,这一点值得注意。""共军的机动游击战法极其巧妙执着,是我方治安方面最大的祸根。"③可见,"百团大战"一方面显示了八路军抗战的决心和战斗力,遏制了国民党内的投降暗流,蒋日勾结的"桐工作"也宣告破产;另一方面,"百团大战"打痛了日军,使日军进一步认识到其解决中国问题的最大障碍是中共,即中共是日军"治安战"的主要对象,从而证实了中共敌后战场已上升为中国抗战的主战场。

---

① 防衛庁防衛研修所戦史室『戦史叢書 18:北支の治安戦 1』、東京:朝雲新聞社、1968 年、第 373-374 頁.
② 防衛庁防衛研修所戦史室『戦史叢書 18:北支の治安戦 1』、東京:朝雲新聞社、1968 年、第 383 頁.
③ 防衛庁防衛研修所戦史室『戦史叢書 18:北支の治安戦 1』、東京:朝雲新聞社、1968 年、第 384-385 頁.

二、中共敌后战场的艰苦抗战

1940 年 5—6 月,德国进攻西欧,法国败降,英国本土岌岌可危。德国这一戏剧性的胜利,吸引了美、英、苏等大国的目光,日本认为这是其南进发动太平洋战争打败美、英"千载难逢"的良机,便将南进战略提上了日程。1940 年 11 月 13 日,日本御前会议制订的《中国事变处理纲要》决定:"如果到 1940 年末与重庆政权间的和平不能实现,不管形势如何,……强行转移到长期战战略,彻底谋求重庆政权的屈服。"所谓的"长期战",是指逐步减少在华兵力,以便集中力量南进。在向"长期战"转换时,日本当局强调须"彻底肃正占领区内的治安"。① 1941 年 1 月 16 日,日本大本营陆军部在《对华长期作战指导计划》中决定,"到昭和十六年(1941 年)秋,继续保持现在的对华压力。其间,运用各种手段,特别是利用国际形势的变化,一举解决中国事变"。在这一时期内,"作战以维持治安、肃正占领地区为主要目的,不进行大规模作战,必要时进行短期近距离的奇袭作战,但以不扩大占领区返回原驻地为原则"。② 即是说,日本大本营正式将对中共抗日根据地进行的"治安战"作为对华作战的主要对象。1941 年 2 月 14 日,日本中国派遣军召开方面军司令官会议,总司令官西尾寿造大将在讲话中叫嚷:"今年最要紧的是,举全军之力为使敌人战力破碎衰亡,确立占领地区治安的肃正而迈进,以其他的各种施策相配合取得阶段性成果。"③关于作战指导方针,西尾指出:"从华中方面将第 17 师团和第 33 师团主力调往华北,使华

---

① 外務省編『日本外交年表竝主要文書』下卷、東京:原書房、1978 年、第 465 頁.
② 防衛庁防衛研修所戦史室『戦史叢書 90:中国事変陸軍作戦 3』、東京:朝雲新聞社、1975 年、第 328 頁.
③ 防衛庁防衛研修所戦史室『戦史叢書 90:中国事変陸軍作戦 3』、東京:朝雲新聞社、1975 年、第 332 頁.

北的治安得到划时期的提升。"①日本大本营和日本中国派遣军的指令很明确,在南进发动太平洋战争前,日本对华作战的重点是华北中共敌后战场,日本天皇甚至指示,"宁可从华中、华南撤军,也要力保华北"②。于是,日本中国派遣军把以前的"治安肃正"作战上升为"治安强化"作战。

(一)中共华北各根据地战场

根据日本大本营和日本中国派遣军的部署,日本华北方面军制订了 1941年度的"肃正建设计划",认为虽然对中共军队采用了诸如捣毁根据地、紧咬不放、夜间偷袭等战术,治安有所恢复,但中共地下工作日趋活跃,其工作效果也不断提高,"华北的治安肃正工作并未收到预期效果","不能认为华北治安已有进展"。基于这种判断,日本华北方面军 1941年度"肃正建设计划"的指导方针是:"方面军历来以治安第一主义作为行动措施的指导方针,在 1941年仍旧沿袭这一方针,且更加彻底地进行肃正工作,以迅速恢复治安,安定民生,促进重要资源的开发和利用,提高我军自给自足能力。"具体作战计划是:"肃正的重点依然放在剿共上","利用此次增兵的良机,方面军以较多兵力对晋南地区重庆国民政府中央军进行作战,清除其在黄河以北的势力,但主要是对共军根据地进行歼灭战。各兵团在其作战区域内一如既往积极地进行肃正讨伐作战,新增兵力准备将来部署在华北北部地区。"同时,"由于共党的地下势力是华北建设的主要敌人,所以应迅速强化提升新民会这一组织的力量,使其逐步从县城向农村推进,对共党地下势力采取攻势。"③日本华北方面军在《剿共施策要纲》中还规定:"关于摧毁敌人大根据地问题,除按照上级司令部的

---

① 防衛庁防衛研修所戦史室『戦史叢書 90:中国事変陸軍作戦 3』、東京:朝雲新聞社、1975年、第 333 頁.

② 畑俊六著,伊藤隆・照沼康孝共編『続・現代史資料(4)陸軍:畑俊六日誌』、東京:みすず書房、1983 年、第 287 頁.

③ 防衛庁防衛研修所戦史室『戦史叢書 18:北支の治安戦 1』、東京:朝雲新聞社、1968 年、第 467-470 頁.

计划指导,直接消灭共产党的势力外,还要全力捣毁其各种机关设施(司令部、行政公署、补给,修理、贮藏、金融、通讯、教育设施等),铲除地下组织,毁坏生活资源,以经济封锁相配合,使其不得已而放弃根据地。"①日本华北方面军的这一规定就是臭名昭著的烧光、杀光、抢光"三光"政策。此政策在此后对中共抗日根据地作战中被广泛使用,给中共敌后战场造成了极大的困难。

当时,在晋东南中条山驻有国民政府第一战区军队 20 多个师的兵力,牵制着日军 3 个师团。为了能集中兵力进行"治安战",1941 年 5 月至 6 月,日本华北方面军出动 6 个师团、2 个旅团的兵力,发动了中条山战役,中条山国民党军队战败,6 月 15 日,日军攻占中条山。从战术上看,日军取得了赫赫战果,解除了国民党军队在背后的威胁;但从战略上看,日军进行中条山战役却是弊大于利。正如日本华北方面军参谋山崎重三郎少佐所指出的:"本次蒋系中央军作为扰乱治安基地的中条山据点的确蒙受了铁锤般的打击,但是,这种'扰乱治安的游击基地'是名义上的,实际意义不大,同共产党系列相比,其活动极其低调。现在,蒋系军队受到溃灭性打击失去了根据地,而虎视眈眈寻找机会的中共军队立即将其势力打入该地区,取代蒋系军队建立根据地。由此,华北的游击战舞台便为中共军队所独占。"②

中条山战役后,日本华北方面军在给日本中国派遣军的《呈送总军情报会议的报告》中对战局做了分析,对国共两党的抗战力做了评估。其中,对国民党军队的评价是:"可以确认蒋系军在物质和心理两方面逐渐低下,尤其是具有以下脆弱性:1.上上下下对抗战前途的怀疑和败战感严重;2.由于人员素质低下,导致指挥系统的形式化和战斗意志的丧失;3.补给困难表面化。"对中共军队的评价是:"关于共军的军事实力,必须将其正规军、游击队和潜伏

---

① 防衛庁防衛研修所戦史室『戦史叢書 90:中国事変陸軍作戦 3』、東京:朝雲新聞社、1975 年、第 365 頁.

② 防衛庁防衛研修所戦史室『戦史叢書 18:北支の治安戦 1』、東京:朝雲新聞社、1968 年、第 480 頁.

在民众内的敌对武装势力,一并计算","抗日是现阶段共产党的中心思想",
"共军目下正为适应形势变化而专心于实身保存和培育实力,极力避免无把
握的战斗和无益的损耗。……今后会采取在不损耗兵力的范围内继续进行小
规模的游击行动,以维系民心的策略"。① 日本华北方面军在《剿共指南》中
透露:"中共为了争取农村民众,为了利于自己的抗战动员,积极策划减轻农
民历来深感痛苦的各种负担,以博得农民的信任和欢心。其主要的政策是减
租减息、合理负担及统一累进税等三项。"②

综合各方面对中共军队的视察,日本华北方面军得出了如下结论:"中共
是党政军民一体化的组织,具有明确的使命观,为了完成革命,力图争取民众
组织民众来扩大势力。他们巧妙地把思想、军事、政治、经济等各项政策统一
起来,以努力配合实施七分政治、三分军事。因此,我方单靠军事力量是镇压
不了的,也必须统一发挥多元综合的措施应对。"③为了提升占领区的治安,
1941 年 6 月,日本华北方面军制订了 1941—1943 年度《肃正建设三年计划》,
将占领区分为"治安地区"(中共方面称"敌占区")、"准治安地区"(中共方面
称"游击区")和"未治安地区"(中共方面称"抗日根据地"或"解放区")三类
地区。争取在三年内,"治安地区"由 10%扩大到 70%,"准治安地区"由 60%
减少到 20%,"未治安地区"由 30%减少到 10%。④ 对这三类地区的政策是:
在"治安地区",建立健全各级伪政权,撤出日军,由伪军担任警备,促进亲日
反共势力的发展。在"准治安地区",固定地配备日军,控制各级政权,不断地
寻找、"扫荡"中共势力,削弱中共力量,使"准治安地区"过渡到"治安地区"。

---

① 臼井勝美・稲葉正夫編『現代史資料(9):日中戦争(二)』、東京:みすず書房、1978 年、
第 494—496 頁.

② 黄城事務所編『剿共指針』(第 4 号、1941 年 10 月)、「中共の企図する民衆負担軽減政
策」、防衛研究所戦史研究センター史料室蔵、第 30 頁.

③ 防衛庁防衛研修所戦史室『戦史叢書 18:北支の治安戦 1』、東京:朝雲新聞社、1968 年、
第 528—529 頁.

④ 防衛庁防衛研修所戦史室『戦史叢書 18:北支の治安戦 1』、東京:朝雲新聞社、1968 年、
第 533 頁.

在"未治安地区",即中共根据地,不断有计划地实施"讨伐"作战,并拆除、毁坏其设施及军需品,使中共方面不能安居建设;作战结束后,日军虽然撤退,但反复"扫荡"作战使中共根据地难以再建;随后,日军再进驻,设置行政机关,使该地区向"准治安地区"发展。对这一周密计划,日本华北方面军参谋岛贯武治大佐解释说,过去由于日军是分散配置,没有固定的"肃正"目标,常常变成了静止的防御,"但中共却在民众中秘密进行工作,以充实力量,一旦时机成熟即可一举转向进攻,百团大战就是最好的例证"。"为此,划定地域,限定时间,巩固治安地区;在准治安地区秘密驻兵,使其有计划地变为治安地区;再以剩余兵力向未治安地区挺进,使其向准治安地区发展。"为了方便分区进行"肃正"作战,日军在分界线修建壕沟和碉堡,既防止了中共渗透,又切断了中共根据地的物资运输线,起到经济封锁的作用。① 从日本华北方面军制订的《肃正建设三年计划》来看,日军对解放区的"肃正"作战有了新的变化,即不仅以军事为主要手段,还辅之以经济封锁等手段。

1941 年,日本华北方面军倾巢而出,进行了三次"治安强化运动",向华北各个中共抗日根据地发动了空前规模的"扫荡"作战,重点是晋察冀边区。晋察冀边区位于太行山北部地区,估计八路军有 4 万余人,有很强的战斗力,是日本华北方面军首选目标,便以主力出战,企图"彻底封锁消灭共军及其根据地"。② 1941 年 7 月 9 日,日本华北方面军制订了《晋察冀边区肃正作战计划》,规定作战方针是:"歼灭晋察冀边区的共产党军队,消灭其根据地,以封锁来破坏其自给自足能力,使该地区共产党势力消耗枯竭。"在作战指导方面,日本华北方面军将作战部队划分为"进攻兵团"和"封锁兵团"两部分。"进攻兵团"由日本华北方面军甲、乙、丙 3 个兵团组成,任务是"在各作战地

---

① 防衛庁防衛研修所戦史室『戦史叢書 18:北支の治安戦 1』、東京:朝雲新聞社、1968 年、第 534-536 頁.

② 防衛庁防衛研修所戦史室『戦史叢書 18:北支の治安戦 1』、東京:朝雲新聞社、1968 年、第 539-540 頁.

区内的重要地方派驻所需兵力,对潜伏在山区内游动的敌匪,或急袭捕捉,或追踪歼灭,对便衣化之敌进行清除剿灭,对敌人的设施资材进行销毁或搬走,努力破坏其战力"。在"扫荡"作战的同时,日军还进行宣传战,企图使中共党军分裂、党群分离,让中共中央对扎根华北感到绝望。"封锁兵团"由日本华北方面军第1军、驻蒙军、第21师团、第110师团组成,任务是"随着作战的开始,切断同敌人地区的一切交流,防止敌人逃脱,歼灭侥幸逃出之敌"。①

这次"肃正"作战分两期进行,1941年8月14日至9月4日为第一期,9月4日至10月15日为第二期。1941年8月14日,日本华北方面军司令官冈村宁次大将亲自指挥主力部队向抗日根据地发动猛烈攻势。据日军作战记录记载,日军以优势兵力对根据地进行反复"扫荡"作战,迫使八路军化整为零,分散突围,日军便捣毁了根据地的各种设施,抢劫了各种物资,将根据地洗劫一空,给晋察冀边区和各根据地造成了极大伤害。但中共仍在反"扫荡"作战中避强击弱,有效地保存了实力,歼灭了敌人的有生力量。据日军作战记录等资料记载:"中共军队回避正面交战,采取退避战法,以维持战斗力。支持他们的民众具有高度警戒心、巧妙的情报传递(递送式联络)、令人恐怖的谍报组织,捕捉击灭甚难。因此给敌人造成的损害不大。""为了在冀中地区实行回避战术,中共在修建地道及其他隐匿设施方面,付出了惊人的心血。"中共军队"对于劣势的日军,则出乎意料地勇敢地挑战,并突然袭击以图歼灭。其负责掩护主力退却的部队,即使兵力单薄,也必定进行顽强抵抗"②。在保护设备和物资方面,中共"在周密计划下,预先准备好隐匿地点,采取的方法既巧妙又快速"③。"观察共军对民众的态度,其纪律更是严格谨

---

① 防卫厅防卫研修所战史室『戦史叢書18:北支の治安戦1』、東京:朝雲新聞社、1968年、第540-545頁.
② 防卫厅防卫研修所战史室『戦史叢書18:北支の治安戦1』、東京:朝雲新聞社、1968年、第558頁.
③ 防卫厅防卫研修所战史室『戦史叢書18:北支の治安戦1』、東京:朝雲新聞社、1968年、第559頁.

慎,亲密无间。"①可见,日本华北方面军这次大规模的"肃正"作战,并未达到其"歼灭"八路军的目的,但用"三光"政策使根据地遭受了重大损失。然而,共产党仍是民心所向。由于根据地大都位于偏僻的乡村,日军不能长期驻守,一旦撤走,根据地便能立即恢复。从这个层面来看,日本华北方面军这次大规模的"肃正"作战未能达到预期。至 10 月下旬,日军不得不退出晋察冀边区。

1941 年 7 月 2 日,日本御前会议在《随着形势推移的帝国国策要纲》中决定,不管对华战争是否结束,都要南进发动太平洋战争,不辞对美英一战。②为了集中兵力发动太平洋战争,日本当局要求日本中国派遣军进行"夏秋季对华作战,举全国之力制造解决中国事变的机会"③。于是,日本华北方面军对抗日根据地进行了军事"扫荡"和经济封锁相结合的"治安强化运动"。9月 10 日,日本华北方面军在《第三次治安强化运动实施要领》中指出:"扩大过去治安强化运动的成果,采取更加机动和进攻性的措施,以期加强治安工作。为此,重点指向经济方面,彻底进行经济封锁,促进物资的生产流通,强化我战力和经济力,摧毁敌人的战斗意志。"④10 月 3 日至 4 日,日本华北方面军司令官冈村宁次大将召集各兵团司令会议,布置 1941 年下半年的"治安肃正建设"。他在训示中指出,面对德苏战争和与英、美矛盾凸显,华北在政略、战略上处于重要地位,为确保华北治安和培植国力,"要按照并扩展年度肃正计划,排除各种困难,全军一致以更加旺盛的斗志,为完成任务而努力"。他认为全军"进行积极活跃的肃正讨伐,依托构筑的封锁沟或碉堡,是努力提升治

---

① 防衛庁防衛研修所戦史室『戦史叢書 18:北支の治安戦 1』、東京:朝雲新聞社、1968 年、第 562 頁.

② 実松譲編『現代史資料(35):太平洋戦争 2』、東京:みすず書房、1978 年、第 121 頁.

③ 防衛庁防衛研修所戦史室『戦史叢書 90:中国事変陸軍作戦 3』、東京:朝雲新聞社、1975 年、第 365 頁.

④ 防衛庁防衛研修所戦史室『戦史叢書 18:北支の治安戦 1』、東京:朝雲新聞社、1968 年、第 573 頁.

安的有效措施"。① 参谋长田边盛武中将在讲话中指出："从大局来看,为适应华北担当的重任,当前的急务是获得重要国防资源的开发,培育我国力,提升军队在当地的自给能力,减轻国家负担,这是我国物力国力方面最紧急的要务。""共军将大根据地建在山岳地带,但人力物力却依赖平原地区,如果对平原地区实行经济封锁,共军将会蒙受重大打击。"因此,"第三次治安强化运动特地将重点放在经济封锁上"。②

日军这一时期"扫荡"作战的新特点是构筑又深又宽又长的封锁沟。日本华北方面军作战主任参谋岛贯武治大佐解释说,日军构筑封锁沟,是仿照中国历史上修筑万里长城抵御外敌的方法,在中共根据地周围筑起一道封锁沟,以阻止共产党势力的发展。例如,在平汉线两侧 10 千米范围内构筑了长 500 千米的封锁沟,使平汉线同中共的根据地相隔绝,冀中、冀南的物资便不能进入根据地,从而起到经济封锁的作用。③

1941 年 9 月,日本华北方面军发动第三次治安强化"肃正"作战,作战重点是晋冀鲁豫边区和山东根据地。9 月 20 日至 10 月 20 日,日军第一军出动第 36 师团、第 41 师团、独立混成第 16 旅团,对晋冀鲁豫边区的沁源县马壁村一带发动"扫荡"作战,边区"中共军队已事先侦知我军企图,直到云散雾消,各部队几乎都没有遭遇共军"。于是,日军便对马壁村一带进行了"彻底扫荡"。④ 10 月初,日军又对沁源附近的八路军决死第一纵队及新编第六旅发动进攻,日军承认,"本次作战对共军成果甚少,未能达到预期

---

① 防衛庁防衛研修所戦史室『戦史叢書 18:北支の治安戦 1』、東京:朝雲新聞社、1968 年、第 567—568 頁.

② 防衛庁防衛研修所戦史室『戦史叢書 18:北支の治安戦 1』、東京:朝雲新聞社、1968 年、第 569—570 頁.

③ 防衛庁防衛研修所戦史室『戦史叢書 18:北支の治安戦 1』、東京:朝雲新聞社、1968 年、第 535—536 頁.

④ 防衛庁防衛研修所戦史室『戦史叢書 18:北支の治安戦 1』、東京:朝雲新聞社、1968 年、第 583 頁.

的目标"①。

1941 年 9 月 19 日至 10 月 1 日,日本华北方面军第 12 军出动第 32 师团、独立混成第 6、第 7、第 10 旅团,对山东鲁南根据地发动"扫荡"作战。据日军参谋本部编写的《中国事变主要作战梗概》记载,第 12 军"首先在作战区域四周构筑了两重封锁线,然后在 9 月 19 日用进攻兵团予以包围急袭,在摧毁敌根据地的同时,为了搜索逃脱的敌人,对博山南面地区进行了扫荡。敌人采取了'空室清野'战术,我军在作战期间几乎未能与敌之大部队遭遇。于是,我军肆虐根据地,捣毁其设施,获取敌之大量物资,征用敌方地区居民移往满洲"②。11 月 5 日至 12 月 28 日,日本华北方面军第 12 军出动第 21、第 17、第 32 师团,对沂蒙根据地进行"肃正"作战。独立步兵第 20 大队大队长田副正信中佐在日记中写道:为这次"剿共"作战,按照军司令部的命令,强迫约 3 万居民在莒县与临沂之间,构筑了宽 4 米、深 3 米、长 80 公里的封锁沟,既限制了八路军的活动,又实现了对抗日根据地的封锁,方便了日军的"扫荡"作战。在构筑封锁沟的基础上,日军在抗日根据地内进行拉网式"扫荡"作战,即以抗日根据地为中心,每隔 500 米配置一支部队,互相呼应,向根据地中心地区推进,像收网一样压缩包围圈,企图歼灭根据地内的八路军主力。③ 这种构筑封锁沟加拉网式作战方式,对根据地造成了严重破坏。但八路军主力依然得以保存,根据地民众仍然心向共产党。对此,日军第 110 师团骑兵第 110 大队大队长加岛武中佐有如下叙述:"部队最初进驻无极县时,中共的工作队、游击队四处潜伏,居民毫不合作,气氛令人可怖。对此,各队首先由所在地开始进行肃正作战,再逐步向四周扩展,但最终抓不住真正的敌人。部队在行动中

---

①　防衛庁防衛研修所戦史室『戦史叢書 18:北支の治安戦 1』、東京:朝雲新聞社、1968 年、第 584 頁.

②　防衛庁防衛研修所戦史室『戦史叢書 18:北支の治安戦 1』、東京:朝雲新聞社、1968 年、第 588-589 頁.

③　防衛庁防衛研修所戦史室『戦史叢書 18:北支の治安戦 1』、東京:朝雲新聞社、1968 年、第 590-591 頁.

屡遭来自房屋的窗口、墙壁,或丘陵的树林的突然射击。偶尔发现敌人,紧追过去却无影无踪。后来得知他们挖有地道,地道的入口在仓库、枯井、小坡的洞穴等处,地道四通八达,甚至有地下集中的场所。""日军就像是同鼹鼠作战一样,浪费时日,无所适从。"①

总之,1941 年日本华北方面军出动主力部队,采用残酷的"三光"政策、构筑封锁沟、进行经济封锁等手段,对中共根据地进行了空前残酷的"肃正"作战。虽然给根据地造成了重大损失,但中共党组织和八路军仍在,民心仍在,这是日军用武力也解决不了的。因此,在日军退出根据地后,中共又立即重建根据地。

1941 年 9 月 6 日,日本御前会议通过《帝国国策施行要领》,决定:"帝国为了完成自存自卫,在不辞对美(英、荷)作战的决心下,拟以 10 月下旬为目标完成战争准备。"②事实上,对已深陷中日持久战泥潭的日本而言,再发动与美、英、荷为敌的太平洋战争无疑是冒险行为。但日本当局对旷日持久的中日战争已失去耐心。9 月 8 日,日本陆军参谋总长杉山元大将在给天皇的上奏中说:"以南方作战来确立日本自存自卫的态势的同时,利用其成果解决中国事变。"③1941 年 12 月 3 日,即太平洋战争前夕,日本大本营下达《大陆命第575 号》命令,规定日本中国派遣军的总目标是,在发动太平洋战争攻占南方要地的同时"迅速处理中国事变"。总任务是:在华北和南京、上海、杭州之间的占领区,"迅速恢复治安";对国民政府,在华中以武汉为中心发动作战,"尽力击败敌之抗战力量",在华南占领广州附近及海南岛北部;"加强封锁,摧毁

---

①　防卫庁防卫研修所战史室『战史丛书 18:北支の治安战 1』、东京:朝云新闻社、1968 年、第 593 页.

②　外务省编『日本外交年表竝主要文书』下卷、东京:原书房、1978 年、第 544 页.

③　防卫庁防卫研修所战史室『战史丛书 50:北支の治安战 2』、东京:朝云新闻社、1971 年、第 4 页.

其抗战企图","全力确保重要资源地区,努力增强我军战力"。① 这表明太平洋战争爆发后,日本对中国战场的要求更高了,要求日本中国派遣军不仅要在各方面自给,而且还要从占领区攫取更多的物资支援太平洋战场,即把中国变成南进的"总兵站基地"。在这种背景下,日军对中共抗日根据地的"肃正"作战更加残酷。

1941 年 12 月 8 日,日本华北方面军司令官冈村宁次大将在各兵团司令会议上要求,"振奋士气,促进治安肃正","尽早完成确保华北安定"。日本华北方面军参谋长安达二十三中将指出,由于日本南进,重庆国民党政府认为这是反攻的好时机。在华北,中共及其支持者认为抗战前途光明,将会频繁发动反攻及破坏工作。为了从华北攫取战略物资,"必须确保现有占领区,而对敌人的活动,应采取先发制人手段展开积极主动作战,提高治安,谋求安定"。"确保华北的国防资源及交通线,其重要性越来越大,这也成为方面军的一半使命。"他要求在华北将"治安战"放在第一位,达到"提高治安,获得重要的国防资源,军队现地自给"的目的,使日本华北占领区起到支援太平洋战争的总兵站基地作用。②

1942 年 2 月 25—26 日,日本华北方面军召集各兵团参谋长会议,制订了《1942 年度肃正建设计划大纲》,规定:"沿袭上年度的计划大纲,尤其是在军事方面灵活实施积极不断的讨伐作战。在治安建设方面,设法把握民心……大力推进具有创意的措施,使治安得到划时期提高。尤其是首先以河北省北部作为肃正的重点,努力完成日军总兵站基地的使命。根据情况,进行西安、延安作战,为中国事变的解决,为华北局势明朗化作出贡献。""治安肃正的重点放在以剿共为主的讨伐上,首先是冀东、冀中地区,其次是太行上北部的肃

---

① 防衞庁防衞研修所戦史室『戦史叢書 35:大本営陸軍部 3』、東京:朝雲新聞社、1970 年、第 56-57 頁.

② 防衞庁防衞研修所戦史室『戦史叢書 50:北支の治安戦 2』、東京:朝雲新聞社、1971 年、第 21-23 頁.

正工作。"1942 年度第一期作战主要是冀东、冀中、晋冀豫、冀南,第二期作战主要是晋察冀边区。此外,根据情况可能进行西安作战,攻占西安、延安、洛阳。①

从 1942 年初开始,日本华北方面军对根据地频繁进行"扫荡"作战,仅 1 月份就高达 1682 次,平均每天作战 50—60 次之多。② 1942 年 2 月至 3 月初,日本华北方面军第 1 军出动 4 个师团、2 个旅团的庞大兵力,在山西全省进行"剿共"作战,"企图击溃共军,彻底捣毁其根据地,获得并运走其武器和物资,以便扩大治安地区的范围"。③ 日军第 1 军对晋东南、晋西北、晋察冀、晋西南等根据地,第 12 军对冀东、冀南等根据地进行了"灭绝"作战,捣毁设施,烧毁物资,抢劫财物。与此同时,对根据地进行经济封锁。据日军《第一军作战经过概要》,此次作战"完全毁灭了敌根据地及盘踞地区,缴获了许多战利品",但"遗憾的是,此次作战对敌之战斗力,尤其是对敌之游动兵团的战斗力未能给予彻底打击"。④

随着日军在太平洋战场的初期胜利,日本当局急欲利用这一形势促进中国事变的解决。为此,日本华北方面军于 1942 年 4 月发动了第四次"治安强化运动",向敌后根据地持续发动"扫荡"作战,其重点是冀中根据地。冀中地处平原地区,位于平汉、津浦等铁路线之间,战略地位十分重要。之所以选择冀中,据日本华北方面军情报部门分析,是因为"冀中地区是晋察冀边区共军提供给养的地带,可以判断其将各种农产品大量地运到冀西边区根据地","冀中军区不仅是晋察冀全边区的物资供应地,尤其是太行山北部根据地的

---

① 防衛庁防衛研修所戦史室『戦史叢書 50:北支の治安戦 2』、東京:朝雲新聞社、1971 年、第 116 頁.

② 防衛庁防衛研修所戦史室『戦史叢書 50:北支の治安戦 2』、東京:朝雲新聞社、1971 年、第 37 頁.

③ 防衛庁防衛研修所戦史室『戦史叢書 50:北支の治安戦 2』、東京:朝雲新聞社、1971 年、第 39 頁.

④ 防衛庁防衛研修所戦史室『戦史叢書 50:北支の治安戦 2』、東京:朝雲新聞社、1971 年、第 44 頁.

物资供应地,还起着通过北京、天津、青岛、济南等都市转运物资的重要作用"。冀中军区拥有正规军和游击队约 14000 人。[①] 日本华北方面军情报主任参谋横山幸雄少佐也认为:"冀中是河北省中部的粮仓,具有重要的战略、经济地位,是中共势力根深蒂固的地区。冀中对于农产品贫乏的北部太行山中共根据地来说,是培育战力之源。所以,斩断(中共太行山根据地)扎在冀中的根,也是很大的成果。"[②]

基于以上判断,1942 年 4 月中旬,日本华北方面军制订了冀中作战方案。作战方针是:"对以吕正操为司令的冀中地区共产党军队主力,实施突袭、包围作战,毁灭其根据地。同时,在政治、经济、思想等方面各种措施并用,一举将该地区变为治安地区。"参战兵力为第 41、第 110、第 26、第 27 师团及独立混成第 9、第 7 旅团等部队主力。作战分三期进行,从 5 月 1 日起共 40 天。[③] 在作战正式开始前,日本华北方面军在铁路及主要交通线两侧构筑封锁沟达 3900 千米、碉堡 1300 个;在平汉以西地区,构筑了高 2 米、宽 1 米、长达数百千米的封锁墙,以加强经济封锁。1942 年 1 月至 4 月,日军第 110 师团对冀中八路军进行不间断作战,作战次数达 2025 次。[④] 5 月 1 日,日本华北方面军发动冀中作战,在已构筑封锁沟(墙)的基础上,使用拉网式战术,加上"三光"政策,至 6 月 20 日结束,将冀中根据地洗劫一空,中共党组织受到严重破坏,八路军减员严重,民众房屋财产被烧毁,死伤惨重。日本华北方面军向大本营报告说:"冀中军区已遭受毁灭性打击……在我作战范围内,仅存少数残敌(至

---

① 防衞庁防衞研修所戦史室『戦史叢書 50:北支の治安戦 2』、東京:朝雲新聞社、1971 年、第 151 頁.

② 防衞庁防衞研修所戦史室『戦史叢書 50:北支の治安戦 2』、東京:朝雲新聞社、1971 年、第 142 頁.

③ 防衞庁防衞研修所戦史室『戦史叢書 50:北支の治安戦 2』、東京:朝雲新聞社、1971 年、第 157-158 頁.

④ 防衞庁防衞研修所戦史室『戦史叢書 50:北支の治安戦 2』、東京:朝雲新聞社、1971 年、第 159-160 頁.

多在 100 人以内）在活动。"①但在中国共产党的坚强领导下,冀中抗日军民并没有被残酷的"扫荡"作战所吓倒,在极端艰苦的条件下坚持战斗,根据地依然存在。日军在总结这次"扫荡"作战时承认,八路军"经常回避同日军的正面作战,情况不利时,将武器埋入地下或藏匿于洞穴中,再穿上便衣与一般住民一样,很难识别。但与日军不期而遇,或在被追击时,战斗意志相当顽强,特别是村庄防御战更是如此,经常是抵抗到最后一个人"。"中共军队把平原地区作为抵抗据点,精心修建了各种地下设施。如在各家各户内挖掘地下室,互相连接,再通过同村外秘密联络点连接,还在村与村之间设立经常联络的暗道。地下室大小不一,能够容纳 100 多名士兵和一部分军需品。地道口很难发现,都巧妙地隐藏在庙堂、旧井、牛棚、堤防、仓库、森林中。""中共军队在根据地深入进行民众工作,巧妙地在民众中建立了侦察网,能迅速察觉日军的动向,及早回避转移。同时,八路军由于熟悉地理情况而富于机动性,他们利用凹道、间道、暗道等,神出鬼没,巧妙地集散离合。""一阵风似的讨伐未能捕捉敌人。"②

4 月 1 日至 6 月 10 日,日本华北方面军第 1 军第 27 师团对冀东根据地发动"肃正"作战,击败了冀东根据地的八路军,获取了大量物资和军需品,但其实际效果并未达到预期。参加这次作战的第 27 步兵团长铃木启久少将回忆说:"铁厂镇周围地形复杂,搜索敌人极其困难。而且,中共方面斗志旺盛,负责掩护大部队的后卫队一直战斗到全部战死为止,或者是巧妙地利用洞窟……进行抵抗。由于我军进行讨伐,到 5 月底治安状况曾一度平静下来,但到 6 月底左右,又出现了破坏铁路、切断电线、埋设地雷等情况。中共地下组织扎根于行政机关、学校、居民中,形成了'白皮红心'的情况。"③5 月 15 日至

7月20日,日本华北方面军第1军出动3个师团,对八路军总部和129师师部所在地晋冀豫边区发动了"肃正"作战,双方进行了激烈战斗,日军派出由益子重雄中尉为队长的约100名便衣人员组成的"益子挺进队",于5月24日凌晨偷袭八路军总部,八路军副参谋长左权将军为掩护八路军总部撤退而牺牲。尽管如此,日军第1军在总结中仍指出:"第1军经过多次肃正作战取得了很大的战果,特别是摧毁了大量的军事设施和军需品,打击了正在重建中的中共第18集团军。然而在方法上尚有需要检讨批判之处。如军队统帅过于武断,对于与作战密切相关的治安工作及掌握民心方面缺乏办法。此外……部队追求表面上的武功战果,讨伐易于捕捉的重庆政府军残部,而对于第18集团军虽摧毁其根据地,使之陷入极端的困境,但未能制其死命。因此,削弱了阻止中共势力向南发展的重庆政府军,反而让中共坐收渔人之利。"①在此前后,日本华北方面军第1军于3月25日至4月15日对鲁东根据地进行了"肃正"作战。日本华北方面军"驻蒙军"于6月5日至10日对大青山根据地进行了"肃正"作战。这些作战同样未能取得预测战果。

1942年9月30日,日本华北方面军参谋长安达二十三中将在讲话中透露,在前一阶段"方面军的肃正作战,是以河北省及其附近地域为重点,在全华北发动了未曾有过的彻底的灭绝战,进行了一次治安肃正总演习"。日军作战3180次,在"治安地区"和"非治安地区"挖掘的封锁沟总长度达11860千米、碉堡7700座,"使华北治安圈逐渐扩大起来"。② 这些封锁沟和碉堡共同构成了针对中共根据地的封锁网,而封锁网的建立又为封锁战提供了条件。

1942年下半年,日本华北方面军对中共根据地政策的重点放在封锁战上。封锁战有两大内容:一是不间断地进行"肃正"作战,以限制中共军队在

① 防衛庁防衛研修所戦史室『戦史叢書50:北支の治安戦2』、東京:朝雲新聞社、1971年、第194頁.

② 防衛庁防衛研修所戦史室『戦史叢書50:北支の治安戦2』、東京:朝雲新聞社、1971年、第207頁.

内外线的机动性;二是经济封锁,阻止物资从"治安地区"向"非治安地区"流动,尽可能地将国防资源运往日本。9 月中下旬,日本华北方面军在华北发动封锁战,运用"完全包围突然袭击战法";日军第 1 军先后发动了冀西、太岳、五台山冀南等根据地的"肃正"作战,第 2 军先后发动了鲁中、鲁南、鲁东的"肃正"作战。从 10 月 8 日开始,又发动了"第五次治安强化运动"。同上半年的"肃正"作战一样,八路军回避正面作战,屡屡突破包围网转移。参加鲁东作战的独立步兵第 20 大队大队长田副正信大佐回忆说:"一、鲁东与鲁西平原地区完全不同,同样兵力相比,在山岳地带张网推进至为困难。二、稀薄的包围网容易被突破,特别是夜间敌人多次突围逃脱。三、感到中共势力正在扩大,其根据地建设正在不断进步。四、同中共军队交战主要在第三期进行,但同中共军队的接触、捕捉甚难。"①但日军在掠夺华北物资方面却很有成效。据日军第 12 军高级参谋折田正男大佐回忆,治安建设的重要内容是"大力向日本运送煤、盐等国防物资,同时,为了收集敌方地区出产的水银、钢、钼等物资,在陇海线沿线用盐、棉花作为返销品来换取这些物资。还大力招募了满洲需要的工厂工人"②。日本侵华战争期间究竟在中国抢劫了多少战略物资,我们没有看到日方公布的资料,但日军的封锁战不得人心,引起了民众的反感。参战日军北部地区队队长铃木启久少将回忆:"第二期作战后,虽然未看到大型匪团的游动,但相反,其地下组织变得更强大,其活动越来越隐蔽。8 月下旬,方面军为了使八路军控制区与现政权(指伪政权)彻底隔绝,在地图上指示修建封锁线,却无视当地的实际情况。我部根据该指示构筑了一连串的壕沟和岗楼,力图阻止八路军的移动和物资的流通。在此项工事中动员的民众超过 60 万人,给农作物的收割造成很大损失。此事为中共宣传所利用,致使

---

① 防衛庁防衛研修所戦史室『戦史叢書 50:北支の治安戦 2』、東京:朝雲新聞社、1971 年、第 241 頁.

② 防衛庁防衛研修所戦史室『戦史叢書 50:北支の治安戦 2』、東京:朝雲新聞社、1971 年、第 249 頁.

青年人不断逃亡。方面军又命令我部在长城一线八路军根据地设置无人区，我部用武力强制居民迁走。这种做法使居民怨声载道，因而被八路军用以宣传为'三光'政策（烧光、杀光、抢光）。"①这是日本战史资料中很罕见地提到日军在华北对中共根据地实施了"三光"政策。尽管铃木启久并没有直接承认日军实施了"三光"政策，但他也揭露了他指挥的日军为了"阻止八路军的移动和物资的流通"，"构筑了一连串的壕沟和岗楼"，"在长城一线八路军根据地设置无人区"，"使居民怨声载道"等事实。事实上，1941—1942年，日本华北方面军在华北占领区开展"治安强化运动"，对中共根据地实施了空前规模的"扫荡"作战，对八路军采用"双重封锁""急袭包围""对角清剿""拉网式扫荡"等战术，对中共根据地生活生产设施进行"彻底毁灭"，残酷杀害当地群众，制造了大大小小的无人区。这就是臭名昭著的烧光、杀光、抢光的"三光"政策。

在经济封锁方面，日军构筑的封锁网覆盖了占领区外围、占领区内的中共根据地，以及城市周边、铁路水路、交通要地等。在山区，由有一定间隔的小据点连成一串串的隔离墙，据点配置伪军驻守；在平原地区，则构筑坚固的碉堡与宽6米、深4米的封锁沟相连接。日本华北方面军直属部队负责冀东、冀中、冀西地区；第1军负责晋察冀边区、晋冀豫边区、晋西北地区和晋南地区；第12军负责山东全省及邻近的河南省；驻蒙军负责"蒙疆地区"。日军除对中共根据地实施"三光"政策进行"灭绝"作战外，还采用极端方式进行封锁，即只允许根据地物资外流，不允许物资流往根据地。这种封锁战不仅要消灭中共军队，还要清除中共军队的生存条件。经过封锁战，中共领导的华北各抗日根据地蒙受了重大损失，根据地急剧缩小，中共党员和八路军大幅减员，党组织遭到严重破坏，物资供应严重匮乏，中共被迫实行精兵简政以适应日军"肃正"作战的恶劣环境，开展大生产运动以解决生存难题，推行减租减息以

① 防衛庁防衛研修所戦史室『戦史叢書50：北支の治安戦2』、東京：朝雲新聞社、1971年、第233-234頁.

改善民众生活。在中共领导下,八路军紧密团结群众、依靠群众,在极其艰苦的条件下坚持抗战。

(二)新四军根据地战场

如前所述,日军"治安战"的主战场是中共华北各根据地,但也没有放松对华中中共领导的新四军根据地的"治安战"。与华北的"治安战"相呼应,驻守京、沪、杭地区的日军第13军,在华中对中共领导的新四军抗日根据地进行了大规模的"清乡"作战。1938年10月武汉沦陷后,中共领导的新四军就挺进长江下游地区,在日占区建立抗日根据地,开展游击战争。据日本大东亚省所编《中共概说》统计,武汉沦陷后,新四军已在江南建立了根据地,后逐步发展壮大,1939年发展到7万人。1941年1月皖南事变后,新四军在江北迅速发展,总兵力达10万人。[①] 日本中国派遣军自1939年9月成立,其总司令部设在南京;1940年3月汪精卫伪国民政府成立,定都南京。而新四军的发展直接威胁到南京的安全。于是,驻守南京、上海、杭州三角地带的日本第13军,为了维持占领区的"治安",在汪伪政府军队配合下,向新四军根据地发动了"清乡"作战,企图"恢复占领区治安"。1941年2月16日至3月13日,日本第13军出动3个混成旅团的兵力,向苏北地区发动"扫荡"作战。据日本第13军司令官泽田茂中将在日记中记载,这次作战的目的"一是击溃江北兵匪,特别是新四军,毁灭其地盘;二是扩大江北占领区域,打开物资流入的通道;三是处理(国民党)李明扬军队"。经过这次"扫荡"作战,国民党军队被击溃,李明扬部4万人投降,但新四军反而在国民政府军队退出地区得到了发展,控制了大米和盐产区,扩大了根据地。[②] 1941年3月1日至18日,日本第

---

① 大東亜省総務局総務課編『中共概説』、1944年、JACAR(アジア歴史資料センター): A06033500100、第13頁.

② 防衛庁防衛研修所戦史室『戦史叢書90:中国事変陸軍作戦3』、東京:朝雲新聞社、1975年、第378-379頁.

13 军出动 1 个多旅团的兵力,进行淮南作战,新四军第 3、第 4 支队粉碎了敌人的"扫荡",保卫了江北根据地。

对这一时期的"扫荡"作战,日军第 13 军司令官泽田茂中将总结说,这种"一时的讨伐""起不到破坏已潜入地下的敌人组织的作用"。于是,便仿效曾国藩"平叛"作战和蒋介石"剿共"作战的方法,采用"三分军事、七分政治"的新方式进行"清乡",即:先由日军对新四军根据地进行军事作战驱赶新四军后,再由汪伪政府建立政权,以遏制中共势力的发展。在正式"清乡"前,"首先在清乡周围设立'隔离墙',切断同其他地区的交通,扫荡该地区内的敌对武装,清除其地下组织,使匪、民分离"。① 经日本中国派遣军总司令官畑俊六大将与汪精卫商议,同意日军第 13 军与汪伪政府共同进行"清乡"。1941 年 5 月 16 日,汪伪政府成立"清乡委员会",汪精卫任委员长。7 月 1 日,日军和汪伪军对常熟、苏州、昆山、太仓之间的地区发动第一期"清乡",在其周围用 200 万根竹子编织了 130 千米长的隔离墙,设置了 40—50 个检查所。该地区是新四军第 6 师的根据地。战斗一开始新四军就及时撤离,日军便在该地区大肆搜索破坏中共地下组织,建立保甲制度。面对"清乡",新四军第 6 师已认识到"此次清乡不同于以往的扫荡,时间长,日军兵力多。军事、政治、经济等各项工作并进,强制实施建立保甲制度"。在这种形势下,新四军要求保存实力,避免损失,准备长期斗争。"为了坚持江南的抗战,以群众性的游击战为基础,不求取得大的战果,但要频繁出击,以扩大活动范围。"②

1941 年 9 月 21 日,华中日伪军对无锡、江阴、常熟、吴江之间的地区发动第二期"清乡"。由于新四军主力已事先转移到长江以北,于是,日伪军在该地区建立保甲制度,设置了 4 个伪特别公署。1942 年 1 月中旬,华中日伪军

---

① 防衛厅防衛研修所戦史室『戦史叢書 90:中国事変陸軍作戦 3』、東京:朝雲新聞社、1975 年、第 415-416 頁.

② 防衛厅防衛研修所戦史室『戦史叢書 90:中国事変陸軍作戦 3』、東京:朝雲新聞社、1975 年、第 419 頁.

对常州、苏州、嘉兴之间的地区进行了"扫荡"作战。2 月中旬,又对常州地区和苏州、无锡南侧地区进行了"扫荡"作战,这标志着第三次"清乡"的开始。这次"清乡"主要是在城市周围进行的,目的是确保以城市为中心的交通线,维护城市周边的治安。1942 年 9 月 1 日,华中日伪军向南京和常州之间的地区发动了第四次"清乡",到年底,扩展到沪宁杭地区。到 1943 年底,"清乡"名存实亡。

"清乡"之所以难以继续下去,主要是由于其未能达到预期的目的。当时,日本兴亚院华中联络部调查团对华中日伪军第一、第二期"清乡"情况进行调研后编写了一份《清乡工作报告书》,认为在"清乡"正式开始前,新四军对"清乡"早已预知,在隔离墙建成之前,已从第一期"清乡"地区转移到第二期"清乡"地区。因此,从第一期"清乡"开始,日军就未找到该地区的新四军主力。(1941 年)8 月中旬,新四军援军从江北到来后,与新四军太湖游击支队联手,在江阴、无锡、常熟等县集结进行积极的反攻作战。新四军的行政、经济机关随军队而流动,当新四军主力退出"清乡"圈外后,其行政机关活动虽然一度停止,"但派出许多工作人员潜回原地区,秘密煽动民众进行抵抗,妨碍我方的政治、经济、文教工作"。在"清乡"圈外的新四军,都盘踞在第一期"清乡"地区的周围,总在窥伺着回师的机会,并策动伪军反水,一旦日军退出,便立即正式开展反"清乡"斗争。因此,报告认为,"敌兵、工作人员与当地民众之间是亲密的血缘知己朋友关系",要想将新四军与一般民众相分离,如果稍有不慎就会失去民心。① 报告的结论是:"清乡工作虽取得了很大成果,但它存在的种种问题成为将来的祸根,不管各方面怎样努力,也是难以解决的。"②从这一调查报告可以看出,日伪军在华中地区的"清乡"并未取得预期

---

①　防衛庁防衛研修所戦史室『戦史叢書 50:北支の治安戦 2』、東京:朝雲新聞社、1971 年、第 612–613 頁.

②　防衛庁防衛研修所戦史室『戦史叢書 50:北支の治安戦 2』、東京:朝雲新聞社、1971 年、第 614 頁.

效果。

　　由于日方资料中新四军抗战的战史资料缺失,因此本章难以据日方资料对此展开叙述。仅从现存的资料来看,华中新四军的抗日斗争尤其是反"清乡"作战,将华中日军搅得惊恐不安,不得不用重兵进行"扫荡"以维持"治安"。可见,新四军在华中的抗战打击并牵制了日军第13军的大部分兵力,极大地增加了中共敌后战场抗战的分量。

　　还应提及的是,中共敌后战场的抗战牵制了日本侵华的主要兵力,导致日本企图通过"西安作战"和"四川作战"迫使国民党政府投降的计划破产。太平洋战争初期,日本海军偷袭珍珠港,重创美国太平洋舰队,日本陆海军打败美、英、荷等国军队,横扫东南亚和西南太平洋地区。日本当局被这一戏剧性的胜利冲昏了头脑,企图借助在南方的胜利来促进中国问题的解决。1942年3月19日,日本参谋总长杉山元大将在上奏中提出:"在形势许可的情况下,利用大东亚战争的成果,断然为解决中国事变而迈进,以图迅速解决之。"他提议,在确保占领区的同时,"在中国进行较大规模的作战",使蒋介石政府崩溃屈服。4月6日,杉山到上海向日本中国派遣军总司令官畑俊六做了传达。杉山要求日本中国派遣军就这次作战进行研究。① 5月16日,日本参谋本部次长田边盛武中将到南京向日本中国派遣军传达大本营的计划。田边指出,日本在南方的作战已告一段落,欲利用南方作战的成果来努力解决中国问题,大本营要求中国派遣军研讨"西安作战"计划和"四川作战"计划,争取在1942年9月以后发动"西安作战",目的是"歼灭西安地区正面之敌,攻占西安及宝鸡附近要地,并努力切断西北通道,强化对重庆政府的压迫态势,以支持政略谋略的推进"。1943年春季以后发动"四川作战",目的是"利用大东亚战争的成果,伺机对四川平原实施进攻作战,歼灭该方面中国抗战军队的主力,攻占四川平原要地,以政略与谋略相结合,使重庆政府屈

---

　　①　防衛庁防衛研修所戦史室『戦史叢書55:昭和十七、八年の支那派遣軍3』、東京:朝雲新聞社、1972年、第15-16頁.

服、崩溃或分裂"。① 1942 年 5 月 24 日,日本华北方面军制订了"西安作战"计划,准备集中 7 个师团、2 个旅团的庞大兵力进行"西安作战"。在制订"西安作战"计划时,日本华北方面军内部发生激烈争论,许多人认为不宜进行"西安作战",理由是:"日本华北方面军正在全力剿共,以期迅速恢复治安,但如能在增强兵力的有利情况下,也想歼灭西安方面胡宗南的重庆嫡系第八战区军队。可是,当前重庆政府第八战区在与我军对峙的同时,也与延安的中共军队对峙,只进攻西安反而对日本在华北的主要敌人中共军队有利,因而下一步要考虑消灭延安。"②"日本同重庆方面虽一时相争,却有共存的性质。但日本同中共势力之间是不容许共存的。因此,不能依赖国共相克,而是必须以自身的力量断然剿灭中共势力。为此,西安作战的重要目标之一是延安,日本华北方面军的真实意图在于消灭延安。"③即是说,日本华北方面军认为其主要敌人是中共,因而更重视的是"延安作战",而不是"西安作战"。在日本参谋本部也有不少人对"西安作战"持反对意见,认为如果只进行"西安作战"而不进行"四川作战",对解决中国问题效果不大。于是,到 6 月,"西安作战"便合并到"四川作战"计划中,成为"四川作战"的一个组成部分。日本大本营内部也出现了由于对中共敌后战场的忧虑,不宜进行"四川作战"的看法。例如,参谋本部作战部长田中新一中将就说,"日军进攻重庆政府后,抗战的中国就有落于中共之手的危险。因此,没有十分的把握就进攻重庆政府是极其危险的投机"。他主张先进行"延安作战"。④ 可见,中共敌后战场的存在与抗战始终是日本的"心病",牵制着日本对华战略的展开。可以说,

---

① 防衛庁防衛研修所戦史室『戦史叢書 55:昭和十七、八年の支那派遣軍 3』、東京:朝雲新聞社、1972 年、第 24-26 頁.

② 防衛庁防衛研修所戦史室『戦史叢書 50:北支の治安戦 2』、東京:朝雲新聞社、1971 年、第 110 頁.

③ 防衛庁防衛研修所戦史室『戦史叢書 50:北支の治安戦 2』、東京:朝雲新聞社、1971 年、第 112 頁.

④ 防衛庁防衛研修所戦史室『戦史叢書 50:北支の治安戦 2』、東京:朝雲新聞社、1971 年、第 112-113 頁.

日本大本营的"四川作战"最终胎死腹中,也与中共的抗战对日本中国派遣军后方的牵制密切相关。

总之,1941—1942年,日本中国派遣军出动主要兵力,在华北和华中地区对中共领导的八路军、新四军敌后抗日根据地,进行了空前残酷的"扫荡"与"清乡"作战,企图一举歼灭中共军队,捣毁根据地。这给中共军队和根据地造成了极大损失:从1940年到1942年,根据地总人口从1亿人减少到5000万人,八路军从50万人减少到30万人。但是,中共领导的八路军、新四军仍在坚持抗战,敌后抗日根据地依然屹立在日军后方,承担着中国抗战主战场的重任。

三、中共敌后战场的恢复与反攻

如上所述,1941—1942年,日本中国派遣军将主要兵力用于华北、华中占领区的"治安战",但仍未能撼动中共根据地。1943年,日本继续将对华军事作战的重点指向中共根据地。1943年1月11日,日本华北方面军冈村宁次发表讲话指出:"华北地区自大东亚战争爆发以来,就担负起兵站基地的任务,……在确保治安、开发重要国防资源等方面对帝国进行战争等方面做出了很大贡献。……华北方面军在此之际,要进一步发挥野战军的优势,对不合作的重庆国民政府军施以重压,同时要与南京政府军合作,剿灭华北建设的致命祸根中国共产党军队。"①2月27日,日本大本营制订了《昭和1943年度帝国陆军作战指导计划》,规定:"大致确保、安定现占领地区,依然继续保持对敌压迫之势,摧毁敌人继续作战的企图,使其衰亡。""期待现占领地区的安定,使主要资源地区、都市、交通线周围的稳定得到划时期的提高。"②这表明

①　防衛庁防衛研修所戦史室『戦史叢書50:北支の治安戦2』、東京:朝雲新聞社、1971年、第312頁.
②　防衛庁防衛研修所戦史室『戦史叢書90:中国事変陸軍作戦3』、東京:朝雲新聞社、1975年、第311–312頁.

1943 年在华日军的主要任务仍是在占领区进行"治安战"。日本华北方面军在《参谋总长杉山元访华恳谈资料》中指出，1943 年，"大致确保、安定现占领地区，特别是要划时期提高主要资源地区、都市、交通线周边的治安。……关于占领地区的肃正，按照年度计划有组织地实施"，"铲除中共军队在占领地区顽固的政策谋略是极其必要的"。① 日本中国派遣军和日本华北方面军尤其重视对中共的"治安战"，认为 1943 年初中共势力在日本占领区再度兴起。3 月，日本华北方面军参谋长大城户三治中将在一次讲话中指出，"让中共溃灭仅仅是粉碎其武装力量是不够的"，现在，"中共军队不仅在华北，而且在全中国都妨碍着日军的行动"。他叫嚣"要加以铁锤般的打击"，"彻底剿灭华北治安之癌——中共军队"。② 在华中，自 1942 年日军发动浙赣作战后，新四军立即进入日军新占领区建立抗日根据地，开展游击战争，使日本占领区"治安恶化"。1943 年 4 月 1 日，日本大本营第十五课课长松谷诚大佐向大本营汇报："中原会战、浙赣会战后，共产党新四军都进入了占领区，使日军进行扫荡作战的后方治安紊乱、恶化。共产党问题是很深刻的问题。"4 月 8 日，日本参谋本部第二部部长有末精三少将在大本营部长会议上指出，"中国问题的重点是粮食、物价和共产党三大问题"。4 月 9 日，日本参谋本部总长杉山元大将在同日本中国派遣军总司令官畑俊六大将的对谈中指出，"铲除中共军队顽固地扰乱我占领区的政策谋略活动是极为必要的"。③ 综上所述，1943 年日本中国派遣军确定的对华作战重点仍是中共军队。

　　1943 年，日本在太平洋战场已转入战略守势，对华作战兵力不足。为了维持占领区内的治安，日本当局采取了两大措施：第一，扶植汪精卫伪国民政

---

　　①　防衛庁防衛研修所戦史室『戦史叢書 50：北支の治安戦 2』、東京：朝雲新聞社、1971 年、第 336 頁.

　　②　防衛庁防衛研修所戦史室『戦史叢書 50：北支の治安戦 2』、東京：朝雲新聞社、1971 年、第 337 頁.

　　③　防衛庁防衛研修所戦史室『戦史叢書 66：大本営陸軍部 6』、東京：朝雲新聞社、1973 年、第 407 頁.

府的军事力量,配合日军进行"治安战"。早在 1942 年 12 月 21 日,日本御前会议在《为完成大东亚战争的对华处理根本方针》中就指出:"帝国以(汪伪)国民政府参战作为打开日华之间局面的一大转机。"①1943 年 1 月 9 日,汪伪政府与日本政府发表《协力完成战争的日华共同宣言》,决定"以坚定不移的信念,完成对美英两国的共同战争。为此,在军事、政治及经济方面通力合作"②。3 月 6 日,日本大本营下达了《中国方面武装团体整备并指导大纲》,要求"中国方面的武装团体","首先独立地担任汪精卫国民政府治下的治安维持和肃正任务,将来能逐步达到协助日军作战"。为此,日本将汪伪政府的正规军由 22 万人扩充到 36 万人。③ 但是,日本中国派遣军却认为,把加强(汪伪)国民政府作为对华政策的中心,是不符合实际的。因为汪精卫伪政府"内部分裂""民心离反",只会影响日军作战。④ 第二,设置"华北特别警备队"。1943 年 5 月中下旬,日本参谋本部总长杉山元视察在华日军时强调,制止中共军队在日本占领区的游击活动"是极为必要的",其"有效的对策"是"扩充特务战机构"。⑤ 1943 年 9 月,日本在华北设置了"华北特别警备队",简称"北特警",又称"特务工作队",编入华北方面军作战系列,其任务是专门对付中共地下组织,在作战开始前为野战部队提供情报,作战开始后配合野战部队行动,企图用特务"秘密情报战"来对付八路军的游击战。据日本华北方面军参谋山崎重三郎中佐回忆,"北特警"的设立,"是因为中共方面(对占领区)的渗透日益加强,所以,为了减轻一般军队在占领区内防卫的负担,不得已而设立的"。"北特警能胜任侦破中共秘密组织的能力","北特警虽是轻装

---

① 外务省编『日本外交年表竝主要文書』下卷、東京:原書房、1978 年、第 580 頁.

② 外务省编『日本外交年表竝主要文書』下卷、東京:原書房、1978 年、第 581 頁.

③ 防衛庁防衛研修所戦史室『戦史叢書 50:北支の治安戦 2』、東京:朝雲新聞社、1971 年、第 350—351 頁.

④ 防衛庁防衛研修所戦史室『戦史叢書 50:北支の治安戦 2』、東京:朝雲新聞社、1971 年、第 299 頁.

⑤ 防衛庁防衛研修所戦史室『戦史叢書 66:大本営陸軍部 6』、東京:朝雲新聞社、1973 年、第 407 頁.

备部队,但如果同劣等装备的中共军队进行游击战,则具备击破的战力"。①
但北特警的成立并没有改变"治安战"的态势,日本华北方面军参谋长大城户
三治中将承认,对成立"北特警","华北方面军曾寄予了希望,但其效果却是
相反的"。将冀东地区作为"北特警"配置的重点,虽然增强了兵力,"但没
有大的效果。其配备及活动主要是以城市为中心,在山岳平原地区却无能
为力"。②

　　1943 年 3 月 24 日,日本华北方面军召开各兵团参谋长会议传达《1943 年
度华北方面军作战警备要纲》,其方针是:"方面军应发挥野战的优势,将作战
警备的重点指向共军,与中国方面(指汪伪政府)的措施互相配合,以期扫灭
中共势力。"在不引起治安波动的情况下,实行兵力集中,"兵力集中的军队要
有机动能力,对担任警备的地区进行积极的肃正讨伐,使敌人无活动余地"。③
按照以上计划,从 1943 年春季开始,日本华北方面军集中兵力对中共根据地
进行"肃正"作战。

　　1943 年 4 月 18 日至 5 月 11 日,日本华北方面军发动了冀西春季作战。
冀西属于晋察冀边区,设有八路军第 3、第 4 军分区。日军采用"捕捉鲇鱼"④
的新战术,但依然未能奏效。正如参加这次作战的日军独立步兵第 11 联队联
队长井手仪定大佐在总结中所指出的:"冀西地区是山岳地带,多是未开发的
错综复杂之地,部队前进道路自然而然地受到限制,行动也多受扼制。但中共

---

①　防衛庁防衛研修所戦史室『戦史叢書 50:北支の治安戦 2』、東京:朝雲新聞社、1971 年、
第 37 頁.

②　防衛庁防衛研修所戦史室『戦史叢書 66:大本営陸軍部 6』、東京:朝雲新聞社、1973 年、
第 476 頁.

③　防衛庁防衛研修所戦史室『戦史叢書 50:北支の治安戦 2』、東京:朝雲新聞社、1971 年、
第 337-338 頁.

④　据日军第 110 师团参谋长中村三郎大佐解释,所谓"捕捉鲇鱼"战术,是根据以往对中
共军队作战屡遭失败的经验,从捕捉鲇鱼中得到的启示。即:欲捕捉鲇鱼,撒网后不能立即收网,
以免鲇鱼会躲在石缝里逃脱,而要等到藏起来的鲇鱼进网后再收网,才能捕捉到鲇鱼。(防衛庁
防衛研修所戦史室『戦史叢書 50:北支の治安戦 2』、東京:朝雲新聞社、1971 年、第 356 頁)

军队通晓附近地形,民众也完全处于其控制下,退却隐蔽容易。日军即使设置了对角清剿网,也因网眼过大,使大鱼逃脱。因此,虽然对该地区每年都实施讨伐作战,但从总体上看,同敌人交战或捕捉的机会却极罕见。最大的效果是摧毁了敌人的根据地,在物质及精神方面给共军很大的损害。中共对此也采取了对抗措施,即在主要根据地以外,设立了许多秘密的预备根据地,力求减少损失。"①同年4月20日至5月22日,日本华北方面军发动了太行作战。太行山根据地属于晋冀鲁豫边区,是八路军总部和129师师部所在地。作战方针是"对涉县附近的中国第1集团军司令部及第129师,进行扫荡剔抉,消除搅乱山西省的根源"②。5月6日,日军第一军在完成了以涉县为中心的中共根据地的三层包围圈之后,便展开了猛烈进攻,很快缩小了包围圈,抢夺物资。但八路军善于回避正面交战,及时转入地下。日军承认,这次"肃正"作战"未能取得大的战果"。③ 在此前后,还出现了令日军意想不到的"清丰事件"。清丰县属于冀南地区,日军设有"冀南道"。驻守冀南地区的日军独立混成第1旅团为了集中兵力放弃了清丰县城,清丰县城便被冀鲁豫中共军队占领。冀南道联络员川本建议由各县的伪保安队收复清丰,得到了驻邯郸日军联络部部长加藤次郎大佐的同意。于是,川本便从各县伪保安队选拔了4800人,组建了"冀南剿共保安联合军",于5月23日攻占了清丰县城。冀南道联络部代理部长名取正雄大尉、道公署的薛道尹在清丰县城召开各级联络员会议,讨论布置收购粮食、棉花和警备问题。会议由日军1个小队和晋南道伪教导队300人负责警卫。当夜,中共军队袭击县城,攻入城内,伪教导队、伪保安队不堪一击。第二天,当邻近的日军增援部队到达时,日伪军只剩下

① 防衛庁防衛研修所戦史室『戦史叢書50:北支の治安戦2』、東京:朝雲新聞社、1971年、第357-358頁.

② 防衛庁防衛研修所戦史室『戦史叢書50:北支の治安戦2』、東京:朝雲新聞社、1971年、第360頁.

③ 防衛庁防衛研修所戦史室『戦史叢書50:北支の治安戦2』、東京:朝雲新聞社、1971年、第365頁.

30 余人,其余全部死亡,包括川本道联络员和名取正雄大尉。① 清丰事件使冀南地区伪保安队一蹶不振。

日本华北方面军以上"肃正"作战同 1941—1942 年相比,规模和范围都大幅缩小,中共根据地开始全面恢复。1943 年秋,日本华北方面军"华北特别警备队"在《北特警第一期作战的战斗详报》中,对截至 8 月的华北中共情况做了全面介绍:"中共仍以党政军民四位一体的抗日民族统一战线旗帜下,集结各种战力,强化总动员态势,当前,实施推进扩大党的力量、顽固地进行政治攻势及游击战争等各项措施,尽力培养强化抗战力,倾注全力确立抗战态势。……在继续活跃地进行民众工作的同时,加紧破坏我方重要战争资源设施地区及交通、通讯线路等,激活各种谋略的运用,其动向不容忽视。"在冀东、平北、冀鲁、山东、冀中、冀西、太原周围等地区,中共活动频繁。总之,"今年夏季以来,中共的活动再度活跃,致使治安急剧变坏"。② 在这种形势下,日本华北方面军于 8 月制订了《1943 年秋季以后作战指导大纲》,计划对冀西、冀南、冀东、晋西北、山东等根据地进行"肃正"作战。此时,日军在太平洋战场节节败退,要求在中国战场获取更多物资。9 月 1 日,日本华北方面军司令官冈村宁次大将在各军参谋长会议上指出:"华北是大东亚战争的兵站基地,这一要求比以往更为迫切。……作战的目的在于夺取运往日本的物资,确保资源地区和交通线,肃正作战、警备等等都在于此。……肃正作战的要领着眼于彻底摧毁中共党、军、政的根据地,特别是扫荡剔除其地下组织,破坏其各种设施(弹药、被服、粮秣等仓库、工厂、银行、行政机关等),彻底运出敌占区的物资,使敌对势力枯竭。"③为保证"肃正"作战的效果,日本华北方面军司令

---

① 防衛庁防衛研修所戦史室『戦史叢書 50:北支の治安戦 2』、東京:朝雲新聞社、1971 年、第 387-388 頁.

② 防衛庁防衛研修所戦史室『戦史叢書 50:北支の治安戦 2』、東京:朝雲新聞社、1971 年、第 399-401 頁.

③ 防衛庁防衛研修所戦史室『戦史叢書 50:北支の治安戦 2』、東京:朝雲新聞社、1971 年、第 405-406 頁.

部总结了以往对中共根据地的"肃正"作战经验教训,于1943年5月编写了《肃正讨伐的参考》,作为"秘诀"来指导各兵团的作战。其中包括"讨伐作战的要诀在于奇袭和急袭敌人,在战场上将其捕捉歼灭","奇袭成功的要谛在于周密的准备和迅速而准确的情报搜集,隐藏意图和军队快速隐蔽的行动","固定不变的战术,对谍报组织极为完善的敌人,尤其是对共军严戒使用","讨伐肃正的目的不在于确保地盘,而是着眼于捕捉歼灭敌人。更应注意到,单纯的遗尸数目未必就意味着敌人损失的多少,因为其中往往包括多数的居民"等内容。①

按照以上计划,9月16日至12月10日,日本华北方面军发动了冀西作战,作战目标是"攻击冀西地区共军的主力,毁灭其根据地"。② 冀西属晋察冀边区,冀西地区的八路军以灵活机动的战术,尤其是使用地雷战,巧妙地进行周旋。据日方战史资料记载,在这次"肃正"作战中,日军打死打伤冀西军民6900人,毁坏设施1660处,还夺取了大量武器、弹药、资材、杂粮等。③ 日军在作战记录中也透露,八路军"在前沿阵地上布置了浓密的地雷网,令人神经紧张"④。指挥这次作战的日军第26师团长佐伯文郎中将在日记中写道:"敌人对日军的战术很有研究,在作战前半期避我锐气,巧妙攻击我弱点,日军吃了苦头。""敌方士气旺盛。中共军队虽然由于精兵简政,人员减少了,不能积极行动,但兵器火药的制造有进步,自卫队、游击基干队等显著加强,战斗意识旺盛。中共努力进行农业增产,开垦河边荒地,军民共同垦荒,关系紧密。"⑤

---

① 防衛庁防衛研修所戦史室『戦史叢書50:北支の治安戦2』、東京:朝雲新聞社、1971年、第411-412頁.

② 防衛庁防衛研修所戦史室『戦史叢書50:北支の治安戦2』、東京:朝雲新聞社、1971年、第407頁.

③ 防衛庁防衛研修所戦史室『戦史叢書50:北支の治安戦2』、東京:朝雲新聞社、1971年、第409頁.

④ 防衛庁防衛研修所戦史室『戦史叢書50:北支の治安戦2』、東京:朝雲新聞社、1971年、第422頁.

⑤ 防衛庁防衛研修所戦史室『戦史叢書50:北支の治安戦2』、東京:朝雲新聞社、1971年、第421頁.

1943 年,日本华北方面军还进行了晋西北地区、冀东地区、鲁中地区作战等。这些作战采用了新的"车轮战术",给华北敌后根据地造成了进一步的损害,但日军在对中共根据地的"肃正"作战中,自身也受到重创。曾在华北方面军参谋部任职的加登川幸太郎在著作中感叹道:"现在回忆起来,笔者在任时,整个方面军一天平均死伤 50 名。50 名虽不多,但一年就有 18000 人离开了战列,是大消耗战。"①

　　总之,与 1941—1942 年相比,1943 年华北方面军对中共根据地的作战规模缩小了,作战次数减少了。这表明日本已黔驴技穷,而中共军队和根据地渡过了最困难时期,并迅速得到恢复。

　　进入 1944 年后,日本大本营估计,在春夏之际,美军将在中部太平洋和西南太平洋同时向日军展开"双叉冲击",而由于太平洋制空权和制海权的丧失,日本连接南方战线的海上交通线难以确保,既不能向南方战线日军运送物资,也不能从南方攫取原料运回国内,不得不依赖中国大陆的交通线,以取代海上交通线。因此,日本急需在大陆发动一场打通大陆交通线的重大战役,即"一号作战",以打通从朝鲜,经中国华东北、华北到华南的交通线。1944 年 1 月 24 日,日本大本营制订了《一号作战要纲》,决定从 1944 年春末开始,进行平汉、湘桂、粤汉线作战,并由缅甸、越南等地日军进行策应作战。作战分两期进行:第一期从 4 月开始,用一个半月时间进行平汉线作战;第二期从 6 月开始,用 5 个月时间进行湘桂线作战。为进行这次作战,日本从本土和关东军抽出部分兵力加强中国派遣军,使日军直接参加"一号作战"的总兵力达 15 个师团、40 余万人。日本华北方面军抽出 4 个多师团参战,造成战斗力下降,为中共华北根据地的恢复与发展提供了有利条件。

　　1943 年底,日本华北方面军参谋长大城户三治中将,对经过日军三年"扫荡"作战的中国共产党及八路军的情况做了如下估计:"日军占领着中国东部

---

① 加登川幸太郎『中国と日本陸軍(下)』、東京:主文社、1978 年、第 225 頁.

的重要地区,重庆政府被压迫于黄河以南的内地及山岳地带,仅仅保住了残余势力。与此相反,中共军队乘日军转用减少之机,在华北、华中富庶地区建立了牢固的地盘,取得了巩固的地位。""中国共产党及其军队拥有强大的势力……他们的首脑在长期的逆境中克服了种种困难,走过了苦难的历程,其坚强意志和智谋不是一般人所能达到的。"①1944 年春,日本华北方面军在《剿共指南》中指出:"由于皇军历次剿共作战的结果,将中共军政领导机关驱赶到很远的山间僻壤,使其独立抗战活动显著下降。但纵观占领区内的全盘治安形势,难以说治安提高了,相反,却出现了恶化而又复杂化的趋势。"②1944 年,"中共宣称中国已进入反攻阶段,号召准备总反攻,展开了顽强的政治攻势。……中共所谓的反攻是指发动民众开展武装革命……从中共现正在倡导并进行的政治攻势态势来看,随着将来客观形势的推移,并非没有发动这种反攻的可能。因此,彻底探讨这一问题实为当务之急。中共的总反攻并不是用困难的单纯的军事进攻,而是通过政治攻势争取新(伪)政权的武装团体,使之在中共的领导下进行叛乱,同时使新(伪)政权的公务人员作为内应,策动我方地区内民众一齐举行武装起义。因此,这种战场并非有固定的战线,而是在我方治安地区各处都进行反攻。"③"对中共总反攻的对策是:(1)粉碎对新(伪)政权的策动利用(强化对新政权公务人员及武装部队的监督指导,掌控我治安地区的民众);(2)先歼灭中共抗战力量,彻底摧毁其总反攻的准备;(3)加强改善对中共情报的调查活动;(4)对应对'里应外合'战术进行研究。"④

---

① 防衛庁防衛研修所戦史室『戦史叢書 4:河南の会戦』、東京:朝雲新聞社、1969 年、第 74−75 頁.

② 防衛庁防衛研修所戦史室『戦史叢書 50:北支の治安戦 2』、東京:朝雲新聞社、1971 年、第 478 頁.

③ 防衛庁防衛研修所戦史室『戦史叢書 50:北支の治安戦 2』、東京:朝雲新聞社、1971 年、第 481−482 頁.

④ 防衛庁防衛研修所戦史室『戦史叢書 50:北支の治安戦 2』、東京:朝雲新聞社、1971 年、第 483 頁.

综上可知，日本华北方面军虽然判断出中共军队要举行反攻作战，但由于这种反攻无固定的战线，因此日军又想不出有效的应对之策。事实上，1944年，中共领导的敌后战场各抗日根据地开始了局部反攻，并尾追"一号作战"的日军，在新的敌占区开辟了新的根据地。这种局部反攻不是进行大规模的作战，而是从农村向城镇，对一村一乡一镇甚至一座县城进行争夺。更重要的是，中共军队在重要资源地区和铁路线进行破坏活动，阻止日军从中国攫取战略物资。

1944年4月，日本中国派遣军正式发动"一号作战"。日本华北方面军从"一号作战"一开始就担心中共军队"犹如失去了重石的腌菜一样，急剧变轻浮向水面"，乘机发起反攻。在"一号作战"期间，日本参谋本部次长秦郁三郎中将向大本营报告说："原日本占领区的治安急剧恶化了。"①"一号作战"开始后，日本华北方面军兵力不敷使用。据"北特警"情报透露，"中共趁国际战局的变化，其工作更加巧妙化，依然号召对日总反攻，重点是培育壮大抗战力量。针对我方间谍进行反间谍战，强化除奸工作及围城（包围都市）工作，对中方（伪）武装团体进行谋略争取，用优势兵力对日军小分屯队进行袭击，努力获取兵器资材，强化民众武装，扩大强化中共势力，疯狂地进行再建。"在冀鲁及山东地区，中共地下组织进行恢复和扩建。在太原附近，中共正在准备向准治安地区进行攻击。在冀中、冀西地区，中共积极扩大势力，策划攻打县城的军事行动。在冀东及平北，中共对重要资源地区如开滦煤矿实施破坏活动，破坏交通及通讯线路。② 为应对中共军队的局部反攻，日本华北方面军对中共根据地进行了"肃正"作战。例如，在山东，从春季开始，日军第59、第32师团等部队运用"挺进奇袭"战术，对中共根据地进行突然袭击，也做了争取民

---

① 防衛庁防衛研修所戦史室『戦史叢書50：北支の治安戦2』、東京：朝雲新聞社、1971年、第504頁.
② 防衛庁防衛研修所戦史室『戦史叢書50：北支の治安戦2』、東京：朝雲新聞社、1971年、第494-496頁.

心的工作。但中共势力发展迅速,到秋季便能对分散驻扎的日军发动进攻了。据日本华北方面军第59师团参谋折田贞重大佐回忆说:"当时的治安肃正作战,因情报搜集不准确,对中共地区的实际情况完全没有把握,从而讨伐徒劳无功,几乎是毫无成效的,几十次当中,可能侥幸碰到一次。各部队为了取得成果,东奔西跑,迄无宁日。因为对把握民心考虑不充分,敌人地区内的居民饱受战祸的折磨,以充满仇恨的眼光看待日军。"①在此前后,日本华北方面军各兵团分别发动了冀东作战、天津周边作战、北平周边作战、冀西作战、"蒙疆"作战、山西南部作战等,这些作战已失去了往日的军事优势,作战规模越来越小。据日本战史记载,在山东,"中共军队一齐在后方扰乱",山东半岛交通线难以"确保","治安恶化"。在冀东地区,"中共军队得到民众强有力的支持,巧妙地进行游击战,袭击小守备队,攻击中国(汪伪)治安军,伏击日军讨伐队,想捕捉中共军队极为困难,因而没有取得战果"。② 在北平至保定地区,"治安急剧恶化,就连北平周围,袭击日军分屯队、破坏铁道、向市内各补给设备投掷炸弹等事件也相继出现"。在晋察冀根据地的灵丘地区,"中共军队地下渗透激烈"。③ 日军第26师团长佐伯文郎在日记中感叹:"共军地下工作巧妙灵活,民众对他们心悦诚服,并且,共军纪律严明,秋毫无犯。"④

　　1944年下半年,日本华北方面军难以出动优势兵力对中共根据地继续发动"肃正"作战,便采取了两大措施。一是加强特务战,即由"北特警"在野战军配合下对中共根据地进行"治安战"。据《北特警战斗详报》第二期透露,经过"北特警"作战后,"中共方面党、政、军均受到相当的打击,但由于巧妙地避

　　① 防衛庁防衛研修所戦史室『戦史叢書50:北支の治安戦2』、東京:朝雲新聞社、1971年、第510—511頁.

　　② 防衛庁防衛研修所戦史室『戦史叢書50:北支の治安戦2』、東京:朝雲新聞社、1971年、第512—513頁.

　　③ 防衛庁防衛研修所戦史室『戦史叢書50:北支の治安戦2』、東京:朝雲新聞社、1971年、第515—516頁.

　　④ 防衛庁防衛研修所戦史室『戦史叢書50:北支の治安戦2』、東京:朝雲新聞社、1971年、第516頁.

开日军的锋芒,其势力依然继续增强"。"中共军队的战术特色依然是游击战为主,以少数兵力或是工作人员动员民众破坏通讯线路、警备道路、埋设地雷外,以集团兵力采取伏击、诱饵等战术,奇袭日军的粮秣运输队、联络队,或偷袭中国(伪)武装团体、兵力少的驻屯地,夺取其枪支弹药。近来,由于招兵扩大了军队,有可能积极果断地同日军进行正面作战了。"①可见,"北特警"对中共根据地的"治安战"也难以奏效。

日本华北方面军的第二个措施是尽量搜刮国防物资运往日本。日本华北方面军政务主任参谋塚本政登士中佐回忆道:"当时,日本对于维系战争所必需的战略物资的增产和向国内的运用,要求十分紧迫。同时,随着平汉铁路的打通,日军在中国大陆上有了机动余地,因此,必须加紧对中共军队的处理,以节约华北的兵力。"出于这种考虑,1944年9月,日本华北方面军制订了《对华北紧急措施纲要》,9月25日,在兵团长会议上进行了传达布置。该纲要规定:"彻底收集华北战略物资,尽可能多地运往日本以支持战争。同时,为了节省海上运输力量,尽量在华北制成成品,为此,决定将日本的一部分炼铁炉移到华北(未得及实现战争已结束)。""由于中共军队不能尽早消灭,必须确保重要地区和铁路两侧的治安,以保证战略物资的获取、运输不受阻碍。特别是关系重大的开滦煤矿,由于治安混乱,期待尽早确立其周边的治安。"②该纲要表明,日本大本营为挽救在太平洋战场的失利,要求日本华北方面军尽可能地攫取战略物资来支撑危局,但中共军队却在重要资源区和铁路线不断地进行袭击作战,是日本在华北攫取战略物资的最大障碍,便企图通过对中共军队的"治安战"来消除障碍。但这只是日军一厢情愿的幻想。

1944年下半年,中共军队增强了反攻作战的力度,这种反攻虽不是大规

---

①　防衛庁防衛研修所戦史室『戦史叢書50:北支の治安戦2』、東京:朝雲新聞社、1971年、第519-520頁.

②　防衛庁防衛研修所戦史室『戦史叢書50:北支の治安戦2』、東京:朝雲新聞社、1971年、第535頁.

模的兵团作战,但从农村到小城镇攻击日军薄弱环节,迫使日军步步后退。日本华北方面军高级参谋寒川吉溢大佐回忆说:1944 年末,"日本华北方面军占领的 3 个特别市、400 多个县中,治安良好的(治安地区)除 3 个特别市外,只有 7 个县,占总数的 1.4%;几乎没有配备军队,听任中共活动的(非治安地区)有 139 个县,占 31.5%;还有占总数 66.9% 的 295 个县(包括华北政务委员会直辖行政区 4 个县)是中间地区(准治安地区),在中间地区彼我势力浮动很大,行政力量的渗透大多不充分。其中,大部分兵力仅仅是以县城为中心分驻几个乡村,而实际上,民心多倾向于共产党。这同 1941 年治安地区占 10%,准治安地区占 40%,未治安地区占 50%,恢复县级机关为 92%(398 个县中的 366 个县)相比,显然是治安恶化严重。"①可见,到 1944 年底,日本华北占领区缩小到"点"(城市)和"线"(重要交通线两侧),而中共领导的华北根据地得到显著扩展,形成了农村包围城市的格局。正如日本华北方面军高级参谋神崎长大佐所言,"对于'面'的控制在当时形势下是不可能的,只能考虑'点'和'线'的措施"。②

　　进入 1945 年后,日本在太平洋战场溃不成军。1945 年 1 月 20 日,日本大本营制订了《帝国陆海军作战计划大纲》,关于中国战场,预计美军主力会在中国东南沿海登陆,决定以粉碎美军攻势为作战重点,加强中国东南沿海的防御,还要做好对苏作战准备。③ 1 月 22 日,日本大本营在《大陆命 1228 号》中决定,中国派遣军要击破企图在中国登陆的美军,确保重要区域,使重庆国民党势力衰亡。同时,"为了我军确保作战的根据地,方便取得重要的国防资源,迅速实现占领地区尤其是华北及长江下游要地的安定"。在上述地区可

---

① 防衛庁防衛研修所戦史室『戦史叢書 50:北支の治安戦 2』、東京:朝雲新聞社、1971 年、第 536 頁.

② 防衛庁防衛研修所戦史室『戦史叢書 50:北支の治安戦 2』、東京:朝雲新聞社、1971 年、第 537 頁.

③ 防衛庁防衛研修所戦史室『戦史叢書 82:大本営陸軍部 10』、東京:朝雲新聞社、1975 年、第 10-12 頁.

实施小部队"挺进奇袭作战"。① 但在中国战场,日军既要面对国民党正面战场和中共敌后战场作战,又要准备应对美国在中国沿海登陆和苏联出兵中国东北作战,可以说是顾此失彼,四面楚歌。此时,中共敌后战场展开了以攻占战略要地为目标的春季和夏季攻势作战,使抗日根据地猛烈扩展到华北全境、华中及华南的广大区域,而日占区则急剧缩小到"点"(大城镇)和"线"(主要交通线两侧)。在这种形势下,日本中国派遣军处于被动挨打的困境,更谈不上对中共敌后根据地进行"挺进奇袭作战",从而宣告了日本对中共敌后战场"治安战"的彻底失败。

结　　语

应该说,战后日本公布的战史资料是不完整的,这是由于从 1945 年 8 月 15 日日本天皇宣布投降到盟国派兵日本接受投降有一个很长的时间差,在这样一段空白时间里,日本法西斯为了毁灭战争罪证大量焚烧重要的战争档案,致使日本战争档案残缺不全。尽管日本现存的战史资料是不完整的,但仍是我们研究这段历史的依据。

毋庸置疑,基于上述原因,日本现存的战史资料中反映中共敌后抗战的资料也是不完整的。从现存的日本战史资料可知,日军对中共及其军队的记载和认知也有一个渐进的过程。尽管如此,这些认知仍从敌方的角度反映了中共敌后抗战的历史地位。更重要的是,日方战史资料所反映的中共敌后抗战,与中共抗战资料反映的中共敌后抗战,几乎都是能够对接和互补的。我们通过日方不完整的战史资料来考察中共的敌后抗战,仍然能够看到一幅波澜壮阔的人民战争宏伟画卷。

---

① 臼井勝美・稲葉正夫編『現代史資料(3):太平洋戦争(四)』、東京:みすず書房、1972年、第 155-156 頁.

第一,中共敌后战场是中国持久抗战的主战场。全民族抗战开始后,中国便迅速地形成了国民党指挥的正面战场和中共领导的敌后战场。从1937年七七事变到1938年10月下旬武汉沦陷,日本对华作战的重点是国民党正面战场。在武汉沦陷前后,中共领导的八路军、新四军等抗日武装,先后在华北和华中开辟了晋察冀、晋冀鲁豫、晋绥、山东、苏南和江北六个抗日根据地,这标志着中共敌后战场的正式形成。1938年12月6日,日本大本营陆军省部决定,对华不再发动大规模的进攻作战,而"将恢复治安放在首位",即在日本占领区内进行以中共敌后战场为主要对象的"治安战"。日本对华作战重点的转移表明,从1939年开始,中共敌后战场已上升为中国抗战的主要战场。

第二,中共是中国持久抗战的中流砥柱。1940年至1943年,是日本对中共敌后战场"治安战"最猖狂的时期。日军进行了空前残酷的"扫荡"与"清乡"作战,实施惨无人道的"三光"政策,企图一举歼灭中共军队,捣毁根据地,给中共军队和根据地带来了极大损失:根据地缩小了,中共党员和军队严重减员。但是,中共在极度艰难困苦的情况下,仍在坚持抗战,承担着中国抗战主战场的重任。

第三,中共敌后战场是中国抗日战争反攻的主战场。1944年,日本中国派遣军出动重兵在中国战场发动了"打通大陆交通线"的"一号作战",即"豫湘桂战役"。就中国战场的全局而言,一方面,日本发动大规模进攻,国民党军队出现大溃败的战况;另一方面,日军抽调兵力进行"一号作战",致使日占区兵力减少,中共敌后战场立即在敌后展开局部反攻作战,并进入日军新占领区开辟新的抗日根据地。至1944年底,日本占领区已缩小到"点"(城市)和"线"(重要交通线两侧),而中共抗日根据地却得到迅速发展,形成了农村包围城市的格局。1945年,中共抗日武装展开了以攻占战略要地为目标的春季和夏季攻势作战,成为中国抗日战场战略反攻的主力军。

第四,中共进行的是一场典型的人民战争。中共正规军和民兵装备简陋,缺少后勤补给,在日军碉堡林立、沟壑纵横的严密封锁下,紧密依靠群众,以灵活机动的战略战术,开展广泛的人民游击战争,用零敲碎打的方式,有效地消耗着日军的有生力量,使日军深陷于人民战争的汪洋大海,直至最后的失败。

由此,我们从日方战史资料得出的结论是:中共是中国抗战的中流砥柱。

第十二章

从战时日本情报机关档案
资料看中共抗战的特点

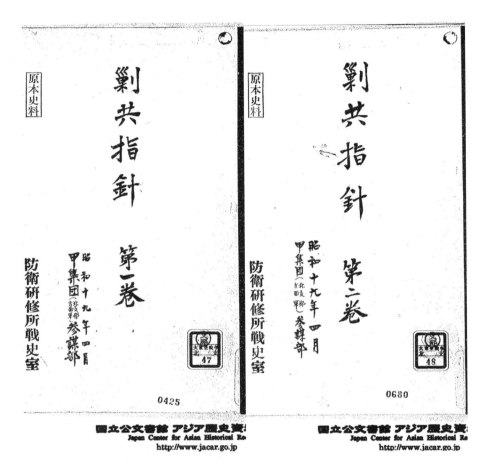

▲日本华北方面军(甲集团)参谋部编《剿共指南》(第1卷、第2卷)，1944年4月(日本亚洲史料中心藏)。

　　该资料是冈村宁次在任华北方面军司令官期间(1941—1944年)根据日军与八路军多年的作战经验指导编写的，目的是教育日军将士有关中共作战情况以及如何进行所谓"剿共"战。《剿共指南》重点对中共的抗日战略和抗战目的进行了研究，认为"抗日战争是中国社会革命的必经阶段，这是中共与生俱来的初衷，由此决定了中共先完成抗日再完成革命，这是两项相互区分又相互衔接的工作"，并强调"深入他们根基里的是共产党抗日的一贯方针，这一点永远不会改变"。

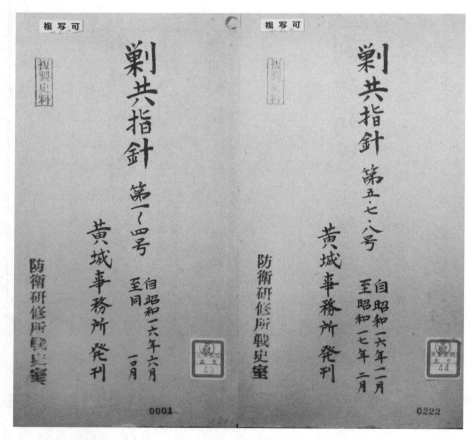

▲黄城事务所编《剿共指南》(第1—8号),1941年、1942年(日本防卫省防卫研究所战史研究中心史料室藏)。

太平洋战争爆发后,日本华北方面军(多田部队)为进一步加强对中共党、政、军情况的搜集,于1941年设立了"对共调查班",附属于华北方面军第二课,总部为设于北平"六条公馆"的"黄城事务所"(即对共综合调查部)。该机构主要负责对共产党活动情况和其他政治、经济情况等情报进行搜集、分析、整理、抄送及印发的工作,并对共产党分化瓦解以及对当地驻军进行有关中共势力情况的教育。《剿共指南》将中共对敌占区的政治攻势总结概括为"妨碍与瓦解新政权(指汪伪政权),善于情报工作,扰乱民心,提高抗日思想,离间民众对日关系","无孔不入","给日军在华北的占领带来了极大的困难"。

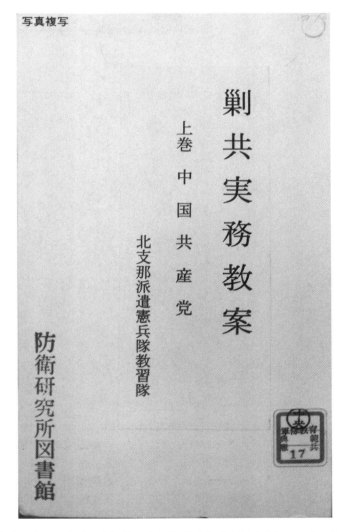

　　▲日本华北方面军宪兵司令部教习队编《剿共实务教案》(上卷)，1942年5月1日(日本防卫省防卫研究所战史研究中心史料室藏)。

　　日本华北方面军宪兵司令部教习队即"日本华北方面(甲)第1855部队"，对外称"西村部队""第151兵站医院"，是直属于日本陆军参谋本部第九技术研究所(登户研究所)的特种部队。其编写的《剿共实务教案》指出，中共之所以能在日军残酷"讨伐""扫荡"中生存下来，甚至还能不断壮大，是因为中共军队能够把其灵活巧妙、不断变化的战术战法和掌握民心、发挥民众抗日的主观能动性结合在一起。正是中共在战略战术上的创新，使得"中共的作战方式非常灵活，随机应变"，令习惯于传统作战方式的日军伤透了脑筋。

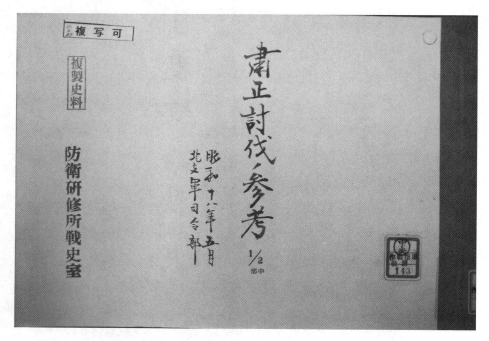

▲日本华北方面军司令部编《肃正讨伐的参考》,1943年5月(日本亚洲史料中心藏)。

　　该资料详细分析了与中国共产党军队作战时的方法和对策,记录了各兵团在"剿共"作战中的体验,探究了中共军队的特性及其各种战法。说明了无论是游击战、地道战、地雷战,还是情报战、宣传战,中共的战斗力都是建立在人民群众支持和配合的基础之上的。《肃正讨伐的参考》认为,中共将在农村进行社会改革、建立巩固根据地的做法与民族解放战争有机地统一起来,充分调动了人民群众的抗日积极性和创造力,形成了人民战争的汪洋大海,"具有顽强的生命力,很难战胜"。

众所周知,日本在侵华战争期间始终认为中共是最坚韧顽强的敌人。因此,日本在战时高度重视对中共的情报搜集和分析,以便制定应对之策。如今,这些情报资料成了我们研究中共抗战极为珍贵的史料。通过战时日本情报机关档案资料可知,日方对中共的认识是不断变化的。虽然日本华北方面军早在1937年就已认识到中共的威胁,并称"讨伐匪贼的重点是共匪,特别是要尽快破坏中共地带的形成"①,但中国全民族抗战之初,日本大本营陆军部对中共的认识还远远不充分,尚未引起足够的重视。1939年9月,日本华北方面军(即多田部队)司令部第二课负责情报工作的只有9人,人员配备不充足。② 这一时期日军的"治安肃正"目标既有中共领导下的八路军,也有国民政府领导下的国民政府军,甚至还有土匪或者其他杂牌武装,所以日方对中共的情报搜集并不具有专门性或针对性。1939年12月1—2日,日本华北方面军(多田部队)召开情报主任会议,该会议得出了只有中共才是"华北治安之癌"的结论,对中共必须进行综合的、有组织的情报搜集和实质性研究工作。③ 此后,日本华北方面军对中共的认识有了变化,对中共的情报工作做了详细的安排。

---

　　① 北支那方面軍司令部「軍占拠地域治安維持実施要領(方参二密第六八号)」(1937年12月22日)、『陸支密大日記(昭和12年)』第15号、防衛研究所戦史研究センター史料室蔵.

　　② 多田部隊本部参謀部第二課「第二課業務分担区分表」(1940年9月16日)、『陸支密大日記(昭和14年)』第64号、防衛研究所戦史研究センター史料室蔵.

　　③ 防衛庁防衛研修所戦史室『戦史叢書18:北支の治安戦1』、東京:朝雲新聞社、1968年、第218頁.

　　1940 年 8 月,中共发动的"百团大战"给日本华北方面军造成很大冲击,致使日本华北方面军情报人员开始反省,改进并加强了对中共情报活动,更深入收集和整理中共各方面动态和信息。① 这一时期,日本华北方面军(多田部队)成立"华北灭共委员会",由参谋长、副参谋长分任委员长、副委员长,下设专门的调查部,又称黄城事务所②,通过与日本华北方面军第二课外围力量、日本华北宪兵队司令部合作,从 1941 年到 1942 年陆续完成了 1—8 号《剿共指南》③的编写,登载的中共真实情报渐渐被日方认识和接受,调查内容的权威性也慢慢得到认可。④ 从 1943 年到 1944 年,日本华北方面军情报工作和对中共调查的集大成者,是冈村宁次在任华北方面军(即甲集团)司令官期间(1941—1944)指导编写的《剿共指南》(第 1 卷、第 2 卷)。⑤ 华北方面军参谋长大城户三治中将在序言中说明:"过去剿共战的效果不太好,是因为我方对中共认识不足,不了解其本质情况,不清楚其作战方式,只能徒劳地追击共军。而共军却积累了对日抗战经验,民众也加入了反动的抗日行动。"他认为,过去对中共认识是不充分的,无视其实际情况而进行的"剿共"战反而把民众推向了抗日的一方。编写《剿共指南》的目的是"根据本指南,掌握中共活动及真实情况,以期彻底提高对共认识,并有利于剿共作战"⑥。

---

　　① 　防衛庁防衛研修所戦史室『戦史叢書 18:北支の治安戦 1』、東京:朝雲新聞社、1968 年、第 338 頁.

　　② 　黄城事务所是中国华北方面军司令部第二课及宪兵队司令部特高课指导下的对共调查机构。总部设于北平"六条公馆"的"黄城事务所"(即对共综合调查部),并在济南派出支部,配属驻山东的日军第十二军,称为"鲁仁公馆"(取山东省简称"鲁"和第十二军的代号"仁部队"的"仁"字)。该机构负责调查和分析中共情报,并负责教育日军将士有关中共势力情况以及如何进行所谓"剿共"战,同时编辑发行《剿共指南》等资料。

　　③ 　黄城事務所編『剿共指針』(第 1—8 号)、(1941 年、1942 年)、防衛研究所戦史研究センター史料室蔵.

　　④ 　横山幸雄『特種情報回想記』、防衛研究所戦史研究センター史料室蔵.

　　⑤ 　甲集団参謀部『剿共指針』(第 1 巻、第 2 巻)、1944 年 4 月、JACAR(アジア歴史資料センター):C13070344000、C13070345300.

　　⑥ 　甲集団参謀部『剿共指針』(第 1 巻)、1944 年 4 月、JACAR(アジア歴史資料センター):C13070344000、第 0428—0429 頁.

　　为掌握中共的真实情况，日方先后成立了各种情报机关和调查机关，主要有日本华北方面军司令部第二课（情报课）及其所属的特务组织、日本华北方面军成立的"华北灭共委员会"、日本中国驻屯宪兵队与日本华北派遣宪兵队所属的调查机构、日本兴亚院华北联络部政务部及后来大东亚省所属的调查人员、日本南满铁路株式会社调查部、伪"新民会"及其调查机构等。① 本章就是通过分析这些日本军方、政府乃至一些民间情报机关形成的对中共抗战的主要情报档案，从一个侧面考察中共抗战情况。总体来看，战时日本情报机关对中共的调查与研究广泛且深入，主要涉及中共的政略、政治工作、根据地建设、战略和战术、民众动员、谍报工作，等等。从史料中可以看出，日本不得不承认中共抗战具有以下四个方面的特点：其一，在抗战目标和意志方面，目标明确、立场坚定、意志顽强；其二，在抗战政治方面具有成熟且富有远见的政略，政治工作巧妙有力且持续不断；其三，在抗战军事方面具有灵活机动的战略战术，具体作战方式巧妙多变；其四，中共发动的群众性抗日游击战争使日军陷入了人民战争的汪洋大海，注定了日本必然走向失败的命运。

一、中共的抗战立场坚定不移

　　日本法西斯发动侵华战争以来，就一直对中国各派政治势力进行拉拢，企图实现"以华制华"。其中，有针对重庆蒋介石政权的"桐工作"，有针对吴佩孚的"熊工作"，还有针对阎锡山的"伯工作"。但针对中共的，由日本大本营主持的"怀柔工作"或者"容共政策"，皆无下文。究其原因，一开始是对中共军事实力的轻视，后来逐渐认识到中共抗战的坚决性，丝毫没有谈判的余地。《剿共指南》（第2卷）第一编第一章开篇写道："当前中共的策动形式是让时机情况和地区特性相适应，深入他们根基里的是共产党抗日的一贯方针，这一

---

　　①　防衛庁防衛研修所戦史室『戦史叢書18：北支の治安戦1』、東京：朝雲新聞社、1968年、第220-223頁.

点永远不会改变。"①据日方资料分析,中共坚决抗战的内在原因和外在表现主要集中在以下几个方面。

(一)中共的抗日工作和革命工作的内在联系

日方主办的《同盟世界周报》指出:"如果有人以为只要和重庆能够谈判成功,就可以解决中国事变,那是很大的错误。根据我们的见解,真正的抗日势力,始终一贯的是中国共产党。"②日方档案在分析中共坚决抗战的原因时说:"中共高举其斗争的旗帜,专门集中在抗日这个问题上,不断强调抗日救国的主战论。首先和国民党相妥协,停止内乱,共同抗日。然后,进行共产党的阶级斗争、打倒资本主义、实现平等社会,即中国社会革命的完成之初衷是不会变的,这一点是毋庸置疑的。"③同时,在研究中共抗战的战略性意义时总结道:"以前中国民族的国家意识和近代的政治意识缺乏,而今由于对日战争而觉醒和高扬。在民族战争的名义下,导入工农战线的展开。接着,在此之后,不断企图向纯社会革命的阶段转移。"④由此可见,《剿共指南》(第2卷)中对中共抗战目的的认识是:中共认为抗日战争是中国社会革命的必经阶段,这是中共与生俱来的初衷,由此决定了中共先完成抗日再完成革命,这是两项相互区分又相互衔接的工作。

(二)抗战是中共义不容辞的责任担当

战时日本情报机构一致认为,在中国抗日最坚决的是中国共产党。1940

---

① 甲集団参謀部『剿共指針』(第2巻)、「第1編:對共根本理念」、1944年4月、JACAR (アジア歴史資料センター):C13070345300、第0692頁.

② 「国共相克/迈况」、『同盟世界週報』、東京、1944年3月18日。

③ 甲集団参謀部『剿共指針』(第2巻)、「第1編:對共根本理念」、1944年4月、JACAR (アジア歴史資料センター):C13070345300、第0692頁.

④ 甲集団参謀部『剿共指針』(第2巻)、「第1編:對共根本理念」、1944年4月、JACAR (アジア歴史資料センター):C13070345300、第0693頁.

年,在日本中国派遣军参谋长召集的情报主任会议上,参谋部第二课长坦言:"迁往重庆的国民政府已处在进退两难的境地,但即使国民政府崩溃,共产党等抗日武装势力仍将妨碍日本'东亚新秩序大业'。"①对此,日本参谋本部将这一现象言简意赅地概括为"是共产党就必定抗战"②。日本华北方面司令官冈村宁次感叹地说:"对于中共,只能排除任何妥协,从各方面都必须采取彻底的对抗政策。因为就中共的信念而言,他们是要一直战斗到日军完全从中国撤退为止的。"③由上述日方资料可见,中共认为将抗战进行到底是义不容辞的责任。

（三）中共抗战推动了东亚民族解放运动

日方档案记载:"中国积极地宣传与活动,使得中共的存在给广大东亚诸民族留下了深刻的印象,能促进弱小民族对日本帝国主义的奋起抗击。同时,能更进一步通过顽强抗战激发此等诸民族对中共的同情心,甚至在日本内地、朝鲜、台湾、满洲、南洋等东亚诸地域,能促进兴起反战运动或者独立运动。"④这表明日本情报机关认为,中共抗战会在东亚引起连锁反应,担心会鼓舞东亚各国各地区的抗日反战斗争。上述内容从一个侧面证明了中共抗战的国际性。

（四）中共坚持维护抗日民族统一战线

1944 年,日本情报机构回顾数年来中国统一战线内部发生一系列矛盾、

①　支那派遣軍総司令令部『情報主任者会同席上ニ於ケル第 2 課長口演要旨(対支一般情勢)』、1940 年 7 月 4 日、JACAR(アジア歴史資料センター):C12120076900.

②　参謀本部第八課『別紙対共工作実施要領/第 1 方針』、1939 年 1 月 19 日、JACAR(アジア歴史資料センター):C11110700300.

③　防衛庁防衛研修所戦史室『戦史叢書 50:北支の治安戦 2』、東京:朝雲新聞社、1971 年、第 473 頁.

④　甲集団参謀部『剿共指針』(第 2 巻)、「第 1 編:對共根本理念」、1944 年 4 月、JACAR(アジア歴史資料センター):C13070345300、第 0694 頁.

摩擦的过程,并不讳言"使国共分离"是日本的"既定国策"①。日方始终强调自己与国民党有共同的敌人,就是中国共产党。既然日本永远将中共视为敌人,那么中共在抗日问题上丝毫不可能妥协。中共不仅不妥协,还倾尽全力维护抗日民族统一战线,把一切可以团结的力量团结起来打击日本侵略者。于是,日方通过调查得出:"中共坚持抗日民族统一战线是进行抗日斗争的有力武器;通过抗日战争,让所有的民众在他们的指导下开展抗日战斗,从以前中国民族的国家意识和近代的政治意识缺乏的状态中走出来,实现民族觉醒并高扬民族精神。然后在民族战争的名义下,开展工农战线的工作,最后不断向纯社会革命的阶段转移。"②由此可见,中共坚决抗日的外在表现不仅是中共本身毫不妥协、毫不谈判,而且中共还坚持团结一切力量进行广泛的抗日。日方强调,中共对凝聚一切力量坚持抗战发挥了巨大作用。

以上是日方情报机关对中共抗日立场的调查总结和原因分析。日方通过对中共的长期研究,深刻了解到中共抗战的坚定性和持久性。这是由中共的内在本质所决定的:一方面,中共为了生存与发展,一定会全面开展抗日战争,团结一切力量抗战到底,成为阻止国内其他势力向日本妥协投降、维护抗日民族统一战线的中坚力量;另一方面,中共固有的反殖民主义特性,也能影响东亚各国各民族开展抗日斗争,促进民族解放运动的兴起。

二、中共的政治攻势威力巨大

日方通过对中共深入细致的调查,认识到"中共抗战具有远见的政略,依

①　大東亜省総務局総務課編『中共概説』大東亜省総務局総務課、1944 年、JACAR(アジア歴史資料センター):A06033500100、第 77 頁.
②　甲集団参謀部『剿共指針』(第 2 巻)、「第 1 編:對共根本理念」、1944 年 4 月、JACAR(アジア歴史資料センター):C13070345300、第 0693 頁.

靠高度统一的组织体系将民众政治化与武装化"①,并多次强调中共快速发展的秘诀是,依靠党、政、军、民一体化进而形成强大的社会基层控制力和高效的政治动员力。提到国民党时,日方认为:"重庆方面国民党虽然也有党组织及政治组织,但他们的活动低调,没有中共军队这种程度的顽固性。"②日方将中共对敌占区的政治攻势总结概括为:"妨碍与瓦解新政权(指汪伪政权)善于情报工作,扰乱民心,提高抗日思想,离间民众对日关系","无孔不入"。③ 日本情报机关对中共抗战政治攻势的开展原因、内容及效果进行了研究,具体分析如下。

(一)中共的对日总反攻计划决定其必须大力开展政治攻势

日方情报机关在分析中共必须采取政治攻势的原因时指出:"中共在中日开战前就已经预见了两国开战的必然性。同时,声称中日战争将会长期化,期望民众对此要有充分的认识。中共还宣扬必将取得最后的胜利,以期保持昂扬的斗志。毛泽东的'中日战争三阶段论'就是这样描述的:第一阶段是日本军队向内地进攻以及中国军队的退却;第二阶段是进入相持阶段和中国军队开展游击战;第三阶段是中国军队的总反攻。"④日方情报资料认为,事变发生以来,中共的对日战争指导的策略大体就是沿着这个路线不断向前推进的。日方情报资料对中共实施的总反攻计划进行分析:"一方面,鉴于近代战争的特性,中共以纯军事行动企图进行总反攻是不可能的;另一方面,仅仅依靠中共孤军作战实施总反攻则抗日力量远远不够。所以,中共运用政治攻势获得

---

① 防衛庁防衛研修所戦史室『戦史叢書18:北支の治安戦1』、東京:朝雲新聞社、1968 年、第 383 頁.

② 北支那方面軍司令部『粛正討伐ノ参考』、1943 年 5 月、JACAR(アジア歴史資料センター):C19010200500、第 1 頁.

③ 黄城事務所編『剿共指針』(第 6 号、1941 年)、「今年中共の新動向」、防衛研究所戦史研究センター史料室蔵.

④ 甲集団参謀部『剿共指針』(第 2 巻)、「第 1 編:對共根本理念」、1944 年 4 月、JACAR(アジア歴史資料センター):C13070345300、第 0694 頁.

新(伪)政权方面的武装团体,使他们在中共的领导下抗日。此间,让新(伪)政权相关人员进行内应。同时,鼓舞日方占领地区民众一起发动抗日武装行动,即所谓的'内应外攻'。"①日方情报资料强调:"决定中共总反攻计划顺利实施的另一个重要因素是国际形势的发展。伴随着反轴心国作战向东推移,中共抗战的总反攻计划具体表现便如期而至。"②从日方情报资料可以看出,中共积极采取政治攻势很重要的原因是有总反攻计划,而中共考量到,依靠纯军事行动企图进行总反攻,以及依靠中共自身力量都不能从根本上打败日军。因此,必须对日本发动政治攻势,从内到外进行打击。日本华北方面军(多田部队)参谋部在《中国共产党运动的解说》中论及中共的总反攻计划时也谈道:"反攻力量的储备不仅仅在军事的层面上,还伴随着经济、文化、行政、党务、教育等一切层面上的进步。因此,中共在游击根据地开展各项事务的扩大强化运动,努力实现游击部队的活跃,以及完成游击根据地和游击区的扩大强化工作。同时,不断完成游击区的游击根据地化。"③

综合以上日方对中共调查资料可知,政治攻势是中共抗击日军、取得抗战最后胜利的重要环节和铺垫,是为总反攻计划储备政治上、军事上、文化上、教育上、经济上等各方面的反攻力量。

(二)中共的政治攻势卓有成效

日方情报机构认为,中共"三分军事、七分政治"的政治攻势在华北全境逐渐展开,包括:一是针对中共军队的政治工作,二是针对日伪敌军的政治工作,三是针对俘虏的政治工作,四是针对群众的政治工作,五是中共巧妙的经济工作。

---

① 甲集团参谋部『剿共指針』(第1卷)、「第8编:最近二於ケル中共ノ新动向」、1944年4月、JACAR(アジア歴史資料センター):C13070344000、第0660頁.

② 甲集团参谋部『剿共指針』(第1卷)、「第8编:最近二於ケル中共ノ新动向」、1944年4月、JACAR(アジア歴史資料センター):C13070344000、第0671頁.

③ 多田部隊参謀部「中国共産党運動ノ解説」、森川史料、1941年2月27日、JACAR(アジア歴史資料センター):C13031900100、第55-56頁.

1. 针对中共军队的政治工作

《剿共指南》(第 2 卷)指出:"对中共军队内部开展政治工作的任务是强化部队的战斗力,以及在战斗中确保取得胜利。为了达成此任务,在部队内部要渗透民族教育,增强民族意识。"①为保证达成这一目标,中共中央军委成立总政治部来负责组织领导军队的政治工作,军队各级都设有党组织,依托各级党组织和党员开展政治工作。军队政治工作包括上政治课、开各种政治会议,军队的文化娱乐工作也以提高政治意识为目标。正如日本防卫厅战史室编写的《华北的治安战 1》所指出的,"中共是有铁的纪律的党组织,以党为核心团结军、政、民进行所谓四位一体的活动"②。由此可见,"政治性"已融于中共军队的骨子里,讲纪律、讲党性是中共军队政治工作的原则。

2. 针对日伪敌军的政治工作

从日方情报资料可以看出,瓦解敌军是中共政治工作的重要内容之一。对此,《剿共指南》(第 2 卷)谈到,中共对日军的政治工作是利用日军士兵对当局的不满来宣传煽动,将日本士兵吸引到反侵略战争的阵营里,企图从内部瓦解日军。对伪军的政治工作,则是从一开始就要宣传伪军方面官兵为"汉奸",通过除奸工作加强阻碍伪政权或者民众对日方的协助。1940 年以来,伴随着日伪政权的逐渐稳定,中共加大力度对其进行诱降,规劝伪军士兵"人在曹营心在汉",从而为中共所用。1942 年以来,中共开展政治攻势,努力策动伪军,让他们协助中共。③

---

①　甲集团参谋部『剿共指针』(第 2 卷)、「第 1 编:對共根本理念」、1944 年 4 月、JACAR(アジア歴史資料センター):C13070345300、第 0695 頁.

②　防衛庁防衛研修所戦史室『戦史叢書 18:北支の治安戦 1』、東京:朝雲新聞社、1968 年、第 476 頁.

③　甲集团参謀部『剿共指針』(第 2 卷)、「第 1 编:對共根本理念」、1944 年 4 月、JACAR(アジア歴史資料センター):C13070345300、第 0695 頁.

其中,对日伪敌军的政治工作大致可以分为"除奸"①工作和俘虏工作两个方面。

所谓"除奸"工作,是从抗日民族统一战线的立场出发,凡是为日本军队做事,或者做有利于日本侵略的一切人员,都必须作为"汉奸"进行揭发和铲除,以期让所有民众团结一致抗日,不断加强统一战线。中方档案多称之为"锄奸"工作,日方则称之为"除奸"工作。本书采用日方的叫法,专有名词则参照原文。"除奸工作是依靠其工作对象,将其区分为对党、军内进行除奸,以及对一般民众内部的除奸工作。"②全民族抗战初期,各种抗日机构尚未得到充分完善,根据阶段不同,其工作的侧重点也不同。例如,在地方上作为组织者开展的活动是"抗日锄奸团",即在组织者的周围安插的激进分子、职业工作者等结合起来的人员,直属于县动员委员会。他们通常组织各村的牺盟会小组、自卫队、救国会等。③ 此外,根据除奸工作者的所属,大致区分为党内机关实施的除奸工作、军队内部实施的除奸工作、政治机关内实施的除奸工作和地方上的除奸工作。日本情报机关档案资料反映出,中共的除奸工作持续在党、军、政、民各组织中严格执行,具有灵活性,即具有尽可能团结一切抗战力量的特点。日方情报资料进一步分析说:"中共在与日本军相邻地带附近开展除奸工作时,强调逆向利用犯罪嫌疑人。"④可见,中共在严格执行铲除汉奸的同时也存在宽大政策。徐州会战前后,日本华北方面军司令部制定的《华北方面军后方治安状况》和《关于华北治安维持之着眼事项》等文件中,曾对当时的情况进行了如下表述:"由于共产党的活动,普通游匪转化成了抗日团体,

---

① 中方资料常采用"锄奸"二字,而日方资料常称为"除奸",意思相同。

② 甲集团参謀部『剿共指針』(第 1 卷)、「第 2 編:中国共産党ノ組織及現況」、1944 年 4 月、JACAR(アジア歴史資料センター):C13070344000、第 0531 頁.

③ 多田部隊参謀部「中国共産党運動ノ解説」、森川史料、1941 年 2 月 27 日、JACAR(アジア歴史資料センター):C13031900100、第 1462-1463 頁.

④ 甲集団参謀部『剿共指針』(第 1 卷)、「第 2 編:中国共産党ノ組織及現況」、1944 年 4 月、JACAR(アジア歴史資料センター):C13070344000、第 0535-536 頁.

而抗日团体又进一步呈现出共产党化趋势,需要加以注意。……以往请求归顺的匪团,最近竟态度硬化并萌生犹豫不决之倾向",且在刚刚扩展势力的地区,"日军一旦移往其他地方,抗日团体便立即进入此地,对协助日军运作治安维持会的人物及其家人以汉奸之名处以死刑,导致此后日军设立的治安维持会不再有有识者、有产者参与"。① 此外,黄城事务所在 1941 年刊发的《剿共指南》(第 1—4 号)也记载了新四军在盐城的"除奸工作训练班",这说明"从 1941 年 5 月开始,新四军组织除奸工作训练班,从各师集中专修员,开展各种训练"。② 中共对"除奸"工作的投入及其成效可见一斑。

从上述档案资料中可以看出,中共的除奸工作深入党、军、政、民所有领域,沉重打击了汉奸投降分子,捍卫了民族利益,团结了所有能团结的抗战力量。可以说,中共之所以能长期坚持敌后抗战,是因为能够高效地铲除汉奸和破坏分子,纯洁了抗日队伍,巩固了抗日民族统一战线,沉重地打击了日伪势力。

3. 针对俘虏的政治工作

从战时日本情报资料得知,中共军队很早就实施了优待日伪军俘虏的政策,并且支持日本反战运动、朝鲜独立运动。《剿共指南》(第 1 卷)在分析中共"反战同盟的结成和谋略"时说道:"中共有意优待日军俘虏,让他们不得不从事反战运动,并且对中国民众和日本人夸大宣传反战同盟的存在。"③《剿共指南》(第 2 卷)在调查报告中也指出:"中共善于使用日本人俘虏,对他们进行教育并使之成为反战团体。让他们组织各自的反对日本侵略战争团体以及

---

① 北支那方面軍司令部『北支那方面軍後方治安状況』、日本防衛省防衛研究所蔵,JACAR(アジア歴史資料センター):C11110931900.

② 黄城事務所『剿共指針』(第 1-4 号)、1941 年 6-10 月、防衛研究所戦史研究センター史料室蔵、第 0023 頁.

③ 甲集団参謀部『剿共指針』(第 1 卷)、「第 8 編:最近二於ケル中共ノ新動向」、1944 年 4 月、JACAR(アジア歴史資料センター):C13070344000、第 0651 頁.

朝鲜独立运动团体,指导他们宣传及活动。对日本居留民(即日本侨民)和朝鲜人开展持续不断的工作,谋划使日方丧失战斗意志。"①此外,"中共也善于利用反战同盟以及朝鲜义勇队等对日本军将领和士兵普及反战思想,使其从内部瓦解"②。日方资料承认,中共开展的日本人反战运动及朝鲜独立运动是融合在中共强大的谍报工作与宣传工作当中的,给日军在华北的占领带来了极大困难。

对待抓获的伪政权方面的士兵和官吏,"中共极力怀柔他们,让他们进行情报、通敌(指中共)、利敌(指中共)行为。计划在总反攻时一齐起义。这就是他们进行的对策"③。大东亚战争爆发后,日方情报机关发现,"对新政权(指汪伪政权)倡导像'八路军不会杀害俘虏',或者'身在曹营心在汉'这样的口号成为中共宣传思想的一大转换"④。中共优待俘虏、给俘虏路费让其归队、归乡的谋略,无疑具有政策宣传的巧妙性。"渐渐避免盲目对伪军士兵冠以汉奸的污名,尽力避免采用侮蔑性言辞,在宣传和教育中加入同情他们立场的内容。"⑤日方强调这种政治攻势威力强大,扰乱日伪军军心,使占领地反日意识高涨。从日方档案资料可以看出,中共对俘虏工作取得了良好的效果:"1943 年春季作战,俘虏到的日本人反战同盟成员说,至少冀西冀中等的新政权县以下的组织乃至武装部队表面是站在日本方面的,实际上完全在中共的操纵指令之下。"⑥

---

① 甲集团参谋部『剿共指針』(第 2 卷)、「第 1 編:對共根本理念」、1944 年 4 月、JACAR(アジア歴史資料センター):C13070345300、第 0695 頁.

② 北支那方面軍司令部『粛正討伐ノ参考』、1943 年 5 月、JACAR(アジア歴史資料センター):C19010200500、第 7 頁.

③ 甲集団参謀部『剿共指針』(第 1 卷)、「第 8 編:最近ニ於ケル中共ノ新動向」、1944 年 4 月、JACAR(アジア歴史資料センター):C13070344000、第 0668-0669 頁.

④ 甲集団参謀部『剿共指針』(第 1 卷)、「第 7 編:文化政策」、1944 年 4 月、JACAR(アジア歴史資料センター):C13070344000、第 0639 頁.

⑤ 甲集団参謀部『剿共指針』(第 1 卷)、「第 7 編:文化政策」、1944 年 4 月、JACAR(アジア歴史資料センター):C13070344000、第 0640 頁.

⑥ 甲集団参謀部『剿共指針』(第 1 卷)、「第 8 編:最近ニ於ケル中共ノ新動向」、1944 年 4 月、JACAR(アジア歴史資料センター):C13070344000、第 0668 頁.

可见,中共的俘虏工作对激发日方军民反战意识、瓦解日军,以及诱发伪政权内的民族意识,进一步萌生反日、抗日情绪发挥了巨大作用。

4. 针对群众的政治工作

中共对群众的政治工作分为经济政策和教育强化两大方面。日本华北驻屯宪兵队司令部编写的《中国共产党的民众获得工作真相》写道:"中共军队以没收汉奸财产来鼓励民众参与政治。通过减少少量费用刺激经济,给参加八路军的家庭以经济优待和增加福利。日常展开抗日教育,通过学校教育强化抗日意识以及拉拢民心,让民众参加自卫武装组织,然后逐渐转变为正规军。"①由此可见,中共对群众政治工作的基本任务是要密切中共军队和民众的关系。动员民众,使他们积极地参加抗战。日本华北方面军(即多田部队)参谋部在《中国共产党运动的解说》中也分析道:"中共首先在部队内强化政治工作,提高部队的政治性。以军队的整体行动来对民众进行政治宣传。此外,中共政治工作员负责动员干部及士兵,积极地促进民众工作,使民众武装化,参加到抗战中来。中共军队就是这样密切地和民众结合起来,以此根深蒂固地生存下来。"②日本情报档案中多次提到中共及其领导的军队能够继续发展的原因就是重视对群众的政治工作。中共依靠政治攻势来发动群众抗日,使得日方被中共牵着鼻子走,被迫将在华北的方针从正规战转变为"治安战"。

5. 中共巧妙地将政治工作融入经济工作中

中共政治攻势的另一项内容是经济工作。《剿共指南》(第 2 卷)介绍说:

---

①　支那駐屯憲兵司令部「中国共産党ノ民衆獲得工作ノ真相」(北支那方面軍司令部)、『北支情報記録関係書類』、1939 年 1 月 16 日、JACAR(アジア歴史資料センター):C11111703000、第 1829—1830 頁.

②　多田部隊参謀部「中国共産党運動ノ解説」、森川史料、1941 年 2 月 27 日、JACAR(アジア歴史資料センター):C13031900100、第 1435—1437 頁.

"1945 年 8 月晋察冀边区的'双十纲领'发布后,中共的政治经济工作进入了不断发展的阶段。"①主要有两个方面:"一是在游击根据地内树立自给自足的经济,发展游击战争,完成农业革命。"②而"自给自足经济树立的方法是农业生产的增加、生产工业的振兴、统制经济、新的流通机构的编成等"③。二是妨碍和破坏日方的经济活动。黄城事务所编写的《剿共指南》(第 6 号)中写道:"中共在敌占区的工作方式主要是秘密潜入伪政权内部从事地下活动,窃取情报,伺机破坏;妨碍与破坏日方开发经济资源、反封锁、密运和搅乱金融等,特别是对重要设施采取纵火破坏,并煽动工人怠工,以降低生产效率。"④据日方情报资料介绍,"中共对我方的经济破坏活动大体分为对输出、输入物资的统制来搅乱我方经济的对策;通货纸币的发行以及联银券的获得吸收对策;破坏法币的价值维持、日方的法币回收工作等"⑤。日方强调:"中共的这些措施对我方占领地政治经济社会秩序的扰乱甚大,苦不堪言。"⑥

日本登集团军(即驻守京沪杭地区的日军第 13 军)⑦参谋部在 1942 年编写的《在苏北的新四军的情况》中,也详细介绍了新四军的经济工作情况:"新四军的经济工作以新民主主义作为原理,以合理负担、改善民生、扩充生产为原则来进行实践工作。新四军根据苏北经济社会的实际情况,在中共中央的

---

① 甲集团参谋部『剿共指針』(第 1 卷)、「第 7 編:文化政策」、1944 年 4 月、JACAR(アジア歴史資料センター):C13070344000、第 0639 頁.

② 多田部隊参謀部「中国共産党運動ノ解説」、森川史料、1941 年 2 月 27 日、JACAR(アジア歴史資料センター):C13031900100、第 1470 頁.

③ 多田部隊参謀部「中国共産党運動ノ解説」、森川史料、1941 年 2 月 27 日、JACAR(アジア歴史資料センター):C13031900100、第 1472 頁.

④ 黄城事務所『剿共指針』(第 6 号)、1941 年 2 月-1942 年 2 月、「今年中共ノ新動向」、防衛研究所戦史研究センター史料室蔵、第 1941 頁.

⑤ 北支那派遣憲兵隊教習隊『剿共実務教案』、「上卷:中国共産党」、1942 年 5 月 1 日、防衛研究所戦史研究センター史料室蔵、第 183-190 頁.

⑥ 北支那派遣憲兵隊教習隊『剿共実務教案』、「上卷:中国共産党」、1942 年 5 月 1 日、防衛研究所戦史研究センター史料室蔵、第 190 頁.

⑦ 日军第 13 军是日本帝国军的军队之一,于 1939 年 9 月 23 日(昭和 14 年)组织起来,并被编入中国派遣军的战斗部队,其作战区域主要集中在上海地区。第 13 军的代号是"登"。

土地政策决定之前就采用了新的土地政策,提倡减租减息和交租交息,希望以此来争取地主佃户双方的支持。新四军对救国公粮的征收也根据当地的情况来进行。此外,新四军还废除了杂税,并通过设立农民借贷所、金融合作社等机构来资助农村的救亡运动。新四军也讲求对春耕、春荒的措施,建立各类合作社、粮行等,一心致力于苏北民众(大部分是农村)的产业复兴和粮食增产。这些工作都以进行民族统一战线的动员为重点,希望通过这样的动员达到军事、政治、经济的一元性发展。"①日方情报资料反映出,新四军为了争取群众,进而用于抗日战争,积极策划减轻农民各种负担并以此博得农民的信任和欢心。这是新四军机关在战时恶劣的条件下虽然规模不大但还是逐步发展起来的重要原因。

　　面对新四军的政治经济攻势,日方采取了经济封锁和"肃正讨伐",加大对城镇的占领,设法加深中共在经济上的穷困。而新四军的经济对策为:一是进行反经济封锁工作。日方调查资料承认:"苏北地区面积广阔,水路纵横航运发达,日方只有极少数的兵力分布于此,所以私运非常活跃。对于新四军的抗战而言,除了粮食的品质低下、弹药武器的不足和低劣外,没有其他任何问题。"②二是"新四军对储备券表面上采取攻势的态度,但背地里则通过储备券从日方获取物资"③。可见新四军金融策略之灵活巧妙。三是"中共认识到现阶段资本主义的富农经济也可以用于抗战,因此承认了佃农制度,对地主和佃农双方的权利进行保证"④。也就是,尽可能让自身经济政治对策与中国社会实际情况相适应,一切以抗日为目标,将资产阶级和富农列入统一战线。从日

---

①　登集団参謀部「蘇北ニ於ケル新四軍ノ情況」、『防共研究資料』(第 5 号)、1942 年 11 月 11 日、防衛研究所戦史研究センター史料室蔵、第 1450 頁.
②　登集団参謀部「蘇北ニ於ケル新四軍ノ情況」、『防共研究資料』(第 5 号)、1942 年 11 月 11 日、防衛研究所戦史研究センター史料室蔵、第 1473 頁.
③　登集団参謀部「蘇北ニ於ケル新四軍ノ情況」、『防共研究資料』(第 5 号)、1942 年 11 月 11 日、防衛研究所戦史研究センター史料室蔵、第 1480 頁.
④　登集団参謀部「蘇北ニ於ケル新四軍ノ情況」、『防共研究資料』(第 5 号)、1942 年 11 月 11 日、防衛研究所戦史研究センター史料室蔵、第 1468 頁.

方调查资料可知,新四军的素质和军纪好,精神面貌好,政治经济工作巧妙。尤其是在经济政策上,通过"合理负担、改善民生、扩充生产"三原则,切实地推进了实际的工作,获得了群众的支持,最终使得自身势力不断扩大。日方档案资料中还将中共与国民党进行对比:"新四军的党组织是将军、政、民贯穿起来的神经系统,新四军通过党组织进行彻底的领导。现在的国民党不仅有名无实,而且党的指导原理也已经落后于时代,其内部的腐败更是众所周知。"[1]中共政治经济工作的成效可见一斑。

综上所述,中共的经济工作巧妙,是与政治工作、民众工作等融合在一起的,针对中国的现实情况通过转变政策顽强抗日,是中共政治攻势中不可缺少的一环。

(三)中共抗战政治攻势的效果

关于中共抗战政治攻势的开展效果,《剿共指南》(第1卷)分析说:"政治攻势是中共根据自身军事力量薄弱而政治力量卓越的特性,呼应配合新的世界战局,在现抗战阶段采用的抗战方略";"中共为了弥补军事上的缺陷,采用政治工作、民众动员工作的出色手腕。他们以其得意的政治工作之优势频频出手,策动我方"。[2] 对此,日方提出了相应的军事、政治对策,即"这数年来,我方歼灭讨伐敌方根据地,除了让中共进行保卫根据地的行动之外,不至于让他们发动大规模的军事行动"[3]。"日常剿共战的成功与否,和我方政治经济战成功与否密切相关。因此,新(伪)政权的肃清强化是推进建设的必要条件。必须把握民众、掌握民心,确保民生粮食,为民众谋取福利。要极力减轻

---

① 登集团参谋部「蘇北ニ於ケル新四軍ノ情況」、『防共研究資料』(第5号)、1942年11月11日、防衛研究所戦史研究センター史料室蔵、第1504頁.

② 甲集団参謀部『剿共指針』(第1卷)、「第8編:最近ニ於ケル中共ノ新動向」、1944年4月、JACAR(アジア歴史資料センター):C13070344000、第0646-0647頁.

③ 甲集団参謀部『剿共指針』(第1卷)、「第8編:最近ニ於ケル中共ノ新動向」、1944年4月、JACAR(アジア歴史資料センター):C13070344000、第0646-0647頁.

负担的同时,以实行负担的公正化为前提条件。同时一扫新(伪)政权内贪污、无德、恶劣的分子,揭发和灭绝通敌、利敌行为者,努力使得民众对日感情好转才是摧毁中共政治攻势的基础。"①可见,为了对抗中共巧妙有力且持续不断的政治攻势,日方做出了军事、政治、经济、军队文化建设等各方面的反省和应对计划。然而,情报资料显示日方的实施效果很差,基本没办法从根本上对抗中共的政治攻势,无法阻止中共不断发展的势头。

究其原因,日方分析道:第一,"我方的政治经济主要由新(伪)政权来担当,近来新(伪)政权毫无生气且腐败,被中共当成极好的政治攻势的诱饵"②。第二,"实行措施的很多地方缺乏长期的民众工作,过于偏重军事,这反而被新四军的民众宣传所反利用"③。第三,"缺乏根本性的对策,始终是头痛医头、脚痛医脚的临时应付措施,没有根本性的措施,对民众的实践工作总是输敌一筹"④。第四,"只是将苏北当作农业产地,仅仅考虑物资的取得,而没有考虑到对土地和民众的牺牲等不利影响,因此没有采取持久战的态势,一味地沉迷于增加新(伪)政权军队而忽视了获取民众的支持"⑤。总而言之,日方自己也承认伪政权军队缺乏训练,并且素质低下、军纪松弛,加之拙劣的政治工作导致民心的背离;日方表面宣称的把握民心、减轻负担、为群众谋福利,说到底掩盖不了日本侵略中国、攫取中国各种资源的本质。因此,日方无论如何都不可能获得民心,他们的对策反而成为中共宣传抗日的材料。

---

① 甲集团参谋部『剿共指針』(第1卷)、「第8編:最近二於ケル中共ノ新動向」、1944年4月、JACAR(アジア歴史資料センター):C13070344000、第0648-0649頁.

② 甲集团参谋部『剿共指針』(第1卷)、「第8編:最近二於ケル中共ノ新動向」、1944年4月、JACAR(アジア歴史資料センター):C13070344000、第0646-0647頁.

③ 登集团参谋部「蘇北二於ケル新四軍ノ情況」、『防共研究資料』(第5号)、1942年11月11日、防衛研究所戦史研究センター史料室蔵、第1497頁.

④ 登集团参谋部「蘇北二於ケル新四軍ノ情況」、『防共研究資料』(第5号)、1942年11月11日、防衛研究所戦史研究センター史料室蔵、第1497頁.

⑤ 登集团参谋部「蘇北二於ケル新四軍ノ情況」、『防共研究資料』(第5号)、1942年11月11日、防衛研究所戦史研究センター史料室蔵、第1497頁.

由上可知,日本情报机关对中共及其根据地党政机关行政情况、经济情况、民众动员教育情况的调查分析非常详细到位。面对中共巧妙有力且持续不断的政治攻势,日方提出"剿共"工作不能单从"治安"的角度出发,而需要与政治经济文化等社会方面的工作密切联系。然而,日本的侵略和掠夺本性使得无论是其本身还是其领导下的伪政权,都无法获得民心。日方切实认识到中共与其他军队最为不同之处,在于中共具有远见的政略,其依靠党政军民一体化,进而形成强大的社会基层控制力和高效的政治动员力,使得中共不断发展壮大。这正是中共强大的政治动员力确保了其武装力量摧不垮、打不烂,导致日军"剿共"越"剿"越多的情况。

三、中共军队具有灵活机动的战略战术

日方在调查研究中共军队的作战时,多次称赞中共战略战术的精妙。在遭到百团大战的沉重打击后,日本华北方面军参谋部编写的《对华北方面共产势力的观察》总结道:"共军的机动游击战法极为巧妙、顽强,成为我治安上最大的祸患。"其情报部门亦断言:"对付擅长游击战及退避战术的共军,用武装讨伐犹如驱赶苍蝇,收效极微。"①虽然日方编写了《剿共指导手册》《剿共战完成的要诀》《肃正讨伐的参考》等很多教学资料供军队将士参考学习,但仍不得不在指导手册结尾处强调,中共作战极为"狡猾",战略战术灵活机动,具体作战方式多样,"剿共"时要注意随机应变,并不断进行战术创新。《华北的治安战 1》就总结道:"八路军采取敌进我退、逢弱便打的战法,对其剿灭极为困难。共军的作战手段巧妙,其势力与日俱增,不断扩大了地盘。在战斗中,中共使用的具体手段有:彻底破坏铁道、道路、水路、通信线路等,阻碍日军后方补给,使他们因修理而消耗大量人力和物力;袭击补给部队或小部队;

---

① 防衛庁防衛研修所戦史室『戦史叢書18:北支の治安戦1』、東京:朝雲新聞社、1968 年、第 157、342、414 頁.

袭击军需品仓库、飞机场、经济要地等。"①可以说,所有的对中共的情报调查都会说明中共的作战手段灵活多变,在华北战场上尤其善于运用地道战和地雷战,有效地保护己方,打击敌人。

（一）中共采取以弱对强的游击战术

日方很清楚地说明:"武力羸弱的中国军对抗军事强大的日本军,除了依靠弱者的战法游击战之外别无他法。中共研究了中国古代以来的游击战法和欧美特别是苏联在革命时代所用的游击战术,以此作为抗战战略。"并认为:"要在短期内捕捉善于避免正面交战彻底实行地下战术的共军,是极为困难的。"②日本华北方面军司令部编写的参考资料《肃正讨伐的参考》总结说:"八路军的游击战术的基础是'敌进我退、敌驻我扰、敌疲我打、敌退我进',装备薄弱的少数分散兵力自然是无法适应阵地战的。因此,他们常常神出鬼没,避开敌方主力,让敌人疲于奔命。吸收敌方的正面兵力,让敌方兵力分散,导致作战停滞不前。破坏敌方的政治、经济、交通,使敌方无法完全占领该地区,挫败敌方的战略计划。同时,在游击地区组织训练民众,时刻等待和寻找反击的态势。这就是游击战术的方法和任务。"③具体而言,共军游击队的战术特点是:"(1)分散战术(化整为零):是指面对敌方的攻击,利用地形分散隐蔽,或者在民众组织下分散埋伏在各地,使丧失作为敌人的攻击目标,等待好机会的到来,保存游击队自身的实力。(2)集中战术(化零为整):是根据分散战法分散埋伏兵力,抓住良机迅速集中全部部队,对敌人最虚弱的部分进行包围攻击,一举粉碎敌人。(3)回旋战术:是所谓的包围迂回的战法。趁敌人虚弱的

---

① 防衛庁防衛研修所戦史室『戦史叢書18:北支の治安戦1』、東京:朝雲新聞社、1968年、第65、82、83、132、133頁.

② 甲集団参謀部『剿共指針』(第2卷)、「第1編:對共根本理念」、1944年4月、JACAR(アジア歴史資料センター):C13070345300、第0694頁.

③ 北支那方面軍司令部『肃正討伐ノ参考』、1943年5月、JACAR(アジア歴史資料センタ―):C19010200500、第9—10頁.

侧方以及后方一举进行攻击,将敌人歼灭。至少让敌人慌张狼狈,没有应对的措施,最后陷入退缩的结局。(4)假攻战术(声东击西):是所谓的佯动牵制。夸大自己的兵力,声称袭击小股警备部队牵制部分兵力,主力则转而攻击其他方面。(5)陷阱战术:是以一部分兵力诱骗敌人,诱导敌人进入完全准备好了的包围圈内,一举从四方冲出,攻击歼灭敌人。(6)避实击虚战法:是避开敌方强固的正面,从敌方薄弱的一面特别是后方、侧方等方面,趁虚而入对敌方进行攻击。避开敌人大部队的进攻,专门选择小部队以及敌方防御能力薄弱的侧面展开攻击。(7)麻雀战术:以各种手段扰乱敌人之后,趁其混乱之机以主力攻击敌方,以压倒式歼灭敌人为目的。为此,装备了轻机关枪等的小部队利用地形分散埋伏在各地,从四面八方冲过来攻击,让敌人陷入混乱,为主力部队制造攻击的机会。"①日方档案资料反映出,中共军队游击战法的本质是使多数民众掌握在共产党的组织下,并与其一体化。军队作战遵循"避实就虚"的原理,不断巧妙地利用隐蔽的民众组织,随时随地反复且纠缠不休地展开扰乱日军的战斗。同时凭借严格的军纪获得所在民众的信任与支持,领导民众一起持续抗战活动。因此,日方无奈地感叹中共军队的游击战略巧妙,常以扰乱为目的,让日伪军队无暇应对、疲于奔命,在很大程度上消耗了日军的战斗力。

(二)中共采取以农村包围城市的战略

日方资料写道:"中共在抗日战争中,占据了拥有 80% 以上人口的地区,以及能进行农业生产的大部分地区,以笼络农村为目的。更进一步依此包围城市,企图使日方对策毫无办法、全面撤退。"②日方分析中共采取农村包围城

① 北支那方面軍司令部『粛正討伐ノ参考』、1943 年 5 月、JACAR(アジア歴史資料センター):C19010200500、第 10—13 頁.

② 甲集団参謀部『剿共指針』(第 2 卷)、「第 1 編:對共根本理念」、1944 年 4 月、JACAR(アジア歴史資料センター):C13070345300、第 0695 頁.

市战略的原因时认为："一方面是为了打破日方的经济封锁。日本军占领了重要城市及主要交通线，导致游击根据地或者游击地区的后方被遮断，局限在山岳地带或者乡村里。中共只得从农村开始发展壮大。"①另一方面，日方认识到"中国的社会尚未充分完成资本主义的发展，因此，农村的农业、手工业经济有着相当大的独立性。都市的封锁并不完全会破坏农村。此外，以上的社会特质，使得中国的人力物力资源原则上存在于农村。更甚者，中国华北农村不只生产比较丰富的必需品，而且游击战所必需的军需原料、粮食、盐、棉花……煤炭等都有相当大的产量"②。日方认为中共的农村包围城市的战略既有经济的考量，又有战略的考量；既使游击根据地实现了自给自足，保证了游击战的展开，又使得农村大地主和高利贷没落，农民更加支持中共，最终增强了中共敌后战场的抗战力量。

（三）全方位破坏日军前线交通线和后方补给线

日本华北派遣宪兵队教习队编写的《剿共实务教案》（上卷）中指出："中国的交通线的大半都被日军占领了，中共既然不能利用交通线作战，便以各种方式不断地破坏铁道、道路、电线等，给日军造成种种困难。"③其主要的破坏方法如下："（1）一般手段。如破坏铁道，通过锄头、扳手、铁铗、剪刀等，把道钉（把铁轨固定在枕木上的大钉子）、枕木等拔出，或者反转铁轨条，切断电线、电柱等；在铁轨上放小石头，使得机关车脱轨遭到破坏；对付浮桥（把船或筏排在一起连成的桥）会把桥两端的绳索切断，把筏船等绑着的绳子解开，让船漂走。（2）特种手段。一是电气装置。制作好自制地雷

---

① 多田部队参谋部「中国共産党運動ノ解説」、森川史料、1941 年 2 月 27 日、JACAR（アジア歴史資料センター）：C13031900100、第 1471-1472 页.

② 多田部队参谋部「中国共産党運動ノ解説」、森川史料、1941 年 2 月 27 日、JACAR（アジア歴史資料センター）：C13031900100、第 1472 页.

③ 北支那派遣憲兵隊教習隊『剿共実務教案』、「上卷：中国共産党」、1942 年 5 月 1 日、防衛研究所戦史研究センター史料室蔵、第 155 页.

（硫黄、硝石、木炭粉的混合药填充）的装置，电气点火后发生爆炸。二是'甘油炸药'装置。在钢铁制的罐子里填充火药，在速燃火药索里装置电管，安置在路线上。'甘油炸药'安置在发电用的机关上，以速燃导火线来爆破。三是手榴弹装置。轨条凹部挟接板（外侧）上安置中国制手榴弹，在安全栓上系着麻绳，列车通过时引爆炸弹。"①此外，"中共把参加破坏敌方作战活动所需电线、铁路、桥梁等设施的队员编成破坏队、警戒队、运输队三组。破坏队成员有熟练的破坏技术，携带破坏工具，担任破坏任务；警戒队成员沉着、勇敢、耳目敏锐，熟练使用武器，担任警戒；运输队成员将获得的物资搬运到后方，担当起携带车辆、牛、马等搬运器具的责任"②。日方认为，虽然中共的这些破坏设施行动威力不一定很大，但却纠缠不休、神出鬼没，令人烦恼不安。

（四）无处不在的地道战和地雷战

日方情报档案写道："中共在华北战场的两大作战法宝是地道战和地雷战。这两种战法都是为了配合游击战或者坚守游击战夺取地盘而采取的。武装民众并让他们自发保卫家乡，保护生命财产而展开激烈的地道战，不断粉碎敌方的蚕食阴谋。"③日方在《剿共指南》（第2卷）中对中共的地道建筑要领进行了详细的分析和解说：

　　1. 动员工作。中共善于广泛动员民众，让大家认识地道斗争的意义。让平原地区的人民保卫好自己，保卫好家乡，从而积极展开地道斗争。

---

　　①　北支那派遣憲兵隊教習隊『剿共実務教案』、「上卷：中国共産党」、1942 年 5 月 1 日、防衛研究所戦史研究センター史料室蔵、第 155—164 頁.
　　②　参考北支那派遣憲兵隊教習隊『剿共実務教案』、「上卷：中国共産党」、1942 年 5 月 1 日、防衛研究所戦史研究センター史料室蔵、第 155—164 頁.
　　③　甲集団参謀部『剿共指針』（第 2 巻）、「第 2 編：附録第二、中共ノ地下道構築要領」、1944 年 4 月、JACAR（アジア歴史資料センター）：C13070345300、第 0741 頁.

2. 方式和方法。

（1）动员干部挖掘洞穴，从而影响和带动队员（注：起模范带头作用）。

（2）选择在敌方地区附近有活动经验的村庄民众，让他们秘密潜入并挖掘洞穴，之后扩大对洞穴的使用。

（3）和各团体、各级政权达成协议，派遣各级干部进行领导。

（4）首先让各户各自挖掘洞穴，然后不断扩大洞穴之间的联系。

（5）在房屋内、庭园内设置隐蔽物（即躲避的场所）。

3. 挖掘洞穴的顺序。

（1）动员各个家庭成员自己进行洞穴挖掘。

（2）把各家的洞穴连接起来。

（3）连接了各家洞穴之后，在村中选定适当地点，挖掘马匹的通行口。

（4）挖掘村与村的连通地道。

4. 地道掘开的地方及其要领。

（1）村中各户设置了地洞，敌人来袭的时候有隐蔽的场所。

（2）各户地道不仅是作为隐蔽的场所来使用，也可以作为连接房屋的交通道路来使用。

（3）邻接各村相互连通，可以在同时攻击、退却、守备时使用。

（4）利用各户的土炕（火炕）挖开地下洞穴。

（5）利用炉灶（出烟口），在炉灶下面挖开洞穴（挖掘之后再安装炉灶）。

（6）利用储藏穴仓挖掘洞穴。

（7）在角落的书桌下面挖掘洞穴，连通邻居家及村外。

（8）利用厕所等作为地道的入口或者出口。

（9）在野外挖开地下通道出口，使其成为最方便的逃跑路径。

（10）为了让敌方在迷宫回旋而挖开地下通道。

（11）把地道设计成树枝状来挖掘，并设有许多迷宫。被敌方发现的时候能让他们在迷宫中迷失方向，判断失误。

（12）地道要像网状的迷宫一样进行挖掘。

（13）地下设置事务所（室）。

（14）利用烟囱作为地道的出入口。

（15）利用枯死的树木作为地道的出入口。

（16）利用古墓或者假坟墓作为地道的出入口。

（17）在荒废的独立房屋内挖掘地道的入口。

（18）为了防备毒气，在地道的几个重要地点设置密封性大门。

（19）在地道的出入口大量堆积干柴等，使人不易发现，从而发挥隐蔽作用。

（20）考虑敌人闯入地道的情况，在几个重要的地方埋设地雷。

（21）在地道迷宫中埋设地雷。

5. 挖掘地道时的注意事项。

（1）利用枯死树木连通空气、日光。

（2）给挖掘地道的民众以公粮作为报酬。

（3）家与家的地道相互连通，各小组联络起来共同挖掘地道。

（4）有效地利用一切能利用的地形、地物。

（5）完成村与村连通后，要事先设置规定。

（6）要注意土质问题，利用土质比较良好的地点挖掘地道，在土质不良的地点就利用木材。

（7）要细心注意节省人力、物力，避免浪费的现象。

（8）总体而言，地道洞穴要按能让一个人通行的限度进行挖掘，家畜通行的几个用房的洞穴要挖掘得大且浅。

（9）挖掘许多洞穴，如果敌人发现的情况下就塞住出入口，防御敌方的进攻。

（10）地道的深度要有八尺，以木材作为交叉口更为容易。①

从日方资料可知，中共地道挖掘得四通八达，人员安排合理，军民相互配合，具备了地道战灵活的作战特点和符合对抗、牵制、消灭敌人的要求。

所谓地雷战，是将大量地雷埋在日军必经的道路上，或是在日军"扫荡"前，埋于村落中。日方在《新民报》中指出："八路军常于我军（指日伪军）必经道路附近暗处埋设大量地雷，故我军若稍不留意，难免遭受损害，先头部队更要注意。'匪军'埋设地雷，多在单独路口、必经路口、十字路口，或山脚、山腰、山顶，尤其会埋设在山的鞍部。其余如水井附近，房屋内粮食器具或箱柜、柴草煤炭内，均可为地雷匿伏地点，……地上放置树枝、柴草或其他破烂器具，均有埋藏地雷的嫌疑。……受地雷战毒害的教训，近一二年来给我方的惨痛经验实在太多了，谁能忘记呢?"②此外，日方在《共产党（军）剔抉扫荡参考》中也强调："搜索中共后方诸设施方法及所需要注意的事项有：（1）住宅内会挂有地雷，搜索的时候开门的同时会掉下来爆炸。有这样设施的，进入住宅之前一定要打开窗户观察屋内的情况。（2）稻田中会埋有手榴弹、迫击炮弹等，走上去就会爆炸。面对像这样的设备，一定要观察地表面状况有无异常。如果有可疑的情况，就不要走进去。另外，进行挖掘清理的时候，要避免使用十字锹、圆铲等工具，而是用手来把土清除。（3）住宅内看似很平常的地方被安置了迫击炮弹等，如果把这些东西扔出去便会爆炸。有些隐蔽物里面放了手榴弹，只要踩上去就会发生爆炸，等等。这些情况都有。"③日方不禁感叹中共的地雷战无处不在，给日军带来巨大威慑，从细微处消磨日军的战斗意志。

---

① 甲集团参谋部『剿共指針』（第2卷）、「第2編：附録第二、中共ノ地下道構築要領」、1944年4月、JACAR（アジア歴史資料センター）：C13070345300、第0742-0745頁.

② 《新民报》（山西）1943年10月25日。

③ 舞部隊（36D）本部「共産党（軍）剔抉掃蕩ノ参考」、第35師団特報第2号、1943年8月16日、防衛研究所戦史研究センター史料室蔵、第2026-2027頁.

（五）广泛灵活的宣传战

日方档案显示："抗战期间,中共的抗日反战宣传方式多样化,有广播、书信、传单、粘贴告示、特殊报纸、宣传小册子、学校教育等。此外,中共给我方人员送去信件慰问袋,或者通过电话和前线碉堡,尝试以口头喊话宣传反战,宣传效果十分显著。"①日本华北派遣宪兵队教习队编写的《剿共实务教案》(上卷)也着重强调中共宣传战的"威力"强大,其要点是:"(1)在中共占据地区对普通民众,以巧妙的宣传进行抗日教育。另一方面对日军占领地区内民众以巧妙的反战宣传来高扬抗日意识,努力把这些民众吸引到自己的阵营。日方占领区内、治安地区民众,特别是'准治安地区'民众,数年来一直承受过重的赋税负担,导致生产低下、壮丁缺乏、牧畜减少。因为战祸而遭受重大的迫害,农村民众的生活陷入绝望,基本上都在饥饿线上彷徨,陷入穷困的状况。中共依靠军政两个方面来把握这个问题,在此时期化解农民心中不平和暴民化问题,并且以高超的宣传战来疏导民心,防止民众的自暴自弃。(2)对时局的宣传包括:满洲的抗日军蜂起,日军在持续撤退中;美国参战,击沉了多艘日本海军舰队;中国华北的日军持续撤退;日军国内爆发叛乱;美国军舰从远处向连云港方面进攻,如果美国军队来连云港,则日本军不得不撤军。"②日方资料还提及:"中共对日本人进行反战宣传主要从以下几个方面切入:(1)战争下日本人的生活困难和物资匮乏,日本民众抱有不平不满的情绪。中共以此作为反战宣传的材料。(2)战争长期化。战争的长期化引起经济的、精神的疲劳,以及居留民(即日本侨民)和华人杂居而产生的不便和困难。在军队内士兵长期出征而产生的怀念家乡的情绪,都成为中共宣传利用的因素。中共

---

① 甲集团参謀部『剿共指針』(第 1 卷)、「第 8 編:最近ニ於ケル中共ノ新動向」、1944 年 4 月、JACAR(アジア歴史資料センター):C13070344000、第 0651 頁.

② 北支那派遣憲兵隊教習隊『剿共実務教案』、「上卷:中国共産党」、1942 年 5 月 1 日、防衛研究所戦史研究センター史料室蔵、第 176−177 頁.

宣传日本人不能让长期战争再继续下去,使日本人对前途抱有怀疑。(3)日军军规、风纪的散漫。把各地发生的军规、风纪违法事件、上官对部下的暴行或者当地日本商人的暴利行为、日军官公吏的恶劣和无德行为作为宣传材料,让士兵抱有日本军和日本政府腐败堕落的观念。(4)日本部队生活的痛苦。宣传日本军队内严酷的军规、激烈的训练、殴打、谴责等,甚至有邮寄、外出、娱乐、读书等活动都被限制的情况,说明人权遭到蹂躏。中共对日本士兵像这样的宣传使他们酿成对上级的反抗心。(5)摧毁日军打赢战争的信念,不断宣传国际形势对日本方面不利,日本很快就会战败等。"①可见,中共的宣传工作对象广泛,包括对中共军队内部的宣传工作、对国民党军队的宣传工作、对日伪军队的宣传工作、对普通民众(中国人和日本人,以及其他国家人民)的宣传工作。此外,日方情报档案也反映出,中共的宣传方式巧妙、宣传内容精心策划。与其说是宣传工作,不如说是"宣传战"。中共凭借对中国社会和中国民众的了解,以及多年来的政治宣传工作经验,适应时间、事情、地点、人物进行宣传,不断从内部瓦解日伪军,同时壮大抗日的队伍,从而使国内外舆论都一致趋向抗战。

日本登集团军(即驻守京沪杭地区的日军第 13 军)在调查苏北新四军情况时,也不禁感叹新四军机敏灵活的宣传工作让日本军及"和平军"(指汪伪军队,下同)烦恼不已。其编写的《在苏北的新四军的情况》总结道:"新四军可以说是一支政治军队,通过对民众进行动员、组织、训练,以建立'抗日民主根据地'为第一目标,日夜都致力于对民众进行宣传教育。以民族统一战线为口号,吸纳各阶层的民众人士,实现作为中国革命第一阶段的民主革命。"②

---

① 甲集团参谋部『剿共指針』(第 1 卷)、「第 8 編:最近ニ於ケル中共ノ新動向」、1944 年 4 月、JACAR(アジア歴史資料センター):C13070344000、第 0649-0650 頁.

② 登集団参謀部「蘇北ニ於ケル新四軍ノ情況」、『防共研究資料』(第 5 号)、1942 年 11 月 11 日、防衛研究所戦史研究センター史料室蔵、第 1452 頁.

综上所述,中共的宣传战巧妙且威力十足。中共对日方的宣传与民众获得工作非常奏效,因而迫使日方也采取了各种措施来应对这场宣传战。然而,中共深思熟虑、经验丰富、巧妙有力的宣传不仅让日方所谓的"亲日教育"和对"东亚新秩序"的理解工作毫无进展,还不断壮大了抗日民族统一战线的队伍,带动军民一致顽强抗战。

（六）中共的情报战令日方防不胜防

日方情报资料显示:"中共军队的情报管理很严格,对当地民众的情报管控也非常彻底,所以日军总是无法捕获他们的踪迹。"①"即使日军前往讨伐,有时也发现不了一个人。中共还擅长搜集情报,居然能掌握日军警备队长的睡觉方向或酒量。"②甚至"共产党军队的通信技术比国民党军队的还要先进,无线电技术特别出色,要想获得中共通过无线电传送的情报是非常困难的"③。日方在调查报告中详细分析了中共的情报工作,称中共的情报战极为娴熟,令人防不胜防。

1. 中共的防谍工作滴水不漏

日本华北方面军司令部编写的《对华北方面共产势力的观察》描述道:"中共的部队不会长时间在某一地方驻扎,会经常移动以隐匿其所在地。此外,干部们会使用多个假名字且时常准备着多个隐匿的名称以备更换。另外,中共军队还会采用佯动作战或'声东击西'等虚假宣传的战术,以彻底达到间

① 鈴木啓久「中北支における剿共戦の実態と教訓中共軍と戦った5年間」、防衛研究所戦史研究センター史料室蔵.
② 「阪田参謀の口述記録」『晋察冀辺区粛正作戦関係者回想資料』、防衛研究所戦史研究センター史料室蔵.
③ 北支那方面軍参謀部「北支方面共産勢力ニ対スル観察」、『陸支密大日記(昭和15年)』(第40号2/3)、1940年10月1日、JACAR(アジア歴史資料センター):C04122556700、第0819頁.

谍防备与信息隐匿的目的,从而增加我军搜集情报的困难。例如,在 8 月 20 日夜中共军队进行袭击(指百团大战)的时候,就用了上述方法来隐匿信息,而且其电报在某段时间甚至停止了发送。"①由此可见,中共在间谍的防备与信息的隐匿上投入了大量的精力。日方情报资料还写道:"中共情报工作最为重要的一点是限制乃至阻绝所在地内外的交通。平时则禁止一般民众自由进出日军占领的地区(给予特定的人以许可),以此来防止情报的泄露。"②日本华北派遣宪兵队教习队编写的《剿共实务教案》(上卷)中也对中共的防谍工作进行了总结:"中共在事变爆发以来以搅乱我后方为目的,秘密派遣多名工作人员暗中出谋划策进行谍报谋略。现况之下,除了以专门的工作机关编成特务工作队以外,总动员了党、军、政、民所有的机关,使得中共的间谍无处不在。然后,他们要求极度严守工作秘密,因为一旦被察觉则必然会波及全体的脉络系统,这一点是谍报机关的特征。另外,中共特务工作队在采取直接的幕后操作之外,一般会避免直接行动。背地里巧妙地领导抗日诸团体。"③可见,中共的防谍工作滴水不漏,日方很难捕捉其真正的作战信息。

2. 中共情报战的有效方法

中共在进行情报工作时除强调绝对保密、严加防谍以外,还利用一切可以利用的手段和方法搜集日伪军情报,在敌方内部安插间谍、收集信息。中共的情报战手段与方法十分巧妙。日本华北方面军在《肃正讨伐的参考》中写道:"中共军队常有利用日本方面既有的电线,通过所携带的电话机进行部队机

① 北支那方面軍参謀部「北支方面共産勢力ニ対スル観察」、『陸支密大日記(昭和 15 年)』(第 40 号 2/3)、1940 年 10 月 1 日、JACAR(アジア歴史資料センター):C04122556700、第 0821-0822 頁.

② 北支那方面軍参謀部「北支方面共産勢力ニ対スル観察」、『陸支密大日記(昭和 15 年)』(第 40 号 2/3)、1940 年 10 月 1 日、JACAR(アジア歴史資料センター):C04122556700、第 0821-0822 頁.

③ 北支那派遣憲兵隊教習隊『剿共実務教案』、「上卷:中国共産党」、1942 年 5 月 1 日、防衛研究所戦史研究センター史料室蔵、第 145-147 頁.

动间的联络乃至窃听日本方面通话的迹象。"①除上述技术性的通信之外，其他各种辅助通信方法也被中共军队使用。例如："（1）递传法，即以整个地域的某个地点为中心把该地域分成若干区域（联络区），又以各区的中心地点为起点跟其他联络区内的要地之间设立递传组织，并在各地点安排责任人，在需要的时候通过骑马、自行车、徒步等方式进行联络。上述的组织至少有属于军队的系统和属于行政的系统两种。（2）通过各种音响火光的方法，比如通过枪声的次数、火光的强弱程度来告知日本军队的数量，并依次传递直到到达目的地点。（3）通过秘密记号的方法，即作为情报人员与其他个人间的通信方法。通过服装、动作、表情、隐语、秘密墨水以及其他各种手段，或是将这些方法组合起来进行相互之间的信息通信。"②从日方的档案记载中我们可以看出，中共的这些情报战手段、巧妙的通信方法是在周密的设想下进行的，在打仗行进中起到了隐匿战斗目标、搜集日方战斗情报等重要作用。此外，这些手段方法在中共局部地区的联络中发挥了重要作用。

3. 中共情报战的目的

根据日方情报资料不难发现，中共的情报工作主要有两大目的：一个是军事上的目的，一个是政治、经济上的目的。在军事作战方面，中共善于在日伪军内部安插间谍，同时通过教育宣传获得普通民众作为情报信息传递的协助者。日本华北方面军在《肃正讨伐的参考》中谈道："中共通过情报工作协助军事作战的表现为：（1）策动我方（指日方，下同）人员成为协助铁道、道路、通信线以及遮断壕等的监视警戒的自卫团员和爱护村民，私通匪徒（指共产党

---

① 北支那方面军参谋部「北支方面共产势力ニ对スル観察」、『陆支密大日记（昭和 15 年）』（第 40 号 2/3）、1940 年 10 月 1 日、JACAR（アジア歴史资料センター）：C04122556700、第 0820 页.

② 北支那方面军参谋部「北支方面共产势力ニ对スル観察」、『陆支密大日记（昭和 15 年）』（第 40 号 2/3）、1940 年 10 月 1 日、JACAR（アジア歴史资料センター）：C04122556700、第 0821 页.

方面)提供情报,协助道路向导等。(2)通过被我方使用的中国人的亲族友人来教唆其私通匪徒(指共产党方面),诱导对我方进行袭击,实施投毒的谋略、向棉花石油等放火、破坏炭坑等活动。(3)利用反战同盟以及朝鲜义勇队等对日本军将士士兵普及反战思想,策划破坏团结,破坏军纪等。"①由此可见,中共善于利用各种情报手段和谋略工作达到战斗胜利的目的。

在与日伪敌军进行政治、经济斗争方面,中共也是不遗余力地开展情报战。具体表现为:"(1)作为党员故意向日本军投去好意,博得日本方面的信任而担任新(伪)政权方面的重要职位,然后渐渐地开展反日工作。(2)在新(伪)政权方面的教员中间插入党员,以新(伪)政权方面的教科书为基础对其进行反驳,并开展抗日和共产主义教育。(3)成为村长,是兼顾共产方面和新(伪)政权方面的两面性村长。(4)在只有县保安队的组织里获得私通匪徒(指共产党方面)的人员,使其背叛。为此在附近部落召开的会议中,强行要求他作为组织中派出的代表者出席会议。"②日方情报机关华北交通株式会社东京调查室在《中国共产党在华北的现状》中也对中共政治、经济方面的情报工作进行总结,认为:"中共派遣情报人员潜入到游击地区,这些情报人员由特务工作班、战时青年训练班、东南工作训练班等培训而成。他们在游击地区设立了政治部、组织部、宣传部、敌军工作部等诸机关,并通过各种方法对敌人的地区进行破坏,将重点放在政治意义上,吸引人员到共产党地区。中共逐渐将民众武装发展成正规军,企图更有效果地完成战争的政治目的。"③此外,中共在经济工作方面的情报战也威力十足。黄城事务所编写的《剿共指南》(第6号)中显示:"中共在敌占区的工作方式主要是秘密潜入伪政权内部从事地

---

①　北支那方面軍司令部『粛正討伐ノ参考』、1943 年 5 月、JACAR(アジア歴史資料センター):C19010200500、第 7—8 頁.

②　北支那方面軍司令部『粛正討伐ノ参考』、1943 年 5 月、JACAR(アジア歴史資料センター):C19010200500、第 8 頁.

③　華北交通株式会社東京調査室『華北ニ於ケル中国共産党ノ現状』、防衛研究所戦史研究センター史料室蔵、第 27 頁.

下活动,窃取情报、伺机破坏;中共的情报工作人员通过各种方式妨碍与破坏日方开发经济资源、反封锁、密运和搅乱金融等,特别是对重要设施进行破坏。"①

总之,日方情报档案深入研究了中共的谍报机关及其组织、中共获取情报的工作人员及秘密侦探的手段方法、情报搜集的手段方法,以及谍报目的等。感叹中共走群众路线,动员了党、军、政、民所有的机关为抗日搜集各种情报,使情报战无处不在。中共设立了各个"地下工作委员会"打入日军占领下的各行政机关及维持会中,并利用这些"地下工作委员会"成员控制了例如县知事、会长、秘书、科长等机要职位,为中共传递情报,与日方开展军事、政治、经济等各方面的斗争,进行"里应外合"。从这些日方调查档案可知,中共强大的情报网、有力的情报工作使得其军事行动和政治经济工作得到了充分的展开。

（七）中共善于运用"空室清野"战法

"空室清野"也称坚壁清野,是指在日军来袭的时候隐藏所有物资、食品、器材,一件可以利用的物品都不给敌人留下。② 日方档案资料显示:"中共让民众有计划性地做好'空室清野'的准备(即各级部队担起责任在县区村里组织空室清野委员会,实施对空室清野的计划性指导)。一旦日军开始扫荡,就隐藏起一切日本军队可以利用的物资,然后把物资运送到隐匿的地方。隐匿的场所常常出人意料。"③正如1943年日军在太行作战时记录的那样:"当地人民对我方大都怀有敌意,而敌方工作又做得彻底。根据以往的经验,凡日军

① 黄城事务所编『剿共指針』(第6号、1941年)、「今年中共の新動向」、防衛研究所戦史研究センター史料室蔵.

② 参见北支那方面軍司令部『粛正討伐ノ参考』、1943年5月、JACAR(アジア歴史資料センター):C19010200500、第13頁。

③ 舞部隊(36D)本部「共産党(軍)剔抉掃蕩ノ参考」、第35師団特報第2号、1943年8月16日、防衛研究所戦史研究センター史料室蔵、第2026–2027頁.

进攻的地区,全然见不到居民,因而,想找带路人、搬运夫以至于搜集情报都极为困难。"①日方情报档案主要强调,中共采取"空室清野"战法的很大特点是需要民众配合,并感叹中共对"空室清野"战法运用娴熟,民众极其配合。这使日方在"扫荡"搜索隐蔽物资时面临很大的困难。

(八)中共攻击日方据点时常用的战术战法

根据日本华北方面军司令部编写的《肃正讨伐的参考》,中共攻击日方据点时经常使用以下几种战术战法:

1. 钓鱼战法。在接近日军据点附近活动,引诱日军走出据点进行袭击。

(1)切断道路、电线杆、电线,并妨害日方对这些设施的修理。或者破坏道路,在土堆里埋设手榴弹等。

(2)事先潜伏好,用一部分兵力引诱日军,将其诱至已经设置好的埋伏地而予以歼灭。

(3)日落时让伪装好的工作人员进入据点附近的村落,凭借口头宣传,以及在该村召集民众大会,或者假装宿营在当地,诱导日方拂晓前出动。实际上中共在引诱日方前往该村的途上埋伏了部队,时刻准备袭击日方。

(4)甲包围攻击日方据点,乙则谋划在日方紧急救援队经过的路上进行袭击。

2. 狐狸咬鹤战法。在日方据点附近设置警戒(看守人),等待日方部队的出击。然后直接袭击日军后逃跑,恰如狐狸袭击鹤时咬一口就逃跑的情况。

(1)常常是便衣队、游击队埋伏在日方据点附近,在日军出击时

---

① 防衛庁防衛研修所戦史室『戦史叢書50:北支の治安戦2』、東京:朝雲新聞社、1971年、第307頁.

捕捉其中的小部队进行各个击破。如果不能击破的情况下就袭击日方联络员和其他非战斗人员。

（2）日方据点驻扎在村外时，中共方面部队在拂晓前潜伏在村落附近，在清晨日军没有战斗准备而前往村落时发起袭击。

3.白引战法。在包围日军据点的情况下打开一个口子，日军主力出击时趁虚一举攻击并占领据点。

（1）常常在日方据点附近的地方驻扎部队，频繁地移动并保持包围队形。

（2）日军因为讨伐而出动的情况下，中共军队并不顾及日军讨伐目的地区。在避开日军攻击的同时，从日军侧面迂回到背后袭击日军据点。

4.蝇战法。日军大部队来进攻时退却，日军撤退时又回来，见到日军小部队就反复挑战，引导敌人陷入混乱境地而不断袭击。

（1）便衣游击队在据点附近日夜交换活动，进行封堵日方的秘密侦探、工作员等的活动。

（2）日方部队出动之际，按实际情况无法对其进行攻击的情况下，接近并埋伏在日方据点丝毫不移动，展开对小部队的攻击。

（3）根据日方兵力增援进行讨伐时，中共方面暂时回避日方的讨伐。等日方讨伐告一段落或者兵力减少时再窥伺时机展开行动。

5.爆弹战法。利用各种方法潜入日方内部，或者获得并利用日本军内部的通敌者，做到内外相呼应，进行突发性的袭击。

（1）接近正午时，日伪方面部队正在午睡、警戒疏略时，中共趁机以优秀人员携带手枪、大刀、手榴弹，伪装成日方的武装队，或者变装成民众潜入日方据点进行狙击。

（2）中共人员夜间秘密潜入日方据点，以及假装葬礼、婚礼的陪同人员等进行各种各样的变装，潜入据点并进行扰乱。

（3）日方在扫荡时，中共以少数部队举着"日之丸"的旗帜或者假装护送负伤者，接近并袭击日方据点。

（4）夜里在通往日方据点道路上埋设地雷或者手榴弹，或者在路上放置写着痛骂日方军队文字的物品，在上面绑上手榴弹等。

（5）强化在日伪军队中的抗日工作，与其内部抗日分子协力扰乱日方内部。①

日方情报档案对这些战法的总结是在实践中得出来的，对每一个战法的认知都是建立在小股部队被袭击或者阵亡的基础上。而小股部队被各个击破就会造成巨大损失，这是日方在档案中多次提醒将士们需要注意的。

从日方情报档案中可以看到，日本华北方面军参与"肃正"作战的各部队及其配置在一线的情报人员，在其"作战详报""敌军观察"等参考资料中，频繁地提及八路军在战斗中"作战意志高昂""作战手段灵活多变，我方在满洲惯用的分进合击的讨伐方式似乎不太奏效""中共军队情报消息灵通，而我军肃正作战对敌情一无所知""相对我军重装备的行动不便，中共军队灵活轻便"②等类似的战术特征。可见，日军对中共军队作战方式之灵活变通深恶痛绝又无可奈何，无处不感叹中共军队抗战"轻便灵活""情报消息灵通""善于对小部队袭击"的特点。

综合上述日方对中共调查资料可知，中共军队具有灵活机动的战略战术。这种灵活性不仅体现在中共军队善于利用游击战、地道战、地雷战、破坏敌方交通线和补给线的手段，对于优势敌人采取退避隐藏，对于劣势敌人进行勇敢歼灭的"保存实力、顽强抗日"之上，还体现在中共采用农村包围城市的战略，获取广大民心，从而具有巧妙传递情报的能力和强大的谍报组织，以及能够开

---

① 北支那方面軍司令部『粛正討伐ノ参考』、1943 年 5 月、JACAR（アジア歴史資料センター）：C19010200500、第 14-19 頁.

② 防衛省防衛研究所『方参特報綴(1/3)』、「抗日遊撃戦術」、JACAR（アジア歴史資料センター）：C11111671700.

展广泛的抗日宣传活动。可以说,中共之所以能在日军残酷的"讨伐""扫荡"中生存下来,甚至还能不断壮大,是因为中共军队能够把其灵活巧妙、不断变化的战术战法和掌握民心、发挥民众抗日的主观能动性与创造性结合在一起。正是中共在战略战术上的创新,使得中共的作战方式非常灵活,随机应变,令习惯于传统作战方式的日军伤透了脑筋。

四、中共发动的人民战争
具有顽强的生命力

综合日方各方面情报机构对中共军队的研究,日方得出了如下结论:"中共是党军政民一体化的组织,具有明确的使命观。目标是完成革命,力图争取民众、组织民众来扩大势力。"①对此,为了认识和应对中共的人民战争,遏制中共势力的不断壮大,日方各情报机关对中共人民战争的目的、人民战争的特点、日方的对策及其效果等,进行了详细且深入的研究。

(一)中共人民战争的战争动员

《剿共指南》(第2卷)在分析"对共根本理念"时提到:"中共依据其社会主义的对策开展群众工作,首先获得中贫农响应,然后动员他们参加抗日战争。除了协助直接作战以外,通过让他们进行情报(搜集)、输送、自卫、人员(工作)的负担等,以期获得广泛抗战协助的实际效用。"②中共及其领导的军队广泛动员民众抗战,宣传民族意识,不仅是为了强化军队内部人员的团结,以增强军队战斗力,进而确保战斗的胜利,而且可以密切军队与民众的关系,

---

① 防衛庁防衛研修所戦史室『戦史叢書18:北支の治安戦1』、東京:朝雲新聞社、1968年、第528-529頁。

② 甲集団参謀部『剿共指針』(第2卷)、「第1編:對共根本理念」、1944年4月、JACAR(アジア歴史資料センター):C13070345300、第0695頁.

从而动员民众,促进民众武装,切实参加抗战。可见,中共发动人民战争的军事考量是努力实现民众的武装化和与正规军的结合。日方情报资料进一步分析道:"中共领导民众团体开始结成抗日人民自卫队,这是民众的武装。斗争的青年集结成抗日青年先锋队,成为自卫队的中坚力量。他们作为各救国会的成员将带着各自特性参加其中。妇女有妇女的能力,儿童有儿童的能力,都将承担党内一部分的任务。拥有强有力自卫队的村落则由青年编成模范班等。更有甚者,青壮年们从一部分生产部门脱离转化组成为职业性的武装团体,构成基干自卫队(又称地方游击队)。基干自卫队以政府的护卫为基本任务,属于县政府,在县里扎根的同时,开展游击战,配合正规游击部队的作战。地方游击队原则上逐渐会编入正规游击队。"①从日方的描述中不难看出,中共的对日作战是以人民自愿配合为基础的。换言之,中共领导全体人民进行抗战,以保卫自己的家园。可见,中共的战斗力是建立在人民群众的基础上,人民战争是中共抗战克敌制胜的法宝。

中共的"人民政治"是人民战争的重要组成部分。关于中共的"人民政治"的目的,日方也进行了深入调查,并指出:"由于华北的民众八成多都是农民,并且农民多为零散的小农,所以华北的政治和经济都不可能离开农村。华北的共产党因此将农村作为根据地组织农民坚持抗战,'中国事变'可以说是我方跟共产党之间的民众争夺战。"②即是说,中共已深刻认识到,现代战争从物资获得战转向了民众获得战。这是因为获得物资的生产只有在获得作为生产力的民众后才能显得完整,以此才能够进行长期持久的战争。日本华北方面军(多田部队)参谋部在《中国共产党运动的解说》中也分析道:"中共开展'人民战争',不遗余力地将民众拉拢过来不仅是为了增强自己的兵力,还为

---

①　多田部隊参謀部「中国共産党運動ノ解説」、森川史料、1941 年 2 月 27 日、JACAR(アジア歴史資料センター):C13031900100、第 45 頁.

②　華北交通株式会社東京調査室『華北ニ於ケル中国共産党ノ現状』、防衛研究所戦史研究センター史料室蔵、第 2 頁.

了增强自己的政治势力。"即："中共大力发展民众团体,促进民众的政治参与。民众的政治参与是各级民意机关(县、区、村民大会、代表会或者议会)的结成,以及依此完成行政机关的领导及蜕变。行政机关在蜕变的同时,行政施策也逐渐变化完备。"①由此可见,作为中共战斗力组成部分之一的"政治攻势",也是建立在民众信任与支持的基础之上的。中共为了自身的发展,为了将日本清除出中国这片土地,不会也不可能脱离群众。这就是在华专门从事反共活动的日本特务深田悠藏在其《中国共产军的目前形势》一书中承认,"中共重视政治行动,以掌握四亿民心,将其组织起来",成为"可怕的敌人"②的根本原因。

(二)中共人民战争的特点

中共发动和组织民众抗战取得巨大成效,能够做到军民深度结合、深入基层百姓、赢得群众广泛的支持和拥护,令日方感到十分痛恨却又无可奈何。通过分析日方的情报资料我们可以发现,中共抗战的"人民性"是贯穿于军事、政治、经济、宣传、教育等所有工作中的。无论是除奸工作、宣传战、情报战,还是游击战、地道战、地雷战,无一不需要依靠人民、取得人民的支持和信任。具体而言,日方认为,中共发动人民战争的特点体现在以下几个方面:

1. 中共及其领导的军队以实际行动感召民众

连日方调查人员也不得不承认,"共产党军队有比较严格的军纪,严厉戒备触犯引起民众抱怨的事情"③。"他们(中共)为了主义和抗日可以不顾生

① 多田部隊参謀部「中国共産党運動ノ解説」、森川史料、1941 年 2 月 27 日、JACAR(アジア歴史資料センター):C13031900100、第 46 頁.
② 深田悠蔵『支那共産軍ノ現勢』、東京:改造社、1939 年、第 4 頁.
③ 北支那方面軍司令部『粛正討伐ノ参考』、1943 年 5 月、JACAR(アジア歴史資料センター):C19010200500、第 9 頁.

死……在地方上积极活动,从而让地方上的工作顺利推进,取得了伟大的成果。"①可见,中共及其军队能以身作则,严格遵守纪律、坚决抗战到底,对民众起着模范带头作用,从而能获得民众的信任和拥护。此外,日本登集团军(即驻守京沪杭地区的日军第13军)参谋部在《在苏北的新四军的情况》中写道:"尽管根据地内民众的组织任务也不容忽视,但近来中共的工作进展已经陆续延伸至所谓的游击区、沦陷区。尤其是在和平军进行不当征税的地方,如前所述导致民心的背离。素质和军纪良好的新四军便趁机不断推进自身的民众工作,从而使得不少民众从和平地区(指汪伪政府统治地区,下同)逃向新四军地区。"②由此可知,中共的群众工作绝不仅仅是以自己势力下的民众为对象,还要通过动员来获得日军后方和敌伪地区的多数民众的支持。

2. 中共通过提高民众的生活水平来获取民众的支持

据日方情报资料记载,中共在农村实施了正确的政策,通过减租减息、合理负担及统一累进税等办法,积极策划减轻农民的各种负担,赢得农民的信任与支持。日本华北方面军司令部编写的《对华北方面共产势力的观察》中做了具体说明:"为了获得民众的支持,共产党对土豪富农进行了驱逐,没收了他们的财产土地并将其平分给了民众,让所有的民众都能够得到土地,并且通过某些手段对民众所需要的必需品进行了筹措,使民众免于饥饿。在一些地方,共产党获取民心的工作取得了相当大的成功。作为提高生活水平的对策,正如上述那样通过平分土地合理负担(以租税为主)、延缓负债的支付、降低

---

① 北支那方面军参谋部「北支方面共産勢力ニ対スル観察」、『陸支密大日記(昭和15年)』(第40号2/3)、1940年10月1日、JACAR(アジア歴史資料センター):C04122556700、第7頁.

② 登集団参謀部「蘇北ニ於ケル新四軍ノ情況」、『防共研究資料』(第5号)、1942年11月11日、防衛研究所戦史研究センター史料室蔵、第1464頁.

利息,以及合作社的合理运营等方式来使民众生活获得安定。"①新四军的民众工作也是十分优秀的。日方称赞道:"新四军对民众征税时要求民众也可以用高粱、豆类、杂谷等进行替代。此外,新四军避免对和平地区的民众进行征税,以免造成这些民众的双重负担(即所谓的灰色地区的情况)。可见,中共为了收揽民心细致到了如此的程度(和平军方面的征税则完全不会顾虑到民众被新四军征税的情况,这样一来,往往使民众承受了双重的负担而怨声载道)。"②由此可见,中共在抗战时期是真切体会和了解老百姓的疾苦,通过维护群众的切身利益来获得群众支持,进而发动、组织群众投身抗战。

3. 中共通过持续有力的教育宣传来获取民众的支持

通过日方情报资料可以了解到,中共巧妙地宣传抗日主张和共产主义,显示共产党的优秀性,并通过教育得到加强,以获得民众对共产党的信赖。具体而言,"共产党通过征兵将民众的子弟吸纳进共产党军内,教育并掌握青少年,从而使得民众深深依赖中共军队"③。此外,"我方占领地区的实力者及富豪等将其子弟送往新四军地区的学校亦不在少数,因为新四军地区老师的质量和教育方法都比较好。接受了新四军方面的教育的子弟很难亲日,因此现在获得下一代的支持已是至关重要的事"④。新四军方面极为擅长政治工作和宣传教育工作,"组织了包括农民、工人、商人、青年、妇女、儿童等的抗敌协

---

① 北支那方面軍参謀部「北支方面共産勢力ニ対スル観察」、『陸支密大日記(昭和 15 年)』(第 40 号 2/3)、1940 年 10 月 1 日、JACAR(アジア歴史資料センター):C04122556700、第 0828—0829 頁.

② 登集団参謀部「蘇北ニ於ケル新四軍ノ情況」、『防共研究資料』(第 5 号)、1942 年 11 月 11 日、防衛研究所戦史研究センター史料室蔵、第 1476 頁.

③ 北支那方面軍参謀部「北支方面共産勢力ニ対スル観察」、『陸支密大日記(昭和 15 年)』(第 40 号 2/3)、1940 年 10 月 1 日、JACAR(アジア歴史資料センター):C04122556700、第 0828 頁.

④ 登集団参謀部「蘇北ニ於ケル新四軍ノ情況」、『防共研究資料』(第 5 号)、1942 年 11 月 11 日、防衛研究所戦史研究センター史料室蔵、第 1465 頁.

会,以'抗日高于一切'的口号对其进行领导。或是组织不脱离生产的民众武装团体,从而将抗日武装团体与地方居民联系起来,建立民众的军队以及减轻维持脱离生产的(职业的)武装团体的负担"①。日方甚至发现:"共产党军队还派出地下工作人员潜入到日军占领的地域或是国民党军队的势力范围。在当地招揽共产主义战士的同时,弄清该地的行政机关,并在当地区组织农村救国会、青年救国会、妇女救国会、文化救国会、合作社等,作为民众工作的拓展工作。"②从上述情报资料中不难看出,中共向来重视政治工作,从而使其在抗战的宣传教育方面极为用心且势在必行。无论是对民众、对国民党还是对日本,都不遗余力宣扬抗日精神,凝聚一切可以抗战的力量。这种热烈、巧妙而有组织性的教育工作和宣传工作,以及"除奸工作"都使得全体民众抗日意识更为团结,抗日热情更为高涨。

综上所述,我们从日方情报资料中可以看出,中共在执行统一战线政策时开展了广泛的群众运动,努力组织和团结一切抗日民众进行共同抗日。因此,对民众的组织和动员工作是一切工作的基础。与国民党把武装斗争局限在"打仗"的片面抗战不同,中共更多的是放在发动群众、组织群众这个"兵民是胜利之本"的大目标上,大力开展全民族抗战。于是,中共将农村社会改革、建立巩固根据地与民族解放战争有机地统一起来,充分调动人民群众的抗日积极性和创造力,形成了人民战争的汪洋大海,具有顽强的生命力。中共的武装力量便是在和日军的战斗中不断壮大的。日方为了应对中共的人民战争,采取了整顿军队建设、加强对民众的宣传教育、大力开展整治工作等对策,然由于各方面原因而收效甚微。北平伪《新民报》曾报道过日军"扫荡"时向一老妇人问及村中地道、八路军等情况,老妇人一概推说不知,于是感慨道:"如此无知之

---

① 登集团参谋部「蘇北ニ於ケル新四軍ノ情況」、『防共研究資料』(第5号)、1942年11月11日、防衛研究所戦史研究センター史料室蔵、第1466頁.

② 北支那方面軍参謀部「北支方面共産勢力ニ対スル観察」、『陸支密大日記(昭和15年)』(第40号2/3)、1940年10月1日、JACAR(アジア歴史資料センター):C04122556700、第0828頁.

贫农……宁愿为八路军牺牲,却始终不言真实之事。"①由此可见,正是中共坚持群众路线,使得广大民众被动员起来密切协助抗战,达到了军民一致的"全民皆兵"状态。这种威力十足的人民战争才是日方"剿共"的根本障碍。

结　　语

与以往的研究维度不同,本章从相关日本情报机关档案资料出发,探讨战时日方所了解的中共抗战的情况和特点,阐明中共在抗日战争中克服一切困难坚持抗战的原因及贡献。战时日本情报机关对中共的调查研究随着对中共的不断了解,认识也不断深入。其档案资料反映出中共抗战目的明确、立场坚定,具有远见卓识的政略和灵活机动的战略战术,较为全面、精准地呈现出中共抗战的面貌。据日本情报机关档案的描述,中国共产党最大的威力在于该政党的政治攻势,以及其发动的具有顽强生命力的人民战争。可以说,日本情报机关的这些观察记述与存留档案,给我们论证中共抗战的特点及其在抗战中的贡献,提供了更多的参考和依据。

---

① 《平地壕奇袭匪窟日记》,《新民报》(北京)1944 年 3 月 11 日、12 日。

第十三章

战时日本对中共抗日民族统一战线、抗日根据地的反响

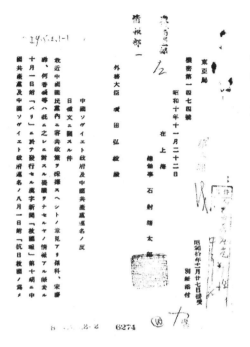

◀有关中共《八一宣言》的日本档案，即1935年11月22日日本驻上海总领事的报告，见《各国共产党关系杂件：中国部第八卷》（日本外务省外交史料馆藏）。

中共发表《八一宣言》号召建立抗日民族统一战线，在中国激起巨大反响，也引起了日本的警觉。日本驻上海总领事石射猪太郎将其译成日文向外务大臣广田弘毅呈报。

▶日本大本营陆军部编《对华作战参考资料(教)之十二：中共军队的现状》，1938年10月（日本防卫省防卫研究所馆藏）。

该资料认为：中共一贯主张动员、训练、武装大众，其结果就是其力量的壮大、红色区域的巩固。

八四

外国事情 中华民国

中共中央の抗日運動に關する重要文献

八五

外国事情 中华民国

▲1936年9月日本《外事警察报》第170号刊登的中共中央政治局瓦窑堡会议决议（日本国立公文书馆藏）。

中共中央政治局瓦窑堡会议因决定建立广泛的反日民族统一战线而备受日本关注。

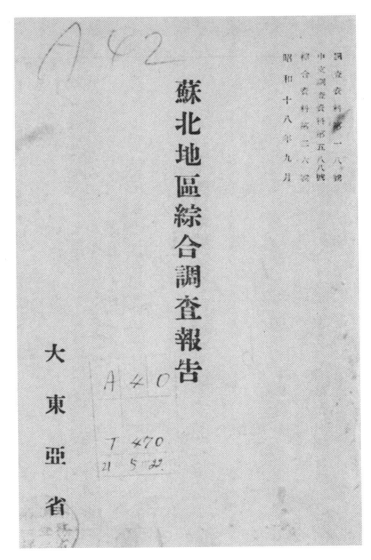

▲日本大东亚省印行的《苏北地区综合调查报告》，1943年9月（日本东洋文库馆藏）。

　　该报告承认新四军军政一致，发动民众的工作极为活跃，使日军即使要"确保强化"已占据的区域也"相当困难"，故，日军将所谓的对新四军"彻底扫荡"作为首要"对策"。

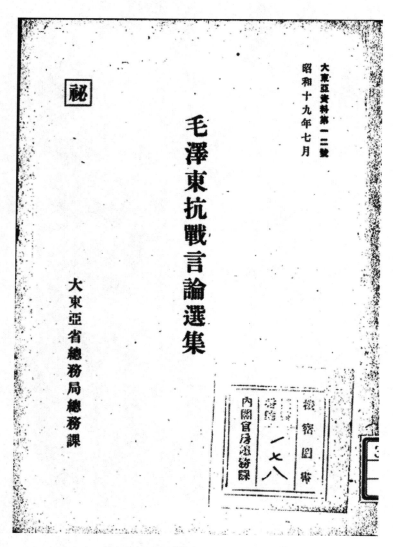

▲日本大东亚省总务局总务课编《毛泽东抗战言论选集》，1944 年 7 月（日本国立公文书馆藏）。

1944 年 7 月，日本大东亚省总务局总务课编译了毛泽东的《论持久战》等五篇著作，以作为了解和应对中共抗战的重要参考文献。

反对帝国主义是中国共产党在民主革命时期的主要任务之一,故,中国共产党在历次反帝斗争中,都是最坚决的推动者、领导者。1931年,日本发动九一八事变挑起侵华战争后,中国共产党迅速发起了东北抗日游击战,继而面向全国号召组成广泛的抗日民族统一战线,并大力推动其实现。七七事变爆发后,国共实现再次合作,中国共产党及其领导的八路军、新四军,在积极配合正面战场抵御日军进犯的同时,深入敌后,发动组织民众,开辟抗日根据地,坚持持久抗战,历尽艰难困苦,沉重打击日伪军,使自身不断发展壮大。而侵华的日军,则始终将中国共产党视为心腹之患,并为加以扑灭而寻求对策,在此动机下多方搜集和研究相关情况,留下了不少资料。这些资料从敌方角度,见证了中国共产党抗战的巨大反响。本章仅就其中涉及中国共产党与抗日民族统一战线关系、抗日根据地建立与扩展的内容进行梳理,从中可以清晰地看出日方的反响。

一、中共发起、促成并坚持抗日民族
统一战线在日方的反响

众所周知,中国赢得抗日战争的完全胜利极为重要的条件之一,就是在这场战争中形成并一直保持着广泛的抗日民族统一战线。回顾自鸦片战争以后历次反抗外来侵略的战争,这种局面在中国前所未有。而对此起了最大作用的正是中国共产党。作为敌方的日本,也一直将此作为十分重要的问题来看待,其相关记述与议论,虽充满敌意,但也从一个方面印证了抗日民族统一战线发起、形成并保持到抗战胜利,都离不开中国共产党的远见卓识、坚定意志和不懈努力。

人们通常认为,1931年日本挑起侵占东北的九一八事变时,中国共产党及工农红军还在与国民党反动势力血战,且正受到王明"左"倾路线的影响,因而尚未将建立抗日民族统一战线提上日程。但是,日本满铁调查部1939年10月在大连出版的《抗日民族统一战线运动史》一书,却将抗日民族统一战线的起源追溯到九一八事变爆发之后,指出:"中国共产党根据当时民族危机紧迫、全国性反日运动高涨,提出了反对日本帝国主义的基本口号:'武装人民,遂行民族革命战争,反对日本帝国主义,以保证中国之民族独立、国家统一、领土完整'。这就是抗日民族统一战线发生萌芽时的口号,在全国范围内得到广大民众的拥护。"而1932年"一·二八"事变中爱国军民的浴血抗战,在日方看来,就是抗日民族统一战线的实际体现:当时,十九路军开始"民族防御"战争,"上海市民不分阶级支援十九路军",使十九路军显示出超常的战斗力。"中国共产党组织日本纱厂十万工人举行大罢工,同时组织各界反日民众团体……从事捐款、慰问等工作,且组织民众送往前线,发行题为《反日民众》的日报。其时'农工商学兵大联合'的口号,也是这个团体提出的。"①关于这个民众团体,早在1932年3月,日本驻上海总领事村井苍松就有过专题报告。该报告写道:九一八事变后,中国共产党在上海促动数十个抗日团体,成立了上海民众反日救国会,"作为共产党发声的机关,在反日运动旗号下进行共产党的活动"。在"一·二八"事变中大力争取民众,"据说现在会员约达二万",上海"各种反日民众大会等,几乎无不由该会策动",虽然"在市内各区的分会大部分被封,但仍在地下活动",通过散发传单向民众进行抗日宣传。该联合会将2月28日至3月5日定为十九路军胜利庆祝周,组成上海

① 参见南满洲铁道株式会社调查部编『抗日民族統一戰線運動史——国共合作に関する政治資料』第二章第一節、大连:東亜印刷株式会社、1939年。

市民庆祝大会筹备会（后改为上海各界反对撤兵出卖上海兵民大会筹备会）。① 《抗日民族统一战线运动史》还写道：中国苏维埃临时中央政府在1932 年 4 月对日宣战、发出抗日合作宣言，中共中央为抗日发出告全国民众书；同年 9 月，上海反帝国主义战争大会作出决议、发表宣言，与中共的抗日合作宣言相呼应；1933 年 11 月，红军与十九路军达成反蒋反日的初步协定；1934 年 5 月 3 日，中国民族武装自卫会发出对日作战宣言，同年 7 月 15 日中国工农红军发出北上抗日宣言等。② 这些都反映出中共的联合抗日思想。

　　东北是十四年抗战最早的战场，也是中共最早明确提出建立抗日民族统一战线之地，这在日方资料中也有具体反映。1935 年 2 月，日本内务省警保局外事课编印的《外事警察报》第 151 号，载有关于在东北的中共组织活动情况的报告，其中写道：九一八事变爆发后，中共满洲省委和共青团省委立即号召东北民众联合起来进行斗争，并将分散的抗日力量联合起来，在吉林东部及磐石建立了"共产系部队"，与日军作战，并在延吉建立了苏维埃政权。1933 年 1 月，中共中央向满洲省委发出指示，指出当前党在东北的任务是开展反日民族革命战争，要将各种抗日力量统一于党的领导下，组成抗日统一战线。中共满洲省委贯彻这一指示，从 1933 年秋开始，将所领导的抗日军队改编为人民革命军，将苏维埃政权改组为人民革命政府，增强了与其他抗日力量组成统一战线的工作。在此基础上，在磐石，以东北人民革命军第一军为核心，成立了东北抗日反满联合总指挥部（统一指挥磐石、桦甸、辉南、海龙、濛江、临江、通化及金川、柳河的抗战），并在宁安设立了抗日军联合办事处，

---

① 『共産系ノ上海民衆反日救国聯合会ノ活動状況ニ関スル件』（1932 年 3 月 23 日日本驻上海总领事村井苍松致外务大臣芳泽谦吉）、日本外务省外交史料馆藏、A-1-1-0-21 之 5-013.

② 参见南满洲铁道株式会社调查部编『抗日民族統一戰線運動史——国共合作に関する政治資料』第二章第一節、大连：東亜印刷株式会社、1939 年。

指挥吉东地区的抗战；在哈尔滨以东，中共珠河中心县委领导成立了东北民众抗日联合指挥部；在松花江流域的汤原、依兰、桦川，也有了中共汤原中心县委领导的抗日武装。到"1934 年夏，各方面都出现了共产系部队的活动"。日方报告所作的判断是："共产党的政策，是要在反日民族革命旗下，将各种抗日反满义勇军全部置于党的领导下，由于情势，共产系部队已经掌握了抗日武力行动的领导权"，成为日本在东北实行殖民统治的"重大障碍"和"最大问题"。①

1935 年 8 月 1 日，中共中央根据当时的国内外形势，并按照共产国际第七次世界大会关于广泛建立国际反法西斯人民战线的决议，草拟了著名的《八一宣言》，号召全体同胞抗日救国，明确表示"愿意立刻与中国一切愿意参加抗日救国事业的各党派，各团体(工会，农会，学生会，商会，教育会，新闻记者联合会，教职员联合会，同乡会，致公堂，民族武装自卫会，反日会，救国会，等等)，各名流学者，政治家，以及一切地方军政机关，进行谈判"，建立"救亡图存的临时领导机关"，"设法召集真正代表全体同胞(由工农军政商学各界一切愿意抗日救国的党派和团体，以及国外侨胞和中国境内各民族，在民主条件下选出的代表)的代表机关，以便更具体地讨论关于抗日救国的各种问题"；"无论各党派间在过去和现在有何政见和利害的不同，无论各界同胞间有任何意见上或利益上的差异，无论各军队间过去和现在有任何敌对行动，大家都应当有'兄弟阋于墙外御其侮'的真诚觉悟"，"应当停止内战，以便集中一切国力(人力、物力、财力、武力等)去为抗日救国的神圣事业而奋斗"。②由此，抗日民族统一战线运动开始在全国蓬勃兴起。这一重大进展，强烈震撼

---

① 「満州国に於ける中国共産党の状況」(上)，『外事警察報』第 151 号、1935 年 2 月、第 8、14~16、33、34、4、1 頁.

② 《为抗日救国告全体同胞书(八一宣言)》，见中央统战部、中央档案馆编：《中共中央抗日民族统一战线文件选编》中册，档案出版社 1985 年版，第 16、17、15 页。

了日本侵华势力。① 1936 年 4 月,日本外事警察在相关报告中称:"共产党的救国运动"正在"全国范围内激化",体现为中共对一二九运动的发动和领导,在陕北的红军与东北军、晋军及宋哲元军联络,并准备开到河北西南部组织抗日联军等。② 此外,日本外事警察还根据所掌握的情报指出:自 1935 年底以后,中国各救国团体发出的各种文献和宣传品大多反映共产党的主张,强调各党派结为统一战线等。他们由此认定:"救国运动的领导权现在实际上是由共产系分子所掌握。"所以,在得到中共中央政治局 1935 年 12 月 25 日通过的《关于目前政治形势与党的任务决议》后,他们视为重要文献而迅速译介全文,并且认为:"共产党巧妙的新政策正在取得相当的成果。"③其后,中国共产党及受其影响的爱国团体为停止内战、促成抗日民族统一战线而发出的呼声与作出的决议,如 1936 年 2 月 21 日中华苏维埃共和国政府为召开全国抗日救国代表大会发出的通电、同年 3 月 10 日中共中央北方局发出的《抗日救国宣言》、6 月 1 日全国各界救国联合会成立时提出的《抗日救国初步政治纲领》、6 月 13 日《中共中央关于目前政治形势的决议》、7 月 15 日全国救国联合会沈钧儒等发表的《团结御侮的基本条件与最低要求》、8 月 10 日毛泽东致全国救国联合会领导人等的信、8 月 25 日中共中央致国民党书、9 月 19 日《中共中央政治局关于抗日救亡运动新形势与建立民主共和国的决议》、12 月 1 日中共中央与中华苏维埃共和国中央政府关于绥远抗战的通电等,都被日方视为抗日民族统一战线实施的表现,随时作为重要情报进行分析,

---

① 1935 年 11 月下旬,日本驻上海总领事石射猪太郎通过 10 月 1 日在巴黎出版的中文刊物《救国报》第 10 期,得见八一宣言,认为其号召举国一致建立国防政府,与以往的中共文献大有不同,立即全文翻译向上呈报。见『中国ソヴィェト政府及中国共産党連名ノ反日檄文ニ関スル件』(1935 年 11 月 22 日日本驻上海总领事石射猪太郎致外务大臣广田弘毅,附八一宣言日译本)、外務省外交史料館蔵、Ⅰ-4-5-2-1 之 1-008。

② 「中共党の国防政府及抗日聯軍の組織計画」、『外事警察報』第 165 号、1936 年 4 月、第 47 頁。

③ 「中共中央の抗日運動に関する重要文献」、『外事警察報』第 170 号、1936 年 9 月、第 84-101 頁.

探讨对策。① 当时，日本一直从事有关中国共产党"研究"的御用学者波多野乾一，对中国的抗日浪潮极为敌视，尤其为"1935年夏以来中国展开的抗日运动与以往有质的不同"而感到"骇目"，因此在1936年夏专程到上海进行"探究"，其所得的结论，就是将抗日运动与共产运动等同起来，以"抗日人民战线"来概括见闻。② 他还说，《八一宣言》发表后，中国共产党"利用一切机会促动民众"，"在抗日运动所有的方面，无不发出党的声音"，尤为注重党对抗日的领导。③ 对于中国共产党发起抗日民族统一战线运动的巨大威力，有日本人用"抗日救国之爱国魔药"来形容，称中共坚决反对国民党所谓"攘外必先安内"政策，频频主张立即开始对日抗战，在《八一宣言》发表仅数月之后，抗日救国运动就有了飞速发展，"波及全国"，"从学生层扩大到一般知识阶级、城市工人阶级、一部分农民之中，同时运动的组织化也步步推进"，"上海、南京、汉口、广州、北京、天津等中国主要城市，簇生各种救国会无数"。④

1936年上半年，在陕北的红军向山西出动，实行东征抗日。而日本在华新闻机构紧盯其动向，3月10日发出的电讯称：红军占领山西南部八县，大力宣传"我们红军站在抗日第一线，只是在战略上以山西为基点，全国红军的目的，在于组成全国一致的国防统一军队与抗日联军"。日本势力由此判明：红军东征的重要意图之一，是号召"组成以抗日为目的的爱国分子的统一战线"。⑤ 日本军方也得到不少相关情报，指出红军的行动并不限于"赤化"山西，而且实行了"民族团结抗日"的"新战法"；认为这对于日本的"防共工作"而言，"无论如何都是要考虑的问题"。⑥ 到1936年底，日本出版了叙述中国

① 参见南满洲铁道株式会社调查部编『抗日民族统一戦線運動史——国共合作に関する政治資料』第二章第一節、大連：東亜印刷株式会社、1939年。
② 波多野乾一『赤色支那の究明』、東京：大東出版社、1941年、第3頁.
③ 波多野乾一『中国共産党史』第6卷、東京：时事通信社、1971年、第178—179頁.
④ 梶原胜三郎『支那抗日運動の思想の背景』、東京：教学局、1937年、第27—28頁.
⑤ 大塚令三『支那共産党史』上卷、東京：生活社、1940年、第207、208頁.
⑥ 陸軍省新聞班編『共産軍の山西侵入に就いて』、東京、1936年、第34頁.

抗日民族统一战线形成情况的书,书名就是《共产党领导的中国抗日人民战线》。其中明确指出:"中国现在燃起燎原之火的抗日救亡联合战线,率先首倡者就是中国共产党"。作者从九一八事变后中共首倡联合抗日、将抗日摆在首位、为建立统一战线频频提出建议、逐步调整土地革命政策、通过发动一二九运动有力促进统一战线形成等方面,具体说明了中共对于抗日民族统一战线的领导作用。他认为:一二九运动以后,上海、武昌等地掀起的学生运动与上海文化界救国会的成立,1936 年上海妇女会、上海联业会、上海各大学教授会等救国会组织成立,北平学生救国会发出激昂的救国宣言、号召统一抗日战线,进一步促进了抗日战线的联合;而其后中国学生救国联合会特别是全国各界救国联合会的组成,则意味着"中国共产党多年愿望的实现"。全国各界救国联合会具有统一中国抗日运动的意义,因为该会成立时,与会的有上海各界救国联合会、平津民族解放先锋队、南京救国协进会、厦门抗日救国会、香港抗日救国会、广西全省学生救国联合会、武汉文化界救国会、上海工人救国会、广东文化界救国会等救国抗日团体代表六十余人,另有北平、天津、保定、济南、青岛、南京、徐州、厦门、广东、广西、香港、武昌、汉口等十八个城市的代表六十余人,以及没有到场的无锡、漳州、开封、长沙、泰安等地十九路军的代表。[①]

就抗日民族统一战线的最终形成而言,关键环节是国共再次合作的实现,而 1936 年 12 月 12 日爆发的西安事变,则是实现国共再次合作的重要契机。当时日本正在图谋发动全面侵华战争,得知西安事变爆发后,极为忌惮国共双方由此接近、形成抗日统一战线,故,由军方授意,日本最大报纸《读卖新闻》等在 12 月 17 日发出叫嚣:"日本以排击共产主义为国是……在日

---

① 参见松本忠雄『共産党にリードされる支那の抗日人民戦線』、東京:第百書房、1936年。同年 9 月,日本人在上海办的"中国资料月报社"编印了『抗日人民戦線運動の展望』一书,将中国抗日民族统一战线运动高涨归结为中共"以抗日救国共同斗争为基础、结成最广泛的反帝统一战线"政策的结果,并说这一运动"对日本来说,不能不说是最须注意的重大情况"。

中交涉中,将防共作为主要项目之一向中方提议,出于这种精神,对目前事态的激发只能感到危惧";西安方面"公言容共政策,欲使赤化势力流入中国",对此"日本不会坐视"。① 而日本之所以迅速作出这种反应,不仅是直接针对当时张学良、杨虎城与中共合作的态度,更是由于其看到了中共促进抗日民族统一战线的政策,对于西安事变的发生乃至其后中国政治走势所产生的重大影响。日本参谋本部在 12 月 15 日编印的秘密文件《西安事变前的陕甘红军》就是证明。该文件写道,红军"绝不杀戮原东北军俘虏,而是好言安慰后释放,随后对原东北军宣传'红军不打东北军,释放所有俘虏','红军同情东北军失地、流浪各地,我们要团结一致以对外',等等",使东北军消除对红军的敌视。在中日矛盾激化、青年激愤的形势下,中共号召"不分党派一致对外,展开我们的民族斗争",说出了人们的心里话,而西安事变"可说是由张学良下面赤化的下层军官实行的"。鉴于中共体现出的"飞跃的优势",对今后的动向"不容我们有片刻忽视"。② 但是,日本后来所看到的,却是"中国共产党领导的抗日民族统一战线运动,得到大众全面赞成拥护","南京政权也不能无视";随着西安事变和平解决,国共十年内战结束,在日军挑起七七事变之后,国共两党"在抗日的大前提下毅然重新合作了"。③ 日本满铁调查部认为这种现象"在中国历史上前所未有",故于 1939 年专门将九一八事变后中共号召建立抗日民族统一战线的重要文献译编成书,以供日本各方研究。

国共合作使抗日民族统一战线大为扩展,强有力地推动了全民族抗战。而在全民族抗战过程中,中共对抗日民族统一战线仍一如既往大力宣传、推动

① 外務省『支那の変局と日本之原則的態度』所附 1936 年 12 月 17 日『読売新聞』載「新事態の展開 陸軍当局注目す」、外務省外交史料館蔵、A-6-1-5-5 之 10-4.

② 参謀本部編『西安事件前ニ於ケル陝甘ノ共産軍』(1936 年 12 月 15 日)、外務省外交史料館蔵、A-6-1-5-5 之 10-4.

③ 南満洲鉄道株式会社調査部編『抗日民族統一戦線運動史——国共合作に関する政治資料』、大連:東亜印刷株式会社、1939 年、第 1 頁.東洋協会調査部『支那に於ける国共合作問題』、東京:三秀舎、1938 年、第 12 頁.

发展,着眼于"动员各阶层民众为保卫祖国而战";针对国民党一些势力害怕民众运动、到处以种种手法加以限制甚至破坏,明确提出"要使民众运动有大发展,还有待于我们的极大努力";在发动民众工作中,既有具体原则,注重进行生动多样的抗战宣传,又注意采取适当的组织形式,根据不同环境采取相应的斗争方式。① 日本政府对此十分仇视,其兴亚院政务部于 1939 年 11 月编印《中国共产党最近的活动状况》;根据所搜集的情报,叙述了中共采取多种形式在各地对社会各方面宣传和推动抗日民族统一战线发展的情况,所涉及的地区有陕西省西安及关中、汉中、陕南,甘肃省陇东,武汉与湖北宜昌、沔阳、黄冈、荆沙、皂市、蒲圻、天门、浠水、咸宁、黄陂、罗田、枣阳、大冶、江陵、恩施、应城,湖南长沙、平江、浏阳、醴陵、鄠县、常德、沅陵、溆浦、宁乡、衡阳,浙江省龙泉、金华、兰溪、镇海、松阳、平阳、奉化、嵊县,北平、天津、河北省,贵州省贵阳、安顺、毕节、遵义及湄潭,广州,河南省第一战区及遂平、潢川,以及福建东北,浙江温州、龙游、衢县、开化、马金,江西大庾等地。同年 1 月,日本华北方面军参谋部编印的《共产军对民众教化工作资料》,又根据从冀中固安县所得资料,译介了八路军对普通民众进行宣传教育的具体内容,认为由此"可以窥知思想工作相当深刻"。其中提到,对小学生的训练科目包括"统一战线周",所列内容有 7 项:"我们要为坚固的民族战线统一尽力","我们要联合一切抗日分子共同奋斗","我们要支持现有抗日团体的活动","我们要尽力帮助改善人民生活","我们要联合各阶级及弱小民族担任救亡工作","我们要尽最大力量清除不良分子","我们要拥护国共合作,一致为抗日尽力"。②

但是,抗日民族统一战线的道路依然很不平坦。究其根源,就在于国民党内一些顽固势力消极抗战乃至抗战立场动摇。而日本侵略者,则一直寄希望

---

① 参见深田悠藏『支那共産軍の現勢』之「七 民衆運動の実情」「四 第四期宣伝の現状」、東京:改造社、1939 年。

② 北支那方面軍参謀部『共産軍ノ民衆ニ対スル教化工作資料』(附件二,1939 年 1 月 4 日)、防衛庁防衛研修所蔵、支那-支那事変北支-916.

于由这种状况而导致抗日民族统一战线破裂。在全民族抗战开始不久,日本国内有一种"相当流行的意见",说是"驱使中国投入抗日战争是国共合作的结果,其背后站着的是共产党分子,所以中国的抗日统一战线不久必会发生分裂,国民政府内知日派分子将发动政变,国共必定会再次分裂"。日本政府一直到攻陷南京之后,还"瞩望于南京政府内部出现转向的迹象"。① 1938 年 12 月,汪精卫等投敌,日本侵略者兴奋起来,他们认为:"从国民党方面来看,在适当的时候,以适当的条件实现和平的欲望,是常在心底的。"但是,他们又看到,"共产党在汪发出和平通电后,全面动员言论机关,将汪斥为汉奸,向人们指出汪的提议完全是使国家民族灭亡、投降屈服的言论。后又将这种方法强化扩大,暗里威胁潜伏于抗战内部的和平分子"。"共产党的政策全然没有对日和平,和平是与共产党的一切相反的。国共合作建立在彻底抗战的前提之上,这是共产党的政策。"②后来,日本华北方面军也有完全相同的说法,称共产党"具有源于共产主义思想的特别的思想、精神,这种思想……与不断高涨的抗日民族意识结合在一起,不断强化他们的对日抗争意识及思想上的团结,是无可否认的事实",故"只要重庆方面想言和乃至有软化抗战意识的倾向时,总是马上抨击,以使其朝着抗战的方向"。③ 由此,日本侵略势力就把中共视为其瓦解抗日民族统一战线、促使国民党对日"和平"的最大障碍,宣称"和平就是反共",并将国民党反共行径都归结为要对日"和平"的表现。④ 而日方这些言论恰好从反面证明:正是中国共产党,以其坚定不移的抗战立场,成为阻止国民党动摇、维护抗日民族统一战线的主要力量。

从 1939 年到 1940 年,国民党挑起诸多与中共摩擦事件,日方有人认为这是"主张无产阶级和人民路线的中共呼吁人民战争、持久战,与国民党坚持一

① 東洋郷会調査部『支那に於ける国共合作問題』、東京:三秀舎、1938 年、第 1 頁.

② 外務省情報部第三課編『赤色支那誌』、東京、1940 年、第 137 頁.

③ 北支那方面軍参謀部『北支方面共産勢力ニ対スル観察』(1940 年 10 月 1 日)、防衛庁防衛研修所蔵、陸軍省-陸支密大日記-S15-111-206、第 6、7 頁.

④ 外務省情報部第三課編『赤色支那誌』、東京、第 137、138 頁.

党专政、主张战争要靠政府与军队来推行"的对立所致。① 而日本华北方面军参谋部则根据其观察，称国民党对中共"采取压迫态度，且对地方上也暗中下令阻止其势力发展"，双方"斗争的原因多是在重庆方面"。② 1942 年 8 月，日本中国派遣军参谋部得到的国民党军方情报也反映：蒋介石在这年 6 月、8 月，对于战斗在鄂南、鄂东的新四军五师，先后密令第九战区的国民党军队实行"剿灭"，而该战区司令长官薛岳也唯命是从，以新编第十三、十五、十六各师及第二十军作为"剿共"主力，并令"挺进军"各纵队配合，从鄂东南向新四军五师进攻。新四军沉着应对，采取敌进我退、避实就虚击敌的战术，使国民党军的进攻以失败告终。③ 日本侵略势力乐见国共发生摩擦，多方搜集相关情报，以便加以利用。直到 1944 年，日本情报机构回顾数年来中国统一战线内部发生一系列矛盾、摩擦的过程，也不讳言"使国共分离"是日本的"既定国策"。但日方又不得不承认：他们的企图最终破灭，现实"与我方期待正相反，国共（关系）趋于巩固"。其重要原因之一在于：中共在坚决回击国民党顽固派挑衅、总体上不断壮大自身力量的同时，仍从抗日大局出发，权衡国内外形势，"采取保持国共合作的方针"。④ 对此，1943 年 1 月，日本海军在海南岛的特务部编印的《在海南岛的中国共产党》，提供了一个确证。这本小册子尤其注意 1941 年 9 月举行的中共琼崖特别委员会第九次扩大会议及冯白驹在会上作的政治报告，凸显其中所列重大问题，即各党各派完全一致合作、恢复抗日民族统一战线、抗日各党派平衡发展与扩大游击战、建立新民主主义琼崖、实施"三三制"。关于统一战线，日方引述了冯白驹所言：世界反法西斯战争正走向胜利，打败日本指日可待，但"在我们抗日阵营，国共两党依然分裂，全

---

① 東亜研究所編『重慶政権の政情』、東京、1943 年、第 174 頁.
② 北支那方面軍参謀部『北支方面共産勢力ニ対スル観察』（1940 年 10 月 1 日）、防衛庁防衛研修所蔵、陸軍省 - 陸支密大日記 -S15-111-206、第 4 頁.
③ 支那派遣軍参謀部『第九戦区ニ於ケル国共相克ノ情況』（1942 年 8 月 29 日）、国立公文書館蔵、返赤 12021000.
④ 東亜研究所編『重慶政権の政情』、東京、1943 年、第 174、175 頁.

琼大团结尚未恢复,内战仍在继续,'反共'、'灭独'政策仍冥顽不改,合作谈判又遭破裂"。然而,"三年孤岛血战,揭示了只有团结才是抗战胜利的根本","国共两党必须恢复合作,重建在海南岛的民族统一战线,……希望琼崖当局放弃'反共'、'灭独'政策,停止内战,与我们展开谈判,以解决所有国共纠纷,共同向抗战迈进"。① 这里所展示的,是坚持抗战的中国共产党坚决反对国民党反共,同时对团结御侮、保持抗日民族统一战线一贯毫不动摇的立场。当然,日方对于国共合作的维持,也十分强调美苏牵制国民党所起的作用,但是,一涉及"美国每当国共发生纷争时总是牵制重庆"的缘由,又指出:美国"向来高度评价中共,认为中共是巩固抗日战线的黏合剂……要使抗战持续下去,巩固国共合作是绝对必要的"。② 这说明,即使日本侵略者也承认,中共对于凝聚抗日民族统一战线、坚持抗战发挥了巨大作用,这是促使美国牵制国民党反共的重要动因。

1944 年 4 月,日本侵华战争加快走向失败,承认被日军作为主要敌手的中共党、军从开始抗战以来"力量不曾减退",日军从未达到所谓"剿共战"目的,称这与日方缺乏"对共认识"有极大关系。而日本华北方面军参谋部编印的《剿共指南》,论及中共在抗战中的"政略",将抗日民族统一战线置于十分重要的地位时写道:"中共将其全部斗争都集中于抗日,为此与国民党结成统一战线,强调抗日救国的主战论,大致停止了与国民党的内战";"中共现在采取的民族统一战线政策,是以展开民族解放战争与发扬爱国心,来缓和其国内社会主义工作引起的与国民党及资产阶级之间的矛盾冲突"。编印者尽管仍妄图"击灭"中共军队、"彻底剿灭"共产主义思想,但还是不得不确认一点:中共推动实现抗日民族统一战线,"通过对日战争,使得中国民族以往缺乏的国家意识与近代性政治意识觉醒高涨,在民族战争名义下将其导入工农战线展

---

① 海南海軍特務部政務局第一調查室『海南島ニ於ケル中国共産党』(1943 年 1 月)、防衛庁防衛研修所蔵、③大東亜戦争−中国−19.

② 大東亜省総務局総務課編『中共概説』、東京、1944 年、国会国立図書館蔵、第 77 頁.

开的过程中"。① 这些来自日方的言论,从敌对方面反证了中国共产党在抗战中一直将抗日民族统一战线作为努力的总方向,从而使中国抗战必然走向胜利。

二、中共及其军队广泛建立抗日根据地在日本的影响

在整个抗战过程中,中国共产党及其领导的军队坚信"战争的伟力之最深厚的根源,存在于民众之中"②,全力发动和组织民众参加和支持抗战;同时,为执行游击战争的战略任务而致力于建立和巩固抗日根据地。建立抗日根据地是中共敌后战场赖以生存的基础,使日本侵略者深陷人民战争的汪洋大海,一步一步走向失败。而日本战时收集的中共有关资料也证明了这一点。

众所周知,中国共产党致力于建立根据地,始于土地革命战争之初。而一贯敌视中共及其革命运动的日本侵华势力,也从那时就开始将中共建立的苏区作为重大问题看待,不断搜集相关情报,进行研判。特别是1930年6月红军攻占长沙、使列强侵华势力受到巨大震撼之后,日本又进一步加大了研判力度,驻上海总领事重光葵指令下属调查中国工农红军及苏区情况,并于8月下旬向外务大臣呈递了长篇专题报告。这个报告叙述了中共自1927年11月在海丰成立苏维埃政府以后,在十八省多地建立苏区的历程,称"委实可怕"。关于赣西南、赣西、湘鄂赣边界、闽西、粤(东江、琼崖)、桂、豫、川、皖、苏、浙苏区情况,该报告的看法是:苏区是中共及红军赶走敌军、在工农配合下成立的政权所支配的区域;而军阀混战与残暴统治导致民不聊生与"民心恶化",使

---

① 北支那方面军参谋部编『剿共指針』第2卷之序、第一编、防衛庁防衛研修所蔵、支那-大東亜戦争北支-47.

② 《毛泽东选集》第二卷,人民出版社1991年版,第511页。

苏区具有日益扩大的可能性,国民党军队的阴暗面所引起的士兵反叛与地处偏僻,则是有利于苏区存在的客观条件;中共党员坚忍不拔,不惜付出巨大牺牲,深入群众进行革命宣传,建立农民协会、各种工会等组织,并加以教育引导,同时武装和训练农民,使苏维埃政权具有坚实基础。在苏区建设方面,坚持党的领导,同时将党组织与政权本身分开,政府成员由工农群众直接选举;将土地问题放在最重要位置,没收豪绅地主的土地财产,分配给无地、少地农民,取消苛捐杂税而实行单一农业经济累进税;还实行促进生产、兴水利防天灾的政策,发展乡村教育,推动解决妇女问题。① 几乎与日本驻上海总领事发出上述报告的同时,日本当局又派专人来华窥探中共及红军、苏区情况。② 此外,满铁调查部也出版了有关红军与苏区的书籍,称中国的红军已是很大的重要问题,但日本人的认识还不免停留在盲人摸象阶段,故向所谓"世之识者"提供来自中共的资料,也算"良策"。该书介绍红军发展历程,分析苏区在中国出现的原因,论述苏区与反帝、土地革命、经济问题等的关系,对闽西、赣西、赣西南、湘鄂赣边界、鄂豫边界、广东海陆丰、广西苏区与红军状况等,有很具体的说明。③ 1932 年 10 月,日本外务省情报部印出波多野乾一所撰《中国共

① 『支那ニ於ケル共産軍並ニ蘇維埃区域ノ情況ニ関スル件』(1930 年 8 月 22 日日本驻上海总领事重光葵致外务大臣币原喜重郎)、外務省外交史料館藏、A-6-1-5-4 之 001、第 428、434-435、443-444、451-452、594-595、596 頁.

② 据已知情况,1930 年 8 月,日本大使馆参事官桑岛主计与公使馆三等书记官好富正臣奉命到长江中下游南京、九江、大冶、汉口、长沙等地,以及华南福州、厦门、汕头、潮州、香港、广州等地,搜集有关中共及红军、苏区的情报。此间,他们得到驻相关地方的日本领事馆协助,听取了日本在朝鲜与中国台湾的"总督府"的派遣员、日本企业家及在华日侨的看法,访问中方官员、要人等,还向赣、闽、粤苏区派出间谍。这年 11 月,他们向外务大臣币原喜重郎呈递了复命书,其内容分为中国共产党、红军、苏维埃政府及苏区、红军活动及苏区施政影响几个部分。此复命书,由日本外务省转发所辖相关机构及驻外使领馆、军方。参见『中南支那地方共産党及共産匪行動状況調査方ニ関スル復命書提出ノ件』(1930 年 11 月 15 日日本大使馆参事官桑岛主计、公使馆三等书记官好富正臣致外务大臣币原喜重郎)、外務省外交史料館藏、A-6-1-5-4 之 12。同卷宗所收日本外务省档案表明,1931 年 2 月上旬,这些资料由日本外务大臣币原喜重郎转发所辖机构、驻外各使领馆等。1931 年 2 月 9 日、9 月 22 日,日本外务省亚洲局第二课先后两次将桑岛主计等上述情报资料递送日本陆军省次官。

③ 南満洲鉄道株式会社調査部『所謂「紅軍問題」』、大連:南満洲鉄道株式会社、1930 年.

产党史》，承认红军有"异常发展"，在中共领导下实行"土地分配、废除债务、降低生活必需品价格、民众参与政权等"政策，因而得到民众拥护，是"无可否认的事实"，令作者"栗然而惧"且"深忧"。① 接着在1934年，日本一个"亚细亚情报社"的调查部，又出版了一本有关中共力量的小册子。根据1933年12月的调查，介绍全中国的苏区，称赣闽粤、苏皖浙闽、湘鄂赣、湘赣粤、湘鄂西、鄂豫皖、鄂豫陕、川陕边界、晋绥陕、琼崖地方与桂西共十一大区域，成为中共强有力的根据地，此外，鲁南、苏中、河北高阳等地也是有力的游击区；中共建立政权的区域有四百个县之广，"实在令人惊叹"。编者据此认为中国"共产化"决非"杞忧"，且鉴于中国抗日运动无不受到共产党人推动，而竭力强调所谓"对华问题的重大性"。②

如果说，在九一八事变之前，日本侵华势力对于中共开辟革命根据地，还基本上是"旁观"，那么，在那以后，就在东北开始直接与之为敌了。1932年春，中共领导的抗日武装在吉林东部与日军交战，在延吉成立了苏维埃政权。到1934年，中共在吉林磐石的抗日游击区扩大到东边道一带，在延吉充实了军队，较之一般的抗日力量，"有牢固的组织力、领导力和明确的斗争目的，沿用了在中国南方发展起来的游击战法"，因而"特别显著地增长了其力量"。③ 1934年8月至11月，日军以中共领导的抗日军队为主要目标，实行所谓"大讨伐"，并从1935年1月起展开所谓"全面治安工作"，但却未能摧毁中共的"核心部队"，而在延吉的人民革命政府，则转移到"四县的山间森林地带"坚持斗争。④ 日本侵略势力尽管极想"对其彻底讨伐剿灭"，但又哀叹"因地势

---

① 　外务省情报部『支那共産党史』、1932年10月、第19、20頁.

② 　亜细亜情報社調査部『支那の共産勢力の実情』、東京：亜细亜情報社出版部、1934年、第26、36、79頁.

③ 　「満州国に於ける中国共産党の状況」（下）、『外事警察報』第152号、1935年3月、第14、15頁.

④ 　「満州国に於ける中国共産党の状況」（下）、『外事警察報』第152号、1935年3月、第16頁.

关系和其他情况,这是非常困难的"。①

　　1934 年,中共党内的"左"倾教条主义错误导致红军第五次反"围剿"失败,丧失了绝大部分根据地,被迫实行长征。对这一过程,日本侵华势力搜集的情报也有较具体的反映。但是,他们鉴于中共的革命以往取得的成就,认为尚不能作出其失败的结论,②因而没有放松对中共与红军动向的追踪。且日本侵华势力由此看到:在毛泽东率领下率先胜利到达陕北的中央红军,与徐海东所部及刘志丹红军会合,"扩充陕西苏维埃政府",随之展开了令日本侵华势力深感"忧虑"的"西北赤化";苏区政府的各项政策"得到多年苦于军阀与官僚恶政压迫的农民大众欢迎,是不言而喻的";红军的组织训练优于国民党军队,"有地方农民支持",故尽管失去在中国中部的根据地,但"潜力还相当强"。③ 故此,日本驻上海总领事河相达夫,一看到上海的西文报纸从 1937 年 2 月 3 日 5 次连载美国记者斯诺所写陕甘宁苏区考察记,即令全文译出呈报;④7 月中旬,后任总领事冈本季正又看到斯诺考察记、与毛泽东会见记之汉译本《中国的新西北》(他认为是由中共出版),同样迅速向上呈送。⑤

　　日本侵华势力深知中共与红军的战斗历程、一贯鲜明坚定的抗日救国立场,因而在西安事变爆发、抗日民族统一战线形成之后,将中共及由红军改编而来的八路军、新四军视为不共戴天的死敌,也就毫不奇怪了。对中共及其领

　　① 「満州国に於ける中国共産党の状况」(上)、『外事警察報』第 151 号、1935 年 2 月、第 4、1 頁.

　　② 東亜経済調査局『支那ソヴェート運動の研究』、東京:川崎活版印刷所、1934 年、第 321 頁.

　　③ 南満洲鉄道株式会社経済調査会『支那赤色勢力の現段階』、大連:南満洲鉄道株式会社、1936 年、第 40-41、6-7 頁.

　　④ 『「エドガー・スノー」ノ発表セル西北「ソ」区視察記訳報ノ件』(1937 年 3 月 24 日日本駐上海総領事河相达夫致外務大臣佐藤尚武、附訳文「紅軍卜西北」)、外務省外交史料館蔵、A-6-1-5-4 之 012.

　　⑤ 『中共党ニ於テ「スノー」ノ視察記及毛卜ノ会見記ヲ漢訳出版セル小冊子「中国的新西北」送付ノ件』(1937 年 7 月 14 日日本駐上海総領事冈本季正致外務大臣广田弘毅)、外務省外交史料館蔵、A-6-1-5-4 之 013.

导的军队涉及稍深的日方资料,几乎无不强调其强于政治,而所言政治的主要内容,就是发动组织民众、建立抗日根据地。例如1938年10月,日本大本营即根据"最近的情报"称:中共军队"致力于通过巧妙的政治宣传工作扩大红色地盘,同时增强共产兵力","他们的工作步步见效",有很多"土民"等投入中共军队,使"其兵力趋于逐步增加"。[①] 专门在华从事反共活动的日本特务深田悠藏,1939年在其书中也说:中共军队"在军事行动之外,更重视政治行动,以掌握中国四亿民心、将其组织起来",因而"是可怕的敌人"。[②] 同年,满铁调查部依据有关八路军、新四军情报编的书也指出:八路军出动以来,"随处掀起民众运动,积极组织人民自卫军、游击队等,扰乱日军后方,截击交通兵站线,破坏新政府(指伪政权),同时在非沦陷区域内努力建立抗日政权、建设根据地,以坚持长期抗战"。新四军"对民众的组织、武装动员异常努力",其战地服务团在城乡展开宣传、教育和一切政治性活动,号召民众抗日救国,组织抗日团体。同时,新四军对日作战,也以根据地作为依托。[③]

　　日本侵华势力对中共及其领导的军队赢得民众广泛支持和拥护十分仇视,但在内部又不能不予以承认。说到原因,他们虽总在宣传方法、形式、感染力上做文章,但也有以下值得注意的更深入的看法:

　　一是中共及其领导的军队坚决抗战、不怕牺牲、艰苦奋斗,对民众产生了巨大感召力。日本的华北方面军参谋部在1940年评论说:中共及其领导的军队"有彻底的抗日思想","源于共产主义思想的特别的思想、精神……与不断高涨的抗日民族意识结合在一起,不断强化他们的对日抗争意识及思想上的团结,这是无可否认的事实";他们"为了主义和抗日可以不顾生死……在地

---

　　① 　大本营陆军部『对支作戦参考资料(教)其の十二(支那共产军ノ现状)』、防卫厅防卫研修所藏、支那-支那事变全般-140、第16頁.

　　② 　深田悠藏『支那共产军の现势』、東京:改造社、1939年、第4頁.

　　③ 　南满洲铁道株式会社调查部编『第八路军及新编第四军に关する资料』、大连:南满洲铁道株式会社、1939年、第58、296、299-300頁.

方上积极活动,就使地方上的工作得以推进,取得了伟大的成果"。① 而该部特务机关"宣抚班"1939 年的《工作月报》所述,又提供了具体例证:"共产第八路军的政治工作队员……是八路军中最积极的分子",在与日军作战中,"牺牲者以工作队员为数最多"。八路军女子工作队"上前线慰劳士兵,缝补衣服,从事抗日运动等",她们"是来自大学、女校的知识女性,穿着与士兵同样的衣服,一日两顿淡饭,但志气超出士兵"。在他们努力下,乡村中 15 岁至 30 岁的青少年编为自卫组织,广大村民接受抗日宣传并实行武装训练。②

二是中共及其领导的军队做到了发动、组织民众抗战与维护民众利益的统一。日方看到,抗战时期,尽管国共两党都号召动员、组织民众,但两者的方向并不一样,国民党方面只关心从民众那里获取人力和物力,却不管百姓疾苦,还对之百般防范,因此不能凝聚人心;而共产党方面却是通过维护民众的切身利益、激发其积极性,来发动、组织民众投身抗战。③ 1939 年,日本的华北方面军参谋部述及共产党、八路军"发动民众的方法",认为"主要是通过教育和提高生活水平等";就后者而言,体现为分给农民土地,使民众税负合理、减轻债务,以及适当运用合作社,故民众生活安稳。④ 1940 年,曾作为美国观察员来华、到过很多抗日根据地的卡尔逊,在纽约出版了《中国军队附录》一书,其中译述了王毓铨介绍的共产党、八路军在鲁南游击根据地动员民众的情况。日本情报机构认为其与国民党动员民众形成了对照,予以转述称:鲁南游击区根据地是基于"有钱出钱、有力出力"、改善民众生活、促进民众运动的原则动员民众,贫苦农民得以免去重税负担,广泛组成平时不脱离生产的自卫团,而

---

① 北支那方面軍参謀部『北支方面共産勢力ニ対する観察』(1940 年 10 月 1 日)、防衛庁防衛研修所蔵、陸軍省-陸支密大日記-S15-111-206、第 7 頁.

② 杉山部隊本部宣撫班『北支那方面軍宣撫班指導要領抄』、防衛庁防衛研修所蔵、支那―支那事変全般-180.

③ 満鉄調査部編『支那抗戦力調査委員会昭和十四年度総括資料(二ノI――戦時の支那内政)・政治篇(I)』、大連、1940 年、第 23—24 頁.

④ 北支那方面軍参謀部『北支方面共産勢力ニ対する観察』(1940 年 10 月 1 日)、日本防衛省防衛研究所蔵、陸軍省-陸支密大日記-S15-111-206、第 13 頁.

地方政权也消除了旧乡绅的控制、主要由抗战青年掌握,廉洁高效。① 1942 年 11 月,日军叙述新四军有效动员民众的情况指出:沦陷区民众饱受倚仗日军之势的伪军横暴压迫、苛敛诛求,十分怨恨,而新四军则在动员民众工作中实行新的土地政策,宣传并落实合理负担、改善民生、发展生产三项原则,符合民众对日常生活的要求。②

　　三是中共高度重视教育,训练做民众工作的人员,取得了巨大成效。1936 年,中共在上海的报纸刊出西北抗日军政大学招生广告,宣告该校宗旨是为抗战培养训练大量军事政治干部,为此招收各地革命青年、军官、爱国志士入学。日本情报机关得见,即全文译出向当局报告。③ 而后来日方在提及中共及其领导的军队动员、组织民众时,也多认为相关人员受过很好的教育训练。如 1939 年 1 月,日本的华北方面军参谋部在绝密资料中指出:"延安有很多共产学校,学生达八千人,或受军事教育,或受政治及其他方面如宣传牌制作法的教育","进行训练后,相继将毕业生派到前线,增强工作队"。"各地共产游击支队分别设立干部学校,选拔支队内的排长、班长入学,在其他要地(编者列出五台山、任丘、霸县、博野、掖县、沛县、马门关),旨在培养斗士的学校也有不少。"同时,共产党在地方上还将小学教师组织起来进行训练,鼓励小学生宣传抗战。编者所得出的结论是:"共产党方面的教化工作与宣传工作热烈、巧妙而有组织性","华北民众仍在被他们获得"。④ 对于华中的新四军,日方在其成立不久就得知:其教导营就是"为训练游击干部而设的学校","课程与在陕北的抗日军政大学及陕北公学相同","队员分别就团体组织、团体工作进行研究",还常进

---

① 参见東亜研究所編『重慶政権の政情』第三章第三節、東京、1943 年。

② 北支那方面軍参謀部『蘇北ニ於ケル新四軍ノ情況』、防衛庁防衛研修所蔵、陸軍省-陸支密大日記-S17-50-87、第 6、7、8 頁.

③ 「西北抗日紅軍大学の学生募集運動」、『外事警察報』第 167 号、1936 年 6 月、第 112-114 頁.

④ 『北支ニ於ケル共産軍ノ現勢教化工作並民衆ノ抗日意識』(1939 年 1 月 11 日)、防衛庁防衛研修所蔵、支那―支那事変北支-940.

行公开讨论,"毕业后到游击区指导训练各游击队,从事民众工作"。① 到1942 年,日军惊呼:"新四军可以名之为政治军队","其政治力量渗透显著",故,无论是在其根据地还是游击区,"民众都有旺盛的抗日意识"。②

随着抗战的持续、广泛展开,中国共产党领导军民建立的根据地越来越多,并在与残酷的日军反复搏斗中,使根据地不断扩大、巩固,为壮大抗日力量、打败日本侵略创造了极为重要的条件。在此过程中,日方妄图摧毁抗日根据地而竭力寻求对策,为此搜集中共及其军队方面的资料,借以探究抗日根据地得以存在和发展的因由。中共及其军队开辟和建立抗日根据地的伟业,也从这个途径对日方产生巨大影响。

延安解放出版社于1939 年印行、用于宣传的《陕甘宁边区实录》,涉及陕甘宁边区地理、沿革、政制与组织、政府方针政策、统一战线、抗战动员、群众团体、学校情况,1941 年被日本"兴亚院"的政务部第三课全译。中共其他各根据地的报刊和出版物、军政文件等,日方在获得后也加以研究。华北日军在1939 年围绕山西省和顺县中共抗日根据地所作的调查报告,可谓其中一例。该报告共六编,基于从和顺县得到的中共军政及经济文化等资料,分别叙述县政府行政,根据地游击财政与通货、经济政策,对抗日民众的教育与文化工作,抗日民众团体情况与干部教育,村自卫队、自卫游击队与对日军后方的袭击,中共为扩大组织而进行的地下工作等情况。调查报告称:从1936 年红军东征,就有共产党员到和顺县对民众进行抗日救国宣传,山西牺盟会成立后,该县各村落都有其村支部;七七事变后,八路军第一二九师一部开到该县,与牺盟会大力推动抗日民族统一战线,发动民众,训练地方干部,于1938 年全面掌握了县政权,其后进一步密切军民关系,实行减租减息,扩大抗战团体,为抗击

① 南満洲鉄道株式会社調査部編『第八路軍及新編第四軍に関する資料』、大連:南満洲鉄道株式会社、1939 年、第 294-295 頁.

② 北支那方面軍参謀部『蘇北ニ於ケル新四軍ノ情況』、防衛庁防衛研修所蔵、陸軍省-陸支密大日記-S17-50-87、第 1、3 頁.

日军而全力组织和武装民众;县政府由各种抗战力量的代表与领导者组成,在县长之下设多个机构与学校、医院,编印抗日报刊,以八路军作为柱石,以民众武装守护地方并密切配合八路军,充当抗日前锋,参加作战,同时在政治上、经济上展开全面抗争,为抗战提供后勤支援。此外,对于在和顺县政府之下、充当根据地政权分支的区、村、闾,该报告也很具体地说明了其组成与所起的作用。①该报告还以很大篇幅叙述了和顺县抗日根据地注重普及教育,八路军与地方县、区、村都采取切实有效措施,以丰富多彩的方式方法,将提高军民文化水平与激发抗日民族意识结合起来。对和顺县以抗战为内容传唱的歌曲、上演的戏剧,还有小学国语课本、社会读本、军民抗日读本、妇女识字读本、农民识字读本、抗日军人识字读本、常识读本、人民抗日读本等,该报告也分别作了译述。②

在全民族抗战期间,敌后多地也有国民党的政权机构存在,有国民党军队活动,并常被日方用来与中共领导的抗日根据地作比较,其相关言论,也为中共抗日根据地对敌影响之巨大提供了确证。

1941年2月,日本华北方面军司令部在其文件中,回顾了1937年8月以后中共及其军队奔赴华北抗战,在晋、察、冀、鲁几省建立根据地的历程。文件称:中共军队论装备"比世界任何国家的军队都差",但持续抗击"精锐"的日军,同时组织民众、建立政权。纵观整个华北的中共县级抗日政权,其增加速度"可惊",令日本难以对付。八路军、新四军各部队到1938年底,在华北已分别拥有了根据地、游击区,奠定了发展基础,实现了面上铺开,继而致力于向纵深发展。此间,他们不断与日军作战,虽曾遭到巨大损失,但靠着动员民众,不仅迅速恢复,而且呈"增长趋势",在1940年5月以后扩充队伍,将质转换

---

① 杉山部队宣抚班黄城事务所『山西省和顺县地方共产地区状况调查报告书』第一编「赤色抗日县政府ノ県治行政」、防卫厅防卫研修所藏、陆军省-陆支密大日记-S14-52-141.

② 杉山部队宣抚班黄城事务所『山西省和顺县地方共产地区状况调查报告书』第三编「抗日民众教育卜文化工作」、防卫厅防卫研修所藏、陆军省-陆支密大日记-S14-52-141.

为量。而与之形成对照的是：也被日军作为敌手的国民党及其军队，因对民众依存程度低，"每月只是减少"，以至于在华北中心区域已无其正规军，他们在华北已非抗击日军的主体。①

日本外务系统驻济南的"总领事"，则在1940年9月初向上级报告：在山东的日军所面对的敌手主要是中共及其军队，而国民党及其军队则是"势力衰退"，"陷于困境"。② 与此同时，日本驻济南"总领事馆警察署"也报告说：中共及其军队在山东以充实抗战力量为重点，大力争取民心，派工作人员与各地游击队扩充行政组织、组织民众救亡团体，争取国民党军队，打击伪政府及其武装团体，"在所有方面的积极活动都很显著"；然而，该地的国民党政权及其军队却是"实力脆弱衰颓而无可如何"，"消极无为"。③

中共及其军队在华北建立了巩固的根据地，成为抗战主体，而在该区域的国民党及其军队却衰颓下去。1941年7月，日本华北方面军由冈村宁次就任司令官后，"与重庆政府军的作战大体终结"，与八路军交战则不停顿地进行。冈村宁次令下属将所谓"灭共"作为头等大事，不再提"倒蒋"。1944年4月，

---

① 北支那方面軍司令部『昭和十六年度粛正建設計劃』（1941年2月26日，附「中国共産党運動ノ解説」）、防衛庁防衛研修所蔵、支那-支那事変北支-740、第15—16、33頁.

② 『最近ノ山東方面ニ於ケル治安状況（七月分）ニ関スル件』（1940年9月4日日本駐済南"总领事"有野学致外务大臣松冈洋右）、外務省外交史料館蔵、A-6-1-5-4之014.有野学在该年后面各月的相关报告中，仍反复指出中共在山东抗日根据地发展壮大、国民党及其军队趋于衰颓。1944年，日本国民社在东京出版了草野文南的『支那辺区の研究』一书，其中对比国共两方在华北之异，与日本华北方面军司令部和驻济南"总领事"的看法完全相同，称：七七事变后，当国民党的中央军、华北地方军等在日军进攻下溃退之时，"共产军一齐在抗日战场展开"，"晋察冀军区在10月便成立起来，投下中共在最前线根据地之一石"；1938年，面对日军扩大侵华战争，又在华北"倾注所有努力扩大八路军与共产党的地盘"，相继设立冀中军区、冀南军区、冀察热军区、东进挺身纵队、山东纵队、北上挺身队等，"建立了很多根据地"；从1939年到1940年，中共与八路军如同深耕大地播种一般，从事各根据地的建设。由于八路军深深扎根于民众之中，这些根据地在抗击日军残酷的"扫荡"中逐渐增大，在1940年夏季之后，实现了中共力量的飞升。与此相反，不能依靠民众的"蒋介石中央军及该系统的地方军同样遭到日军攻击，力量减退"。（见该书第164—166页）

③ 参见日本驻济南"总领事馆警察署"：『管内治安状況』（1940年8月1日至8月31日）、A-6-1-5-4之014.

他还令参谋部编印《剿共指南》分发各路日军。① 日本华北方面军参谋长大城户三治为此书作序，言及日本在华北所谓"治安"，称中共及其军队是"搅乱"的"渊源"，"人皆熟知"；自中日全面战争爆发以来，中共及其军队抗日力量不曾"减退"，不容日军"片刻偷安"。②

在全民族抗战过程中，苏北地区对国共两党而言都是重要的敌后战场，中共及其领导的新四军在这里开辟了抗日根据地并将其发展壮大，人们对此耳熟能详。当时日方的资料则明言，此地区抗战的主体就是中共与新四军。1943 年 9 月，日本的"大东亚省"编印了一本《苏北地区综合调查报告》，内有政治、产业、经济、交通、文化各编，将苏北国共两方加以对比，也是其重要内容。此报告开篇即作"判定"、说"对策"；而所谓"判定"，主要是讲"新四军军政一体争取民众的工作极为活泼旺盛"，使日本在苏北不能扩大占领地，即使想"确保强化"既有的沦陷区，也"相当困难"。③ 按该报告的看法，新四军是在 1940 年从江南到苏北建立抗日根据地的，而在此前，这里隶属于国民党的鲁苏战区司令部，被身为该战区副总司令、江苏省政府头号人物的韩德勤视为地盘。新四军开到苏北以后，一直遭受日军与国民党军队"夹击"，经历了许多艰难曲折，但仍发展壮大起来。到 1943 年，论兵力与政治力量，韩德勤、李明扬所率国民党军队都远远不及新四军，至于伪军，则更不是新四军对手，故对于日本所要推行的殖民统治来说，"最大的癌症之一毫无疑问是新四军"。正因为如此，该报告提出的"对策"，就将所谓"彻底扫荡"苏北新四军列为第一条，而对同在该区域的国民党军队则不着一字。从实际情况看，日军的确是将苏北新四军各根据地作为要摧毁的主要目标，分别发动过多次进攻，但新四

---

① 稲葉正夫编『岡村寧次大将資料』上卷、東京：原書房、1970 年、第 276−277、263 頁.
② 北支那方面軍参謀部編『剿共指針』第 1 卷之序（1944 年 4 月）、防衛庁防衛研修所蔵、支那−大東亜戦争北支−47.
③ 大東亜省『蘇北地区綜合調査報告』（1943 年 9 月）、日本東洋文庫蔵、第 1 頁.

军军政一体,顽强展开游击战,使日军无法改变只能守住点与线的局面。① 关于苏北国共两方的巨大反差,日方除上述报告之外,还有资料作过这样的概括:"国民党军队训练与素质恶劣、军纪废弛、政治工作拙劣、丧失民心,反之,新四军素质军纪都更好,精力旺盛,政治工作、民众工作(特别是宣传工作)高超,得到民众的信赖。"②

到 1944 年,日方对于中共抗日根据地已形成了较为全面的看法。其情报机构的研究报告写道:中共领导的根据地遍布于陕、甘、宁、晋、察、冀、鲁、豫、苏、皖、鄂、绥、浙、闽、琼,分为基本根据地与游击根据地两种类型。这些根据地支撑八路军、新四军等坚持抗战,同时还实行各方面建设,即:以共产党为核心,全面贯彻新民主主义;在政治上,按"三三制"建立政权以体现抗日民族统一战线,实行民主政治,经由各种团体将民众动员组织起来,号召拥政爱民;在经济上,推行减租减息、合理征税、保护劳工政策,没收汉奸土地,开展合作社运动,发展生产,保护根据地内的自由经商,成立边区银行、发行"边币""抗币",平抑物价,并围绕军需与生活物资与日伪展开经济斗争;在教育方面,党政军不仅十分注重自身成员的教育,而且共同对民众普及教育,尤其是对儿童的教育,切合其特点而又善于引导其参与现实生活,很有成效;在文化方面,抗战文艺有广泛发展,出版了许多刊物杂志,音乐、舞蹈、美术等的创作也很活跃,戏剧、歌咏的影响巨大,而相关政策导向则重在贴近民众、通俗化。③

面对中共领导的抗日根据地的广泛存在及其全面而卓有成效的建设,报告作者写下了这样的文字:"在中共影响下的边区人口,估计总共约有 1 亿",而"六百万党员领导中国之日,大概就是中国'赤化'之时了"。④ 可以说,这

---

① 大東亜省『蘇北地区綜合調査報告』(1943 年 9 月)、日本東洋文庫蔵、第 3 頁.

② 北支那方面軍参謀部『蘇北ニ於ケル新四軍ノ情況』、防衛庁防衛研修所蔵、陸軍省-陸支密大日記-S17-50-87、第 6 頁.

③ 参見大東亜省総務局総務課課編『中共概説』(東京:1944 年、国会国立図書館蔵)中的相关叙述。

④ 大東亜省総務局総務課編『中共概説』、東京:1944 年、国会国立図書館蔵、第 21 頁.

是其对日本终将失败、而中国共产党则肩负着中国未来所作的一种惶恐无奈的预告。

结　　语

综上所述,在血与火的中日战争中,日本侵略者对中共推动和坚持抗日民族统一战线、广泛发动和依靠民众建立并扩展抗日根据地,多有记述和议论。虽然引出这些言论的侵略者的动机与图谋早已成为历史笑柄,但这些言论本身,在今天依然能从一个侧面反映中国共产党抗战伟业在日本引起的巨大反响,且足以证明:即使是日本侵略者,在战时就已不得不承认,中共及其领导下的军民为近代中国反侵略战争谱写了全新篇章,无愧为抗战最坚决并将抗战引向最后胜利的中流砥柱。

第十四章

从日本满铁调查部《中国抗战力调查报告》看中共抗战力构成

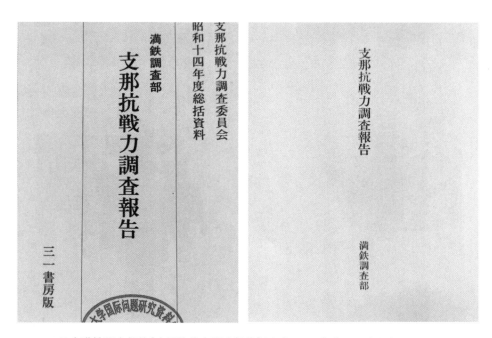

▲日本满铁调查部编《中国抗战力调查报告》(东京:三一书房1970年版)。

　　《中国抗战力调查报告》由满铁调查部中国抗战力调查委员会及其下属机构上海事务所调查室、调查部综合课、华北经济调查所、东京调查室,于1939年5月至1940年6月完成,原稿共10分册。1970年,日本三一书房将其结集出版。其主旨是分析中国经济、政治、军事、外交等方面抗战力量的消长,以供日本政府当局决策之用。报告对中国共产党抗战的路线、方针、政策,以及八路军、新四军及其各根据地,都有具体分析,认为:"中共组织现在正向全国伸展,以各种极其巧妙的形式领导各地的民众运动、民众武装";"与八路军的斗争是思想、政治、经济、军事各方面非常综合的战争";对新四军"不容轻视"。

全民族抗战时期,中国共产党坚持持久抗战方针,在敌后创立根据地,执行抗日民族统一战线政策,广泛发动群众、实行民主改革,实施独立自主的山地游击战,用以不断积蓄力量。毛泽东在《论持久战》中指出:"中国只要坚持抗战和坚持统一战线,其军力和经济力是能够逐渐增强的。而我们的敌人,经过长期战争和内外矛盾的削弱,其军力和经济力又必然要起相反的变化。"①中国共产党这一抗战路线的效果,虽然已经由全民族抗战中后期中国共产党领导的敌后抗日根据地发展壮大的历史事实所证实,但在当时,无论是我方还是敌方尚有不少人心存疑虑:装备极端落后的八路军、新四军面对拥有现代化武器的日军,如何积蓄力量形成战胜对手的有效战力? 本章拟依据抗战时期日本满铁调查部所进行的"中国抗战力调查"中对中国共产党领导的敌后抗日根据地和八路军、新四军的调查分析,来探讨战时日方对中共抗战力的真实评价,俾便深化对中国共产党和八路军、新四军抗战历史的认识。②

---

① 毛泽东:《论持久战》,载中央文献研究室、中国人民解放军军事科学院编:《毛泽东军事文集》第二卷,军事科学出版社、中央文献出版社 1993 年版,第 297 页。

② 学界涉及《中国抗战力调查报告》的研究论文主要有——苏崇民:《满铁史概述》,《历史研究》1982 年第 5 期;祁建民:《满铁调查部〈中国抗战力调查报告〉及其根据地认识》,《历史教学》1992 年第 5 期;解学诗:《日本对战时中国的认识——满铁的若干对华调查及其观点》,《近代史研究》2003 年第 4 期;解学诗:《论满铁"综合调查"与日本战争国策》,《社会科学战线》2007 年第 5 期;于存雷:《满铁调查机构与中国抗战调查》,《兰台世界》2013 年第 12 期。解学诗在《评满铁调查部》一书中对"中国抗战力调查"有专题论述。这些专论中,除祁建民一文涉及对中共领导的抗日根据地的认识之外,其余皆只是整体上介绍或论述这一调查项目。

一、满铁调查部与《中国抗战力调查报告》

日本"满铁调查部"①创立于满铁正式营运前夕,即 1907 年 3 月。② 创立者为满铁首任总裁后藤新平,第一任主管为冈松参太郎。后藤新平有在台湾从事殖民统治的经验,获任之初即提出"文装武备"的满铁经营方针,其意是在中国以"和平经营"外衣行增强军备之实。调查事业被称为满铁"四大支柱"之一,与铁路事业、煤矿事业、地方经营事业并列,可见调查部在其中的分量之大。满铁有侵略中国的"中枢机构"之称,顺理成章,隶属于满铁的调查部自成立开始即是为日本在中国的扩张和殖民服务的。其主要职能是配合日本的侵华"国策",调查、搜集有关中国的各种情报资料,供有关部门制定政策或措施时参考。调查部的名称虽然在 1908 年即改为"调查课",规模和经费都遭到压缩,但满铁的调查事业一直在不断进行,且其调查的范围无论从内容还是地域上来说,都在不断扩大。从东北的司法习惯、风土人情、矿产资源、地理地质和历史等,到中国内地、俄国(苏联)远东、外蒙古等地的政治、经济、交通以及军事情况,不仅搜集各种文字资料,而且进行实地考察,刺探情报,盗窃机密,从事特务活动。③ 其所调查得来的资料,除定期刊行之外,均汇编成册,

---

① 满铁调查部曾几易其名,曾改称为"调查课""经调会""产业部""调查部""调查局"等,下属机构也经常变动,但主要从事情报搜集和调查的性质从未改变。

② 关于满铁调查部设立的时间,相关论文和资料中都有两种说法:一为 1907 年 3 月,一为 1907 年 4 月。前说可参见王贵忠《关于满铁调查部》(《历史教学》1984 年第 1 期)、高乐才《满铁调查课的性质及其侵华活动》(《近代史研究》1992 年第 4 期)、解学诗《论满铁"综合调查"与日本战争国策》(《社会科学战线》2007 年第 5 期)等。后说可参见苏崇民《满铁史概述》(《历史研究》1982 年第 5 期)、祁建民《满铁调查部〈中国抗战力调查报告〉及其根据地认识》(《历史教学》1992 年第 5 期)等。从若干史实来看,1906 年 8 月日本政府批准满铁章程,11 月任命后藤新平为总裁,11 月 26 日召开成立大会,1907 年 3 月,后藤新平聘请冈松参太郎创建和领导调查部,4 月 23 日发表本社分课规程,列有调查部。因此,应以决定设立的 3 月为是,不应以章程公布之时为准。

③ 参见苏崇民:《满铁史概述》,《历史研究》1982 年第 5 期。

为日本制定对华政策提供依据。1912年之前,即出版有各种资料142册。[1]进入民国时期之后,满铁调查事业获得巨大发展,机构得以扩大,设有法政、产业、商事、贸易统计等九个系,制定有完善的调查大纲,其调查的中心围绕为日本占领东北作准备。编纂的各种资料更多,其中成系统的经济资料有《满洲旧惯调查报告》(9卷)、《满蒙全书》(7卷)、《经济调查资料》(17卷)、《俄国经济调查丛书》(66种)等。[2] 九一八事变后,满铁的调查围绕"满洲国"的建立和统治进行,为强化对东北的占领出谋划策。与此同时,调查事业也向关内大力推进。至1936年5月,天津、北平、上海三地设立了事务所,绥远、青岛、郑州、太原、济南、南京、汉口、福州、广东等地都派有调查员。其关内工作重点是实地调查华北政情及经济,为进一步"蚕食"华北作准备。全面侵华战争爆发之后,出于满足日军的全面侵华和对占领区实施殖民统治的需要,满铁的调查事务大为增加。为适应新的需要,1938年春,满铁对其进行调整,重设调查部,至年底,总人数扩充至1655人。[3] 此后规模继续扩大,至1940年达到顶峰,经费预算达1000万元,[4]成为当时世界上最大的情报机构。满铁在阐述这次扩大调查部的目的时指出,"攻占华北,深入华中、华南,席卷亚洲后,在亚洲全域确立了特殊地位,使我国大陆政策有了很大发展。在这种情况下,为了迅速处理事变和制定与推行广泛的大陆政策,各方面都迫切要求进一步加强调查活动,因此,负有以整个东亚为对象制定和推行大陆政策重大使命的调

---

① 参见王贵忠:《关于满铁调查部》,《历史教学》1984年第1期。

② 《调查课时期满铁发行的调查丛书一览表》,载解学诗、苏崇民主编:《满铁档案资料汇编·第十四卷·满铁调查部》,社会科学文献出版社2011年版,第7—8页。

③ 《调查部成立前后人员、经费概数》,载解学诗、苏崇民主编:《满铁档案资料汇编·第十四卷·满铁调查部》,社会科学文献出版社2011年版,第311页。另据解学诗《评满铁调查部》一书的考察,1939年调查部的暂定人数为2489人,实有人数1731人;1940年,定员2433人,实有2345人,为调查部人数顶峰。参见该书第291页。又见祁建民:《满铁调查部〈中国抗战力调查报告〉及其根据地认识》,《历史教学》1992年第5期。

④ 解学诗:《评满铁调查部》,人民出版社2015年版,第291页。

查部",扩大了组织。① 又说:"唯有对全东亚社会政治经济等问题,以真正科学的综合研究成果为基础,才能保证建设东亚的方针政策不至于发生错误";"满铁调查机关作为既有在大陆进行开拓性调查之经验,又有广泛组织的几乎独一无二的我国调查机关,适应上述日本当前之急需,是满铁对国家应尽的义务"。② 可见,调查部的扩大是要为日本建立"大东亚新秩序"提供政策支撑和咨询;而具体到中国层面,则是要为日本提供在中国获得稳定殖民统治的政策论证。正是在这一前提之下,"中国抗战力调查"开始合乎逻辑地浮出水面。

直接推动"中国抗战力调查"开展的是中日战争的局势演变。七七事变后,日本很快将事变上升到全面开战的层面,升级"华北事变"为"中国事变",实施总动员计划,确立战时体制,实行国民精神总动员,企图以战争手段让中国屈服。中国方面则在民族存亡关头,毅然应战,抗日民族统一战线形成,实行全面动员。在经历了淞沪会战、太原会战、徐州会战、武汉会战等一系列的战役之后,虽然丧师失地,首都南京沦陷,且受到来自日军的海上和空中封锁,但仍坚持整军经武,力战守土。日本虽然取得了军事上的巨大胜利,但其迫使中国屈服的战略目标并未达成。为进一步迫使国民政府就范,日本政府在政治上先后实施一系列措施,攻占南京后,扶植伪政权,并宣称今后"不以国民政府为对手",打压国民政府的政治空间;随后,又对蒋介石政权"诱和""诱降"。在这一系列的政略和战略、军事与政治相结合的措施未能达到目的之后,日本政府又提出建设日、"满"、华合作的"东亚新秩序"的国策。虽然这一国策的推行诱导国民党内部发生分裂,推动了汪精卫集团投敌叛国,但以国共合作为基础的抗日民族统一战线未受动摇,日本急于解决"中国事变"的愿望

---

① 解学诗、苏崇民主编:《满铁档案资料汇编·第十四卷·满铁调查部》,社会科学文献出版社 2011 年版,第 313 页。
② 《满铁总裁室文书课长致东京支社长函》,载解学诗、苏崇民主编:《满铁档案资料汇编·第十四卷·满铁调查部》,社会科学文献出版社 2011 年版,第 314 页。

已经陷于遥遥无期之状态。因而,重新认识中国的抗战成为日本军政两界的迫切需要,一贯为日本国策服务的满铁调查部的"中国抗战力调查"项目应运而生。

"中国抗战力调查"项目由满铁调查部内部"中国抗战力调查委员会"具体实施。项目的形成和委员会的组织都有一个过程。据资料记载:1939年调查业务计划中,"可资判断中国抗战力的调查项目较多,鉴于它们相互之间有着不可分的关系,由有关调查员分别进行,不能期待业务得以完满推行,为期对其进行促进,需要有关调查员相互密切联络,或在研究方法上,或在调查内容上相互交流知识,将各自承担的业务从全体的关联上予以考虑,从综合的视角出发加以实行"①。因此,调查部认为有必要对所有与中国抗战力有关的调查项目加以清理。与此同时,调查部的上海事务所因为一直对重庆国民政府的各方面情况进行调查,也拟对蒋介石政权的抗战能力进行专题调查。具体提出这一设想的是调查部综合课干事具岛兼三郎和野间清,首先确定为"重庆抗战力调查"。上海事务所职员中西功加入之后,建议将中国共产党领导的民众抗日力量和根据地也纳入调查范围,遂改为"中国抗战力调查"。初期由满铁调查部(大连)综合课负责。1939年6月,中国抗战力调查委员会正式设立,其中心设在大连调查部。但调查部"这种统一的业务计划并非一切都由综合课来实施,究竟在什么地方实施,这要由统一业务的性质来决定,可能在东京,也可能在上海、北京或新京"。因此,随着具体调查业务的开展,1940年开始,组织领导也调整为"以上海为中心,各地协助的形式"。② 中国抗战力调查委员会委员长由上海事务所调查室主事伊藤武雄担任。

---

① 《中国抗战力调查委员会》,载解学诗、苏崇民主编:《满铁档案资料汇编·第十四卷·满铁调查部》,社会科学文献出版社2011年版,第419页。
② [日]草柳大藏:《满铁调查部内幕》,刘耀武等译,黑龙江人民出版社1982年版,第518页。

整个调查于 1940 年 6 月完成,历时整整一年,其间先后于 1939 年 10 月和 1940 年 3 月及 5 月举行三次中间报告会。参加者以上海事务所调查室为主,参加部门还有华北经济调查室、东京支社调查室、大连调查部本部第一、三调查室以及在南京、汉口、广东、香港的派出机关,共有 30 余人。其骨干为具岛兼三郎(大连)、中西功(上海)①和尾崎秀实②(东京),而中西功、尾崎秀实皆为共产党员,因此,左翼人士在整个调查中起到了主导作用。

调查分若干专题进行,最终的成果整理为五篇十分册:

第一分册 总篇(一)

第二分册 政治篇(二之 I)战时中国内政

第三分册 政治篇(二之 II)八路军及新四军

第四分册 战时经济政策篇(三之 I)交通

第五分册 战时经济政策篇(三之 II)商业贸易

第六分册 战时经济政策篇(三之 III)通货、金融

第七分册 战时经济政策篇(三之 IV)财政

第八分册 内地经济篇(四之 I)农业

第九分册 内地经济篇(四之 II)工矿业

第十分册 外援篇(五)列国对华援助③

从上述内容即可看出,这项调查是全方位评估中国支撑持久抗战能力,尤其着重于内政、外交、经济与经济政策。用调查委员会的话来说,就是"研究抗战中国经济力量的动向,以及由此引起的政治动向,最终的目的是从本质上

---

① 中西功(1910—1973 年),日本共产党员。1934 年经尾崎秀实介绍入满铁,就职满铁大连本社资料课,曾在天津、上海、大连等地的满铁事务所工作。

② 尾崎秀实(1901—1944 年),苏联共产党员。1928 年 11 月—1932 年 2 月《朝日新闻》常驻上海的特派员。1937 年 6 月,尾崎秀实成为近卫文磨首相的"嘱托"(顾问)兼私人秘书,是"中国抗战力调查委员会委员",任日本分科会主查。

③ 1970 年,日本三一书房将其结集出版,名为"满铁调查部编『支那抗战力调查报告』"。本章参考的即此版本。

掌握中国内地的政治经济"①。此可谓立意深远,且这正是这一调查结果受到各方面重视的原因。1940 年 6、7 两个月,相关调查人员在中国的南京、北京、沈阳、长春、上海等地和日本的东京一共做了 16 场报告会,引起了巨大反响。② 这项调查的核心人物中西功"简直成了一个活跃的明星"③。

更为值得注意的,是这项调查所采取的分析方式。首先,将抗战力视为政治力量的中心,即政党和依靠政党领导所结成的民众力量,而不是将其简单地归结于军事力量或者经济力量。因而在考察中国抗战力时,相对应地,更关注政治和民众、经济与民众、民众的组织等社会领域的问题。其次,动态地考察中国社会的发展变化,而不是一成不变地看待中国社会。因而,可以看到,整个报告阐述中国抗战力时不是以某一时段的状态进行说明,而是从中国近代发展,特别是受西方影响之后所产生的社会变化中,把握若干社会要素,进行分析,如对土地制度、金融制度、政治体制的分析等。尤其具有特色的是,还着重对全民族抗战开始之后中国社会各阶层的反应、国共两党的政策及其关系变化、抗战开始后经济结构的变化、大国对中国抗战的反应等诸多方面进行阐述,并力图把握这些方面的未来发展样态,从而全面认识中国的抗战力,即抓住半殖民地国家"特殊的因果律"④。最后,用具体事实和调查部收集到的中国的抗战资料,包括中国共产党的各种文献、统计资料等来说明问题。因而,调查报告充满事实陈述、资料引文(有些甚至大段抄录)、统计数据、表格等,数据虽然不见得很准确,但是在当时的情况之下已非常难得。这一分析被尾

---

① 《中国抗战力调查委员会的调查执行要领》,载解学诗、苏崇民主编:《满铁档案资料汇编·第十四卷·满铁调查部》,社会科学文献出版社 2011 年版,第 445 页。

② 解学诗:《评满铁调查部》,人民出版社 2015 年版,第 331—332 页。

③ [日]草柳大藏:《满铁调查部内幕》,刘耀武等译,黑龙江人民出版社 1982 年版,第 520 页。

④ 《尾崎秀实〈关于中国抗战力调查委员会(昭和十四年总括资料)〉》,载解学诗、苏崇民主编:《满铁档案资料汇编·第十四卷·满铁调查部》,社会科学文献出版社 2011 年版,第 437 页。

崎秀实称为"认真的量的考察方法"。① 这些分析方式的采用,使得整个报告成为全面把握中国社会的发展变化基础之上的、理论与实际相结合和尊重客观事实的严谨探讨,确实正如伊藤武雄概括的那样,"要把对中国社会自身的基础性调查和对中国社会目前实际情况的把握统一起来","要从中国社会构造的特点中引出抗战力究竟是什么这一本质问题",从而达到把握中日战争未来走向的目的。

调查报告的中心是考察中国抗战力的产生、发展与制约因素,从中国社会的特点出发分析政治、经济、外交、社会力量等要素中哪些是有利于或不利于中国抗战力增强的。从这一视角出发,报告将其概括为四个方面:其一,作为半殖民地半封建国家,中国的弱点,仍旧是一个农业社会。以轻工业为主,与军事工业相关的重工业基础薄弱,经济基础随着沿海和发达地区的丧失受到严重削弱,多数不是近代化军队,兵员来自破产农民且多为私家军队。因此在一定阶段上,可能会导致抗战力丧失,乃至屈服。其二,近代以来,中国新的因素一直在增长,尤其是经过大革命,政治、经济趋于统一,虽然国共分裂达十年,但也形成了产生抗战力的母体。抗战中,国共持续合作成为可能,虽然分裂在加深,但也可能产生抗战力。其三,中国地大物博、领土广阔、人口众多。农村与城市之间的经济联系不像近代国家那么紧密,能够建立根据地,进行长期抗战或持久战,但必须依靠基础性经济建设改进和外援。其四,中国外部条件包含两个方面:一是半殖民地性质,不能排除英、美等国的援助;二是因为"中国革命是世界革命的一部分",苏联会给予援助。② 尽管报告对政治、经济、交通、外援诸多方面只是分别陈述变化状态或趋势,没有对战争发展的趋势做出具体结论,但是按照这一分析框架,指出了哪些变化是有利于中国抗战

---

① 《尾崎秀实〈关于中国抗战力调查委员会(昭和十四年总括资料)〉》,载解学诗、苏崇民主编:《满铁档案资料汇编·第十四卷·满铁调查部》,社会科学文献出版社2011年版,第437页。

② 满铁调查部编『支那抗戦力調査報告』、東京:三一書房、1970年、第11-13頁.

力生成,哪些是可以遏制中国抗战力生成和发展的方面;并且,指出了中日之战不仅仅是军事战争,还是一场思想、政治、经济、军事、外交等要素结合在一起的较量。

总体来看,《中国抗战力调查报告》对中日战争的认识较为系统、全面、深入,也具有某些客观性。

二、《中国抗战力调查报告》中的中共抗战力

如前所述,《中国抗战力调查报告》将抗战力视为政治力量的中心,即政党和依靠政党领导所结成的民众力量。虽然把中共列入抗战力调查对象是调查立项并开始之后的事情,但最后形成的调查报告则将中国共产党及其领导的八路军、新四军和抗日根据地,都放在了非常重要的地位加以论述。《总篇(一)》论述相关问题时将中共作为重要的政治要素看待;《政治篇(二之Ⅰ)》除对陕甘宁边区有专题论述之外,还将中共作为与国民党相对应的政治力量贯穿于论述之中;《政治篇(二之Ⅱ)》则专门论述八路军和新四军;《内地经济篇(四之Ⅰ)》中也有涉及根据地农业发展问题的内容。可见,报告对中国共产党与抗战力的关系十分重视。

报告涉及中国共产党的篇幅,除理论分析的地方外,专篇都采取资料摘引的方式,配以少量的议论,但最后有总结性的分析判断。资料的选取当然是为了配合整个论述的理论框架,并支撑整个报告的基本观点。正因为如此,可以从其选取中共资料的内容和视角来判断调查人员眼中所认为的中共抗战力的形成。下面我们逐一就阐述中共抗战力的专篇进行剖析。

(一)陕甘宁边区

其内容主要体现在《政治篇(二之Ⅰ)战时中国内政》第二章“民众动员与中国政治”中,由中西功撰写。其概括介绍的陕甘宁边区的民众动员,摘要

如下：

武装群众，不论男女一律编入自卫军、少年先锋队充当边区防卫。在过去近两年时间里，自卫军达 224325 人，少年先锋队达 28087 人。

武装群众确立了自发的"自下而上"的指挥系统，武器虽是旧式的，但也有担架、搬运工具等，参加前线抗战工作，同时也承担边区扫匪工作。内部设有交通队、侦察队、医疗队、担架队等，这些一律都参加游击战以及后方防卫工作。

……

动员参加抗战队的人数前后达 3 万人。此外，军人"归队运动"如火如荼开展，促进年龄尚未达到退役的一般士兵归队，让尚未达到退役年龄的士兵，一个也不滞留在家乡。

……

组织农民队代替军人家庭耕作土地。根据调查，在边区前后方，离开土地生产，参加抗战的军人家庭达 2 万户，且多数是贫农。为了不让土地荒芜、生产减退，不使军人因担心归家后生活困苦而影响到他们的抗战热情，政府广泛组织代耕队，颁布了《义务耕田队组织条例》，并明文规定边区农民无偿参加代耕队。

……

2. 改善抗日军人家庭生活

努力从多方面给予抗日军人家庭以优先权，比如合作社的贷款以及其他物资的消费、购买等，他们都享有优先权。

3. 妥善安置从边区外流入边区内避难的军人家属，使他们在边区内安稳生活

把军人家属安置到各乡村，为了让他们安稳生活，给予他们土地，由代耕队代为耕作，并让他们建立新的模范村。

4. 成立抗日军人家属学校

教抗日军人家属学习文字,教他们文化和政治,首要目的是使他们能够给在前线的丈夫、父亲写鼓励的信件。

5. 打造模范抗日军人家庭

要有作为抗日军人家属的自豪感和自觉性,一定不能给他人添麻烦,鼓励他们自己的生活要靠自己创造。

四、慰劳前方战士

加强前后方群众组织的紧密联系工作。

前年募集了十万件衬衣和手套,去年又顺利募集了六万件,远超预期,平均一个妇女做七双手套和衬衣,后方的军人家庭也自发率先应募物资慰劳前线士兵。①

除上述内容外,对陕甘宁边区的"剿匪锄奸"、救济抚恤、合理负担、民主选举制度等都有勾画,还概括了中共民众动员的基本要点,并评述道,中共的民众动员是"最大限度地利用农民的力量"。② 这一节中,中西功还简略地阐述了中共领导的冀中和苏北的民众动员以及国统区山西、浙江、广西的民众动员,对国民政府的兵役动员(强制拉兵、壮丁法等)也有要点式的描述。对于这一内容,尾崎秀实有如下评述:

> 以中国抗战体制为中心的民众动员"是本质不同的两个方向。一个是国民党的方向,另一个是 中国共产党的领导方向"。说明:前者是强制的义务征兵,酿成农民阶层的大离反,性质是强制的,相反,后者是建立在把民众理解成为民众自身民众运动之上的。……报告书提出了具有对照性的两个地区,即建立在农业革命发展之上的以农民阶层为基础的民主性质很强的山西(疑为陕西之误——作者)边区,和仍然建立在旧土地关系之上的地主、高利贷、官僚、军阀色彩

---

① 満鉄調査部編『支那抗戦力調査報告』、東京:三一書房、1970 年、第 119-120 頁.

② 満鉄調査部編『支那抗戦力調査報告』、東京:三一書房、1970 年、第 123 頁.

很强的广西地区,继此,还将一般的国民党动员与中共占有统治地位的诸边区,做了具体比较。这个部分,全部是关于抗战中大变化的阐述,同时,对于中国社会的政治发展和沉沦破落面貌依然继续问题、在困难条件下如何引发抗战原动力问题,和中国政治经济具有怎样的意义等,都提供了有关启示。①

尾崎所言"在困难条件下如何引发抗战原动力",正是报告书中所概括出来的中国共产党在陕甘宁边区等抗日根据地实施抗战民众动员中采取的各项措施,也是调查部人员认为对中日战争的发展影响巨大的因素。可见,在调查人员看来,中共抗战的民众动员措施正在激发和形成最重要的抗战力。

(二)八路军的发展阶段与游击根据地

调查报告《政治篇(二之Ⅱ)》的第一部分较为全面地阐述了八路军的发展及其根据地建设,是集中论述中共抗战力篇幅最长的部分,由上海事务所调查室金津常知、小仓音次郎编写。包含的内容有:八路军的发展阶段、八路军游击根据地的分布及意义、晋察冀边区概况、河北各根据地概况、山西各根据地概况、山东根据地等,几乎覆盖了八路军所有抗日根据地。这部分的序论承认"中共组织现在正向全国伸展,以各种极其巧妙的形式领导各地的民众运动、民众武装","而且与八路军的斗争是思想、政治、经济、军事各方面非常综合的战争",充分认识八路军及其根据地是"采取相应对策的一大前提"。②可见其重视程度之高。

对八路军及其根据地进行具体考察的部分,首先是一般性质发展过程的描述。将八路军的发展分为三个阶段:第一阶段从七七事变开始至1938年3

---

① 《尾崎秀实〈关于中国抗战力调查委员会(昭和十四年总括资料)〉》,载解学诗、苏崇民主编:《满铁档案资料汇编·第十四卷·满铁调查部》,社会科学文献出版社2011年版,第440页。

② 满铁调查部编『支那抗戦力調査報告』、東京:三一書房、1970年、第151頁.

月（台儿庄战役之前）；第二阶段从 1938 年 3 月至 1938 年 10 月（武汉沦陷）；第三阶段从 1938 年末至调查报告写作时。相应地，第一阶段是八路军进行战略展开，一方面与日军作战，另一方面在山岳地带建立战略支点；第二阶段是八路军主要进行游击战，由山岳地带向平原地区发展，在华北普遍建立根据地，开展政治和经济斗争；第三阶段则是国共之间"摩擦"频发阶段。在第三阶段，突出了八路军坚持统一战线、坚持抗战、反对"摩擦"的政策内容。

其次是宏观层面。调查报告最关注的问题是八路军的游击战与根据地问题。为此，调查报告大量摘录毛泽东的理论著作《抗日游击战争的战略问题》中的一些重要段落，以及张闻天的《论战争》和左权的《论坚持华北抗战》《扫荡和反扫荡的一年》等。① 从其所引毛泽东的文章来看，调查报告非常重视的问题是：游击根据地的必要性、游击根据地的种类、游击区与根据地、根据地建设的条件、根据地的强化与发展、敌我之间的几种包围等。毛泽东指出，根据地是"游击战争赖以执行自己的战略任务，达到保存自己、消灭和驱逐敌人之目的的战略基地"。② 从抗战力视角来看，根据地正是抗战力形成、凝聚和发挥作用之源泉。因此，调查报告在分析根据地时，尤其强调根据地社会的质的变化。报告指出：

　　八路军进入的地区，所有旧官僚、豪绅、地主、资本家联合的旧统治组织已经瓦解，取而代之的是成立工农以及小资产阶级的民主独裁。这些地方政治发生了急剧的质的转变，与此相伴而来的是民间社会生活也明显呈现出新模式。

　　八路军在华北游击区的发展，是联合晋察冀诸省和陕甘宁边区，

---

　　① 　调查报告中所引毛泽东的文章名为《抗日游击战争中的一般问题》。查阅中央文献研究室、军事科学院编《毛泽东军事文集》（军事科学出版社、中央文献出版社 1993 年版），并无此文。其所引内容均为毛泽东《抗日游击战争的战略问题》一文中的相关段落。另，张闻天在调查报告中为洛甫。

　　② 　毛泽东：《抗日游击战争的战略问题》，载中央文献研究室、军事科学院编：《毛泽东军事文集》，军事科学出版社、中央文献出版社 1993 年版，第 244 页。

构筑中共以及八路军的大后方——西北边区的外壁防线。这意味着在不久的将来,今天的抗战根据地会变成对抗国民党的基地。除了自然地理条件给八路军的游击战提供了有利据点外,在社会经济条件方面,当地物产丰饶能够自我供给,所以即使受到外来封锁也被认为不足以致命。尤其是在八路军驱使下的广大农民群众,已经形成了对抗地主、资产阶级的充分力量,在八路军"改善生活,实行民主"的口号下,地主阶级的统治力下降,工农阶级的反抗性提高。虽然表现上看没有煽动阶级斗争,但背地里已经在无声地准备推动阶级斗争。

一言概之,华北游击区的发展已经从对日作战的意义逐渐转向了对内"革命"的意义。①

上述文字描述了根据地革命性的变化:政权成为"工农以及小资产阶级的民主独裁","社会生活也明显呈现出新模式","即使受到外来封锁也被认为不足以致命",并且,星罗棋布的根据地还构成了八路军后方的"外壁防线"。虽然调查人员认为,整个根据地体系"在不久的将来","会变成对抗国民党的基地",但从另一方面看,毫无疑义,也可以作为抵抗日本侵略军的坚强堡垒。

最后是微观层面。调查报告对八路军各主要根据地的具体情况用资料与议论结合的方式进行了描述。描述较为详细的是被称为"模范根据地"的晋察冀边区(包括河北等地的其他根据地)和山西各根据地,山东部分则较简单。介绍的内容包括:根据地政权的组织结构、民众运动的状况(民主选举、民众救国组织、改善人民生活、农会与农村合作社、工会等)、边区金融和财政税收等,有些部分介绍得很具体。例如民众组织方面,报告认为晋察冀边区的民众组织十分广泛,有牺牲救国同盟会、农会、青年救国会、工人救国会、妇女

---

① 满铁调查部编『支那抗战力调查报告』、東京:三一书房、1970 年、第 163 頁.

救国会、学生救国会、教育救国会、少年先锋队、抗战救国联合会等,还有基督教、佛教等宗教团体的组织,都在抗日的口号下统一起来,每个县都成立有人民武装自卫总队;对山西根据地的农会组织和农会会员人数、工人组织都有很具体的说明。此外,对农村的"二五减租"、开垦荒地、严禁高利贷、合理负担以及爱国主义的宣传等,都有揭示。凡此诸般,在调查报告中,都被视为形成抗战力的所在。值得注意的是,在这些根据地之中,调查报告特别指出"冀中军区"的重要战略意义:

> 冀中军区在军事上牵制着平津、津浦、平汉、沧石等四大交通线以及北平、天津、保定等重要城市间日军的联络,同时它可以和晋察冀、晋东南、冀南、鲁西北、热河、辽宁的各抗战据点相互联系、采取行动。战略上冀中是八路军的重要堡垒之一,现在正顽强对抗日军扫荡,将来可能成为反攻时期的前进基地。所以八路军认识到此地的重要性,拼尽全力保卫冀中。①

从调查报告对八路军一般状况、宏观层面、微观层面的描述,可以看出,坚持抗日统一战线,坚持民主抗战、民众动员、通过对农村经济的改造调动各阶层抗日热情,进行敌后根据地的战略布局等,都是他们认为抗战力形成的要素。因此,在最后的结论中,调查报告认为:"总之,今后八路军照以往那样推进的话,节奏虽然会变缓,但无疑会不断发展壮大。对此,非采取思想、政治、经济、军事综合攻势不可。"②

这部分的调查报告也获得了较高评价。尾崎秀实指出:

> 它是中共领导下的这些军队采取何种方针和动向如何的最早说明。一读这种基本性的报告书,会引起我们注意中共独特的抗战方式,和为把握广泛农村社会倾注了如何深刻的努力,同时也使我们感到不能忘记中国社会尤其是华北农村的内在变化,这对于日本的事

---

① 満鉄調査部編『支那抗戦力調査報告』、東京:三一書房、1970年、第172頁.
② 満鉄調査部編『支那抗戦力調査報告』、東京:三一書房、1970年、第184頁.

变处理对策,也有着根本性的关联。①

从上述评价也可以看出,中国共产党及其领导的八路军全方位的抗战措施所形成的抗战力,已经成为日本制定对华政策的"根本性的关联"。

(三)新四军及其抗日活动

调查报告《政治篇(二之Ⅱ)》的第二部分名为"新四军的活动状况",这部分的多数内容曾于 1939 年 10 月由金津常知在调查部内部报告过,可见其重视程度。其内容包括:新四军的战略意义、新四军的发展阶段、新四军的活动状况、部队强化与兵力、新四军的弱点等。从内容的安排上即可看出,调查报告最为重视的是新四军的战略意义。报告认为,新四军存在的华中、华东地区,尤其是浙江、江苏、安徽等长江下游地区,是日本作为战略根据地而需要长期建设的;新四军对铁道、公路、桥梁、通信线、兵站等的破坏行动,牵制和阻碍着日军向内地的进攻;对"维新政府"的基层政权构成破坏,对亲日派形成打击;妨碍日本工厂从华中、华东地区获取生产原料。② 从这些表述来看,新四军坚持抗战就使日军感到重大威胁,形成了对日军巨大的战略打击力。

调查报告重视的另一项内容是新四军的民众动员。报告认为,南京沦陷之后,民众对国民政府的信赖度降低,抗战意识发生动摇,新四军把打击日军和伪政权的"和平活动"、建立抗日政权、坚定民众的抗战信心作为主要任务。在农村根据地,新四军推行了一系列政治和经济政策。经济上,没收汉奸和不在地主的土地,实施"二五减租",废除土地附加税和设立所得税,全民族抗战时期停止支付旧时债务,奖励增产和设立合作社,等等。政治上,采取多种形式广泛宣传抗日,加强民众动员,建立民众组织,加强军民关系和军民合作。

---

① 《尾崎秀实〈关于中国抗战力调查委员会(昭和十四年总括资料)〉》,载解学诗、苏崇民主编:《满铁档案资料汇编·第十四卷·满铁调查部》,社会科学文献出版社 2011 年版,第 440—441 页。

② 满铁调查部编『支那抗战力调查报告』,东京:三一书房、1970 年、第 184-185 頁.

同时,调查报告还注意到,新四军的战地服务团中有留学生、大学教授、大学生、中学生以及具有先进技术的工人;军中每个班有一名政治指导员,他们是新四军的主力,战前负责对战士的指导,鼓舞士气,战斗中起模范作用,冲锋在前,撤退在后。① 值得注意的是,调查报告还从地理、政治、历史发展等方面,注意到了新四军与八路军相比的劣势或困难之处,以及克服这些劣势所采取的措施。报告指出:新四军所处江南地区是中国民族资本发达地区,经济相对发达,过去是国民政府稳定统治的区域,现在则是伪政权的中心地带,长期的反共宣传以及伪政权的强大军事压力,对新四军形成极为不利的政治和军事环境;华北多山而江南多平原,不适宜于新四军开展游击战和运动战;江南地方派系复杂,土匪、"忠义救国军"、国民党正规军都有,压缩了新四军的发展空间;长期分散的游击战争环境以及因此造成的装备低劣……这些都使得新四军的发展面临很多困难。至于克服劣势或困难的办法,报告列举的有:依靠抗日民族统一战线动员工人、农民、商人、学生,以数量的优势弥补武器的劣势;对因长期游击战争带来的游击习气,以发扬有光荣历史的革命传统和正规化建设运动来克服;物质方面及地理方面的困难,依靠广大民众的拥护和支持克服之;没有休整、训练时间所造成的困难,通过学习八路军及全国军队的抗战经验,在实践中自我训练来克服;所缺干部通过培养、指导在民族革命高潮中涌现出来的优秀分子来补充。②

在全面衡量新四军的状态后,调查报告在结论部分对新四军的未来做出了这样的估计:

> 他们有在斗争中发现自身缺点,自我批判,自我锻炼,从而保持自身成长发展的努力和不屈的意志。动乱时期的坚强意志,会使平常时期不可能的事情成为可能,使可能的事情的可能性增加十倍、十二倍。事实上,新四军自其成立以来,在短短一年半的时间里,已经

---

① 満鉄調査部編『支那抗戦力調査報告』、東京:三一書房、1970 年、第 196 頁.
② 満鉄調査部編『支那抗戦力調査報告』、東京:三一書房、1970 年、第 205 頁.

取得了令人注目的发展。现在六万人的小部队，其军事力量虽处低位，但其政治活动不可轻视。①

调查报告又指出："民众支持新四军到什么程度，难以断定，因人而异；但新四军将动员民众作为主要任务，且在这方面有着长期的积累、丰富的经验和技术，这是不容轻视的。"②对于新四军的发展，调查报告强调："不可不予慎重注意。随着东亚新秩序的具体化，新四军日益成为暗礁性的存在。不仅在军事上，而且在政治上克服此暗礁，恰是中央政权必须解决的基本问题之一。"③一再强调不能"轻视""不可不予慎重""必须解决的基本问题"，都显示出调查人员对新四军的发展及其抗战力的重视。

以上就是《中国抗战力调查报告》所评估的中共抗战力的基本内容。结合尾崎秀实的评论，可以清晰看到：无论是"引发抗战原动力"、对日本处理中国事变"有着根本性的关联"，还是将冀中根据地视为"将来可能成为反攻时期的前进基地"、将华北的一些中共抗日根据地视为"西北边区的外壁防线"，抑或八路军"无疑会不断发展壮大"以及新四军的"不可轻视"，都显示出中共抗战力所包含的根本性、全局性、社会性、发展性特点。

结　　语

毛泽东曾指出："中日战争不是任何别的战争，乃是半殖民地半封建的中国和帝国主义的日本之间在二十世纪三十年代进行的一个决死战争。全部问题的根据就在这里。"④对中国抗战力的认识，无疑也应该从这一基本事实或

---

① 満鉄調査部編『支那抗戦力調査報告』、東京：三一書房、1970 年、第 205 頁.

② 満鉄調査部編『支那抗戦力調査報告』、東京：三一書房、1970 年、第 204 頁.

③ 満鉄調査部編『支那抗戦力調査報告』、東京：三一書房、1970 年、第 207 頁. 引文中"中央政权"指汪伪政权。

④ 毛泽东：《论持久战》，载中央文献研究室、军事科学院编：《毛泽东军事文集》，军事科学出版社、中央文献出版社 1993 年版，第 274 頁。

命题出发,唯此才能得出符合客观实际的结论。《中国抗战力调查报告》从中国社会性质和社会发展出发,来认识中国的抗战力,将民族国家形成、阶级分化、社会变革、政治力量的分化重组等要素纳入其中,视其为思想、政治、经济、军事的综合,而不只是从武器的优劣及双方暂时的军事态势来判断,应该说抓住了问题的实质。正因如此,其对中共抗战力的分析、评估,较为客观地反映了中国共产党从理论上掌握了抗日战争发展的客观规律,并将其转化成坚持抗日民族统一战线、坚持民众动员、坚持社会改革的各项政策,并以顽强斗争的精神,在实际中克服各种困难,将政策、措施具体落实,使其转变成实实在在的抗战力量,形成对日军和伪政权的重大威胁。从这一点来看,《中国抗战力调查报告》从思想、政治、经济、军事等综合的视角,已深刻地认识到中共抗战力通过抗战的理论、路线、方针和政策广泛存在于民众之中,其具有战略眼光的布局、不断壮大自己力量的顽强和刻苦工作,对日本侵华军事力量和战略实施都是巨大的阻碍。

后　记

这部著作属国家社科基金抗日战争研究专项工程项目阶段性成果,是由胡德坤主持的"世界反法西斯战争史(含中国抗战)档案资料收集整理与研究"项目团队共同完成的。本书撰稿分工如下:

第一章:胡德坤、卢晓娜;第二章:胡德坤、涂杰欣;第三章:汪金国、张立辉、曹佳鲁;第四章:赵耀虹、钱茂华;第五章:胡德坤、卢晓娜;第六章:胡德坤、卢晓娜;第七章:吴文浩;第八章:刘晓莉;第九章:喻卓;第十章:王召东;第十一章:胡德坤、张逦;第十二章:胡德坤、张逦;第十三章:李少军;第十四章:彭敦文。韩永利、王萌、程艳、张亮、聂向明、黄若慧等参与了本书部分初稿的撰写工作。全书由胡德坤进行统稿、定稿,彭敦文、韩永利参加了全书的审稿工作。

参加本专项工程项目课题赴相关国家查阅收集档案资料的研究人员有:韩永利、何兰、张士伟、张愿、刘早荣、孟亮、卢晓娜等(赴美国);罗永宽、徐友珍、潘迎春、杨婵、王召东、喻卓等(赴英国);徐勇、李少军、牟伦海、程艳、郭鑫、江月、张逦等(赴日本);汪金国、牟沫英、徐广淼等(赴俄罗斯、乌克兰);邢来顺(赴德国);严双伍(赴法国)。上述研究人员查阅收集的档案资料为本书的编写奠定了史料基础,特致谢意。

本书的编撰与出版得到了各方的大力支持,主要有:全国哲学社会科学工作办公室、国家社科基金抗日战争研究专项工程学术委员会、中国社会科学院抗日战争及近代中日关系文献数据平台,中国第二次世界大战史研究会,武汉大学人文社会科学院、中国边界与海洋研究院、历史学院、第二次世界大战史研究所,人民出版社及本书责任编辑陈晓燕女士、岳改苓女士,在此一并致谢!

本书是根据外文资料的内容进行的专题研究,不可避免地存在一定程度的内容交叉;又逢疫情期间,仓促成稿,错误疏漏在所难免,敬请读者批评指正。

胡德坤

2024 年 2 月于武汉大学珞珈山

责任编辑：陈晓燕　岳改苓

图书在版编目（CIP）数据

外国档案文献中的中共抗战 ／ 胡德坤主编；彭敦文副主编. -- 北京：
人民出版社，2025. 6（2025. 9重印）. -- ISBN 978 - 7 - 01 - 027346 - 4

Ⅰ. K265. 06

中国国家版本馆 CIP 数据核字第 2025EC8271 号

外国档案文献中的中共抗战

WAIGUO DANG'AN WENXIAN ZHONG DE ZHONGGONG KANGZHAN

胡德坤　主　编

彭敦文　副主编

人民出版社 出版发行

（100706　北京市东城区隆福寺街 99 号）

中煤（北京）印务有限公司印刷　新华书店经销

2025 年 6 月第 1 版　2025 年 9 月北京第 2 次印刷
开本：710 毫米×1000 毫米 1/16　印张：34. 25
字数：490 千字

ISBN 978 - 7 - 01 - 027346 - 4　定价：128.00 元

邮购地址 100706　北京市东城区隆福寺街 99 号
人民东方图书销售中心　电话（010）65250042　65289539